启真馆 出品

启真 · 文学家

萧伯纳传

[澳] A. M. 吉布斯 著

黎梦青 译

ZHEJIANG UNIVERSITY PRESS
浙江大学出版社

献给堂娜。

我因生命本身而感到欣喜。生命对我来说可不是"短暂的烛火"。它是某种我正暂时握着的璀璨火炬;在我将它传递给后代人之前,我想尽可能地让它燃烧得灿烂。

萧伯纳,在布莱登的一次演讲中,1907年

　　作为惯例,作者死亡了:他的公民身份,他的传记角色消失了;它们被放逐之后,便不再对他的作品具有令人敬畏的父权控制,文学史、教学以及公众的看法承担起了建立和重塑其故事的责任。但是在文本之间,我却在某种程度上渴望着作者:我需要他的形象(并不是他的表象或是他的投影),正如他需要我的一样。

罗兰·巴特,《神话学》

　　如果一个人是一个深刻的作家,那么他所有的作品都是自白。

萧伯纳,《十六张自画像》

出版本书的资金，由大卫和雷切尔·豪伊基金会（David and Rachel Howie Foundation）慷慨提供。

插 图

BL　　　　大英图书馆（British Library)

BLPES　　英国政治和经济图书馆（British Library of Political and
　　　　　Economic Science）

BSTC　　 F. E. 勒文斯泰因，《镜头下的萧伯纳》（F. E. Loewenstein,
　　　　　Bernard Shaw Through the Camera，1948）

Guelph　 丹·H. 劳伦斯藏品，圭尔夫大学图书馆（Dan H. Laurence
　　　　　Collection，University of Guelph Library）

Getty　　 Getty Images

PTBA　　 本书作者拍摄的图片（Photo Taken by Author）

Tas　　　 私人收藏，塔斯马尼亚岛（Private Collection，Tasmania）

插图位置

萧伯纳的卧室——PTBA

罗斯卡伯里的德里宅邸——爱尔兰国家图书馆（National Library of Ireland）

灌木园宅邸——PTBA

露辛达·弗朗西斯·萧——BLPES

埃莉诺·阿格尼丝·萧——BLPES

马修·爱德华·麦克纳尔蒂和萧伯纳——BSTC

扮作梅菲斯特的萧伯纳——Guelph

萧伯纳和罗伯特·摩尔·费什伯恩——BLPES

萧伯纳和他的姐姐露西——BSTC

萧伯纳的儿时素描——BL

萧伯纳在文特诺——BLPES

汤森德一家——BLPES

爱德华·卡尔·萧——Tas

查尔斯·麦克马洪·萧——Tas

霍巴特的萧伯纳警长——Tas

第 13 章到第 14 章之间（第 256 页—第 261 页）

萧伯纳，1898 年——BLPES

比阿特丽丝·韦伯——BLPES

悉尼·韦伯——国家肖像美术馆，伦敦（National Portrait Gallery, London）

格雷厄姆·沃拉斯——BLPES

威廉·阿彻——BSTC

爱丽丝·洛基特——Guelph

梅·莫里斯——佳士得的图像（Christie's Images）

简·帕特森太太——Guelph

弗洛伦斯·法尔——伦敦国家图书馆（University of London Library）

埃伦·特里——Getty

珍妮特·阿彻奇——Guelph

安妮·贝赞特——Getty

埃莉诺·马克思——马克思 - 恩格斯图片画廊（Marx-Engels Photos Gallery）

阿瑟·温·皮尼洛爵士和萧伯纳——《名利场》，1897 年 1 月

G. B. S.，令人着迷的演说家——BLPES

第 19 章到第 20 章之间（第 381 页—第 387 页）

夏洛特·萧在沙滩上——BLPES

扮作乞丐的萧伯纳——BLPES

20 世纪初的夏洛特——BLPES

萧伯纳，1910 年——BLPES

夏洛特·萧，1904 年 1 月 24 日——BLPES

哈利·格兰维尔 - 巴克尔——Guelph

莉拉·麦卡锡扮演的安·怀特菲尔德——戏剧博物馆，科芬园（Theatre Museum，Covent Garden）

艾丽卡·梅·科特利尔——Guelph

帕特里克（斯黛拉）·坎贝尔太太——BLPES

萧伯纳在格雷戈里夫人的庄园，1915 年——Guelph

奥古斯塔斯·约翰绘制的萧伯纳肖像——菲茨威廉博物馆，剑桥，英国（Fitzwilliam Museum，Cambridge，UK）

第 23 章到第 24 章之间（第 475 页—第 483 页）

萧伯纳在布伦码头，戈尔韦湾——Guelph

萧伯纳坐在汽车中——BLPES

萧伯纳在跳台上，昂蒂布——BLPES

萧伯纳在庞贝——BL

萧伯纳在马德拉群岛跳水——BLPES

萧伯纳在斯特兰德大街，伦敦，1927 年 5 月——Getty

萧伯纳在小屋中工作，1929 年——BLPES

爱德华·埃尔加指挥——Getty

玛姬·凯欣在阿约特收信——《作为村民和人类的萧伯纳》(*Shaw the Villager and Human Being*，ed. Allan Chappelow，1961)

莫莉·汤普金斯租的别墅，马焦雷湖——PTBA

莫莉·汤普金斯在她的画展上，1934 年——《萧伯纳和莫莉·汤普金斯》(*Shaw and Molly Tompkins*，ed. Peter Tompkins，1961)

萧伯纳，89 岁，在阿约特的花园里——Getty

从花园里看阿约特的房子——韦林花园城市图书馆（Welwyn Garden City Library ）

萧伯纳和丹尼·凯，1949——BLPES

萧伯纳和罗伯特·莫利、加布里埃尔·帕斯卡——Guelph

94 岁的萧伯纳 ——BLPES

关于引用萧伯纳作品内容的说明

　　本书中对于萧伯纳作品内容的引用，保留了他在拼写和标点上的偏好。其中包括对"don't"、"you've"和"didn't"这类词中撇号的省略，因为并不会造成歧义。萧伯纳小说的引文均出自康斯特勃出版社的标准版本。剧作的引文出自企鹅出版社的经典版本，关于《皮格马利翁》的探讨中特意注明的引文除外。

目 录

引　言

　　这本新的关于萧伯纳生平的作品，在很大程度上源自一种令人情不
自禁的好奇和迷恋。这种好奇和迷恋，也如出一辙地驱使着 A. S. 拜厄
特小说《占有》（*Possession*）中的那几位主人公——该作品讲述的也是
对身世之谜的探究。由于从学生时代开始便对萧伯纳的作品很熟悉，又
写了许多关于他生活和事业诸多方面的其他书和文章，我渐渐执着于想
要通过传记研究来把握他的内心生活和性格。而这类研究所涉及的材
料庞杂得令人生畏。在萧伯纳漫长的一生中，他写了超过 50 部戏剧和
短剧，5 部小说以及若干短篇故事。据估计，他一生所写的书信超过 25
万封，这些书信至今还在以各种特集的形式出版，作为对丹·H. 劳伦
斯编的 4 卷本书信集的补充。他给自己和别人作品写的序言、他的音乐
和戏剧评论、书评以及他的自传性文学作品经出版后呈现在各种不同的
卷宗里。还有他那些非戏剧的作品，诸如政治短文以及《关于战争的常
识》一类的辩论作品，同样也有很多卷。他投给文学期刊的稿件成千上
万——这样的文章数量足够填满许许多多学者的履历。萧伯纳除了这些
已出版的作品之外，还有大量与传记研究相关的未出版的材料，分别散
布在英国、美国，还有加拿大的各种机构中。与萧伯纳有关的琐碎藏品
几乎在世界上的每个角落涌现。本书研究所用到的一些材料就是在一所
私人住宅里找到的，宅子属于萧伯纳某个叔叔的后代，位于澳大利亚南
海岸边、靠近南极的塔斯马尼亚岛上。

　　研究对象之庞杂并不是从事萧伯纳传记学研究的唯一困难。让我们
援引另一位小说家威廉·戈尔丁的《蝇王》中的一个经典故事来说明。
一群男学生被一起困在了一个荒岛上，他们在没有成年人的情况下制定

1

2 出了一个办法——他们相互传递一个被称作"海螺"的巨大贝壳，借此来掌控他们关于自己处境和规划的初期讨论。任何人只要持有海螺，就有权发言并不被干扰。只要是和他生活相关的故事，萧伯纳一生中都竭尽全力保证那个传记的海螺始终紧紧握在自己手中。甚至是在他 93 岁时出版的那本名叫《十六张自画像》的自传文集中，他依旧顽强地设法掌控与自己有关的故事。该书的最后几章中，有一章叫作"传记作者谬误的修正"。19 世纪 90 年代及 20 世纪初期，在萧伯纳开始逐渐成为文学与知识分子圈子的名人时，他便开始通过写自传文章和取诸如"我，及我所想"这样引人注目的标题给关于萧伯纳的故事牢牢地打上萧伯纳的印记。阿齐博尔德·亨德森和赫斯基斯·皮尔逊所著的早期萧伯纳传记在许多方面都仅是萧伯纳自传的代笔，这些作品的主要构成都来自萧伯纳所提供的大量资料。"有关萧伯纳的最佳权威是萧伯纳"[1]，这位剧作家对阿齐博尔德这样说道；但就算是受到萧伯纳如此大影响的亨德森也开始意识到，他这位主人公所说的话并不是句句都可以相信的。萧伯纳关于自己人生的叙述，特别是关于自己早年的叙述，往往被那些研究他的主要传记作家不加鉴别地采用，此外他们还对其添枝加叶、大事渲染。本书的目的之一就是要将海螺传递开来，让那些来自过去的其他人的声音讲述萧伯纳的人生以及与之相关的方方面面。

    萧伯纳漫长的一生和其产量非凡的职业生涯为其传记研究带来了广泛的研究途径。正如人类知识的其他各种形式，传记学研究也不会静止不动、一成不变。就在我写这本书的时候，新的资料仍在通过我自己与他人的研究不断显现。随着知识、文化、社会史的不断变化，审视现存传记研究的新方式也自然涌现。这个研究在阐释萧伯纳一生和其人生主调时，方法上与早期阿齐博尔德·亨德森、赫斯基斯·皮尔逊、圣约翰·欧文以及迈克尔·霍尔罗伊德[2]的传记作品已大相径庭。本书广泛地借鉴了之前未出版和被忽视的材料，从根本上挑战那些关于萧伯纳的现有看法，并以全新的事实和概念为基础去塑造这个男人的肖像。

    《萧伯纳传》呈现了一个完全修正后的关于萧伯纳家庭背景、其所受教养的描述——尤其是关于他父母的性格和他们早期的婚姻生活——

并首次指出了一些在他的都柏林童年时代中，对他成长造成关键影响的人和事。他对待性与自身性事的态度、他的感情生活和心理构成，本书也进行了重新考察，提出了一些新的观点。比起以往的传记，对他一生中与诸多女人的关系——包括许许多多与他有着亲密关系的女性朋友和情人——还有这些女人对于他创作的影响方面，本书也做了更加完整的研究。本书从新的角度研究了许多主题，包括他在改变维多利亚时期社会性别观念方面所做的贡献，还有他如何通过文学创作，参与了男女关系新范例、新的戏剧价值观的形成，以及将两者从19世纪理想和传统的束缚和错觉中解放出来的过程。结合他人生其他方面的背景，对他的政见、他对创造进化论的"信仰"（如他自己所称）、他对爱尔兰和自己的爱尔兰背景以及爱尔兰人身份的态度，本书也进行了细致入微的考察。

　　本次研究所用到的许多未曾发表的材料包括：萧伯纳的母亲露辛达·伊丽莎白·萧仅存的自传作品；萧伯纳父亲乔治·萧在他们婚姻生活早期与妻子露辛达的通信；当萧伯纳早年还是伦敦一名潦倒的小说家和记者时，父亲写给他的信；萧伯纳叔叔理查德·弗兰克·萧写给他的信；萧伯纳妻子夏洛特的日记与书信；早年伦敦生活中，众多女性朋友以及情人之一简·帕特森太太写给他的信；朋友威廉·阿彻写给他的信；从一个爱尔兰籍的美国学者托马斯·迪米特里厄斯·奥博尔格那儿得到的，萧伯纳为调查问卷所提供的自传性材料；萧伯纳写给珍妮特·阿彻奇、帕克南和艾达·贝蒂、阿瑟·温·皮尼洛爵士、丹尼斯·约翰斯顿、斯坦利夫人（著名英国探险家的夫人）、雷切尔·马哈菲以及多个澳大利亚亲戚的信。本书还用到了与我之前出版的书相关的大量研究，包括《萧伯纳：访谈与回忆》（1990年）以及《萧伯纳年表》（2001年）。若干萧伯纳少年时期所画素描的副本，一个佚名艺术家画的萧伯纳祖父母的肖像画，也在本书中被首次发表。

3

❦ —— ✦ —— ❦

在写给阿齐博尔德·亨德森的一封信中，萧伯纳将自己形容为一个"紧紧拥抱自己时代生活"[3]的人，早些时候他曾在给一个朋友写信时直白地宣布"我的工作就是体现时代精神"[4]。他与自己时代的结合确实相当全面；他，在许多方面都是文化与社会变革的先驱与创造者。因此，萧伯纳的传记一定要尽可能广地包含所有的因素，这些因素塑造了他生活的那个时代的精神。不过，除此之外，我还希望这本传记能显示出萧伯纳另外的一面。在他的戏剧作品《布拉斯庞德上尉的转变》（1899年）的最后一幕中，那个令人恐惧的、拜伦式的叛逆者布拉斯庞德上尉高度赞扬了女主人公西塞莉·韦恩弗利特夫人，他这样说：

> 自从你第一次在那个花园里见到我开始，你就没有听到我说过一句聪明话。而没有一句你说的话不使我发笑，或者使我感到亲切，同时告诉我该怎么想、怎么做。这就是我所说的真正的聪慧。

这种在这里被赞美的聪慧———一种心灵的智慧，其特征并不是超群的智力或者逻辑，而是感性、热情和友善的感觉，并伴随着精明的心理———是萧伯纳喜剧世界反复出现的主题。在他的喜剧中，本能的生命、感觉以及激情，不断战胜理性与体制。这种无秩序的生命力——在萧伯纳的创作想象中，往往更多体现在女人而不是男人身上——将理性的做作一扫而空。本书的研究不仅仅是为了更好地理解萧伯纳这个辩论家和社会批评家，同时也为了更好地理解一个常常在他自己众多友谊中身体力行地赞美一颗聪慧之心的人。

"一个朴巴式家族"：萧伯纳的爱尔兰血统

　　萧伯纳不落俗套地降生到这个世界，正如他注定要以这样的方式生活在其中一样。在一场艰难的臀位分娩之后，萧伯纳出生于1856年7月26日的一个星期六，是谷物商人乔治·卡尔·萧绅士和业余女高音主唱、（后来的）职业音乐教师露辛达·伊丽莎白（"贝茜"）的第三个孩子，也是他们唯一的儿子。他是由都柏林峡谷产科医院的专家约翰·林兰医生接生的，接下来的星期一，他的父母在《桑德斯简报》和《每日广告报》[1]上刊登了孩子出生的消息。母子俩在体格上都十分强健。贝茜·萧活到了83岁，在晚年几次中风之前，她几乎没有生过病。而她的儿子也几乎一直很健康；在英国赫特福德郡阿约特圣劳伦斯的一个小村庄的家里去世时，他已经度过了自己94岁的生日。萧伯纳不喜欢自己名字中的乔治，于是习惯性地在正式签名时把名字写作G. 伯纳德·萧。1890年他开始在自己为《世界》写的音乐评论中使用首字母GBS署名；随着他作为剧作家和社会批评家而声誉日盛，首字母成了他在世界范围内辨识度极高的署名。

　　他的出生地是都柏林辛格街上段3号的萧家住宅，后来市政当局决定废除这条街上段、中段、下段的区分，这里就被改为辛格街 33 号了。这栋坐落于一行阳台连排房屋中的三层住宅，是在卡尔·萧于 1852 年婚后一家人搬来居住前不久才修成的*。尽管这里在当时位于城区边缘，是新近住宅开发区的一个组成部分，但从住所走到都柏林城中心仅需 15 分钟左右，去圣·斯蒂芬绿地、三一学院、国会，以及国家图书馆和美术馆都很便捷。美术馆于 1854 年隆重开业，适时成为萧伯纳在爱尔兰成长时最常去的地方之一。与萧伯纳的爱尔兰同胞奥斯卡·王尔德长大的地方梅里逊广场（18 世纪中叶开始，这个住宅区就吸引了许多都柏林的社会精英）不同，辛格街并不是个十分时髦的地段。18 世纪都柏林一些与众不同的小区建筑所具有的那种典雅，并没有在这个一个世纪后修建的、平平无奇的半独立住房街区得到再现。在 1930 年写给弗兰克·哈里斯的信中，萧伯纳这样描述自己的出生地："房子的地下室里有一个厨房、一个佣人的房间和一个食品储藏室。一楼有一个会客室、一个育儿室，以及一个'回房'——作为我父亲的穿衣间使用，后来我长到不能和两个姐姐一起睡在育儿室的年纪的时候，这里就成了我的卧室。楼上是起居室和最好的卧室；就这么多。"[2]

萧伯纳出生的 19 世纪下半叶，爱尔兰经济滞后，充斥着宗派与政治冲突，并且饱受极度僵化的、社会分化严重的阶级制度之害。贫穷与道德沦丧随处可见，尤其是在都柏林这个过度拥挤的城市的贫民窟里。萧伯纳早期小说《未成熟》中有一个角色这样说过："我讨厌爱尔兰。它是地球上最迟缓，与自己的时代最有隔阂、最过时、最令人憎恶的势利之地。"这部小说对这个国家的观点并不仅限于此，但它确实谈及了 19 世纪爱尔兰所存在的一些关键问题；此外，这种观点也符合萧伯纳本人对祖国的大致看法。在萧伯纳出生的几年前，万国博览会在英国女王维多利亚的丈夫阿尔伯特王子的赞助下在伦敦举行。展览上有各式各样的奇妙发明，还有各种彰显工业革命的成果所带来的发达和进步的展品。这是一次令人印象深刻的实力展示，来自正逐渐成为一个广袤帝国之中心

---

* 精巧而一丝不苟地翻新成了符合 19 世纪中叶的样式，现在这所房子是萧伯纳博物馆。

的国家。当然，工业革命的巨大代价是随之而来的人类苦难，但它确实成了经济与政治力量的引擎。由于对工业革命的参与十分有限，爱尔兰落后了。从某些方面来看，它简直就像是帝国一个被忽视的边远村落，有着与不列颠殖民地相似的附属国和集权专制国的一些特征。

爱尔兰那时在文化、经济以及政治方面是一潭死水，在 19 世纪下半叶的那几十年间，这个小国家能诞生出 4 位后来在现代文学和戏剧史上赫赫有名的作家，简直就是奇迹。奥斯卡·王尔德出生于 1854 年，比萧伯纳早两年；而比萧伯纳早两年获诺贝尔奖的 W. B. 叶芝，出生于大约 10 年后；1882 年，从文学形式上改革了小说的人——詹姆斯·乔伊斯也出生于他短篇故事中一个人物所形容的"亲爱的、肮脏的都柏林"[3]。不过，"亲爱"这个词永不会被萧伯纳用在任何他对自己家乡城市的描述中。这 4 位作家，实际上都是在都柏林出生的，不过叶芝早期与斯莱戈郡迷人的田园风光有着更紧密的关联，这方面的记忆，正如他在一首广为人知的早期诗歌中所说的，一直留存"在心灵的深处"[4]。萧伯纳直到 10 岁才第一次为爱尔兰的风光着迷，当时他家搬到了都柏林城外，在多基的海边住了一阵子。

爱尔兰在这 4 位作家看事物的方式上和他们的作品中，都留下了不可磨灭的印记。不过，他们也都对这个国家持有反对和批判的看法。为了实现文学上的抱负，他们都被迫离开爱尔兰，投身于伦敦或欧洲更加辽阔的文化潮流之中。即使是与另外三个人相比，对爱尔兰有更强烈牵挂的叶芝，成年后也是在伦敦写出了一些最具鲜明个人色彩的爱尔兰诗歌。渴望将自己从爱尔兰流放从而得以实现自我，这一点在爱尔兰小说家乔治·摩尔的自传作品《欢迎与再会》（1911—1914）中被生动地描绘出来，他在书中写到，在创作《野鹅》时，他认为，"在爱尔兰，要享受身体和灵魂的独立是不可能的，每个勇敢的男孩都在心里呐喊：现在，让我脱掉外套，好干活赚上 5 英镑并离开这个国家"。1896 年，萧伯纳在给他未来的爱尔兰未婚妻写信时，也提到过这一点，他写道："只要爱尔兰还在孕育那些有意识要离开她的人们，她就不是徒然地存在。"[5]

❧ ———— ✦ ———— ❧

如同许多被用于描述爱尔兰历史构造的习语一样，"新教统治"这一说法也有它的局限性。然而，从 17 世纪后期英国国王威廉三世（奥兰治的威廉亲王）成功入侵爱尔兰并击败爱尔兰和欧洲天主教势力（这最终导致了詹姆斯三世被废黜和流放）开始，新教徒在接下来的两个世纪中，确实在爱尔兰政治和社会事务的分配上占据了统治地位。爱尔兰的萧氏在其建立之初就与新教统治联系在了一起。

在 1912 年寄给他信仰社会主义的朋友亨利·海德的明信片中，萧伯纳对自己的爱尔兰亲戚做了一个概述，他写道："我们的家族是一帮彻头彻尾的朴巴式*势利眼。酗酒与精神失常都是次要的了。"朴巴一词出自吉尔伯特和沙利文的《天皇》中一个浮夸角色的名字，与这个角色不同的是，萧伯纳的父亲，乔治·卡尔·萧并没有位高权重、身兼数职。他最接近于朴巴的时候，就是早年在都柏林四法院 6 当过一段时间的公务员（大概是小职员）。但是，与相较之下显得贫穷的乔治·卡尔有着亲缘关系的众多爱尔兰萧氏成员，却与剧中的这个人物十分相符。宗教改革后，教派、政治、社会的大分裂遗留给爱尔兰民族一个典型的特征——新教徒与天主教徒之间的敌对关系。在这种分裂中，萧氏家族属于新教统治的掌权者阶级，声名显赫。爱尔兰萧氏自视与欧洲伟大的王族是同类。据我们这位无礼的剧作家所说，"萧王朝"在言语和思想上，都自认与波旁和哈布斯堡这样的家族处于同一社会层面，"而他们的世界也给了他们这样想的权力"7。仅仅是与这个爱尔兰萧氏"王朝"有亲缘关系，就被看作高人一等。

在爱尔兰的战役中，煽动英国新国王威廉三世的是反天主教的情绪。显然受到了相同情绪的挑拨，1689 年 8 月 7 日，一个叫威廉·萧的上尉给伦敦上议院的一个委员会寄去了他写的"镇压爱尔兰叛乱建议书"。萧氏本是一个苏格兰家族，但到了那时，建议书作者所在的家族支系已经

---

* 原文 Pooh-Bahs，被用于形容和指代狂妄自大、妄自尊大的重要人物。——译者注

搬到了汉普郡。这个怀有成见但很果断的萧上尉阐述了一个详细的行动计划，包括"七到八个敏捷的护卫舰"的分派，还有"一些好的战舰和8000到9000件武器"，用以对付"走火入魔"的天主教徒，他们的活动显示出了爱尔兰叛乱所带来的空前威胁。[8] 后来他加入了威廉三世的爱尔兰战役，并成了爱尔兰萧氏这一支系的创始人，我们的剧作家就是出自这一支系。博因河战役后，萧上尉获得了一块桑德皮斯的授予地，这是位于皮尔丹的一片毗邻贝斯伯勒伯爵领地的区域，靠近基尔肯尼郡的舒尔河畔卡里克。在舒尔河畔卡里克的爱尔兰圣尼古拉斯教堂*里，18世纪的墓碑证实了萧氏家族是18世纪早期在那个地区建立的。与萧伯纳同名的祖父，基尔肯尼的萧伯纳，正是威廉·萧上尉的直系后人。

在18世纪到19世纪之间，有数名萧氏爱尔兰支系的成员在优势政权的社会、政治以及司法系统里跃居要职。他们之中就有"萧银行"的共同创始人罗伯特·萧，这个银行后来成了爱尔兰皇家银行。罗伯特·萧在都柏林担任邮局的总会计师，并购买了特雷纳庄园。1821年8月17日，当乔治四世在灌木园将罗伯特·萧封为从男爵时，这一支的家族成员升至从男爵爵位。1796年，他从亚伯拉罕·威尔金森那里获得了作为妻子嫁妆的特雷纳灌木园的大片地产和雄伟住宅。在剧作家的一生中，住在灌木园的朴巴是第三位从男爵，可敬的弗雷德里克·萧爵士，兼任法官、国会议员，以及枢密院顾问官。弗雷德里克爵士是新教统治政权中坚决亲英的、政教合一的统治集团的典型代表。维多利亚女王认为他长得十分英俊。[9]

尽管萧伯纳说他只去过一次[10]，但是在他对自己童年时代的重现中，灌木园是一个极具象征意义的地方。富有显赫的灌木园萧氏与那些被他描述为"穷摆架子的寒碜亲戚，一些没有社会地位的小乡绅"[11]的直系亲属截然不同，比起这些更为幸运的萧氏，在谈到父亲和自己的处境时，剧作家诙谐地称自己为"草根出身"[12]。

虽然那些富裕亲戚的财产根本轮不到辛格街的卡尔·萧一家来继承。

---

* 这个教堂现在是遗产博物馆。

不过，这位未来剧作家还算是在一个相对舒适的、雇有仆人的房子里长大的。在他多而零散的自传作品中，萧伯纳对自己家庭背景的引人入胜的描述，其实夸大了卡尔·萧一家的贫困程度；此外，其他一些他所讲的关于家人的故事，也被证明十分可疑。他并不是那种会为了真相而糟蹋一个好故事的人，这一点，在下一章探析他家族的内幕时，就可以看出来。

在 19 世纪，组建庞大家族并不是天主教徒的专利。萧伯纳的爷爷，基尔肯尼的萧伯纳，与他的妻子，基尔马考的教区牧师爱德华·萧神父的女儿弗朗西斯·卡尔·萧，一共生育了 15 个孩子，其中最后一个是死胎。基尔肯尼的萧伯纳担任基尔肯尼郡郡长，同时也是一名公证人和股票经纪人。正如一位不知名画家为他画的肖像画（现存于塔斯马尼亚岛）一样，尽管我们对他知之甚少，但是可以看出他具有浪漫主义诗人和音乐家的气质。他死于 1826 年，刚刚 50 出头，据说是因为一个都柏林生意伙伴的欺诈行为使他遭受了大约 5 万英镑的损失。

10

陷入可怕的财务困境，并且承受着照顾 11 个孩子的负担，萧伯纳的祖母，弗朗西斯，为第二任的灌木园从男爵罗伯特·萧爵士所救。据萧伯纳的澳大利亚表兄弟查尔斯·麦克马洪·萧说，罗伯特·萧爱上了她，向她求婚却没有成功。罗伯特爵士在一个"别致的，有着哥特式尖窗户的乡村小别墅"里为这个家庭提供了免费的住处，小别墅坐落在灌木园的地产范围里。在萧伯纳的印象中，这座小别墅位于有轨电车的终点站旁，带有石墙的花园如画般延伸。伯纳德祖父在"义勇骑士兵和自卫军中作为一名有身份的业余士兵"服役时得到的黄铜头盔和佩剑，他把它们挂在玄关里。[13]

成年的萧伯纳常常在谈话中讲述父亲家人的故事来娱乐听众（也取悦读者）。他记得这些人中有很多人患有斜视，多到让他对斜视习以为常，觉得"就是一副眼镜或者一双靴子"[14]。奥斯卡·王尔德的父亲，著名的眼科医生威廉·罗伯特·王尔德爵士试图通过手术纠正萧伯纳父亲的斜视，结果仅仅是改变了斜视的方向而已。[15]（尽管萧伯纳说他的父亲有着"非常严重的斜视"[16]，但是在仅存的几张照片中，只有一张能勉强看得出来。）

家族所有成员都会演奏某种乐器。萧伯纳的父亲吹长号，而且可以用便士哨笛或者长笛表演《家，甜蜜的家》。[17]姑妈们都能在钢琴上弹奏些曲子。他最年长的一个叔叔，巴尼（威廉·伯纳德·萧），会吹奏一种叫作低音大号的管乐器，那是大号的巨型前身，柏辽兹将其形容为"半音小公牛"，而巴尼可以用它吹出悦耳的哞哞声和低嚎声。埃米丽姑妈会拉大提琴，而夏洛特姨妈会竖琴和小手鼓。在灌木园度过的那些夜里，"单身的罗伯特爵士和他的族人围坐在一个搁脚凳边……巴尼叔叔站在上面，一本正经地用低音大号演奏《安妮·劳丽》[18]。乔治·卡尔·萧和巴尼也曾是一个铜管乐队的成员，这个乐队在多德河的伊利门那举行露天音乐会。当他们不再受灌木园的欢迎后（据萧伯纳讲，这是因为他们酗酒的毛病，但更有可能是因为卡尔·萧与天主教徒的来往[19]），两人招募了另外两名成员并组成了一个铜管四重奏，这个四重奏乐队在国内做过巡演，"表演所有人耳熟能详的曲子"[20]，然后将他们募集到的便士都放进了莫瑟医院的慈善捐款箱里。

作为家族"酗酒与精神失常"这一特征的代表，巴尼叔叔在萧伯纳的故事中是惹人注目的。尽管萧伯纳说他是"一个和蔼可亲的人"，但巴尼除了演奏低音大号以外，最大的兴趣显然就是无节制地饮酒，他在年轻时几乎就没有清醒的时候。不过，在独身生活了许多年后，他突然戒了烟酒并与"一位社会地位很高，并且十分虔敬的夫人"结了婚。那之后他开始热烈地笃信宗教，不过当他习惯性地"膝盖上放本圣经，眼前架着用来打望多基女浴室的观剧望远镜"坐着时，他那罪恶的本性就又显露无遗了。（据萧伯纳说，他的姐姐露西，一个游泳者，证实了这一传言，至少观剧望远镜确实存在。）巴尼叔叔的心智在他老年时变得很糟糕，在受到诸多宗教妄想的折磨后——包括他认为自己是圣灵这个念头——他最终被托付给都柏林北部的一个疯人院，在这里他以一种难以预料的方式离世。萧伯纳回忆说，巴尼当时在这个机构里的"监护

11

人"因为害怕他可能会自杀，就移走了一切可能用于自杀的工具，但却"忽视了萧氏一族的创造力"。巴尼叔叔试图用一个不知怎的留在他附近的毛毡包勒死自己，在这个过程中死于心力衰竭。[21]

这一家子中的一些成员成了 19 世纪爱尔兰大流散的一部分。有 4 个子女迁徙到了澳大利亚，其中的两个在此定居。女儿之一，弗朗西斯（"范妮"）·萧和丈夫阿瑟·格林，以及她的弟弟于 1830 年移民到了西部澳大利亚。他们乘坐的"罗金厄姆号"历经了一次甲板失火和其他几次险境后，最后在一次风暴中于澳大利亚西海岸失事，那个地方现在被命名为罗金厄姆。3 个人随后乘坐"老鹰号"帆船去了塔斯马尼亚岛，并开始在坎帕尼亚种地。当格林一家返回爱尔兰时，爱德华·卡尔·萧搬到了塔斯马尼亚岛的东岸，他在斯旺西购买了一块名叫"红岸"的地（该产业现在仍在萧氏家族的名下）。爱德华·卡尔·萧在塔斯马尼亚发展得很顺利，并成了一名重要的地方高官——萧伯纳将自己移民澳大利亚的叔叔们比作《大卫·科波菲尔》中的米考伯先生——此人通过移民成功地挽救了自己濒临破产的经济状况。爱德华·卡尔·萧家族中还有一个叫伯纳德·萧的人，他成了霍巴特的警察局长，萧伯纳因此给他取了"超级警察"的绰号。家族中在塔斯马尼亚的这一支有一个女孩，"帕蒂"·萧，她就是后来的莱恩夫人，如果她的丈夫威廉·莱恩爵士当年能够成功组建内阁的话，她本可以成为澳大利亚的第一任首相夫人。大家族的第九个孩子罗伯特移民到了澳大利亚，但后来又返回英格兰定居。最后一个移民是第 13 个孩子，沃尔特·斯蒂芬，他在墨尔本定居，*12* 并在政府审计办公室当职员。他的儿子之一查尔斯·麦克马洪·萧，写了一本讲述家族历史的书《伯纳德的兄弟们》。[22]

萧伯纳的父亲及那些没有迁走的姑姑和叔叔都留在了都柏林。叔叔之一，理查德·弗雷德里克·萧成了萧氏的又一个"朴巴"，他在爱尔兰估价办公室担任主任。正是凭借弗雷德里克叔叔的关系，这位未来的剧作家在 1871 年得到了他的第一份工作，在体面的尤尼亚克·汤森德地产中介办公室当职员（后来升职为主任科员）。夏洛特姑姑有一个女儿则成了家族的第一个名人，她就是多产的小说家和记者卡谢尔·霍伊太太。霍伊太太将萧伯纳介绍给了阿诺德·怀特，后者在 1879 年给萧伯纳提供了一份爱迪生电话公司的工作。她的第二任丈夫，约翰·卡谢尔·霍伊是澳大利亚维多利亚州在伦敦的总代表。

　　萧伯纳对于萧氏一族的态度是十分挑剔的。他不喜欢家族里那些势利眼，并对他们的自负大加嘲讽。在与大家族的往来中，他接触到了新教的礼拜徒，对于这些人的狭隘以及道貌岸然、吹毛求疵，他同样十分反感。随着年龄的增长，萧伯纳开始强烈认同英国一些激进的新教徒——共和主义者克伦威尔及弥尔顿；班扬及贵格会教徒出身的汤姆·潘恩，当然还有英国那种不信奉国教的革命主义传统代表布莱克和雪莱这样的人物。不过，在爱尔兰时，青年时代的他厌恶体制化的新教及其社交排场。在他 1898 年发表的一篇知名演讲中，萧伯纳将爱尔兰的新教描述为"不是一个宗教"而是"政治派系中的一个面，一种阶级成见，把罗马天主教徒视为社会下等人，认为他们死后会下地狱，而天堂是供新教的淑女们和绅士们专享的"。[23]

　　虽然他公开地斥责"朴巴式家族"，也毫无疑问地由衷厌恶其偏颇与成见，但是，萧伯纳自己的社交排场（包括后来成为阿约特圣劳伦斯的一名乡绅，雇有私人司机、管家以及其他佣人，出行都是头等舱），他的口音、朋友圈和接触的人，还有他后来与一个富裕的爱尔兰地主的女儿的婚姻，都使他和他家族背景的关系变得很复杂。萧伯纳毕生致力于打击社会不平等和阶级成见，他的真诚是毋庸置疑的。在思想与精神上他一直都是劳动阶级的朋友，而且许多证据都表明他在与劳动阶级的交往中一点儿也不势利。不过，即使是他在都柏林当办公室勤务员的日子里，他也从未与社会经济地位处于最底层的人们走得很近。萧伯纳的社会背景从许多方面影响了他自己职业生涯与人格的形成——其程度可能比他所愿意承认的要多。

13

❧ —————— ✦ —————— ❧

　　萧伯纳的母亲，露辛达·伊丽莎白（"贝茜"）·萧，来自一个叫格尔里的家族，这个家族活跃于新教徒统治的社交圈。我们并不十分清楚她的父亲沃尔特·巴格诺尔·格尔里除了从他各种零散的房产收取租金外，是否还有别的职业。格尔里家族是爱尔兰地主阶级的一员，大都在卡洛郡和西爱尔兰拥有土地或担任律师。在爱尔兰卡洛圣玛丽教堂的圣坛里，有一个 18 世纪晚期新古典主义风格的纪念碑，是由"托马斯·格尔里先生所立，以表对他兄弟巴格诺尔·格尔里先生热切的悼念，并纪念他的诸多美德"。在列举了他的品质与"为其生活增色并使之变得更甜美的社会美德"后，这块碑记录了巴格诺尔·格尔里死于 1796 年 2 月 25 日，年仅 25 岁。委托制作此碑的人就是萧伯纳的外曾祖父，托马斯·格尔里，一名初级律师兼莱格林教区的司法常务委员。格尔里是卡洛区的一个显赫家族，是韦克斯福德的詹姆斯·古尔利的后人，他出生于坎伯兰与切斯特。格尔里氏，与萧氏一样，也是爱尔兰教会显赫的世俗教徒。

　　在 1853 年卡洛镇的一份住宅评估中，沃尔特·B. 格尔里（原文如此）被列为卡洛地区 12 所房产以及波林纳卡里格教区 1 所房产的房东。其中卡洛的许多房产，在 1899 年其舅舅沃尔特·约翰·格尔里死后，由萧伯纳极其不情愿地继承了下来。这些地产多数是一些小型的廉租房和庭院，被用作寓所和办公室。不过，这些房产中还有一座令人印象深刻的"礼堂"，最初，当地的上流社会人士用它来举办舞会和音乐会一类的聚会和娱乐活动。[24] 到了 1945 年，萧伯纳实现了他多年来的构想，他将这些产业都赠给了卡洛镇，为此，爱尔兰共和党议会（众议会）执行一项特殊法令，才使私人产业公有化这一不寻常的行为能够得以实施。

14　　　　沃尔特·巴格诺尔·格尔里结了两次婚。1829 年 12 月 29 日，他在第一段婚姻中娶了未来的萧伯纳的外祖母，露辛达·惠特克罗夫特，她的父亲是拉斯法罕区惠特彻奇镇高地庄园的乡绅、棉花制造商、地主以及当铺老板约翰·汉密尔顿·惠特克罗夫特，母亲是来自都柏林的露辛达·戴维斯。1852 年 5 月 25 日，他二婚娶了伊丽莎白·安妮·克拉克。在第一段婚姻中，沃尔特·巴格诺尔·格尔里和妻子生了两个孩子。第一个孩子露辛达·伊丽莎白·格尔里出生于 1830 年 10 月 6 日，她就是萧伯纳的母亲。第二个孩子是沃尔特·约翰·格尔里，他在基尔肯尼学院上过学，后来又被都柏林的三一学院录取，后来他进入了医学院并成了皇家外科学院的硕士。[25] 在当了几年英曼航线号上的船医后，1881 年 7 月 14 日，他在埃坪森林附近，埃萨克斯郡雷敦的海伊路 200 号开了自己的诊所。沃尔特·约翰·格尔里娶了埃米丽·简·沃尔顿，不过他们没有子嗣。萧伯纳在《十六张自画像》中把沃尔特称作"拉伯雷式的舅舅"，一系列的下流玩笑和"猥亵打油诗"都来自他。萧伯纳将他、乔治·卡尔·萧以及音乐策划人范德勒·李——早在 1867 年，萧家就开始和他一起合租都柏林和多基的房子——看作是自己的三位"父亲"。[26] 萧伯纳早年在伦敦的时候，会时不时地去雷敦拜访舅舅与埃米丽·格尔里；1881 年夏天他出天花时，也是在格尔里的家中养病的。

在第二段婚姻中，沃尔特·巴格诺尔·格尔里共生育了七个孩子，其中包括六个女儿和一个尚在襁褓中就夭折的儿子。他们都与萧伯纳有联系，这其中就包括阿拉贝拉（"莫伊拉"），她从年轻时丈夫约翰·吉尔摩去世后就开始守寡。她从 1898 年开始和萧伯纳的母亲贝茜·萧（她同父异母的姐姐）一起住，一直到贝茜于 1913 年去世。之后她成了简·帕特森（"珍妮"）太太的伴护，简是萧伯纳在 19 世纪 80 年代到 90 年代初期的情人。阿拉贝拉的女儿乔治娜（"朱迪"），在 1912 年嫁给了哈罗德·查沃斯·马斯特斯，她在 1907 年到 1912 年间担任萧伯纳的全职秘书，同时也是萧伯纳的第一位全职秘书。沃尔特·巴格诺尔第二段婚姻中的另一个女儿乔治娜（"小乔吉"）是萧伯纳最喜欢的一位姨妈。[27]

1826 年，在萧伯纳的父亲乔治·卡尔·萧 11 岁的时候，萧伯纳的

祖父，基尔肯尼郡的萧伯纳去世了。从 1838 年开始，乔治·萧在托德亨特的商业公司担任办公室职员，并在那里干了 7 年。[28] 或许是凭借都柏林法官尊敬的弗雷德里克·萧爵士的一些有利关系，1845 年前后，他在四法院得到了一个公务员的职位。（这个职位很显然是某种收入颇丰的闲职，其具体职务我们无从知晓。）当这个职位在 1851 年被废除以后，乔治·萧获得了每年 44 英镑的抚恤金。在五金店和玉米商业公司短暂地干了一阵以后，他将自己的抚恤金以 500 英镑的价格一次性卖给了约瑟夫·亨利·奥布赖恩。以这笔钱作资本，他加入了一个名叫乔治·克利伯恩的人所成立的玉米、面粉、谷物制品批发公司。克利伯恩与萧公司在位于杰维斯街 67 号的地方有一间办公室和仓库，此外还在多尔芬粮仓有一个磨坊（购于 1857 年），"坐落于运河边的乡下，在一条名叫拉特兰大道的美丽的乡村小街的尽头"[29]，萧伯纳小的时候，父亲有时会带他到这里玩耍。

1839 年沃尔特·巴格诺尔·格尔里的第一位妻子死后，萧伯纳未来的母亲露辛达·伊丽莎白·格尔里被送给她未婚的姨妈埃伦·惠特克罗夫特照顾，埃伦的兄弟约翰·汉密尔顿·惠特克罗夫特也帮她一同抚养露辛达。埃伦姨妈住在都柏林的帕默斯顿寓所，在她这里，贝茜接受了法语教育，学习了音乐以及所有淑女的美德。从 1839 年到 1846 年，她在约翰·伯恩哈德·洛吉的音乐教育机构学了钢琴；关于洛吉教学法，她做过一些极为生动的描述。[30] 贝茜有着被萧伯纳形容为"音色至纯"[31] 的女中音。婚后，她成了都柏林一名业余的音乐会与歌剧主唱。她写歌，同时还是一名唯灵论和通灵会的爱好者，她创作了一些相当有趣的"灵"绘。[32]

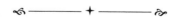

1852 年 6 月 17 日，萧伯纳的父母在都柏林的圣彼得教堂举行了婚礼。在教堂的登记里，新郎被描述为住在都柏林伦诺克斯街 17 号的单身汉，而新娘被描述为来自斯蒂洛根的未婚女子。主持婚礼的是威廉·乔治·卡洛尔牧师，他是乔治·卡尔·萧的姐妹埃米丽的丈夫。婚礼由新娘的父亲以及一位名叫乔治·H. 麦克马伦的绅士做见证。[33] 据萧伯纳讲——他是此事唯一的信源——蜜月是在利物浦度过的。乔治·卡尔和露辛达·伊丽莎白·萧一共生了 3 个孩子，露辛达·弗朗西斯（"露西"），埃莉诺·阿格尼丝（"雅皮士"），还有萧伯纳。萧伯纳在婴儿时期被昵称为"鲍勃"或者"鲍勃扎"，而在童年时则被昵称为"桑尼"。

与她的母亲一样，露西·萧也有着优美的女中音，作为一位音乐喜剧和轻歌剧的明星演员，她在事业上很成功，1898 年到 1899 年间，她因感染了肺结核而被迫退休。露西掌握了足以应付工作的几门语言，为阿德尔菲戏剧社翻译了几部斯特林堡的剧作，还尝试翻译过易卜生和比昂松的作品。露西最初是在范德勒·李导演的业余演出中工作，后来变得对他十分反感。据萧伯纳说，露西那时候"很有魅力"，李在伦敦的那段日子里"似乎在性方面显得太过感情用事"，他对露西施展了一些不受欢迎的具有情色意味的挑逗。露西则觉得他的这种关注"令人厌恶"。[34] 1879 年的平安夜，在卡姆登镇的皇家公园，她以"弗朗西斯·卡尔"这个名字，在童话剧《美女与野兽》演出中，献上了自己职业生涯的首秀。随后她就开始与卡尔·罗莎歌剧公司和多伊利·卡特歌剧公司合作。从 19 世纪 80 年代中期开始，露西频繁地参加巡演，留下萧伯纳独自与母亲待在一起。她在 1887 年嫁给了演员同伴查尔斯·罗伯特·巴特菲尔德，1909 年，两人在分居了很长一段时间以后离婚。萧伯纳一生的挚友马修·爱德华·麦克纳尔蒂（被称为爱德华）和露西也是很好的朋友，19 世纪 70 年代，她拒绝了他的求婚之后，这段友谊也没有中断。爱德华将他们之间的书信看得很"神圣"，露西死时，他烧掉了全部的信件，只在都柏林的家里留下了她遗赠给他的贝希斯坦牌钢琴，这架钢琴是由萧伯纳安排运送给他的。

据说露西不但外表有魅力，而且自信却不傲慢，聪明且有风度，早年常令自己那害羞的弟弟相形见绌。萧伯纳对早期小说中两位女性人物的刻画，正是来自他对露西的回忆：《不合理的姻缘》中的菲丘·拉

16

拉吉以及《艺术家的爱情》中的玛奇·布雷斯福德。在萧伯纳结婚以后，他在经济上给予露西援助，她那时已逐渐被肺结核折磨得孱弱不堪了。

家中第二个女儿，阿格尼丝被萧伯纳的朋友麦克纳尔蒂形容为"一个可爱的、脾气甜美的，长着浅褐色大眼睛和华丽的长至脚踝的赤金色头发的姑娘"[35]。除了一张摄于1874年的精美肖像照之外，我们对这位姐姐所知甚少。正如后来的露西一样，她也感染了肺结核，并在21岁那年死在了怀特岛文特诺的圣劳伦斯医院。她被葬在文特诺的教堂墓地，墓碑上镌刻着圣保罗《腓立比书》中的句子（第一章，第23节）："情愿离世与基督同在。"

关于萧伯纳是贝茜·萧与范德勒·李通奸而生的猜测，得到了托马斯·迪米特里厄斯·奥博尔格、B. C. 罗塞特和其他一些人的强烈赞同，但这种说法其实是基于非常薄弱的"证据"。不仅没有可能对这件事做明确的陈述，总的来说，它几乎可以称作是捕风捉影。[36]特别是在他老了以后，我们这位剧作家在外貌上与萧氏其他男性亲属变得极为相似。1947年在他收到从塔斯马尼亚岛寄来的祖父母的肖像照后，萧伯纳写了一张明信片，并在其中表达了自己看到祖母后所发出的惊叹："卡尔家的鼻子和耳朵起的作用多大啊！"[37]在1942年写给格蕾丝·古德利夫的信中，他说："现在卡尔家的鼻子遍布了澳大利亚。"[38]萧伯纳和他移民塔斯马尼亚岛的叔叔爱德华·卡尔·萧都有明显的卡尔家面部特征痕迹，而他们整个家族的相似性在老年的照片里都显而易见。在一些照片中，萧伯纳和与他同名的塔斯马尼亚岛的大表哥，爱德华叔叔的长子，也有着惊人的相似。萧伯纳和其他人各种各样的评论都显示，他的母亲有着十分强烈的礼仪感。在一封1916年给奥博尔格的信中，萧伯纳关于母亲如是写道："她是那种女人，即使从18岁到40岁都在骑兵营房当女管事，也不会有丝毫名誉上的污点。"[39]

—◈—

在他的自传作品中，萧伯纳写了许多有关自己直系亲属的事。但是，与大多数人一样，他对自己更为久远的那些祖先的兴趣是一阵一阵的，对他们也是一知半解的。有时候，自己与某些历史名人有着某种联系的可能性，会激发他的想象。他倾向于认为自己的血统可以追溯至苏格兰领主麦克达夫，那个杀死麦克白的人，一个堂吉诃德式的世界改良者的恰当偶像。他同时也愿意相信另一个理论，那就是他的家族是奥利弗·克伦威尔（"老诺尔"，萧伯纳喜欢这么称呼他）的姻亲，大多数爱尔兰人都不会愿意声张这样一个姻亲。他之所以怀疑与克伦威尔有联系，是出于两个传言，某个叫作玛丽·马卡姆（萧伯纳的曾曾祖母之一）的人，是 1777 年至 1807 年间担任约克郡大主教的威廉·马卡姆主教的姐妹，而这个马卡姆家族就是克伦威尔的后裔。上述这两个传言都被证明是假的。马卡姆主教只有一个姐妹，伊丽莎白，她终生未婚也无子嗣。更有甚者，马卡姆家族的祖先能被追溯到克伦威尔那里的说法，被其中一位家族成员克莱门茨·马卡姆爵士驳斥。萧氏的祖先，爱尔兰的玛丽·马卡姆是伯纳德·马卡姆的女儿，而他来自基尔肯尼郡的碎茶镇：伯纳德这个名字很有可能就是这样进入了萧氏的教名库的。[40]

在 1936 年写给他后来的传记作者圣约翰·欧文的信里，萧伯纳对他爱尔兰的祖先做了一个总述，这个总述可能不完全真实，但却很有趣，他讲述自己的家人时一贯如此。萧伯纳说自己是"未诞生者麦克达夫第三个儿子沙格"的后代，并以他特有的绵延曲折的笔触继续写道：*18*"我也是所有在 18 世纪或者更早的时候，活在这些岛上，并繁衍生息的那些人的后代；但是我倾向于老诺尔和麦克达夫。"[41]谁会质疑这般诗意的、不拘一格的族谱呢？在谈及他的祖先以及家族时，萧伯纳并没有过多地陷入奥斯卡·王尔德在《谎言的衰朽》中所哀叹的那种"对精确性漠不关心的习惯"。

第 *2* 章

家族内幕

在萧伯纳对家庭背景以及都柏林童年的所有叙述中，他似乎都被一种强烈的，或许是无意识的冲动所支配，那就是把自己作为一个自我创造的奇迹来呈现，从没有希望的逆境中成长为一个名扬四海的人。在这个过程中，他的亲生父母对他鲜有帮助，他的父亲甚至还多番阻碍过他。他倒是承认一些来自父母的遗传。他声称从父亲那里继承了对滑稽的突降法*的钟爱，还有对圣经故事所抱有的怀疑主义精神。萧伯纳也承认童年时代母亲的音乐爱好和职业对他至关重要，他也承认母亲的导师范德勒·李对他的影响。然而，总的来说，萧伯纳的自我描述包含着对他父母极其消极的看法，这一点在后来极大影响了人们对他人生的描写和阐述。[1]一个对生意无能为力的、无可救药的，而且还被酗酒毁了的父亲，这就是萧伯纳的故事，母亲虽然在其他方面有着令人钦佩的品质，但除了对女儿阿格尼丝[2]有所表露之外，几乎没有"母亲特有的激情"。萧伯纳因此不得不完全依靠自己。他热衷于夸耀自己多么幸运地拥有了

---

* 修辞学指说话或写作中从有重大意义的精彩内容突然转入平淡或荒谬的内容。——译者注

三个父亲：生父、范德勒·李以及他那渎神的舅舅沃尔特·格尔里。但是一个接着一个，这些父亲都不再可信，从而给人留下了他最终只能给自己当父亲的印象。他几乎是将自己作为一个自然孕育的产物来描述的，而有趣的自传，就是他进行自我创造的手段之一。不过，与斯威夫特《格列佛游记》中值得信任的慧骃不同，萧伯纳在讲自己人生故事的时候很爱说："没有的事。"如我们所知，他试图通过这样一整套的叙述手法来保持自己最牢固的作者控制权。我们固然需要尊重他对自己人生的描述，但它们的真实性却往往因为来自其他渠道的信息而被人怀疑。

萧伯纳父母婚姻头几年的故事，人们对他们的性格以及对待儿子的 *20* 态度的印象，几乎全部都是出自萧伯纳自传作品中的描述。有大量证据显示他这些描述其实是不可靠的，但这些证据在很大程度上被忽略了。一些重要的文件始终没能公之于众。尽管他不认同把传记作为一种文学形式来看待，从 19 世纪 90 年代到 20 世纪 50 年代去世前，萧伯纳一直以滑稽——且通常带有误导性质的——的口吻向读者描述自己的家庭和教养；他给 T. P. 奥康纳的忠告——"所有的自传都是谎言"[3]（来自1898 年首次发表的一篇自传随笔）——并没有让后来的评论者在看待他的自传时引起足够的注意。他说自己身上那种萧氏惯有的"玩世不恭夸大其词的能力异常强大，那些关于他的流言蜚语在他面前都会相形见绌"[4]。除了他 21 岁就去世的姐姐阿格尼丝，他直系亲属的性格和习性都定格在了他漫画式的描绘中，无一幸免。正如阿齐博尔德·亨德森提出的，萧伯纳"无论是从专业的角度还是感性的角度，都无法真实地描绘任何家庭成员或者亲戚的形象"[5]。

萧伯纳在自传中赋予这个家庭的最显著的特点，就是他父母在利物浦度蜜月时，萧太太即刻发现两人的婚姻其实是一个灾难，从那一刻起她就永远地与丈夫疏离了，后来关于他的家庭的一些广为人知的叙述都受到了这些核心概述的影响。在结婚 21 年之后，萧伯纳的母亲确实决定离开丈夫和都柏林，并前往伦敦开始了作为一名音乐教师的工作。然而，在婚姻的这些年里究竟发生了什么，却远比萧伯纳和后来那些评论员们展示给我们的要复杂得多。

❧ ——— ✦ ——— ❧

萧伯纳对于这场婚姻的描述就像是一部滑稽的维多利亚情节剧。在他晚期的自传作品《十六张自画像》（1949）中，为了给故事的高潮做铺垫，他将父亲描述为一位"毫无恶意的60岁绅士"[6]（37岁的乔治·卡尔·萧在1852年6月17日娶了当时22岁的贝茜）。据萧伯纳讲，贝茜初入社交界并被乔治·萧追求时，还和姨妈埃伦一起住在都柏林，姨妈本想要给外甥女一大笔嫁妆的。在他写（给托马斯·奥博尔格）的一段叙述中，萧伯纳明确地表示，他父亲向贝茜求婚的动机是"企图获得财产"，也就是她姨妈的那份财产。[7]尽管在《十六张自画像》中这一说法委婉了许多，但在后来的一些叙述中，依旧可以看出相当明显的暗示，那就是他父亲当时表现得像个"投机分子"[8]。

萧伯纳说贝茜宣布婚约时遭到了她家人的激烈反对。乔治·卡尔不仅穷，还是一个酒鬼。当贝茜就第二项指控找他对峙时，他回答说自己是"一个笃定的终身禁酒主义者"[9]。然而，这个"投机分子"同时也是一个骗子，因为他没有说清楚，尽管他在原则上是个禁酒主义者，但是在行动上却不是。两人如期结了婚，而贝茜一个子儿也没有从姨妈那里得到。他们到利物浦去度蜜月，正是在这里，年轻的新娘发现了可怕的真相。打开她新郎的衣橱，她发现里面"满是空瓶子"[10]。当她试图逃到海上去当一名女乘务员时，却遭到了几个粗鄙的利物浦造船工人的调戏。她最终接受了自己的"悲剧"[11]，回到了都柏林，回到了一个"穷讲究的地狱和一个酒鬼丈夫那儿"[12]。

给萧伯纳的父母蜜月故事带来冲突的是，他姐姐露西出生于1853年3月26日，正好是乔治·卡尔和露辛达·伊丽莎白婚礼之后的第9个月零9天。显然，这个"受委屈的天真女子"在结婚的时候，至少有一次屈服于"骗子"的怀抱，十有八九，就是在那个灾难般的蜜月中。

萧伯纳的传记作家们在很大程度上采用了萧伯纳对这场婚姻的叙述，并不免添油加醋。B. C. 罗塞特像一个法医般宣称："我相信当乔治·卡尔作为一个酒鬼和骗子无所遁形时，贝茜·伊丽莎白被逼到了崩

21

溃的边缘，他们之间仅有的维系也随之永远地破裂了。我确信萧太太离开了她丈夫，并从方方面面拒绝他，很可能也包括性爱。"[13] 其他传记作家一致宣称这场婚姻是没有爱情的，这场结合对乔治·卡尔·萧来说是为了贪图财产，而对贝茜来说，则是因为她想要逃避原生家庭那种令人难以忍受的境况。[14]

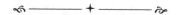

　　1857 年夏天，萧伯纳在一岁生日来临之际（7 月 26 日），背朝厨房窗户摔了下去，他漫长的职业生涯差点就被掐死在了萌芽状态。他的母亲由长女露西陪伴，花一个月去爱尔兰西部探望自己的父亲了。辛格街萧家的房子里留下了她的丈夫，另外两个孩子阿格尼丝和萧伯纳（"雅皮士"和"鲍勃"——或者"鲍勃扎"——当时大家这样昵称他们），一位看护以及一个做饭的女佣。　　*22*

　　乔治·卡尔·萧在妻子与她父亲居住的这段时间里写了十五封信，这些信让我们得以从独特的视角一窥这个家庭当时的生活。萧伯纳保存了这些信，他还同时保存了少量他早年还是伦敦一名不起眼的记者和小说家时，他父亲写给他的信。萧伯纳在《十六张自画像》的第一章里引用了这些写于 1857 年的信中的一些话。由于父亲讲述的是婴儿时期的他，萧伯纳把这一章命名为"我的第一位传记作者"（乔治·卡尔·萧是萧伯纳的第一位传记作者，然而不幸的是，鉴于前者后来的名声，他的儿子实际上是自己父亲唯一的传记作者）。许多段落——会让人质疑他所讲的父母婚姻初期故事的真实性，甚至可以让这些故事变得一文不值——都被萧伯纳删掉了。从他在伦敦时父亲写给他的那些信中，我们可以看出，父亲对萧伯纳早期的作品有着强烈且不乏智慧的兴趣，但这些却从来没有被萧伯纳提及，在传记中也被忽略了。在他的信中，这位剧作家的父亲是位和蔼可亲、性情温柔的人，他带有一种古怪的幽默感（他喜爱双关语），喜欢追根究底，并且有着极大的耐心。

　　乔治·卡尔在他们结婚 5 周年纪念日后不久写给贝茜·萧的信，粉碎了人们关于两人在蜜月期间关系就破裂了的猜想，这段日子里，他们显然每天都在通信。[15] 这些信充满爱意，富有幽默感。他以各式各样的名字称呼贝茜，诸如"我亲爱的人儿""我的甜心""我深爱的贝丝"。一封8月18日的信，开头这样写道："这个早晨，我喜爱你的落款胜过喜爱我目前为止从你那里得到的所有其他东西。你的确是'我专属的'贝茜，希望你永远如此。"[16] 也许小别胜新婚，但是在信中署名时将自己称为他"专属的贝茜"，至少暗示了她当时绝非处于感情疏离的状态。他总是热切期盼贝茜的回信，这些信通常是由刚开始学走路的"鲍勃"拿进屋的："你真的是太善良了，如此频繁地给我写信……不管是何种动力……幸好有它驱使你不停地写，我的甜心，否则，每天早晨鲍勃要是不拿着你的信跌跌撞撞地走到我面前，并让我迫切地从他那里把信抢过来的话，我会很失望的。"[17]

信中不止一处显示出两人之间有着大量善意的玩笑和挑逗，尤其是来自年轻的妻子。在一封写于7月20日的信中，他发出了这样的责难："你仗着自己离我这么远就敢如此骄纵和粗鲁，不过我会把这一切写个备忘记在我的记事簿里，等你回来了我再跟你算账。"[18] 当她给孩子们送去亲吻，并明确指明没有他的份儿时，他回复道："我把你的吻给了雅皮士和鲍勃，但与你的旨意相反的是，我糊弄了一下留了几个给我自己。要知道没有什么比偷来的吻更甜蜜的了。"[19]

从这些信中可以看出，乔治·卡尔作为一名父亲，并不是那类与孩子们甚少接触的生疏长辈，在维多利亚时代，他那个阶层的绅士们往往都是这样。他一岁的儿子——生命力学说未来的支持者——在这段时期显然充满了活力。这位父亲多次报告"鲍勃变得越来越不听话"[20]，并补充"今早我任由他像头公牛一样咆哮撕扯"[21]。下面这些描述显然来自一位对自己的家长身份感到高兴的父亲：

> 我们在这里一切都好——雅皮士和我通常在我的衣帽间和会客厅一起度过早晨的时光——我也很荣幸地有鲍勃扎做伴，我们一起比赛走路。他现在能从看护那里猛冲向我，然后又猛冲回看护或者

布拉巴宗那里，他的这项壮举尚未超出两三码的距离……

　　昨天早上我把两个小孩带出去并让他们乘坐了测距轮，不仅是他们，就连我也玩得非常开心……

　　今早鲍勃在床上跟我待了一会儿……我中午的时候在家，与雅皮士和鲍勃一起度过了十分有趣的 1/2 小时（原文如此）。[22]

　　在这段时间贝茜很明显处于一场疾病的恢复期并且还受着面部疼痛的困扰。对于后者，乔治·卡尔给她的处方是金酒："我认为你回来的时候应该再试试金酒。对有些人……这种疗法可能会使情况更糟，但是我不担心你，至于说这药很难喝，小孩子们才会这么说。"[23]

　　酒，在这个时期显然不是禁忌话题；乔治·卡尔可以如此公开地谈论酒，不可避免地让人对其儿子所讲的那些与这方面相关的故事感到怀疑。尽管如此，父亲酗酒仍是萧伯纳不止一次重提的话题；在他看来，这是这个家里不可告人的事中最大的一件丑事。

　　萧伯纳在 1879 年写给詹姆斯·金斯顿医生的一份模拟临床笔记中首次提到这个话题，此人是他在伦敦圣巴塞罗缪医院的一位医学朋友。[24]当时 23 岁的萧伯纳正在为他的新小说《不合理的姻缘》研究嗜酒症这一主题。显然，他决定向金斯顿·巴顿展示一类叫作"不自主纵饮白兰地"的病例，他在一个纵览中列举了父亲家族酗酒的习惯。在这个纵览中，主要的酒徒包括他父亲兄弟三人。有那么一两次，萧伯纳报告说，他的父亲会纵饮一番然后就消失，好几天之后才回家，"并显示出无节制地过量饮酒后的所有症状"，虽然"他通常是在傍晚回家，醉醺醺的，把晚餐吃了，小睡一会儿，然后就继续出去喝些白兰地，一直喝到睡觉"。这份病历继而表示"他胃口很好，但是会时不时地腹泻"。在这段描述中，完全戒酒前的乔治·卡尔·萧被看作是一个十足的酒鬼："尽管他从未清醒过，但他也很少酩酊大醉。"萧伯纳用"低调"这个词形容他父亲的时候并不是指他作为一个人的社会性格，更准确地是与他喝酒的习惯有关系：他和他的兄弟们"作为低调的浅斟慢饮式酒徒有着相似的习惯。他们喝酒时都避免被别人看到"[25]。萧伯纳在笔记中说，在他动笔写这个笔记时，他父亲已经"超过十年"滴酒不沾了（在发作了某疾病以后）[26]，在这之前他还曾有过一段长达 16 个月的禁酒记录。这就意味着在剧作家十几岁时——在父母分开的多年以前——他的父亲已经是一个彻底的禁酒主义者了。

尽管乔治·卡尔·萧崇尚禁酒主义的儿子可能夸大了他酗酒的问题，但是他的故事似乎也不是毫无根据的。不管他父亲酗酒究竟到了什么程度，这件事确实对萧伯纳的童年回忆，以及他人生观的形成与塑造，都产生了极大的影响。不过，萧伯纳在许多自传作品中对父亲弱点的强调，遮盖了乔治·卡尔·萧其他的性格特点，尤其是在萧伯纳童年和刚成年时父子关系的真实情况，这些都被他和以往的传记作者们忽视了。

这段日子里，这位父亲一直很关注儿子的成长。萧伯纳回忆，尽管父亲不是特别喜欢读书，但"他读过沃尔特·斯科特爵士以及其他一些经典著作；他也总是鼓励我这么做，鼓励我常去图书馆，还让我只要经济上能承受，就去看戏剧和歌剧"[27]。他第一次大声朗读的经历就是坐在父亲的膝盖上完成的。[28] 乔治·卡尔·萧在基里尼海湾给儿子上了第一节游泳课，并郑重告诉他，正是自己的游泳技能，让他在 14 岁时，救了兄弟罗伯特的命。看到年少的萧伯纳对此很受感动，这位父亲俯身悄悄说："说实话，我一生中没有比这更后悔的事了。"接着他"跳入海中，享受了一番让人彻底神清气爽的畅游，回家的一路上都在咯咯笑"。[29] 游泳在萧伯纳晚年的时候成了他最爱的消遣之一。

萧伯纳自传作品里关于父亲的回忆，在他童年和青少年时期之后就逐渐消失了。乔治·卡尔·萧在 19 世纪 70 年代末和 19 世纪 80 年代初写给儿子的信（在后者搬到伦敦以后）表现出了他对萧伯纳早期创作活动的强烈兴趣。他将作为礼物的价值 10 到 30 先令不等的邮政汇票以及一系列对这个"坏心眼的狗杂种"[30]不写信的抱怨，还有对萧伯纳分批寄给他的各种作品的鼓励话语和精明批语一同寄来。萧伯纳在早期小说中塑造的那些人物里，《一个不合群的社会主义者》中的悉尼·特里弗西斯是他父亲特别钟爱的角色。

特里弗西斯是一个有钱的年轻人，他离开上流社会，到乡绅的群体中去实践颠覆性的社会主义活动，还把自己伪装成一个名叫斯迈拉什的卑微乡巴佬。在一封日期为 1884 年 8 月 15 日的附有一英镑的邮政汇票以及一条"寄同样的给你的妈"的消息的信中，乔治·卡尔·萧写道："我非常喜爱这位'斯里玛什'（原文如此）朋友，尽管我并不是完全赞同他，因为我无法想象他的想法如何才能成功实践，即便我们假设他是正确的。"[31] 这显然是在回答萧伯纳抱怨他拼错了斯迈拉什的名字，他两周后又写信说：

> 附上 15（先令）。希望这能让你避免挨饿。
>
> 谢谢你的信。如果如你所说，我把你的英雄拼成了"斯里玛什"，那只是笔误。我如此喜欢这个名字，因此是不会记错了。关于工人们没有得到他们劳动的公平分成，我很大程度上或者说其实是完完全全赞同他的（这当然就意味着你）。但正如我之前说的，要如何纠正这样的不幸？没有资本使我想到工作将无法继续进行，而正是工作的运作给雇主或者雇员带来了钱！[32]

同样是这个父亲，因为儿子的校友的父亲是一个管理店铺的五金商[33]，他便禁止儿子跟此校友玩耍，而与此同时，他依旧能够充满同情心并不乏智慧地对这个年轻人虚构的人物，一个卖力而粗暴地用语言去摧毁阶级制度的不合群的社会主义者，做出响应。

在一封 1937 年的信中，萧伯纳确实承认过，他因自己在父亲仍在世的时候对其"不够体谅"而懊悔。这封信发表在修订版的《十六张自画像》中，这段话是这么写的："当我回想起自己在一些情况下对（我的父亲）不够体谅时，我明白了约翰逊博士为何会站在雨中，试图弥补相同的懊悔。"[34] 然而，这样的懊悔并不足以阻止萧伯纳在自传作品中发表一些极其有损他父亲声誉的言论，这些言论是否中肯，有待考证。萧伯纳对于一些事件的简化以及后来对他父亲道德意识的曲解，使人想起皮兰德娄在《六个寻找剧作家的角色》中，塑造父亲这一角色时，对

26

此类问题的研究。就像诗人詹姆斯·克拉伦斯·曼根及其他19世纪的爱尔兰人一样，萧伯纳似乎受某种欲望的驱使而犯下了某种修辞学上的弑父之罪。"屠杀了他的父亲"，辛格《西方世界的花花公子》中的肖恩·基奥这样说道。

虽然萧伯纳很慷慨地承认了母亲的音乐才能，以及她在他早年的音乐教育中所起的至关重要的作用，但他也是唯一将她描述为一个冷淡、情感拘谨的女性，且"没有喜剧神经"[35]的人。后一种说法被不止一位见证人的描述反驳。阿齐博尔德·亨德森记得，"她讲话时眼中总是洋溢着难以抑制的欢悦，很容易就能看出她的儿子是从哪里继承的幽默感"[36]。1889年9月，当凯瑟琳·泰南和梅·莫里斯、贝茜·萧一起在凯尔姆斯科特寓所的花园中喝茶时，凯瑟琳发现，"和她的儿子一样，她非常诙谐，很爱讽刺，然而不论是诙谐还是讽刺都不会留下令人不快的感觉"。她记得萧太太"表达了强烈的爱尔兰新教徒观点"。[37]悉尼·霍尔丹·奥利维尔（后来的奥利维尔男爵）是萧伯纳早期在费边社的一个朋友和同伴，他记得结识萧伯纳的母亲"如同结识萧伯纳本人一样，'令人愉悦和振奋'"[38]，他经常在伦敦菲茨罗伊广场29号她的家中见到她。她的社会和政治观点在萧伯纳的报道中显得极其辛辣，当时萧伯纳在摄政街为她指出R. B. 坎宁安·格雷厄姆，她的回答是："胡说！坎宁安·格雷厄姆才不是你们中的一员呢，那位先生可是个绅士。"[39]

贝茜·萧现存的唯一自传式文章是写给萧伯纳的，简洁地讲述了她童年时从1839年到1846年，在洛吉家族的指导下上了钢琴课。她通过文字描述，生动地展现了洛吉家对钢琴学生们所使用的那些严厉的方法，并以令人动容的谦虚态度提到自己在音乐的这一分支上所获得的成功：

　　　　　　我……经常都是手背上放着各种各样的王国货币在弹奏，还有我的头发那时候是在背后扎成两条长辫子绑在椅背上，再用细绳把一个厚纸板挂在我的脖子上，就像现在我们怎么把照片挂在墙上那样，这样就能防止我看自己的手……我很清楚地记得，那时的标语之一就是"保持你的手腕放低且手指放在键盘上"。我想我在那个学院时做过的最高级别的尝试，就是演奏塔尔贝格改编的"摩西在埃及"，而现在回想起来，我那时简直就是毫无优雅可言的一团糟。作为表现优秀的奖励，我最后得到了演奏的机会，我谦卑地恳求让我向所有那些因为听我演奏该曲而受折磨的人道歉，或许事实上我演奏的根本就不算是这首曲子了。但是在那个时候我有着一个绝佳的"演奏者"的名声，我理所当然地接受了这一评价并且也一直对其深信不疑，直到我婚后不久去听了塔尔贝格演奏他改编的"摩西"，那之后我就对自己说"再也别弹了"，并且从那时起，永远放弃了钢琴。[40]

这段话给人的印象是，她是一位活泼有趣的女士。

虽然不能简单否定萧伯纳认为自己生长在一个没有爱的家庭中的看法，他认为母亲缺乏母性的情感，因此也令他丧失了母爱。但是，就像他对家庭成员大量的"玩世不恭、夸大其词"的描述一样，他的这些声明是否中肯，还有待考证。

有一个人同时认识萧伯纳和他的母亲，并且在后来的回忆录中提及了"没有爱的家庭"这个话题，她就是格蕾丝·查普洛，摄影师及作家艾伦·查普洛的远房堂姊妹。她编辑了 20 世纪 60 年代出版的一些萧伯纳的传记资料集。在 19 世纪 90 年代，格蕾丝·查普洛进入了北伦敦女子大学学院，这时贝茜·萧已经是这里的一名极其成功并广受认可的音乐教师了。（露西·萧描述她母亲在学院教课的情况时说："她因工作感到快乐并且是最成功的，在阿尔伯特音乐厅举办的一场共有 600 所院校参加的考试中，她的学院获得了最高荣誉。"[41]）格蕾丝·查普洛关于她的回忆，似乎是来自萧伯纳的母亲所在学院学生的唯一现存的回忆，她记得自己曾到萧家位于菲茨罗伊广场的房子里上每周一次的私人声乐课，那个时候萧伯纳还住在那里，而她总被邀请留下来喝茶。她记得自己吃了切得薄薄的美味的自制面包，还被萧太太授予了"面包与黄油女孩"的称号。（萧太太会示意管家哈里斯太太："面包与黄油女孩要来喝茶。"）萧伯纳经常参加这些下午茶，而格蕾丝曾说过自己当时对他有着"些许'迷恋'"[42]。有些时候格蕾丝会发现萧太太在给儿子织不同寻常的"日式"袜子，这些袜子有"分开的趾套，或是单独的大拇指套"。这是一项贝茜·萧即使在儿子婚后都持续提供的服务。在一封1903年写给朋友帕克南·贝蒂的妻子艾达·贝蒂的信中，萧伯纳谈到了她儿子伯特的穿着问题，萧伯纳建议她不要买耶格尔牌的纯毛袜子，它们不仅贵而且还没有家里织的好。"所有我的袜子，"他写道，"都是我母亲织的，她在老年的时候学会了织左右有区别的袜子，而不是那种普通的两只脚都一样的袜子。"[43]

格蕾丝·查普洛钦佩她的老师及朋友萧太太，在她的记忆中，"她的声音柔和而饱满。她是极有魅力且温柔和善的女人。我非常喜欢她，她也喜欢我"。她也为"没有爱的家庭"这种说法感到疑惑，在她写作发表于1961年的作品集时，这种说法十分流行。这似乎与她对菲茨罗伊广场那个家庭的印象十分不相称：

> 我读到一些书说，萧家是没有爱的家庭。我不知道这其中是不是有部分事实与他们早年在都柏林时的生活相关，但就我所认识的那个家庭来说，这绝对是不真实的。当然，在我初次认识她之前她早已经和丈夫分居很久了。我从来没有见过卡尔·萧太太亲吻她的儿子，或者被儿子亲吻，但是不管怎样，那个时候，在客人面前有这种亲密的行为也被认为是不恰当的，所以那并不能说明什么。她习惯叫她的儿子"G.B."。她家的气氛是友善好客的。那儿有着足够的感情，虽然这种感情并不外露。

当然，这段话的作者除了揣测，并没有办法知道"早年在都柏林时的生活"是什么样的，但是她的话，确实可以为我们提供一些关于萧伯纳的母亲以及他们母子关系的重要参照。

格蕾丝·查普洛还在她的文集中提到了萧太太的唯灵论思想，并说她声称自己常常感受到她死去的女儿阿格尼丝传给她的信息。格蕾丝记得，萧伯纳结婚并搬离菲茨罗伊广场后，萧太太在一次下午茶时，激动地谈到萧伯纳完成了《人与超人》这件事情。她一边给成年的儿子织袜子，一边热切关注儿子的作品，同时还试图在灵界与她日思夜想的女儿对话，这一切并不像是一个缺乏母爱的女人所具有的特征。

从1876年到达伦敦，到他1898年结婚，萧伯纳（显然）融洽地与母亲一起住了22年。他们一同出席戏剧院和音乐会，萧伯纳很清晰地记得他的母亲在其中一些场合的言论。他的日记中记录了有一天她带 *29* 回一份瓦格纳《帕西法尔》的乐谱作为礼物，这位后来写了《道地的瓦格纳派》的作者"因此花了大量（他的）时间在钢琴边"[44]。音乐一定是这两位知识渊博的专家最主要的共同兴趣。萧伯纳的母亲密切关注着她幸存的两个孩子的动态。在露西·萧大量的书信中——她的信中反复流露出她对母亲的钟爱——没有只言片语提到贝茜·萧是一个缺乏爱心的家长。在1913年他母亲去世以后，萧伯纳在一封给帕特里克·坎贝尔太太的信中写道："我姐姐在我母亲的遗物中找到一顶我婴儿时戴的帽子。如果谁之前说我母亲会保留这样的东西，我肯定会嘲笑他（或者她）。我们真是一点都不了解自己的父母呢。"[45]

鉴于萧伯纳在自传作品中对父母那些高度可疑的描述，这段话中最后的那句话产生了一种特殊的共鸣。他显然执意要让自己的人生故事看起来始于物质和精神的逆境，他父母的名声成了这一过程的牺牲品，从那些并非出自萧伯纳的资料来看，这对他们来说是不公平的。

有一位传记作家，因萧伯纳一生中对于家人的描绘，而在1939年写的《伯纳德的兄弟们》一书中责备萧伯纳，这就是萧伯纳在澳大利亚的表兄弟，查尔斯·麦克马洪·萧。[46]麦克马洪在书中对自己这位著名的表兄弟的描写大致是友好和尊重的，但是他声明，写萧家家族史的动机之一，就是他觉得萧伯纳在多数自传叙述中，都曲解了这个家族——

特别是他的父亲。他触碰了一根脆弱的神经。当萧伯纳评论他表兄弟这本书的打字稿时，他用一支红笔大量地纠正了查尔斯关于这个家族所做的陈述。这本书出版的时候，大部分萧伯纳写的评语都被作为页边注一并发表。这些评语大多都很幽默，也是这本书的一大卖点。多数纠正原文的页边注都可以算是合情合理的，但是，当故事开始涉及萧伯纳的直系亲属的时候，红色的字迹似乎变得越发刺眼，都是如下的这类反驳："噢！这群澳大利亚人。""查尔斯，你是个骗子。""真不害臊，查尔斯！"还有大概最令人印象深刻的这句："胡说！我……在学会思考之前就是一个自由思想家了。"47

从传记的角度来看，以家族其他成员提供的证据为依据，查尔斯·麦克马洪·萧对于萧伯纳关于他父亲的描述的质疑，正是这位澳大利亚表亲在《伯纳德的兄弟们》中所面临的难题。查尔斯必然会认为萧伯纳关于他父亲是"一个可悲的醉鬼"的说法，是对真相极度的夸大，因为这与其他家族成员关于乔治·卡尔·萧的回忆（一个亲切的谦恭而有魅力的老绅士48）产生了冲突，这种夸大或许来自某种萧伯纳自己都没有完全意识到的心理根源。"我不禁想知道，"这位澳大利亚表亲大胆地提出，"是不是自我中心主义，这种所有天才都必然具备的基本品质，促使如此一个了不起的人物去否定他的父亲。"49关于他父亲饮酒的习惯，萧伯纳费尽心思地去反驳查尔斯。但是出于某些原因——可能因为这让他听起来显得防卫过度——他用以反驳那些指控他否定自己父亲的言论，在后来发表的文章中被删掉了。未被发表的行间注释这样写道："我从未否定我的父亲。我尽了一切所能来展现他和蔼可亲的一面，我也试图表示我的喜剧天赋正是继承了他在突降法方面的幽默趣味。但是否认他因为酗酒而毁了他的婚姻和事业是毫无用处的。我已经尽可能地弱化这一切了。别再试图把那些与我的情感相左的话说成是我的本意，这会使一切变得更糟。"50

在他的自传作品中，萧伯纳反复提到一个话题，那就是他家的那种

"荒唐的贫困"[51]。他说他的父亲是"一文不名并且失败的"，还说他自己是在对贫穷的憎恨中长大的。[52]他在戏剧作品中也一再重申这一点。《芭芭拉少校》中的安得谢夫特声称，贫困是社会对其一些不幸的成员所犯的罪，并希望将其废除。《伤心之家》中的艾丽·邓恩告诉老船长绍特非，她之所以考虑与不讨人喜欢的资本家博斯·曼根结婚，是想"将我的灵魂从那正在一点点毁掉我的贫困中拯救出来"。

然而，严格地说，萧家的贫困程度很难被看作是严重的，特别是跟爱尔兰其他地方的情况相比。在乔治·萧任职于都柏林法院的那些年里，爱尔兰正在遭受历史上最为灾难性的饥荒。1845 年到 1849 年间，爱尔兰的马铃薯作物连遭病害，大饥荒爆发，与大不列颠和其他类似的欧洲国家相比，当时经济已经明显滞后的爱尔兰遭受了灾难性的打击。[53]就算没有饥荒的灾害，爱尔兰很大一部分人也都生活在恶劣而穷困的环境中，将近一半的人口都目不识丁。[54]1841 年，超过三分之一的爱尔兰房屋是一居室的，在乡村地区，这些房屋通常没有地板并且需要和诸如猪之类的家畜分享。在都柏林——一个在 19 世纪由于其富裕的居民都搬到了由新教徒支配的郊区地区而开始衰败的城市——多个家庭居住在一座房子里是惯例，而且多数时候这些住所的条件都很差。城市的下水道、排水系统、供水系统以及公共卫生系统都不合格，疾病肆虐。用一位这座城市的历史学家的话来说，19 世纪的都柏林"显然是个不利于健康的居住地"[55]。

在 19 世纪中叶的爱尔兰和都柏林的大环境之下，除非是修辞性的夸张说法，否则，将卡尔·萧的家庭形容为饱受贫困的折磨，简直就是信口开河。萧伯纳自己偶尔也承认，他们生活得不仅不贫穷，反而相当体面。与萧氏其他的一些成员相比，乔治·萧确实算不上是一个有钱人。他进入谷物行业的时机很糟糕。1846 年谷物法的废除导致了商品价格的崩溃。19 世纪下半叶，这个行业在爱尔兰处于一个大幅下滑的阶段，而到了 19 世纪 80 年代时，已经成了"国家所有贸易中最为萧条的一个"，每天都有磨坊倒闭。[56]不过，有许多迹象表明，萧家仍然居住得相当舒适。

虽然佣人的数量有时会发生变化，但是卡尔·萧家一直都雇有佣人，其中包括一个厨师、一个看护、一个女侍从，以及（萧伯纳幼儿时期的）一位女家庭教师。在《十六张自画像》中，萧伯纳提到，在辛格街的房子里"确保有至少一名'全职佣人'，一年8镑现金，住在地下室里"[57]。当一岁的萧伯纳把他的帽子"撕成碎片的时候"，必须用"至少是托斯卡纳牌的帽子"来替换，这是一种10先令的意大利草帽，价格比被派去买帽子的佣人一个星期工资的三倍还高。[58] 当萧家决定与范德勒·李共享住房资源的时候（很可能是1867年初），他们从辛格街搬到了哈奇街1号的更为宽敞的住所。这所房子位于街角，包括"很大的地下室，可以作为住所的储藏室，以及另外8个房间"[59]。乔治·卡尔·萧在分居后定期为家人提供可观的抚养费，其中的一部分，在他与萧伯纳的书信来往中也有提到。

萧伯纳的父母于1873年分居，那时候他17岁——而不是他在1935年写给《伦敦音乐，1888—1889》的序言中所说的，在他15岁的时候。[60] 分居的原因我们只能猜测。1873年6月4日，范德勒·李放弃他在都柏林的事业，坐船去了英格兰。他在伦敦帕克巷的13号安顿下来，并在这里开展了新的音乐事业。他离开有可能是因为他在都柏林的对手，时任三一学院的音乐教授罗伯特·普雷斯科特·斯图尔特诽谤他是一个骗子。[61] 6月17日，由小女儿阿格尼丝陪伴，贝茜·萧也离开了都柏林，她住进了伦敦西南部维多利亚园13号的出租房里。

认为贝茜离开丈夫是为了与情人范德勒·李在伦敦团聚的这一看法缺乏证据支撑，此外，还有许多证据表明这不太可能。两个人没有在伦敦同居，尽管他们在音乐上的合作又短暂地继续了一段时间，但是从萧伯纳的书信和自传中可以看出，李和萧家女性成员的关系后来似乎恶化了。一封萧伯纳早年的信可以证明，他母亲和姐姐十分厌恶李在音乐制作方面"不专业"的态度。后来，李又因为对露西的不合时宜的好感而

32

进一步受到冷落。不过，贝茜和露西在都柏林的音乐前途，似乎随着李的离开而受到了极大影响，她们认为搬到伦敦居住，可以获得更多的工作机会，事实证明也确实如此。据萧伯纳所说，贝茜在伦敦与李的音乐合作大大地减少了："她慢慢地甩掉了李。最初他常去富勒姆街的维多利亚园；而她也常去帕克巷 13 号，在他组织的室内聚会上演奏。"[62] 到了伦敦以后，露西对他的日益厌恶——萧伯纳说，她还是个孩子时，就已经跟他不和睦了——很可能是李与这个家庭彻底决裂的最主要的原因之一。1886 年 11 月他去世的时候，萧家的人已经很多年没有跟他见过面了。[63]

至于萧伯纳的父母是在何种情感状况下分居的，在萧伯纳的记忆中，他们是以"非常友好的态度"[64]分手的。他的朋友麦克纳尔蒂也在一段叙述中认同了这一说法，1873 年以后，乔治·卡尔·萧住进了都柏林哈考特街的出租房里（最初有儿子陪伴，后来是独居），那段时间麦克纳尔蒂显然和他保持着联系，正因如此，这段叙述十分可信。麦克纳尔蒂写道："萧太太决定与孩子们住在伦敦，留下她丈夫独自去经营或者搞砸他在都柏林的业务。但事实上，夫妻两人在分手后依然是好友，一直到他去世都是如此。"[65]

父母在萧伯纳青少年晚期分居，这很可能影响了他对于父母婚姻的整体看法，或许这可以解释为什么他对父母早年婚姻的描述都显得很忧伤和消极。毋庸置疑，萧伯纳认为自己还是个孩子时，曾饱受缺乏母爱温暖之苦。不过，仅凭这一点，就以精神分析理论去看待萧伯纳成年后的行为，或者，更有甚者，用寻找童年时遗失的母爱去解读他的职业生涯，这简直就是捕风捉影。[66]唯一可以确定的是，他剧作中那些形形色色的母亲形象，以及他对她们复杂又矛盾的刻画，都表明了他对母亲的影响和力量有着深刻的关注。

剧作中有和善的、幽默的母亲角色，也有《布拉斯庞德上尉的转变》中不动声色却有说服力的西塞莉夫人（部分以埃伦·特里为原型，从两人数量众多且极其坦率的书信中可以看出，她后来成了萧伯纳某种"母亲般的倾诉对象"），以及《伤心之家》中诱人、无情且精于将人玩弄于股掌之中的塞壬，她们通过将自己的男人变得像婴孩和附属物一般

33

来实施"母权专制"。他在处理这一主题时，展现出了幽默的特质和娴熟的艺术技巧，这使得关于他因缺少母爱而情感受创的理论显得相当牵强。[67] 从他的剧作和早期小说中对母性行为广泛、机智且极富洞察力的探索，可以看出他比人们所想的，更加深谙母子关系中的心理体验。在我看来，尽管在关于人类情感体验的方面，萧伯纳常常语不惊人死不休，但是他其实是个心理构成异常丰富的人。至少，他对于母子关系的思考，为他的作品带来了源源不断的有趣创意。

　　萧伯纳生命中另一个十分重要的家人，在他的传记作品中不时会遭到忽视和不公平的对待，这就是他的姐姐露西。从大量现存书信（大多寄给亲近的女性朋友）以及诸多关于她的回忆来看，她都是一个热情、活泼、有魅力并且机智勇敢的人。她与萧伯纳有着感情深厚的姐弟关系，会相互调侃并一同密谋坏事。她非常关心他的职业生涯，也为他的成就感到分外自豪。她给他取的昵称（在写给别人信中）有"名人"还有"超人"。在 20 世纪初写给朋友简（"珍妮"）·克莱顿·德莱斯代尔的信中，她讲述了自己与弟弟的愉快对话，并写道："他和我单独在一起时，就是两个不折不扣的恶棍。"[68]

　　在萧伯纳现存最早的信中，我们可以看出他和姐姐之间这种相互调侃的关系，这封信写于 1874 年 3 月 4 日，是从都柏林哈奇街 1 号寄给她的，那时他还和父亲一起住在那里。露西显然是对她弟弟的鼻子做了一些粗鲁的评论，他也毫不示弱地回敬了她。他在信的开头用华丽的意大利名字来称呼她："亲爱的露西娅，很遗憾地告诉你，我读了你的信。我必须格外注意不再这样做，因为你在唠叨方面真是不让你父母失望，更有甚者，你还进行人身攻击。你的那些话真是太无礼了。别拿我的鼻子来说事了，总比中看不中用的好。妈有没有告诉你猫和帕迪都长了癞疥。它头上没毛了，因此显得更加不自然了。"[69]

　　从一封露西早年写给她在都柏林的弟弟的信——虽没有注明日期，

但应该是写于 1876 年左右——中可以看出，她很有幽默感，并关爱自己的家人。她寄给萧伯纳一首配了乐的幽默而又多愁善感的诗（很显然是她自己的），并兴高采烈地感谢她的"爸儿"送的新靴子，并说自己又寄了一个她写的故事（《女管家》）给出版社："亲爱的，看看这首诗！！！我给它配了十分动人的音乐。告诉爸儿，靴子到了。我很喜欢它们，真是令人赏心悦目、格外开心，我穿上以后就像身处天堂一般。"[70] 她说自己投稿的那篇故事特别老套而且有些粗俗，并预计故事可以为她赚到 2—3 英镑，她想用这笔钱给"妈儿"买一条新裙子。她弟弟这样回应她写的诗："我冒昧地、愉快地、不辞劳苦地修改了这个天才之作中的标点符号。"[71]

　　据萧伯纳讲，虽然露西有着来自家族的优越感，但却没有家族惯有的自命不凡。[72] 当玛贝尔·多尔梅奇问她为什么要嫁给巡演剧团的演员同行查尔斯·罗伯特·巴特菲尔德时，她回答："因为他是公司里唯一的绅士。"据多尔梅奇太太讲，他有着"令人愉悦的举止"并且也是一个好伴侣，但是他在金钱上显得相当散漫，钱很大一部分都花在了喝酒上。[73] 1909 年，露西发现他与另一个女人保持了很长一段时间的婚外恋后跟他离了婚。

　　萧伯纳在揭露家族的内幕时还有一个显著的特征，他嘲笑他们的那种自命不凡。也难怪阶级制度的问题在萧伯纳的作品中尤为突出。他成长的社会就有着世界上最严格的阶级制度，而他的家庭相当看重自身在这种制度中所处的地位。当时的文化形态与宗教教派和社会等级密不可分，相辅相成。当萧伯纳于 19 岁从都柏林搬到了伦敦时，他发现了相似的严格阶级分化，同时也开始深刻理解和敌视 19 世纪英格兰的阶级、*35* 文化、经济以及权力体系。

　　萧伯纳对于英国阶级制度进行了强烈的讥讽和攻击，他在众多成功的喜剧作品中也反复憧憬着阶级壁垒的瓦解，这一切都是有目共睹的，在某种程度上，这可以被看作是他对童年时期爱尔兰那种压抑的阶级制度，以及对自己家族那种阶级性的装腔作势和自命不凡的抵触的延伸。不过，在他那个年代，萧伯纳与阶级制度的关系，还有他对待阶级制度的态度，可能比这要复杂得多。

萧伯纳在作品中对阶级差异的复杂刻画，可以通过《皮格马利翁》来说明。从某些方面来看，这部剧作是具有颠覆性的作品。伊莉莎·杜利特尔由卖花女到女公爵的转变并不是她内在自我或者道德本质的转变，而是完全是通过表面手段实现的。只需要新口音和新的词汇，再加上让人耳目一新的服装，就可以成功地将她从一个社会群体转移到另一个。弗雷迪·恩斯福·德希尔以为伊莉莎在家里对希金斯太太说话的那种奇特方式，其实是某种新式有趣的社交界"俏皮话"，这正显示了作为阶级制度基本构成的语言系统所具有的不稳定性。但是，这部戏剧也可以被看作是对阶级差异的探讨。伊莉莎（在她未受培训时）与杜利特尔很好笑，因为她们对上流社会的语言规则有着夸张而无意识的违反。萧伯纳深谙这种规则，并且明白，众多的中产阶级观众也会与缔造和旁观杜利特尔的优越阶层产生共鸣。希金斯对"压扁的白菜叶子般"的伊莉莎所代表的那个阶级所表现出的粗鲁以及冷酷，让这出戏在滑稽之余更添残酷的一面。

萧伯纳对于阶级问题的态度之所以模棱两可，原因就在于，他自己就来自他常常攻击的这个社会阶级。尽管他将自己所生长的家族称为"彻头彻尾的势利眼"，但萧伯纳自己却并不是这样的。他是阶级制度的批判者和自诩的颠覆者。不过，他并不是从那些满腹抱怨的社会底层人的角度出发来实现这种颠覆意图的，《芭芭拉少校》中的彼得·雪利，或是《错姻缘》中躲在塔利顿先生的私人土耳其浴室中的年轻窃贼都是这样的人。

对于他同时代的那些英国佬们来说——对他们其中的很多人来说，"爱尔兰绅士"就是个自相矛盾的词——这样的说法听起来可能有些骇人，但是，萧伯纳自己正是他不屈不挠所反对的社会阶层的典范：他是一位绅士，拥有着新教统治阶层的口音（"拉思曼斯"）[74]和举止，虽然

他的直系家庭仅仅是这一阶层最为寒碜的代表。拉尔夫·理查森爵士记 *36*
得，萧伯纳是他这辈子见过的"大概最有礼貌的人"[75]。W. H. 奥登则
指出，萧伯纳的举止跟那些与他同时代的年轻英国人相比，要"优异"
许多。[76] 希莱尔·贝洛克的概括更是相当有意思，他说"萧伯纳是一个
装成无赖的绅士"[77]。

可以肯定的是，萧伯纳对于阶级的看法以及他自身的阶级背景，都
对他的社会批评家和政治活动家生涯产生了重要影响。作为一个天生的
辩论家和抨击社会传统观念的人，他的思想立场往往显得好斗与反叛。
与之相反，他的语气与举止，则总是谦恭、有趣和讨喜的。在政治辩论
中，他一贯的礼貌可能会成为一种致命的武器，他在费边社与气势汹汹
的 H. G. 威尔斯交锋时正是如此。然而，这种礼貌并不是有意为之的处
事策略：从许多人在不同的社会场合的评价来看，这显然只是他天然性
格的一个部分。

萧伯纳的阶级背景很有可能影响了他在政治生涯道路的选择。在 19
世纪 80 年代中期，他离开了亨利·迈耶斯·海因德曼领导的马克思主
义社会民主联盟，转向了更适合自己的费边社圈子，社团的许多成员都
有着与他相似的阶级背景。后者基本是由中产阶级知识分子组成的，其
中一些人后来跃居非常高的社会阶层。费边社首任执行委员会中的两名
成员，悉尼·韦伯和悉尼·奥利维尔都在 20 世纪获封从男爵爵位。这
个组织有着举足轻重的社会地位。费边社成了英国第一位工党首相拉姆
齐·麦克唐纳德的政治温床之一。萧伯纳是社团中最有口才也最为活跃
的公共发言人。他自然是独一无二的，是维多利亚时代晚期以及现代社
会早期文化历史舞台上的一个独特人物，他的存在挑战了对阶级和家族
的简单定义。不过，萧伯纳乐于以"玩世不恭和夸大其词"的态度去描
绘的都柏林家族，尤其是那个被他的澳大利亚表兄弟形容为"谦恭而有
魅力的绅士"的父亲，对萧伯纳的影响，或许比萧伯纳本人所愿意承认
的要多得多。

第 *3* 章

在都柏林成长

"我讨厌学校，他们声称教授的那些东西，我一点儿也没学到。"萧伯纳在 1944 年发表的一部作品中写道。[1] 他上过都柏林的好几所学校，所有这些学校他都觉得很讨厌并且几乎毫无用处。他那种让父母名誉扫地的叙述模式，在他对学校的叙述中再次重演——尽管在这里很可能要公正得多。他将学校视作一种监禁。当他 15 岁从最后一所就读的学校"逃走"时——"我的最后一所学校监狱"[2]，他如此称呼它——他发现自己"被判在另一种叫作办公室的监狱里，再服 5 年劳役"[3]。有证据表明，他是一个优秀的学生，特别是在拉丁语和英语方面。如果萧家的经济能力允许的话，相信他是能从学校直接进入三一学院的。不过，即使有这个机会，他究竟是否会追随这条道路——或者，就算他选择了这条道路，会不会走得很开心——就不得而知了。晚年时，他斥责大学，也斥责他所认为的大学对思想的有害影响，尽管事实上他与一些大学老师和众多大学毕业生都建立了十分亲密的友谊。

萧伯纳的教育开始于家里一个女家庭教师的教导，她叫卡罗琳·希尔，家人雇用她是要她教萧伯纳"读和写以及用简单的算法做一些算术题"[4]。据萧伯纳讲，她这项任务完成得很好。她贤淑、简朴并且喜欢说教。关于她的训诫手段，萧伯纳记得"她惩罚我时，就用她的手指轻轻打我，力度连只苍蝇都赶不走，就这样竟然还让我相信了在这种情况下我应该哭泣和感到丢脸"[5]。他接下来的导师是当牧师的姻亲叔叔，威廉·乔治·卡洛尔牧师，他把萧伯纳纳入了自己在海瑞顿街21号的房子里给两个儿子上的早课。据萧伯纳说，正是因为这些课，到了他去学校时，他"所知道的拉丁语语法，要比其他初级拉丁语班的男孩们多得多"[6]。

　　上第一所学校卫斯理公会联合学校（后来的卫斯理学院）时，他只在1865年至1868年间零星地去听了课，学校的课程表被拉丁语和希腊语主宰："教育遇上了恺撒、维吉尔以及荷马。"[7]除了学习古典语言和文学以外，卫斯理公会联合学校的课程设置，据萧伯纳讲，还包含"装模作样的数学课（欧几里得几何学）、英国历史（大多是虚假和恶意的诽谤）以及一些我完全想不起来的形同虚设的地理课"。他补充说："班级人数太多，教师们又没有受过专门的教学方法培训，大多数人只是将此作为熬到成为卫斯理教长之前，维持生计的途径而已。"[8]卫斯理学院的记录显示，费用按照学费2个基尼、书本费3先令6便士、演说课2先令6便士收取，萧伯纳于1865年7月31日季度末入学。因此他的正式教育开始于他的9岁生日来临之际。[9]

38

　　在短短7年（1865年—1871年）的学校教育经历中，萧伯纳就读过至少4所学校。这期间，他的家人在多基的托尔卡小屋里待过几段很长的时间。当他们住在那儿时，年轻的萧伯纳被送去了一所"特别私密"的预科学校，学校由詹姆斯·弗雷德里克·哈尔平管理，位于格拉斯瑟尔的圣地库弗路23—24号。[10]他于1868年又回到卫斯理公会联合学校读了一段时间。随后家里认为，他应该去马尔伯勒街中央模范男子学校上学，这是因为学校的一名绘画教师给了范德勒·李这样的建议。萧伯纳的《十六张自画像》中名为《羞耻及受挫的自负》的一整个章节，都是源自这段跌宕起伏的，且在他眼中是灾难般的学校教育经历。

　　成年的萧伯纳能够嘲笑荒诞的宗教和社会种姓制度，这就意味着去中央模范男校念书，可能是造成"羞耻及受挫的自负"的原因之一。不过，在当时，由于从小接受的教育，他认为这种制度是事物自然规律的一部分，因此觉得被送到这样的学校，是一件非常丢脸的事。问题是，即使在理论上这所学校并"不属于任何宗教派别也不属于任何社会阶级"，但它"实际上却是信奉罗马天主教的"。这里就读的男生都是店铺主以及中产阶级下层人的儿子。作为这所学校的学生，他"立刻失去了这之外的社会地位，变成了一个新教的年轻绅士不会与之说话或者玩耍的男孩"[11]。学校的外观让所有的事雪上加霜。有些时候，当萧伯纳在讲述他个人的学校经历时，他最爱的小说家查尔斯·狄更斯小说中那些英国学校的阴沉图景，似乎就在他的眼前回荡。据他本人的叙述，从自然氛围和给他带来的羞耻感来讲，萧伯纳读过的最可怕的学校就是马尔伯勒街的这所学校。这学校就像一个巨大的充满了"滞销的栅栏"的地

39 方，萧伯纳觉得这里的大门应该刻上但丁在《神曲·地狱篇》中题在地狱入口处的箴言："弃绝所有希望，汝等进入此地。"[12]

在这里待了8个月以后，他造反了，并断然拒绝继续就读于此学校。在名字拗口的"最后一所学校监狱"，都柏林英国科学与商业日校里，萧伯纳是个更为心满意足的囚犯。事实上，他和叫作弗兰克·邓恩的同学一起升任了联合男班长，据萧伯纳说，这个邓恩"在16岁或者差不多这么大的时候，已经有着主教的举止和道德感了"。他还回忆说，由于成了"男班长"，他自己也形成了"一种新的道德尊严"。[13] 也是在这最后的一所学校中，他认识了爱德华·麦克纳尔蒂，他在都柏林童年时期最亲密和最重要的朋友，萧伯纳与他分享了自己秘密的梦想和野心。

即使萧伯纳对童年时期都柏林的学校有着公开的反感，但他自己依然是一个有天赋且倍受好评的学生。据1868年1月的《爱尔兰福音传道者》记载，他在1867年卫斯理公会联合学校圣诞节的测试中获得了"英语课写作的第一名"。1867年8月，同一份期刊报道说，他获得了学校颁发的表彰行为端正的证书。在卫斯理公会联合学校，除了卡洛尔牧师的教导让他成了"初级拉丁语班班长"以外，在散文写作中，他也"因对桥下利菲水潭的华美描述而获得了头等奖"。[14]

15 岁时，萧伯纳的正规教育结束了。1871 年 11 月 1 日，他开始作为办公室勤务员，在位于都柏林莫尔斯沃思街 15 号的"十分体面的爱尔兰地产经纪人公司"[15]，尤尼亚克·汤森德公司工作。

萧伯纳在童年时期所受的最有力最重要的影响，并不是来自现实生活中的人或是他所受的学校教育，而是来自想象的王国，来自文学、音乐、歌剧，以及艺术。在青少年时期，他尤其受到这个王国里两个对比鲜明的人物的影响，一个魔鬼和一个朝圣者。在他 1930 年给他的小说《未成熟》（1879 年）写的前言中，萧伯纳回忆说，他童年时期在都柏林时，很早就接触到了梅菲斯特，那个在浮士德的传奇中劝诱后者把灵魂卖给自己的魔鬼。这个传奇角色紧紧地攫住了他的想象，并对他自我形象的形成以及作为创作型作家的职业生涯，都产生了深远的影响。萧伯纳首次接触到的梅菲斯特，是其在查尔斯·古诺的歌剧《浮士德》中登场的形象。古诺塑造的喜爱嘲讽的、愤世嫉俗的魔术师在方方面面都成了萧家在都柏林和多基的一个熟悉人物。《浮士德》是范德勒·李在都柏林古音乐室中演出的歌剧之一，其中女高音主唱玛格丽特的角色是由萧伯纳的母亲贝茜扮演的。[16] 爱德华·麦克纳尔蒂在他的《萧伯纳回忆录》中表示，《浮士德》是萧伯纳最喜爱的歌剧，而当他连一段钢琴的五指练习曲都不会弹时，就已经熟识了这部作品中的每一个音符。据麦克纳尔蒂回忆，他与萧伯纳"把梅菲斯特看作是一个十分熟悉的，甚至栩栩如生的角色"[17]。在他的托尔卡小屋用白灰浆刷过的墙上，萧伯纳画了一幅《作为怀疑论者和嘲弄者的保护神》的梅菲斯特的水彩壁画，他向奥博尔格解释，在这个时期"我的理性态度和我的情感大部分都是梅菲斯特式的"[18]。

晚年时，在他的音乐评论和其他作品中，萧伯纳经常重提古诺的《浮士德》这个主题——措辞往往尖刻并具有批判性。在 1885 年 8 月发表的一篇评论中，他中肯且简明扼要地将这部极受欢迎的古诺作品描述

40

为，"给了我们一个剔除了歌德思想以后的浮士德"[19]。同年 12 月份，他说"江湖骗子"梅菲斯特"大概是对一个严肃概念的最幼稚和荒谬的拙劣模仿，公众过去如此认真地对待他，真是一种耻辱"[20]。尽管如此，这位江湖骗子还是对年轻的萧伯纳施了一个极其强大的咒语，在他《未成熟》1930 年版的前言中，萧伯纳表示，他曾一度深深为这个传奇形象着迷，以至于其影响开始在他的外貌上反映出来："当大自然在 1880年，或差不多那个时候，完成了对我面容的塑造时（我直到 24 岁时脸上都只有非常细软的毛发），我发现自己长着歌剧中魔鬼那上挑的胡子和眉毛，还有那讽刺的鼻孔。我还是个孩子时唱过他那些装腔作势的曲调（古诺作的），而我在少年时代也非常钟爱他的态度。"[21]

也有其他人注意到了这种相似。一个叫作杰拉尔丁·斯普纳的漂亮姑娘——萧伯纳在 1888 年认识她并"坠入爱河"（他在 1890 年 4 月 21日的日记里是这么说的）——给我们留下了关于萧伯纳这个时期外貌的难忘描述，他"与众不同"，因为"他一边脸是基督般的，另一边脸却是梅菲斯特式的"[22]。在麦克斯·比尔博姆给他画的许多漫画中，其中一幅明确地将萧伯纳画成了"梅菲斯特"的模样。[23]他年轻时在伦敦参加了许多文学和政治社团的集会，而他在这些集会里的表现，显然与他的外表一致。"他通常是辩论中的梅菲斯特。"关于萧伯纳在雪莱社、新生同盟、费边社，以及其他组织的集会中的表现，他的朋友亨利·S. 索尔特这样形容道。[24]

41 在中世纪的道德剧中，在梅菲斯特式的恶的对面，总是站着一位善的天使，与此相同，另一个人也对年轻萧伯纳的想象力的塑造产生了重要的影响。他童年时代最早的记忆，就是给他的父亲朗读约翰·班扬的《天路历程》，还因为把"grievous"念错为"grievious"而被纠正。[25]与游手好闲、罪恶、愚昧、道义上的怯懦和虚伪、名利场上的傲慢与偏执相反，将生活呈现为追求信仰的、勇敢的天路之旅的班扬寓言，影响了萧伯纳一生的创作生涯。在 1950 年 11 月 6 日戈尔德斯格林火葬场举行的萧伯纳的葬礼上，萧伯纳被象征性地比作班扬作品中的一位勇敢人物，这是很贴切的。他的朋友悉尼·科克雷尔朗读了《天路历程》下卷

结尾卫真先生将要跨越天河时的告别演讲，[26] 这一段话开头是那句著名的句子："我的利剑将授予踏着我的足迹奔走天路的人，我的勇气和武艺也将留给合格之人。"萧伯纳曾这样描述这个句子，"这样的话语让心脏如钟般震颤"[27]。在他去世差不多半个世纪前，在《人与超人》（1903年）的献词中，萧伯纳引用了班扬的这段话，就写在那段常常被看作是他人生信条的总结之前："生命真正的欢愉是，被用于实现自己所认定的伟大目标；在被扔进废品堆前被彻底消磨耗尽；作为自然的力量，而不是一个充满委屈的病快快的不安而自私的小蠢货，成天抱怨这个世界没有花心思和力气来使你快乐。"[28]

　　涉及班扬（以及艾萨克·牛顿爵士的）那不可思议的"盲从与圣经崇拜"时[29]，萧伯纳并不是一个刻板的仰慕者。尽管如此，班扬的寓言与社会批判还是深深地印在了萧伯纳的思想中。格外吸引他的兴趣，并极大地影响了他作为社会批评家的立场的，是17世纪那些非国教者和局外人攻击他的社会所认可的正义与高尚的核心——"道德村的合法先生"——的方式。班扬所写的恶人并不是通常的那种罪犯，而是17世纪末期英格兰的掌权者。而这一点长久地影响了萧伯纳看待19世纪末和20世纪初的资本主义社会的方式。[30] 作为一位有着热忱的道德和社会视野的作家，班扬排在一份被萧伯纳称作"艺术哲学家"的简短的作家名单的首位，名单中都是一些有创造力的思想家，萧伯纳认为，他们"对世界的独特理解"与自己相似。[31]

　　塑造了成年萧伯纳性格特征的，爱嘲讽的反社会习俗者与自我奉献的社会改良者的奇异组合，在古诺和班扬的那些早期的音乐及文学作品经历中，已经初见端倪。在这些作品中，一个爱开玩笑的魔鬼与一个基督教的理想主义者和道德家，是具有同等说服力的虚构存在。他们把他引向了一个可以被形容为一名梅菲斯特式的朝圣者、一名讽刺的理想主义者的生命历程。这些早年的伙伴，即梅菲斯特与班扬，对萧伯纳的影响，在他的职业作家生涯中清晰可见。这个双重存在对他性格所造成的影响，可以从女演员莉娜·阿什维尔对萧伯纳做的总结性评价中看出来，她在1936年的自传《我是一名演员》中写道："对他最恰当的描

42

述，就是'一个带着魔鬼梅菲斯特面具的天使'。"[32] 就像是在循环往复的梦中，一再出现的奇怪幽灵一般，怀疑论者首领与勇敢的朝圣者的角色，以各种各样的形态出现在萧伯纳的剧作中，而两者之间的关系往往都是矛盾对立却又融洽的。

在《芭芭拉少校》（1905）中，安德鲁·安得谢夫特，这个无情却极具魅力的百万富翁军火制造商，一个传统习俗的威严嘲弄者，威胁要用机智的怀疑论以及他强大的资产和权力，去摧毁他女儿芭芭拉——一位救世军上校的基督教理想主义，从而诱使她放弃自己的信仰。芭芭拉的未婚夫库欣，就屡次将安得谢夫特比作"梅菲斯特"。在《安德洛克勒斯与狮子》中，英俊的罗马首领把比较宗教学中精巧的理论作为一种梅菲斯特式的诱惑，企图劝服美丽而勇敢的基督教囚徒拉维尼亚向罗马众神焚香祭祀，从而免遭被丢进狮群的命运。《人与超人》第三幕梦境中"唐璜在地狱"的场景，通过愤世嫉俗的魔鬼与乐观的生命力推崇者唐璜·特诺里奥的对立，将这古老的二重唱发挥到极致。萧伯纳在一条舞台指导中，要求魔鬼要表现得"极似梅菲斯特"，并且让角色伴随古诺的《浮士德》里的音乐出场，意图重新唤起梅菲斯特之歌"金色的小牛犊"[33] 的开场音乐。这种主题在《圣女贞德》（1923）中再次出现，班扬式的女英雄，一位萧伯纳式的卫真女士，坚定地拒绝了梅菲斯特的诱惑，宁愿被绑在火刑柱上也不放弃自己的信仰。

萧伯纳的家庭和19世纪中叶的都柏林，为这位萌芽期的作家和激进的思想家提供了十分富饶的宗教、文化、社会背景以及学术影响。萧氏族中有一些有权有势、举足轻重的宗教礼仪守护者。都柏林法官弗雷德里克·萧爵士，是爱尔兰主日学社一名早期的支持者。萧伯纳童年时期这一族的其他主要人物包括，理查德·弗雷德里克·萧叔叔，在宗教问题方面他是一个不折不扣的坚定保守派。据萧伯纳讲，在帕默斯顿寓所，他的母亲是在惠特克罗夫特家族那种"无情的严厉"教育下长大的，而这种教育很可能包含了正规的宗教仪式。[34] 乔治·卡尔与贝茜·萧当然不是会背叛信仰的人。凯瑟琳·泰南在1889年拜访了他们，她记得萧伯纳的母亲表达了"强烈的爱尔兰新教观点"[35]，而乔治·卡尔·萧在1857年夏天写给妻子的信中，督促她要坚持去教堂做礼拜。

乔治·卡尔·萧的家庭与东正教有联系，不过这种联系相对较弱，在拉伯雷式的舅舅沃尔特·格尔里的帮助下，乔治·卡尔与儿子之间就宗教问题进行的谈话，显然不乏幽默自由的思考。萧伯纳记得他的父亲在结束圣经中一段严肃的颂词时，以突降的方式说——伴随着拉得很长的笑声——"就算是宗教最糟糕的敌人，也最多说圣经是人们写过的最该死的一部谎言。"[36] 乔治·卡尔对于年轻的萧伯纳的"宗教指导"，还包括解释神体一位的意义时，那种简直让人难以接受的轻率。[37] 萧伯纳曾在另一个自传回忆中提到过沃尔特·格尔里的一个理论，即圣经中拉撒路的故事可以被解释为，拉撒路实际是被耶稣说服而装死的，这样耶稣就可以对他实施令人信服的复活"奇迹"了。[38] 当然，说出此等言论的人，在理查德·弗雷德里克·萧看来，早就应该被逐出教门了，他在1885年写给侄儿的信中说道："你的父亲养成了阅读你的社会主义和无神论观点的习惯，因为你在信中向他，以及很多亲密的朋友表达了那些观点。这些人都同菲利浦斯先生和我持相近的观点，我们都被你所接受的这些观点震惊了……你的表述会让菲利浦斯先生，或是其他任何人，都有充分的理由觉得你是一个前所未有的无赖。"[39]

在1896年一篇题为《谈去教堂》的文章中，萧伯纳讲述了他还是一个年轻的男孩时，对去教堂礼拜的厌恶，在"雅致的爱尔兰郊区新教教堂里"，"一群不自然的一动不动的人，穿着他们做礼拜的盛装，戴着软帽，板着严肃的面孔，由于一切的情感都被压抑着，这些面孔染上了一种恶毒僵化的苍白色调"[40]。萧伯纳从这种形式特殊的监禁中释放出来，大概是在他10岁的时候，他的家人开始在多基山的托尔卡小屋居住，并不再参加周日的礼拜——就乔治·卡尔·萧来说，很可能不无遗憾（他的儿子从未受施坚信礼）。

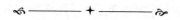

44　　除了古诺的魔鬼、班扬的朝圣者,以及新教教堂礼拜外,萧伯纳在都柏林的童年还有其他众多形式的宗教和精神体验,它们在他的幻想和现实世界里碰撞纠缠在一起。罗马天主教以多种方式冲击着他的童年生活。他的看护之一是一名天主教徒,萧伯纳记得她对于祈祷的指导以及她"时不时会向他身上洒圣水"[41]。很有可能也是这个看护带他去了都柏林出租房(可能主要是天主教的)的"贫民窟"里拜访她的朋友,而她本应带着她看管的孩子在公园里锻炼。[42] 在 1869 年,萧伯纳 12 岁的时候,他被送往了中央模范男子学校,在这里他也与一些天主教的孩子们打交道。

　　都柏林社交范围外的其他影响,来自贝茜·萧的工作,她在古音乐室里的范德勒·李的戏剧排演中担任歌手和助理。音乐在都柏林有着跨越社会与宗派屏障的力量,毋庸置疑,那时候一些最优秀的音乐家和歌手都是天主教徒。借由她对音乐的兴趣,贝茜·萧进入了一些原本永远不会对她敞开大门的社交圈子。正如萧伯纳在一篇自传中生动的解释一样:"我最早对于上帝是否真的是个好的新教徒的稚气疑问,是源于我观察到的一些不一致的事实,在我母亲演唱那些伟大作曲家的作品时,能与她搭档的最佳声音,竟莫名其妙地分配给了罗马天主教徒。就连他们神圣的高贵身份也遭到了质疑,因为可以肯定其中一些歌手与零售业有关。"[43]

　　李的音乐会中,大多数歌手都是天主教徒,由于萧家的房子是排练的场所,这里自然常常满是来自都柏林宗教政治分界线另一边的"入侵者"。萧伯纳觉得他们很迷人,"比新教徒(资产阶级)更有教养、更和善并有更好的言谈举止"[44]。贝茜不仅在音乐厅里与天主教徒通力协作,有时还有罗马天主教的牧师联系她,并将她引入"恶魔之府"——罗马天主教教堂,参与海顿和莫扎特的弥撒演出。[45] 萧伯纳由此发现,都柏林新教徒们认为新教徒比天主教徒有着天然优势的那种想法,是完全不可靠的。

由于贝茜·萧对神秘学的兴趣以及她举办的通灵会，萧伯纳又接触到了另一种形式的精神体验。萧伯纳声称他的母亲是爱尔兰第一块占卜板（一种用于传递灵界信息的工具）的拥有者，这一点或许值得我们怀疑。不过，贝茜的"灵"绘以及萧伯纳对她的通灵会，还有使用占卜板和显灵板的记忆，都说明她对这种在她成长时极为流行的消遣，并不只是心血来潮。回想起曾在母亲的一次通灵会中作弊，萧伯纳自身对唯灵论一直有着"不屈不挠的疑问"[46]（借托马斯·布朗爵士的话说）。在一篇晚期的前言中，萧伯纳将唯灵论者描述为那些自诩为"特选子民"的众多英国宗派成员之一。不过，在同一篇前言中，他也赞美了那些不可思议的人类体验、神秘的瞬间幸福以及科学无法解释的创造活动。[47]精神力量是他晚期一些戏剧人物的典型特征，比如《伤心之家》（1916—1917）中的老船长绍特非，以及系列剧《回到玛土撒拉》中的一些人物。

萧伯纳回忆说，当他母亲告诉他，家里要搬到多基去生活的时候，"我感受到了前所未有的强烈欢愉"[48]。在萧伯纳童年的这个时期，多基是一片很大的郊野地区，有着长满荆豆的山丘和激荡人心的海景。托尔卡小屋，是萧家与范德勒·李共享的房子，可以俯视都柏林和基尔肯尼海湾的风景，"浩瀚而不断变化的海洋，而天空则向上方和远方无限延伸"[49]。萧伯纳极度厌恶他那个时代都柏林的城市光景，充斥着出租屋的陋巷，贫穷，以及阴森的新教教堂。多基对他来说是一个伟大的解放时刻，他在后来的采访中表示，多基还是他和爱尔兰那种永恒意义上的联系的源头："正是爱尔兰的美造就了我们。我是多基风光的产物。"[50]

萧伯纳童年时另一个具有解放思想和教育意义的影响，来自爱尔兰国家美术馆。他将多基、国家美术馆以及李的音乐活动看作是他年轻时代的三所"大学"。仿佛是为这位未来的常客以及后来的慷慨捐助人做准备，在议会的决议下，爱尔兰国家美术馆在 1854 年 8 月，萧伯纳出生的两年前成立。1864 年 1 月，他 7 岁的时候，国家美术馆举行了隆重的开馆典礼，由总督卡莱尔伯爵主持。在开馆典礼上（就在现在的萧伯纳厅里），有 106 尊源自古典雕塑的石膏模型，在其他展厅有 69 幅意大利文艺复兴时期和巴洛克时期的油画，还有大约相同数量的来自欧洲其他国家的艺术品。此外，美术馆还有大量爱尔兰和英格兰的水彩画藏品。[51] 如今，一尊由普林斯·保罗·特鲁别茨科伊所创作的萧伯纳等身雕塑，应景地放置在萧伯纳厅中，这个雕塑原本是放在大楼外的，后来被搬了进来。萧伯纳被送回了他的归属，他的精神家园之一。

在早期的藏品中，欧洲反宗教改革的油画占了很大的比重。年轻的萧伯纳有机会看到如下画作：马尔科·帕尔梅扎诺的《圣母与圣婴加冕以及施洗者圣约翰与露西》；乔瓦尼·兰弗兰科的《最后的晚餐》；查尔斯·坡森那直上云霄的《圣母升天》；乔瓦尼·安东尼奥具有情欲意味的，以半裸女性为题材的《苏珊娜与长老们》；此外还有其他很多宗教主题的巴洛克油画。这些作品中还混杂了一些令人印象深刻的，文艺复兴时期与巴洛克时期的古典神话题材画作，比如鲁蒂略·马内蒂的《胜利的尘世之爱》，一幅以中央的丘比特为主导人物的饱含寓意的醒目画作，还有卡洛·马拉塔的《欧罗巴浩劫》。

在国家美术馆，年轻的萧伯纳得到了美学、宗教以及感官想象的体验，这与他在严肃拘谨的新教教堂中感受到的截然不同。参观国家美术馆是萧伯纳另一部分的童年经历，这经历让他与欧洲天主教的世界产生了联系。萧伯纳对天主教的一些观念有着很强的共鸣。但是他宗教观的复杂性——作为某种持怀疑论的异端改教基督徒，有时候还将自己形容为无神论者——可以根据他在《谈去教堂》中的一段自相矛盾的声明来做出判断："我自己的信仰很明确。我是一个坚定的新教徒；我相信神圣的天主教堂；相信圣父、圣子（或圣母、圣女）及圣灵的三位一体；相信圣徒相通、来生、神圣受孕，以及上帝和天国。同时我也相信超度取决于救赎，救赎源自相信奇迹……"[52]

在萧伯纳作品和职业生涯中，有许多迹象反映出了他与天主教的早期联系，例如他选择了一幅天主教圣像画，提香《圣母升天》中的主要人物，作为《坎迪达》（1894）布景的一个重要部分；《英国佬的另一个岛》（1904）中他对被免去圣职的天主教教士基根神父的描绘，以及他晚年与玛格丽特（先被称为修女后来被称为劳伦蒂娅夫人）·麦克拉克伦的非凡友谊，她是斯坦布鲁克修道院的院长。在 1924 年 10 月，萧伯纳赠送给修道院一本《圣女贞德》并附上如下题词："由兄弟伯纳德赠给劳伦蒂娅修女。"[53]

　　正如萧伯纳早期的经历鼓励他超越狭隘的教派正统观念以及宗教的偏见，他早期的政治立场，对于他这个阶层的人来说，也是很不寻常的。在中央模范男子学校"忽视了爱尔兰而美化英格兰"的历史方法论课程中，萧伯纳讲到他如何在"那样狂热的盛赞"中用爱尔兰取代英格兰，并且"事实上，无论如何，我在政治立场上，是一个年轻的芬尼共和主义者"[54]。萧伯纳后来针对爱尔兰及其问题的那些篇幅浩瀚的评论，使他远远超越了天真的芬尼共和主义，但是他以爱尔兰的视角看待这个世界——特别是典型英国佬们的世界——的方式，从来未曾离开他。

　　萧伯纳最早的野心是成为一个米开朗琪罗那样的伟大艺术家。"当我还是个小男孩时，我偶尔能得到六便士，我总会用这些钱来买一盒颜料，"他在 1937 年告诉查尔斯·麦克马洪。[55] 从 1870 年秋天，他 14 岁时开始，一直到第二年的 2 月份，他都在都柏林皇家社会艺术学校上晚间的手绘课，并且他连续三年（1871—1873）都有爱尔兰学会和都柏林展会的艺术展览季票。萧伯纳一些稚气的素描原作（很可能是手绘课时期的）保存在大英图书馆。其中包括宗教题材的素描，分别是《圣母升天》《圣塞巴斯蒂安》《先知》《施洗者圣约翰》，和《狩猎男子与来复枪》《青春》《亚历山大港的凯瑟琳》这样的雅致习作；以及一幅标题为《卡利普索》的素描，描绘了海边一个躺卧着的裸体女子。[56]

　　卡利普索，是古典传说中的宁芙，她将尤利西斯困在她的岛上 7 年，她同时也出现在一首萧伯纳早期的诗中，这首诗是关于一位在 19

47

世纪 70 年代与他有过浪漫关系的无名女子。1872 年，他买了一本布朗的《大口袋日记与年鉴》，准备 1873 年使用；他还买了一本笔记本，上面列出了供应商的名字，如"J. L. 狄克逊，文具商、雕工、装订工，都柏林斯蒂芬绿地 136 号"。这两个本子成了萧伯纳最早的备忘录、家庭笔记、自传草记，以及散文创作的资料库，其中就包括"卡利普索"这首诗，诗以这样的句子开头："万岁，愚蠢！滋长吧，妄念。"这个笔记本还包括一个以"L***（Love［爱］？）之章"开头的章节，讲的是"对卡利普索的迷恋"。从萧伯纳的笔记以及诗中的一些证据可以看出，卡利普索是一个迷人的深发色女郎，他于 1871 年在多基第一次见到她。在诗中，卡利普索被形容为"黑眼睛的奴役者"，"每一丝的激情都令她动容 / 她渴望着浪漫的气息"。但她也"向残酷的老规矩屈服"，在"海边一座精致监狱里"结了婚。这所"监狱"就是多基。

48　　　　　她的感官迟钝、虚弱、萎靡
　　　　　　却是我的乐土
　　　　　　童年的四年我在这里度过
　　　　　　那时它们还没向我显露危险
　　　　　　又一个四年过去了，我重回旧地
　　　　　　再度见到她
　　　　　　她果然是一个过于险恶的玩物
　　　　　　……

　　　　　　我曾认为她是最为罕有的女子
　　　　　　她的奇妙魔力充满诱惑、扰人安宁
　　　　　　那个披着乌黑长发的美人儿
　　　　　　看似毫无魅力了
　　　　　　最为智慧的人有时也会神魂颠倒
　　　　　　恐怕那段时光的我正是如此。

　　这首《卡利普索》在萧伯纳移居伦敦（"命运不久后将我带到了伦

敦"）之后才完成；他就这样与这位魅惑女子永别了，用一首关于她的传奇名字的铿锵押韵诗，同时他还就用诗歌来抒发浪漫主题这件事，做出了一个决定："那么永别了，令人着魔的卡利普索 / 你的确撼动了我的人生观 / 但是相信下一次我被如此迷倒的时候 / 不会再用诗歌来倾诉。"[57] 在同一本笔记中，他尝试了滑稽的押韵诗（"迷醉 / 我的姑姑意味"）（"enchantment / My aunt meant"），这已经有点儿他在伦敦偶尔写给女朋友们的打油诗的味道了。

　　萧伯纳与他学校的好友马修·爱德华·麦克纳尔蒂，都对艺术和文学感兴趣，他后来将此人描述为"一个长着黑卷发的胖青年"[58]。他们在学校所建立的关系，为他们长达一生的友谊奠定了基础。离开学校后，麦克纳尔蒂进入银行业工作，但是他通过写作讲述爱尔兰生活的小说（包括《米瑟·奥莱恩》和《农民的儿子》）、诗歌，以及三部戏剧（其中的两部是《市长大人》和《玛丽·道尔的追求》，都成功地在艾比剧院上演）实现了他早年的文学抱负。1883 年，他向萧伯纳宣布，他秘密地在都柏林与爱丽丝·莫德·布伦南结了婚（萧伯纳的父亲，乔治·卡尔·萧是婚礼的见证人），并催促他的朋友也像他这样做。"快去结婚吧。"麦克纳尔蒂建议，并找到"休憩的感觉，摆脱永久的行进得到永久的休憩"。但他同时也补充道："还有另一个梦想——一个与世隔绝的小木屋，只有萧伯纳和马修·爱德华·麦克纳尔蒂，只欢迎隐士、书虫以及哲学家。"[59] 这段友谊的亲密程度很早就在一封日期为 1876 年 *49* 6 月 3 日，由 19 岁的萧伯纳写给麦克纳尔蒂的信中得到了证实，他在信中写道："全世界只有对你来说，我是一个有身份和有灵魂的人。这就是为什么我如此依赖你。"[60] 到了 1871 年至 1874 年间，麦克纳尔蒂被调到了爱尔兰银行的纽里分行，两个人开始进行定期的通信，萧伯纳在《十六张自画像》的一章中，将这些信称为"毫无保留的灵魂史"。据萧伯纳讲，根据双方同意，这些信件在回信之后就被销毁了。[61]

麦克纳尔蒂对于萧伯纳童年的回忆，集中在两个主要的文件中。1901 年 7 月 6 日，《诤友》（伦敦）发表了麦克纳尔蒂的回忆录，标题是《男孩时的萧伯纳》。一篇更全面的叙述，标题叫作《萧伯纳回忆录》，是由麦克纳尔蒂的家人在 1943 年 5 月 12 日，麦克纳尔蒂去世后，从他亲笔写的笔记中总结出的一份打字稿。这两篇回忆录都需要谨慎看待。萧伯纳在他自己那份《诤友》的文章的副本里做了旁注，指出了一些错误。虽然这些"纠正"本身可能就过于以偏概全，但是，麦克纳尔蒂回忆录的可信度，多少从一开始就被萧伯纳给文章的开场白做的简短生硬的边注（"4 处错误"）给摧毁了。这段开场白仅有 16 个词，讲的是麦克纳尔蒂第一次见他时，他的穿着打扮。由于这段话的唯一对象，就是四件全都被记错了的衣物，那么倘若萧伯纳的评注是可信的，这个回忆录似乎就完全没有值得借鉴的信息了。疑惑、明显的错误，以及可疑的真实逸事，出现在一篇篇幅较长的《萧伯纳回忆录》中。不过，总的来说，麦克纳尔蒂的回忆中还是有令人信服的生动描写的，那就是这两个对艺术和知识有着非凡兴趣的男孩之间的友谊。

麦克纳尔蒂关于萧伯纳早年戏剧活动的叙述，后者也提出了质疑。如果这位未来的莎士比亚崇拜评论家和"莎士比亚崇拜"（bardolatry）这个词的发明者，真的在学校排演的《哈姆雷特》中，扮演了奥菲莉亚，"踮着脚尖走来走去，用尖锐的假声来念自己的台词，硬是把悲剧变成了闹剧"，那多令人愉快啊。但是，"都是杜撰的"，萧伯纳对于这件事，以及其他青少年时期戏剧表演的故事都做出了这样的评价。另一个故事貌似是可信的，萧伯纳在自己哈奇街 1 号的卧室里提议，他和麦克纳尔蒂应该为艺术做更多的努力，在延伸的"裸体研究"中轮流为对方当裸体模特。麦克纳尔蒂拒绝了这一实验，他借口自己不想在这种有穿堂风的房间中，再染上不久前刚刚治愈的支气管炎。

50　　另一些关于萧伯纳都柏林童年的一手资料，来自 1954 年 9 月的一

个 BBC 广播座谈会上的一些发言人。这些讲话被收录在了 1972 年的
《爱尔兰文学肖像》中。[62] 发言人包括康斯坦斯·杰拉尔丁·汉森夫人，
一位女艺术赞助人，也是萧家的朋友，她曾在奥利弗·圣约翰·戈加蒂
旅馆举办过文学沙龙；她的母亲埃达·蒂勒尔，是一位诗人也是都柏林
三一学院钦定希腊语教授的妻子；约瑟夫·福伊，他"还是男孩子时，
曾和萧伯纳一起在都柏林街头玩耍"；多基的威廉·米根，也是萧伯纳
儿时的玩伴。蒂勒尔太太在这之前提供了她关于弗兰克·哈里斯的更为
完整的回忆录。蒂勒尔家的人记得萧伯纳是一个"长得很好看的"，认
真、严肃、礼貌、庄严，并带着一丝优越感的年轻人。蒂勒尔太太记
得："我对'乔治'的第一印象是一个穿着荷兰工装裤的小男孩，坐在
桌子前建造一个玩具剧院。萧家的人叫他'桑尼'，然后……乔治大概
10 岁——他对他的姐姐们和我表现出一种高傲的姿态，可能是出于自
尊的缘故，记得当他屈尊解答我问他的一切问题时，我真是感到受宠若
惊；尽管我们比他还大一两岁。"[63]

　　这段回忆将萧伯纳描述为了一个相当孤傲的孩子的形象，但在米根
和福伊的回忆录中却有所不同。萧伯纳在这群从前都柏林玩伴们的口中，
是一个体力强健、精力充沛的孩子，他喜欢打斗以及一切通常男孩子们
会玩的游戏。威廉·米根回忆起跟萧伯纳因为争夺俩人捉到的一只鸟而
扭打在一起，他形容稍稍年长的萧伯纳为"面红耳赤的强壮大块头"[64]。
约瑟夫·福伊回忆起："我跟他一起打过弹珠，一起抽过陀螺，一起玩
拳击狐狸，一起打劫果园。"他记得萧伯纳是"一个严肃的小伙子……
也是一个运动健将"[65]。20 世纪 40 年代末，萧伯纳证实了这个弹珠的故
事，并指出游戏的场所是"从辛格街开始，上到波特尔进入峡谷然后再
回到我父亲在拉特兰大宅的磨坊'谷仓'旁。"[66] 在 1927 年发表的一篇
访谈中，萧伯纳在回答什么是他学生时代最喜欢的游戏时，回忆道："我
们玩那些粗野并且毫无组织的游戏，比如警察和劫匪；我很享受四处咆
哮、冲撞，还有搏斗。"[67] 这些回忆驳斥了年轻的萧伯纳有时被塑造成的
形象，一个寂寞孤立的孩子——只对私密的世界中的艺术、文学与幻梦
感兴趣——他在拉特兰大道和"两个意气相投的朋友，我父亲生意伙伴

（乔治·克利伯恩）的儿子"玩耍的回忆，也同样驳斥了这一形象。[68]

51 　　在他就读的这些学校的阴森墙外，都柏林的岁月给萧伯纳提供了文学、音乐、戏剧以及艺术方面极其丰富的教育。不管有何种不可告人的内幕，萧家在都柏林和多基的房子里，一定都时常洋溢着音乐和——从现存的家庭书信中可以看出——生气勃勃的欢笑。李的音乐会的筹备中，"一系列（演奏的）音乐名作都进行了完整的合唱和管弦乐排练"[69]。在他会识谱之前，萧伯纳就已经会唱很多他在家里从头到尾听的那些"音乐名作"了："我真的很厌恶和鄙视施特劳斯的华尔兹，觉得那是粗俗的拙劣之作。贝多芬的《C 大调弥撒》、莫扎特的《第十二号弥撒》、门德尔松的《阿塔利亚》、汉德尔的《弥赛亚》、威尔第的《游吟诗人》、多尼采蒂的《卢克蕾齐亚》、古诺的《浮士德》以及（最重要的）莫扎特的《唐璜》，我都可以一页不漏地唱一遍。除此以外我还能唱一大堆其他作品中的单独乐章，这都是在我识谱之前。"[70] 在萧伯纳离开学校的时候，他已经打下了作为一个资质超凡的音乐评论家的坚实基础。

　　如果说萧家充满了音乐，那它同样也充满了音乐理论，这归功于在萧伯纳童年的大部分时光中，范德勒·李都是这个家庭圈子的一员。都柏林作家约翰·奥多诺万给李取的绰号是"诈骗天才"，可以说很好地捕捉到了他的神韵。[71] 这个在 1866 年到 1873 年与萧家共享住宅的人，古怪、魅力非凡、有才华，并且精力充沛，似乎确实将真正的天赋和创造力同招摇撞骗结合在了一起。他大约出生在 1830 年，是罗伯特·李（在同时期的都柏林记录中，常被描述为"职员"和"煤炭商人"）和他的妻子伊莉莎的儿子。他从 1871 年开始使用乔治·范德勒·李这个名字，奥多诺万认为，他是想借此表明自己是一位富裕的、有产业的乡绅阶级成员的亲生儿子，这位乡绅是某个名叫克罗夫顿·摩尔·范德勒的陆军上校，是下院议员、治安官和副部长，拥有克莱尔郡基尔拉什的基尔拉什大宅，和都柏林拉特兰广场 4 号的房子。[72]

　　作为都柏林业余音乐社团（创立于 1852 年）的创始人，李是一个极其成功的音乐策划人；他在古音乐室里组织了歌剧及其他音乐的夜间演出，萧太太为他担任高音女主唱，年轻的露西·萧也是他麾下的明星，出席演出的人都来自都柏林社会的最高阶层。他发明了一套发声理论（萧伯纳将其称为"方法论"），这种理论的详尽阐述——配有耳鼻喉医学专著中所能看到的那种插图——被写在一部名为《声音：它的艺术生成、发展，以及保护》的作品中，该书于 1869 年 12 月首次出版。[73] 1960 年，《声音》中关于发声的理论，被都柏林三一学院解剖学院的一位教授评价为"相当合理的"[74]。关于李聘用了一个有解剖学知识的人代笔写了这部作品的看法，最初是由萧伯纳提出来的。奥多诺万则猜想他应该是与一位名叫马拉奇·J. 基尔戈里弗的邻居合著了这本书，此人是一名卓越的外科医生，在李为这本书做准备的时候，他正好因为患病而无法参加工作。次年，《声音》的第二版上市，书的前言是《爱尔兰时报》和《自由人期刊》热烈的短评。

　　这个关于自学成才的人，以"局外人"的身份挑战权威的故事——李轻视音乐学们，也同样被音乐学者们轻视——对于萧伯纳来说，肯定是一个极其鼓舞人心的榜样。李是一个具有独创性的人物，而他显然早早地启发了这个未来更具独创性思维的人。"诈骗天才"的能力并没有延伸到文学技巧上去，也无怪乎在伦敦时，以他名字发表的音乐通告，其实全都是由萧伯纳代笔的。到了这个时候，随着助手渐渐变成了大师，尽管他们之间还是友好的，但是萧伯纳对于李的钦佩之情已经开始冷却，而李在这个家庭也越来越不受欢迎。一些李早期在伦敦时写给萧伯纳的便条，用的都是华丽的手写体，仿佛写其作者正在指挥一场音乐会，便条里有代写文章的请求，有跟文学有关的一些工作联络人的推荐，还有一些是叫他在排练时帮忙演奏钢琴，这些都保存在大英图书馆幸存的萧伯纳文件中。这些便条流露出一种和蔼的、慈父般的态度，萧伯纳似乎并没有对他报以相同的关心，1886 年 11 月，李在帕克巷的家里去世后，萧伯纳做出了错误的陈述，"尸检结果显示他的大脑有疾病，并且已经病了很久了"。医学证据显示李是死于心脏病。[75]

年轻的萧伯纳不仅接受了卓越的音乐教育，同时还博览群书。"我会阅读任何我能到手的东西。"他在给托马斯·迪米特里厄斯·奥博尔格讲述他在都柏林时的阅读习惯时，这样说道。这是现有的关于这个话题的最为详尽的叙述之一。[76] 除了《天路历程》以外，文风迥异的《一千零一夜》，在他的童年回忆中也显得十分重要。（这两部童年的最爱，在萧伯纳的剧作《真相毕露》[1932 年] 的一个场景中，被有趣地组合到了一起，在东方式的布景中，人们可以看到剧中的中士在一个叫作爱巢的粉色洞室中，阅读班扬的作品。）萧伯纳对异域风情布景的喜爱，比如在《布拉斯庞德上尉的转变》，还有后来很多部剧作中的那样，可能也部分地源于他早年阅读《一千零一夜》的经历。这些故事也可能影响了萧伯纳对性的幻想和态度，众所周知，这些故事对很多维多利亚时代的人都有这样的影响。在他 1901 年给《给清教徒的三部剧》（1896—1899）写的前言中，萧伯纳指出，对于维多利亚时代浪漫文学中那种荒淫与假正经的结合，以及其极其有限的小说资源来说，《一千零一夜》中那些"坦白来讲不太得体的"故事，在其对待性的描写上，带给人们一种具有启发性并且很受欢迎的反差。[77] 托马斯·摩尔《拉拉鲁克》中的系列故事，也同样很早就让萧伯纳接触到了 19 世纪东方主义，东方主义在萧伯纳晚期的剧作，比如《意外岛上的愚人》和《振奋人心的数十亿》中，成了最为突出的特点。

莎士比亚和狄更斯是萧伯纳童年时期的最爱，他对这两位作家了如指掌。在小说家中，他也阅读斯科特、大仲马、乔治·艾略特、萨克雷（但却是"闲话，虽然写得好，然而依旧只是闲话"），还有特罗洛普（"一直都很惊讶于他的作品竟有如此的可读性"）。他"很早就通读了"拜伦，柯勒律治的《古舟子咏》以及威廉·柯珀的《约翰·吉尔平》。他还读了 G. H. 刘易斯的《歌德传》以及"（他）所能找到的所有《浮士德》译本"[78]。

在非小说类的文学作品中，他"虔诚地"阅读了廷德尔的讲义、爱默生、卡莱尔、约翰·穆勒的《自传》及其一些较短的散文、罗伯逊的历史故事、休谟，以及——一个特别的最爱——拉罗什富科的《箴言录》。（最后这部作品为萧伯纳在《致革命者的箴言》中简洁有力的警句风格，提供了早期的范本，"箴言"作为附录，随《人与超人》一同出版，其中都是些"能干者去干，不能干者教人去干"一类的妙句。）他早年在伦敦的日子里，雪莱、布莱克、罗斯金、莫里斯、易卜生、瓦格纳、叔本华、孔德、亨利·乔治，还有马克思，很快都对他产生了重大而深远的影响。

　　针对奥博尔格提出的关于他早期阅读的一些问题，萧伯纳其中的一段详细回答，给我们提供了相当有价值的参考，使我们得以一窥他如何在文学、音乐和艺术上自学成才。奥博尔格问他在早期阅读中是否有着某种"系统性"时，他回答说：

> 　　没有任何的系统。我那时都不知道系统是什么。我那时没进过任何的图书馆，也不知道图书馆是什么，也没有钱买书。我真的是阅读一切可以到手的东西。没有人指导我，也没有人干涉我。李多年来总是试图朗读廷德尔来帮助自己入睡，从未读过其他任何作品。听闻卡莱尔是一名作家时他非常吃惊，以为说的是来看他音乐会的那位总督（卡莱尔伯爵），此人在音乐会上被海顿惊愕交响曲中的一声砰响给惊醒时，还咒骂了一声。[79]

　　他在都柏林的日子里所阅读的所有作家中，查尔斯·狄更斯可能是最出挑的一个，因为他对于萧伯纳作为一位剧作家的早期发展，有着最为直接和透彻的影响。他的第一部剧作《鳏夫的房产》（1892），处处可见对狄更斯的模仿。收取高额租金的房东萨托里厄斯和他那邋遢的收租人李克奇斯，很明显是效仿《小杜丽》中精明圆滑的"族长"卡斯比以及他在流血之心庭院的租金榨取人潘克斯先生。萨托里厄斯因为李克奇斯对待租户的温和态度而辱骂他的场景，直接令人想起狄更斯小说中，卡斯比先生严厉地指责潘克斯"当天的工作很糟糕"的相似场景。萧伯

54

纳剧作中的高坎，这个社交礼仪顺从的支持者及哈里·特伦奇的女伴，担当着类似《小杜丽》中杰纳勒尔太太的角色；两个角色都强调，在她们试图维护的社会体系中，表面形象和礼仪的重要性。而《鳏夫的房产》中，对哈里·特伦奇意识到自己也是腐败的社会和经济体系的一部分的描绘，也会让人想起《小杜丽》中亚瑟·克莱南在事业上的类似发展。对萧伯纳后期的剧作来说，《小杜丽》也依然保持着相当显著的影响，克莱南太太正是《魔鬼的门徒》（1896）中达吉恩太太的原型。可悲的普通企业家莫多尔先生，他庞大的金融帝国被人们发现并没有任何的根基，他是《伤心之家》（1916—1917）中博斯·曼根的原型。早期剧作《难以预料》（1896）的人物塑造，则大量借鉴了《荒凉山庄》和《远大前程》。

作为一个狄更斯的读者，萧伯纳并不是不加鉴别地照单全收，但是在他的作品中，无论是在细节方面，还是在社会视野和喜剧风格这样更大的轮廓中，都有着狄更斯的踪影。他能同时吸引高雅与通俗的审美，他的社会阶层，他塑造的角色在具有鲜明的个人特色的同时，依然能够反映社会类型，他对于他所处的那个社会中的不公正和不公平的热切担忧，以及他在社会讽刺文学上的精益求精，从这些方面来看，萧伯纳可以说是狄更斯在英国讽刺喜剧传统上的直接继承人。

去皇家剧院看演出，是萧伯纳文化体验和知识储备的最后一个部分，都柏林岁月中的这些体验和储备，很好地武装了这位未来的小说家、批评家和剧作家。在萧伯纳的童年时代，皇家剧院是都柏林最主要的剧院，这里上演的各式各样的剧目，给年轻的萧伯纳提供了19世纪戏剧传统的坚实基础。作为一个剧作家，在他自己的作品中，萧伯纳以多种多样的方式（大多是戏仿）借鉴维多利亚时代剧院的主要流派。[80] 19世纪90年代，当萧伯纳开启自己为公众剧院写剧本的职业生涯时，他对情节剧、哑剧、古装剧、巧凑剧、浪漫喜剧，以及闹剧等这些形

55

式，都进行了继承和转化，这些风行一时的戏剧传统，从智力层面来讲虽然有所欠缺，但却不失生动。离开都柏林时，快满 20 岁的萧伯纳已经接触过很多这些戏剧流派的范本了。

在他年满 15 岁，并终于能赚到足够的钱买剧院的门票之前，他去剧院的次数并不多。但是，关于他童年时这少数几次去剧院的经历，他却留下了生动的描述。萧伯纳第一次去剧院是在 1864 年 7 岁半的时候（要么是由父亲要么是由范德勒·李陪同），他看了汤姆·泰勒的《情节与激情》，接着又看了哑剧《穿靴子的滑稽猫》或者《薄纱树林的仙女们》，前者演的是"一个真正的警察被一个小丑耐人寻味地开枪打成了碎片"。他被《情节与激情》深深地迷住了，以至于他最后是"从剧院被拖走的"，因为他拒绝相信幕布在剧末降下 3 次以后就不会再升起来了。1868 年 3 月，他自己去看了迪翁·布西科的《科西嘉兄弟》，而这一次，关于剧院的魔法是如何奏效的，他已经有了更多的经验和更好的理解。布西科的剧采用了一种装置（"科西嘉陷阱"），能使一个绿灯照耀下的鬼魂在舞台上现身并游走。正因为萧伯纳知道鬼魂是如何运作的，以及恶人夏图－雷诺，即使在一场决斗中被杀死了，但是在剧终的时候其实并没有真死，所以萧伯纳才"更加享受这场决斗"[81]。在他住在都柏林的最后 5 年里——当他在尤尼亚克·汤森德公司工作所挣的工资让他买得起门票时——萧伯纳几乎每周都去剧院；等到他移居伦敦的时候，他已经见过"所有大牌巡回演员"了。[82]

在《未成熟》1930 年版的前言中，萧伯纳回顾了自己的童年，他意识到，在他的成长过程中，戏剧的种种想法和角色扮演对他的自我塑造和行为方式有很大的影响。在讲述他童年对梅菲斯特着迷的那个段落之前，他告诉我们，他从未为说谎感到过懊悔，反而沉醉于"这种含有戏剧化虚构的活动"。他写道："即使在我是个好孩子时，我也时刻都像在演戏一般，因为，就像演员们所说的，我在角色中看到了我自己；而这极少发生，因为我对舞台上的恶人和魔鬼最感兴趣。"[83]

56　　此前，在 1916 年向奥博尔格讲述自己在都柏林的童年时，萧伯纳说过："事实上真正的萧伯纳是那个演员，而想象中的萧伯纳才是真实的。"[84] 在其他几个萧伯纳所做的自述中，剧院意象和角色扮演都是一条暗线。在《未成熟》的前言的结尾处，他解释说，年轻的时候，他觉得自己对真实世界来说是一个陌生人："只有在我想象的王国中，我才有归宿感，而只有在尊贵的死神面前我才泰然自若。因此我必须成为一个演员，并给自己塑造一个极好的性格，待人得体而恰当，同时能胜任我所需要扮演的其他角色，作家、记者、演说家、政治家、委员会成员、阅历丰富的人等等。"[85] 这样的解释，与萧伯纳在 1930 年写给弗兰克·哈里斯的一封自传信中的自我描述一致："我是真正的莎士比亚式的人——我了解每一件事物和每一个人，然而我什么都不是。"[86]

　　萧伯纳在承认自己惯于扮演角色的同时，并没有否定他那超越自我的理想主义的诚挚，这是一种"为自己所认可的伟大目标而竭尽心力"的想法，也没有否定他毕生在社会和哲学问题上对社会向善论的憧憬所做的奉献，纵使他对于这种憧憬的表达，正如我们后来会看到的那样，总是带有怀疑的态度和悲观的情绪。他拥有一种非凡的能力，能够在想象中真切地认同那些异于理想主义世界改良者的观点，并从这些观点出发去看待事物，这种做法有些时候——比如在《芭芭拉少校》中——使他的戏剧在其究竟赞同何种观点上，具有一种令人困惑的复杂性。他的类似于卫真先生和浮士德式的梦想家们的理想主义，总是伴随着梅菲斯特式的怀疑论者和现实主义者嘲讽的声音。都柏林的童年给萧伯纳那复杂而多重的本质奠定了基础，在这里，相互矛盾的观点被慷慨包容，而幻想作品同他的真实生活经历一样，极大影响了他人生观的形成。

第 *4* 章

与汤森德的关系

　　纯粹出于偶然，汤森德这个姓氏与萧伯纳生命中的两个重要事件都有关联。1857 年 1 月 20 日，萧伯纳在都柏林出生的大约 6 个月后，一个女婴，夏洛特·弗朗西斯，出生在科克郡罗斯卡伯里的德里宅邸的霍勒斯·佩恩－汤森德先生富裕的家庭里。41 年以后，夏洛特·弗朗西斯将会成为那位有趣而不落俗套的音乐和戏剧评论家、先锋派社会主义者，以及刚刚崭露头角的剧作家萧伯纳的新娘——这让她家族中的一部分成员惊愕不已。1871 年 9 月 1 日，15 岁的萧伯纳就已经与汤森德形成了更早的联系，他作为一名办公室勤务员，受雇于查尔斯·尤尼亚克·汤森德的地产中介公司。夏洛特的父亲，霍勒斯·佩恩－汤森德与萧伯纳的雇主是远亲，属于爱尔兰汤森德家族的不同支系，这个汤森德家族的共同祖先可以追溯到理查德·汤森德，他是英国内战时期议会军的一名军官，在 1666 年共和国宣布成立时，他将科克的控制权交给了克伦威尔，并得到了汤森德城堡。[1]

　　夏洛特·弗朗西斯·佩恩－汤森德的教养，尽管很可能是基于一系列同萧氏家族相似的社会态度和义务，却与她未来丈夫的大相径庭。罗斯卡伯里的德里宅邸于18世纪末由夏洛特的曾祖父霍雷肖·汤森德所建，是一个广袤的田庄里一座巨大且不规整的住所。宅子坐落在爱尔兰南岸的一片高地上，近处有一个小湖泊，此后就是绵延至凯尔特海的旷野。罗斯卡伯里横卧在克洛纳基尔蒂和斯基贝里恩之间，位于凯里风景区的西部，从帕克纳希拉开车很容易就可以到达，夏洛特和萧伯纳在1917年至1923年间在这里度过了许多个漫长的夏天。住宅的正房在1922年的内战中被严重毁坏了。"（迈克尔）柯林斯把城堡给烧了（包括我妻子出生的那个房间）。"萧伯纳在1940年这样告诉艾尔弗雷德·道格拉斯勋爵。由于随后陆续的一些破坏，现在这个房子在体积上已经缩减了相当一部分。² 依旧矗立在房子后边的——很可能基本是其原始的风貌——是一排石头建的农场家务间和马厩。这些房子一定能得到萧伯纳《伤心之家》中那位极度傲慢专横的厄特渥得夫人的青睐，她在剧末说道："去到英格兰任何一处住着自然、健康、心满意足并十分和善的英国老百姓的地方，你通常会发现什么呢？那就是马厩是一户人家真正的中心。"

骑术是年轻的夏洛特·佩恩－汤森德在罗斯卡伯里所学的许多社交才艺中的一种。1876年12月28日，她在她那真实可靠的日记中描述了一次"清晨时分在沙滩上的美妙骑行"。这一年，在圣诞节前不久的日子里，她在吉他演奏方面取得了进步，并且还得到了一些"吉他歌曲的书"。12月21日，她记载了父亲（她后来将他形容为"温柔而深情，有教养并饱览群书"）在早上给她上了一节拉丁语课。³ 除了拉丁语之外，她还学了法语、意大利语以及德语，并且，和她父亲一样，她也养成了极其广泛的阅读兴趣。夏洛特（在家里被称为"洛蒂"）是两个女儿中较年长的那一个，她的妹妹是玛丽·斯图尔特（"茜茜"）·佩恩－汤森德。女孩们的教育与简·奥斯汀时代英格兰富裕家庭对年轻女子的教育十分相似。她们的母亲是玛丽·苏珊娜，托马斯·柯比陆军中校的女儿，她在1855年10月嫁给了霍勒斯·汤森德。这位英国女人很明显有着强烈的社交虚荣心，并对女儿抱有本内特太太似的"野心"，在她的督促下，一家人经常在都柏林和伦敦两地之间迁居，以参加社交季的派对、舞会以及招待会。1863年，家族遵照爱德斯塔斯顿的托马斯·佩恩的遗嘱，经过皇家许可以后，开始采用额外的姓氏佩恩，并开始使用 Townshend 的拼写方式（之前是 Townsend），苏珊娜成为该遗嘱的一名受赠人。[4]

　　不幸的是，德里宅邸的马厩并不足以让其居住者像厄特渥得夫人在《伤心之家》中所担保的那样"心满意足"。夏洛特在 1927 年 5 月 17 日写给挚友 T. E. 劳伦斯（阿拉伯的劳伦斯）的一封长篇自传信中披露了许多她童年的经历。[5]"我有着极其糟糕的童年与青少年时代。"她告诉劳伦斯。她不满的主要原因是，她对"爱管闲事且跛扈"的母亲的极度厌恶，这给她的一生投下了长长的阴影，并长久地影响了她对于婚姻和家庭的态度。夏洛特用她分析 20 世纪 20 年代政治变革事件之前爱尔兰与英格兰阶级制度区别的术语来形容父母之间的关系。她的父亲是爱尔兰绅士阶层的一员，她的母亲，夏洛特说，则是英国粗野的中产阶级中的一个势利眼：

　　　　在爱尔兰，我们到目前为止没有过中产阶级。这一部分是因为这个国家的两个种族和两种宗教。我们有绅士和民众：除此以外就没有了。你会问："那么那些中间人呢？"他们属于民众。迈克尔·柯林斯的父亲是一个"农民"——他有一个亲戚在克洛纳基尔蒂开了一间店铺，但他会第一个告诉你他是属于民众的。[6]我们没有"贵族阶级"和"上层中产阶级"那种臭名昭著的势利眼。伦斯特公爵、三位一体修道会的马哈菲教长、我自己以及医生的女儿都同样是绅士阶级……

　　　　我母亲是中产阶级，我父亲是……绅士阶级。[7]

　　据夏洛特讲，玛丽·苏珊娜不断地用情感胁迫她的丈夫以及女儿们，眼泪汪汪地控诉他们对她缺乏爱与尊重，让他们屈从于她的独裁统治，顺应她的愿望以及她设法提升家庭社会地位的阴谋。在她写给劳伦斯的信中，夏洛特还回忆说，霍勒斯深爱着他的家乡，这里是他真正的兴趣所在，反之玛丽·苏珊娜"不断地抱怨'背井离乡'以及'这个该死的国家（爱尔兰）'"。夏洛特试图抵制她的影响，并在争吵中站在父亲的一边，然而她却被"一种对良心的担忧，以及责任感"压得不堪重负，并觉得自己最终被母亲的权威给击垮了。她自身对于母女关系的经历使她决定永远不生小孩："我相信，至少我是这么记得的，我并不是生下来就讨厌小孩——也许我确实生下来就讨厌。但是，不论如何，我自己的家庭生活使得我彻底决定永远不做一个孩子的母亲，因为这个孩子有可能会遭受我所受过的苦。"[8]

与她未来的丈夫一样，关于中产阶级道德观念对人的天然冲动的压抑，夏洛特也有着十分强烈的感受。在他塑造得最成功的喜剧人物之一身上，萧伯纳十分滑稽地探讨了这一主题，艾尔弗雷德·杜利特尔，一个伦敦清洁工，《皮格马利翁》(1912)中伊莉莎·杜利特尔的父亲，当他获得意外之财之后，他觉得自己受到了损害，他的幸福也被摧毁，因为他被"束缚住了……并将从此受到……中产阶级道德观的掌控"。

萧伯纳对他父亲的描述，与乔治·卡尔·萧在写给妻儿的信中所展现出的自我相抵触，有趣的是，夏洛特对她父母以及他们关系的描述，也与霍勒斯·佩恩-汤森德在一本1856年就开始写的财务备忘录中提到妻子时的那种含情脉脉不一致。1872年11月9日，是他48岁生日，他开始着手写一部更为全面的财务备忘录，想以此来补充和解释他在遗嘱中订立的事项，或者，如他所描述的，"只是少许报告，可能对我亲爱的妻子和孩子们有用，主要是关于我遗嘱中所需要料理的这些蒙上帝所赐的财产"[9]。备忘录中一再提及"我亲爱的妻子"。尤其值得注意的是，当他说明他希望在哪里被埋葬时，他描述两人夫妻关系所采用的措辞："我希望被埋葬在英格兰或者爱尔兰任何一处我妻子将来为她自己选择的安葬之地，我们多年来十分幸福和谐地生活在一起，死亡也不能将我们分开。"[10]

他写这些的时候，夏洛特正值15岁。她深深地爱着她的父亲，分享他的兴趣爱好，享受与他一起进行的众多旅行。也许正是对于她母亲一定程度上的忌妒，导致了她在给劳伦斯的信中对她母亲做出刻薄的评价。当然也很有可能，霍勒斯在备忘录中谈及玛丽·苏珊娜时，之所以显得如此热情，其实是在掩饰一些家庭中的紧张关系。无论夏洛特这样声称的原因或者事情的真相是什么，对于父母关系的消极态度，是夏洛特与她未来丈夫的共同点；而这也一直是她不愿生孩子的原因之一。

　　从物质财富这方面来说，霍勒斯·佩恩－汤森德真是一个极受上天眷顾的人。他在爱尔兰继承了大量的财产，其中包括德里宅邸和周边的农庄，同时还有一部分位于伦敦齐普赛国王街的房子。从都柏林三一学院毕业以后，1851 年他在林肯律师学院取得律师资格，并随后成为一名能力出色的房产业主和精明的投资人。他的一大部分财富来自英格兰国家地方银行的股份；他同时还持有多条铁路、燃气以及自来水公司的股份。他在什罗普郡和格洛斯特郡拥有土地（在 1884 年价值 30000 镑），这是不被包含在他爱尔兰的财产之内的。在他的财务备忘录中，他估算了截止至 1884 年 12 月，他的个人财产价值 200572 镑（相当于 2005 年的 2000 多万美元）。夏洛特继承的家族遗产加在一起使她成为一个极其富有的女人。在比阿特丽丝和悉尼·韦伯介绍她加入费边社的圈子之后，她为他们的事业提供了丰厚的财力援助，并且她还成了伦敦经济学 *61*
院基金会的主要捐助人。

　　当年轻的夏洛特在科克郡的家族庄园中，为她初次进入上流社会的社交界学习必要的才艺时，她未来的丈夫正在都柏林的查尔斯·尤尼亚克·汤森德的公司开始他的职员生涯。在《十六张自画像》中，萧伯纳将他的雇主形容为"教堂、皇家都柏林社团的栋梁，是都柏林一切能有栋梁的地方的栋梁"[11]。在那个时代的都柏林，地产中介是一个受人尊重和追捧的职业，而汤森德公司的许多员工都是来自富裕家庭的子弟，他们"付了高额的学费来学习这一上流社会的职业"[12]。以下这段总结很好地表达了这个公司和其员工的社会环境："在一些方面我比多数的职员过得更开心。我公司的同伴都是社会地位良好的见习生，大多数是大学出身。我也不免摆一摆在我同等职位上应该摆的架子；而当我出差旅行时，我都坐头等舱，而我的开销从来都没有受到过盘问。"[13]

　　萧伯纳在公司的同伴包括汉弗莱·劳埃德，三一学院院长的儿子，萧伯纳向麦克纳尔蒂描述他时，说他"显然是一个拥有体面出身的绅士"[14]。然而，即使是在他事业的这个阶段，对于新教统治下的爱尔兰那种崇尚绅士派头的习俗，萧伯纳也没有顺从地墨守成规。就像他在家里与麦克纳尔蒂幻想和谈论梅菲斯特时表现出的那样，他对宗教所持的怀疑主义观点，此时是显而易见的。萧伯纳记得他在汤森德公司发生的一场争论中，遭受了"猛烈的抨击"。正是汉弗莱·劳埃德对年轻的萧伯纳说："争论有何用……当你连三段论是什么都不知道？"[15] 1875年4月3日，萧伯纳第一次发表作品，以一封公开信的形式，刊登在伦敦新闻周刊《公众舆论》中。他在信中谴责了美国传教士德怀特·莱曼·穆迪和艾拉·D.桑基在都柏林举行的宗教复兴集会，并公开宣布了自己的无神论。

　　除了关于宗教的辩论外——不管有没有三段论——汤森德公司的绅士们还从事其他形式的娱乐。年轻的萧伯纳向他的同事们教授了一些"零零散散的歌剧"。他详细讲述过他们那一伙人中的一个，如何把公司的盥洗台和上面的隔板变成威尔第《游吟诗人》第三幕中关押游吟诗人曼里科的塔牢。这个年轻人当时如此热情而专注地表演着曼里科的咏叹调"啊，何等死亡"——站在盥洗台上凝视着塔牢的墙壁——竟没有察觉公司的高级合伙人，查尔斯·尤尼亚克·汤森德的到场，"他（汤森德）吃惊地看着隔板上方那呜咽的面容，最终逃回了楼上，彻底被那情景给打败了"[16]。尽管他是所有"能有栋梁"的地方的栋梁，汤森德很显然是一个相当宽容的雇主。当他听闻萧伯纳离经叛道的宗教观点时，他"尊重了（他的）信仰自由"，仅仅是让萧伯纳承诺不在公司讨论这一话题。[17]

　　萧伯纳厌恶他在尤尼亚克·汤森德的公司的工作，起初是作为办公室勤务员，后来则担任出纳主任，他说他"每次支付一笔款项时，都希望自己再也不用干这个了"[18]。虽然如此，他依旧是一个极其精于业务的职员；公司的工作在他作为一名富有创造性的作家的观念和工作上，留下了诸多方面的印记。他把公司账目打理得简洁齐整，从来不会忽略细节。在他后来的职业生涯中，萧伯纳在金钱方面很慷慨。即使是在他自己变得富裕以前，他也常常支援需要帮助的朋友。同时，他一生都谨慎地管理自己的账目，并精明地维护他作为一名作家在业务上的利益与权利。作为一名公众演说家，他从未接受过任何费用。

除了将他变为一个谨慎和经验丰富的账目管理员，他对地产中介业务的从事，还有着另一方面的重要性。正是因为这份工作，他很早就接触了资本主义社会社交与经济生活的各个领域——地主与佃户之间的关系——这将成为他的政治思想和创作活动中的主要专注点之一。

爱尔兰土地所有权以及地主-佃户关系引起的骚动，在 19 世纪中叶与日俱增。激进的土地改革者詹姆斯·芬坦·莱勒声称，爱尔兰的土地属于人民，而土地所有制使人民与他们至高无上的权利相疏离。1845 年他与迈克尔·多希尼一起成立了佃户联盟，1847 年他"主张通过拒付租金和共同抵制驱逐令来实现农民土地所有权"[19]。这种爱尔兰早期的共产主义形式，是与青年爱尔兰运动、芬尼共和主义的出现，以及浪漫民族主义的崛起紧密相连的。出于对佃户权利运动的担忧，罗伊·福斯特评论道："正如其他 19 世纪爱尔兰政治的土地问题，通过把地主认作共同的敌人，这个运动联合了一些并不相容的心怀不满的人们。"[20] 在萧伯纳就职于尤尼亚克·汤森德那段时期的随后几年里，复兴的土地风潮导致了 1879 年土地联盟的重组，标语就是"土地属于人民"，而查尔斯·斯图尔特·帕内尔，这位未来的民族主义领导者，担任了联盟的主席。

成年以后，萧伯纳开始厌恶民族主义。但是，这位聪明的青少年似乎不太可能——据他自己所说，在学校的历史课上背诵关于英国的爱国主义颂歌时，他用"爱尔兰"代替了"英格兰"，并声称那个时候的他自己"在政治认同上已经是一名年轻的芬尼共和主义者了"[21]——会没有意识到，1871 年他作为一名小职员所任职的行业，正面临着的紧张局势。他对于土地私有制的批判观念，在他到了伦敦以后开始逐渐明晰起来，这是受他接触的马克思主义以及其他社会主义思想，如亨利·乔治和皮埃尔-约瑟夫·蒲鲁东（他的格言"所有权……是盗窃"常被萧伯纳引用）观点的激发。这些后来的影响一定与他早年在爱尔兰时经历的

63

土地战争中的种种事情相呼应。到了 1884 年，萧伯纳开始合著他的第一部完整的舞台作品《鳏夫的房产》，其中心主题就是贫民窟的土地所有制。没有哪个剧作家能比查尔斯·尤尼亚克·汤森德公司的前出纳主任更了解这个话题了。他的 5 部系列剧《回到玛土撒拉》（1918—1920）将故事设定在公元 3000 年，剧的第三部分中，有一个名叫祖的年轻女人，她向一位从上一个文明迷途至此的老绅士解释"地主"这个词，说它其实是一种原始动物的名字，这种动物曾经被猎捕和射杀，现在已经快绝迹了。

萧伯纳与尤尼亚克·汤森德公司的关系是骤然结束的。很有可能是由于他对都柏林和工作的厌恶，加上伦敦大都市更为广阔的知识视野能提供更好的发展前景，这一切很早就激发了他追随母亲和姐姐们，从爱尔兰迁走的想法。在 1930 年的《未成熟》前言中，萧伯纳回顾了他的决定，他称之为"我对都柏林的遗弃，现在许多年轻的爱尔兰人都因此觉得无法原谅我"：

> 由于经历只局限在爱尔兰，我人生的事业无法在都柏林得到发展。我必须去伦敦，就如我父亲必须去谷物交易所。伦敦是英语文学的中心，也是英语王国（我许诺要在其中称王）的艺术文化中心。那个时候，爱尔兰没有盖尔联盟，也没有任何意义上的文化的种子。任何一个爱尔兰人，当他的人生事业是追求更高水平的文化行业时，都必须住在大都会并且接触国际文化，也就是说，他深感自己要做的第一件事，是离开爱尔兰。[22]

萧伯纳在本质上那永恒的爱尔兰人的自我形象，还有他对爱尔兰的忠诚，都是一生不变的。但是，这段关于他的"人生事业"必须在英格兰才能进行的陈述，可能确实是他 1876 年离开祖国的主要原因。在早

64

期的现代爱尔兰作家中，他绝不是感觉自己需要在"都市定居并在国际文化"中发展事业的唯一一个人。

不过还有另外两个更加直接的诱因导致了他的离开。其中一个原因，他在后来的书信中谈到过，那就是尤尼亚克·汤森德公司决定任用一个汤森德家的亲戚担当出纳员，并提供给萧伯纳"总务员"的职位，薪水也增加。正如他在辞职信中解释的，萧伯纳觉得如果他不再是出纳员，那么他所做的工作就没有资格领这么多的工资。[23] 在一封日期为1876年6月3日的信中，他很显然是在回答麦克纳尔蒂有关他离开都柏林的原因的猜测："我并不是竭泽而渔。我在都柏林的前景确实是一片大好。只要我愿意就可以娶雇主的女儿并且确保成为公司合伙人。成功的唯一阻碍是我既不喜欢这个职位也不喜欢雇主的女儿，我承认这是难以克服的。"[24]

一封公司在1878年8月9日给萧伯纳出具的证明书，证实了他在那里所受到的极大重视，也显示出他与雇主好聚好散。[25] 查尔斯·尤尼亚克·汤森德有好几个女儿；我们只从萧伯纳写给麦克纳尔蒂的信中，读到过他在汤森德公司的发展前景包括了与汤森德家族成员结婚。不过，命运为他准备了另一段与汤森德的关系。

萧伯纳离开爱尔兰的另一个原因更为紧迫——在自传作品中谈及他迁居的时候，他并没有谈到这个原因——他姐姐阿格尼丝的肺结核当时已经到了晚期。1876年2月29日，萧伯纳在都柏林哈考特街61号与父亲共享的临时住所里写了辞职信。辞职信应于3月份生效。虽然没有任何关于阿格尼丝绝症的书信留存下来，但萧伯纳在写辞职信的时候，似乎不太可能没有听说姐姐的绝境。大概是期望更温暖的气候能够有所帮助，在3月3日那一天，贝茜·萧同阿格尼丝一起搬到了巴尔莫勒尔之屋，一所位于怀特岛文特诺滨海大道上的家庭旅馆，怀特岛是英格兰南岸一个小而迷人的岛屿。阿格尼丝死于3月27日，三日后在文特诺下葬。3月31日，萧伯纳完成了他在尤尼亚克·汤森德公司最后一个月的工作，次日他在利菲河的北墙码头乘船，前往英格兰。1905年7月，当他作为一位48岁的老人重回爱尔兰时，近30年的时光已经悄然逝去。

65

1.1 基尔肯尼的萧伯纳，萧伯纳的祖父。油画，佚名画家

1.2 弗朗西斯·萧，萧伯纳的祖母。油画，佚名画家

1.3 弗雷德里克·萧爵士，灌木园从男爵，都柏林的法官，1872

1.4 弗雷德里克·萧，都柏林估价局局长，萧伯纳的叔叔，1863 年

66

72

1.5 露辛达·伊丽莎白·萧，萧伯纳的母亲

1.6 露辛达·伊丽莎白和乔治·卡尔·萧，萧伯纳的父母

1.7 沃尔特·约翰·格尔里，萧伯纳的舅舅

上图: 1.8 萧伯纳的出生地，都柏林辛格街 33 号（这里从 1993 年开始作为萧伯纳博物馆面向公众开放，内部进行了装修，复原了从 1852 年到 1867 年萧伯纳一家居住在这里时的样子）

左图: 1.9 会客厅

下图: 1.10 萧伯纳的卧室

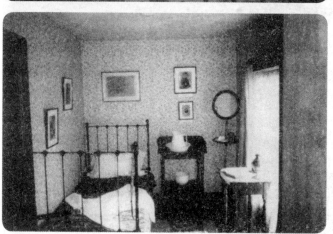

1.11　爱尔兰科克郡罗斯卡伯里的德里宅邸；夏洛特·萧的出生地

1.12　都柏林的灌木园宅邸，萧伯纳的富有亲戚居住的地方，他是个孩子时，曾去过一次

70

1.13　萧伯纳的姐姐露辛达·弗朗西斯·萧，1890 年左右

1.14　萧伯纳的姐姐埃莉诺·阿格尼丝·萧，1874 年

1.15　马修·爱德华·麦克纳尔蒂（左），萧伯纳学生时代的好友；与萧伯纳合照于 1874 年

1.16　扮作梅菲斯特的萧伯纳，麦克斯·比尔博姆漫画的局部（萧伯纳在青少年时代曾画过《作为怀疑论者和嘲弄者的保护者》的梅菲斯特，挂在多基托尔卡小屋，他卧室的墙上）

1.17 萧伯纳坐在钢琴前，身旁是罗伯特·摩尔·费什伯恩，后者是尤尼亚克·汤森德地产中介公司的一名学徒。照片摄于 1876 年都柏林，萧伯纳去伦敦前不久

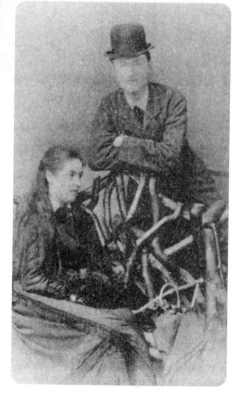

1.18 萧伯纳和他的姐姐露西在怀特岛文特诺，1876 年，当时他们的姊妹埃莉诺·阿格尼丝刚去世

1.19 《卡利普索》

1.20 《先知》

1.21　萧伯纳在怀特岛文特诺，1876 年，当时他 19 岁

75

1.22　穿着华丽裙子的女学生夏洛特·弗朗西斯·佩恩－汤森德，萧伯纳未来的妻子，摄于1874年

1.23　霍勒斯·佩恩－汤森德，夏洛特的父亲

1.24　玛丽·斯图尔特·佩恩－汤森德，夏洛特的妹妹，她后来嫁给了休·乔姆利上校。萧伯纳为她写了《知识女性的社会主义指南》

1.25 爱德华·卡尔·萧（1813—1866），萧伯纳的叔叔。1830年，他从都柏林的朗德镇移民到了澳大利亚，在塔斯马尼亚东岸的斯旺西建立了产业"红岸"。萧伯纳将他描述为"我的叔叔爱德华，我从未见过他，因此他是最令我难忘的叔叔"

1.26 查尔斯·麦克马洪·萧，萧伯纳在墨尔本的表兄弟，《伯纳德的兄弟们》一书的作者

1.27 （最右边）萧伯纳和警官队，他是萧伯纳的同名表兄弟，塔斯马尼亚霍巴特的警长。他被萧伯纳称为"超级警察"

寻找自我：伦敦与小说

1876年4月2日的一个星期天，萧伯纳从霍利黑德的轮渡码头坐火车抵达了伦敦的尤斯顿火车站，然后乘坐一辆四轮出租马车，一路经过"狄更斯已经使我对其名字十分熟悉的那些街道"[1]，到达了他母亲在西布朗普顿的维多利亚园13号租的一所半独立小别墅里的住处。（这是这一家人住过的三处住所中的第一个。他们最终〔1887年3月5日〕搬到了布鲁姆斯伯里的菲茨罗伊广场29号一栋气派的房子里，这栋房子后来成了弗吉尼亚和莱昂纳德·伍尔夫在伦敦的住所之一。）[2] 在维多利亚园安顿下来以后，萧伯纳4月4日去了文特诺。这时露西也到了这里，一家人在文特诺待到了5月初，随后才返回伦敦。

初到伦敦时，萧伯纳的外貌还没有开始向梅菲斯特转变。这位年轻的爱尔兰人长着稀疏的胡子，他的红头发梳成了中分并用发胶弄得很服帖。在歌剧演员，同时也是萧伯纳早期的伦敦伙伴之一理查德·德克的建议下，他不久后开始梳一种从希腊雕像那里借鉴来的与众不同的发型。萧伯纳回忆说："在我 20 多岁的时候，一名阿尔萨斯歌剧演员向我指出，希腊雕像的人物都是把头发梳起来，露出额头，从而形成一种天然的冠冕。他还问我为什么要把头发用发胶向下梳，就像一个维多利亚时代的主妇一样。我用刷子和梳子试了试，发现希腊式的发型很可行，并且更加古雅别致；于是我就沿用了。"[3] 维多利亚时代的主妇发型在这段时间的很多张照片中都清晰可辨，其中一张后来印制在了《十六张自画像》中，萧伯纳对这张照片做了如下的说明，"不成熟，并且显然自命不凡得要命"[4]。

1876 年的春末和整个夏天，萧伯纳都在跟母亲学习声乐，并通过和露西弹奏二重奏来提升自己的钢琴技巧。5 月他见到了埃伦·特里，他后来跟她展开了一段广为人知的书信恋情，他还见到了为新版的汤姆·罗伯逊剧作《我们的》担任钢琴伴奏的玛丽·班克罗夫特。9 月他 78 开始为进入行政机构税务部的考试而学习，这跟他父亲在成为谷物商人之前走的路差不多。但是，到了 11 月，他放弃了税务的学习。萧伯纳作为一名作家的职业生涯，从给范德勒·李当捉刀人开始，范德勒当时接到讽刺周刊《大黄蜂》请他担任音乐评论家的邀约，他以每篇文章 1 基尼的酬劳，让他年轻的门徒代笔。

在他刚到伦敦的日子里，萧伯纳遭受了与他有着相同兴趣的年轻人往往都会遭受的普遍命运，也就是说，读书、思考、写作并不被认为是真正的工作。他在这三类活动上忙得不可开交，却依旧没有令家人停止对他的挑剔，他们是在为家里的经济状况担忧，这也是可以理解的。"我隐约觉得母亲认为我疯了，露西也认为我疯了。"萧伯纳在从新住处写给爱德华·麦克纳尔蒂的第一封信（1876 年 6 月 3 日）中这样写道。"现在我到了伦敦，"他在同一封信里写道，"虽然不是个外来农民，可我依旧忍受着萧氏那种一贯的势利，他们认为动手干活是卑劣的，然而我绝不会再进入公司工作了。"[5] 1882 年 12 月，极少抱怨并且依旧满怀热情的乔治·卡尔·萧写信给儿子说："表达我的观点大概是无用的，但是如果你能找点事做并挣点钱那就太好了——这是我们所有人的期望。"[6]

信中还附有 10 先令的邮政汇票。

　　1905 年，在他首次以书的形式出版的第二部小说《不合理的姻缘》（于 1880 年 6 月至 12 月写成）的前言中，萧伯纳加入了一段滑稽的回顾，讲的是他作为一名潦倒的小说家时，对父母的可怕的寄生虫般的依赖："我没有逼迫自己为生活而挣扎；我逼迫我母亲这么做了。我并不是我父亲年老时的依靠，反而处处沾他的光……就像科摩斯*对于道德的喋喋不休一样麻木，我笔耕不辍，每天写 5 页，并最终成就了自己（以我母亲为代价）而不是成为奴隶。"[7] 关于这家人初到伦敦时，孩子们都依赖于贝茜·萧教课的收入这件事，还有另一段不那么油嘴滑舌的描述，出自露西·萧写给珍妮·德莱斯代尔的信中，她说这笔收入重要到"性命攸关"的程度。[8]

　　萧伯纳初到伦敦时，过着节俭的生活，这从他 1880 年 2 月开始记在日记里的极其详细的日常开销中就可以看出来。他花钱的记录——火车、巴士和电车的车票；邮票；面包、蛋奶糕还有糖果；报纸以及画廊目录；剧院（在他的第一部小说中出现的阿尔罕布拉，入场费 2 先令和看节目 3 便士）；清洁工（1 先令）以及公共浴室洗浴（2 便士）——与他兼收并蓄的读书笔记相并列。1880 年 3 月 13 日，星期六，这一天的账目很典型："作为午餐的蛋奶糕等 6 便士。到霍尔本的巴士 3 便士。大英博物馆。乐谱《威廉·泰尔》《费德里奥》。（莫里茨·）莱驰的《浮士德》插画。《科利奥兰纳斯》前奏。塞鲁斯的《天路历程》（插画）。柏辽兹的《管弦乐队配乐法》。"[9]

　　1880 年 3 月 15 日有一笔总额 4 先令 6 便士的花销，用于"剪发、烫发、洗发"，或许这也是理查德·德克建议的新发型计划的步骤之一。同一天他还花 3 便士买《法国周刊》。1880 年 5 月他花 3 镑 10 先令买的红棕色套装，大概一直穿到了 1885 年乔治·卡尔·萧去世，一份保险得以兑现，令他有了足够的钱买第一套他标志性的耶格尔套装。虽然日记里的记录可谓是一个穷人的账目簿，但是其中依然时常包括花在诸如剧

*　希腊、罗马神话中的宴乐之神。——译者注

院、画廊、报纸以及期刊上的，供他自由支配的开销。

《不合理的姻缘》前言中所说的那些他依赖父母的俏皮话，尽管包含了大量事实，却忽视了萧伯纳在刚到伦敦的那段时间，确实多次尝试找一份固定的工作；他来自在《大黄蜂》上发表专栏的微薄收入是在他年满 20 岁后的几个月才开始的。他中断了公务员考试的学习，从而避免了办公室工作的可怕前途，1876 年 11 月 29 日到 1877 年 9 月 26 日，他都在为《大黄蜂》撰写每周的专栏（首先叫"音符"后来叫"音乐杂声"）。

接下来一年的时间，他主要专注于多个方面的自我提升（法语、和声，还有旋律配合法的学习）以及文学创作上的尝试。1878 年 2 月，他开始以无韵诗的形式，写作异教色彩明显的"耶稣受难剧"，名叫《约瑟的家庭》（耶稣，一个叛逆的孩子，是玛丽的私生子，拉撒路是一个酒鬼，而犹大是一个愤世嫉俗的无神论者）。这部作品后来半途而废了，他秋天时动笔写的第一部小说《莱格文件》也是一样。11 月，他被引荐给了南肯辛顿帝国银行的一位代表，大概是想得到一份工作，但"没有结果"[10]。1879 年初，他开始写作他最终完成了的第一部小说《未成熟》。年末，一份"真正的"工作机会悄悄来临，是在一家成立不久的电话公司工作。

萧伯纳初到伦敦的那几年，正好也是一些发明——亚历山大·格雷厄姆·贝尔的、托马斯·阿尔瓦·爱迪生的，还有其他人的——成功商业化的前几年，电话随着这些发明而诞生。萧伯纳后来在写作他的独幕剧《剪报》的最后一幕中，对电话做了十分有趣的运用：一名爱尔兰女佣，法雷尔太太在舞台上给她的女儿打电话，讨论她刚刚收到的来自她80 的雇主米奇纳将军的求婚，而他提心吊胆地旁听着。在萧伯纳 1920 年完成的 5 部曲《回到玛土撒拉》的第 4 部中，一个未来时代的角色使用了一个无线的语音通信设备，这是他在虚构作品中，对手机和对讲机的了不起的预测。

在 1879 年 10 月，卡谢尔·霍伊太太将他介绍给了伦敦爱迪生电话公司的经理和秘书，阿诺德·怀特，萧伯纳从同年 11 月 14 日开始，在公司通行部门工作了一段时间。也是在这次会面中，萧伯纳通过介绍认识了他未来的医生朋友（这是他结交的几个医生朋友中的第一个，医学一直是他喜欢挖苦的一个职业）詹姆斯·金斯顿·巴顿医生，在初到伦敦的日子里，两人常常一起共度周六夜。

　　他在爱迪生电话公司的工作，是说服业主允许公司在他们的屋顶上安装可以支撑电话线的装置。最初萧伯纳只拿佣金，但是经过头六周以后，他仅得到了一户人家的同意，工资总额 2 先令 6 便士，于是他给公司写了辞职信，公司于是答应给他每年 48 英镑的固定工资。次年 2 月，他被提拔成了通行部门的负责人，有自己的办公室，工资 80 英镑外加佣金。但是当 1880 年爱迪生电话公司与劲敌贝尔公司合并，成为伦敦联合电话公司时，萧伯纳就趁机辞职了。

　　毫无疑问，萧伯纳最想做的是回归他作为作家、读书人，以及思考者的天职。离开电话公司以后，1880 年他开始写第二部小说《不合理的姻缘》。也是在这一年，他开始将大英博物馆巨大的圆形阅读室当作某种意义上的第二住所，他正是在这里完成了大部分的写作和阅读。10 月，他开始作为知识分子进入公共生活，他加入了一个叫作探求者的辩论社，社团于两年前成立，主旨是"为社会、政治，以及哲学话题提供不受限制的讨论机会"[11]。在接下来的几年中，萧伯纳确实做出了一些努力——大都不成功——寻求可以运用他文学技能的工作，他应征了招聘秘书、短评记者、编辑部顾问以及各种类似的广告。但是，直到 1885 年他才再次得到一份固定的工作。他在这一年的日记中简洁地写道："我的父亲死于 4 月，我必须要找一份有偿的报纸杂志工作了。"[12]　*81*

　　在此期间，他文学活动的中心——在"必须"到来之前——是创作（《未成熟》之后）他 5 部足本小说中的后 4 部：《不合理的姻缘》《艺术家的爱情》《卡谢尔·拜伦的职业》，以及《一个不合群的社会主义者》。[13] 这些小说为我们展示了一幅迷人的地图，让我们得以了解萧伯纳在二十几岁时专注的事物，以及那些年里他个人的发展；在许多方面来说，这些小说都是一窥他在这个时期的内在生活的最佳途径。萧伯纳的日记——尽管在关于他的日常活动、会面，以及阅读上信息量很大——没有包含自省式的散漫段落，或是对他大体生活的描述。伦敦那段早期岁月，只有一些私人信件留存了下来。

他在1879年到1883年底写的5部小说，显示出年轻的萧伯纳正在一心一意地进行一项非同凡响的事业，其中不乏创造力与想象力，并且以道德（尽管不是传统的道德）为中心展开了一系列的思考，这些思考涉及他那个时代的生活与社会的广泛话题：关于成熟的概念；关于爱、浪漫，以及婚姻中"不合理的姻缘"；关于阶级制度、政治，以及宗教；关于女性的状况；关于艺术以及艺术家们的生活。这些小说还提供了一种独特的视野，不论是在萧伯纳（作为一个从爱尔兰来的外人）对英格兰新的社会环境的反映方面，还是他关于自身身份和命运而进行的内在对话方面。

这些小说的作者显然有着非凡的才智。"对'大众'来说过于机智。"出版社的审稿人在指出其中一本书不适合普通读者群时，给出了这样的结论，这种看法在其他审稿人评价这些小说时也反复出现。[14] 不过，对于这种机智的特质，这些作品也进行了自我反思式的批判。机智是贯穿这些作品始终的对话的其中一方，而"大本能"，正如玛丽安在《不合理的姻缘》中所称的那样，则是另一方。通常这种对话是以一种男女对立的形式进行。但是男性绝没有垄断这种机智。这些小说中最让人畏惧的聪明角色之一，叫作莉迪亚·卡鲁，她是《卡谢尔·拜伦的职业》（1883）中的女主人公。这个年轻女子有着一系列乔治·艾略特式的知识兴趣和能力（与艾略特一样，她对斯宾诺莎和歌德也有着详细深刻的理解），她的继任者是《一个不合群的社会主义者》（1883）中足智多谋的阿加莎·怀利。从这些小说中可以看出，年轻的萧伯纳被女性的行为深深吸引，并对其做出了灵敏的观察。对于女性穿衣方式所展示出的细微差别、她们的动作、她们处理各种看法的方式、她们如何应对情感上的挑战、她们在洞察男性自负方面的敏锐，以及她们在处理两性关系方面的种种策略，小说都进行了具有洞察力的描述，而这也正是所有这些

小说的一个突出特色。 82

    尽管有着种种优点，这些小说却没有得到任何主流出版社的青睐，萧伯纳耐心地向这些出版社投了好几年的稿。牛皮纸包裹的手稿总是一次又一次地伴着拒绝信寄回给作者。装着第一部被拒绝的小说《未成熟》手稿的包裹开始被老鼠啃食，萧伯纳后来跟阿齐博尔德·亨德森开玩笑说，就算是老鼠们，也没办法啃完这部小说。[15] 面对出版商对他头几部小说反复的拒绝，萧伯纳的达观和坚持不懈是了不起的。《未成熟》在 1880 年—1881 年间被 10 家出版商拒绝，第 11 家甚至谢绝阅读。（当理查德·本特利 & 索恩出版社告知萧伯纳这本书第 4 次被拒时，他甚至建议他们"把这本不幸的书烧了"。）[16] 直到 1930 年，《未成熟》才以修订版的形式，作为萧伯纳第一部作品全集的第一卷（由康斯特勃出版社）默默出版了。他写的最晚的几部小说，是最早出版的。《一个不合群的社会主义者》使萧伯纳得到了威廉·莫里斯以及其他一些未来重要朋友的重视，小说以连载的形式发表在亨利·海德·钱皮恩的社会主义期刊《今日》（1884 年 3 月—12 月）上。接着《卡谢尔·拜伦的职业》很快也在同一本期刊上连载发表（1885 年 4 月—1886 年 3 月）了。这也是唯一两部在 19 世纪 80 年代以书的形式出版了的萧伯纳的小说。

    在他的头 3 部小说中，萧伯纳进行了一项不可能获得商业成功的尝试，他所写的，后来才被意识到是一种维多利亚时期的反传统小说。[17] 这些小说在叙事结构和主题中都与维多利亚时期的浪漫小说格格不入，但是它们却依然援引了一些浪漫小说中常见的场景与期许，并且——从当代的一些观点出发，甚至更令人反感——与那个年代盛行的观念、道德、阶级假设相对立。一些出版社的审稿人看出了一种非同寻常的才华和喜剧天赋，而另一些则表现出不出所料的愤慨。

    麦克米伦出版社的审稿人认为，《未成熟》这部小说"毋庸置疑是机智的"，出自"幽默的作家和现实主义者之手"，某些情景有一种"辛辣的古怪"，但是这会使"大部分读者感到作品干涩、没有吸引力，并且缺乏情感"。为回应审稿人这份周到的报告，萧伯纳在给出版商的信中写道，他的设定是"为了写作一部极其忠实于自然的小说……但与此同时也能不断地在满怀传统小说的情感伦理观的读者那里，激起一种古怪与出乎意料之感"[18]。

"情感伦理观"这个不寻常的措辞揭示出了萧伯纳这个时期的想法。他并未将情感看作人性中固有的本质，而是看作由文化观念和价值体系影响和构造的一种行为和反应模式。萧伯纳挑战了在情感发生作用的场景中，人们应当如何表现的维多利亚时代惯例。然而，他这种故意违反"传统小说中情感伦理观"的实验，并不是出版商想要参与的。两天后，麦克米伦拒绝了这部"过长"的手稿。

从简·奥斯汀的小说，这一占据叙事作品主导地位的典范之一开始，19 世纪的主流散文小说的宗旨，或者说占据着统治地位的结局模式，就是一场婚姻，结婚的两个人看起来——不管是在小说开始还是在小说末尾——那一定是极其般配的。"这是一个举世公认的真理，一位拥有可观财产的单身男士一定需要一位妻子。"奥斯汀在《傲慢与偏见》著名的开场白中，以明快而讽刺的口吻写道。适用于小说宗旨的，也同样适用于对维多利亚时代男女们的期许，文化需求与生理需求应步调一致。

在《未成熟》中，最主要的男性角色罗伯特·史密斯通篇都对感情纠纷保持着一种近乎贝克特式的惰性，并始终庆幸自己免于受其纷扰。当对他单身状态的最终挑战不再能为他带来什么时，他"对一段长时间的禁欲倍感期待"。这是在他与迷人的黑发女子伊莎贝拉·伍德沃德的一段暧昧关系破裂之后，这段关系可能是对萧伯纳与他在自传诗歌《卡利普索》中所提到的"黑眼睛的奴役者"之间的风流韵事的反映。在小说中的早些时候，史密斯被一个在他伊斯灵顿的狄更斯风格的住所中寄宿的同伴吸引，这就是生机勃勃、思想独立，有着很强的吸引力，同时又狭隘保守的哈丽特·罗素，书中另一个角色在描述她时说，"在她的行为和那漂亮脑袋的姿态中，有着一种奇异的优雅"，会让人同时联想到"一头黑豹和米洛斯的维纳斯"。

哈丽特从某些方面来说是 19 世纪新女性的一个早期范例，是萧伯纳此后在小说和剧作中塑造的一系列卓越女性形象里的第一位。然而，当史密斯担任免费导师辅导她读书时，她那令人失望的天真以及在知识上的局限变得极其明显，他热烈的爱慕和浪漫的感觉也随之开始"松动"。在小说进行了一半的时候（而不是像通常浪漫小说中这种事情发生在小说的结尾），哈丽特嫁给了艺术家西里尔·斯科特，她变成了他的第二个"母亲"，由此开启了萧伯纳处理男女婚姻关系时一个反复出现的主题，在这个主题中，女性将男性婴儿化。对于哈丽特来说，"未成熟"意味着未投身到在商界努力工作、结婚安家的必要追求中去——这个关于成熟的观点，有趣地反映了创造她的笔者所处情形的对立面。　　*84*

　　对于史密斯的刻画，是年轻的萧伯纳一次充满野心的批判探索的一部分，针对的是维多利亚时代的社会、其主要价值观，以及象征性秩序。小说对"未成熟"这个概念进行了延展性的演绎。史密斯被他人视作"未成熟"的这个社会本身，就充满了各式各样的不成熟，甚至从很多意义上来说，比史密斯的不成熟更成问题，也更应受到谴责——这一切也是对萧伯纳自身经历的体现。小说频繁地引用莎士比亚的《哈姆雷特》：其中有一个角色，一名带着让人几乎无法理解的土音的爱尔兰男仆，他简直就像是从玛丽亚·埃奇沃思的小说中走出来的一样，名叫科尼利厄斯·哈姆雷特；在一场掘墓人的戏中，小说直接再现了哈姆雷特；还有关于哈姆雷特究竟是否真的疯了的问题，小说中有一场关于《哈姆雷特》的公开朗诵，有人提出了这个问题，但却未被解答。种种的影射引发了许多猜想，史密斯在一定程度上被看作是——带着幽默而不和谐的色彩，因为他的社会等级并不是贵族——现代的哈姆雷特，他在审视自己的同时，也审视着创造他的年轻作者在维多利亚时代中期居住的"丹麦"的糟糕状况：一个这样的世界，充斥着失败的婚姻、逢场作戏和装模作样的游民、颓废艺术以及衰败的唯美主义、阶级势利眼、并不绅士的绅士们、强横的父母、酗酒和家暴、宗教狂徒和伪君子，还有那些被宠坏了的以玩弄他人为乐的女人。

　　正如他在莎士比亚剧作中对应的角色，史密斯也是惯于进行个人内省和独白：但他的行动力，尤其是与异性有关时，却被"思想苍白的投射"蒙上了阴影；他有着非常强烈的道德感；反对婚姻。他是一个离群索居的人，对他所处的社会不满，又被这个社会孤立。达利夫人（一位同样带着让史密斯厌恶的土音的爱尔兰管家）说他"有点像个呆瓜"，这个方言的意思是笨蛋或者傻子。正如与莎士比亚的剧作一样，观众/读者的眼中正常的主角，在叙事视角中则被认为是疯狂的。

小说不仅包含了史密斯的多层视角，同时也包含了年轻的萧伯纳某种程度上的自嘲。他早早就通晓文学、艺术和音乐。他很有书生气、学究气并且爱说教，但同时又有着诚实动人的自我批判。在女性角色的眼中，他是"伊斯灵顿的苍白学者，其思想就像是良心与逻辑那没有血色的投影"（哈丽特），也是"一个礼仪幻化成的怪物"（伊莎贝拉）。作为一个维多利亚时代中期的小说人物，他的自我意识和自我剖析都是引人注目的。他在小说中常常独自一人，凝视着镜子里的自己，举止荒谬，沉浸于与自己进行的、关于他自己的内在对话之中，唱着歌。很难不怀疑这些描述中有某种关于萧伯纳的滑稽自画像。

从构思到写作，《未成熟》都是一部极富原创性和力量的处女作。这部作品的一个显著特点是它没有下定论，故事中的主人公没有叙事性的结尾。正是这个原因使得《未成熟》很难像诸如乔伊斯的《青年艺术家的画像》或者歌德的《威廉·迈斯特的学习时代》那样被归类于成长小说的类别。史密斯几乎没有任何成长。在小说的最后，他依旧是那个古怪、挑剔、不受约束并且自由自在的自我，一如小说开始时那样。1930 年，小说出版前的修订中，萧伯纳所做的增删都是为了强调一个在本质上不变的角色。正如理查德·迪特里希评价这些修改时所说的："萧伯纳意味深长地强调了史密斯正面成长的缺乏。"[19] 这些修改与史密斯人物塑造的总体模式是一致的。《未成熟》的结局，正如萧伯纳的许多早期剧作一样，令人啼笑皆非，并且是开放式的："当史密斯再次经过桥时，他在其中一个壁凹处停足伫立，他一边思索着自己的不成熟，一边望向面前皎洁的月光和幽暗阴影那静默辽阔的美。最终他消极地摇了摇头，然后回了家。"

"我不喜欢史密斯。你也许认为他就像你，但是人永远不了解自己，

而我确信他并不像你。他表现得就像个自命不凡的人。他对任何人和任
何事都只是'半'关心。"萧伯纳的小说家朋友埃莉诺·赫达特在1881
年3月给作者的信中这样写道。她当时刚读完《未成熟》并且十分喜
欢。[20] 她对萧伯纳和他所写的角色做出了很有洞察力的区分，她错误地
以为萧伯纳自己并没有意识到这种差别。史密斯的人物塑造明显带有一
些自传性的笔触。跟萧伯纳一样，史密斯也讨厌当一个职员（小说开始
时他的职业），还针对这一职业做出了长长的内心独白。而小说在文学
方面的借鉴，可以说是一份萧伯纳早年的阅读清单，此外，从史密斯的
兴趣出发，新人物雪莱取代了拜伦。跟萧伯纳一样，史密斯在刚成年时
也写了一些不入流的诗歌。但是，小说中，史密斯被描绘为一个有时自
命不凡到荒唐可笑的人物，他对女性往往会做出一些既有趣又有说服力
的评语，这就反驳了将萧伯纳和他创造的幻想人物画上自传式等号的做
法。史密斯的人物塑造与其说是在简单地展现作者的未成熟状态，不如
说是通过探寻社会对未成熟和成熟的定义来挑战读者。这部小说不仅是
自画像，也是一幅社会的肖像画。   86

　《未成熟》反映了萧伯纳早期对于图像艺术的兴趣，也呈现了他对
同时代的唯美主义运动的批判态度。1877年5月1日，奥斯卡·王尔
德盛装出席了格罗夫纳画廊布置得很奢华的开业典礼，这套应景的华
服中最突出的是大衣，大衣的背部裁剪成了一把大提琴的形状，并有
意让其"在某些光线下看是古铜色的，在其他光线下看则是红色的"。
当时正值唯美主义运动的全盛时期，1881年，吉尔伯特和沙利文出品
了他们的时事喜歌剧《佩兴斯，或邦索恩的新娘》，旨在探讨唯美主
义运动中的那种矫揉造作，而奥斯卡·王尔德，正是他们讽刺的头号
标靶。[21]

　几乎可以肯定，萧伯纳在《未成熟》的"第二部"中是在暗指新的
格罗夫纳画廊（他的日记里记录了买了本格罗夫纳画廊的目录——大概
是去参观时——日期为1880年3月）[22]，作品的副标题是《美学》。"第
二部"的开场白是一段关于豪科特·格罗夫纳先生的描述，他是一个
艺术赞助人，拥有一座被称为"洞察"的精心装潢的大宅，这所大宅含

有一间艺术画廊和一间音乐室。文中对他的描述很不讨喜，他长着"潮湿的眼睛和松软的皮肉"，格罗夫纳热衷于过一种"奢侈怠惰"的生活。他那由诗人、音乐家、艺术家、评论家，以及业余爱好者们参加的精心筹办的娱乐活动，以及杰拉尔丁·波特夫人——另一个更招人喜欢的艺术赞助人——在她威尔顿宫大街的房子里举办的招待会，都是小说以讽刺的视角审视英国当代艺术文化时的焦点。

　　小说中艺术界的一个主要人物，是装模作样的诗人帕特里克·霍克萧，他以一身奥斯卡·王尔德式的打扮来到威尔顿宫，朗诵他新翻译的一部希腊悲剧。他煞有介事地穿戴了"一件黑色的长大衣、一条鸽子白的裤子、一双淡黄色的手套，还有一条青铜色调围巾，围巾用一枚红眼绿甲虫的胸针扣紧"。萧伯纳后来将王尔德视为他在与英国市侩主义对抗中的一名同盟，并在审判的时候坚决地支持了他。他们两个人有可能是在1879年11月初的某个时候相遇的，萧伯纳在日记里记录了他第一次去王尔德夫人在伦敦的房子里做客，这时正值他刚写完《未成熟》不久。[23] 奥斯卡和他的兄弟威利都对露西·萧感兴趣。萧伯纳很可能听闻了王尔德造访新格罗夫纳画廊的事，而霍克萧也确实让人想到了王尔德初入伦敦艺术界那招摇的架势。尽管霍克萧展现出了一些王尔德式的机智，他却没有王尔德的那种魅力。这位诗人在小说中是史密斯一个不讨喜的相似体：两人都觉得对方"令人困惑"。萧伯纳显然是喜爱王尔德的作品的，但是对于霍克萧的刻画，可能很好地反映出了萧伯纳对自己这位同胞的矛盾态度。《未成熟》的后半部分无疑对做作的唯美主义者表现出了强烈的敌意，在小说《佩兴斯》中，这种人被讽刺为"黄黄绿绿的，格罗夫纳画廊式的，行将就木的年轻人"。

87

　　埃莉诺·赫达特于1878年在维多利亚园13号认识了萧伯纳，当时她在萧太太这里上声乐课。她对萧伯纳早期的文学事业产生了极大的兴趣，也是最早看出了萧伯纳非凡能力的几个人之一。她的小说都是匿名或者使用多个笔名发表的（埃莉诺·埃奇，埃莉诺·休谟，路易莎·罗奈尔）。相识之后他们开始了大量的书信来往（只有她的信件留存下来了），一直持续到 1894 年。在他们的友情岁月中，那些后来被萧伯纳描述为她的"富有热情想象力的小说"——包括《欢呼还是杀戮》（1878）、《耶稣赴难路》（1882）、《吾心与我》（1883）、《平凡的罪人》（1885）、《莱斯利》（1891），以及《一名现代挤奶女仆》（1892）——得以在一些不错的出版社印刷发行，有时甚至还加印了第二版（显然是得到了一位富有姑妈的财力支持）。《吾心与我》由理查德·本特利 & 索恩出版，这家出版社当时频繁地拒绝萧伯纳的作品。埃莉诺开始与萧伯纳通信时已经年近四十。从给她的《欢呼还是杀戮》提建议开始（显然是她请求的），萧伯纳担当起了类似埃莉诺导师的角色，就像是《未成熟》中的史密斯和其他剧作中的一些人物的角色塑造中所反映出来的那样。这一点后来成了萧伯纳与众多女性关系中的一个特征。而就埃莉诺·赫达特而言，作为学生的她成功发表自己小说的同时，她的老师却不断地收到拒绝信，这多少有一些讽刺的意味。

　　埃莉诺饱览群书、聪明，并且对于自己的成就十分谦虚。尽管她早期的信件是恭谨和谦逊的，随着通信的继续，她逐渐变得自信起来；她的语气时常变为嘲弄、诙谐以及大胆的批判。不过，在所有这些评论之下，是她对萧伯纳作为一名作家的深深敬意。"总有一天世界会认识到你是一个天才。"她在 1881 年给萧伯纳的信中这样写道。次年她又写道："一种低调的原创性盛放在你所有的作品中。"[24] 由于她的评价常常是尖刻的，因此这些赞美显得很有分量。"多么糟糕一群人啊，"她评论《不合理的姻缘》中的角色时这样说，"他们的讨论冗长乏味得有些荒谬……不过这依旧是一部了不起的作品。"[25]

　　他们谈论书籍、戏剧、想法、精神体验、家庭、写作、童年、友谊、爱情、理性，以及非理性。他显然犯了个将女人比作花朵的错，她回复道，花有许多品种，而其中的一些在被践踏的时候，"释放出的是毒药而不是芬芳"。不论如何，她补充道："你不能以那种奥古斯都时期的风气，将女人统统概括为纤细的生物。"[26] 她在一封信中描述了她航

88

95

海家祖父的形象，赫达特"坐在一张放了海图的桌子边。手里拿着指南
针比对着海图"[27]。这个画面深深地印入了萧伯纳的脑海里，成为他在
塑造绍特非船长和他在《伤心之家》（1916—1917）中那张摆满仪器的
桌子时，众多的素材之一。

　　埃莉诺与萧伯纳只是偶尔见面，从信中似乎能看出这些见面并不令
人满意。在她称作"我们十分纯真的书信"[28]中，情色挑逗是受到遏制
的，但是信中所展露出的友谊，确实是亲密非凡的。两人很明显都将信
件作为一种自我探索的形式。尽管萧伯纳常常催促埃莉诺结婚——不是
指嫁给他自己——但她始终保持单身。遗憾的是，伴随着埃莉诺一些关
于萧伯纳忽视她的指责与怨言，两人的通信慢慢减少，直至 19 世纪 90
年代完全中断。1894 年 7 月 8 日，一次误会之后，她以一种有教养的
敬意与温和的责备向他道永别，援引圣保罗答复罗马行政官波求·非斯
都的话："我不生气，最高贵的非斯都。"[29]

　　在早期的伦敦岁月中，另一位向萧伯纳的文学才能致敬的朋友，
是一名年轻的爱尔兰诗人帕克南·托马斯·贝蒂。贝蒂是帕克南·威
廉·贝蒂的儿子，威廉·贝蒂是来自劳斯郡邓多克附近普莱森特山的一
名商人。贝蒂在哈罗公校上了三年学，接着似乎短暂地在剑桥的三一学
院入学，1875 年 3 月 16 日 18 岁时，他被中殿律师学院接收。尽管他
于 1878 年 10 月 29 日在劳斯郡豪华的家族古宅里给萧伯纳写了第一封
信，但他们在伦敦的友谊却始于 1880 年，当时贝蒂已经结了婚，住在
公爵阁的菲尔滩花园。[30]"乔治·巴尔扎克·萧阁下"是贝蒂 1878 年到
1889 年间在信中对他这位"尊敬及挚爱的伙伴"小说家萧伯纳的有趣
称呼之一。[31] 贝蒂在一封信件的隐喻中添加了一丝爱尔兰式的笔触，他
将他的朋友称为"奥巴尔扎克·萧"，后者的小说反映出 19 世纪法国现
实主义的诸多传统，而巴尔扎克正是其主要典范[32]。迷人、愉悦且戏谑
过度，这是贝蒂写给萧伯纳那些信的特点。在一封午餐邀请函中，他命

令给萧伯纳配"8头白色母驴"把他接送到"我们的菲尔滩宫殿"。另一封信是由"非凡的哈里发·哈伦……致维齐尔·本·萧以问候"[33]。 *89*
在另一封信函中，贝蒂自己扮演了维吉尔的角色，引用了《埃涅阿斯纪》的开篇语："我歌颂武器和那个人。"[34]尽管萧伯纳大概对这句话很熟悉，他朋友的这一次引用却很可能潜移默化地使他将其作为1894年的剧作《武器与人》的标题，剧中的塞尔吉乌斯这个角色也与贝蒂有几分相似。

在这早年通信过去了很久之后，萧伯纳告诉贝蒂："愿主保佑你，我的剧作充满了你的玩笑，我一点儿都没浪费。我都是现学现卖。"[35]萧伯纳悲叹贝蒂没有在他自己的写作中，展现这份喜剧和生动的语言天赋："在你为公众写作时，你选择故意压制你所有的幽默、你的经历、你对喜剧情景以及现用语言的控制，而流于那种无韵诗和文学作坊特有的做作和愚蠢的机械写作，这让我感到绝望。"给贝蒂的建议显示出萧伯纳对于这位作家的技巧的看法。他的朋友需要丢弃"学术传统的龌龊残余"并放弃全神贯注地遵循文学范式。"你必须以最大的热情全神贯注于生活。"萧伯纳这样告诉他。[36]

当然，要在萧伯纳的戏剧中找出贝蒂的"玩笑"是不可能的，但是萧伯纳的作品中确实包含了许多这段友谊的回响。萧伯纳用贝蒂的昵称"帕奎托"来命名《布拉斯庞德上尉的转变》中的主要人物。贝蒂家族以意大利革命者玛兹尼的名字给他们其中一个儿子命名，而这又反映在了《伤心之家》的玛兹尼·邓恩的名字上。《武器与人》中"大维"这个名字，是屋大维的简写版，贝蒂家族同样将此名字用来命名帕克南的弟弟，屋大维·霍尔姆斯·贝蒂；萧伯纳在写这部剧时很有可能参照了这个名字，以及吉卜林的瑞奇·提奇·大维。[37]《一个不合群的社会主义者》中，名不见经传的诗人切斯特·厄斯金那不太招人待见的形象，就是部分以贝蒂为原型创造的。

贝蒂写作并发表爱情诗，1878年他给萧伯纳寄了第一卷，《致我的女士，及其他诗歌》；1880年又寄了一部诗剧《玛西亚》，这部诗剧松散地以俄罗斯历史为基础，萧伯纳在1884年8月对其给出了大致消极的评价。[38] 尽管贝蒂的锐气与幽默并没有很好地体现在他的写作中，他的机智、文学兴趣以及革新的热忱，依然使他成了一个很好的伙伴。萧伯纳定期在周日晚拜访贝蒂家，并与相处甚好的贝蒂妻子艾达一起练习法语。正是贝蒂将萧伯纳介绍给了内德·唐纳利，伦敦运动员俱乐部的拳击教员，他成了萧伯纳关于一位拳击教员的小说《卡谢尔·拜伦的职业》的原型之一。在这位教员对于自卫拳术的"系统"指导下，萧伯纳和贝蒂成了固定的对练伙伴，并经常去看拳坛争霸赛。

90

可惜，贝蒂的高昂心性也有不利的一面。他靠一笔遗产过着十分奢侈的生活，而这笔钱在他与萧伯纳成为朋友的过程中很快就用光了。他过度饮酒，有一次，萧伯纳还在他震颤性谵妄症发作时解救了他。[39] 此外，他还因为跟露西调情在萧家惹上了麻烦。在这些年里，萧伯纳成了贝蒂一家慷慨的捐助人，他给予他们建议并且在经济上援助他们子女的教育。贝蒂一家，反过来，也一直忠于萧伯纳。据说，艾达和帕克南的女儿之一，塞西莉亚·奥利维亚，1950 年在萧伯纳的葬礼后，是最后一个离开戈尔德斯·格林火葬场礼拜堂的人。[40]

一篇日记显示，1879 年 1 月 5 日，萧伯纳第一次见到了劳森一家，他们住在切尔西堤岸切恩步道的卡尔顿府邸，在维多利亚时代，许多艺术家都住在这个地区，这里是前拉斐尔运动的一个中心。随后这个爱好艺术和音乐的家庭，邀请他参加了许多周日晚的家庭派对。女主人伊丽莎白·劳森太太是风景画家塞西尔·劳森，以及音乐家和作曲家马尔科姆·劳森的母亲。《未成熟》中西里尔·斯科特这个角色就是部分以塞西尔·劳森为原型的，不过萧伯纳告诫不要将他在写作中对真实人物的借鉴，与原型人物的传记画等号。他提醒读者不要将西里尔·斯科特作为劳森"真正的肖像画"，他对于劳森的了解微乎其微："他激发了我的想象力，仅此而已。"[41] 家居生活中的劳森一家不仅在《未成熟》中再现，同时（10 年后）也在《皮格马利翁》的第三幕中再现，希金斯太太在位于切尔西堤岸的公寓举办聚会（根据舞台指导，挂了一幅塞西尔·劳森的巨大风景画），而伊莉莎·杜利特尔正是在这里迎来了自己轰动一时的社交界初次亮相。

　　尽管萧伯纳喜欢劳森一家，并且觉得与他们家里的那种"艺术氛围"十分意气相投，但他在《未成熟》的前言中记述到，自己在拜访劳森一家之前，遭受了"羞怯带来的极大苦恼"。因为在那个时候，他还未能将"萧伯纳式的音符谱成任何和谐的乐章"，他认为劳森一家肯定觉得他"不好相处、粗鲁独断，并且让人难以忍受"[42]。当劳森太太给他寄去家中舞会的请柬时，他写了一封甜蜜、谦虚的回绝短信，这成了萧伯纳在伦敦岁月里留存下来的最早书信之一。尽管当时他确实有另一个约会，他解释说就算没有这个约会，他大概也会回绝，因为他是"会客厅里一个令人气馁的存在"，同时也不会跳舞："就算你给我最迷人的舞伴，我也没办法跳好一曲华尔兹，而作为一个有幸知晓您手头社交资源的人，单这一点就已经足够了。我肯定会是一朵满腹忌妒的阴郁壁花*，而在您府上，拥有一位不开心的客人是反常的。"[43] 萧伯纳对劳森一家的拜访，在他对过度自信的伊莉莎·杜利特尔的戏剧化呈现中，得到了反映和转化，当时正在希金斯太太家里接受训练的她，发出了那著名的"该死的没门儿"的感叹。

　　"奥巴尔扎克"·萧在他第二部小说《不合理的姻缘》中对于婚姻和社会的无情剖析，与之前的一部小说相比，更是不顾忌大众读者的品位。"这是一部属于最难获得认可的类型的小说。"麦克米伦的审稿人这样宣布。在辨识出作品中"某种原创性，有勇气的思想"，以及小说风格和构架的独创性的同时，审稿人继而评论道："书中的思想是彻头彻尾错误的；全书的观点都很奇怪、乖戾和粗鲁……出版……根本想都不

---

* 指舞会中没有舞伴而靠墙坐着的人。——译者注

用想。书中有太多的通奸和类似的事情了。"[44] 其他出版社的审稿人也表达了相同的看法。

埃莉诺·赫达特看出了这本书革命性的要旨，她在 1881 年 3 月 27 日写给萧伯纳的信中说："标题本身就是……挥在社会脸上的一记挑衅的耳光，有预示性，毫不犹豫，一场针对其挚爱偏见的袭击。"[45] 埃莉诺否认——除了"坚定的信念"以外[46]——自己跟萧伯纳新作中与她同名的埃莉诺·麦克奎奇有任何相似。然而，小说中的埃莉诺也写小说，并拥有直率和实事求是的观点，从某些方面来看，似乎确实反映了萧伯纳的这位朋友。埃莉诺·麦克奎奇和她的朋友，《不合理的姻缘》中的另一位女主人公玛丽安，也效仿了——不管是名字，还是与主题的关联上——简·奥斯汀的《理智与情感》中的人物埃莉诺和玛丽安。[47] 理智与情感、理性与浪漫激情、声誉与本能之间的对话贯穿整部小说，并影响其情节的发展。与玛丽安的家族愿望相左，玛丽安与极端理智的美国电工兼发明家奈德·柯诺利步入了婚姻登记处。后者不仅是一个极具天赋的科学家，同时还是一名有造诣的音乐家、语言学家，才智过人，持无神论观点。柯诺利有一位与之相当的思想独立的姐妹，苏珊娜，艺名菲丘·拉拉吉，是一名成功的滑稽歌舞剧演员——就像萧伯纳的姐姐露西一样，这个角色也正是部分以她为原型的。

92 通过对柯诺利的塑造，萧伯纳延续了史密斯的人物塑造中那种隐晦的自我反思和自嘲。柯诺利对情感的超人控制力以及沉着的理性，就像他自己那极其成功的发明，柯诺利电动机一样。埃莉诺·麦克奎奇用几段生动的句子将其一语道破，指责他是"一个计算机……一块长了脑子的石头"，此外，她还在玛丽安面前形容他"亲切单一得令人厌倦"。萧伯纳前两部小说都传达出一种半诙谐、半焦虑的感觉，这大概也引起了这位年轻作者对自身的思考，究竟他是正在成为史密斯，那个毫无生气的"伊斯灵顿的苍白学者"，还是"计算机"柯诺利。

萧伯纳幽默地承认了自己第二部小说存在的一些缺点，在 1900 年为《艺术家的爱情》出版而写的致读者序言中，他这样写道："如果你从头到尾读完了我的《不合理的姻缘》，那么当我说写得太长的时候，说这部小说没有让你接触到哪怕一个你喜闻乐见的角色时，还有……说根本不可能有令人满意的结局时，你就不会指责我虚伪了。"[48]

不过，《不合理的姻缘》确实标志着萧伯纳不论是作为一个人，还是作为一名艺术家的一个重要的成长阶段。早期对他影响颇大的19世纪科学理性唯物主义以及宗教激进主义思想[49]——来源于托马斯·亨利·赫胥黎和约翰·廷德尔的作品，约翰·查普曼和乔治·艾略特的《威斯敏斯特评论》上发表的那些激进的文章，以及其他来源——继续强烈地出现在他的头两部小说中。《不合理的姻缘》可以被看作是对于这种影响的部分驱除。1946年，当他将这部小说的手稿交给爱尔兰国家图书馆时，加上了一篇前言的打字稿，其中萧伯纳写道："这本书标记了我在成为一个思想家的过程中，所遇到的危机，这很有趣。借助于它，我对理性主义和唯物主义做了最深入的探讨。"此前，在写给托马斯·奥博尔格的一封回信中，萧伯纳也以同样的语气写道："不合理的姻缘……概括了我的都柏林文化传统的全部。在这之后，可以说我刻意地摒弃了健全的理智，转而把不合理性的、遵从直觉的人作为我的主题。我在第二本书中与理性主义一刀两断，就像我在写第一本书之前就与浪漫歌剧（现在的浪漫电影）一刀两断一样。"[50]

虽然萧伯纳说自己在这部小说中"与理性主义一刀两断"是一种夸张的说法，《不合理的姻缘》确实展现出了张力，这种张力对萧伯纳的创作和他的个人成长都起着至关重要的作用。在萧伯纳成熟的喜剧作品中，那些理性与学术的倡导者（通常是男性），比如《皮格马利翁》中的希金斯教授和《武器与人》中的杰克·坦纳，都遇到了与他们势均力敌的对手，"不合理性的、遵从直觉的"女性，她们以惹人发笑的狡诈、足智多谋以及鲜活的生命力戳穿了这些男子的自负。早期小说中那些理智与情感、理性与激情之间的富于创造力的对话，正如梅菲斯特式的怀疑论和班扬式的理想主义间的对话一样，逐渐发展为萧伯纳喜剧中戏剧冲突的丰富源泉。虽然萧伯纳从来没有把自己性格中内德·柯诺利的痕迹全部抹去，但是，当他作为一名艺术家和一个男人，进入错综复杂的生活和社会时，他变得更加巧妙与灵活。在《不合理的姻缘》中，他还

93

没有发现那个后来被布拉斯庞德上尉称作"真正的聪慧"的秘密。

当他尝试把《不合理的姻缘》交给出版商的时候,萧伯纳开始尝试素食主义。"成了素食者,并且一直保持到了 6 月。"[51]他在 1881 年 1月的日记里记录道。他对于素食主义的采纳——1881 年 10 月,他恢复了素食的饮食并终生奉行和提倡素食主义——反映出了珀西·比希·雪莱对于青年萧伯纳的强有力的影响。[52]雪莱诸如《麦布女王》这样的作品,以及附在这些作品中的"注释",组成了一系列极具革命性的文章("反对耶稣基督,及圣父,及国王,及主教,及婚姻,及鬼才知道什么");《解放了的普罗米修斯》期盼着推翻宇宙与人类的暴政,期盼人的解放能达到一个"没有王权、自由……/ 平等、没有阶级之分、没有部落也没有国家"的程度;《伊斯兰的反叛》极具感染力地控诉女人的地位如同男人的"奴隶"[53]——都为萧伯纳提供了一个巨大的灵感宝库,萧伯纳将这些财富侵吞殆尽,一并纳入了自己早期的小说和之后的作品中。

"关于麦布女王的注解"包含了一个理论——雪莱取自约翰·牛顿的《回归自然》这本书;又称《素食养生法的辩护》(1811)——当普罗米修斯从众神那里偷来火种,他也给人类带来了所有在基督教中与人类堕落相关联的不幸。用火做饭,火掩盖了人类对于肉食的天然厌恶,和"屠宰场的恐怖景象"。食肉和饮用烈性酒给人类带来了堕落后的诸多不幸:疾病、苦难、罪行、恶习、战争、暴政以及其他所有潘多拉盒子里的东西。萧伯纳对这一切十分上心,并表示出他对于"食用烧焦的动物尸体这一暴行"[54]的厌恶。同时他重申雪莱的观点,素食具有"恢复心灵中那种现今社会中不到五分之一的人所能拥有的欢欣与灵活性"[55]的能力。

萧伯纳后来成了素食主义有诸多好处的杰出代表。他在 40 多岁的时候,在乡下散步时可以轻轻松松地大步飞驰,把比他年纪小一半的、气喘吁吁的人甩在身后。他 80 多岁，到阿斯特家在克里夫登的宫殿一般的庄园做客时，乔伊丝·格伦费尔如此形容他的外貌："真相毕露……粉嫩、气色极好并且打扮时髦。"[56] 在一篇 1898 年的文章中，萧 *94* 伯纳调笑说他已经在遗嘱中写明了，他的葬礼"不是由服丧的宾客出席，而是一群群的牛、羊、猪，一些禽类动物以及装着一些活鱼的鱼缸，这些动物都戴着白色围巾，为了纪念这个宁愿死也不会吃他的动物伙伴的人"[57]。

在"关于麦布女王的注解"中，青年萧伯纳不仅发现了一段关于素食主义的很长的辩护（于 1813 年作为《自然饮食的辩护》单独发表），同时他还发现了一系列其他的观点，这些后来都成了他精神储备的一部分。在评注他诗歌中那句"就连爱情也被出售"时，雪莱把婚姻与卖淫联系在了一起，这个观念由《不合理的姻缘》中的苏珊娜·柯诺利，以及《华伦太太的职业》中的华伦太太重申。雪莱反驳了婚姻应该牢固持久的观点，"丈夫与妻子只要爱着对方就理应待在一起……爱情是自由的：起誓永远爱一个女人就跟起誓永远信奉一个信条一样荒谬"。萧伯纳早期小说中那种男女关系之间诸多松散、自由的结合，以及对婚姻富于批判性的看法都反映出了雪莱的这一观点。在"关于麦布女王的注解"中，雪莱也隐约预示了萧伯纳宗教观点的重要特点，他是这样评注"没有上帝"这句诗的："对这种否定的理解，必须也只能影响一个人造的神。对于一种与宇宙共存的无所不在的精神的假设并不会被此动摇。"对正统宗教中个人神性的否定，以及关于宇宙中"无所不在的精神"的观点，都在萧伯纳关于生命力的理论中得到了体现。

对于革命浪漫主义者雪莱——尤其是他的政治、社会，以及宗教观点——的认同成了萧伯纳在 20 多岁时自我定义的一部分。他在 1886 年 3 月雪莱社的集会中表示，他"如同雪莱一样，是一个社会主义者、无神论者和素食主义者"，这个声明是他塑造自我公众形象的一个重要时刻。[58] 亨利·阿瑟·琼斯是一名保守的剧作家，后来作为评论家，萧伯纳与他有过一些争辩，也同时建立了友谊。当萧伯纳在雪莱社集会上做出那著名的自我介绍之后，有人听到琼斯说："3 个把他赶出去的极好理由。"[59] 另一个怀有敌意的观众，是诗人菲利普·伯克·马斯顿，他因萧伯纳关于《麦布女王》远比《钦契》重要的宣称大为光火。后来他在一封信中宣泄了他的怒气："我都想站起来杀了他（萧伯纳），气得我连厌恶的嘘声都发不出来。"在这次集会之后，马斯顿和另一位朋友吃了牛肚和洋葱，因为"需要吃点味道重的东西，才能把嘴里萧伯纳的余味给去掉"[60]。

95 　　1881 年夏天，素食的饮食方式暂时中断了，因为萧伯纳在这年 5 月份的时候患上了严重的天花。[61] 在菲茨罗伊大街 27 号的屋子里单独隔离了 3 周以后，萧伯纳又来到伦敦东郊的雷敦[62]，这是舅舅沃尔特·格尔里医生和他妻子埃米丽的家，他在叔叔的照顾下进行了很长一段时间的疗养。在雷敦——或许是因为生天花而不能刮胡子——他开始蓄胡子，这胡子，正如给他当了 30 年秘书的布兰奇·帕奇所说："大概是他在世界范围内最具辨识度的特征了。"[63] 在恢复期中，萧伯纳还写了一部新小说《艺术家的爱情》的一大部分。小说"将任性的角色提升到了让理性的人们极端蔑视的程度"，而萧伯纳把这一事实归结为他写作时虚弱的状态。[64]

　　在《不合理的姻缘》中，萧伯纳让一个露西·萧式的人物，一个嗜酒狂，忧郁地死在了纽约，而随后他在《艺术家的爱情》中复活了她，也就是玛奇·布雷斯福德，一个任性、叛逆、出身良好的年轻女子，她从父亲那里出走，并以菲丘·拉拉吉为艺名，成了一名成功的女演员。她是小说中一个团体中的一员，这个团体还包括欧文·杰克，教她演说技巧的导师——一个极端不可理喻、令人不快的、脾气糟糕的作曲家（《皮格马利翁》中希金斯教授早期的原型），以及一个美丽并且才华横溢的钢琴家奥雷利·希兹姆普里卡。"艺术家"展示了除出身和家庭所决定的上层阶级之外的，另一种上层阶级的形式。"我坚持艺术家在所有淑女之上。"奥雷利这样直率地向她的婆婆，富有的女资产阶级赫伯特太太表示。这种精英艺术家与没落贵族及其所处社会环境的对比，在小说中比比皆是。

　　《艺术家的爱情》以一种不同的音调，继续着萧伯纳早期小说的意图，铸造一种崭新的、明确的、在当时还是乌托邦式的对社会秩序的构想。小说中所反映的社会群体中那些真正优越的人，很明显并不是有头衔的达官贵人、淑女或绅士们，而是有活力有才华的职业艺术家，那些在现存的社会格局中被看作是荒诞的、波西米亚式的，甚至是粗俗的人。小说中许多优越的局外人都通过种族被与英国人区别开来。哈丽特·罗素来自苏格兰，内德·柯诺利是美国人，欧文·杰克是威尔士人，而奥雷利·希兹姆普里卡是波兰人。卡谢尔·拜伦（出自萧伯纳第四部小说）在澳大利亚学会了自己的专业知识，并习得了一些演说技巧。萧伯纳似乎在这些人物身上，投射了他自己作为一个住在英国的爱尔兰人的疏离与叛逆感，同时也隐晦地流露出了那时还未被公众接受和认可的优越感。至于对爱尔兰人和爱尔兰的处理，小说显得模棱两可——这正是贯穿萧伯纳一生的那种，与母国之间爱恨交织的关系的早期的反映。　　*96*

　　伦敦社会带给萧伯纳一种让他难以安宁的疏离感，这在他——从1881 年 9 月开始构思的，很有可能是贝尔家提议的——移民美国的计划中得到了体现。[65] 除了在他的日记中稍稍提及过以外，没有其他任何关于这个计划的资料。但是，确实有一些迹象表明，19 世纪 80 年代早期，萧伯纳对美国产生了兴趣。比方说，在爱迪生电话公司工作时，他认识了一些美国人，他们"感情真挚地吟唱一些过时伤感的老歌"，而他们的"语言就算是对爱尔兰人来说，都是可怕的"。但是他们有着"自由的心灵，是绝佳的伙伴……轻快得令迟缓古老的英国也随之变得有生气"[66]。移民到这些伙伴们老家的计划从未实现；萧伯纳直到 1933 年才去了美国——也仅仅是短暂的停留。

　　在这位年轻的爱尔兰小说家坚决避免一切可能将他变为英国绅士

的职位时，他的姐姐露西也进入了在当时依然极不适合淑女的剧院行业。像小说——尤其是《艺术家的爱情》——告诉我们的一样，在维多利亚统治中期的英国，舞台生涯被认为是让人瞧不起的，并且也不适合女性，即使是到了今天某些阶层依然这样认为。在自己的弟弟第一次把《未成熟》的手稿交给出版社之后不久，露西也开始了她作为歌手和演员的剧院生涯。就像《艺术家的爱情》中的玛奇·布雷斯福德，她以弗朗西斯·卡尔作为艺名（既是对自己家族的致敬，也是对自己家族的隐匿）于1879年平安夜初次登台，出演了哑剧《美女与野兽》里的普里姆罗丝。那之后她可以说是"公布了真相"，并以露西·卡尔·萧作为自己音乐喜剧明星事业中的名字。加入卡尔·罗莎歌剧团后，1881年她在哈德斯菲尔德的皇家剧院上演的迈克尔·巴尔夫的《波西米亚女郎》中，扮演了女主人公阿利纳的角色，这是当时最受欢迎的歌剧之一。萧伯纳汲取他姐姐的经历以及自己在都柏林和伦敦观剧的经历，在《艺术家的爱情》中对19世纪中叶的戏剧界进行了精湛的描绘。

萧伯纳谨慎地区分了露西，这个《波西米亚女郎》中的明星，和通常跟戏剧人士联系在一起的波西米亚作风。[67] 他告诉查尔斯·麦克马洪·萧，"尽管露西不喜欢萧氏家族的那种自负，也不喜欢母系家族的乡绅做派……她依旧讨厌波西米亚主义并为之感到羞耻"[68]。然而萧伯纳和露西正是被剧院和艺术家们的波西米亚世界深深吸引，但与此同时，他们也保留了来自原生家庭环境的那种彬彬有礼和社会仪态。

这对姐弟有很多共同之处。有点讽刺意味的是，露西与弟弟后来那慷慨激昂的政治生涯保持了一定的距离，她在1908年写给珍妮·德莱斯代尔的信中说，他在"大街小巷和海德公园的沥青路上大肆宣扬无政府主义"[69]。不过，在宗教问题上，她赞同弟弟梅菲斯特式的怀疑论，并对维多利亚时代社会中诸多神圣不可侵犯的事持一种诙谐与蔑视的态度，包括尊重父母这一点。阿德里安·赫伯特在《艺术家的爱情》中对自己与母亲的关系所做的那段放肆的宣言，是萧伯纳在小说中对亲子关系的批判性描写的一个缩影："我们的天性是对立的，我们的观点互不相容。我们没有任何共同之处。"

类似的反叛传统的态度，可以在露西·萧写的两本关于孩子与父母的讽刺作品——《基多奈尔宅邸的五封信》（1905）和《最后的基多奈尔信件》（1908）——中找到。这些讽刺作品采用了新颖的书信形式，西奥多西亚·亚历山德拉·基多奈尔夫人从自己凯里郡的城堡写信给自己的教女和侄孙女，婴儿西奥多西亚，想要给她一些建议。在信里，她提醒婴孩"有些假道义会被用来奴役你的人品、破坏你的个性，这就是人们所谓的'教养'"。她告诉这个孩子永远不要仅仅因为服从而去做一件事——除非孩子本来就想这样做——还有"你，西奥多西亚，你自己必须从训练和教育你的父母开始"[70]。

爱德华·麦克纳尔蒂认为"基多奈尔的信件"展示出了一种"尖锐的反讽"以及与萧伯纳一样精湛的文学风格，并想让萧伯纳帮忙宣传这些作品。[71] 但是，麦克纳尔蒂夸大了它们的文学价值，萧伯纳拒绝他的提议是明智的。虽然如此，"基多奈尔的信件"确实与萧伯纳小说中的一些观点，还有后来《难以预料》与《错姻缘》这一系列作品的主题有着极大的相似之处。事实上，这些信似乎很大程度上借鉴了萧伯纳在一部1878年的喜剧短剧《我亲爱的多萝西娅：女性的德育实践体系，一封写给该性别年轻人的书信》中给予年轻女子的颠覆性建议，这部作品在作者去世后于1956年出版。

贝茜·萧也许会觉得她的两个孩子对于父母问题的蛮横无理很有趣。无论如何，如果萧伯纳的叙述是可信的，她自己就在婚姻问题上违背了家庭的愿望；更有甚者，她后来还剪断了"不合理的姻缘"并成了一名独立的职业女性，这一举动与一些萧伯纳小说中的女性是有着共同之处的。 98

尽管萧伯纳说他在《艺术家的爱情》中抛弃了理性主义和唯物主义，但萧伯纳作为一个小说家的事业分水岭并不是这部小说，而是他的倒数第二部小说《卡谢尔·拜伦的职业》，这部作品写于1882年4月至

1883 年 2 月间。萧伯纳为小说的修订版写的生动前言中，开篇有着这样一句话："每当我想到卡谢尔·拜伦的职业时都不禁战栗，本可以成为一名成功的小说家，26 岁的我却目光短浅地逃开了。"[72]

这部作品当时是，现在也是最畅销的小说之一。它有着刺激的核心叙事，一个职业拳击手认识并娶了一位聪慧、受过良好教育并有一大笔财产的女子。这部小说比前三部短了很多，拥有进展相当快的情节、暴力场景、暗藏的情色意味以及基本符合爱情喜剧惯例的结构。在故事尾声或快接近尾声时，英雄与女主人公在克服了一系列困难之后结婚。这部作品中萧伯纳对浪漫主义传统的一些运用与他在第四部戏剧《武器与人》中的运用十分相似，这部戏剧是他作为一个戏剧家的转折点，其影响与《卡谢尔·拜伦的职业》对于他作为一个小说家的影响相当。在这部小说中，萧伯纳采用了一种经久不衰的浪漫文学手法（在莎士比亚的戏剧《冬天的故事》和巴尔夫的歌剧《波西米亚女郎》中都有运用），他在结尾处揭晓了一个看上去出身微贱的男主角或女主角的高贵出身。卡谢尔·拜伦，远非一个平庸的职业拳击手，故事的最后我们了解到，他其实是英格兰最古老的名门望族的后代。

"我说，阿彻，我的天哪，多了不起的女性啊！"罗伯特·路易斯·史蒂文森在读了威廉·阿彻 1886 年给他寄的小说副本后，这样赞叹《卡谢尔·拜伦的职业》中的女性角色。史蒂文森觉得作品充满了"力量、精神、潜力、充分的洞察力与充分的自我牺牲，叙事者的总体视角贯穿全文。真是疯狂，疯狂又令人欣喜若狂……小说太有趣了。我欲罢不能。"[73]萧伯纳在这部新小说中对女性角色的卓越塑造，包括女主人公莉迪亚·卡鲁、年轻的爱丽丝·戈夫，以及卡谢尔的母亲——一名成功的女演员，艺名叫作阿德莱德·吉斯伯恩。还有一个塑造得很巧妙的配角斯基尼太太，卡谢尔职业拳击导师的妻子。

从某些方面来说，《卡谢尔·拜伦的职业》是关于萧伯纳后来与夏洛特·佩恩－汤森德相识并结婚的小说式的预言。和莉迪亚·卡鲁一样，夏洛特十分富裕，忠于她的父亲，父亲带着她到处旅行并鼓励她学习外语接受教育，她的婚姻最初被家人和朋友认为是灾难般的门不当户

99

不对，她嫁的这个街头社会主义者（同时也是前业余拳击手）其实是一位绅士。

作为一部写于 19 世纪 80 年代早期的小说，《卡谢尔·拜伦的职业》在处理两性主题时，是十分超前的。卡谢尔与莉迪亚的关系从一开始就充满了情欲的张力。在澳大利亚学成职业拳击以后返回英国，卡谢尔成了莉迪亚的庄园中一处住宅的房客。在被正式介绍给他之前，莉迪亚在探查庄园上一片她不熟悉的地方时，撞见了卡谢尔穿着一身显露他身材的拳击服——在他的侍从迈里士的谨慎注视下——正在树林里锻炼。她觉得眼前这个充满"男性的力量与美感"的场面是某种幻觉、一个雕塑、"一处森林栖息地的古代神灵"，又或者是"普拉克西特利斯*的赫尔墨斯，通过歌德经典的夜间拜魔集会，浮现在了她的眼前"。莉迪亚回到城堡，刚才的经历在她通常泰然自若的内心唤起了新的情感，她因而有些恐慌，但同时也感到一阵"毫无理性的激动的喜悦"。卡谢尔他自己则是顷刻间就神魂颠倒了："他的嘴唇张开；面色泛红；他以一种毫不掩饰的爱慕与惊讶打量她。"小说中反复暗示莉迪亚对卡谢尔那种不安却又愉悦的情欲之感，当她坐在自己公园的水池边时，卡谢尔熟练地帮助她下地，这般"出乎意料的关心""让她先是大吃一惊，随即感到一阵没有一丝不悦的震颤"，并使她的脸颊"微微涨红"。

莉迪亚第一次见到卡谢尔时的场景，给人的印象是对 D. H. 劳伦斯的《查泰莱夫人的情人》中相似场景的维多利亚时代的预示，康斯坦斯·查泰莱在她丈夫的产业的一处她之前从未到过的地方，见到猎场看守人梅勒斯把衣服脱到腰间清洗身体。正如莉迪亚窥见卡谢尔的胸肌"在白色的衣衫下……就像厚厚的大理石"时一样，康妮也因梅勒斯的"洁白躯干"在她心中所唤起的感觉而情难自禁，觉得那简直是神一般的存在。在《查泰莱夫人的情人》的第二个版本中，对这个场景的处理在画面和细节上显示出了与萧伯纳文本非同寻常的相似之处。康妮像莉迪亚一样逃离了，并惦念着她所看到的"鲜活的美"："那身体是来自

---

*　希腊雕刻家。——译者注

神灵的世界的。"接着"她感受到一阵深深的慰藉"。[74] 一种相似的身体
与心灵间激烈的碰撞，伴随着戏剧中对阶级壁垒的逾越，在两部小说中
同时出现了。

100

在《卡谢尔·拜伦的职业》的结尾处，莉迪亚·卡鲁在已故父亲的
文章中无意间发现了一首诗。诗歌以如下的诗句开头，看上去似乎也属
于萧伯纳在他小说中隐晦的自我审视："我会愿意做什么去得到一颗能
彻底温暖我的鲜活心脏 / 而不是这颗不管我做什么都冰冷如石的心脏！"
正是因为这首诗，莉迪亚决定听从她"内心的使命"并接受卡谢尔的求
婚。作品继续进行心灵与头脑之间、理性与激情之间的对话，而这一切
都反映在了萧伯纳自己不久之后就会陷入的许多情感纠葛之中。

小说中一种与卡谢尔十分不同的冠军是爱丽丝·戈夫，一位出场时
被描述为有着"健美而有弹性身材"的年轻女子，后来人们才知道她是
一名出众的草地网球选手，新近以自己的实力击败了一名澳大利亚顶
级选手。由于对男性的关注习以为常——她的追求者之一向她求过 6 次
婚——爱丽丝对他们的态度流露出一种轻蔑的傲慢。当粗俗的拳击爱好
者沃辛顿勋爵说她"非常迷人"时，她"傲慢"地将头向后一甩。

在他开始写《卡谢尔·拜伦的职业》前的两个月，萧伯纳遇到了
一个现实生活中的爱丽丝并与她发展了很有可能是他第一段认真的恋
情。从她留存下来的一张照片和活力四射的信中，很容易想象她在听到
男性给予她类似的赞赏时把头傲慢地向后甩。1882 年 1 月，萧伯纳患上
了被他形容为"一场轻微发作的猩红热"，他回到雷敦一边休养，一边
写小说。2 月份时，通过她的姐姐简的介绍，萧伯纳遇见了 23 岁的爱丽
丝·玛丽·洛基特并迅速坠入爱河。她也是一位网球选手，一位有着姣
好容貌和美丽肤色的年轻女郎，她与萧伯纳激烈的恋情持续到 1885 年。
这场恋情影响了萧伯纳最后两部小说的写作，尤其是对《卡谢尔·拜伦
的职业》中爱丽丝和《一个不合群的社会主义者》中格特鲁德的塑造。[75]

在此期间，在动笔写作《一个不合群的社会主义者》之前，萧伯纳
开始阅读卡尔·马克思的《资本论》。从他未来的前途来看，比这更为
重要的，是他 1882 年 9 月 5 日参加的一场讲座，由美国经济学家、《进

步与贫穷》的作者亨利·乔治主讲的《土地国有化和单一税制》。萧伯纳记录了这场讲座对他的影响："他使我哑口无言，并将我从乏味的不可知论的辩论引向了经济学。"然后他读了《进步与贫穷》并加入了乔吉特土地改革联盟，在这里他认识了许多对他未来的社会主义事业很重要的人，其中包括詹姆斯·利·乔因斯，悉尼·奥利维尔，还有亨利·海德·钱皮恩。[76] 还有一个人不久之后就会加入萧伯纳迅速扩大的伦敦朋友圈，这就是评论家及易卜生翻译家——威廉·阿彻，他也是不列颠博物馆阅览室的常客。大概是在 1883 年 2 月或 3 月份的时候，阿彻在阅览室注意到了一个年轻人，他"有着苍白的皮肤和明亮的红色须发……日复一日全神贯注地阅读卡尔·马克思的《资本论》和一本瓦格纳的《崔斯坦与伊索德》的交响乐谱"[77]。这个年轻的男子自然就是萧伯纳，后来阿彻与他结成了相伴一生的友谊，并与他合作了一部戏剧的初稿，这部剧成了萧伯纳第一部以专业剧作家身份上演的剧作——《鳏夫的房产》。

　　小说作品是许多点子、场景以及人物性格描绘的温床，它们后来在萧伯纳的剧作中都开花结果了。《一个不合群的社会主义者》写于 1883 年的 7 月到 12 月，萧伯纳那时正好 27 岁，这部小说比萧伯纳之前的任何小说都更接近于他早期戏剧的主题世界，同时，这部小说很明显地承载了——并非都是好事——他新近接触到的社会主义、乔吉特思想。这个不合群的社会主义者就是悉尼·特里弗西斯，他父亲作为曼彻斯特工业界的巨头积累了一笔庞大的财富，他则是这笔财富的继承人。他从刚结婚 6 个月的妻子那里逃走，在乡下隐姓埋名，以一个叫作斯迈拉什（Smilash）的古怪乡巴佬身份自居（萧伯纳的父亲非常喜欢这个角色），这个名字由"斯迈尔"和"艾拉什"*组成。在这里，他如鱼得水，在一所

---

* Smile，意为微笑；eyelash，意为睫毛。——译者注

女校里与一群性感的上流社会女学生调情。萧伯纳记叙说，对于一个在所有女孩中最有活力的女孩角色的构思，是他在不列颠博物馆，刚开始写这部小说时想到的："我看见一个年轻女子，举止迷人而醒目，大胆、活泼并且十分聪明，她在其中的一张桌子上工作。看到那张面孔的一瞬间我立刻构思出了这样一个角色，并描绘出了阿加莎·怀利。"[78]

"这是那种构思巧妙的小说之一。要是这些角色没说那么多话就好了。"在小说最后几章中，特里弗西斯发现阿加莎·怀利在读一本书时她这么说道。毋庸置疑，萧伯纳意识到，阿加莎的评论是要引起《一个不合群的社会主义者》读者的共鸣的。小说开场是一段对阿加莎和她的两个朋友破坏校规的精彩生动的描写，她们欢乐地滑下学校主楼梯的栏杆。尽管《卡谢尔·拜伦的职业》中有许多史蒂文森所喜爱的那种"疯狂的让人欣喜若狂的"素材，这部作品却传达出了一种不安感，萧伯纳似乎想要为自己有时表现得像是爱情和寻常的"情感伦理"的一个无情的活体解剖者而辩护。此外，小说中还有大段来自特里弗西斯的社会主义布道，这令其以最微妙的方式与萧伯纳别的喜剧作品区别开来。在《武器与人》中，出身名门的社会主义者特里弗西斯变成了更加迷人和脆弱的杰克·坦纳。在《鳏夫的房产》中，一个名叫哈里·特伦奇的年轻绅士，也碰到了跟特里弗西斯相似的情况：他所继承的巨额财富是靠资本主义的残酷剥削获得的。但是，萧伯纳早期剧作中对特伦奇的处理，要比小说中的特里弗西斯更能令人信服。

《一个不合群的社会主义者》的结局使得这个故事可以被合格地纳入浪漫主义传统。小说中最大的两个闪光点，特里弗西斯（他已经见过了一个心碎的新娘的早逝）和阿加莎，即将在一段情投意合的、理性的伴侣关系中结婚，正如特里弗西斯所说的，以"一丝慰藉人心的浪漫"来取悦那些多愁善感的人，但是他们并不彼此承诺绝对的忠贞。伴随着各种类似于《仲夏夜之梦》的那种交叉恋情和情人争吵，小说步入尾声，此时，精灵迫克式的恶作剧制造者特里弗西斯，风趣地引用了莎士比亚在戏剧《仲夏夜之梦》第三幕收尾时让精灵迫克说的话，这段话的开头正是"有情人终成眷属／不要无事生非"。

　　小说预言了萧伯纳不久的将来。特里弗西斯，这个有魅力的、反叛的、不合习俗的、聪明的社会主义绅士——长着红色胡子、穿着黄褐色西服——让年轻女子难以抗拒，也伤了许多女子的心。在这个角色的塑造中，萧伯纳不仅预示了他将在自己生涯的下一个阶段，成为一名费边主义的唐璜，同时也为自己向层次更加丰富的自我进化，建立了一座里程碑。这些小说中"主要本能"及"内心使命"等一系列与特里弗西斯式的理智产生冲突的力量，也同等重要地暗示了未来。27 岁，当萧伯纳完成了《一个不合群的社会主义者》的写作时，"萧伯纳式的音符"还没有调至和谐，但小说仍然为萧伯纳作为一名艺术家和思想家的自我发展，还有他作为一个年轻人的自我审视，提供了一条重要的途径。

第 *6* 章

费边主义的唐璜

萧伯纳在传记《十六张自画像》的第十六章中，对性这个话题——以及他自己的性爱观念——做了一个十分重要的声明。传记题材中的性爱史，他宣称，并不能告诉我们这个人是怎么样的一个人：

> 首先，对性痴迷的传记作家，请记住，通过性爱史，你无法了解到任何有关你传记主人公的事。性爱关系并不是一种人际关系。两个在其他任何关系中一天都忍受不了彼此的人，可以在性爱关系上难以抗拒对方，并且如痴如醉地圆满结合。即使我告诉你我所经历过的每一段这样的奇遇，你依旧对我是什么样的人一无所知。你依然只知道你已经知道的：我是一个人。如果你对我正常的男子气概有任何怀疑的话，把它们从你的头脑里打消吧。我不是阳痿；我不是不育；我不是同性恋；我特别多情，但我并不滥交。[1]

《十六张自画像》中的这一章，来自对一封 1930 年萧伯纳写给弗兰克·哈里斯的信件的略微修改，后者是萧伯纳的爱尔兰同胞以及《星期六评论》的前雇员。² 这个时候，哈里斯写了《我的生活与爱恋》，一部叙述他自己声名狼藉的性爱史的书，在为写作《萧伯纳：一个未经授权的传记》做准备时，他询问了萧伯纳的性爱生活。萧伯纳的声明（其中私人的细节得到了其他证据的证实）是十分具有传记价值的——除了对收信人以外，对其他的传记作家也具有警示作用。在这封信中，萧伯纳宣称自己"享受"性爱，并认可了"性具有产生一种汹涌澎湃，如同天堂般的情感与欢愉的力量"——尽管他在附文中补充到，这种体验给了他"一种心醉神迷的体会，但或许有一天，这样的体会，会成为有意识的智性活动的普遍状态"³。

　　不过，74 岁的萧伯纳在写给哈里斯的那封书信散文中，将性关系和人际关系所做的分离，在 19 世纪 80 至 90 年代，他与女性关系的真实情况中并不那么容易维持，当时，性方面的吸引与其他形式的亲密关系，是以一种复杂的情感方式交织在一起的。而同时期历史大背景下，人们对两性区别、两性角色、爱情、婚姻态度上的转变，使得这段时期萧伯纳与异性之间的关系，变得更加复杂。

　　萧伯纳很明显在某种程度上，对传奇人物唐璜有着一定的自我认同感。他在 1887 年写的一篇叫作《关于唐璜的真相》的短故事（于 1932 年以《唐璜阐释》为题目发表），很明显有着自传的意味；唐璜的角色，与梅菲斯特的角色一样，持续地支配萧伯纳的想象力，唐璜作为主要角色出现在《武器与人》的前言与正文中就足以证明这一点。萧伯纳并不像这个传奇性的欲罢不能的诱惑者，也不像喜爱鼓吹自己性事的哈里斯那样，是一个放荡的人或是一个性爱征服者。在他发表在《世界》上的一篇音乐评论中，萧伯纳说，唐璜的问题在于他没有办法区别对待那些他求爱的对象："唐璜谁也不爱：他是无差别论者。"如果萧伯纳自己是审判唐璜的那位骑士长的话，他会"提议，如果唐璜可以有哪怕片刻的时间，喜欢一个女人多于另一个女人，那么我就宽恕他"⁴。

　　在 1890 年寄给一个法国人的信中，萧伯纳谈到，在关于"诱惑女人"这件事上，人们对他的看法倾向于两派，一派认为他是"一个圣人或是一个雕塑"，另一派则怀疑他是"一个爱尔兰的唐璜"，并很有可能

"因为某种帕内尔式的离谱丑闻而有损于社会主义"。在同一封信中，他说"真相"是他有着"爱尔兰男人的一种习惯，那就是对待女子时特有的殷勤"，在爱尔兰这被看作是无伤大雅的，但是在"实事求是的英国圈子里，却被很严肃地对待"[5]。1939 年，83 岁的萧伯纳对 H. G. 威尔斯也是这样解释自己的行为的，当时是在萧伯纳伦敦家里举办的一场午宴上，他俩放肆地与刚加冕的 22 岁匈牙利小姐莎莎·嘉宝调情。威尔斯对萧伯纳说他太老了，打情骂俏很不适当，莎莎记得萧伯纳是这样回答的："一个男人永远都不会太老。但不管怎么样，你混淆了殷勤与打情骂俏。"[6]

不过，萧伯纳，算是一个相对比较清白的唐璜——在情场上，他常常是被追求的一方而不是追求者，而他也并不是毫无区别地对待自己的风流韵事。虽然如此，他绝对是 ——正如他在 1930 年写给哈里斯的信中所说—— "一个不可救药的浪荡子"。当他（在同一封信里）说，在 *105* 他婚前的 14 年中，"周围一直都有某位女士"的时候，他或许应该更准确地将这段时间设为 16 年，并将"某位女士"写为"至少一位女士"。

他"周围"出现的第一位女士，爱丽丝·玛丽·洛基特，成长于一个中产阶级家庭，这个家庭中的父亲，沃尔福德·查尔斯，是一个职业工程师。[7]爱丽丝和她的妹妹简上的是女校——雷敦的康桥学院，跟萧伯纳在《一个不合群的社会主义者》中描述的学校相似。当爱丽丝在 1882 年 2 月与萧伯纳相识时，她家的状况刚因那不久之前发生的几场不幸而受到了影响。他们从家族的房子罗斯托恩府邸，搬到了沃尔瑟姆斯托的彭布罗克广场 5 号，一处较小的住所，爱丽丝正是从这个地址寄出了她写给萧伯纳的大部分信件。当时她们的祖母开始资助一家人的开销，为了不成为她的负担，姐妹俩便开始工作。简开始为成为一名教师而接受培训，爱丽丝则参加了帕丁顿圣玛丽医院的护士课程。同时，爱丽丝还开始跟着贝茜·萧学习声乐，这使得她每周至少能与萧伯纳见一次面。这时她 23 岁，萧伯纳 25 岁。

　　萧伯纳的姻亲姨妈埃米丽·格尔里 1882 年 3 月 19 日写给他的信中，早早就提到了这段萌芽中的爱情，她说爱丽丝看起来"容光焕发，恐怕你是……留下了深刻的印象"[8]。对于"专横却让人难以抗拒的"爱丽丝的沉迷，萧伯纳在他写在随身笔记本的诗中也有记载，为了跟洛基特（Lockett）这个很难押韵的名字押韵，他在诗中使用了吉尔伯特式的变体韵文（"敲它"［knock it］、"口袋"［pocket］、"嘲笑它"［mock it］、"火箭"［rocket］）[9] 并混合着狂热的表达，包括倾泻而出重复了 18 次的"爱丽丝！"，并以"心爱的爱丽丝！"作结。[10] 1882 年 4 月初，爱丽丝每周四都到奥斯南博格街 36 号上课。她和萧伯纳弹钢琴唱二重唱；他俩会一起步行去利物浦街，然后她再从这里坐火车回沃尔瑟姆斯托。

　　两人之间留存下来的大部分信件都写于 1883 年下半年和 1884 年间。这个时候这段关系不仅加深了，同时也开始有些紧张，且充斥着一些争吵。各种各样的谴责，还有关于两人之间的书信往来和关系都到了头的声明，在奥斯南博格和沃尔瑟姆斯托之间来来回回。有一次，她对他说，他是"我所见过的最软弱的男人"，而他则告诉她，她是一个"不可救药的肤浅之人"。[11] 虽然如此，萧伯纳的信中依然可以看出他对他"珍爱的爱丽丝"[12] 的种种柔情，以及他对她的着迷。

　　1883 年 11 月 19 日，她去过奥斯南博格街之后，他写了一封信给她道晚安，引用了他们俩一起弹奏的一些曲调。很显然这封信是为了弥补两人之间的一次争吵。信中包含了他对她一种特殊习惯的敏锐洞悉，即她"意味深长、深思熟虑的表达"方式，同时还有对担任琴边翻谱人的她，那诱人魅力的表白。 *106*

　　最亲爱的爱丽丝，

　　　　晚安！

　　　　你在我的脑海里伴着这段旋律起舞（援引曲调），而我抑制不住地要把这些告诉你。原谅我。

　　　　这是一封傻气的信，用来代替那封被你撕得粉碎并扔出了窗户的信。也许这才是一封明智的信，用来代替你毁掉的那封傻气的信。我不知道究竟是哪一封，我只知道今晚当我们在钢琴边的时候，你，不，我不会告诉你。你自己不就是这样的吗？我被你的有所保留给传染了——那些意味深长、深思熟虑的表达……噢，当一个女人倾身向前，给乐谱翻页时所能制造的无尽的麻烦啊！[13]

在回复萧伯纳的恭维时，爱丽丝大多数时候并不像伊丽莎白一世时期十四行组诗中《残酷的美人》那样轻蔑。在1883年11月6日一封语带责备的信中，她讽刺地称呼收件人为"令人无法抗拒的萧伯纳"，她告诉他，他赌气是因为他"拙劣的恭维"没有奏效。"一些真诚与男子气概更能在我的心中唤起回音"[14]，她这样建议她的倾慕者。尽管认识到了他的这些缺点，她仍然觉得难以与其断绝关系，他显然与她所生长的传统社交圈子不同，这令人兴奋。可是她有时极度挑剔，他们在接下来的一年中依旧是争吵、分手，然后又和好。

两个人似乎陷入了一种相互吸引又相互排斥的模式。从某些方面来说，生活是在模仿艺术。爱丽丝有着许多《未成熟》中生气勃勃又独立自主的哈丽特·罗素的品质，这也包括一些她的缺点。毋庸置疑，她很聪明，但是她的信，与埃莉诺·赫达特所写的那些信不同，并不能显示出她有丰富的阅读量或者对学术的兴趣。在1884年的下半年，她和她的妹妹（萧伯纳也同样很喜爱）都读了《今日》杂志中《一个不合群的社会主义者》的每月连载。在一封日期注明为1884年12月的信中，她"顺便"说她读完了小说并得出结论，悉尼·特里弗西斯比起傻子来更像一个流氓。接着她戏谑地问道："他代表的是你自己吗？"[15]但是，这仅是她信件中少数几次提及文学事宜的其中一次，而且很有可能由于看不到任何"真正思想的结合"的前景，萧伯纳的热情逐渐消退，正如史密斯在《未成熟》中对于哈丽特·罗素缺点的认识导致了他对于她爱意的"停歇"。萧伯纳告诉爱丽丝，跟他"正经的朋友"埃莉诺比起来，她就是一个"轻佻之人"，这自然也没对这段恋情起到什么促进作用。[16]

　　萧伯纳断定爱丽丝是一个被他称为"二元体"的人，也就是双重人格，她一半是拘谨和守旧的"洛基特小姐"，而另一半则是自由的、本能的并惹人爱的"爱丽丝"。他在信中开玩笑地恳求"爱丽丝"不要把这些信给她的另一个自我看，那个专横的"洛基特小姐"。萧伯纳对于爱丽丝的看法直接体现在了《一个不合群的社会主义者》的第十四章，特里弗西斯告诉格特鲁德·琳赛，她有着相互冲突的"琳赛小姐"和"格特鲁德"这两个自我。但是，萧伯纳和洛基特之间的书信和两人的关系，还揭示了萧伯纳自身性格中的深深分化，这也反映在并促进了小说中的自我探索。在1883年9月11日的同一封信中，他第一次详细解释了他关于两个爱丽丝·洛基特的想法，同时他也写道："我自己又何尝不是有两个自我———个我内在的敌人，一个任性傲慢的萧伯纳，我必须一直用力把脚踩在他的脖子上……"在这里，"另一个"萧伯纳被定义为自负、尽职的"正义之士的典范"，一个自我任命的改良者。[17]但是，在前面那封"晚安"信中，萧伯纳对于另一个自我——某种愤世嫉俗的、可笑的、梅菲斯特式的海德先生*似的人格——探寻得更为深入，甚至在他表露这种情感的过程之中，嘲笑他浪漫的情感："我孤身一人，而这里有一个可憎的、顽固的、无情又愤世嫉俗的冷酷魔鬼坐在我的椅子上，告诉我这一切都仅是不诚恳的虚情假意。"[18]

　　他能够外化——并且憎恨——这个"冷酷魔鬼"这一事实，反映出了他某种程度上对自我这一侧面的批判性疏离；然而萧伯纳对于自己性格的这个疑虑的、恼人的"另一个"侧面的承认，也证实了他在处理一段感情时，比如在跟爱丽丝·洛基特的这段感情中，所拥有的复杂情感和态度。这段恋情并没有发展到性爱的阶段，并且很有可能充满了性挫败和性压抑，这一点在那"意味深长、深思熟虑的表达"中，或许就已经有所征兆了。

---

* 罗伯特·路易斯·史蒂文森关于双重人格的经典故事，《杰奇博士和海德先生》（译者按：又名《化身博士》），于3年以后出版。

1884 年对于萧伯纳来说是满满当当的一年：他于 9 月正式加入了新成立的费边社，两星期后他发表了费边社二号宣传册《一个宣言》；一些新的迷人女子进入了他的生活，尽管他与爱丽丝的关系依然持续着；他开始成为一个活跃的公众演说者，主要讲社会主义的话题；他为《基督教社会主义者》和《今日》写书评，这时《一个不合群的社会主义者》正在后者中连载；从 8 月到 11 月，他开始断断续续地写《鳏夫的房产》的初稿，这是他的首部多幕剧，是以威廉·阿彻给他提议的情节素材为基础进行创作的。

"正如液体中相似的粒子一样"，这是萧伯纳的朋友悉尼·霍尔丹·奥利维尔（后来的奥利维尔男爵）做出的类比，用来形容那些 19 世纪 80 年代聚集到一起成立费边社的年轻人："那个时候在英格兰，唯一以理性思考社会和经济环境的青年中产阶级人士，相互吸引并密切接触，正如液体中相似的粒子一样，合并成了一个社团，而从这个社团的宣传中……萌发出了议会社会主义工党。"[19]

在费边社历史的不同时刻，大量的知识女性加入了这些知识男青年的队伍，包括：儿童作家、小说家和诗人伊迪丝·内斯比特；社会活动家，以及后来的通神论者安妮·贝赞特；社会学家以及改革家比阿特丽丝·韦伯；著名的女性选举权论者埃米琳·潘克赫斯特；以及萧伯纳的妻子夏洛特。

在 19 世纪下半叶，社会主义作为劳动者反对无情的工业资本主义压迫的一股核心力量而出现。即使在现在，21 世纪的开端，虽然资本主义作为一种经济模式被证明是相对成功的，但与之伴生的罪恶——公司的贪婪与欺诈、总收入的不平等、对劳动力肆无忌惮的剥削、环境退化，以及其他形式的反社会行为——一点也没有消失。因此，对抗这些罪恶的政治、社会契约以及法律约束的需要，也没有消失。

19 世纪英格兰对于穷人的压迫基于许多方面的因素，其中的几个首要因素是：土地所有权集中在极小一部分有特权的人手中；除了少数社会关系优越的人是例外，阶级制度及其所创造的屏障阻碍了多数人的进步；以资本为基础的工业、制造业和采矿业企业对于劳动者的剥削；女性不拥有公民权，她们在社会、教育以及经济上的从属地位。费边社是 19 世纪 80 年代形成的许多激进团体中的一支，旨在与伴随着维多利亚时代物质进步和帝国扩张而产生的压迫、贫穷，以及人类和环境的退化做斗争。费边社与社会民主联盟同属一个时期，社会民主联盟的主要发言人是亨利·迈耶斯·海因德曼，卡尔·马克思早期的一个学生，他是期刊《公正》的编辑，也是《所有人的英格兰》的作者。作为一名上层阶级受过剑桥教育的激进分子，鲁莽的海因德曼成了——除了萧伯纳自己以外——《人与超人》中绅士社会主义者杰克·坦纳这个角色的原型之一。诗人、艺术家，以及手艺人威廉·莫里斯也曾成为海因德曼团体的一员，后来他退出并组建了一个单独的组织——社会主义者联盟。萧伯纳在投身费边社之前，参加过海因德曼的社会民主联盟的一些会议。他也与威廉·莫里斯建立了亲密的友谊，时常在莫里斯位于哈默史密斯的家凯尔姆斯科特寓所参加马车房里有名的周日聚会，并爱上了莫里斯的女儿梅。

　　费边社在 1882 年至 1883 年，诞生于一个名为新生同盟的团体所举办的一系列会议中，新生同盟的主要奠基人是托马斯·戴维森，出生于苏格兰的哲学家和流浪学者。悉尼·奥利维尔回忆说，戴维森劝告那些参加该团体集会的人"支持新生同盟，移民到南加州（那个时候还在开发中的殖民地托波洛万波［在墨西哥的西北部］），找到一个新的殖民地来重建世界"。与之相反，奥利维尔写道："我们创立了费边社。"[20] 后者是在新生同盟的会议上建立并命名的，这次会议于 1884 年 1 月 4 日，在奥斯南博格街爱德华·雷诺兹·皮斯的家中举行，就在萧伯纳家对面。皮斯原是伦敦的一位股票经纪人，受威廉·莫里斯的影响，他渴望更为简单的生活，转行家具制造。他在 1890 年到 1913 年间担任费边社的秘书并于 1916 年写了《费边社的历史》。

　　费边社的平台无疑是激进的。他们提出了"生活基本必需品供给"的集体所有制以及"通过释放私人和阶级拥有的土地、工业资本，以及保留退休金的特权，来进行社会改革，并为大众谋利"[21]。但是，与社团当时的社会主义竞争对手相比，费边社采用了一种更为渐进主义、实用主义以及外向型的方式来进行革新。社团的名字来自一位早期的罗马将军，昆塔斯·费比乌斯·马克西慕斯·昆克塔托（拖延者费比乌斯〔Fabius〕），他通过拖延来避免直接正面冲突的策略，阻碍了汉尼拔在罗马前进的步伐。费边社的方法是渐进式的而不是革命性的：它将目标指向"具体的改革"，它的主要策略是对现有的具有改良主义思想的政党进行渗透。作为一个政治智囊团，费边社在英国工党和福利制度知识基础的建构中，是一个关键的组织。费边社社员——尤其是经由悉尼和比阿特丽丝·韦伯代理，再加上萧伯纳的妻子夏洛特的资助——也是伦敦经济学院建立的主要负责人。1884 年 5 月 16 日，萧伯纳第一次参加费边社的会议，同年 9 月 5 日他正式加入了费边社。1885 年 1 月他被选为执行委员会的一员，并担任该职务一直到 1911 年，当时他为了给新一代的费边社领导者让路而决定辞职。

除了后来成为社团最有名的发言人的萧伯纳以外，费边社还吸引了一些具有非凡才能与智慧的人。从牛津大学毕业以后，悉尼·奥利维尔在英国公务员入职考试中夺魁，他的费边社社友悉尼·韦伯在同一场考试中获得了第二名。格雷厄姆·沃拉斯——于 1886 年加入费边社，1888 年到 1895 年间是执行委员会的一员，是委员会的"四巨头"之一（另外三个是萧伯纳、韦伯和奥利维尔）——是一个卓越的政治学家和心理学家，他成了伦敦经济学院最早的讲师之一，也是伦敦大学的政治学教授。奥利维尔被萧伯纳形容为"一个具有非凡魅力的人物……英俊并且极其性感，不论穿什么衣服看起来都像一个西班牙的贵族，但是却又不落俗套"[22]。他后来成了牙买加的总督（萧伯纳和夏洛特在 1911 年 1 月时去牙买加拜访过他）以及印度的国务大臣。

从外形上来讲，悉尼·韦伯正好和奥利维尔相反。在被他追求之前，他未来的妻子比阿特丽丝在日记中，写过一段关于韦伯的极其贬损的描述。"他小小的蝌蚪身材、不健康的皮肤、没有风度、伦敦口音、贫穷，这些都让他极不讨喜。"[23] 她这样写道。比阿特丽丝的侄女吉蒂·马格里奇，也提供了一段同样不讨喜的描述："矮小、粗短，他那颗大头跟他的脖子混为一体——只有他红色的山羊胡子能让你区分出两者的界限。他的脸是红色的，长着一个肉鼻头，镜片很厚的夹鼻眼镜后面是一双又鼓又湿的绿眼睛。他比他看上去要聪明。他总是穿一身厚厚的哔叽套装，他的四肢奇怪地从衣服里伸出来，这使得这身衣服看上去就像是给泰迪熊做的。他很爱出汗（'悉尼总是出汗。'柏姨妈［比阿特丽丝］总是这样说）。"[24]

比阿特丽丝来自中上层阶级的波特家族，在科茨沃尔德——伦敦以北一处风景优美的乡郊地区———所大宅里长大，她的父亲是一个富有的工业家，也是大西铁路公司的一位主管。从她的角度出发，韦伯看起来当然只是高大的自由党人约瑟夫·张伯伦的一个穷酸（从所有意义上来讲）的替代品，她之前与后者有过一段感情，但却以失望和心碎告终。然而，悉尼·韦伯在外形上所缺乏的魅力，他都靠自己的头脑与能力弥补了——"英格兰最有才干的男人"是萧伯纳对他的描述。[25] 比阿特丽丝·波特——一个高挑、苗条的女子，长着美丽秀发、贵族脸庞、年收入一千英镑——后来变得非常喜爱这个"小小的蝌蚪"。她于1892年与他结婚，由此开启了一段非凡的伴侣关系，这段关系对英国政治和社会历史有着深远的影响。吉蒂·马格里奇对姨妈有过一段相当敏锐的描述，其中包括如下的评论："虽然很漂亮，她却让人想到某种猛禽，或许是一只金雕，翱翔着寻找猎物。"[26] 这只"金雕"将会对萧伯纳产生十分浓厚，又带有批判意味的兴趣。

其他的中产阶级反叛者以及"相似的粒子"，把加入费边社作为他们改造自己生活以及抗议当时社会状况的途径之一，这些人包括：记者和作家休伯特·布兰德，即费边社社员伊迪丝·内斯比特的丈夫（他也是爱丽丝·霍森两个非婚生子女的父亲，而爱丽丝·霍森于1885年到1886年间担任费边社的秘书一职）；亨利·斯蒂芬·索尔特，1884年辞职之前他是伊顿公学的一名教师，以及他的妻子凯瑟琳（"凯特"）。尽管布兰德有着保守党和帝国主义的倾向，他依旧被选入了费边社，他与诗人詹姆斯·利·乔因斯以及音乐评论家贝尔福特·巴克斯一同担

111

任《今日》期刊的编辑，期刊在 1884 年 3 月到 12 月间连载了萧伯纳的
《一个不合群的社会主义者》。在费边社早期，伊迪丝·内斯比特和凯
特·索尔特都陷入了萧伯纳与女人错综复杂的关系中。

在费边社早期的日子里，政治和恋爱通常要占去萧伯纳同样多的时
间和注意力。1884 年 5 月，当萧伯纳出席他的第一次会议的时候，帕克
巷 13 号范德勒·李的住所中正在为演出莫扎特的《唐璜》而进行一系
列的排练，这些排练正如萧伯纳在日记中记录的，"无果而终"27。在这
一年早些时候，李把寻找一个合适的唐娜·安娜的任务交给了萧伯纳。
萧伯纳推荐的人选是一个年轻迷人的犹太女子，有着"深色的头发，深
情的双眼，地中海式的性感身材，以及丰满的胸部"28，她的名字叫
作凯瑟琳（"凯蒂"）·塞缪尔，贝斯沃特犹太教堂的拉比艾萨克·塞缪
尔的女儿。关于演出，萧伯纳在他的日记中补充道："唐娜·安娜是凯
蒂·塞缪尔，我有大概一个星期的时间爱上了她。"29 在一封 1897 年写
给夏洛特·佩恩－汤森德的信中，萧伯纳将凯蒂称为"一个旧情人"30。
这段感情并没有持续多久，而萧伯纳对于凯蒂的挑逗似乎也没有得到她
的鼓励。尽管如此，1884 年 5 月到 6 月之间，两人之间活跃的书信来
往——包含一些萧伯纳所写的恭维的打油诗，无疑显示出了他对她的兴
趣。但是，这个年轻人心里的音乐评论家，浇灭了这个情种本可能得到
的机会。萧伯纳说她的嗓音不会持续太久，凯蒂告诉他，这破坏了她
"内心的宁静"，而他又添油加醋地对她写道："不要因为失去声音而焦
虑。你从来没有找到自己的声音。不过你似乎终于快要找到它了。"这
封信以一段莫扎特式的炫耀结尾，他援引了一段《唐璜》中的话："我
是，可爱的唐娜·安娜，我是那个敢于打扰你生命之宁静的残酷的人
儿。"凯蒂很显然原谅了这个残酷的人儿，她保留了他所有的信件，并
在许多年以后——在她和蒙特利尔的一位拉比结婚之后——访问伦敦时
给萧伯纳写了一封热情的信，说她在观看他的剧作《难以预料》的一场

112

演出时，感到十分高兴。

　　不仅仅是与他的"可爱的唐娜·安娜"调情，这位那时还是处子之身的费边社唐璜继续保持着他与爱丽丝·洛基特的关系。埃莉诺·赫达特 1884 年 4 月 28 日写的信暗示萧伯纳在这段时间也被卡尔·马克思的女儿埃莉诺吸引，她是马克思的门徒以及翻译员爱德华·比宾斯·埃夫林的事实婚姻妻子。[31] 1885 年 1 月初，萧伯纳与埃莉诺·马克思·埃夫林（她这样称呼自己）建立了一段十分亲密的友谊。他频繁拜访在大英博物馆对面的大罗素街上埃夫林家的公寓，在这里——大概是 1885 年下半年某个时候——他在易卜生《玩偶之家》(亨丽埃塔·弗朗西斯·洛德翻译的版本，标题译作《娜拉》) 的朗诵中扮演了柯洛克斯泰，埃莉诺则扮演娜拉。[32] 萧伯纳这样记述他在朗诵中的"台下"时光："我在背后的休息室（我们的演员休息室）里一边喋喋不休一边吃着焦糖，同时饰演娜拉的埃莉诺·马克思，在关着的门的那一边，惩罚了海尔茂。"[33]

　　埃莉诺与埃夫林的婚姻结束得比娜拉和海尔茂的婚姻更为悲惨。她于 1898 年 3 月自杀，这是在埃夫林向她坦白自己背叛了她并秘密娶了——在他依然与埃莉诺有着事实婚姻关系的时候——埃娃·弗赖伊，一个 22 岁的女演员的时候。埃夫林不久之后也死了。萧伯纳以埃夫林行为的许多方面为素材——比如他跟许多女人的外遇，对钱漫不经心，是一个不可信赖的借款人——描绘出了《医生的两难选择》中寡廉鲜耻的艺术家路易斯·杜比丹。 *113*

　　在 1884 年与爱丽丝·洛基特的一次争吵中，萧伯纳提到他为了"寻求安慰，便和絮絮叨叨太太一起进行了一次长时间的散步"[34]。这是他给珍妮·帕特森取的一个轻蔑的外号，这位女士——大概在一年以后——将会成为与萧伯纳发生性关系的第一位女子。珍妮是一名爱尔兰的寡妇，在她富有的丈夫去世后，她搬到了伦敦，和爱丽丝·洛基特一样，她也是因为在贝茜·萧那里上声乐课而与萧伯纳相识的。她在爱尔兰认识萧伯纳母亲的家族，格尔里家族，[35] 并经由他们的引荐，在 1882 年 12 月 28 日（这日期是她写给萧伯纳的现存信件中注明的最早的日期）与在伦敦的萧家族取得了联系。虽然萧伯纳写给她的信仅有一封留存了下来，但她写给萧伯纳的两大卷信件却收藏在大英图书馆的手稿藏品中。[36] 珍妮的信件——时而充满激情，时而温柔，时而爱恋，时而崇拜，时而幽默，时而自怨自艾，时而批判，时而责备，时而流露出惊人的忌妒——证实了这段关系包含着强烈而复杂的情感。对于萧伯纳来说，这段关系一方面，将会带来情欲、情感的释放和教育，而另一方面，则是一个陷阱。

有着爱尔兰和苏格兰混合的血统，珍妮·帕特森是一个活泼、聪明并有幽默感的女子，她的性格反复无常，十分情绪化。梅·莫里斯早在 1886 年见到她的时候，就觉得她"令人着迷"，同时也"既有魅力又有趣"[37]。她能读法文和意大利文，喜爱音乐，用女中音唱歌。她遗嘱中留下的财物中就有一架博兰斯勒*三角钢琴。萧伯纳常常谈起，当她去菲茨罗伊广场的奥斯南博格街 36 号的萧家做客，或者他去她的住所探望她时，弹奏和演唱是他们的消遣之一。[38] 珍妮在骑士桥时髦的郊区拥有连栋房，先是在汉斯广场 5 号，然后是在布朗普顿广场 23 号。在她与萧伯纳交往的那段时间，她还有一处海边度假的住所"钱多斯之屋"，位于英国东南部肯特的布罗德斯泰斯。从萧伯纳的住所去她在伦敦的住所，可以乘坐火车或者巴士——或者步行很长一段路穿过海德公园。

由于大英图书馆收藏的珍妮·帕特森早期写给萧伯纳的信件中有一段很大的空缺，读者会感觉到从收藏中的第一封信（1882 年 12 月 28 日）到第二封信（1886 年 1 月 6 日），语气上有极大的变化。在 1882 年的圣诞期间，有一天她显然是打算与贝茜·萧在摄政街的圣詹姆斯大厅见面，去听一场演奏会或是独奏会，她写道：

114

---

* 德国国宝级的钢琴。——译者注

　　亲爱的萧先生，

　　非常感谢，给你添麻烦了……我讨厌圣诞节——但我总是有着一个傻气的愿望，那就是新年会有一些好的事情发生。

　　[写在页首的信息] 麻烦你告诉萧太太我会8点整到靠近摄政街这边的 [圣詹姆斯] 大厅外。[祝他"新年好运"]

　　你最诚挚的

　　珍妮·帕特森

1886年1月6日的信是这样开头和结尾的：

　　我最心爱的人，我不应该现在走开。我很好，并且从今晚开始我每晚都会在家。你是对的，"生命都不足以衡量我们彼此的关心"。让我为爱你而感到开心。我有远见的爱人……你来的时候要早点来，这样我才有可能在凌晨两点前去睡觉。J[39]

　　这两封信向我们展现了一段从1885年初开始发展的亲密关系的故事，关于这段关系的记录，主要见于萧伯纳日记中的一些简短评论。

　　从1885年2月10日的一条记录开始（"今晚帕特森太太在这儿 [奥斯南博格街36号]"），萧伯纳的日记记录了这一年年初几个月里，与珍妮·帕特森日渐频繁的会面，或在萧家的房子里，她是这里的常客，或在她布朗普顿广场的家里。2月21日，在给费边社成员做了一个关于"金钱"的演讲的次日，萧伯纳从埃夫林家回到自己家，见到了"帕特森太太"，于是他"坐下聊天、弹奏钢琴和唱歌直到过了21点 [晚上9点]，然后 [我] 把她和她的狗送上了出租马车……"两人进行亲密谈话的机会开始以各种形式出现——或者说是被制造出来，正如4月27日，萧伯纳在一场音乐会结束前离开并"直接去了帕特森太太家。发现她独自一人，于是与她聊天直到过了午夜"[40]。

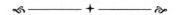

与珍妮·帕特森发展关系的同时，萧伯纳 1885 年上半年的生活，也是一段充满其他事务和活动的时期。紧接着他于 1 月当选费边社的执行委员后，他开始大量参与政治活动、演讲以及会议，每周都会有很多次。在哈默史密斯上林荫路 26 号的凯尔姆斯科特寓所，威廉·莫里斯的家中，他就诸如"私有财产、资本与竞争"的话题做演讲，并与莫里斯的女儿梅渐渐熟悉起来。他徒步从摄政公园的山丘走到汉普斯特德去参加会议，讨论马克思和经济学。会议由夏洛特·威尔逊太太组织，她是"一位有着浓密头发的罗赛蒂式的女子"[41]，有着激进的观点。

他在《今日》杂志上与菲利普·H. 维克斯蒂德教士辩论马克思，后来他将其称为"我的经济学之父"[42]。（维克斯蒂德使萧伯纳初步了解了"杰文斯曲线"——一个与供求规律相关的概念，由新古典主义经济学理论家威廉·斯坦利·杰文斯提出——的秘密。）萧伯纳频繁地拜访布鲁姆斯伯里的埃夫林家，并在帕尔格雷夫·辛普森和赫尔曼·梅里维尔的"三等喜剧"《孤单》的排演中扮演斯特拉顿·斯卓勒斯，一同参演的还有爱德华·埃夫林、梅·莫里斯，以及埃莉诺·马克思·埃夫林。[43]萧伯纳在这段时期认识了安妮·贝赞特，她在 5 月加入了费边社。2 月份萧伯纳开始给《戏剧评论》写音乐评论——威廉·阿彻帮他谋得了这个职位，5 月他成了《蓓尔美尔公报》的一名常驻书评人。他参加了许多音乐活动，包括国际发明展 5 月在南肯辛顿开展的音乐活动，并在《戏剧评论》和其他地方发表了相关评论。他吃力地做了份（对于他来说）极不协调的任务，为伊丽莎白一世时代的诗人托马斯·洛奇的作品做一部索引，这个任务后来被他咒骂为浪费时间，并且在未完成前就放弃了。这段时期他也在为《卡谢尔·拜伦的职业》以及《不合理的姻缘》做连载的校对工作，两部作品分别刊登在《今日》和安妮·贝赞特的社会主义杂志《我们的角落》。1885 年 4 月 19 日他收到了关于他父亲乔治·卡尔·萧在都柏林独自一人去世的消息。

萧伯纳对维多利亚时代的死亡方式，以及其阴沉的黑色服饰、面纱和漫长的服丧期有着一种特别强烈的反感，维多利亚女王在阿尔伯特王子死后正是沉湎于这种哀悼方式。表面上他似乎对于哀伤无动于衷，并且在看待死亡时有着一种奥维德式的超然。"为什么葬礼总是让人的幽默感变得更敏锐并令人精神振奋？"他在 1913 年 2 月 22 日写给帕特里克（斯黛拉）·坎贝尔太太（他正与她恋爱）的一封非凡的信中这样问道，当时他刚在戈尔德斯格林火葬场参加完自己母亲的葬礼。这封信中有许多地方都可以看出，萧伯纳对他母亲有着极深的感情，包括对于"拥有美妙面孔的瘦弱的小小身躯"的记忆，萧伯纳想象她"在我旁边俯下身子，笑得全身发抖"，因她看到火葬场工人筛选火葬后的两堆骨头时心想："哪一个……是我？"那一晚萧伯纳对德斯蒙德·麦卡锡说："别认为我是一个会忘记逝者的人。"他目睹了焚烧棺材（棺材用紫色而不是黑色的围布），并给斯黛拉·坎贝尔写道："随后，紫罗兰色的棺材再次移动，脚朝里进去了。看呐！双脚奇迹般地迸发作缎带一般流动的石榴石色迷人火焰，无烟而炽热，就像五旬节的舌头一般，而当整个棺材全部进去了以后，它一瞬间全部燃烧起来；我的母亲化作了那团美丽的火焰。"[44]

对于萧伯纳来说，死亡是对于生命的重申，他让剧作《医生的两难选择》（1906）中的人物，艺术家路易斯·杜比丹在临终时动人地表述了这一理念。他乞求他美丽的妻子，吉纳维芙，让她不要穿黑色哀悼，而是穿上"美丽的裙子和华丽而有魔力的珠宝"。杜比丹他自己希望被火化，并化作一团"石榴石色的"火焰。

乔治·卡尔·萧 71 岁的时候，在他都柏林利森公园路 21 号的出租屋里死于肺充血，萧伯纳对父亲去世发表的评论和纪念，比起他的母亲来就要少得多了。他的日记于 1885 年 4 月 19 日简洁地记载了此事："J. C. 萧发来电报说父亲去世了。"[45]他在同一天给 J. 金斯顿·巴顿开玩笑地写道："刚收到电报说老爹因特殊事务出差，离开了这个世界，害得我成了一个孤儿。"[46]他曾对巴顿讲过自己给父亲和叔叔的酗酒习惯所做的伪临床诊断。

从某些方面来讲，死亡对于萧伯纳人格的新发展来说，是一个前兆——甚至可能是一种心理上的催化剂。都柏林定期寄来的邮政汇票票据中断了，但来自乔治·卡尔·萧人寿保险的大概 100 英镑，被支付给了住在伦敦的家人。这让萧伯纳得以购买"多年来的第一套新衣服"[47]。6 月，他向伦敦中心的耶格尔服装店（这家店的服装制作符合"耶格尔博士的羊毛卫生体系"，该体系规定只用动物纤维以确保身体可以呼吸）订购一套极好的套装——包括一套羊毛西服、黑色的外套和马甲、领圈、领结，以及裤子——一共 11 镑 1 先令。这是他的第一套耶格尔套装，这服装后来成了萧伯纳的标志之一，其识别度正如后来 G. K. 切斯特顿评价的："就像是某种红棕色的毛皮……就像是头发和眉毛，是这只动物的一部分。"[48]

117　从 1885 年 6 月 30 日他从耶格尔店取回他的新套装开始，直到 7 月 26 日他 29 岁生日那天早晨，他与珍妮·帕特森之间的恋情不可阻挡地——但萧伯纳这一方还是有抵抗的迹象——朝着实现性关系的方向发展。7 月 4 日萧伯纳拜访了她两次。第二次去的时候她在家，他在那儿待到了凌晨 1 点，随后记录道："谈话的语气显然很殷勤。"7 月 10 日，他回奥斯南博格的家中时，发现她在那儿，于是"走公园那条路去了她家。晚餐、音乐、好奇的谈话，以及激情的宣言。3 点离开，依旧是处子之身"。他 7 月 17 日又见了她，在此期间还与梅·莫里斯会面并吃了晚餐。随后的一天，在去国际发明展的午间音乐会的路上，他用 5 先令买了"一些［法国字母］*"。接着他不得不从公交上中途下车，因为他发现音乐会的票装在了另一件大衣里。这使得他有时间细细研究自己所买的东西，这一举动，按照他的日记所记录的，引起了强烈的逆反应："回过头来查看我揣着的东西［避孕套］，让我产生了极大的反感。"音乐会之后，他去了珍妮·帕特森那儿并经历了"迫不得已的爱抚"。他

---

* 避孕套的俚语。——译者注

随后参加了王尔德夫人的一个招待会，后来又去拜访了他的朋友 J. 金斯顿·巴顿，讨论社会主义。这天晚上晚些时候，他去了珍妮·帕特森家，发现她不在家，"没有等"。7 月 20 日，可以看出他找回了因珍妮的求爱而感到倍受威胁的自我，他在日记中写道："又是我自己了，给 J. P.（珍妮·帕特森）写了一封美好的信作为对她信件的回复。"他在 7 月 21 日收到了一封"来自 J. P. 的满意的信"，作为对他的回复。[49]

　　从萧伯纳的日记对于 1885 年 7 月 25 到 26 日间这一戏剧性事件结局的描述来看，贝茜·萧显然应该清楚会发生什么。7 月 25 日，萧伯纳把母亲和珍妮留在了南肯辛顿的国际发明展夜间场上，随后又在布朗普顿广场与她们碰面。由于没能在布朗普顿路找到一辆未满员的公共汽车，贝茜·萧自己回了家，而萧伯纳和珍妮则回到了布朗普顿广场：

　　　　并在那里待到了我的 29 岁生日当天的凌晨 3 点，我以一个全新的经历庆祝了生日。被隔壁的一个老太太监视了，她对我深夜离去的恶意理解使我俩相当担忧。

　　在他 1885 年日记的导言中，关于这件事，他这样写道："我是个彻彻底底的新手。在这件事上我没有采取主动。"[50] 萧伯纳至少比珍妮·帕特森小 15 岁。在他们这段关系最终向性爱发展的过程中——包括他讲述的关于忍受"迫不得已的爱抚"以及其他一些不愿意屈服的迹象——萧伯纳让人联想到莎士比亚的诗歌《维纳斯与阿多尼斯》中，腼腆年轻的阿多尼斯是如何鄙视贪婪、充满情欲又经验丰富的维纳斯的挑逗。阿多尼斯和萧伯纳同样将做爱看作是对于他们真正天职——对阿多尼斯来说是狩猎，而对萧伯纳来说则是努力成为一个作家和评论家——的一种干扰。然而，莎士比亚的维纳斯是在与年轻的阿多尼斯做爱的尝试中失望而归的，珍妮·帕特森对于她这位年轻的爱尔兰朋友的尝试则要成功得多。萧伯纳对于他"全新的经历"的一部分即时反应，似乎像是一场突如其来的清教徒的良知发现。8 月 2 日他又与她发生了性关系，这之后的第二天，他写了"一封言辞十分激烈的信给 JP"。4 日他"决

118

131

定立刻开始［写作］一部新的《天路历程》。新的《天路历程》的写作
从 5 日开始，但是这一计划没有留存下任何东西。[51]

不管他可能有过怎样的懊悔，萧伯纳并没有在性事上当太久的"新
手"。从 1885 年 8 月 2 日周日的那一次开始，他在日记中记录下了带括
号的数字——（0）,（1），或者（2）——用来象征他在与（她现在被称为）
"JP"的会面中做爱的次数。"精神的损耗"这句话摘自著名的十四行诗
（第 129 首）中，莎士比亚对"色欲在行动"的转喻，也像萧伯纳的公
共汽车票一样，被一丝不苟地记录在了萧伯纳的日记里。他与珍妮成了
定期的情人，他们在会面时经常不止一次地做爱。1885 年剩下的那部
分时光，我们现在知之甚少，除了其中有一次（11 月 11 日），在见面做
爱后，萧伯纳记录到"她给了我一双她为我做的拖鞋"[52]。她在 1887 年
又给了他一双，并写道："你的拖鞋在等着你。因此为它们而来吧……
它们太漂亮了，只有神圣的双脚能配得上。"[53]

珍妮的礼物很可能在萧伯纳的脑子里植入了一个点子，那就是把拖
鞋作为《皮格马利翁》中傲慢的希金斯和伊莉莎·杜利特尔关系的一个
戏剧性动机。在第四幕中，伊莉莎在白天出色地成功冒充了一名淑女之
后为希金斯赢得了将一个卖花女转变为一个女公爵的赌注——希金斯遗
失的拖鞋，以及伊莉莎对于拖鞋所在之处的知晓，成了她热心关注他的
需求的象征。这与他的以自我为中心，完全没有注意到她的出现，也没
有在她成功的当晚说过任何一句恭喜她的话，形成了强烈的对比。最后
她将拖鞋一只接一只地向希金斯的头部掷去，这标志了他们关系的一个
重要高潮。这件事萧伯纳也有亲身经历。1888 年 9 月 23 日的下午，他
119 在日记里记到："JP 来了，发了火，哭了一场，把一本书向我的头部掷
来等等。"[54]

随着帕特森书信的主序列从 1886 年开始，一幅热情、猛烈（从这
个方面来说，超越了萧伯纳与爱丽丝·洛基特之间的关系，这段关系当
时还在持续着）、复杂的情事画面也展开了，前后一共持续了 8 年。直
到 1893 年初一次激烈的争吵之后，这段关系才彻底结束。珍妮愤怒地
在女演员弗洛伦斯·埃默里家与萧伯纳对峙，当时萧伯纳也在与弗洛伦

斯交往，后者后来在萧伯纳早期作为剧作家的生涯中扮演了重要的角色。珍妮的信，很显然是以很快的速度写的，并且也不注重标点，可以看出，她是一个热烈、温柔、敬慕、大方、有活力但同时也占有欲极强的情人。"我为你做了我为任何人都没有做过的事：我全身心地爱你。"她在 1886 年 5 月 12 日这样写道。[55] 她对他的健康过分关心，在他来做客时总是对他照顾得分外周到："你在演讲前会来我这里吗？我会给你吃黑面包、可可豆、草莓加奶油以及其他一切我能找到的水果。"[56] 不管萧伯纳作为做爱方面的新手，曾有过何种拘谨，它们明显都被经验征服了。在一封她后期的信中，珍妮写道："像你上周一样热烈吧……我爱极了你那样与我做爱。这让当时的我神魂颠倒，并给我留下了如此美妙的回忆！"[57]

事实上，随着这段关系的发展，萧伯纳很有可能是在性方面需求更多的一方，一位对他的维纳斯反败为胜的阿多尼斯。在一封日期为 1886 年 10 月 20 日的信中，珍妮责备他"想我的时候，就像喝奶的婴儿一样，只有饿了的时候才会想起妈妈"。同年 5 月 12 日，她对他说："我知道你不信，但是这绝对是事实，很多时候我的身体对你来说就是一个不情不愿的服侍者。"[58]

有证据显示，在珍妮·帕特森与萧伯纳这段旷日持久的恋情的初期，小说家和记者 T. 泰伊·霍普金斯曾试图重新展开对珍妮的追求，他两年之前做过初次的尝试，但被珍妮拒绝了。在日记中，萧伯纳记录了 1886 年 1 月 12 日晚造访珍妮时，他发现霍普金斯已经在那了："他执意要引诱她，我们都试图比对方逗留得更久。最终他必须离开去赶火车（1）。很晚才上床睡觉。"打了括号的数字——他对情事的惯用记录法——显示出了萧伯纳在这场特殊的对决中获得了胜利。一个星期后，珍妮给萧伯纳写信说霍普金斯向她表态失败："对于霍普金斯，我没有一丝兴趣［。］哪怕是我爱他的话，我依旧会继续考虑别的人和别的事。他不愿做我的朋友，他想成为我的情人。他两年前就试图当我的情人，*120* 而他最后愤怒地离开了，因为（他说）我愚弄了他。他不相信柏拉图式的精神恋爱和圣人。我也不信。"[59]

珍妮坚持对萧伯纳忠贞，尽管如此，这一年晚些时候——很可能是为了缓解珍妮对他强烈的需求——萧伯纳甚至鼓励她与其他人发展关系，包括霍普金斯。这一点在 1886 年 5 月 12 日珍妮的信中可以看出来："你让我爱你让我乖乖的让我要大方，结果你又让我随意去勾搭男人啊乔治你这样不值得——我对我的所作所为没有一丝后悔。我清楚我做的一切所承担的风险我没别的可以给予的，而我没有轻视那份权利，可以把我原本认为对你好的赠予霍普金斯公司。"[60]

萧伯纳与珍妮·帕特森之间将会产生一些贯穿两人交往整个过程的问题的早期征兆，已经蕴含在了 7 月 20 日简洁的日记中，这是他们第一次做爱的一个星期之前："对 J. P. 来说又是我自己了。"这段关系在让萧伯纳初次认识了性爱欢愉的同时——很可能还有相互的爱，尽管我们对萧伯纳这一方的情感程度不太清楚——也威胁到了他的自主权和精神独立。正如他后来在信中对弗兰克·哈里斯说的："我想要去爱，但不想被占有，并失去我无边无际的乌拉尼亚的自由。"[61] 在这段表述中，萧伯纳运用了两个维纳斯之间的区别（来自柏拉图的《会饮篇》），天国的维纳斯，即乌拉尼亚维纳斯，以及凡间的维纳斯，爱欲的女神，即潘德莫尼/瓦伽瑞斯维纳斯，莎士比亚的诗歌中对这一形象有最佳的诠释。对于萧伯纳来说，乌拉尼亚维纳斯掌管着爱与美的理想形式，并将对其的表现诉诸想象力的世界中，艺术作品与诗歌中，他童年在多基山俯瞰"迷人的海洋、天空和山峦"那般景致时的凝视中。简而言之，他希望他的精神能保持自由，不会与女人因性爱就产生契约，从而使生活受到约束。不足为奇的是，萧伯纳对于他"乌拉尼亚的自由"的主张——尤其是当这包括了与其他女人不受约束的交往时，比如埃莉诺·马克思·埃夫林、梅·莫里斯、安妮·贝赞特、珍妮特·阿彻奇，以及在他与珍妮·帕特森恋爱时中途出现的弗洛伦斯·法尔——导致了珍妮·帕特森这一方感情的受伤、倍感耻辱，以及勃然大怒。

　　萧伯纳与帕特森的关系还有一个相关的麻烦的特征，这种特征源自他与女性关系中时常出现的冲突，一方面是自由的理想、人们之间无私的友谊，另一方面则是随着性爱关系而自然产生的占有欲。这也是卡尔·皮尔逊在新成立的男人女人俱乐部发表的第一篇论文的主题之一，男人女人俱乐部在伦敦成立的同时，萧伯纳与帕特森的性关系也刚刚开始。在《女人的问题》中，皮尔逊问道：

121

　　　　不同性别有没有可能在生命所有关系中自由混合？迄今为止两性在生活中几乎完全分离，这导致了两者之间在我看来十分不自然的关系……单身男子和单身女子之间的亲密友谊几乎不可能。这有可能源自人的天性，性吸引力的存在是由一个群体在生存之战的抗争中产生的，又或者是源自一种不自然的关系，是虚伪的社会体系的结果。[62]

　　萧伯纳被男女之间的友谊和同伴关系这一想法深深吸引，正如皮尔逊在这篇文章中提到的，男女双方不受"错误社会体系"的习俗以及维多利亚时代刻板的性别成见所制约，同时也不会因为有了性关系而被约束。这一想法对于他早期剧作中关于两性关系的描写，产生了至关重要的影响。特别是在《荡子》（1893）和《武器与人》（1894）中，19世纪80年代到90年代早期的那些风流韵事，正是对这些作品某种形式的预演。

　　在《荡子》中，一方面是不受责任羁绊的友谊这种"超前"的理念，另一方面则是男女性关系中普遍对于承诺和占有的需求，两者之间的冲突反映的正是萧伯纳自己在与女性的关系中所遇到的冲突。查特里斯，标题中的这位浪子，有一次问道："我属于朱莉娅吗，或者我有权属于我自己？"几乎可以肯定，这也是萧伯纳就与珍妮·帕特森的关系问过自己的问题。对于萧伯纳来说，性爱的纠葛很容易被视为约束与压抑。他十分容易受到异性的吸引，同时却完全不吃占有欲和情感胁迫这一套。卡利普索的经典传奇，这个奥德修斯的诱惑者和情人，她的形象在萧伯纳从青葱到耄耋的岁月里，一直留存在他对爱的表述中。他与女性之间一些最为亲密的关系就是建立在事先讲明或者心照不宣的禁欲主义约定之上的。就梅·莫里斯来说，他们很显然在这一点上达成了某种协议，这从她 1886 年 5 月 5 日写给萧伯纳信中就可以看出。

122　　　　我"深受感动"，只想回信告诉你：你决意在我们变得愈加亲密时也绝不发生肉体关系，这真是十分明智的，也值得深深赞美，这将会有，如你说的，最为令人满意的结果——我不认为我们性爱上的结合能给你带来比给我更多的欢愉。

　　　　我向来厌恶中产阶级思想上的粗鄙以及随之而来的种种习俗，正是这些习俗令年轻的男女几乎没法拥有坦率、友好的交流，在我看来，缺乏这些的生命一无是处。

　　　　让我俩无论如何也成为同志吧——我向你致敬，我的朋友萧伯纳！既然你显然还是很想要那张我之前任性扣下的多愁善感的可笑的照片，我就出尔反尔吧，我会尽快把它或者一张照得更好的寄给你。

　　　　你诚挚的

　　　　梅·莫里斯[63]

当我们从露西·萧那里得知——在这件事情上她是一个相当可靠的信息来源——梅当时其实疯狂爱着萧伯纳，这封迷人的信件就显得有些讽刺了。"她情感外露，"露西告诉她的朋友珍妮·德莱斯代尔，"每个人都知道她对 G（乔治）的狂热。"在同一封信中，她还说梅——露西将其形容为"一个罗赛蒂和伯恩·琼斯式的美丽少女"——在 1898 年跟结婚 8 年的亨利·哈利迪·斯帕林离婚的唯一目的，就是"要给 G（乔治）一个可以娶她的机会"[64]。

针锋相对的吸引

萧伯纳在 19 世纪 80 年代和 90 年代之间的一系列风流韵事，正好与一股深刻的变革浪潮——女性在社会中角色的变化与人们对于性别差异在态度上的改变——在时间上重叠了。一群新的、通常受过高等教育、思想独立的女性开始侵入男性在商业、政治以及经济领域的堡垒——抢占了萧伯纳的剧作《华伦太太的职业》（1893）中，那位剑桥毕业的保险精算师薇薇·华伦的虚构职业。伦敦大学学院从 1870 年开始接收女性，在接下来的 10 年里，玛格丽特夫人学堂和格顿学院分别在牛津和剑桥成立。新女性到来了。

尽管有着来自男女双方保守势力的强烈抵抗，历史的长河依然开始诞生出玛丽·沃斯通克拉夫特早在一个世纪之前就在《女性权利的辩护》（1792）中所要求过的部分权利。19 世纪末期激进的思想家们，例如爱德华·卡彭特，《中性》的作者——萧伯纳 1886 年 1 月在哈默史密斯见过他并听了他的讲座，以及埃利斯·哈夫洛克，女性权利的拥护者，《男人与女人》（1894）和《性别心理学研究》（1897—1928）的作者——他与萧伯纳同在新生同盟的时候相识，都是男性中的先锋，他们当时也批判了维多利亚时代刻板的性别成见，以及女性在维多利亚时代社会、政治以及经济生活中的附属地位。

在当时的"先进"女性队伍中，珍妮·帕特森迎来了与她争夺萧伯纳注意力的对手。1886 年埃莉诺·马克思·埃夫林在一篇题为《女性问题》的论文中，公开展现了她作为一名先进女性的资历，并表达了对她父亲信念的忠诚，这篇她与丈夫合著的文章刊登在《威斯敏斯特评论》上。论文的论点之一就是"女性是一种有组织的男性暴政的产物，正如工人是一种有组织的闲人暴政的产物"[1]。安妮·贝赞特——因为不愿意参加领圣餐的仪式，被自己的家族和独裁主义的牧师丈夫弗兰克·贝赞特赶了出来——成了一个主要的现世主义自由思想家、政治活动家以及避孕的倡导者。梅·莫里斯帮忙在凯尔姆斯科特寓所举办社会主义演讲。萧伯纳在 1890 年认识的弗洛伦斯·法尔，后来被他描述为"激烈地反对维多利亚时代的道德观念，特别是性爱与家庭方面的道德观念"[2]，她后来作为女演员兼制作人，成了 19 世纪 90 年代先锋剧院中的领导人物。

珍妮·帕特森确实对社会主义有一些兴趣。1886 年 2 月 8 日她（非常难以令人信服地）对萧伯纳写道："我是一个同你以及梅·莫里斯一样的社会主义者。"[3]而从她的信中，却可以看出，政治在她的众多兴趣中，排位并不高。她十分专注于她与萧伯纳的关系，一刻不停地丈量着这段感情处于什么阶段。她愿意满足他的一切要求，如果他想要的是友谊而不是爱情，正如萧伯纳与梅·莫里斯所约定的那样，她也乐意遵从。1886 年 6 月 29 日，她写道：

> 晚安我的爱。我的朋友和情人。对于我俩之间没有隔阂我十分满意——你让我回到你身边了。我会尽力让你对我也满意。做我的朋友也好情人也好只要你愿意，但是让我们把友谊放在第一位吧。
> 你永远的
> 珍妮[4]

遗憾的是，她在打着一场注定失败的仗。她是一个精明、活泼的女人，并且在打破萧伯纳自己设下的情感壁垒上，比其他的女人都要成功，也许帕特里克·坎贝尔太太除外。然而，很容易想象，这个时不时对她表现得很无情的萧伯纳，肯定已经对她源源不断的强求和情感需要感到厌烦了。她的信中充满了责备与控诉。"你是一个石头做的男人，没有一点感情与激情。"她在 1886 年 9 月 21 日这样宣称。[5] 她时不时会表现出夸张的——有可能情有可原的——自怜。她在 1887 年圣诞节告诉萧伯纳，她是"伦敦最可悲的女人"，因为她发现了一些萧伯纳"不小心"留在自己房间里的安妮·贝赞特写给他的亲密信件。[6] 萧伯纳自己也承认，他这个浪荡子确实是"无可救药了"。"不错呀我亲爱的人。你又开始故技重施了。"受伤的珍妮在 1888 年 1 月 29 日这样写道，然后又抱怨了一番他对她的漠不关心。[7]

125

与他早期任何别的女性朋友相比，萧伯纳也许在梅·莫里斯这里，得到了最多的那种他所珍视的与异性之间的友谊。并非为了讨好，梅真诚地欣赏他的幽默与聪慧，这些品质显然也被凯尔姆斯科特寓所里他的那些听众喜爱。"我不知道，"她在 1885 年 7 月 21 日给他写道，"你是否知道我们的听众十分喜欢你：当我们向他们保证，如果他们表现好的话，萧伯纳将会是下一位来访的老师，他们的脸总是因为愉悦而舒展开来。"[8] 这之前的一个月，她曾告诉萧伯纳她的智力"今天早晨衰退了，因为前一晚上被你逗得笑得不行了"[9]。他在 1886 年 11 月 24 日的《蓓尔美尔公报》中发表了一篇评论，讥讽一本糟糕的鬼怪书（"温柔却不屈不挠的风格是毋庸置疑的"），她十分欣赏这篇评论，并说道："如果我哪一天投身于出版业，面对你的讽刺风格，真需要老天爷来救救我。"[10] 但她并不是一个不加批判的朋友，当萧伯纳对她的才情做出她称为"惺惺作态的赞美"，或是萧伯纳在珍妮·帕特森背后嘲笑她时，梅都会责备他。[11]

139

在他们友谊的主要阶段过去很多年后，萧伯纳写了一段浪漫化的叙述，他将其称为自己与梅·莫里斯的"神秘婚约"。他声称这个"婚约"是有一天在哈默史密斯的莫里斯家中，他欣喜地端详着她美丽的外表，他们正好四目相对，而她的眼神中流露出了"默许"，也由此暗示了这个"婚约"。他开开心心地想当然认为这个"婚约"双方都明了并且在天国登了记，他根本没费力气去确认此事。最终——他承认自己"对爱情的信念受到了有史以来最大的打击"并且"感到彻底的错愕"——梅"嫁给了社团中的伙伴之一"，也就是威廉·莫里斯的助理和门徒亨利·哈利迪·斯帕林。[12] 萧伯纳说自己得知这件事并"感到彻底的错愕"是在 1890 年，但这与事实并不相符，因为他在 1886 年初就知道了斯帕林和梅两人的恋情。这是他许许多多不愿意让真相搅了一个好故事的其中又一个例子。1886 年 4 月 4 日，从哈默史密斯开往圣詹姆斯公园的火车上，斯帕林在一个多少有些尴尬的谈话中告诉了萧伯纳这件事。几天之后，威廉·莫里斯的邻居和朋友埃默里·沃克，在麦束餐厅当着萧伯纳的面"讲了一大堆关于梅·莫里斯和斯帕林的事"[13]。

126

梅与亨利·斯帕林 1890 年结婚，1898 年以离婚收场，但她一点也没有终止与萧伯纳之间的亲密友谊。在这场婚姻之前，萧伯纳就与梅定期见面，不仅是周日晚上在凯尔姆斯科特寓所的集会上，两人还因为有着共同的爱好而在其他许多场所见面。他们一起出演了好几出戏剧。1885 年 1 月，梅在社会主义者联盟制作的《孤单》中扮演莫德·特雷弗，萧伯纳则在其中扮演了斯特拉顿·斯卓勒斯。她还在埃夫林家里的《玩偶之家》朗诵中饰演了林丹太太（剧末柯洛克斯泰的未婚妻），与萧伯纳的柯洛克斯泰对戏。1888 年 2 月 12 日，他们俩一起排练了一出"小剧"，为 25 日将要在凯尔姆斯科特寓所进行的演出做准备，萧伯纳在其中扮演一位摄影师。他们还一起演唱二重唱，一起下国际象棋。1888 年 8 月 17 日，梅、萧伯纳、斯帕林一起到泰晤士的莱奇莱德参加"划艇和帆船"，他们当时在莫里斯位于牛津的凯尔姆斯科特庄园家中暂住。[14]

1888 年 2 月 12 日，萧伯纳遇见"一个大谈社会主义的，名叫叶芝的爱尔兰人"时，梅很可能也在场。[15] 这是他与同乡 W. B. 叶芝众多会面的开始，他们俩因莫里斯的才华而从不同的途径聚到一起。叶芝在一封写给凯瑟琳·泰南的信中提到了这次会面，他的这段描述，后来不时被充满敌意的评论家利用，他说："他无疑是很诙谐的，但是跟大多数只有诙谐而缺乏幽默的人一样，他的思想或许还欠缺深度。"[16] 莎士比亚评论家 G. 威尔逊·奈特在这一点上要中肯得多，他写道："萧伯纳的幽默是明快、和善，并且令人激动的。"并从《英国佬的另一个岛》（1904）中举了一个例子来表明他的幽默"深不可测"[17]。

在她结婚后的一段时间，萧伯纳和梅依旧像以前一样，频繁自由地见面和外出——不管有没有斯帕林在场。他们继续一起演戏、唱二重奏，长时间地散步、滑冰，他们有一次躺在里士满公园的草坪上睡着了，被"严重晒伤"[18]，他们在汉普斯特德上德语课，一起去各种素食餐厅吃饭。从1892年冬天开始到1893年，菲茨罗伊广场29号进行了修复和重装，这里在那时已经是萧家的住所了。1892年11月1日，由于饱受菲茨罗伊广场"令人无法忍受的"油漆味和过度工作的困扰，萧伯纳询问斯帕林夫妇自己是否可以在他们哈默史密斯露台8号的家里"住几个晚上"[19]。他在这里住到了1月中旬，1893年又在哈默史密斯额外住了几次。这三个人形成了一种三人同居的关系，萧伯纳后来在他 *127* 的文章《我所认识的威廉·莫里斯》中描述说，这段关系最初是无忧无虑的但最终却带来了难以忍受的负担：

> 在那段三人同居的关系中，有一阵子一切都很好。她很高兴我在家里；而他也很高兴我能住在那儿，因为我令她保持着很好的幽默感并做出可口的饭菜，这些可不是光靠丈夫就能引出来的。这大概是我们三个人一生中最快乐的时光。
>
> 但是我们那被侵犯的婚约开始为自己复仇。它使我成了家庭的中心；而当我完全恢复，再没有任何借口在这里停留时，除非我自己提出来永久地寄生在这里，她的法律婚姻随着所有的幻想一同破裂了；而神秘的婚姻势不可挡地想要成全自己。我必须与她同房来

完成这桩婚姻或者离去。[20]

　　1893 年春末，这个"神秘的婚约"濒临同房的危机。斯帕林在法国，萧伯纳则独自与梅住在哈默史密斯的家里。那个时候他正在——非常适时地——写他的剧作《荡子》，他给梅朗读了其中的一些篇章。在之前的 2 月份，两个人"十分动情地"谈起了旧时光。当时哈默史密斯露台 8 号房子里的气氛，可以想象，是极度亢奋的。1893 年 5 月 21 日，萧伯纳记录说："梅……自己在家中，斯帕林则在法国。"他为她演奏了瓦格纳激情四溢的《女武神》，关于兄妹之爱、狂野的女骑士在空中飞翔的动人主题。当天晚上他"睡在了这里"。23 日他们"以二重奏弹了贝多芬的第二交响乐……埃默里·沃克在我们弹奏时来了；但是他没待多久；他走了之后梅和我说了很长时间的知心话"[21]。

　　这段"知心话"很有可能包含了对她与斯帕林的婚姻的讨论，这段婚姻，据萧伯纳讲，当时已经在瓦解了。萧伯纳声称（在《我所认识的威廉·莫里斯》里），出于对斯帕林的忠诚，他没有占便宜，没有和梅发生肉体上的关系，这很可能是实话。事情的真相是——在他 1936 年对"神秘婚约"的描写中被略去了——他当时已经与弗洛伦斯·法尔有着一段发展至性爱阶段的关系（这件事梅·莫里斯是知道的），他当时也没有完全结束与珍妮·帕特森的关系，而他决定，不让自己的生活因为再多出一段纠缠不清的性关系，而变得更加复杂。

128　　萧伯纳在 19 世纪 80 年代到 90 年代间谈情说爱的那些故事，与维多利亚时期的多层小说相似，许多情节看似分离，其实内在息息相关。因为这些故事与萧伯纳的早期剧作家生涯联系紧密，我们要迟一些再讲他和弗洛伦斯·法尔之间的恋情发展，还有他和珍妮·帕特森最后的结局。那其他的那些呢？

　　1885 年 10 月——这时候他和珍妮·帕特森的性关系正如火如

茶——萧伯纳给爱丽丝·洛基特写了一份言辞激烈的信，显然她依然希望挽留这段感情，因此提议见面。萧伯纳以麦克白式的喊叫"滚开，女巫"拒绝了她的提议。在说了"做爱让我觉得厌烦——情感从中蒸发掉了"以后，他夸张地用一句声明为这封信收了尾，大意就是如果他心中已无爱意，他就会变得冷酷无情："我狂掷真相，就像致命的闪电一般。"不过，第二年的8月份，他给她写了一封充满爱意的信，主要关于她糟糕的笔迹。[22] 尽管如此，这场恋情还是在1885年12月份的时候真正走到了头，她当时给他写了一封暴躁的信，拒绝给他寄自己的照片。1888年9月29日，爱丽丝在萧伯纳的家里待了一天。萧伯纳回到家时，他记述道："我跟爱丽丝一起唱了几段老的《费加罗〔的婚礼〕》，她不久后就回家了，我觉得是因为我们过去的关系令她感到困扰。"[23] 爱丽丝此时的"家"就是帕丁顿的圣玛丽医院，她在那里当护士，也在这里认识了1890年成为她丈夫的男人，威廉·索尔兹伯里·夏普医生，一位内科兼外科医生。这不仅让人猜想，他们在29日合唱"费加罗段落"时，有没有唱那段著名的咏叹调，"你四处调情的日子结束了"。不过其歌词与萧伯纳的实际情况相去甚远。

　　除了梅·莫里斯，在19世纪80年代，与珍妮·帕特森争夺萧伯纳爱情的最主要对手，就是安妮·贝赞特（她自己对这个姓氏的读法与"pleasant"押韵）。萧伯纳说安妮是她那个时代"英格兰最出色的演说者"[24]；她无疑是19世纪末最有影响力、口才和效率的政治活动家之一。贝赞特非凡的生涯从许多方面来讲，都是那个充满疑惑的维多利亚时代寻找另一种"信仰"的典范。萧伯纳简明地总结了她的生涯，写道："她依次是一个蒲赛主义的福音教派信徒、一个无神论的圣经摧毁者、一个信达尔文的世俗主义者、一个费边社的社会主义者、一个罢工领袖，最后还是一个通神学者。"萧伯纳称她是一个"天生的演员"，她成功地担任了人生中的这些角色，就如18世纪的女演员西登斯太太因 *129·*

饰演不同的角色而闻名一样,她与一系列的"领衔男主演"演过对手戏。[25] 这样的说法低估了安妮·贝赞特独立的思想,以及她度过生涯中不同阶段的豁达思维方式,也低估了她对一些所合作过的男性的观点的反对。在她的自传中,她说自己一生的"关键"就是"渴望为一个她所感受到的高于自己的事物献身",这与萧伯纳为《人与超人》写的书信体献词中的宣言一致,"生命中真正的欢愉是,被用于实现一个你自己所认定的伟大目标"[26]。

安妮·贝赞特生涯中的一个根本的和整体的主旋律,是她对 19 世纪体制压迫的受害者的关注,不论是在劳动力还是在婚姻制度方面。作为一个避孕和性教育的大力支持者,她一直是女权主义思想中的先锋。作为一个政治活动家,她的胜利之一,是与 W. T. 斯特德合作,于 1888年成功地支持了 1400 名女工——"白奴",她和斯特德这样称呼血汗工人——罢工,她们饱受剥削并因为在布莱恩特与梅火柴公司的工地做与含磷物质接触的工作而患上了职业病。工厂里做盒子的工人仅为了少得可怜的工资而卖命(每罗[合 144 个]盒子挣两便士一法新*,绳子和糨糊需要自己买)并且没有工作保障。再多的关于维多利亚时期社会等级制度中最底层人们悲惨处境的图片,也不如贝赞特描述——就像威廉·布莱克的散文《伦敦》——布莱恩特与梅公司的工人,以及他们家庭的困境时生动:"当工作变得更急促时,饥饿来临了。噢,当我们结束一天的工作之后,深夜跋涉在贝思纳尔格林岔路口周围的小巷中;孩子们四处躺在碎木屑、破布或者随便什么上;饥饿从婴孩的脸上、从女人的眼中、从男人颤抖的手中透出来。心变得虚弱,眼神变得黯淡,这个问题从未被如此大声地问及,'忧伤的解药在哪里?如何去拯救这个世界?'"[27]

在她参加那场针对布莱恩特与梅公司的运动前,贝赞特与萧伯纳一起参加了 1887 年 11 月 13 日在特拉法加广场进行的"血腥星期天"示威游行,游行最终演变为警察与军队对示威者的暴力执法,并导致大批

---

* farthing,英国旧时价值为 1/4 便士的货币,1961 年取消。——译者注

的示威者受伤。[28] 萧伯纳描述说，他和其他人不得不从警察的攻击中快速撤离。"说是飞奔都不能表达我们当时的状态，"萧伯纳后来写信给威廉·莫里斯说，"我们简直是仓皇逃散。"他随后返回了特拉法加广场并"鉴于我体面的装束"而被警察允许进入，他这样告诉莫里斯，随后他就动身去寻找在混战中与他分散了的安妮·贝赞特。[29]

130

　　除了两人对于社会公正的共同关注，以及两人共享一个使命的感觉，萧伯纳对安妮·贝赞特的吸引力，可能还部分源自他的爱尔兰属性。尽管她出生在伦敦，但她在自传中表示"我三分之一的血统和全部的内心都是爱尔兰的"，而"爱尔兰的口音对我来说就像是音乐一般，爱尔兰的本性对我来说非常亲切"。[30]

　　萧伯纳说安妮"对喜剧没有太多灵性"，这无疑是正确的，虽然他补充了一句"她还是很有趣的"[31]。1884 年 5 月的时候，她听萧伯纳的一个演讲时，肯定没有领会到其中的反讽，在听到萧伯纳把他自己形容为"一个懒汉"后，她在《国家改革者》中对其一顿怒骂。后来她难堪地发现，萧伯纳"这个最有才华的社会主义作家和最具煽动性的人之一"，其实很穷并且辛勤工作，而"一个懒汉"，"仅仅是他对自己的亲切称呼，因为他的工作不是搬砖"。她道了歉，但是"因为犯了如此一个大错而私下里深感愧疚"[32]。

　　萧伯纳第一次见到安妮·贝赞特，是在 1885 年 1 月 21 日。10 天之后，他们在她位于圣约翰伍德区的家里吃了饭。接下来的 4 月里，安妮开始在激进的期刊《我们的角落》中连载萧伯纳的小说《不合理的姻缘》，她是期刊的编辑和资助人，之后没多久她就聘请萧伯纳为"艺术角"——一个旨在评论各种艺术的常规栏目——写稿。5 月，安妮加入了费边社。到了这个时候，萧伯纳与她步入了一段工作上的合作关系，与此同时他与他另一位同样来自爱尔兰的女性朋友，珍妮·帕特森的感情，也即将进入性爱的阶段。

　　他与安妮·贝赞特的亲密关系"逐渐地成熟起来"——1885 年萧伯纳在日记中这样写道。到了 1887 年 1 月，这段关系已经有了"转变为一段下流的私通关系的危险，主要是因为我的过错。但是我及时地唤醒了自己并且避免了事情的发生"。1887年1月27日，他记下了一段自己与安妮从大英博物馆到弗里特街的漫步，其间他与她"有些暧昧"。珍妮·帕特森因为他对"B太太"的关注而变得极为妒忌，甚至开始在街上跟踪他俩，萧伯纳在1887年3月18日发现了这件事。在这之前的一天，他不仅与珍妮做了爱，并且设法在珍妮家给安妮写了一封信。1887年7月，萧伯纳收到了一封安妮的电报，叫他去看看她。他热切地走到她家后发现，一切只是"多愁善感的胡闹；没有什么真正重要的事"。11月15日他与珍妮"因为贝赞特太太而发生了一次乏味烦人的争吵"，随后又和她做了爱。到了1887年12月24日，事情发展到了白热化的地步，131 当天珍妮发现并夺走了萧伯纳写给安妮的信，后者在这之前的一天将这些信退给了他。第二天萧伯纳被一阵敲门声粗鲁地吵醒了，是珍妮前来与他争吵。他从珍妮那里要回了信件并销毁了它们——很可能，我们所能了解到的大部分关于他与安妮亲密关系的真相，也随之被销毁了。12月31日，在珍妮·帕特森家里，他在鱼水之欢中迎接了新年。[33]

在把信件退还给他之前，安妮给萧伯纳看了一份文件，罗列了她提议两人应该成为事实夫妻的一些条件，因为她的丈夫弗兰克拒绝跟她离婚。萧伯纳拒绝了这一提议，后来他告诉赫斯基斯·皮尔逊，他当时对这件事的反应是惊呼："我的老天！这简直比世界上所有教堂里的誓言还要糟糕。我宁愿合法娶你十次。"[34] 他们保持了朋友的关系，但是差不多十年之后，安妮被布拉瓦茨基夫人《秘密教义》中的新信条说服，离开了费边社并成了一名通神论者。在爱德华·皮斯保存的费边社记录中，用红墨水写在她名字旁的简短注解是"加入了通神学"。

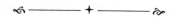

萧伯纳发明了"周末丈夫"这个范畴，用以形容他在与许多已婚女子的关系中所扮演的角色，他在婚前几年与她们都有着不同程度的亲密关系。（他在剧作《坎迪达》中创造的丈夫、妻子与来访作家之间的三角关系背后，是他丰富的个人经历。）问题是，在他的现实生活中，一些女人，比如说伊迪丝·内斯比特（休伯特·布兰德太太），非常希望他也能成为平日里的丈夫。

伊迪丝·内斯比特 1886 年开始"热烈地喜欢上"了她的费边社同伴。[35] 萧伯纳经常去布兰德家做访，1886 年夏日里，伊迪丝基本上每天都去萧伯纳常去的大英博物馆阅读室找他。她在 1885 年写给一个朋友的信件中，生动地描述了萧伯纳，声称（与 W. B. 叶芝的描述碰巧相反）"GBS 有着浓烈的爱尔兰冷幽默，这是极其有魅力的"，还有他是"最为荒唐的奉承者……极其不可信，因为他重复他所听到的每一件事，并且经常都不遵照事实，长得非常平庸，就像是一具长着死白的脸的瘦长尸体——沙色的油亮头发以及一小缕令人生厌的凌乱胡子，然而他却是我所见过的最令人着迷的男子之一"[36]。1886 年 6 月 26 日，当两人在一起待了几乎一天一夜时，她向他袒露了自己对他的热烈情感。但是，就像安妮·贝赞特对他的追求一样，除了与伊迪丝大肆调情并建立一段亲密的友谊之外，萧伯纳设法阻止了事情向更深层面发展。据萧伯纳说，伊迪丝向他抱怨这场无性之恋（当他拒绝让她犯上通奸的罪行时），对他说："你如果没打算写书的话，就无权写前言。"[37]

132

在萧伯纳担任"周末丈夫"的女性名单中有一位名叫凯瑟琳（"凯特"）·索尔特的。凯特（"原名凯特·乔因斯，有一半德国血统"）是亨利·斯蒂芬斯·索尔特的妻子，亨利在辞去伊顿的工作并加入费边社以外，还成了一名社会主义领袖、人道主义者，以及素食主义者。萧伯纳非常喜欢索尔特夫妇，常去他们在萨里的小别墅拜访他们，在这里，他与凯特一起弹奏"无休止的钢琴二重奏"。她的性取向是女性，并为爱德华·卡彭特学说所吸引，学说支持同性恋作为"特选种族"的优越性。卡彭特，那个穿着凉鞋的"高贵野蛮人"（这群人这样称呼他），会加入凯特和萧伯纳，"在钢琴上弄出吓人的噪音"，他演奏的是瓦格纳。萧伯纳回忆说："凯特（索尔特太太）对我的爱，是她所能给予任何雄性生物的最高限度了。"[38]

群星闪耀的费边社女性中，也有一些名气稍小的女子对萧伯纳含情脉脉，包括一些年轻的费边社成员，如格蕾丝·吉尔克里斯特，她是威廉·布莱克的传记作者亚历山大·吉尔克里斯特的女儿。还有格蕾丝·布拉克，萧伯纳在菲茨罗伊街的邻居。两位格蕾丝都向他表明了爱意。1887年6月4日，汉普斯特德历史俱乐部在"吉尔克里斯特小姐"的家中举行了最后一次会议和晚餐，萧伯纳唱了《绿色的穿戴》。1887年和1888年间，他给她写了许多长信（都没有留存下来），1888年2月8日，他"开始给勃朗宁的《我去寻找我的灵魂》谱曲，以献给格蕾丝·吉尔克里斯特，但并没有谱出多少"[39]。到了3月，她爱上萧伯纳并后悔自己"对其他女人孩子气的妒忌"[40]。萧伯纳因为跟"吉尔克里斯特的恋情"而受到了埃玛·布鲁克的责备，后者是另一名年轻的费边社成员——夏洛特·威尔逊的朋友，后来成了费边社执行委员会的一员。她认为萧伯纳在玩弄格蕾丝的感情，因此在4月1日拜访萧伯纳时，"狠狠地责骂"了他。这次小题大做在费边社引起了很大的风波，萧伯纳不得不通过写信，以及于4月12日在大英博物馆接受埃玛·布鲁克一次就着咖啡的"长谈"来平息此事。[41]

格蕾丝·布拉克也是一个令人失望的恋人。萧伯纳1887年经常跟她约会，这让他跟其他人的恋情变得更为复杂。1887年5月24日和25日，她写了几封信，在其中的第二封信里，她表白了对他的爱意。24日她写道："你有着比大多数人更能看清真相的能力……我担心的是你对人不够关心也不够信任，不这样做的话你将没有办法了解他们，而你要是不了解人性，那么你的社会主义也肯定是有偏见的。"第二天，很明显是回复萧伯纳一封未能留存下来的信件，她机敏地写道：

> 我猜你会觉得我爱上了你。我确实爱上了你，但那与我的信没有任何关系，如果那样的想法令我的本意显得含混不清，那真是太遗憾了。我个人的快乐当然是与你作为一名社会主义导师的成功息息相关的……且不说我是爱你的，你为什么要劝我不要爱你，不要相信你？你对自己的爱和信任无疑与我一样，你对于自己的了解比任何人都多，因此我这样做并没有什么不合理的……[42]

萧伯纳的劝阻工作显然成功了，不过，那是直到 1889 年，格蕾丝·布拉克发现自己有能力爱上别人。这一年的 3 月 31 日，她给萧伯纳写了一封信，告诉他自己最近订婚了："很久以前我就知道我对你的爱是浪费精力，因为你对我来说是那样与众不同：但是直到最近我才有能力去爱上别的人。"[43] 她选择的男人有一个很恰当的姓氏，这个姓氏所形容的，正是她说她曾试图在萧伯纳那里找寻的品质，埃德温·休曼[*]，又是一位社会主义者。

到了 19 世纪 80 年代末，被萧伯纳征服了芳心的女子名单，长度惊人。直到 19 世纪 90 年代他认识弗洛伦斯·法尔之前，珍妮·帕特森是唯一在恋情中与他发生了性关系的女人。但是要说真正爱上了他的女性，就至少包括：爱丽丝·洛基特、珍妮·帕特森、梅·莫里斯、安妮·贝赞特、埃莉诺·马克思·埃夫林、伊迪丝·内斯比特（布兰德太太）、格蕾丝·吉尔克里斯特、格蕾丝·布拉克，以及——从萧伯纳可信的记载来看——凯特·索尔特。萧伯纳从一个在 19 世纪 70 年代末极为害羞的年轻爱尔兰人——几乎不敢去参加劳森太太在切尔西家中举行的宴会，担心自己会在舞会上当一朵壁花——变成 19 世纪 80 年代末，那个在讲台上才华横溢、令人着迷的演说家，女性关注的中心和竞相争宠的对象，这一切寓言般地让人联想到辛格的《西方世界的花花公子》中那个英雄克里斯蒂·马洪的生涯。

19 世纪 80 年代和 90 年代间，各种恋爱经历对萧伯纳的影响，贯穿他早期和中期的剧作。但是，他在创意写作中对这些经历更为直接的反映，能在他不那么为人熟知的短篇小说《唐璜阐释》中找到，文章在 1887 年 8 月 1 日完成，当时的标题是《关于唐璜的真相》，但是直到 1932 年才得以发表。[44] 1887 年 5 月，萧伯纳为《蓓尔美尔公报》写了 *134*

---

[*] Human，意思是人。——译者注

篇关于塞缪尔·巴特勒《运气还是狡猾？》的评论，巴特勒这部反达尔文主义的论战作品，对于萧伯纳的创造进化论思想影响深远。[45] 评论和短篇小说加在一起，让 1887 年成了非常重要的一年，它们都是萧伯纳20 世纪初剧作《人与超人》的原始素材。

萧伯纳 19 世纪 80 年代与女性的恋情，包含了与她们一起进行的数不尽的火车旅行（例如，和爱丽丝·洛基特一同去沃尔瑟姆斯托，和梅·莫里斯一起去哈默史密斯，和珍妮·帕特森一起去南肯辛顿）。也许正是在其中的一次火车旅途中，他萌发了关于小说《唐璜阐释》的构思。这个想法也有可能受到了恩斯特·西奥多·威廉（后作阿玛迪斯）·霍夫曼 1813 年的故事《唐璜》的启发，故事也描绘了与莫扎特的《唐璜》中一个角色的奇异相遇。且不谈其作为短篇小说的显著价值，萧伯纳这篇幽默的幻想作品，描述了唐璜的鬼魂在火车旅行中向一名年轻的女子阐述自己的经历的故事，作品无论是作为《人与超人》的早期草稿，还是在其承载的自传性意义上，都十分有意思。将这篇故事直接看作是自传式写作是错误的。尽管作品在一些叙事细节上，与萧伯纳当时和女人的关系十分类似，却同时也作为一个经典的例子，展现了萧伯纳如何顽皮地扭曲他自己以及别人的过去。[46] 故事以批判性——甚至是残酷的——口吻反映了他与珍妮·帕特森的关系，这或许也是萧伯纳直到 1932 年，珍妮去世了 8 年之后，才尝试发表它的原因。

《唐璜阐释》中的叙事者，是一位机灵的 24 岁新女性，她在开场白中毫不拘礼地介绍说自己"十分漂亮"。她不喜欢自己的漂亮外表在男人那里激起的毫无意义的挑逗，也讨厌"即使是他们中最优秀的那些人，也只是为了能贪婪地盯着我的脸和身体看，才想跟我交往，他们希望可以一点脑子都不用"。她刚在省会看完了一场演得很糟糕的莫扎特的《唐璜》，正乘火车回家，她自己独占了一间一等舱的小隔间。火车因为被浓雾围困而停了下来，她的注意力被一阵打在客舱窗玻璃上的雨吸引。当她转过身时，她发现对面坐了一位绅士，有"一副坚定、平静、优雅的面孔"，披了一件华丽的红斗篷，穿着短靴，戴一顶"造型极其庄重的宽沿车轮礼帽"，身旁有一把剑。故事向读者透露，这就是唐璜的鬼魂，他在消除了这位年轻女子的恐惧以后，讲述了一个动人的、与以往不同的、关于他人生的故事。

在这个鬼魂抱怨自己前世生活的故事中，唐璜所遭的罪比他犯下的罪多得多。在萧伯纳撰写的这个传说中，他不幸对于异性有着一种"可怕的魔力"，就如同这位年轻女子的美貌所带来的问题一样。他并不是传统记载中那个臭名昭著的浪荡子，百折不挠地追求性爱、诱惑女性，而是不断被女性追求的那一方。作为一个年轻人，他的主要兴趣所在是"阅读、旅行以及探险"，这个唐璜在一位"寡妇"那里失了贞，她因他在性爱方面的天真而绝望，于是便诱惑了他。在这之后，他"无忧无虑地"享受了"近一个月"这位女士所带给他的欢愉，但他很快就开始厌烦随之而来的恋爱游戏："我们性爱中那种她似乎永不厌烦的浪漫一面，在我看来是乏味的、不切实际的，甚至往往是牵强附会和不真诚的，除了在一些罕见的时刻，当爱的力量令她的身体与灵魂都显得那样美好。"

在克服了他面对女人时的怯懦后，萧伯纳的唐璜发现自己"开始无法抗拒地吸引她们"并且使得女人们"为他疯狂忌妒"。他落得了一个毫无根据的浪荡子的名声，那份所谓的，他色诱成功的女子"名单"中，大部分其实都是从淘气的仆人莱波雷洛的父亲，一个酒铺经营者的账簿上抄来的。鬼魂的故事讲得精彩而生动，年轻的女子听入了迷，她竟然需要在中途克制自己那不由自主向他示爱的举动。故事结尾时，两人相互致意并希望在"无尽的时流"中能够再会。

对莫扎特的《唐璜》的新颖、幽默的改写，逆转求爱对象的构思，还有其中（结尾处）关于唐璜死后被派去的地狱那非常不落俗套的描绘，这一切都成了后来《人与超人》的主要特色。故事与萧伯纳当时经历的相似之处包括，一位"寡妇"将唐璜带入了性爱的大门，还有他"可怕的魅力"在女性中所激起的竞争和忌妒。但是，这个故事不应该被过于学究地看作是自传，其原因之一，就是故事让人觉得萧伯纳在很短一段时间之后就厌倦了他的"寡妇"珍妮·帕特森。事实上，从1885年起，萧伯纳和她维持了长达8年之久的稳定性爱关系。不管萧伯纳对

135

于这段关系的"浪漫一面"有着何种负面的感觉，在很长一段时间里，这种感觉都被一种他难以舍弃的肉体的和私密的欢愉战胜。

136　　另一个应该警惕把《唐璜阐释》直接作为自传来读的原因是，在追求、调情以及恋爱方面，与他故事里的主人公相比，萧伯纳实际上远没有那么被动。虽然归功于他那极富魅力、独特以及有趣的个性，他几乎不自觉地让众多女性觉得"不可抗拒"，但是从他19世纪80年代的日记和信件中可以看出，他常常有意挑拨和鼓励女性对他的兴趣和挑逗。尽管他并不乱交，但费边社的唐璜征服了许多芳心，并且是一个两性交锋中的活跃选手。他承认自己"拈花惹草积习难改"，并对之感到相当懊悔。一段他附注在1887年日记开头的文字，叙述了关于他与安妮·贝赞特之间的爱情生活和书信往来，萧伯纳写道："在销毁前，重读我［写给安妮·贝赞特］的信件，这使我对这两年多来在女人身上虚耗的时光感到厌恶。"[47]然而，他拈花惹草的日子，还远没有结束呢。

"前程似锦的人"：评论家和"令人着迷的演说家"

1886 年 4 月 13 日，珍妮·帕特森从她在布罗德斯泰斯海边的房子里给萧伯纳写了一封信，以她一贯鲁莽的风格，询问他最近试穿的一些新耶格尔服装："亲爱的。你快受不了你那过于浮华的新'耶格尔'了吧。我当然知道你会显得过于俊美，很多狂放不羁的女子都会对你虎视眈眈。没有我在你身边，你很难安然无恙……现在你焕然一新，能不能来款待一下我们的眼睛，让布罗德斯泰斯的人们也目睹一下'这位前程似锦的人'？"[1]

她对萧伯纳的"这位前程似锦的人"的称呼，要早于一篇关于他的传记文章，文章标题就是《前程似锦的人：萧伯纳先生》，发表在 1889 年《伦敦费加罗》上。[2] 这篇文章的长度占据了三个专栏，并附上了一幅用钢笔画的主人公肖像画，在萧伯纳的一生里，报纸和期刊上关于他的专文和个人采访数不胜数，而这篇文章正是其中最早的一篇，他后来能成为有史以来最著名的文学人物之一，这些文章和采访也功不可没。尽管文章包含了一些不太像是出自萧伯纳的错误信息（比如把他离开都柏林的年份写成 1871 年，而不是 1876 年），但至少其中的一些素材，很可能是由萧伯纳自己提供的。

到了 1889 年，他满 33 岁的这一年，萧伯纳的剧作还没有公开上演过。但是，据《伦敦费加罗》中的文章所说，他在伦敦的政界、知识分子圈子以及文化圈里已经相当有名气了。他为各种期刊贡献了 600 多篇的文章——书评；艺术、音乐以及戏剧评论；参与的政治辩论——并且是一位十分受欢迎的演讲者。"被巡回演说和墨水瓶牢牢捆住"是他对自己的演讲和评论生涯的描述，出自他 1888 年 9 月 16 日写给 T. P. 奥康纳太太的一封信里。[3]

当《伦敦费加罗》上的简介发表时，他刚新近创造了"科诺·迪·巴塞特"*这个迷人的笔名和形象，他以这个富有异域情调的署名来为《星》撰写每周"音乐回忆"专栏，这是一个新近由他的爱尔兰同胞 T. P. 奥康纳创办的报纸，H. W. 马辛厄姆是奥康纳的助理，后来接任了后者的编辑职位。在这些"音乐回忆"（从 1889 年 2 月连载至 1890 年 5 月）和他随后为埃德蒙·耶茨的《世界》（1890 年 5 月 28 日到 1894 年 8 月）写的每周专栏里，萧伯纳用音乐评论娱乐伦敦的读者，文章中的新鲜感、活力以及敏锐使其即使是到了一个世纪后的今天，可读性也很强。到了 1891 年，《周日世界》充满信心地宣称："伦敦的每一个人都知道萧伯纳。"[4]

萧伯纳改变了放弃写作而全心全意投身社会主义的想法，《伦敦费加罗》对这一消息倍感高兴。他的"十分聪明又十分具有原创性的"小说《卡谢尔·拜伦的职业》刚出了新版，并获得了一些"新的关注。他证明了自己作为一名作家的天赋"，文章明智地总结道："这使我们坚信，他能够通过坚持不懈与勤勉而名声大噪。"不过这篇简介也浓墨重彩地描绘了他社会主义者的一面："他盼望着……财产从少数人向多数人……的转变；他还认为一些措施，诸如成年男性公民选举权、对于不合格财产的废除、对上议院的废除、议员的公共报酬与选举开销、年度

138

---

* Corno di Bassetto，意大利文，意为巴塞特单簧管。

议会，都仅仅是社会主义理想的垫脚石。"[5]

在一句相当含混不清的恭维中，这位年轻人的理想主义被认为是源于他的国籍："他，毫无疑问，是一个爱尔兰人——许多理想主义者都是。"众所周知，这位爱尔兰人 19 世纪 80 年代的理想在 20 世纪成了西方民主的标准惯例。

到了 19 世纪 90 年代初，在自我呈现的艺术上，萧伯纳形成了一套独特的技巧，这同他的写作和演说一道有助于他名声大噪。1891 年初，《诺丁汉每日快报》要求萧伯纳为一篇短讯提供一些个人信息，短讯将在他 1 月 17 日、18 日那个周末到访时同时刊登，他将在力学大厅做两个关于"社会主义的演化"和"社会民主的替代选择"的演讲。萧伯纳为该报匆匆写下的一封私信，立刻成了他最早的公开自传作品之一。他所提供的资料同期刊登在了 1 月 17 日《诺丁汉每日快报》上的红色标题"每周短讯"下，而在《蓓尔美尔公报》上刊登时，文章的题目则是《萧伯纳先生概览：他的自述》。他信中有一段这样写道："我是个单身汉、一个爱尔兰人、一个素食主义者、一个无神论者、一个禁酒主义者、一个狂热分子、一个幽默家、一个流利的说谎者、一个社会民主主义者、一个演说家和辩论家、一个音乐爱好者、一个猛烈反对女性当今所处地位的人，以及一个坚持艺术严肃性的人。如果《每日快报》139 没办法从这些里面拼凑出一小篇报道——至少足以令诺丁汉的所有年轻女士们极其好奇，并想来看看听听这只奇怪的鸟儿——那我也无能为力了。"[6] 作为对于这样的"报道"都能提供如此生动素材的人，萧伯纳将成为记者们梦寐以求的报道对象。

在萧伯纳作为一名记者和剧作家的早期生涯中，关键的赞助人是威廉·阿彻。正是阿彻帮他寻得了为《戏剧评论》写音乐评论的职位，这使得他能够重新开始——从 1885 年 2 月开始，当他的第一篇文章在这个新近成立的期刊上刊登后——他 19 世纪 70 年代在《大黄蜂》中为范

德勒·李当捉刀人的工作。同样受惠于阿彻，萧伯纳成了《蓓尔美尔公报》的书评人之一，他在这里的第一篇书评发表于 1885 年 5 月 16 日，还得到了《世界》接下来一年的艺术评论职位，他在这里的第一篇稿件发表于 1886 年 2 月 10 日。除了为他的朋友找到这些用以谋生的职位之外，阿彻在 1884 年已经鼓励萧伯纳着手戏剧创作，也就是他的第一部剧作《鳏夫的房产》。

和萧伯纳同时代的人几乎一样，威廉·阿彻 1856 年 9 月 23 日出生于苏格兰珀斯。他在探望祖父母——他们 1825 年移民到了挪威——时学会了斯堪的纳维亚语言，这为他日后翻译易卜生的作品奠定了基础。1876 年（这一年萧伯纳从都柏林搬到了伦敦）从爱丁堡大学硕士毕业以后，阿彻去了澳大利亚旅行，同昆士兰务农的亲戚一起住了一阵，这令他了解了澳大利亚内陆的生活，他还在旧金山做过很短一段时间的记者。从 22 岁开始，他在伦敦定居，为《伦敦费加罗》写戏剧评论。阿彻长得高大帅气，像牧师一样穿紧身的套装和高立领的衬衫——萧伯纳说这使他看起来就像头被卡在了果酱瓶里。他在私底下与人交往时的温暖与大方弥补了他非常苛刻的公众形象。据萧伯纳讲，与阿彻在公开场合所展示出的阴沉自我相反，在私生活中他显示出"一种时刻准备着的、无可救药的幽默感"[7]。

虽然他对舞台技巧了解得不是特别多，但阿彻与萧伯纳一样对剧院有着极大的热情，并诚挚地相信剧院拥有重要的社会作用。他有着成为一名剧作家的野心，也写过一些剧本，但他只有《绿色女神》取得了真正的成功。这是一部浪漫的情节剧，在 1921 年到 1923 年间在伦敦和纽约红极一时，后来还被拍成了电影。1880 年 12 月，在伦敦欢乐剧场午后场时段上演的《流沙》，是阿彻对易卜生的《社会支柱》进行了自由改编后的版本，这是英国第一次上演易卜生的作品。阿彻于 1881 年 12 月见了易卜生，他的译作于 1906 年到 1907 年分 12 卷发表，名为《易卜生文集》。

从他们第一次见面开始——应该是 1883 年冬天——萧伯纳和阿彻一直是挚友，直到 1924 年阿彻在一场恶性肿瘤手术后英年早逝。帕克南·贝蒂是萧伯纳的首席拳击对手，而阿彻则在文学和戏剧领域扮演了同等的角色。在贯穿他们友谊的生动书信中，他们争吵的激烈程度可能会毁了任何一段其他文人之间的友谊。除了他对易卜生的拥护和他在他的书《旧剧与新剧》（1923）中表达的一些相对先进的观点之外，就戏剧来说，阿彻在很多方面都是一个保守的思想家——有时候还对萧伯纳的天赋表现得出奇迟钝。即使是在萧伯纳的戏剧取得了辉煌的成就之后——包括《皮格马利翁》——在第一次世界大战前的那些年，阿彻依旧在对萧伯纳作为一个剧作家的能力表示质疑，并希望他能发展成其他形式的作家。阿彻寻找的是维多利亚时代的庄严性，与此同时，在他的眼皮子底下——且没有得到他真正的重视——他的朋友正在成为严肃喜剧的大师以及英国戏剧名副其实的 "新" 形式的缔造者。

1921年在读完《回到玛土撒拉》之后，阿彻写信给萧伯纳恳求道："为什么不一劳永逸地证明创造进化论呢？通过让众所周知的享有特权的疯子，创造性地进化为一个人类的领袖和社会的救星……智慧就在你心中，足够多；它只是需要从那专横、难以抑制的个人风格中被解放出来。"[8] 在写这部作品前，萧伯纳在喜剧方面已经取得的巨大成功，对于这个固执的苏格兰人来说还是不够。1903年，在写完《人与超人》之后，萧伯纳也受到了阿彻类似的斥责："写这样的东西不是你的真实水平。我不是仅仅指作为一个剧作家的你，我是指你没有在任何方面取得成绩，既没在文学方面也没有在生活方面，做出你有能力所取得的成绩。时间在流逝……而你一件大事都没有做，一件具有原创性的、实实在在的、出类拔萃的、经得起时间考验的事都没有做。"[9] 1893年阿彻在《世界》发表了一篇对《鳏夫的房产》十分负面的评论——一部关于贫民窟土地所有制的剧作，还是1884年阿彻自己向萧伯纳提议这个题材以后，萧伯纳才着手写作的。在这篇评论中，阿彻向这位未来的诺贝尔奖获得者提议，让他不要 "再冒险在这样的创作［写剧作］上投入更多的时间和精力了，因为他在这方面没有一点特殊的才能，而且还有着一些本质上的缺陷"[10]。之后对于萧伯纳的《令人愉悦与令人不悦的剧作》中的七部作品，他同等蔑视。[11]

141

虽然萧伯纳对阿彻的公开评价十分宽厚，但在私底下他跟他这位朋友是旗鼓相当的。在读了 1892 年 12 月 14 日那一期《世界》里阿彻的评论之后，萧伯纳当天就写了一封信表达他的愤怒，信的结尾这样写的：

> 世界里那篇文章是你关于萧伯纳的理论里最令人惊讶的一篇，比这还叫人吃惊的连我都没有见过。原来我是这样的，每周亲手从贫民手里收取房租，还连续 4 年半躲在中产阶级房东的身后——跟所有类型所有身材的女性调情。你还严峻地告诉我要到自然里去，不要先验地看待这些事，你这个多愁善感的、一身薰衣草甜香味儿的隐士，别胡说了！
>
> GBS[12]

这段"享有特权的疯子"和"多愁善感的、一身薰衣草甜香味儿的隐士"间的友谊奇迹般从这些相互抨击中幸存了下来——尽管关于萧伯纳的剧作，两人此后还发生了更多激烈的争执，比如 1894 年，在阿彻抨击了《武器与人》之后。这次抨击不仅激起了一次辱骂——"你脑子里完全就是一个装满陈旧思想的旧货铺，这让你难以领先一步"[13]——还有（后面可以看到）一个关于萧伯纳剧作价值的重要声明。不管阿彻作为萧伯纳的公开批评者有什么样的缺点，作为一个坚定的朋友、文学伙伴以及赞助人他却是完美无缺的。在 19 世纪 80 年代后期，这位"前程似锦的人"之所以能踏入职业记者生涯，阿彻的协助至关重要，而通过他，萧伯纳了解到了易卜生，把这看作是影响这位剧作家职业生涯走向的因素之一，一点都不为过。

作为一个书评人，萧伯纳有着十分充足的材料来练习他的嘲讽能力。但是，布莱恩·泰森曾评价说，萧伯纳作为一个评价者有着这样一种天赋，他可以大体上保持一种愉快和善的语气，并同时给予他所

评论的书以冷遇——这样一种特质更适于描述他写作批评类新闻时的风格。[14] 这些作品中的很大一部分——差不多一半是流行小说一半是散文类作品，都是他在为 W. T. 斯特德的《蓓尔美尔公报》做书评人时碰到的——都无处可觅了。对于他每周不得不评论的那些风行一时的维多利亚时期快餐文学，萧伯纳的耐心——每千字他能得到两基尼的酬劳——真是非凡。

第一个落入《蓓尔美尔公报》这位友好的爆破专家之手的作品是《图拉真》：亨利·F. 基南的一部小说。萧伯纳把小说中的英雄图拉真·格雷形容为"一位对自杀有着中国人品位的美国艺术家"，并将这位英雄的历险大致评价为"不乏趣味"。但是，从萧伯纳的描述中，这些经历的荒谬性被很好地传递了出来："一场海难、一个人斗牛、一场战争、包围巴黎，以及一场叛乱改变了高度紧张的国内局势，这一切结束时，绅士们绝望而苍白地从屋里蹒跚而出，女士们趴在地毯上，手紧紧拽着自己散开的乱发。接着就是脑膜炎发作；不过所有的角色都赶在最后的屠杀前恢复了良好的状况。" *142*

小说女主角最初的一段话，是说给她刚从哈佛毕业的哥哥的："我对这些不得体的邪恶势力接纳你加入如此声名狼藉的消遣感到吃惊。"萧伯纳对这句话的评论是："一个能说出这样的句子、还不结巴的女人必然不是寻常之人。"他告诫读者，小说中"刺激的事件和高度渲染的场景……不会太费他们的脑子"。评论最终以一句嘲讽的警告结尾："可能需要补充一下，他们［该书的读者］须是那些时间相对来说没什么价值的人。"[15]

这些书评巧妙地暴露了维多利亚时代那些流行浪漫小说的荒谬技法。同样，威尔基·柯林斯的侦探小说《邪恶的天才》中那矫揉造作的写作手法也迎来了讽刺的评价："也许威尔基·柯林斯先生天真地相信人们普遍会喜欢他的密码、他的破译员、他的律师、他的信件、他的日记摘录、他的私人广告栏告示、他的侦探、他的电报以及他那复杂的铁路和旅馆设置。如果真是这样，那么他错在：人们只会因为故事情节而去容忍这些东西，而它们差一点就扼杀了故事本身。"[16]

　　偶尔萧伯纳也能碰到更有内涵的作品。1885 年 7 月 27 日，威廉·柯贝特修订版的《骑马乡行记》得到了一篇极有说服力的萧伯纳式短评，评论向 19 世纪早期那位无所畏惧的激进分子致敬，萧伯纳将他比作斯威夫特，并觉得与他有着精神上的共鸣。其他一些作品影响了萧伯纳精神生活和创作生涯后来的发展。对塞缪尔·巴特勒《运气还是狡猾？》的评论——前面讲到这部作品推进了萧伯纳的创造进化论——发表于 1887 年 5 月 31 日。[17]

　　萧伯纳作为书评人的工作，还让他注意到了通神学者海伦娜·彼得洛芙娜·布拉瓦茨基夫人的人生经历和作品。1887 年 1 月 6 日，他为《布拉瓦茨基夫人生命中的事件》写了评论，这本书是由 A. P. 辛尼特汇编的。两年后，报纸《星》给他送去了两卷布拉瓦茨基的作品《秘密教义》，他转交给了安妮·贝赞特做评论。这成了贝赞特人生中里程碑式的事件，标志了她转向通神学的开端。布拉瓦茨基关于心灵发展的七个阶段的观点，影响了萧伯纳在《伤心之家》中对圣贤一般的绍特非船长的创作，同时也启发了他对"专注的七个等级"的探索。乔治·弗莱明（朱莉娅·康斯坦丝·弗莱彻的笔名）创作的一部小说叫作《安德罗墨达》或者《空中的城堡》，谈论了社会中一群游手好闲者"除了恋爱什么都不做"，这是另一部萧伯纳在写书评的日子里所遇到的作品，也是另一部在多年之后可以从《伤心之家》中看出其影响的作品。[18] 萧伯纳的这部剧作《伤心之家》，早期曾用过《云中的工作室》和《云中的房子》这样的临时标题；而其中的懒散居民也是无所事事，只顾忙于徒劳的爱情游戏。

　　1888 年 1 月，萧伯纳短暂地加入了《星》，在这本杂志中"科诺·迪·巴塞特"将大放异彩。然而，在将杂志的政治方向从自由党转为社会党的尝试失败之后，他在接下来的那个月辞了职。奥康纳，一位老式的芬尼共和主义者，支持过像约翰·莫利这样的自由党政治家，是萧伯纳写评论时尤其喜欢讥讽的对象。辞职后，萧伯纳在为《蓓尔美尔公报》写书评和为《世界》写艺术评论的同时，偶尔会作为自由作家给《星》写写稿。他偶尔的稿件包括给杂志固定的音乐评论人，社会主义同伴 E. 贝尔福特·巴克斯做替补。到了 1889 年 2 月，他完全替代了巴克斯。但是到了第二年的 5 月，在 T. P. 奥康纳犯了萧伯纳称为"喜马拉雅级的错误"之后，也就是不同意把科诺·迪·巴塞特的薪酬提升为每周 3 基尼后，萧伯纳辞了职并立刻接受了他与耶茨协商的一个职位，担任《世界》固定的音乐评论人。[19]

奥康纳和萧伯纳都对他在《星》的工作给出了浪漫化的，与真实情况不符的描述，相比之下萧伯纳所讲的版本更为有趣也更真实一些。在他 1894 年的论文《如何成为音乐评论家》的开头，他写道："我自己的计划很简单。我作为社论作者加入了一个新的日报。我在该专栏的业绩散布了如此多的恐怖和疑惑，以至于我提出把注意力转向音乐评论时，立刻受到了欢迎并令人长舒一口气，在这件事上，疯子反而有特权。我得到了一个自己的专栏，就跟我在疯人院里得到一个软壁监禁室一样。"[20]

阿彻描述萧伯纳作为音乐评论家的才能时写道："他有一种特别的天赋，可以使每天的音乐评论与整个美学，甚至道德和政治———一句话，与生活，建立起关系。"[21] 萧伯纳作为一名音乐评论人有着极好的资质。他的知识十分渊博——"就跟想证明地球是平的一样"。他合情合理地答复《星》的一名鲁莽读者。该读者称科诺·迪·巴塞特为"吹毛求疵的胡闹者"，还说他对音乐十分无知。[22] 然而，这位"胡闹者"知识储备十分丰富，并有着让音乐理论变得有趣和易懂的才华。一位 1892 年的采访者说萧伯纳的音乐评论"使减七度音变得有趣。为增九度音蒙上积极的光晕"[23]。萧伯纳经常嘲讽学院的音乐评论会装模作样地使用专业术语，有一次他在自己称为他"著名的哈姆雷特自杀独白'分析'"中夸张地模仿了这种装腔作势："莎士比亚，省略掉惯例中的前言，直接以不定式述说出他的主题，在这其中，情绪在一段连接段后立刻又得到了重复，尽管很简洁，我们仍能在其中认出这种重复的重要性所依赖的替换形式和否定形式。现在我们看到一个逗号；以及一段锐利的措辞，这段措辞中语音急速决然地落在了关系代词上，随后把我们

144

161

带向第一个句号。"[24]

在讲到自己在《世界》中的音乐评论时，萧伯纳断言，他"能够让失聪的股票经纪人读我这两页关于音乐的文章"[25]，他写的这些关于音乐的作品，一个多世纪之后读起来，依旧让人十分愉悦，这一点便证明了他的断言是正确的。他写这些评论时，就像一个十分健谈的人，毫不犹豫地把话题扯到几段自传性的逸事和非音乐的主题上，总恰到好处地引用莎士比亚、狄更斯、斯科特和其他作家最为生僻的句子，并总是可以寓教于乐。他坦率地承认自己的偏见，并反驳客观批评的价值和可能性："我是谁啊，必须要做到公平？"科诺·迪·巴塞特这样问。[26] 在评论一支乏味的加长版奏鸣曲时，他写道："总体的感觉（说到总体的感觉时，我说的都是我自己私人的感受）就是《驯悍记》中克里斯托弗·斯莱的感受——'有完没完啊！'"[27]

轻快的讽刺，持续伴随着萧伯纳对音乐事件的谈论，使地位与名望也不能做挡箭牌。因吉尔伯特和沙利文而出名的沙利文·阿瑟爵士，就是萧伯纳的受害者之一，在一段关于他指挥贝多芬的序曲的生动描述中，萧伯纳说道："沙利文·阿瑟爵士担任了指挥。在他的指挥棒下，管弦乐队永远不失文雅。粗俗、夸张和漫不经心对他来说是陌生的。因此，很不幸的是，活力和诚挚于他也是陌生的。莱昂诺尔第一序曲，贝多芬最为狂暴的曲子之一，在周三的晚上连一只苍蝇都不会伤害。阿瑟爵士的精益求精是难能可贵的；但是让人不由得想到，如果他有些时候能更强硬一些的话，恐怕更能把握其精髓。"[28]

1889 年 3 月 23 日，在一个标题为"管弦乐版的理查德"的专栏里，萧伯纳说阿瑟·宾厄姆·沃克利，《星》的戏剧评论家，建议"胡闹的科诺·迪·巴塞特"到环球剧院[29]去看广受欢迎的演员理查德·曼斯菲尔德主演的莎士比亚的《理查三世》。萧伯纳听从了他的建议，顺便带上了他那敏锐的批评才能和戏剧知识，这两项特质在他后来为《星期六评论》写的戏剧评论中随处可见。萧伯纳人生中的这一阶段，有两个人后来在他的剧作家生涯中扮演了极其重要的角色。A. B. 沃克利，当时《伦敦时报》的戏剧评论员，后来为萧伯纳一部重要的作品写了前言，那就是1903年《人与超人》的"书信体献词"。理查德·曼斯菲尔德则把萧伯纳的剧作引进了美国，他在那里成了一名成功的演员经纪人，作品有《武器与人》（1894）和《魔鬼的门徒》（1897）。

萧伯纳对《理查三世》的评论，是他与曼斯菲尔德关于戏剧问题的众多激烈交流中最早的一次，不过后来后者给了萧伯纳许多帮助。在饱含情感地赞美了莎士比亚历史剧中"音色的壮丽、浪漫幻想的魔力、重音的庄严、热情、欢欣、萦绕于心的回声，以及每一丝能够唤醒心灵和年轻人创造力之火的诗意"之后，关于曼斯菲尔德对莎翁素体诗中韵律的处理，科诺·迪·巴塞特的评价就谈不上是赞美了。文章很有意思，因为从中可以看出萧伯纳对于莎士比亚深刻的了解，以及他对其诗歌中音乐性的敏锐感知：

> 曼斯菲尔德先生在他开场剧幕中的表演，我不得不说，是十分令人失望的。当我听到他演绎那句伟大的句子时——
>
> 在海洋的胸襟中深深埋藏着，
>
> 这一句几乎可以匹敌"浩瀚的海被染成血色"，我觉得理查德不会成为一个成功的音乐人。还有那句有意的断奏——
>
> 我决意要成为一个恶人，
>
> 他居然用现代人的说话方式来念，从而漏掉了半个音节，对于音乐这般不敏锐，我对他不抱任何希望了。[30]

还有一次萧伯纳以音乐评论家的身份去剧院也值得一提。这是在1893年12月11日，他本应为另一个场所演出的一场音乐会写评论，却记错了日子，于是萧伯纳决定去圣詹姆斯的剧院看一场阿瑟·温·皮尼洛演出的饱受好评的新剧，《第二位坦柯芮太太》，其中波拉·坦柯芮的角色是由迷人的帕特里克（斯黛拉）·坎贝尔太太饰演的。波拉·坦柯芮是个维多利亚时代"有着不光彩过去"的女人，在剧末她意识到，由于过去的外遇和堕落生活，她在自己、丈夫以及社会的眼中永远是个不洁的女子，因此自杀。但是科诺·迪·巴塞特，现在的"G. B. S"，《世

146

163

界》那位轻松愉快的音乐评论人，对于第二位坦柯芮太太的自杀，给出了完全不一样的解释，以嘲笑的口气把皮尼洛本应是悲剧的作品当作"喜剧"来谈论：

> 我迟到了，只看到了第一幕的一点结尾；但当第二幕的幕布拉起来时，我们面前出现了一架钢琴，剧中的女主角——一位可人儿——立刻坐下并开始弹奏。令我吃惊的是，她不仅以娴熟的技艺弹奏着，同时还带有引人入胜的表现力和情感，她的琴艺带来的共鸣让我立刻忘记了这出戏，而做好了欣赏舒伯特的准备。
>
> 你能相信吗？才弹了几个音节，台上就来了些讨厌的人打断了她的演奏。同样的事接下来在她企图演奏时又发生了一遍。那之后她甚至都没能再在钢琴前坐下来；最后，由于不断地被打扰，她疲惫不堪地匆匆离开了舞台，我们不一会儿就了解到她自杀了。难怪呢！ [31]

在10多年后——1912年6月——当他把自己的剧作《皮格马利翁》读给她听时，萧伯纳将会"猛烈和彻底地爱上"斯黛拉·坎贝尔，[32]并与她发生了一段大概是他最为认真的婚外恋。皮尼洛的剧作，在1893年萧伯纳去看了《第二位坦柯芮太太》之后不久，就成了他戏剧评论的重点攻击对象，不过萧伯纳和皮尼洛有着一段十分诚挚的友谊。

从1892年2月中旬到3月末，萧伯纳因为需要让伯莎·纽科姆给他画一张肖像画，于是为她当了几次模特，她是一位有才华的艺术家，为书籍和杂志画插画，同时也是费边社成员。这幅肖像，现在原作已经遗失了，在萧伯纳的《十六张自画像》中，标题为《我是如何成为一个公众演说家的》这一章的开头印着这幅画，画的注释中写"G.B.S，令人着迷的演说家"。这幅几乎与真人等高的肖像画中，人物放松地站着，双手放在后腰上，这种放松的姿态同时又明显被他投射向观众的专注目光给

抵消了。许多关于萧伯纳作为一名"令人着迷的演说家"的第一手记述
都留存了下来。在同时代人的印象中，他是一个冷静、无畏、口才出众，
并且诙谐的演说者。在辩论中，他思维敏捷、和善谦恭，同时十分具有
说服力。威廉·理查德·蒂特顿，戏剧评论家、歌舞厅歌手、费边社成
员和作家，他为我们留下了一段关于萧伯纳在 19 世纪 90 年代，作为公
众演说家时仪态的描述："他站在那儿，修长、整洁、机警而英勇……他
的手藏在他粗花呢夹克的口袋里。他的头挑衅地歪向一边，他的红色胡
子也挑战似的翘出来……他的眉毛——不知是修过的还是天生的——顽
皮而邪恶地上挑……姿势放松下来，匀称的身形神气十足——洋洋自得，
但保持着适度的克制……脱口而出一句妙语——妙语连珠——整个会堂
一阵轰鸣。演说者自己却依然沉着和冷静，极度自制。"[33]

大卫·J. 奥多诺休，记者、传记作家，他给许多 19 世纪爱尔兰主
题作品做过编辑，这其中包括《爱尔兰的幽默》（1894），他也有一段记
述，是关于 1886 年他有一次听到萧伯纳在一场露天会议中演说：

> 他讲了整整一个小时，我听过不少露天演说家，我被他演讲时
> 十足的原创性和出奇的文雅而深深触动。他那时有着一口浓重的
> "拉思曼斯口音"，这种口音他从未完全失去，他的演讲是一场智趣
> 横生的表演，主要是针对某些自由党的政客。
>
> 和往常一样，他认真地解释自己是一个爱尔兰人，试图给典型
> 英国人的呆板头脑留下印象，却收效甚微。这时人群的数量已经很
> 可观了，都被演说者的胆大妄为弄得目瞪口呆，几乎没有人打断
> 他。演说者关于英国人因为天生愚蠢、自卑，因此无论是政治上还
> 是经济上都被每一个剥削者践踏的冷静猜想，几乎让听众哑口无
> 言……最后有一两个听众质问了萧伯纳，他的回答比演讲更为无礼
> 和逗趣。在巧妙应答方面他总是最出色的。[34]

这里提到的"拉思曼斯口音"在数十年后也被谈及，美国记者、
作家以及评论家埃德蒙·威尔逊写了一段报道，叙述萧伯纳 1933 年 4

月 11 日在纽约大都会歌剧院的著名演讲。他形容萧伯纳"优美文雅的声音"有着同"他的散文一样出众的特质":"带着一种迷人的口音,一半英国的,一半爱尔兰的——爱尔兰人依据都柏林一个时髦地区的名字,称之为拉思曼斯口音,例如每当音调上扬时,他发'expawts',每当声音变低沉时,则发'exporrts'。这种口音带有 18 世纪都柏林的味道,把最为司空见惯的现代俚语中的警句,变成了大众通俗的消遣,在这个大师级音乐般的演说中,他以一种老派的彬彬有礼的音调,时而和善,时而讥讽,轻抚听众,令他们陶醉入迷。"[35]

在描述他作为一个公众演说家的成功经历时,萧伯纳说他最初需要克服令他十分苦恼的"过度紧张",他认为唯一的办法就是不断面对自身恐惧的根源:"我疯狂参加公众集会,就像是一个受怯懦所困扰的警官,尽一切可能地跳入火海,由此来克服这种怯懦,并学习如何做好自己的工作。"他通过参加许多社团的集会来锻炼自己,从加入探求者辩论社开始,后来逐渐成为一个广为人知的受人青睐的社会主义演说家。

萧伯纳的第一场公众演说,是在 1884 年 5 月 4 日,伍尔维奇工人俱乐部,演说的标题是《小偷》,萧伯纳将其描述为"向人们展示,业主不劳而获的收益对于社会的损害,与一个窃贼造成的损害是一样的"。从那以后"大概两年的时间里"他"平均两个星期至少会有三次进行关于社会主义的布道",在各个场馆,从街角和集市到英国科学促进会的经济部。1888 年 9 月 7 日,他在英国科学促进会的经济部演讲时,将自己介绍为"一个'来自街头'的精力充沛的社会主义新人"。他也在牛津大学和剑桥大学做过演讲。来听演讲的观众从"几十个人到几千个人不等"。他回忆说,自己有一次在海德公园的滂沱大雨中的演讲,是他最好的演讲之一,观众由六个在执勤的警察组成。"闭上眼我依然能看见他们的防水披肩在雨里闪烁。"他在《十六张自画像》中这样讲道。[36]

"小偷"的主题,毋庸置疑借鉴了蒲鲁东的格言"所有权即盗窃",在萧伯纳的演讲和其他作品中一再出现。它出现在了《人与超人》的第三幕,信仰社会主义的绅士杰克·坦纳——他被形容为无所事事的富裕阶级成员——和内华达山脉的土匪门多萨之间精辟的对话中。[37]当门多萨自豪地介绍自己是以专抢富人为生的土匪时，坦纳干脆地回答："我是个绅士，我以专抢穷人为生。"（这个章节与威廉·莫里斯的散文故事《一个国王的故事》相互呼应，在这个故事中，上尉向国王解释他的"职业"时说："陶工靠制作罐子为生，而我们靠抢劫穷人为生。"）[38] 此后，萧伯纳进一步在自己的戏剧中，以有趣的方式运用盗窃这一主题，在《错姻缘》（1909）《伤心之家》（1916—1917）和《真相毕露》（1932）中塑造出一个个这一职业中好笑、滔滔不绝、能言善辩的代表人物。

"令人着迷的演说家"的生涯，为萧伯纳的人格增添了卓越的一面。这位梅菲斯特式的朝圣者发生了进一步的演变，就好像 17 世纪约翰·班扬般的实地布道者的精神，与 19 世纪末期的才智，还有奥斯卡·王尔德般的"文化异类"，奇妙地组合在了一起。在 1901 年为《给清教徒的三部剧》作序时，萧伯纳宣称，"就像所有的剧作家和专业的哑剧演员"，他是"一个天生的骗子"，并补充"我把退休的精致留给那些首先是绅士，其次是文学工作者的人。马车和小号给我自己"[39]。 *149*

就他未来在学术上的声名而言，萧伯纳将他那"马车和小号"的骗子身份与剧作家联系在一起是不明智的。这让他的戏剧作品的品质传达出了误导性的信号。在《给清教徒的三部剧》的序言的自我描述中，他勇敢而带有挑衅意味地将自己与有着绅士派头的纯文学作家区分开来，还是很吸引人的。但是，萧伯纳这是在制造武器，且遍布他对自己作品的讨论，而这些武器碰巧会被雷蒙德·威廉这样充满敌意的评论家用来攻击他。这位"令人着迷的演说家"的演讲带有明确的政治信息，他是一个满怀使命感的男人，立志要对他身处的社会中荒谬的不平等、不公平以及苦难的情形做些什么。尽管他的剧作结合了政治和社会观点，但它们不断地流露出对生活失望的理论，同时这些剧作的结尾也从来没有明确的启迪，只有一种无法简化的复杂。萧伯纳的演讲台并没有径直延伸到萧伯纳的喜剧作品中去。

那些从精神分析的层面上，将萧伯纳的生涯"解释"为一个劝人改变信仰的社会主义者，并认为这是他升华情感冲动的方式的尝试，很容易因为一些确凿的传记事实而失败。在他作为"令人着迷的演说家"生涯的巅峰时期，从 19 世纪 80 年代末一直延续到 1898 年，萧伯纳的感情生活变得比早期他与爱丽丝·洛基特恋爱时更为混乱和复杂。他与珍妮·帕特森和弗洛伦斯·法尔都保持着情爱关系，并同时与许多别的女人交往，这些关系因浓烈程度的差异而各不相同。在这个阶段，伯莎·纽科姆，为我们贡献了萧伯纳作为公众演说家的难忘的视觉画面的那位艺术家，成了长长的费边社女性队伍中的一员——就像约翰·盖伊的《乞丐歌剧》结尾中那一群不幸的、被遗弃的妻子，出现在了背信弃义的马路强盗麦希思的行刑场上——她不可救药地爱上了萧伯纳。伯莎臣服于她所画对象的魅力的这一事实，可以在《十六张自画像》的那幅画中，她为标题《G. B. S.，令人着迷的演说家》多加的副标题——《着迷了的伯莎·纽科姆作》——中看出。在作为"令人着迷的演说家"的生涯

中，萧伯纳不仅没有回避情感纠葛，而且进入了一个拈花惹草的新阶段。

在他为纽科姆的肖像画做模特的一年半之前，萧伯纳第一次见到了弗洛伦斯·法尔（爱德华·埃默里太太），她是女演员、小说家，以及（从 1894 年开始）伦敦大道剧院的经理。法尔是在伦敦的皇后学院接受的教育，在尝试教书（1880 年—1882 年）不成功后，她对戏剧和创意写作产生了兴趣。到了她认识萧伯纳的时候，她与演员爱德华·埃默里短暂和不幸福的婚姻已经以分居结束。1890 年 8 月 26 日，在威廉·莫里斯在莫顿阿贝——萨里云铎河边的一个村庄——的工厂里举行的一次野餐中，萧伯纳认识了 30 岁的弗洛伦斯，他将她形容为"一个极有吸引力的年轻女子"[40]。弗洛伦斯之所以出现在这次野餐聚会中，很有可能是因为她当时在跟梅·莫里斯学习刺绣，并与梅成了朋友。萧伯纳记得在这次莫顿阿贝的聚会中"弗洛伦斯……令我大吃一惊，她问我如果她能成功地筹划一场［易卜生的］《海上夫人》的演出，我是否愿意演其中的异乡人。她说因为我有着红色的胡子，她觉得我穿一件厚呢上装会看起来很像这个角色。我笨拙地找了个托词并谢绝了"。[41]

到了 1890 年，萧伯纳和弗洛伦斯之间展开了一段恋情，这一段恋情的发展后来给他和珍妮·帕特森之间的关系制造了爆炸性的局势。这个时候，珍妮特·阿彻奇，出色的莎翁剧演员，易卜生剧作中主要角色

的动人表演者，进入了萧伯纳的圈子，他给她写了一系列的信，狂热地倾诉自己的崇拜与爱慕之情。

"这位前程似锦的人"在 19 世纪 80 年代和 19 世纪 90 年代初露头角的同时，住在伦敦的萧家在财富上也开始有了可观的增长。萧伯纳的母亲贝茜，之前一直都是在家里指导私人的音乐课程，到 1885 年年末，开始作为声乐老师在伦敦的一些高中上课。1886 年 1 月，她被指派为北伦敦女子大学学院的声乐女教师。[42] 正如我们曾讲过的，"她因工作感到快乐并且是最成功的"[43]。露西·萧从 1879 年 12 月开始作为一名专业的歌手与演员参与工作，到这个时期，她的职业生涯也已经发展得很好了。科诺·迪·巴塞特在 1889 年 9 月 7 日看了她担任主演的音乐喜剧《多萝西》的第 789 场演出。他觉得她的才华在这部作品中是一种浪费，这部喜剧有着"现代戏剧文学中最傻气的剧本"。以自己的笔名做掩饰，对于姐姐，他在《星》中以赞赏但是绝望的语气写道："多萝西她自身，是一个美丽而有着卓绝风采的年轻女子，她的口音非常多变，从优雅的坦布里奇韦尔斯英语（能演出斯文的戏剧）到粗野的爱尔兰语（能演出巧辩喜剧和低俗喜剧），她唱歌没有一点错误与瑕疵，但这样更使人觉得无趣，因为她令人想到艺术天赋因为自视过低而被白白浪费。"[44]

151

在《十六张自画像》中，萧伯纳记录道，他从报纸杂志的写作中赚到的钱从 1885 年的 177 英镑，增长到 1898 年他停止报刊工作时的"大概 500 英镑"[45]。1888 年他赚了 150 英镑，1889 年赚了 197 英镑，1890年赚了 252 英镑，1893 年赚了 310 英镑。[46] 这些收入，再加上从小说赚来的很小一笔收入，并没有让他成为一个富人，但确实给他提供了一笔固定的收入。1887 年 3 月 4 日，这家人从奥斯南博格街 36 号搬到了布鲁姆斯伯里更为高雅的菲茨罗伊广场 29 号，他们占据这里的第三层和第四层。[47] 直到他 1898 年结婚时，这里一直是萧伯纳的住所。

在台上

萧伯纳作为剧作家的生涯始于伦敦索霍区迪安街的皇家剧院，1892年12月9日，他的剧作《鳏夫的房产》在这里进行了首演，由雅各布·托马斯·格伦独立剧院出品。作为一个在戏剧写作方面起步较晚的人——《鳏夫的房产》首演时他36岁——萧伯纳在此之后的产出是迅速而高产的。到了1897年他完成了7部剧作，包含3部他称为"令人不悦的"的剧作（《鳏夫的房产》《荡子》《华伦太太的职业》），以及4部"令人愉悦的"剧作（《武器与人》《坎迪达》《支配命运的人》《难以预料》）。1898年这七部剧作被收集出版为两卷本的《令人愉悦与令人不悦的剧作》。

到了19世纪末，萧伯纳还完成了以下所有的剧集：《魔鬼的门徒》《恺撒与克利奥佩特拉》《布拉斯庞德上尉的转变》。这些剧作1901年被出版为《给清教徒的三部剧》。直到他剧作家生涯的末期，他一共写了51部戏剧作品，包括28部多幕剧，19部短剧，以及1部木偶剧。木偶剧《莎氏与萧夫》是萧伯纳为1949年的莫尔文戏剧节上的演出写的，那是他去世前仅一年，剧作借鉴了《潘趣与朱迪》的舞台手法来展示一场终极拳击较量，双方分别是萧伯纳，以及那位影响遍及他整个作家职业生涯的人物，威廉·莎士比亚。

与此同时，萧伯纳也在为英语舞台锻造一种新的戏剧，在他从1895年到1898年为弗兰克·哈里斯的期刊《星期六评论》写的每周专栏中，他成了他那个时代最为苛刻的戏剧评论家。在1889年9月2日写给泰伊·霍普金斯的一封信中，萧伯纳简短地概述了他未来十年及之后的计划。他意识到，一种新的喜剧需要有一个全新的戏剧文化来接受它：

> 我有着艺术家的直觉；不切实际对我来说是讨厌的。但是不仅 *153*
> 仅是喜剧需要被创造，就连演员、经理、剧院以及观众都还待被创
> 造出来。总得有人来做这些事情——这个人的奇思妙想必须要胜于
> 他所有关于成功的常识——而他羞于赢得伦敦西区剧院的600个夜
> 场，就像一个公爵羞于在公共房屋抽奖中赢得一只鹅一样——他还
> 得是个十分自负的人，简而言之，正如
>
> 你十万火急的
GBS[1]

这封信具有非凡的预言性。19世纪90年代的剧作，是萧伯纳为他将给英国戏剧界的喜剧传统做出独特贡献而铺的基石。与此同时，他的评论写作使得19世纪末期戏剧演出的大体趋势显得不仅过时，并且与当时具有前瞻性的社会和知识运动脱节，同时，这些评论写作还有助于制造舆论，这种舆论与他作为一名剧作家的目标和方向相一致。他写给泰伊·霍普金斯的信中所提出的这个大胆计划，在下一个世纪的早期有了成果，这主要源于在1904年到1907年间，宫廷剧院里，作为主要剧作家的萧伯纳、剧院经理J. E. 维德伦，以及演员哈利·格兰维尔－巴克尔之间十分成功的合作。1889年信中被"十万火急地"召唤的梦想剧院，在皇家宫廷剧院成真了。

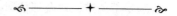

从 1889 年的夏天开始，萧伯纳再次唤醒了成为一个剧作家的想法。从 1889 年到 1893 年，在他生活中占主导文化影响的是亨利克·易卜生，这并不是巧合。这位在当时十分具有争议的挪威剧作家，还有英国人对他日益增长的关注，将萧伯纳那段时期在职业和个人生活的诸多方面串联在了一起。在这几年中，他写出了他主要的评论文章《易卜生主义精华》并与许多在评论上反对易卜生的人展开争论，比如保守派的戏剧评论家克莱门特·斯科特（萧伯纳形容他为"《每日电讯报》的感伤主义者"，并在《荡子》中把他戏拟为卡斯伯森），时髦的剧作家悉尼·格伦迪，还有诗人和小说家罗伯特·布坎南（他在一篇激烈的文章中将易卜生形容为"装了一条木腿的左拉"）。[2] 到了 1893 年，新的"易卜生主义时尚邪教"[3]——这是萧伯纳后来取的称呼——成了《荡子》中挪揄和讥讽的一个对象，剧中的第二幕发生在一个虚构的位于伦敦的"易卜生俱乐部"中。珍妮特·阿彻奇和弗洛伦斯·法尔，两位新兴的迷人女星，在这个时期进入了这位费边社唐璜的领空——他与前者相识于 1889 年夏天，与后者相识于次年夏天——她俩都直接参与了将易卜生引入英国的戏剧演出。

后来成为《易卜生主义精华》的这部作品，首次面世是 1890 年 7 月 18 日，在圣詹姆斯餐厅，一场面向费边社成员的两个小时演讲中，安妮·贝赞特担任了这次会议的主席。爱德华·皮斯把这一次演讲描述为"费边社演讲的最高水准"，"其对观众产生的影响是压倒性的。有一些发言者'简短地谈论了'这个演讲，但是他们就像是一场清唱剧后的辩论那样，显得格格不入"[4]。这个演讲对社会主义者来说，是一次不小的政治冲击，并不是所有社会主义者圈子里的人都像费边社的一些成员那样，对它有着积极的反响。易卜生不是一个社会主义者，萧伯纳宣称，而他的一些表现高尚理想主义者的陷落的剧作，对一些强硬的、不愿意接受政治现实的社会主义者来说，带有隐晦的寓意。《易卜生主义精华》在次年经过修订和扩充后出版，这是在《群鬼》公演并引起了强烈的抗议之后，因此萧伯纳也能够在该版本中记录并评论此事。

萧伯纳最初是被作为戏剧诗人的易卜生吸引的，而不是那个以诸如《群鬼》和《玩偶之家》这样的作品，在19世纪90年代中期的英格兰和其他地方制造了骚乱的"社会主义"剧作家易卜生。（他曾记述自己在1885年参与的一场《玩偶之家》译文的朗读中，"在幕后"吃着焦糖糖果、喋喋不休，从中可以看出他第一次接触这部剧作时，对其并不是很上心。）他对易卜生的兴趣是到了1889年有人给他推荐了诗剧《培尔·金特》之后，才被深深唤醒的。萧伯纳被这部作品深深吸引，或许是他在诗剧中有趣迷人的主人公——他试图通过角色扮演以及尝试千变万化的职业，寻找最本质的"金特自我"，并最终失败——身上看到了一些自身的经历和对不同人格的假想。他甚至还着手翻译该剧，不过这最终只是一次未完成的尝试。在写给埃伦·特里的一封信中，他把自己比作《培尔·金特》中的疯子，"他以为自己是一支笔，并希望有谁能用他来写东西。我也想被利用，因为有所发挥才不枉生命"[5]。

从某些方面来说，比起《易卜生主义精华》中训诂性的文章，萧伯纳因受易卜生的启发而做的一些尝试，在他为剧作的演出所写的评论中，反而更好地表现了出来。例如萧伯纳在评论《野鸭》的一场演出时，可以看出他意识到了易卜生的戏剧中蕴含着的幽默与嘲讽，在那个充满敌意的评论家们不停地将易卜生描述为阴沉的挪威人的时期，他写道："我如何才能找到一个足够出色的词语来形容《野鸭》！坐在那里渐渐深入埃克达尔的那个家，也随之渐渐深入你自己的生活，直到你忘记了自己是在一个剧院里；以恐惧和怜悯来观看这部深刻悲剧的同时，却也因为其中极富感染力的喜剧而笑得浑身颤抖。"[6]

与上述感想形成对照，《易卜生主义精华》似乎过于图解化了，忽视了这些剧作的审美属性，这种忽视是有意为之的，当然在理论上这是萧伯纳一个让人存疑的选择。不过，在讲述易卜生主题的选择方面，其价值和重要性常常被评论这篇文章的人低估。J. L. 威森塔尔很好地描述了这篇文章与易卜生和萧伯纳两人的关系，"易卜生的特殊寓意，以及萧伯纳所说的易卜生主义精华，就是道德的相对性，不是绝对的……萧伯纳在解读易卜生的剧作时所强调的是，道德不是固定的，而是不断发展的。"[7] 这个观点与萧伯纳早期小说中的主题是一致的，渗透了他对于创造进化论的思考，并也常常体现在他的戏剧作品中。

萧伯纳加入关于易卜生的探讨时，正值这位挪威剧作家的作品开始成为白热化争论焦点的时期，这些争论不仅仅是关于剧院的戏剧的价值和剧院的社会角色，同时还关于社会本身的道德和宗教基础。易卜生的剧作触动了 19 世纪末期英国社会极度焦虑的神经。它们挑战了性别的社会等级制度以及传统的性别界限。由教会传下来的道德和伦理价值观念被诸如《玩偶之家》中的娜拉这样的角色质疑，她就像一个克尔凯郭尔式的存在主义者，想要塑造自己的信仰，自己决定什么是好的。基督徒将社会规定的责任典范、无私以及奉献看作美德，而这些在某些剧作中——《群鬼》中最为强烈——被看作是在摧毁人类的活力与成长。

在易卜生的剧作中，一个无法无天的狄俄尼索斯式的神，在中产阶级的玩偶之家中挑战基督正教的权威。这正是萧伯纳在《易卜生主义精华》中所看到并向之致敬的易卜生。他并没有尝试将易卜生列入社会主义者中，他也没有尝试在自己的剧作中模仿易卜生的风格。易卜生展示给萧伯纳的，并不是一种文体模式，而是一种戏剧的可能性，一种把道德和哲学问题严肃地、创造性地结合在一起的戏剧，一种与 19 世纪末期剧院多数戏剧娱乐形成鲜明对比的戏剧。

除了他尝试翻译《培尔·金特》外，还有另一个迹象表明萧伯纳在 1889 年重新点燃了要成为剧作家的野心，他开始写一部叫作《卡索内》的剧作，其手稿有一小段残篇留存了下来。榜样易卜生可能也起了作用，因为萧伯纳是在看了《玩偶之家》后的两个星期便开始写作《卡索内》的。这部作品好像是计划成为某种形式上的客厅喜剧，主题中包含婚外的调情以及忌妒。作品中一段对话的残篇，是在西贝尔夫人和泰迪之间展开的，让人想到在萧伯纳爱德华时代的剧作《芭芭拉少校》中布里托玛特夫人与她儿子斯蒂芬之间的严肃谈话，以及她对于他摆弄领带的抱怨：

西贝尔夫人：泰迪，我要跟你严肃地谈几分钟。

泰迪：真烦！什么事？我有事情要做。

西贝尔夫人：是的，你有事情要做；我告诉你你要做什么。坐那儿去；还有别摆弄你的帽子了。

泰迪：（坐下）真烦！

西贝尔夫人：你的妻子——

泰迪：啊，该死的！ [8]

《卡索内》似乎受了一部分萧伯纳与威廉和弗朗西斯·阿彻之间紧张关系的启发。6 月 23 日，萧伯纳记录了当天上午他和阿彻的一次会面，他们"谈论了易卜生以及我因为有一次不断谈论阿彻奇小姐而很不幸地冒犯了阿彻太太" [9]。萧伯纳认为，阿彻在与弗朗西斯结婚后就失去了一些创作上的自由，而弗朗西斯的传统观念，毫不意外地，因萧伯纳对那位已婚女演员的公开迷恋而备受冲击。

1889 年 6 月 7 日，萧伯纳同母亲以及威廉·阿彻一起，参加了《玩偶之家》在新奇剧院的首场演出，查尔斯·查林顿（他饰演托瓦尔）担任该剧的制作，并与他的妻子珍妮特·阿彻奇（扮演娜拉）联袂主演。在发表在《曼彻斯特卫报》上的一篇没有署名的评论中，萧伯纳写道，珍妮特·阿彻奇将"她的魅力、她的吸引力，以及她天生的悟性"带入了这个角色。[10] 6 月 16 日，在新奇剧院一场庆祝该剧的晚餐中，他坐在了珍妮特的旁边，他开始大肆写信向她表达自己的倾慕。在 7 月 5 日她和丈夫查尔斯·查林顿一起去澳大利亚巡演前不久，萧伯纳狂热地倾诉了她对他的影响，并声称即使她去了地球的另一边，也不能摧毁他对她"灿若星辰"的爱，"世界消失不见：天堂的花园环绕着我……同你一起去了澳大利亚——永远，只要你愿意" [11]。

在他们见过面的第二天，他给她写信，附上了一份他的演讲《表 *157*

175

演，来自一个不相信它的人》的复印件，并转达了他母亲在看完她饰演的娜拉后，对于这位女演员具有洞察力的评价："那位可是个妖精。"[12]

不能确定这段关系有没有发展到性爱的地步，但是萧伯纳与这位迷人"妖精"的友谊变得异常亲密。她很聪明——"德语说得像母语一样，用大写英语写对话"[13]，萧伯纳在给 T. 费希尔·昂温的一封信中这样描述她——而且是一位天赋卓绝的女演员。但是，随着他们关系的发展，萧伯纳痛苦地意识到她一直在与酗酒和吗啡上瘾做斗争；他早期的心醉神迷逐渐转向对于她因为这些恶习而浪费才华的痛惜。在他的一封信中，他生动地描述了他所看到的，在她最好的年华里事情是如何恶化的："1. 无聊，把你引向威士忌；2. 威士忌，把你引向多愁善感、歇斯底里；3. 多愁善感歇斯底里，把你引向吗啡；4. 吗啡，把你引向来自我的粗鲁辱骂。"他接着提到了一件在她生命中大概不愿意再记起的事："你记得有一次外出时包里只有一便士，最后在肯辛顿戈尔把一位巴士售票员从座位上推倒在泥地里，还用你的手套打他，猛烈攻击他，最后把他留在那里原地等死，只是因为车票出于照明的缘故涨价了？"[14]

1894 年，萧伯纳给珍妮特写了一封"最为私密的信"，在信里他试图总结自己对她的态度：

> 我对你有两种感情，一种对你有价值另一种毫无价值。对你毫无价值的这种感情，是一种对你的普通男女间的垂涎——这个词不是个优美的词；但是我现在不想对这种感情做任何的粉饰。正如你所知，你非常端庄聪明，富有一种激情与热忱，我欣赏这一点，完全出于自私，正如其他男人一样……但我对你还有另一种感情。作为一个艺术家和一个训练有素的评论家，我对艺术才能和其价值有着非常强烈的感知能力。如你所知，我对你作为一名女演员的能力极为赞赏；就像我想把我自己的能力付诸行动，并且防止它们被白白浪费或变得愚钝，我也有着同等的渴望，希望能看到你的才华被付诸实践，不愿意看到它们被浪费或变得愚钝。[15]

1894 年迟些时候,萧伯纳写了《坎迪达》,那部将由珍妮特·阿彻奇担任主演的剧作。

1889 年 7 月 5 日,在查林十字车站为查林顿夫妇的澳大利亚之行送行之后,萧伯纳向珍妮·帕特森借了一个行李箱,于 25 日去了拜罗伊特参加瓦格纳音乐节,他在《星》中热烈地抒写了这次音乐节。他在德国的行程——包括一段在莱茵河上的旅程和拜访纽伦堡,他在这里看了一个刑具展览("可怕的景象")[16]——给了他《鳏夫的房产》的第一幕中,无所事事的富裕旅行者游历莱茵河的想法。在这部剧的开场白中,文质彬彬的鉴赏家科凯恩先生建议去纽伦堡看"世界上最优质的刑具",这幅图景预示了收高额租金的房东萨特里厄斯先生和他家人所生活的上流社会中潜在的残酷,这是萧伯纳首部公演的剧作。

在他对 1884 这一年的总结日记中,萧伯纳记录他"开始着手一部基于 W. 阿彻写的故事的戏剧,阿彻也将参与写作。我写了两幕就停笔了"[17]。这就是那部,在 8 年时间里数次中断又再度开始的戏剧,最后成了《鳏夫的房产》。故事的萌芽由阿彻取材自埃米尔·奥吉尔一部名为《金色束带》的早期剧作,对情节的设想(在萧伯纳执笔中改动很大)可能是他"参与创作"中唯一的贡献。阿彻记得"把剧本给萧伯纳后,有 6 周或是 2 个月,一点消息都没有",接着萧伯纳再度出现,说他用了所有的情节并问他要更多的。阿彻认为这是不可能的,因为他提供的故事是一个有机整体:索要更多的就好像是要求一个雕塑家给一个已经完成的雕塑加上一只手臂或是一条腿。"所以我不得不任由他,"阿彻这样写道,"就像我们在苏格兰说的,'随意处置。'"[18]

当阿彻看了萧伯纳这个剧进一步的,并不合他的口味的手稿时,他惊讶地发现"我多愁善感的女主角……化作了一个扇她女仆耳光的泼妇"。这个在传统维多利亚精致剧作中仅会是一个天真少女的形象——单纯的年轻女子最后嫁给了英俊的年轻男子——在萧伯纳的塑造下,具

158

有了直率和冷酷的智慧，懂得利用自己的性感，有着凶狠的脾气，其中还偶尔掺杂了情欲。

这是萧伯纳的第一个舞台"女主角"，布兰奇·萨特里厄斯，这个角色最初由弗洛伦斯·法尔扮演，从 1890 年底开始，在安妮·贝赞特"转向通神学"后，她成了珍妮·帕特森的主要情敌。布兰奇性格中所展示出来的冷静自若，以及她直截了当的性欲很明显是受弗洛伦斯的影响；而凶狠的脾气有可能是基于与珍妮和珍妮特·阿彻奇相处的亲身经历。萧伯纳还提到过他在一次午夜步行时，在威格莫尔街所看到的情景，一个女人对另一个女人动粗，这令他创作了《鳏夫的房产》中布兰奇打女仆那臭名昭著的一幕。[19] 布兰奇"不淑女"的行为举止，是关于这部剧作的当代评论中的一个中心点。

阿彻讲述了《鳏夫的房产》由来的故事，故事中第一部分的事——他对故事情节的建议以及前两幕的写作——发生在 1884 年 8 月 18 日到 11 月 18 日。萧伯纳 1885 年 8 月短暂地恢复了这部剧作的写作，后来在 1887 年的秋天，在剧作被阿彻奚落并又搁置了一段时间后，再度恢复写作。[20] 5 年以后，1892 年 7 月 29 日这天，萧伯纳记录说他开始整理他的文章（这天迟些时候，珍妮·帕特森协助他一起完成了这项任务，她为他做了一个他所有刊登在《世界》杂志上的旧文章的合集）并"翻到了我 1885 年［其实是 1884 年］开始写的一部喜剧，当时没写完就被搁置一旁了"[21]。他第二天就开始着手完成这部剧作。关于将作品命名为《鳏夫的房产》，这样一个圣经式名字的决定，是萧伯纳在 1892 年 10 月 20 日做出的；之前的暂定名包括《通向女人心灵的路》《莱茵黄金》，以及《莱茵河的黄金》。[22] 一周之后，他见了 J. T. 格伦，讨论该剧开始上演时的选角问题。他们没办法找到适合演利克契斯的演员，也就是那个邋遢的收租人，他的角色就是《皮格马利翁》中杜利特尔的前身。在早期的排演中，"绝妙的喜剧演员"詹姆斯·韦尔奇偶然间把头从门后探出来询问："这里需要演员吗？"他立即得到了这个角色，通过扮演这个角色，他获得了极大的成功。[23]

1892 年 12 月 9 日，一个星期五，这部剧作在索霍区的皇家剧院首演，在接下来的星期二又排了第二场也是最后一场演出。据格伦讲（其他人也证实了他的叙述），该剧在开场时引起了"一阵大笑"。萧伯纳在很久以后告诉格雷戈里夫人，他记得"在座的一半人在鼓掌，另一半在喝倒彩"[24]。剑桥大学国王学院的理事 G. 洛斯·迪金森——萧伯纳在1888 年 2 月 18 日给剑桥大学的费边社做演讲时认识了他——觉得这部剧"十分沉闷并且不可信"，并记得在萧伯纳苍白的身影出现并进行挑衅的发言前，"有很多噪音和嘘声"[25]。

　　萧伯纳对报刊的评论很可能带有一种恶趣味的满足，因为这些评论与一年前对易卜生《群鬼》的抗议很相似。在他们对 19 世纪社会中产阶级要害的揭露方面，萧伯纳和易卜生都被认为是在舞台上使用了不得体的形式。《群鬼》，据《每日电讯报》一篇头条文章所讲，是"一条开放的下水道；一个被揭开的讨厌伤口；一个明目张胆的下作勾当；一个门窗全开的麻风病院"[26]。与之相似，《雅典娜神庙》评论《鳏夫的房产》时表示："萧伯纳先生的世界没有足够的衣衫遮体。他企图用左拉式的严谨来展现中产阶级生活的污秽与不洁。"《发言人》的评论家抱怨说"仅仅'抵押'一次就足以把英雄变成恶人"，而《星期日太阳报》认为整部剧都是一个"对社会扭曲和短浅观点的展示"[27]。在一个戏剧被接受的标准由诸如克莱门特·斯科特这样的记者制定的世界里，所有这一切并不让人奇怪。斯科特是当时占主导地位的戏剧评论家之一，他主张"你晚餐后在舞台上所看到的，永远应该和你在餐桌上所谈论的一样得体"。在斯科特的观念里容不下任何"问题剧"中所描绘的"下流、肮脏、不纯洁"的事情。[28] 斯科特很有可能就是上文中谈论《群鬼》那篇头条文章的作者。

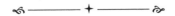

　　在 1890 年见到"迷人的年轻女子"，后来成了他的剧作《鳏夫的房产》中的女主角的弗洛伦斯·法尔之前，萧伯纳已经注意到了她的表演，那是在贝德福德公园上演的一出叫作《一首西西里的牧歌》的剧作

中，是由都柏林出生的医生兼剧作家约翰·托德亨特写的，他是都柏林托德亨特钢铁厂厂主的儿子，而萧伯纳的父亲从 1838 年到 1845 年一直在此钢铁厂工作。[29] 在萧伯纳以科诺·迪·巴塞特的身份为《星》写的最后几篇专栏文章中有一篇（1890 年 5 月 9 日），萧伯纳评价弗洛伦斯作为牧羊女艾玛瑞里斯一角时，说她"醒目且有着恰如其分的姣好容貌"[30]。在一张 1890 年的迷人照片中，弗洛伦斯穿着这个角色的戏服斜躺在一个吊床上，照片上有着这样的题词："我能给你灵感吗？"来自萧伯纳的回答自然是肯定的。10 月份，萧伯纳因为频繁跟弗洛伦斯见面而激起了珍妮·帕特森的忌妒，他当时正跟弗洛伦斯谈论易卜生，并想说服她共同制作《罗斯墨松》（她将在这部剧中饰演女主角）而不是《海上夫人》。

1890 年 11 月 15 日，他跟弗洛伦斯有了"第一次真正亲密的交谈"，这之后他在日记里记录了许多与她的深夜会面，每次会面结束他要么乘坐最后一班火车，要么"没赶上"而只能走路回家。[31] 次年年初，珍妮·帕特森和乔治娜·格尔里，贝茜·萧同父异母的姐妹，一起去近东地区进行为期 3 个月的旅游，在这段时间里，萧伯纳与弗洛伦斯变得愈加亲密。几乎可以肯定，正是在这段时期，1890 年到 1891 年的冬季，萧伯纳与弗洛伦斯开始了"哈里斯的冒险"（有了性事）[32]。据萧伯纳讲，她不仅仅是"聪明、温和以及漂亮"，同时难能可贵的是，她在性方面也直率和无拘束。[33] 从许多方面来说，她都是萧伯纳早期剧作家生涯中最重要的人物。除了她对于布兰奇·萨托里厄斯这个角色性格塑造的影响以及她对其的演绎外，她的个性也反映在了萧伯纳第二部剧作《荡子》中格蕾丝·川菲尔德的形象上。她同时还是大道剧院 1894 年演出季期间的剧院经理，萧伯纳的《武器与人》第一次上演就是在这个时期，她在其中扮演了活泼性感的露卡。

当珍妮·帕特森从近东地区的旅游中归来时，她的"间谍们"显然让她知道了弗洛伦斯·法尔和她任性的情人间发生的事，而她也明确表达了自己的感觉。来自被忽视的女人的愤怒将在接下来的情感经历中成为萧伯纳的家常便饭。他面临的一个新三角关系，他与梅·莫里斯（他保持着与她的亲密关系）和珍妮·帕特森关于爱情、性以及友谊的谈话，以及他对易卜生辩论的参与，都为《荡子》的情节和主题提供了丰富的材料。在这部剧作中，他也通过不幸的帕拉莫尔医生的形象，首次讽刺和抨击了医疗职业和活体动物实验。剧中帕拉莫尔医生著名的发现，"帕拉莫尔病"，最后被另一位研究者证实为一个根本不存在的医学状况。

由于珍妮·帕特森纠缠不休地向他索要爱与忠诚，萧伯纳 1891 年的日记和信件中显示出了强烈的焦躁迹象。珍妮旅行回来以后，4 月 27日，萧伯纳在布朗普顿广场首次跟她重聚时，发生一次"关于 FE 的可怕争吵"（在萧伯纳的日记中，弗洛伦斯·法尔通常是以她婚后的名字弗洛伦斯·埃默里的首字母来表示的）。[34]4 天后，也就是 5 月 1 日，他写信给弗洛伦斯，向她倾诉自己对两人关系充满激情的承诺，并表达了对珍妮"蔑视的怒火"。

> 我应该去睡觉了，不谈论那另一段［与珍妮·帕特森的］关系。此刻我充满了蔑视的怒火并可以断言你圣诞节时的判断是正确的。即使是四千段这样的关系也不能让我放弃与你关系的四千分之一……她那愚蠢的趾高气扬，表现得像个征服者似的，让我气急败坏，几乎大发雷霆……你必须为我带回宁静……公鹿渴望清凉的小溪。[35]

但不论是"可怕的争吵"还是来自怒火中烧的"公鹿"五一节时的声明，都不足以结束与珍妮的关系。这场三角恋持续了两年半还多，萧伯纳把自己的关注分别给了弗洛伦斯——冷静、受过大学教育、先进的新女性和易卜生崇拜者，以及她暴躁的情敌——卑怯却又狂暴和苛求的珍妮。　*162*

萧伯纳对弗洛伦斯·法尔的表演十分挑剔，并且最终厌倦了她对于东方神秘主义和神秘学与日俱增的沉迷。尽管如此，跟法尔别的爱慕者，比如 W. B. 叶芝一样，萧伯纳深知并钦佩她独特的天赋以及作为一个女演员还没有完全发挥的巨大潜能。在 1891 年到 1892 年他写给她的信中，精心的赞美（"我最亲爱的爱人、我的心脏复苏器、我灵魂最圣洁的欢愉"）[36] 与对她的苛责交替出现，因为她不努力，也不耐心提升那些能让自己成为一个严肃女演员的必要技能。以下两者，他告诉她，都属于进化发展出天才的特殊法则，其一是到 "30 岁还是不成熟" 并为了达到卓越而辛苦工作，但这最终会优于第二种生成天才的法则，也就是 "一个意外获得的技艺——音乐、强健、性感"，拥有这些技巧的人可以不需要努力就能获得成功。如果她能致力于发挥她的天赋，信中谦逊地建议到，他们俩会成为完美的一对儿。这封信也显示出，正是与她在文学事宜方面的一些交流，让他得出了他早期关于作为一名艺术家、公众人物，以及未来的喜剧作家的自我定义中最有意思的陈述之一："你嘲笑滑稽喜剧是错误的。我，像海涅一样，正是通过小丑帽子上丁零作响的铃铛，让人们听我说话。所有真正智慧的工作都是幽默的。"[37]

"《荡子》始于生活中的一个片段。"萧伯纳 1925 年告诉他的传记作家阿齐博尔德·亨德森。[38] 为这部剧作的第一幕提供了灵感的 "生活片段"——也加速了萧伯纳与珍妮·帕特森之间关系的结束——是 1893 年 2 月 4 日，一个星期六的晚上，发生在弗洛伦斯·法尔公寓中的 "惊人的一幕"。萧伯纳这一天经历了许多事。早上他拜访了美国出生的迷人女演员、小说家，以及剧作家伊丽莎白·罗宾斯，采访她关于她参与的一出易卜生《建筑师》的戏剧制作。采访（从来没有发表）进行得并不顺利，而萧伯纳在自己的日记中记述说 "罗宾斯小姐对这次采访十分恐慌，还发誓说如果我讲述任何未经过她同意的事情，她就射杀我"。晚上，珍妮·帕特森显然是被忌妒和被背叛的感觉战胜，突然闯入了萧伯纳和弗洛伦斯的一次私人会面，接着发生了争吵："晚上我去找 FE；JP 很晚的时候闯了进来。简直是个可怕的场景，JP 十分暴力并且用了极其狠毒的语言。最后我让 FE 出了房间，我得强行阻止 JP 才使她没有

163

攻击她。我用了两个小时把她从房子里弄出去，直到 1 点才回到她在布朗普顿广场的家中，而我自己到了 3 点才离开。"[39]

这件事——《荡子》的开场一幕正是效仿这件事——之后，萧伯纳"非常疲惫、震惊和沮丧"，他让珍妮给他写了一封信表达悔意并"保证不再去烦扰 FE"。第二天这封信由梅·莫里斯递送给了弗洛伦斯·法尔。萧伯纳和帕特森之间的关系结束了，尽管珍妮坚持不懈地向他索要关注，并保持着和他家人的联系。2 月 22 日，萧伯纳"瞥了一眼"她写的信就立刻烧掉了，这一年晚些时候，在她来菲茨罗伊广场的家中探访他的家人时，萧伯纳有意提早离开以避免与她相见。[40]

围绕当时一起叫作苦艾丛谋杀案的案件审讯的论战，萧伯纳与珍妮·帕特森之间的争执，也以一种奇异的公开方式进行。1893 年 7 月，治安官乔治·塞缪尔·库克因为被控谋杀莫德·史密斯而被判了死刑，莫德是一个他与之长期往来的妓女。库克不成功的辩护理由是，史密斯在他想结束这段关系后长期对他纠缠不休，这威胁到了他的事业，因此激怒了他。萧伯纳写了两封信来评论这件事，后来发表在《星》上。第一封信，发表在 1893 年 7 月 18 日，他承认"除非是为了自卫，允许一个人因为出于'被激怒'或者其他任何原因而杀死另一个人，并不是好的公共政策"。另一方面，他声称，这个案件暴露出了法律在相似案件上缺乏界定准则：谋杀案是"无政府状态导致私刑"的一个实例。有法律明确禁止身体攻击，但是并没有法律禁止"肆意激怒某人的无限度特权"。[41]公众情绪使得这个心碎的女人对库克做出了被认为是妻子才能提的要求。但是一个情妇可以对一个曾经爱过她现在却想甩掉她的男人索要些什么呢？

萧伯纳的第一封信引发了许多"女性读者"的回复，其中一位（尽管署名为"E"）几乎可以肯定就是珍妮·帕特森。1893 年 7 月 24 日，萧伯纳的日记记录"他写了一封信给《星》，作为对 JP 关于谋杀案写的一封信的回复"。署名来自"E"的信，发表在 7 月 21 日，作者称自己与被摒弃的莫德·史密斯有着相似的状况，信中说："我太了解这样的感受了，当一个女子不再为那个她为之付出全部的人所爱，她仅仅是个物品，由于日久生厌，像一个玩具一样被扔到一边。"[42]在他发表于7月25日的第二封信中，萧伯纳没让自己在该案件中无意义地选择立场，坚称"在所有这些不合理之下，有着一条古老的理论，那就是性行为给了行为双方不管怎样都可以一辈子拥有对方的权利"[43]。萧伯纳很明显是借机宣布自己从珍妮·帕特森那里独立了。

164

在与帕特森分手的10年前，萧伯纳为雪莱的诗《当一盏灯破碎了》配了一首曲子。这首配乐留存了下来，上面有萧伯纳从罗赛蒂编辑的雪莱作品集中手抄的这首诗。[44]萧伯纳一定非常熟悉这首诗歌；诗的第三节以一种哀伤的口吻谈到了弱势一方的状况，正如在1893年那段破碎感情中的珍妮：

> 两颗心一旦结合，
> 爱情就离开精制的巢，
> 而那较弱的一个
> 独自一人延续着往日的炙热。
> 哦，爱情！你在哀吟
> 世事的无常，何以偏偏
> 要找最弱的心灵
> 做你的摇篮、居室、灵柩？

这一节的主题似乎成了1886年萧伯纳与珍妮之间谈话的一部分。在她写的一封信中，关于她自己，珍妮宣称道："唉！现在是感情中可怜而弱势的一方受尽折磨。"[45]然而占有欲恰恰是萧伯纳在与女人的关系中坚决拒绝忍受的。在爱情中，降临在被拒的"弱势一方"身上残酷的命运，正是《荡子》最后一幕画面的情感架构的一部分，这一幕中，同伴围绕在朱莉娅身旁，感到"面前一阵强烈的悲哀"，朱莉娅是剧中的荡子莱昂纳德·查特里斯失望的情妇。

1893年3月14日，在弗洛伦斯·法尔公寓里发生的"惊人的一幕"过去一个多月后，萧伯纳用一先令买了一个笔记本"来写新的剧作"[46]。

那个月晚些时候，他去萨里的奥克斯泰德，拜访索尔特一家，在这里，3月29日，他的日记写道："早餐过后去了洛克菲尔德路的公地，在西希思选了一个地方，靠近孤儿院，我躺下并开始新剧的创作，我决定把这部剧叫作《荡子》。"[47]萧伯纳在各种户外地点写下了这部剧的一大部分，包括在雨中摄政公园湖边的一把伞下，在里士满和哈默史密斯的泰晤士河畔，还有由弗洛伦斯·法尔陪着，在附近的瑞文斯科尔特公园里。弗洛伦斯肯定知道，在某种意义上，在他所写的这部作品中，查特里斯的另一个情妇格蕾丝·川菲尔德，正是受了她的启发。他写作的时候，她就看公园里的孔雀来打发时间。

1893年后半年，萧伯纳根据科林·坎贝尔夫人的建议，对这部剧作进行了大量的改写，萧伯纳在1890年认识了这位爱尔兰出生的剧作家、记者，以及艺术评论家。坎贝尔夫人明智地看出萧伯纳原作品中的第三幕，其实是一部新剧的开始。在一段短得惊人的时间内，萧伯纳写出了让人满意得多的另一幕作为替代，并于6月27日完成了《荡子》。一直等到1905年2月20日，这部剧才第一次公开演出，即使是版权演出*也是等到了1898年3月30日。尽管萧伯纳常常表示自己并不喜欢这部剧作，不过，这部剧在他1894年一封写给亨利·亚瑟·琼斯的信中，被他形容为具有"极其超前的滑稽喜剧"的舞台价值，在那以后得到了证实。[48]

查特里斯，这位轻松、有趣、聪明，但却无情的荡子——是剧中魅力十足的女性竞相争夺的对象——很明显，从某种程度上讲，他是萧伯纳的一幅自画像。但是，他同时也像小说中的一些人物，是自我审视和批判的一种手段。《荡子》的第二幕场景设置在易卜生俱乐部中，作为这里的主要"哲学家"，查特里斯大大胜过辩论中的其他人，快乐地揭露先进的"易卜生主义"原则与俱乐部成员真实行为之间的鸿沟。剧中讽刺喜剧的一个主要源头，来自观念的碰撞，一方面是易卜生俱乐部关于不苛求的、理性的友谊和自由的两性关系的理想，另一方面是普通

165

---

* 仅为确保原作者享有该作品版权的演出，一般是比较仓促的排演，面向特定的受邀观众，不做公开宣传、不计较艺术质量。——译者注

的人类欲望、忌妒、对于承诺以及独享爱情的要求。不过查特里斯在剧中常常被置于批判的目光之下，特别是在朱莉娅·克雷文的讲话中，这个以珍妮·帕特森为原型的角色，她在剧中有一次把他称为"可悲的泥菩萨"，并以帕拉莫尔医生医学研究者的职业来形容查特里斯那无情的、剖析一切的心理，她扔给了他这样的谴责："你才是那个活体解剖者：一个比他更残酷、蛮横的解剖者。"萧伯纳憎恨活体解剖的行为，他在这里对这个词的运用，形成了针对查特里斯的批判修辞中一个强有力的比喻。

查特里斯的形象，带有对萧伯纳个人经历的明显效仿，似乎是又一次展现了他对自己化身博士似的双重人格的认知，他在与爱丽丝·洛基特的关系里，辨识出了自己身上的这种双重人格，他看到一个愤世嫉俗、爱批判的自我站在背后嘲笑另一个陷入爱情与浪漫的自我。通过查特里斯，萧伯纳似乎又一次在虚构中，细致审视着自己，那种在《一个不合群的社会主义者》（原定名为《无情之人》）中特里弗西斯身上所展现出的无情一面。反之，通过过于情绪化的、善妒、有强烈占有欲的朱莉娅·克雷文，他再次抗议了纠缠不休的珍妮·帕特森。然而，随着朱莉娅成为让人同情的角色，以及剧末"强烈的悲哀"对象，剧作针对查特里斯的批判敌意持续增长。萧伯纳还给了查特里斯另一个情人，格蕾丝·川菲尔德，接下来的这句台词，突出地被置于剧作复杂的结尾处："永远不要把荡子看作是英雄。"从自传的角度来讲，这部剧作可以被解读作一个自我辩护和自我控诉的辩解书。

不论是《荡子》还是萧伯纳在其之后的剧作《华伦太太的职业》，都成功地让他在 19 世纪 90 年代早期的英语舞台上站稳了脚跟。《鳏夫的房产》仅有短暂和有争议的两轮演出。1898 年，在回顾《鳏夫的房产》和接下来的两部剧作的成果时，萧伯纳写道："我还没有成功；但我引起了一阵骚动；这样的感觉是惬意的，因为我决心再次尝试。"[49]

接着他解释了《荡子》制造了"对最为专业的高雅喜剧表演的需求"，J. T. 格伦的资源已无法满足。查特里斯一角，在萧伯纳看来，可以由当时极为成功的轻喜剧演员查尔斯·温德姆来演，但是他关于温德姆参演的提议并未成功。

接下来的剧，《华伦太太的职业》，包含了有争议的卖淫和乱伦主题，即使是对格伦来说冒的风险也太大了。在 1893 年 12 月 12 日一封写给格伦的信中，他讨论了关于选角的问题，萧伯纳这样写道："我觉得这部剧几乎不可能拿到上演许可。"[50] 格伦显然同意这一看法，也没有对其进行制作排演。即使是 1898 年的版权朗诵都遭到了审核者的威胁，责令萧伯纳进行大幅度的删减，这样才能颁发该剧的许可证。1902 年 1 月 5 日和 6 日，这部剧由演出公社在新歌词俱乐部进行了首次私演，范妮·布拉夫饰华伦太太，玛奇·麦金托什饰演薇薇，哈利·格兰维尔－巴克尔饰演弗兰克。这部剧作在美国的首演，是 1905 年 10 月 27 日在康涅狄格州纽黑文的亥伯龙神剧院，市长命令警察关闭了剧院，因为剧作"下流"。剧作第一次在英国得到演出许可是 1925 年 10 月 27 日，在伯明翰的威尔士王子剧院，由麦克当娜演出团在埃丝梅·珀西的指导下演出。这部作品被不断地重演，21 世纪初的一次演出是由彼得·霍尔爵士执导的，于 2002 年 10 月 2 日在伦敦的斯特兰德剧院上演。

《华伦太太的职业》的第一幕，是萧伯纳在 1893 年 8 月末的 10 来天里灵感大发完成的。这个月的头两个星期里，在给《星》寄出了他关于苦艾丛谋杀案的第二封信（在其倒数第二句中涉及了卖淫的主题）之后，萧伯纳去了瑞士，在这里他参加了在苏黎世举行的国际社会主义者大会，并见识了一些不太成功的"瑞士艺术、音乐和绘画"。15 日，他回到伦敦，进行了一些看上去似乎很"散漫"（这个词在那一周的日记里出现了两次）的活动。16 日，他谈到当天的天气"热得可怕"，以及这一周几乎是在户外度过的，其中有两次有弗洛伦斯·法尔相伴。[51]

167

在一场创造风暴来临之前，这种不寻常的活动间歇期在 8 月炎热的日子里一直持续着，18 日的下午，萧伯纳在汉普斯特德的室内游泳池游泳，并带了些坚果、牛奶，以及一把坚果钳，然后去了上希思，在这儿躺下"无所事事和睡觉"直到下午 3 点 30 分。随后他见了弗洛伦斯，他们一起参加了圣詹姆斯公园的伯爵宫展览，看了一场水上表演，一起滑了滑水道。然后他们一起回了弗洛伦斯的公寓，最后萧伯纳从这里去坐末班火车回了家。（这个时候萧伯纳已经放弃了在括号中记录性爱次数的做法；每一次是否发生"艳遇"也无从得知，只能对其进行推测。）第二天也和前一天几乎一样度过的，萧伯纳在汉普斯特德的希思公园度过了慵懒的一天之后回到了弗洛伦斯的公寓。20 日，萧伯纳感到头晕眼花，可能是被头一天的太阳晒的。但是，这一天他记录了创作《华伦太太的职业》的开端："终于成功地开始写一部新剧了。"[52]

尽管这一周里，为他的创作生涯带来了新发展的外部活动，看起来太不起眼，但这段时期却包含了两次萧伯纳十分重要的阅读经历。1893 年 8 月 17 日，在里士满公园，他读了一本仅供内部流通而印刷的皮尼洛的《第二位坦柯芮太太》，这是威廉·阿彻借给他的。《第二位坦柯芮太太》属于 19 世纪下半叶盛行的一种关于堕落女性的或称为有过去的女人的文学、歌剧，以及戏剧作品的传统。在《华伦太太的职业》中，萧伯纳将给这样的故事一个革命性的反转。在他开始这部新剧的当天，他重返童年最爱的读物，《天路历程》，这本书，正如他在 1893 年 8 月 20 日所写的，"依然对我保有魔力"[53]。

19 世纪下半叶对于堕落女性，或者有过去的女人的那种带有相当色情意味的兴趣，在众多文化形式中都有所体现。与这种主题相关的文学传统最初源于小仲马 1848 年的小说《茶花女》，讲述了玛格丽特·戈蒂耶，一位美丽的巴黎交际花与一名叫作阿芒的年轻贵族之间注定不幸的爱情。小仲马将小说改写为一部成功的剧作《卡蜜尔》，于 1852 年首次演出。第二年，威尔第创作了基于该故事的歌剧《茶花女》。1893 年，当萧伯纳正在创作《华伦太太的职业》时，奥斯卡·王尔德和阿瑟·温·皮尼洛也创作了关于该主题的其他作品《无足轻重的女人》和《第二位坦柯芮太太》。

1893 年 8 月 30 日，向威廉·阿彻汇报他写作《华伦太太的职业》的进度时，萧伯纳风趣地写道："我完成了我的新剧作的第一幕，我娴熟地把《第二位坦柯芮太太》的剧情和《钦契》的剧情融合在了一起。这个剧特别适合在 I. T.［独立剧院］上演。"[54] 当然，事实是，那个时候不论是独立剧院或者其他任何剧院都不可能演出该剧。在《华伦太太的职业》中，萧伯纳不仅直接将卖淫作为题材——在大多数属于这种传统的作品中，这个题材都被加以粉饰与美化，还遵循了雪莱在《钦契》中的做法，把乱伦与围绕着财富和权力的腐化的父权制联系在一起。在这部剧早期的手稿中，有段对话（后来被改得更为柔和，并通过一次舞台指导说明了对话的意图，从而使其变得更为合理）明确地涉及乱伦的主题，华伦太太反驳她的老嫖客乔治·克罗夫茨爵士想要娶她女儿薇薇的打算：

> 华伦太太：……你怎么知道这女孩没可能是你自己的女儿呢？
> 克罗夫茨：……你怎么知道那没可能正是其魅力之一呢？

剧中还有一幕，暗示了年轻的情侣薇薇和弗兰克，很可能是亲兄妹或半同胞兄妹。

《华伦太太的职业》的剧情是珍妮特·阿彻奇给萧伯纳建议的，1892 年春天，她和丈夫结束了跨越澳大利亚和新西兰的巡演后，萧伯纳与她又恢复了联系。珍妮特当时在写一部叫作《丹特里太太的女儿》的剧本，改编自居伊·德·莫泊桑的一个故事《伊维特》。莫泊桑的故事属于描写堕落女性的那个流派，但是通过将交际花的女儿塑造成一个天真少女而为故事增加了复杂性，少女在知道母亲干的职业后企图自杀，但最终一切迹象都表明她会步母亲的后尘。萧伯纳与韦伯一家在英格兰西部一处他们极其喜欢的隐居地阿尔戈德待了三周，其间继续进行剧本的写作。房子位于怀依谷丁登附近，由比阿特丽丝的父亲购于 1865 年，*169* 是一所被萧伯纳形容为"全方位都美丽非凡的房子"。他寄给了珍妮特一段他如何运用《伊维特》这个素材的叙述：

> 剧本进展迅猛；但是它偏离了最初的路线。我把那个女儿写成

了主人公，而母亲只是一个极其凄惨的老废物（恕我冒昧）。最重要的一幕将是女儿对母亲的摧毁。我保留了那个老嫖客的角色，但是让他稍稍节制一些，始终保持女主角是否是他女儿的顾虑……女孩是一个非常具有原创性的角色。母亲不能确定女孩的父亲是谁，以告诉所有的老男人他就是女孩的父亲的方式来牵制他们。第二幕已经有了完整的方案并完成了一半。你的版本进行得怎么样了？[55]

寻求基督的救赎并不是《华伦太太的职业》中暗示的薇薇·华伦未来的一部分。事实上，她安顿了下来，做起了保险工作，在市政厅里负责财产让与及法律工作，并"着眼于政权交易"。不过，萧伯纳在刚开始写这个剧本时，对《天路历程》的阅读似乎在作品中留下了尽管表达含蓄，却强烈的影响。薇薇对这个腐败世界的拒绝，如同班扬寓言中的基督徒一样，用手指堵着耳朵从他的房里和家中飞走，哭喊道："生命、生命、永恒的生命。"薇薇一系列的放弃将萧伯纳这部剧引向了结局：她拒绝了恶心的乔治·克罗夫茨爵士，他是华伦太太剥削年轻女子的一系列欧洲高级妓院的合伙人；她结束了与弗兰克的恋情，这位"讨人喜欢的翩翩少年，却完全一无是处"[56]，这是萧伯纳对他的形容；她放弃了艺术与文化的乐趣，这曾是她家富有艺术气质的朋友普雷德鼓励她去享受的；以及最后在一场痛苦的争吵之后，她放弃了自己的母亲。

在写作这部剧时，萧伯纳汲取了他自己人格深处的一些冲动。年轻女子在最后一幕中毅然坐在自己的桌子前开始工作，所有的关系都已破碎，却拾回了节操，这可以被看作是剧作家的一幅自画像，与前一部剧中薄情的荡子查特里斯相抵消。萧伯纳在后来的声明中称，塑造薇薇·华伦时，他遵从了一个来自比阿特丽丝·韦伯的建议，说他应该"在舞台上展现一个真正的统治阶级的现代女性"，这样一个描述，对于该角色的起源似乎显得过于做作和简单了，忽略了其中明显的自传与事实成分。[57]

成功的滋味

　　1894 年，随着剧作《武器与人》在弗洛伦斯·法尔的大道剧院上演，萧伯纳初次体会到了作为一个十分成功的剧作家的滋味。《荡子》和《华伦太太的职业》就像时间胶囊里的文献一般，需要在更为适合的社会、文化以及戏剧环境下开启。虽然其主题在当时是具有革命性的，但《武器与人》遍布着一种十分亲切的喜剧风格。它也不包含会使克莱门特·斯科特这样的人感到不适的过于直白的"下流"主题。不过，以它自己的方式，这部剧作与萧伯纳的前三部剧作一样，具有颠覆性，它以讽刺为武器，瞄准了那被珍视的 19 世纪的战争与爱情的完美典范。剧作不仅攻击了"把士兵看作是某种身着铠甲的骑士的浪漫想法"[1]，就如萧伯纳告诉工党历史学家 R. 佩奇·阿诺的那样，同时也攻击了 19 世纪社会中，男女之间以骑士精神作为支撑的恋爱关系。

　　萧伯纳于 1893 年 11 月 26 日一个星期天开始创作《武器与人》，这是他写完《华伦太太的职业》的 3 个多星期以后。珍妮·帕特森拜访了菲茨罗伊广场萧家，萧伯纳为了回避她而离开了。当他回到家里时，他"用晚上的时间来弹奏［钢琴］并开始写作一部新的剧本——一个浪漫的故事——献给 FE［弗洛伦斯·法尔］"²。这篇日记属于萧伯纳日记中那种虽然只有寥寥数语却信息量极大的记录。从结局的走向来说，剧作是"浪漫的"，两对主要的情侣将要喜结连理。但是萧伯纳通过给屡试不爽的戏剧情境加上不落俗套的价值观，从而成功地为典型的浪漫主义架构注入了新的活力。剧中的真正主人公并不是拜伦式、风度翩翩的骑兵军官塞尔吉乌斯，要是在寻常的 19 世纪浪漫小说中，他的角色必然是主人公，剧中的主人公是注重实效的萧伯纳式的士兵布伦奇里，他在口袋里装巧克力而不是子弹，因为这样更实用，他还嘲笑年轻小姐芮娜的浪漫理想主义，最终她把对塞尔吉乌斯的爱恋转向了他。萧伯纳娴熟地将他独具一格的反浪漫主义讽刺文学，融入了符合浪漫主义基本叙事传统的戏剧结构里。他写的是一个反浪漫主义的浪漫故事。

171　　日记中"献给 FE"这句话的由来平凡无奇。富有的女继承人安妮·伊丽莎白·弗雷德丽卡·霍尼曼，是 W. B. 叶芝和弗洛伦斯·法尔在金光黎明社团的同伴，当时她刚刚开始作为一名艺术资助人的生涯，她后来将成为 20 世纪早期艾比剧院主要的创始人之一。在她的祖父，一名茶叶公司的创始人去世以后，她继承了很大一笔财产，1893 年她给了弗洛伦斯·法尔一大笔资金来帮助她发展戏剧事业。弗洛伦斯决定用这笔钱来资助她圈子里的剧作家们打造一个戏剧季，其中包括三位爱尔兰人：W. B. 叶芝、约翰·托德亨特，以及萧伯纳。泰晤士河河堤旁的大道剧院，被选作演出地点。尽管萧伯纳直到 1905 年才知道了弗洛伦斯资助人的身份，但安妮·霍尼曼是萧伯纳第一部获得成功的剧作演出《武器与人》——"献给 FE"以及她在大道剧院的大胆尝试——的背后的匿名资助人。

　　这部剧作从其他意义上来看，也是"写给"弗洛伦斯·法尔的。萧伯纳这位不落俗套并直率的朋友将会创造露卡这个角色，一个有趣的、19 世纪喜剧中风流女仆这类角色的萧伯纳版本，一个大胆而娇艳的女佣。据我们对弗洛伦斯的了解，她十分适合反叛而迷人的露卡这个角色，露卡抱怨她所从属的社会等级制度以及父权制度，在结尾中她嫁给了塞尔吉乌斯，从而逃离了这种制度。这部剧作致敬了弗洛伦斯·法尔

和梅·莫里斯，她们是当时萧伯纳生命中新女性的最主要代表。在 1907
年 11 月 17 日一封写给哈利·格兰维尔－巴克尔的中，在谈到伦敦萨沃
伊剧院即将重演的《武器与人》的选角问题时，萧伯纳写道："我对塞
尔吉乌斯与露卡之间的场景，要比布伦奇里和芮娜之间的场景有同感得
多，因此比起布伦奇里我更愿意扮演塞尔吉乌斯，并更愿意让演员中坚
强的女子扮演我的露卡而不是我的芮娜。"[3]

在《武器与人》中——正如他在前一部剧作《荡子》中已经简要地
运用过的一样——萧伯纳在男女角色之间使用了一种新鲜的、不落俗套
的戏剧对话风格，其反映的不仅仅是女性的新声音——她们要求在社
会、政治以及知识对话中获得完整及平等的角色——同时还有他在自己 *172*
与弗洛伦斯·法尔、梅·莫里斯，以及珍妮特·阿彻奇的关系中所发现
的那种程度非常的亲密与直率。在 19 世纪 90 年代的当代戏剧中，只有
奥斯卡·王尔德的对话——特别是在像《无足轻重的女人》结尾处辛辣
的阿朗拜太太和伊林沃斯勋爵间的对话这样的场景中——提供了与萧伯
纳类似的男女对话，这是一种新的、直率的、性爱上奉行平等主义的
对话。《荡子》中朱莉娅的姐姐西尔维亚与查特里斯，关于后者很受女
人欢迎的秘诀有着一段对话，它提供了这种萧伯纳式对话一个早期的
例子。

西尔维亚［沉思地］：你知道吗，莱昂纳德，我真的相信你。
我认为你对一个女人的关心一点儿都不会多于对另一个的关心。

查特里斯：你的意思是我对一个女人的关心一点儿都不会少于
对另一个的关心。

西尔维亚：那就更糟了。但我的意思是，你从来没有把她们当
作仅仅是女人。你跟她们说话就像你跟我说话或者跟其他任何人说
话一样。这就是你受欢迎的秘诀。你根本想不到，她们对因为自己
的性别而受到的礼遇是多么的厌恶。

在《武器与人》中芮娜和布伦奇里之间有一段类似《荡子》中西尔

维亚和查特里斯的对话，这段男女间的谈话是关于隐藏在人为传统和准则面纱下的人，而这段对话的突破点也正标志了两人之间关系和爱情发展的转折点。当布伦奇里嘲笑芮娜惯于摆"贵族架子"以及使用"振奋的声音"时，他的坦率打破了两人之间的屏障并建立起了两人间一种崭新轻松的亲密感。在他的无礼冒犯之后，两人对话中两性关系的"严肃性"被置于一种新的基础上，同伴间无拘无束的气氛产生了：

芮娜：你怎么识破我的？……［好奇地］你知道吗，你是我遇到的第一个不把我当回事的男人。

布伦奇里：你是说，我是第一个真正把你当回事的男人吧，不是吗？

芮娜：是的，我猜我是这个意思吧。［惬意地，跟他在一起很放松］有人这样跟我说话可真奇怪啊！你知道吗，我一直都是那样的。

布伦奇里：你是指……？

173　　芮娜：我是指贵族架子和振奋的声音。［两人一起大笑］。⁴

萧伯纳就这样在创作中参与了 19 世纪末对维多利亚时代性别准则的重新定义，在这一过程中，历史悄然地被反映和铸造了。

《武器与人》的首演之夜，是萧伯纳作为一名剧作家和公众人物职业生涯的一个重要里程碑。这部剧没有赶在弗洛伦斯·法尔在大道剧院的戏剧季开始之前完成，这几乎使她这项新的商业冒险失败了。1894年 3 月 29 日，剧院从约翰·托德亨特的《叹息的喜剧》开始上演，并以 W. B. 叶芝的《心愿之乡》作为开场戏。萧伯纳把开幕夜形容为一场"惨败"，约翰·托德亨特的剧作"极其失败"。第二天萧伯纳被电报叫到了剧院，在这里他发现弗洛伦斯和代理经理查尔斯·赫尔姆斯利面前摆着《鳏夫的房产》，"急切地想着要制作这部剧"[5]。他劝阻了他们，并以他平凡而"无可救药的浪漫的"主人公布伦奇里所特有的当机立断表示，"我拿出我的新剧本，当场做了最后的润色，随后便送去打印了"[6]。到 4 月 11 日，这部剧进入了制作阶段，21 日进行了首演。首演的当晚，萧伯纳写道："我目睹了一场看起来相当疯狂的成功，那接连不断的令人陶醉的笑声，幕布前惊人的喝彩，几乎让演员们都为其冲昏了头脑。"[7]

当萧伯纳现身谢幕的时候，其他观众都在不断大笑与喝彩，却有一个声音在喝倒彩。喝倒彩的人是 R. 戈尔丁·布莱特，之后的一个戏剧评论家并最终成了萧伯纳的戏剧经理之一，对于他的倒彩，萧伯纳做出了众所周知的应对："我亲爱的伙伴，我很赞同你，但是在这么多喝彩的人面前，我俩算得了什么呢？"W. B. 叶芝当时也在现场，他在自己的自传作品《面纱的颤抖》中记录这个令人振奋的夜晚。在描述了萧伯纳对喝倒彩的人巧妙的还击之后，叶芝写道："从那一刻起，萧伯纳就成了现代文学中最令人敬畏的人，即使是喝得烂醉的医学院学生都知道这一点。"[8]

萧伯纳在《武器与人》中以讽刺的手法对战争的浪漫理想化的摧毁——在当时的文化语境中，丁尼生的诗歌《轻骑队之战歌》以及古诺的《浮士德》中的士兵的合唱，反映了更为常见的态度——对某些人来说，这显得极为古怪。叶芝记录了威尔士王子以及爱丁堡公爵去看这出 *174* 剧的情形，他听说看到一半时，后者"不断地重复，'这男人疯了，'指的正是萧伯纳"[9]。开始时——在其成为奥斯卡·施特劳斯以该剧为原型创作的滑稽歌剧的标题之前——"巧克力士兵"这句话已与萧伯纳的作品变得密切相连。在一幅该剧当时的海报上，人们被邀请"去查林十字街的大道剧院，在那儿每晚都能见到奶油巧克力士兵。他将在 8 点 50 分出现在萧伯纳极其好笑的剧中"[10]。正是这部剧的"极其好笑"的这一点，使萧伯纳认为该剧在传达其严肃的主题上失败了，而他自己仅仅被认为是"一个愤世嫉俗的极其古灵精怪的才子"[11]。当他认同戈尔丁·布莱特的不满时，并不是完全在开玩笑。

《武器与人》在大道剧院演出了50场，一直持续到7月7日。萧伯纳也成了，不夸张地说，一个畅销的剧作家。到了4月24日，澳大利亚出生的演员查尔斯·奥弗顿开始代表美国剧院经理阿尔伯特·马什曼·帕尔默跟萧伯纳洽谈该剧在美国的版权事宜。6月，萧伯纳用一份自己拟的合同——被他称作"夏洛克的约定"——与演员经理理查德·曼斯菲尔德进行协商，该剧于1894年9月17日在纽约先锋广场剧院首演，曼斯菲尔德扮演了布伦奇里的角色。演出受到了纽约评论家们的欢迎，在演完最初的16场之后，在季末又重返舞台，并在曼斯菲尔德保留剧目的轮演中持续了很多年。萧伯纳从1894年伦敦和纽约的演出中所得到的版税共计341英镑15先令2便士，这使得他在38岁这一年的11月6日开了自己第一个银行账户。尽管1904年至1907年，在皇家宫廷剧院的巅峰来临之前，他还需要克服许多困难，《武器与人》依然是萧伯纳在成为一位享誉盛名的剧作家的道路上的一个重要上升点。

萧伯纳和弗洛伦斯·法尔在1894年7月《武器与人》演出结束后，就很少与对方见面了。萧伯纳那一年11月8日的日记，让人误以为这一天正是两人关系终结的决定性的一天。日记显示萧伯纳在这一天的晚上8点去了弗洛伦斯在达林路的公寓。除此以外，他只用德语写了一个单词，Trennung，意思是"分别"。萧伯纳大概是想到了布拉姆斯曾用这个词作为两首关于恋情终结的歌谣的标题。[12]

175　　　Trennung几乎确定地表明了这场恋情与性爱关系的终结，但是这次分手很可能并不像萧伯纳夸张的日记中写的那样彻底。两人是极其亲密的同伴、戏剧上的合作人，同时也是情人。萧伯纳觉得这个迷人的、无拘无束并才智过人的女人是一个令人无法抗拒的，可以将苛刻的珍妮·帕特森取而代之的伴侣，两人很显然还动过结婚的念头。弗洛伦斯自己似乎觉得很难放弃这段感情。

从 1896 年 10 月两人之间的频繁通信中，可以看出弗洛伦斯对萧伯纳持续的关心，以及这段恋情之所以衰退的一些原因。12 日这一天，因为她过于沉浸于"通俗埃及学"而不"每天干些真实有意义的事"[13]，萧伯纳称她是一个"迷失的可怜虫"。弗洛伦斯当时刚以 S. S. D. D.（Sapientia Sapienti Dono Data，意思是"智慧作为礼物被赐予智者"）的笔名出版了一本标题为《埃及魔法》的小册子，这个笔名是她在金光黎明社团所用的名字。他收到了一封回信，他将其形容为"恶毒的信"，信中显然是抱怨他抛弃了她。"你想永远拥有我吗，贪心的人？"他这样问道。[14] 她迅速的回复（没有留存下来，但肯定是对萧伯纳那封信的抗议）使萧伯纳在 14 日又给她写了一封回信，这封信中赞美、爱慕与斥责交织在一起。在信中，当萧伯纳告诉全体男人要警惕弗洛伦斯时，他回忆起了她迷人的灰眼睛和弯弯的眉毛[15]：

活该！

我在这里警告男人们要留意有着大眼睛和新月般眉毛的女人，有着奇迹和月光般的微笑和爱意的女人。我警告他们警惕所有喜欢以智力作为消遣的人；那些把自由、幸福和不负责置于关怀、苦难以及生命之上的人；那些生活在自己的世界中并只为自己而活，而不是生活在世界中并为世界而活的人；那些抗拒人类关系中所有深沉的实质而只选择奢侈的爱情、友情以及有趣的对话的人。[16]

法尔的传记作者，约瑟芬·约翰逊评论说，这段话是对弗洛伦斯十分精准的描述，"以她所知道的最中肯的角度去审视她"[17]。萧伯纳和弗洛伦斯向着不同的方向发展，萧伯纳告诉她，两人之间"真正的关系"已经变得向两个极端分化了。[18] 尽管 1894 年 11 月在达林路的会面标志着两人之间亲密关系的结束，但是他们的友谊继续着，两人在未来也有着不同方面的交集。1895 年 5 月 3 日，Trennung 的 6 个月之后，萧伯纳给在美国的珍妮特·阿彻奇写了一封信——她当时在这里演出理查德·曼斯菲尔德制作的《坎迪达》——抱怨她没有给他写信，并说如果 *176*

他第二天再收不到一封信的话，"F. F. [弗洛伦斯·法尔] 就会在之后情况允许的最早一天成为萧伯纳太太"[19]。他毋庸置疑是在开玩笑，但是这样的玩笑，也多少显示出了萧伯纳和法尔之间的关系曾发展到了相当认真的程度。

剧院之战、母亲们以及自行车

在 19 世纪 90 年代下半叶，萧伯纳通过批判性的写作和自己非传统的新剧，对 19 世纪的戏剧进行了双管齐下的攻击。这段时期的剧作和信件，显示出了他对母亲形象和母性角色本质的强烈成见。不过，这段时期他和他费边社的同伴们狂热地喜爱上了骑车，这将给萧伯纳带来一些趣事，并也将与他同夏洛特·佩恩－汤森德之间的新关系有关。

1894 年 11 月，当他与弗洛伦斯·法尔之间的恋情趋于结束时，萧伯纳作为剧作家和批评家的生涯，同时还有他的个人生活都将迎来几个转变。12 月 4 日，他拜访了弗兰克·哈里斯，洽谈他以每个星期 6 英镑为《星期六评论》担任固定戏剧评论员的相关事宜。8 日，他完成了《坎迪达》的写作，这是他"令人愉悦的戏剧"中的第二部。他在 1895 年继续写了《支配命运的人》，那部"漂亮简短的、关于拿破仑和一个陌生女士的独幕剧"[1]，以及《难以预料》的开头，那部关于家庭分裂和部分重聚的喜剧，故事由一位和善的、让人联想到莎士比亚的侍应生威廉所见证。同样是在 1895 年这一年，许多人都强烈催促让另一位女子成为萧伯纳太太的候选人，那就是 1892 年给他画《令人着迷的演说家》肖像的画家伯莎·纽科姆，但这遭到了萧伯纳的抵制。"每个人似乎都下决心要让我娶伯莎——这一点对她所抱的希望是具有决定性意义的（她根本不应该抱有希望）。"他在 1895 年 8 月 24 日这样告诉珍妮特·阿彻奇（也就是查林顿太太）。"她对我的爱是白费功夫，"他补充道，"她应该嫁给别人。"[2]

萧伯纳与花钱轻率的查林顿夫妇在 1895 年里频繁通信，并在他们遇到财务困境时帮助了他们。这一年晚些时候，他向埃伦·特里提议，希望她能加入萧氏戏剧的阵营，并饰演《支配命运的人》里的陌生女子一角，而亨利·欧文饰演拿破仑。这正是萧伯纳与特里之间那段著名的书信恋情的开端，在这些书信中，他将大量地谈论自己与他命定的女人之间关系的进展，这个女人正是未来真正的萧伯纳太太，夏洛特·佩恩－汤森德。

萧伯纳作为戏剧评论家的生涯，在他结婚前的 3 年半里（1895 年——1898 年中期），在《星期六评论》中达到了顶峰，这与他作为剧作家的事业紧密相连。戏剧的写作和评论的写作都是萧伯纳与 19 世纪戏剧、社会及其所代表的思想价值做的激烈争执的表现形式。在一段恢复期之后——除了偶尔出现的转瞬即逝的成功，比如约翰·盖伊的《乞丐歌剧》、理查德·谢里登，以及亨利·菲尔丁——英国戏剧传统几乎没有作品通过讽刺或其他任何形式涉及严肃的社会、道德、哲学以及宗教问题。在 19 世纪，至高无上的文学体裁是小说和诗歌，两者都反映和探索了真正具有思想深度的主题。

19 世纪英格兰受欢迎的戏剧，主要都致力于创造各式各样的不用怎么动脑筋的娱乐。威廉·阿彻在为他 1882 年的研究《当今的英国剧作家》作序的时候，对其进行了准确的描述，当时的戏剧演出迎合了一群浅薄、庸俗的英国大众，他们"总是笑，有时哭，偶尔发抖，至于思考嘛——从不"。在同一段文章中，也是在萧伯纳写作"令人不悦的剧作"之前，阿彻对于这样的公众评论道："尤其是'令人不悦'这个词绝不会被用来形容任何这样一部作品的主题。"[3]萧伯纳在给他头三部剧作定下那个富有挑衅色彩的标题时，必然是想到了这句话的。

在他给自己 19 世纪 90 年代写的戏剧评论的合集作的序中，萧伯纳将他的"报刊言论"形容为一场有计划的军事行动："我必须诚实地警告读者，他将读到的不是一系列以公正为目标的评论，而是一场对 19 世纪戏剧的围攻，来自一名不得不以笔尖为武器来进攻，并把其一些拥护者投入护城河的作者。"[4]

在 19 世纪 90 年代他的同辈中，能比萧伯纳更了解他所攻击的那些势力的本质的人，即使有的话，也是极少数。他的小说《艺术家的爱情》列出了一个批判性的清单，涵盖了 19 世纪 80 年代和 90 年代，在英格兰和地方上时兴的各种形式的老套戏剧娱乐。其中包括："当代生活喜剧……莎士比亚、感觉剧、爱尔兰情节剧、喜歌剧或者哑剧、伦敦再次出现的滑稽戏码不断的新喜剧。"在伦敦，亨利·欧文在戏剧界的地位是至高无上的，他演的都是利奥波德·刘易斯的《钟》那样充满盛大场景的情节剧，或者莎士比亚戏剧的改编版。而萧伯纳认为，欧文让埃伦·特里在他的"巨魔的城堡"——兰心剧院中，当了一个衰败戏剧传统的美丽奴隶。[5]"他〔欧文〕是一个把你驮进他的山洞的巨魔；罗兰公子要到暗塔中来拯救你了。"她未来的拯救者萧伯纳，在 1896 年 9 月这样告诉埃伦·特里。[6]

萧伯纳每周为《星期六评论》写的专栏，对当时的戏剧构成了毁灭性的攻击。正如一个评论员 1944 年在伦敦的《观察者》中谈论詹姆斯·阿加特的戏剧评论时所说的，萧伯纳的戏剧评论"撼动了英国戏剧的根基"[7]。萧伯纳以超群的活力、智慧以及力度去谈论戏剧，总是不吝惜赞美，同时又不失敏锐的判断。1897 年 10 月，兰心剧院上演的一出莎士比亚剧中，约翰斯顿·福布斯-罗伯逊扮演哈姆雷特，帕特里克·坎贝尔太太扮演奥菲莉亚，萧伯纳以赞叹的口吻描述了他们的表演——绘声绘色地描述了个人表演，同时又对莎士比亚的戏剧艺术做了透彻的解析。这篇评论是萧伯纳作为一名戏剧评论家的典范风格的无数

179

例证之一。[8]

萧伯纳的戏剧评论中所攻击的最主要的两个对象分别是，时髦的客厅戏剧——他明确地将其概括为"一个裁缝的广告夹在一个家具商和室内装潢师的广告中间，多愁善感地谈论着一个女帽商人的广告"[9]——以及 piece bien faite，即巧凑剧，主要是从斯克利布和萨尔都这样的法国剧作家那里派生出来的。他双关地用后者的名字（Sardou）杜撰出了"萨尔都式"（Sardoodledom）这个词，指那些按照巧凑剧的规则写的、机械的、程式化的、人工痕迹很重的戏剧情节。[10]

萧伯纳与威廉·阿彻无休止地就戏剧结构和情节进行争论。1923年，在去世前的一年，阿彻给萧伯纳写信抱怨他在这些事情上有些所谓的任性。这时，萧伯纳已经成了英格兰少数几个契诃夫的拥护者之一，而阿彻把他与这位俄国剧作家一并归为那些在他看来松散、没有情节的剧作的创造者。为了阐明自己的观点，阿彻假设了一个自己与萧伯纳之间的虚拟对话，对话中，他所呈现的萧伯纳分不清楚猫与水母，同时还不断宣称存在一种叫作"契科-萧猫"的怪异的无脊椎动物。萧伯纳以他标志性的幽默与辛辣回复了这个作为"戏剧构造主义专家"的"十足的白痴"。

180

> 我亲爱的 W. A.，
>
> 你还是不明白。并不是在一只猫和一只水母之间二择其一，而是在一只发条猫和一只活猫之间二择其一。发条猫非常精致有趣（持续大概 5 分钟）；但是活猫的有机构成百分之百胜过机械猫的结构，而且它不会只在你特定的年龄段使你开心，而是会一直使你开心。[11]

在他作为一名戏剧评论家所讽刺的主要对象中，萧伯纳与其中一些对象有着出人意料的友好的私人关系，要知道，他在 19 世纪 90 年代对他们的抨击可以说是极为刻薄的。19 世纪 90 年代，当时伦敦领头的剧作家是阿瑟·温·皮尼洛，他有着葡萄牙犹太人的血统背景，于 1855

年出生于伦敦，比萧伯纳大一岁。萧伯纳对皮尼洛的许多剧作都写过十分尖刻的评论，批评它们在技巧上的拙劣，以及在他看来皮尼洛是以一种支持传统的、老式的态度的方式来利用"新女性"和"有过去的女人"这样的题材的。他最成功的一部剧《第二位坦柯芮太太》（1893），有着许多优点并且依旧具有舞台价值，其初衷是要揭露维多利亚时代对男女性关系不检点这件事上的双重标准，然而却会不时地违背这一初衷，以一种本质上很守旧的、绅士俱乐部式的观点去审视"有过去的女人"。

在 1895 年的剧作《声名狼藉的埃布史密斯太太》中，皮尼洛又对另一个"大胆的"主题加以利用，"新女性"在当时是时兴的话题，他尝试将他的女主人公阿格尼丝·埃布史密斯塑造为一个新女性的形象，这一角色由萧伯纳未来的情人帕特里克·坎贝尔太太饰演，当时她刚刚成功饰演了"坦克太太"，这个名字是萧伯纳在一封信中对坦柯芮太太的戏称。[12] 在荒唐的、情景剧般的最后一幕中，阿格尼丝疯了一样，突然改变了她将圣经掷入炉火中的决定："她脸上的表情变得惊骇而恐惧。她大叫一声，冲到炉旁，将手伸进火中，拽出了那本书。"[13] 观众中有一位评论家没有加入对埃布史密斯太太重返教会这一举动的欢呼。萧伯纳写道："教会得救了；幕布在雷鸣般的欢呼中缓缓落下。在我想，不用我说你也知道，我并没有加入这场欢呼。我从未见过如此不明智、如此让人丧气的舞台效果……这，我认为是哗众取宠的行为，它如此恶心，使我觉得自己再没有任何义务将皮尼洛先生的艺术看得比那些轰动一时却毫无价值的剧作更高。"随后他补充说，皮尼洛"除了做点鲁莽的事以及通过不负责博得满堂喝彩以外，什么也不会"。[14]

不过，到了 1908 年，萧伯纳与皮尼洛之间，围绕着他们对作家协会和剧作家俱乐部相关事宜的共同兴趣，展开了一段愉快、友好的书信往来。1906 年，麦克斯·比尔博姆一幅令人印象深刻的漫画，描绘了朝相反方向走去的两个人。左边是带着大礼帽的皮尼洛，粗壮的身材，穿着宽大的维多利亚式罩袍，长着一个又大又尖的鼻子，而右边则是瘦高的萧伯纳，穿着他休闲的耶格尔套装，戴着软毡帽。比尔博姆很出色

181

地捕捉到了戏剧史上的一个历史性时刻，对比鲜明的服装和相反的方向似乎象征着两个剧作家之间的不同，萧伯纳是新时代的代表，而皮尼洛则属于过去。不论如何，就社会地位这方面来说，皮尼洛在那之后还有着上升的空间，而萧伯纳对此功不可没。

1908 年 7 月 3 日，萧伯纳写信给威廉·阿彻："我决定要让皮尼洛成为一个骑士"，这个举动"必定会巩固戏剧运动"。相应地，萧伯纳报告说："我做出了英勇的牺牲，加入了社交界。我去了阿斯奎斯的花园聚会，直截了当地告诉她 A. W. P. 需要被封为骑士。"[15] 萧伯纳在 1908 年就这件事向新任首相的妻子玛戈·阿斯奎斯，以及一名对戏剧感兴趣的政府官员，第二任伊舍子爵雷吉纳尔德·贝利奥尔·布雷特所做的请求是成功的。作为一名戏剧评论家，他在 1895 年评论说皮尼洛的戏剧代表的是"轰动一时却毫无价值的剧作"，而其中一部的结尾是"哗众取宠"，然而也正是在他的帮助下，皮尼洛在 1909 年的寿辰授勋中，被封为了骑士。[16]

尽管在《星期六评论》的文章中，萧伯纳以十分尖刻的笔触描写了 19 世纪 90 年代戏剧界的大体情形，但奥斯卡·王尔德，还有亨利·阿瑟·琼斯这位当时在皮尼洛之后排名第二的剧作家，却得到了称赞。萧伯纳在 1895 年 1 月 12 日评论《理想的丈夫》时，对他的爱尔兰同胞王尔德大加赞赏。他利索地反击了其他人的评论——也就是，说王尔德的喜剧技巧太过平淡无奇——并在抨击这些评论家的同时，以反语赞美了王尔德的独特笔触。"据我所知，"他写道，"我是伦敦唯一不能坐下来随便就写出一部奥斯卡·王尔德的剧作的人。"接着他细致地总结了王尔德在戏剧方面的天才之处："在一种特别的意义上，王尔德先生对我来说是唯一技艺精湛的剧作家。他将一切运用自如：机智、哲学、情节、演员和观众，整个剧院。"[17]（在同一篇名为《两部新剧》的评论中，萧伯纳是少数几个怀着敬意谈论亨利·詹姆斯的剧作《盖·达姆维尔》的评论家之一，这部剧作上演后反响不佳。）

萧伯纳的评价，从某种程度上来说，依然低估了王尔德，这在他一个月后对《不可儿戏》的评论中可以看出。他对这部剧的评价似乎远低

182

于其真正的价值。他认为这部剧有失作者的身份,将其中的幽默看作是"掺杂着陈腐、呆板的趣味",并觉得该剧的喜剧性缺乏深度:"我不能说自己很喜欢《不可儿戏》。它令我愉快,这是肯定的;但是喜剧必须要在娱乐我的同时触动我,否则我依然会觉得自己这一晚的时间是被浪费了。"[18] 萧伯纳对王尔德的态度十分慷慨,并对他的天赋十分尊重,因此这件事绝不是因为同行之间的妒忌。

萧伯纳对亨利·阿瑟·琼斯的戏剧则是过誉了,他的《叛逆苏珊的故事》这样的作品——虚伪地利用了女性解放的当代抗争,而根本上赞同的却是极度保守的男性观点——应该得到皮尼洛的《声名狼藉的埃布史密斯太太》所遭受的同样尖锐的批评。不过,萧伯纳从琼斯其他的作品中察觉到了一种令人耳目一新的原创性。"他的特点是创造性的想象力、好奇的观察、独出心裁的幽默、原创性、同情心,以及真诚。"他在 1895 年 5 月这样写道。[19] 后世并不赞同这些观点。不过,萧伯纳当时是将琼斯的作品跟一大堆呆板、差劲的剧作做对比,在给《星期六评论》写文章的三年中,他一直以经久不衰的幽默和轻松愉快的才智来评论这一大堆作品。他与琼斯建立了一段被琼斯的女儿多丽丝形容为"愉快而热忱的友谊",但这段友谊因第一次世界大战爆发时,萧伯纳在文章《关于战争的常识》中所表达的观点,而不可挽回地破碎了。[20]

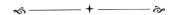

萧伯纳 19 世纪 90 年代对戏剧界的抗争策略中并不是一味地直接攻击。比如说针对另一位戏剧界的骑士亨利·欧文爵士时,他的办法是试着让敌人加入自己的阵营,他利用埃伦·特里来做自己的大使。萧伯纳在 1895 年 11 月 28 日那天给埃伦·特里寄了《支配命运的人》的打印稿,当时她正与欧文一起在美国巡回演出。"并不是我最好的作品之一……一个旅行推销员的样品。"他如是谦逊地介绍这部作品,但他依然希望欧文能对其感兴趣,令人印象深刻的拿破仑这个角色正是诱饵。[21] 埃伦觉得这部剧"很有趣"并试着说服"伟人陛下"来参演,"伟

人陛下"是萧伯纳给欧文取的外号。[22]

欧文并不喜欢萧伯纳，1891年他公开地抨击了《易卜生主义精华》及其作者。萧伯纳1895年2月9日发表在《星期六评论》中的无礼的文章，也无益于培养两人的友情，在这篇名为《为什么不是亨利·欧文爵士呢？》的文章中，他公然地暗示，欧文在英国科学研究所所做的一次关于戏剧界需要更多官方公开认可的作品的演讲，其实是毫不掩饰地为自己的升迁进行宣传，也就是他在那一年晚些时候将获得的骑士爵位。[23] 当萧伯纳在1896年终于见到了欧文时，他对埃伦·特里说："我喜欢亨利，尽管他无疑是我碰到过的最蠢的人——没脑子——只有个性和脾气。"随后，他对这句话稍加修饰，并说道："真的是很神奇，大脑单独的作用竟然如此的小：我的脑瓜子挺聪明；然而我从第一个蠢到爱上我的女人那里所学到的，比大脑教给我的东西多多了。"[24] 这个女人很可能指的是爱丽丝·洛基特。

欧文似乎在《支配命运的人》这部作品上，对萧伯纳表现出了一种阳奉阴违的态度，显然，他拿下了参演的权利却并没有真心实意想要着手去做。萧伯纳想让埃伦扮演陌生女子，而欧文扮演拿破仑。令他恼羞成怒的是，欧文在《桑热纳夫人》中扮演了拿破仑，而埃伦扮演了当洗衣女工的公爵夫人，这是一部历史剧，作者就是"萨尔都式"王子本人——维克托里安·萨尔都，他和埃米尔·莫罗合作写了这部剧。关于《支配命运的人》的交涉一直拖延到了1897年。1896年12月，关于欧文在《理查三世》中的表演，萧伯纳写了一篇令人不悦的评论，这令情况变得更加糟糕。他在评论中暗示欧文可能是在醉酒的状态下进行表演的。萧伯纳指的是表演中的一些"奇怪的文本错误"，并评论说"有一次他的无意之举令全场观众大为激动，因为他出乎意料地用理查德那具有穿透力的音调和无韵诗的形式，叫米尔顿小姐往台上站"。此外该评论中还提到了欧文将战争场景中的精疲力竭演得"过于卖力"，同时他还巧妙地暗示19世纪初期，演员埃德蒙·基恩就众所周知地在醉酒的状态下登台表演，这些都使得萧伯纳的推论显得毋庸置疑。[25] 1897年5月，《德库拉》的作者布拉姆·斯托克草草地将萧伯纳的手稿退还给了

他，他是欧文的经理和顾问。萧伯纳把一个戏剧界的敌人连同其女主角
一起招入自己阵营的尝试，以失败告终。

　　埃伦·特里是在 1892 年 6 月第一次与萧伯纳有了联系，当时他回
复了一封她寄给《世界》的信，邀请其音乐评论家（萧伯纳）出席她的
一位女门徒，埃尔薇拉·甘博吉的独唱会。两人之间的书信恋情从 1895
年开始。"我们开始狂热地给对方写信。"埃伦多年后在她的自传《我的
人生故事》中回忆道。[26] 除了 1891 年在沙利文·阿瑟爵士的《艾凡赫》
的一场演出中短暂相遇以外——特里并没有认出萧伯纳就是她偶然地说
了一声"早上好，先生"的那个人——直到 1900 年 12 月 16 日，他们
才在《布拉斯庞德上尉的转变》舞台社初次公演时再次会面。[27] 特里是　*184*
剧中灵巧、老练、慈爱的西塞莉·韦恩弗利特夫人的原型，最终她被说
服在 1906 年 3 月，该剧在宫廷剧院的演出中，亲自扮演这个角色。萧
伯纳形容特里具有"智慧心灵"[28]，而这正是他希望在西塞莉夫人这个
角色身上传达出的品质，那种他让那乖戾、反叛的上尉在最后一幕中所
认识到的"真正的聪慧"。特里和那位著名探险家的妻子 H. M. 斯坦利
（娘家姓是坦南特）太太（后来成为夫人），也都是他创作坎迪达这个角
色的原型。[29] 1897 年 7 月 16 日，萧伯纳告诉埃伦·特里："我说过，在
伦敦唯一一两个真正有同情心的女人——你和多萝西·坦南特（斯坦利太
太）。"[30] 萧伯纳很可能借用了多萝西·斯坦利名字的缩写多莉，作为他
的剧作《难以预料》（1897 年）中双胞胎之一的名字。在 1898 年 5 月 7
日写给悉尼·韦伯的一封信中，他将斯坦利太太称作多莉，并且说他曾
告诉她"她就是坎迪达的原型，我崇拜她"[31]。
　　萧伯纳与多萝西·斯坦利的友谊在他的人生故事中几乎是遗失的一
章。1897 年 11 月 17 日到 1905 年 7 月 3 日间的 5 封从未发表过的萧伯
纳写给她的信，令我们可以一瞥两人之间的友谊，同时这几封信也展现
了萧伯纳在社交中的智慧与魅力。[32] 1897 年 11 月，萧伯纳受邀与斯坦

利太太一同共进晚餐，但是他因为伤势还未痊愈无法出席，这次伤势是
他众多惊人的骑行事故中的一次。这次受伤令萧伯纳想到了他的小说人
物职业拳手比利·帕拉迪斯的命运，在 1883 年的小说《卡谢尔·拜伦
的职业》中，帕拉迪斯在与卡谢尔的史诗级较量后饱受重创。萧伯纳这
样对她写道：

> 亲爱的斯坦利太太，
>
> 一切都完了。我刚经历了每年一遇的自行车事故。读读我对帕
> 拉迪斯在与卡谢尔·拜伦较量之后的描写吧，这样你就知道我现在
> 看起来是什么样的了。你不能与一个挂着可怕的熊猫眼、脸也被摔
> 得不成形了的男人共进晚餐……你说这可多气人啊？真该死！ [33]

1903 年，在亨利·莫顿·斯坦利去世的前一年，他经历了一次轻
微的中风。自我任命的医疗顾问萧伯纳告诉斯坦利太太（这时人们依旧
这样称呼她）别担心。他在一封 1903 年 5 月 18 日的信中告诉她，他
自己的母亲在两年前就这样病倒过一次，一位医生给了她一些"洋地
黄，这使她的心脏活动整整一个晚上都是紊乱的；在如此令她愤慨的绝
境中，她竟然急速地康复了，并自此以后一直很健康，还到德国的山脉
里去徒步"。这位"顾问"进而解释说"斯坦利欢宴作乐得太过猛了些，
因此他大概使得自己头部一些微不足道的小血管破裂了；不过其中的瘀
血到了此时应该差不多都被吸收了"。当斯坦利好转时，真正的医生和
那些致以慰问的朋友们都会感到失望，这给这位后来写了《医生的两难
选择》的作者，又增加了一种对医疗职业的尖锐讽刺。[34]

在一封写给伯莎·纽科姆的信中，萧伯纳提到了他与埃伦·特里
的通信中那些"花言巧语的放肆行为"。不过这些花言巧语，显然是伴
随着极大程度上的真实爱慕和敬佩的。"我确实钟爱埃伦。"他在同一封
信中这样说。[35] 他同时也十分敬佩她作为一名演员的天赋，并被她表演
中的细节深深吸引，比如在她扮演莎士比亚《辛白林》中的伊摩琴这类
角色时。（关于他对她的表演提出的建议，再一次显示出了他极其熟识

并通晓莎士比亚的作品；后来他用素体诗给该剧的结尾做了喜剧化的改写，标题就是《翻新的辛白林》（1937），揭示出了莎士比亚一些作品结局的荒谬性，特别是从女权主义的角度来看。）不过这段无实可依的恋情始终有着夸大与虚假的成分；萧伯纳对其的感情投入明显没有达到后来他在与帕特里克·坎贝尔太太的那段恋情中的投入程度。

萧伯纳写给特里的甜言蜜语中，涉及自传性质的内容，我们需要"谨慎对待"。萧伯纳那经常被引用的，关于自己早年教养的戏剧化呐喊——"啊，多么不幸的一个童年啊，埃伦，只有在梦中是富饶的，现实生活中却是可怕而缺乏关爱的"——跟其他关于他家庭背景的证据对比起来，显得有些可疑，关于这些证据，本书在前面已经做了探究。[36]不过，萧伯纳常常把他写给埃伦·特里的信作为自传写作的一种媒介这一点，是值得注意的。埃伦·特里不仅仅是一个可爱而有天分的朋友——对她的爱始终保持在安全距离以内——同时还是一个聆听告解的母亲。萧伯纳写给特里的信中坦白了许多事情，并在感情生活以及工作问题上向她询问建议。同时这些信还展现了他的欢快天性。比如，在其中一封信中，他为自己异常大的一双耳朵向特里道歉，他声称这是父亲那边卡尔一族的祖传特色，这一点在 1896 年的一张照片中清晰可见："对于这双耳朵，我真的很抱歉。它们是萧家族的特色。就像三折屏的两扇门一样打开；我出生时它们就那么大了，以至于在刮风天气里，我的保姆不得不紧紧拽着我的腰带，避免风吹到我耳朵的时候，我被刮跑。"[37]

萧伯纳对特里的敬佩和爱慕之情得到了回应。1906 年，《布拉斯庞德上尉的转变》在宫廷剧院上演前的制作期间——她饰演西塞莉夫人——她终于开始定期与这位"萧先生"见面了，她觉得他"在排演中十分有耐心"。她把萧伯纳视为"一个友好、和善、温柔的人，他的那些'头脑风暴'仅仅是源于爱尔兰人喜爱争执的天性，而从来不是源于恶意和愤怒"。她在总结自己对两人关系的回忆时，对萧伯纳思维的活跃以及他在剧作中难以捉摸的知识立场，做出了一些很精明的评论。她援引了猫的形象，在后来阿彻和萧伯纳之间的书信中，猫的形象将会

186

再度出现，这一点我们在前文中已经有所提及，她说："不适合太严肃地看待萧伯纳。他并不是一个坚定不移的人。这正是他剧作的魅力之一——至少对我来说。一个人永远没办法知道猫会怎样跳跃。但是它跳了。萧伯纳生机勃勃，有九条命，跟那只猫一样！"[38]

　　萧伯纳在作为一名剧作家的最初几年，十分专注于母亲这一角色。在 1896 年 4 月给埃伦·特里的信中，他写道："从我们出生直到我们死去，我们都是女人的婴孩，总是想从她们那里得到些什么，从来不给她们任何东西，除非是那些想让她们帮我们暂时保管的东西。"[39] 关于丈夫最终都成为他们妻子的婴孩这一看法，萧伯纳在他的第一部小说《未成熟》中已经有所探讨，这一观点贯穿他的作品，并在《伤心之家》中绍特非女儿们的"母性暴政"这里达到顶点。他第一个重要的母亲形象是对《华伦太太的职业》中"可悲的老废物"[40]吉蒂·华伦的刻画，最开始，她的独立看起来令人钦佩，并对体面一事显得爽朗而轻蔑，但到了剧末与女儿的争吵中，她变成了一个花言巧语、自怨自艾、从情感上绑架女儿的母亲，直到最后她恢复自制为止。

　　在一封 1896 年 8 月写给埃伦·特里的信中，萧伯纳谈到了她在《桑热纳夫人》中扮演的一个母亲形象："你说你想要一部关于母亲的剧，这很好……我正好写了一部关于母亲的剧——《坎迪达》。"[41] 这部作品，是他在 1894 年 10 月 2 日到 12 月 7 日之间以飞快的速度写成的（设想的是以珍妮特·阿彻奇作为女主角），以非常模棱两可的角度来呈现其中的母亲形象——一个充满关爱的圣母与残忍的母夜叉的混合体，她贬低自己的"巨婴"丈夫詹姆斯·梅弗·莫雷尔牧师，把他当作幼儿来对待，并与他的对手，诗人尤金·马奇班克斯调情。剧中对于坎迪达的这种双重观点（从某些方面来说，她让人想起斯特林堡的剧作《父亲》中的女人形象，这部剧写于 1887 年，但当时萧伯纳还没有看过其演出也没有读过其剧本）也反映在了萧伯纳在信中对坎迪达的评价。同样是在写给埃伦·特里的信中，他想说服她来演剧中主角，萧伯纳向她吐露："私下告诉你，坎迪达就是圣母而非他人。"[42] 为了强调两者之间的这种联系，他要求以"一幅提香《圣母升天》中主要人物的巨大临摹画"作 为该剧舞台布景的一部分。不过，在另一段话中，萧伯纳援引了瓦格纳的作品作为对照："坎迪达就像齐格弗里德一样无情……她对尤金的引诱只限于对她自己有价值的时候。从传统意义上来看，她是一个没有'性格特征'的女性。如果没有智慧和毅力，她就会是一个可怜的妓女或者沉溺于享乐的人。"[43]

　　因此，萧伯纳在坎迪达中创造了一个奇妙而模棱两可的母亲形象。一个圣母玛利亚和渴望权力的妖艳女子的令人困惑的组合。在写作《难以预料》和《布拉斯庞德上尉的转变》时，萧伯纳创造出了另外两个和蔼的母亲形象。西塞莉·韦恩弗利特夫人，她收服了感情过度张扬且反叛的布拉斯庞德上尉的心，她是一个精明、亲切而且情商很高的女人，在剧中故事的发生地，摩洛哥的野外，她以完美的姿态和深思熟虑的善意举动，比如帮别人缝补衣物，来应对攻击和危险。《难以预料》中的克兰顿太太，萧伯纳将她形容为"一个乔治·艾略特时代的先进女性和我母亲某些个性的混合"[44]，她是另一个被塑造得更为温柔的母亲形象。

　　1894 年到 1899 年间，萧伯纳在戏剧写作中对于母亲形象的专注，可以很简单地归结为他对这一主题的固有兴趣，此外他还能借机充分发挥自己的创意和技巧。不过，这也引发人们思考，在这个阶段萧伯纳的内心状况是怎么样的，他当时在与女人的关系中寻找的是什么。与珍妮·帕特森——作为他热烈的情人的同时，她也试图在某些方面当他的母亲（以及可可、草莓、拖鞋的供应商）——的恋情在经历了 1893 年 2 月弗洛伦斯·法尔公寓里那"惊人的一幕"后，以戏剧般的结局收场了。到了 1894 年年末，弗洛伦斯，这个让他兴高采烈地离开占有欲太强的珍妮的人，也开始让他感到失望。她的生活漫无目的，且对于自己的职业以及他所拥护的社会事业，都无法认真投入。正如他笔下的诗人马奇班克斯，萧伯纳反对把幸福和居家的舒适作为自己生命中的主要追求对象；他认为珍妮所展现出来的那种占有欲——就连个性自由不羁的

187

211

弗洛伦斯也有这种迹象——作为满足性爱而付出的代价，太高了。他不仅不追求爱情——在恋爱的意义上，对于另一个人完全的、相互的付出和承诺——反而想逃避它。

与此同时，他享受着他与埃伦·特里的愉悦关系，对于她，他可以取悦、请教、指导、迎合以及逗她开心，但他的独立自主却不会受到威胁。他似乎与多萝西·斯坦利也保有一段类似的关系，她是他结识的精英圈子的成员之一（"伦敦唯一两个真正有同情心的女人"）。也是差不多这个时候（1895），另一个叫作夏洛特·佩恩－汤森德的女人也即将出现，尽管她自己坚定地拒绝生育孩子、成为母亲，却在萧伯纳的生命中扮演了一个显著的母亲角色。

在他为《星期六评论》写的评论作品中，萧伯纳对 19 世纪戏剧的战役可以说是取得了辉煌的成功。不过，在另一个前线上——创作可以挑战既定传统的新剧——他收获了混合的结果。当他写到"令人愉悦的剧作"系列的最后一部《难以预料》，并开始着手下一系列剧作的第一部《魔鬼的门徒》（1896）时，他开始采用这样一种写作策略，表面上符合 19 世纪流行的戏剧流派的传统，但在风格和题材上却具有一种非常显著的萧伯纳特色，这样就将流行的戏剧形式置于了批判的光束之下。在《难以预料》中，他为伦敦西区的剧院创造了一出前所未见、独树一帜的时髦喜剧。在《魔鬼的门徒》中，他创造了一部采用维多利亚时代情节剧的传统剧作，但却与这一流派中的其他剧作大相径庭。

萧伯纳在这种新颖的、针对戏剧的费边社式策略中，只取得了局部的成功。《武器与人》之后，萧伯纳经典作品集中的那些剧作，并没有保持 1894 年初该剧在大道剧院短暂成功后的势头。《支配命运的人》由亨利·欧文保管着，没有上演就失败了。《坎迪达》于 1895 年写完，在 1897 年初在一些地方城市上演，直到 1900 年 7 月 1 日才由舞台社排演，并登陆伦敦。在美国，理查德·曼斯菲尔德以每周 250 美元的薪酬雇用了珍妮特·阿彻奇来饰演坎迪达这个角色，但是，因为他既不喜欢该剧，也不喜欢阿彻奇，便与萧伯纳闹翻了。在 1895 年 4 月写给萧伯纳的一封直率得近乎粗暴的信中，曼斯菲尔德说这部作品"吸引人"却并不是一部戏剧。通篇只是在"说——说——说"，而萧伯纳竟试图从"一件细枝末节的小事"中创作出一部戏剧。对于萧伯纳所钟爱的珍妮特，他就更无礼了。"我从没爱上过长着绒卷发说话还柔声细语的人……我厌恶陈旧烟草和金酒混在一起的味道……我不喜欢那些用手梳理她们黄褐色发卷、抓挠脖子、下巴扬来扬去的女人……舞台属于浪漫、爱情、真理和荣誉。"曼斯菲尔德这样写道，显然是把自己看作是某种捍卫戏剧的圣骑士了。[45] 萧伯纳后来说过，《难以预料》这部剧是故意使用了"伦敦西区剧院里那些时髦喜剧"的模式，[46] 该剧于 1896 年写成，但直到 1900 年才公演。

正如威廉·阿彻对于萧伯纳的剧作和职业生涯常常做出极度无礼的评价一样，曼斯菲尔德对于《坎迪达》和珍妮特·阿彻奇的大力抨击，同样没有摧毁他与萧伯纳的关系。1896 年，一定程度上是因为萧伯纳与曼斯菲尔德的妻子比阿特丽丝之间的诚挚通信，这段关系才得以维持了下来。到了 1897 年 9 月，在由曼斯菲尔德制作的即将上演的，充满萧伯纳独特个人特色的情节剧《魔鬼的门徒》中，萧伯纳成功为自己争取到了丰厚的稿费。该剧于 10 月 4 日在纽约的第五大道剧院上演，一共演了 64 场，延续了曼斯菲尔德在导演并主演克莱德·菲奇的白手起家式历史剧《博·布鲁梅尔》时所获得的巨大成功。萧伯纳在纽约该季度《魔鬼的门徒》的演出中，获得了总计 700 英镑的稿费，当曼斯菲尔德于次年年初到美国中西部巡演该剧时，萧伯纳又收到了另外的 1300 英镑。[47]

1897 年 11 月 7 日，第一笔稿费入账之时，萧伯纳向夏洛特·佩恩-汤森德汇报了该剧"轰动性的成功"，她当时在巴黎旅行，他说自己一生之中从未如此富有，在银行有了 314 英镑的信用额。[48] 该剧的故事设定在美国独立战争期间，地点是奉行清教徒主义的新罕布什尔州，剧情

189

很紧凑，主人公在最后关头被从绞刑架上解救了下来，闹革命的市民们取得了胜利，在剧末哼着"洋基歌"的粗鲁曲调扬长而去。《魔鬼的门徒》在美国观众那里引起了共鸣。该剧对于 18 世纪 70 年代严厉遵守清教规矩且压抑的新罕布什尔州的描绘，使其与纳撒尼尔·霍桑 1850 年写的小说《红字》之间产生了有趣的文化共鸣。

《魔鬼的门徒》及其前一部作品，都有着明显的自传特征。《难以预料》是一部在主题和人物刻画方面都十分深刻的喜剧，在萧伯纳虚构的故事中，他自己家庭中的每一个成员都以这样或那样的方式得到了展现。故事中的家庭最后以一种不太稳定的形式得以重聚，而这在现实生活中却未能发生——尽管萧伯纳说过父亲去世时，他的姐姐露西在都柏林，并与父亲"亲情依依"[49]。正如贝茜·萧一样，克兰顿太太离开了丈夫，并有着三个孩子，包括两个女孩和一个男孩。她的丈夫，克兰普敦先生，多年来都没有与孩子们见面，因为孩子母亲改了姓名并搬到了马德拉群岛。剧中强烈地暗示了克兰普敦先生有着——或者有过——酗酒的问题。因此与萧伯纳父亲有着相似之处，或者说至少是与萧伯纳对他的描述有着相似之处。不过这也是仅有的相似之处。克兰普敦先生暴躁易怒，并且很显然在过去对自己的孩子也会动手，这一点与我们所了解的萧伯纳的父亲大相径庭。[50]

孩子中的两个，多莉和菲尔，是一对双胞胎，他们对于母亲没有恶意的、幽默的嘲弄，以及喊喊喳喳地违反惯常社会礼仪的谈话，都很有可能是以萧伯纳和姐姐露西的关系，以及两人与母亲之间的相处模式为模本的。萧伯纳很有可能给了长女——"骄傲、有主见"[51]且迷人的格洛丽亚——他自己在少年和青年时期，在家庭关系中所展现出的一些优越且有权威的举止。

从《难以预料》开场在牙医的椅子上经历的疼痛，到剧末——在航海酒店举行的"为了引起人们对救生艇的重视"的——化装舞会上的狂欢，故事的发展可以说是一场极富戏剧性的经历。但是这部剧的优点，过了一段时间以后，才开始被人们意识到，而莎士比亚式的侍应生威廉这个角色，也是之后才开始吸引像 20 世纪初的路易斯·卡尔弗特以及后来的拉尔夫·理查森、西里尔·丘萨克这样的主要演员。1897 年春天，在秣市剧院，经理弗雷德里克·哈里森和演员经理西里尔·莫德（他扮演侍应生的角色）对该剧的制作在一片混乱中中途流产，并导致了作品被撤回。关于这次失败的制作中灾难般的排练，萧伯纳写了一段滑稽的、自嘲的描述——从莫德的视角出发，贴心地描绘出讨厌的、极度无能的剧作家应该对这场惨败负全责——并以匿名的方式，将这段描述作为一个章节发表在莫德的书《秣市剧院》（1903）中。

萧伯纳对《难以预料》的观点摇摆不定。1897 年 9 月 8 日写信给弗洛伦斯·法尔时，他把该作品形容为"我所改写过的最枯燥的垃圾"[52]，而同一天他又告诉埃伦·特里，说它是"一个可怕的例子，这就是尝试为当代剧院写作的后果"[53]。不过，到了 1906 年，他对于这部作品的评价就公正多了——这是他早期剧作中最为阳光和欢乐的作品之一——他在给威廉·阿彻的一封信中如此形容："这东西是一首诗和一部记录，一次布道也是一次节庆，所有这些合而为一。"[54]

故事场景设置在一个海边的旅店里，在这里，苦涩分离的家庭成员不约而同地聚到了一起，伴随着宴饮、音乐，以及舞蹈，《难以预料》成了一场庆祝——关于生命中期望、体制以及理性之间的矛盾，关于生命在富于成果的变化和发展中所包含的可能性。《难以预料》比以往任何早期的剧作更为清楚地证明了，那些把萧伯纳看作是理性主义领军人物和才智代言人，并认为他将这些当成解决人类关系中种种问题的途径的观点，是不正确的。"不要思考。我希望你能去感受：这是唯一能够帮助我们的。"剧中那个分居的丈夫，同时也是女孩的父亲如此喊道。

整部剧中，固有的成见被相反的经历和观点、情感上出乎意料的反转给破坏了。标题中的这种难以预料支配着剧情的发展。看似不可违反的原则和决定，变得无关紧要。年轻情侣——格洛丽亚和她那健谈的追求者，牙医瓦伦汀（一部分以萧伯纳自己为原型）——之间看似和谐均衡的知识水平，却隐藏了他们在情感体验上极大的代沟，并为实现他们真正的需求和渴望制造了不自然的障碍。阶级结构似乎也没有最初看起来那么严格死板。令人震惊的巧合，是该剧剧情和主旨的精髓所在。尽管疼痛、苦涩以及不和等种种现实没有被忽视，但剧作强调的却是种种满怀希望的可能性：生活与机遇展现出它们和善的一面。角色中的双胞胎仅仅是为了提醒我们，生命的力量在其创造过程中具有的那种有趣和生机勃勃的善意，而这部剧作正是旨在教我们为此感到欣喜。

　　萧伯纳从 1896 年 9 月 10 日开始创作《魔鬼的门徒》，并于同年的 12 月 30 日完成。这一年年初的时候，他发表了一篇标题为《谈去教堂》的文章。写作这篇文章，唤回了他关于童年时期被迫接触的、狭隘拘谨的爱尔兰新教主义的记忆。那些更为富裕的萧氏亲戚，比如弗雷德里克·萧爵士，都柏林的法官，以及萧伯纳的叔叔理查德·弗雷德里克·萧，都柏林估价局的局长，都是爱尔兰新教教会的核心人物，因此卡尔·萧一家至少在表面上是拥护新教的。萧伯纳在他年轻时去郊外的新教教堂的经历，给他留下了难以磨灭的印象，正如本书在前面引用过的这段描述，[55]"一群不自然的一动不动的人，穿着他们做礼拜的盛装，戴着软帽，板着严肃的面孔，由于一切的情感都被压抑着，这些面孔染上了一种恶毒僵化的苍白色调"。正是从教堂的核心人物之一，他的叔叔理查德·弗雷德里克·萧那里，萧伯纳收到了 1885 年那封严厉地反对"社会主义和无神论观点"的信，他叔叔是从乔治·卡尔·萧那儿听说了这些观点。[56]

192　　萧伯纳对于年轻时参加新教教堂集会的描述，也适用于我们将要在《魔鬼的门徒》第一幕中所看到的伪善的杜德吉恩一家，尤其适用于那位怨毒的"凶猛、精力充沛、怒气冲冲的女人"杜德吉恩太太，她的愤怒是沉默而压抑的。萧伯纳在《写给清教徒的三部剧》中承认，杜德吉恩太太是对狄更斯《小杜丽》中克莱南太太的一个复制。在创造理查德·杜德吉恩时，这位亵渎神灵、给亲叔叔下套的叛徒，在剧目一开场，就展现了他对于虔诚的杜德吉恩家族的嘲讽，萧伯纳似乎是在幽默地报复年轻时所见到的那些狭隘的新教礼拜者，以及都柏林的萧氏亲戚。或许也有挖苦他自己叔叔的成分，因为他给了这位"魔鬼的门徒"和叔叔理查德·弗雷德里克·萧一样的名字。

在他 1885 年写给萧伯纳的信中，叔叔向自己这位离经叛道的侄儿坦言："没有任何一个私下认识你，或是从你父亲那里听说过你的人会怀疑，无论是从私生活方面还是习惯上来看，你都适得其所——事实上，我自己也不曾怀疑，在这些方面，你对许多人来说，都是坚定信仰基督教的典范。"这个的想法同样在该剧的情节发展上得到了体现，无神论者理查德·杜德吉恩为了救长老会的牧师安德森，在英国当局者的面前冒着性命的危险，表现出了最为虔诚的基督徒的行为。而这位牧师的角色，也符合角色的反转，因为在剧末他决定自己更适合做一名军事指挥官而不是一个牧师。

"难以预料"这个主题以一种不同于前作的基调贯穿了整部《魔鬼的门徒》。好与坏、英雄与恶棍一点也不像阿德尔菲剧院那些老式情节剧中的一样那么容易区分。虽然萧伯纳明确地承认自己窃取了维多利亚时代情节剧中受人喜爱的熟悉情节加入到自己的剧中。"阿德尔菲正厅后排的每一位老主顾"，他写道，都会"认出诵读遗嘱、逮捕、英雄式的牺牲、军事法庭、绞刑台、最后一刻的缓刑，正如在自己餐厅的菜单上认出牛排布丁一样"。[57]

另一个对《魔鬼的门徒》的创作有着不同寻常影响的，就是威廉·布莱克，特别是《天堂与地狱的婚姻》的影响。萧伯纳还提到在他写作这部剧的时候，还经常想到尼采的《善恶的彼岸》。他的日记中记载了 1888 年新年的那一天，他阅读了工艺美术季刊《木马》上刊登的《天堂与地狱的婚姻》的再版。除此以外，1890 年 10 月 27 日（在结束了在布拉德福德关于"社会主义"的演讲以后），从利兹到伦敦的途中，*193* 他记录"在火车上读了很多布莱克的诗"[58]。这次阅读似乎标志了布莱克对萧伯纳的思想和想象施以强烈影响的开端，这位诗人也因此成了少数几个萧伯纳认为与自己有着"多少有些相似的""奇特世界观"的作家之一。[59]萧伯纳很可能早在 1894 年就知道了尼采的《善恶的彼岸》，这时他刚认识索菲·博尔夏特，一个德国数学家，她错误地以为他在写作《易卜生主义精华》之前一定读过尼采的书。[60]《善恶的彼岸》直到 1907 年才有了英文译本，但是萧伯纳似乎早在那之前就已经了解了其中论证的主要观点。

在他 1901 年给《写给清教徒的三部剧》做的序中，"谈魔鬼的伦理"这一部分在讲到构思《魔鬼的门徒》的思想渊源时，萧伯纳提到了布莱克和尼采，在这之前还提到了正是班扬开辟了关于从天堂轻易通往地狱的这个概念："一个世纪以前，威廉·布莱克就像是迪克·杜德吉恩一样，公然宣称自己崇拜魔鬼。他把他的天使称作魔鬼，魔鬼称作天使。他的魔鬼是一个救世主。那些赞美我在构思迪克·杜德吉恩那奇特的宗教观时十分具有原创性的人，都去读读布莱克的《天堂与地狱的婚姻》吧，他们不责骂我是一个剽窃者就已经是我的万幸了。但是他们甚至不需要回溯到布莱克和班扬那里去。难道他们没有听说最近因为尼采的翻个底朝天的善与恶而引发的种种大惊小怪吗？"[61]

萧伯纳在《魔鬼的门徒》及其前言中对于善与恶的传统概念的颠覆，将对他的作品产生深远的影响，尤其是在像《芭芭拉少校》这样的剧作中。他对情节剧中将世界清晰划分为英雄和恶棍的拒绝，也将成为他作品的特质之一。

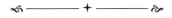

萧伯纳第一次骑车是在 1885 年 2 月 27 日，跟他的同伴，音乐评论家和社会主义者贝尔福特·巴克斯骑了两个小时的双人自行车。[62]不幸的是，这次骑行没有留下任何图片记录。1891 年 4 月 24 日，萧伯纳第一次尝试了骑单人自行车。接着，两年之后，1893 年 5 月 1 日，他"去了普里德街［伦敦］，执行了一件他决议已久但尚未考虑成熟的事，他报名参加了戈雅学校的自行车课程"。结果这被证明是一次"最为丢人的经历"，他记录道："但是我付了12节课的钱，觉得我绝不能作为一个失败者而撤退。"[63]骑自行车后来不仅成了萧伯纳的，同时也是他的朋友比阿特丽丝和悉尼·韦伯最喜爱的一种消遣方式。在19世纪90年代和20世纪前几年间定期的年中休养中，不管是为了参加费边社的暑期班，还是为了商讨解决与费边社政策、计划、刊物相关的问题，英格兰的乡间总是有费边社成员骑着自行车翻山越谷。

194

萧伯纳是一个事故频发的自行车手，他在后来骑摩托车和开汽车时也是如此。1896年7月，他在秣市被一匹拉着轨道火车的惊马撞倒了。虽然他除了受些瘀伤外逃过了一劫，但他的自行车严重损毁成了"一只不可思议的铁蜘蛛，有着扭曲的腿和被吹翻的伞一样的翅膀"[64]。这是一系列的灾难性事故中的一次，这样的情况后来被他在通信时称作"一年一度的自行车车祸"。前一年9月，在南威尔士和韦伯一家一起度工作假期时，他在去丁登寺的途中与哲学家伯特兰·罗素发生了一次惊人的碰撞。当萧伯纳把脚踩在脚踏板上，并任由自己沉溺于"那种向前快速俯冲下坡的快感"时，罗素出乎意料地在他前面停了下来。这位《心的分析》和《西方哲学史》的未来作者停下来，是为了查看方位。

> 试想一下我的感觉［萧伯纳之后给珍妮特·阿彻奇——她喜欢他骑行的那些故事——写信时说道］，当我看见罗素跳下来，并把他的自行车横转到了我的路上，就为了看一个路标！或者想想我当时能有什么样的感觉，如果说我当时有时间思考的话。我按了车铃并向右全力转弯；他掉头看了看接着就把他的自行车转回了右边——这也是我的右边。接着——猛撞上了。最后一秒我得以向左转了一下，这样我就不至于正对着撞向他……罗素，很幸运地连一点擦伤都没有；但是他的灯笼裤被撕坏了——怎么弄的我就不知道了。[65]

萧伯纳虽受到了惊吓但没有大碍。他跳到车的其中一个轮子上，把它"适当地踩圆"以后，又继续进行他的旅程。

　　萧伯纳和罗素的这次相撞发生在 1895 年 9 月 12 日，后来俩人建立起了一段十分亲密的友情。接下来的一年里，费边社的骑行群体中又多了一位新成员，夏洛特·佩恩－汤森德，她的加入使得萧伯纳的花花情史进入了新的篇章，而她也逐渐在他的职业生涯和个人生活中变得越来越重要。

一场爱尔兰人的求爱

　　"我想面对面向你撒谎——距离很近地。"这是萧伯纳对这位后来成了他妻子的女人，夏洛特·佩恩－汤森德所做的著名宣言，这句宣言出自 1896 年 11 月 4 日写于菲茨罗伊广场的一封信，信的开头是一段关于爱尔兰的讨论。夏洛特当时和家人住在德里的罗斯卡伯里，之前她写信给萧伯纳讲述爱尔兰的苦难，其中援引了爱尔兰小说家和诸多期刊的编辑约瑟夫·谢里登·勒法努。夏洛特随信附上了罗斯卡伯里庄园的照片，这引来了萧伯纳的调侃："从古至今，还有比这更多愁善感的女子吗？你引用勒法努所写的种种关于你国家的苦难，接着又寄给我'宫殿般壮丽景象的照片，你就是住在这里面悲叹的吧'。"不过他接着又说："我希望我现在也和你一同在这些山间。此刻有两个地方*可以让我休憩我疲惫的头脑——山坳里和你的膝上。"他继而宣称他希望即刻就从海上或者乘坐热气球去德里——毋庸置疑肯定会绕过他所厌恶的都柏林——仅仅为了同她共度夜晚。[1] 想要探访爱尔兰乡间——后来他多次西行并

---

　　* 原文为"laps"，既可以指山坳，又指人的膝盖。——译者注

享受在那里长宿——的愿望以及他对于这位 1896 年初所认识的新朋友的爱慕之情，在这封信中有趣地结合在了一起。

夏洛特的爱尔兰背景和世界观，在她与萧伯纳的关系中——可以从萧伯纳早期写给她的信件中看出——有时是被高估了的。同萧伯纳一样，她看待世界的眼光是从一个爱尔兰人的身份而不是一个英国人的身份出发的。在 1935 年到 1936 年，当他们需要做出选择时，两人都正式地宣布自己是爱尔兰的公民。[2] 1896 年年初，夏洛特在威斯敏斯特阿德尔菲露台 10 号租下了一套有着"令人愉悦的房间，可以远眺［泰晤士］河景"[3]的公寓，就在新的伦敦经济学院的上面。这里成了萧伯纳在伦敦幻想的爱尔兰。"现在对于我，爱尔兰的地址就是阿德尔菲露台 10 号。"他在 11 月 4 日写给她的信中说道。在一封写给埃伦·特里的信中，萧伯纳把夏洛特描述为"爱尔兰人、精明、绿眼睛"。在另一次向特里大致描述夏洛特时，他写道："P. T. 小姐是个安静的人，简单、绿眼睛、很淑女，完全被我的思想带坏了，40 岁，每年 4000 英镑的稳定收入，有舒适的住所，独立并且没有任何负担，而在她信任的人面前，也不是那么朴实无华。"[4]

从某种方面来讲，与这位"安静的"夏洛特的关系对萧伯纳而言代表着一种对爱尔兰的回归，一种心灵上与祖国的重聚，没有与都柏林那些不愉快的联系，也没有他之前与爱尔兰女性朋友珍妮·帕特森交往时所碰到的问题。值得一提的是，萧伯纳交往最深的两段关系——与珍妮和夏洛特——都是与爱尔兰女子。

就如马尔科姆·马格里奇在解释萧伯纳与佩恩 - 汤森德结婚的原因时狡黠地指明的（若不是这一点，他的解释就会显得相当误导人）一样，夏洛特并不是萧伯纳那些"性感的女演员"之一。[5] 正如比阿特丽丝·韦伯在她的日记中记叙的，夏洛特的长相并不迷人，甚至可以说是相貌平平，这也部分符合萧伯纳向埃伦·特里所做的描述。当她认识夏洛特·佩恩 - 汤森德时，夏洛特将近 40 岁了，在日记中，韦伯对这位即将成为费边社圈子里重要新成员的富有年轻女子做出了呼之欲出的精彩描写："她本人很迷人——一个高大优雅的女人，长着巧克力色的浓密头发，愉悦的灰色眼睛，肤色暗淡得有时候看起来不太均匀，有些时候又为她闪亮的头发和明亮的眼睛营造出一幅如画布一般苍白的背景。她穿得很讲究——穿着她飘逸的白色晚礼服时几乎就是个美人。通常她看起来朴实无华。性情方面她是一个无政府主义者——无法容忍任何规矩和法则。"[6]

尽管夏洛特很聪明、博览群书，并且社会地位很高，但她一直都很谦逊，没有她那个阶层的英国社会中所惯有的尖锐阶级观念和势利。从她写的信以及其他人的描述中可以看出，她的举止优雅、礼貌、自然且温和，同时又有着潜在的强烈个性和睿智。在萧伯纳写给她的信中，自然有许多他标志性的甜言蜜语和兴高采烈，但是其中也有许多直言不讳、实事求是的叙述，有着热情与亲切，这些都与他在其他女人那里所展现的招摇的殷勤不同。他们相同的国家、社会，以及文化背景——尽管他们的经济状况不同——也许与夏洛特性格中特殊的品质结合在一起，令他写给她的信中充满了一种轻松的氛围。

夏洛特从她父亲那里继承来的特质——对于严肃阅读和外语的热爱以及对公共事务的兴趣——在伦敦、都柏林以及爱尔兰和英格兰乡间繁忙的社交圈中并不特别受重视，作为一名年轻的女子，她一生中的大部分时光都是在这些地方度过的。她家在伦敦的皇后门 21 号有一所宅子，临近海德公园，同时他们在德里也有地产。这些为夏洛特社交中"多姿多彩的单调生活"[7]（出自她的传记作者珍妮特·邓巴）提供了大本营，包括出席舞会、歌剧（包括瓦格纳的）、骑马和打猎、在伦敦住一个季度，以及在欧洲大陆旅行。这些活动并没有满足她对于人生目的和方向的内心需求——她这个阶层的女子普遍都是与门当户对的人结婚，然后成为母亲，但她想要一条不同的人生道路——也与她逐渐形成的女权主义倾向不一致。和萧伯纳一样，她生来就是一个不愿意墨守成规的人。

夏洛特在她的一生中——家里的人都叫她"洛蒂"——一直认真记录自己的活动，写了许多日记。她性格中有着井然有序和讲求实效的一面，这从她保存的各种记录、为旅行写的那些详尽的装箱单，以及家务管理方面的出色技巧上就可以看出来。她日记中有一本——一个蓝色的、印有横线的笔记本，总共 106 页——涵盖了 1876 年到 1919 年的年度总结。其中较早的一部分提供了一幅她婚前生活的大致图景。1880年，她 23 岁的时候，她"与阿兰莫尔爵士交往密切"，他是一个很令人中意的年轻爱尔兰单身汉。这是她那几段都没有发展成婚姻的恋情中较早的一段。同年的 6 月 18 日，她记录了"我们第一场盛大的伦敦舞会"；佩恩 - 汤森德家族在接下来一年的 6 月里又在伦敦主办了另一场舞会。1882 年，"在托尔马什爵士家里吃晚饭"，她见到了她未来的姐夫，休·乔姆利上校（后来成为准将），他在 1885 年 3 月娶了夏洛特的姐姐玛丽。1882 年 2 月她的父亲去世，在 1893 年 9 月，她的母亲玛丽·苏珊娜·汤森德去世以后，她和她姐姐继承了所有的财产。[8]

夏洛特在认识萧伯纳之前众多的追求者包括：弗雷德里克·威廉·斯伯尼克伯爵，伦敦丹麦公使馆的书记；阿瑟·史密斯·巴利，一个富有的国会议员；大卫·芬奇·哈顿，一个年轻的爱尔兰探险家，他在美国发了财，并从怀俄明给夏洛特寄了一张熊皮；一位姓赫顿的少校，他在海德公园陡然向她求婚；还有一位姓克利里的将军，他是一个善解人意并聪明的人，与夏洛特有过一段认真但最终无果的恋情。与此同时，她以时髦的排场进行了大量的旅行。1892 年到 1893 年，北半球正处于冬季时（此时萧伯纳刚刚开始他的剧作家生涯），她去了印度，在这里出席了加尔各答的州际舞会、政府大厦举行的一场花园派对、各种聚餐和舞会，并参加了一场狩猎派对，射击黑豹。

1893 年，当夏洛特和克利里在他奥尔德肖特的一处房子暂住时，两人在会客厅有过一次长久、激情四溢，并且意义非凡的亲吻。这个吻，给夏洛特未来生活道路的方向带来了一个真正的挑战。将军是一位极其合心意的追求者，而且也想和她结婚，但她还没有做好准备放弃自己的个人自由。他给她写信说："如果我吻你吻得太过热情的话，要知道我的吻如同你的一样纯洁而神圣……在那一刻之前，我从未见过你的眼神如此温柔。"[9] 夏洛特去了约克郡到休和茜茜那里暂避，以便于仔细考虑这件事。在她写给克利里的一封长信中，她向他说明了自己的想法。她想在自己的人生中做一些有用的事，而婚姻并不符合她的这个需求。他大方地回信表示："你是自由的，就像那一晚从未存在过一样自由。唯一受到牵绊的人是我。不管你选择下一步路如何走，尽管对我来说或许将是最为哀伤的……我将永远是你的负债人，在这个世界上，没有任何东西可以帮我偿还这样的债。"[10]

1894 年 1 月 5 日，结束了与克利里的恋情，并在伦敦的沃尔辛海姆住宅区购置了新居所以后，37 岁的夏洛特乘坐埃及总督号汽轮去了埃及。在埃及，沃德福德勋爵和夫人邀请她登上了他们的游艇，在这里他们同当时驻苏丹英军的总司令霍雷肖·赫伯特·基奇纳将军（后来封为伯爵）一同共进了午餐。基奇纳将军是萧伯纳《剪报》（1909）——这是一部关于女性选举权运动的独幕喜剧——中米奇纳将军这个人物的原型。在游历完埃及之后，夏洛特决定取道那不勒斯去罗马，计划于 3 月 31 日到达目的地。到达之后，她在大酒店与埃德蒙·耶茨（很可能是 1886 年到 1889 年间雇用萧伯纳为他的期刊《世界》写艺术评论的那位编辑）以及他的妻子一同吃了饭。[11]正是在这个场合里，她认识了阿克塞尔·马丁·弗雷德里克·蒙特，一名瑞典医生和精神病学家，他后来成了瑞典皇家的医师以及一名备受赞誉的作家，夏洛特与他发展了在认识萧伯纳之前的最后一段认真的恋情。

英俊的蒙特医生，出生于 1857 年（与夏洛特同年），是一个很有魅力的人，他是敬业的医生、世界旅行家、擅长讲故事的人、动物和鸟类爱好者、浪漫的自然神秘主义者的不寻常混合体。他完成了在卡普里岛上建一座别墅的梦想，接着又写了一部畅销的自传作品《圣·米凯尔的故事》，写的正是建造这座房子以及他早期的职业经历。据他讲是亨利·詹姆斯建议他写这本书的，包括对在巴黎的萨皮特里耶医院，师从著名的神经科医生让 - 马丁·沙尔科这段经历的记叙。蒙特对沙尔科在治疗女性患者时使用催眠术，以及他对歇斯底里症的理论均持批判的态度，这一点引起了弗洛伊德的兴趣。蒙特的病人既有那不勒斯、罗马和巴黎的穷人，也有这些地方最为富有的人。当夏洛特在罗马遇见他时，他除了照顾富有的——主要是女性——病人以外，还在穷人区开了一间诊所。他在 20 多岁时曾和一个名叫阿尔提玛·奥恩贝格的瑞典女孩结

199

过婚，两人结婚 8 年以后离了婚。

刚到罗马时，夏洛特在格雷格利亚娜街的 25 号一处公寓里短暂地住过一阵子，这是一个临近市中心的时髦街区，随后她又搬到了欧洲酒店。在罗马她与蒙特医生变得越来越熟悉，3 月 8 日她"开始动身去威尼斯"，他碰巧也要在那里暂住。这段关系至少在她这方面演变成了爱情，但是蒙特很显然只想将其维持在友谊的阶段。他们继续会面和断断续续地通信。1895 年，夏洛特又一次来到罗马时，她让意大利画家朱里奥·阿里斯蒂德·萨尔托里奥给她画了一幅色粉的肖像画，她接着把这幅画像给了蒙特。他回信给她说："我不能也不会接受它的。"[12] 后来这幅肖像送回到了夏洛特那里，并成了夏洛特和萧伯纳的房子里的艺术品之一。

夏洛特显然被蒙特深深打动，他们的会面和通信一直持续到了 1895 年末。萧伯纳后来告诉埃伦·特里，说夏洛特"几年前曾经因失恋而心碎过"[13]，几乎可以肯定他指的正是与蒙特的这段恋情。蒙特后来娶了他的第二任妻子，希尔达·彭宁顿-梅洛，并在卡普里岛的一个海角上，古罗马皇帝提比略原先修建的一所别墅的遗址上（根据当地传统）盖了他自己的别墅，享有那不勒斯海湾的壮丽风景。

夏洛特于 1894 年末回到了罗马，在这里住了几个月都没有见蒙特，次年初的几个月她都在为萨尔托里奥的肖像画做模特。1895 年夏天她回到了伦敦，"学会了自行车"，萧伯纳也正好在这之前的几个月学会了同样的技能，但他却"学得异常艰辛"[14]。两个人在此时还没有见过面。1895 年夏末，她开始与费边社的圈子有了接触。她 8 月 4 日在威廉·莫里斯的凯尔姆斯科特寓所听了费边社成员格兰特·爱伦的讲座，爱伦出生于加拿大，有些任性刚愎。[15] 这段时间里，她还认识了悉尼和比阿特丽丝·韦伯，并对他们的事业表现出了兴趣，她赞助了伦敦经济学院，慷慨地给学院的图书馆捐赠了 1000 英镑。[16] 夏洛特记录了 1895 年 10

月 10 日"与悉尼·韦伯夫妇共进了午宴",她的姐姐玛丽也在场。[17]

夏洛特在 1896 年 1 月 29 日另一场与韦伯夫妇的午宴上认识了萧伯纳。她 1896 年年度总结中的简单陈述——"在韦伯家第一次见到了 G. B. S."——是我们对这次见面仅有的记录。[18] 夏洛特也正是从这段时间开始租下了阿德尔菲露台的公寓,这里后来成了他们婚后的居所。3 月 21 日,萧伯纳受邀去参加夏洛特筹备的一次在阿德尔菲露台举行的家中聚会,这是与伯特兰·罗素在伦敦经济学院开学第一年做的关于德国社会民主的系列讲座的一次聚会。[19] 从萧伯纳的日记中可以看出,他没有参加这次聚会,他当天的主要消遣是"12 点在大英博物馆的阅览室见了阿彻,然后去看了自行车"。威廉·阿彻也迷上了这个新风潮,而萧伯纳当天准备带他去伦敦自行车店看艾尔斯威克和奥斯芒德的车型。[20]

萧伯纳和夏洛特之间的友谊在 1896 年夏末秋初期间快速升温。这一年从 8 月 1 日到 9 月 17 日,夏洛特和韦伯夫妇一起在萨福克郡租了斯特拉特福德·圣安德鲁教区的住宅,靠近萨克斯蒙德汉。他们邀请了萧伯纳和格雷厄姆·沃拉斯——费边社的社会科学家,当时在伦敦经济学院做讲师——作为客人加入他们。据十分警觉的比阿特丽丝·韦伯讲,在这段工作假期刚刚开始的时候,萧伯纳和夏洛特就成了"形影不离的伙伴……一起在乡间游荡,晚上则促膝长谈"[21]。

求爱的过程——求爱这个词用在此处并不太恰当,因为萧伯纳开始时花了相当大的力气劝说夏洛特不要爱上他——是旷日持久且复杂的。当时萧伯纳前所未有地忙碌,而到了 1898 年夏天,他紧张无序的工作日程注定了他的健康状况会崩溃,这件事加速了他与夏洛特两人结婚的决定。1896 年和 1897 年,他的费边社集会和演讲日程一点也没有减少,此外他还在为《星期六评论》写每周的戏剧评论。1896 年末他完成了《魔鬼的门徒》,接下来的一年又参与了秣市剧院《难以预料》的制作,最终这次制作以流产告终,此外还参与了《令人愉悦与令人不悦的剧作》的繁重筹备工作,该书于 1898 年 4 月由格兰特·理查兹以两卷本的形式出版。

这些似乎还不够,萧伯纳还决定要参与当地的政府工作。1894 年他竞选圣潘克拉斯教区委员会委员失败，这个委员会的前身是圣潘克拉斯首都自治委员会。1897 年他又一次竞选，在没有竞争对手的情况下当选，并于 1897 年 5 月 26 日参加了他的第一次教区委员会会议，并一直作为一名效率高、推崇改良主义的教区委员和区议员在圣潘克拉斯任职至 1903 年。[22] 萧伯纳不是一个热衷追求权力的人。在当地政府的工作中，他寻求并成功找到了一些为他在《鳏夫的房产》中所描写的那种生活状况做些实事的途径。

这期间，还有另一个问题，那就是伯莎·纽科姆，萧伯纳通往婚姻之路中所留下的一长队失望的费边社女子中的最后一个。在 1895 年 8 月 24 日的一封信中，他告诉珍妮特·阿彻奇，"每一个人似乎都执意建议我跟伯莎结婚"，他表明自己对这个主意十分反感，而这个决定只会更进一步地鼓动伯莎对他的情感。他抱怨道："至于我，她想都没想，她只知道把我像个宠物狗一样捆在她的画架腿上，画画厌倦了就一味地要求我跟她做爱。"[23]

在 30 多年后，由于一次最终没有实现的出版计划，伯莎重读了这封信，随后她对这段没有得到回报的爱情，从自己的角度出发，写了一段哀伤、苦涩的叙述，这段文字直到被收录进了萧伯纳的《书信集》第一卷时，才得以发表。伯莎知道萧伯纳并没有真正爱上她，但是她这一方却有着"一股几乎无法理智地去表露的强烈情感"。她声称——或许是情有可原的，鉴于他与珍妮·帕特森的那段恋情——在承认激情的"力量与愉悦"的同时，因为之前的经历，萧伯纳也变得害怕它。[24] 伯莎在 1928 年写的这段关于萧伯纳的描述，很可能部分借鉴了萧伯纳夸张的自我介绍，他把自己形容为一个无情的、撒旦般的恶魔。"我是一个魔鬼，解剖的残忍令我愉悦，这从我的嘴角就能看出来。"他在 1896 年 3 月 31 日的一封信中嘲讽般地告诉她。在这之前他对伯莎说过，女性喜欢他仅仅是像"孩子喜欢婚礼蛋糕一样，只是为了蛋糕表面的糖而已。如果她们不小心尝到了里面的碎屑或者是香橼的话，那这种喜爱也就结束了"[25]。

　　几乎可以肯定，比阿特丽丝·韦伯就是怂恿萧伯纳跟伯莎结婚的那群人之一：1894 年到 1895 年间，她至少有两次安排他们一起参加她的节日聚会。1897 年 3 月 9 日，她去切恩布道伯莎的工作室里探望了心碎的伯莎，这个长着一头漆黑秀发的娇小女子，冷淡地迎接了她。伯莎，"一个满是苦涩和孤独的忧伤灵魂"，看上去似乎整个人都缩小了一截，倾诉了她如何为萧伯纳付出了五年的时光，以及萧伯纳那"无情的风流"。她对这位访客多少也带着怨恨，因为她听说现在比阿特丽丝正在鼓励萧伯纳迎娶汤森德。比阿特丽丝温柔地告诉伯莎，她还是跟萧伯纳分开更好，虽然她自己对萧伯纳作为一名评论家和文人有着极大的仰慕，但是在他处理与女人的关系中，他是粗俗、残忍，并且自负的。在 *202* 做出这样专横的评价以后，比阿特丽丝正准备结束这场与伯莎之间不太令人舒服的对话并离开时，她们一同抬头望向伯莎为她们刚刚谈论的对象所画的肖像，看见"他红金色的头发，充满笑意的蓝眼睛，以及他微微张开的嘴唇，似乎是在嘲笑着我俩"。当比阿特丽丝匆匆走下楼梯时，她的思绪转到了伯莎的对手夏洛特身上："接着，我想到了另外那个天性随和而充满爱心的女人，她那无政府主义的奢侈行事方式，她有教养的举止，以及精美的衣裳，她的从容、财富以及对世界的了解。她能驯服这个浪荡子吗？"[26]"驯服浪荡子"是一个艰难的任务，实际上，是一个从未真正完全成功的任务，不过，事实证明夏洛特比其他任何人都更成功。

　　比阿特丽丝·韦伯对于萧伯纳和夏洛特这段从 1896 年发展到 1898 年上半年的——对她来说——"恼人的"友谊的看法，显然是受她自己也承认的，对萧伯纳深刻的矛盾态度所左右。"我到底是喜欢他、钦慕他还是鄙视他，我也不知道。"她在 1897 年 5 月 8 日的日记中写道。之后不久，她就赞美了他"极好的脾气"，因为他花了数日的时间润色她和悉尼写的作品，她说："一个机敏的读者能很快地区分出萧伯纳润色过的那些段落——他修枝刀所及之处，具有了一种作品的其他地方所缺乏的简洁与明快。"[27]

从私人方面来说，比阿特丽丝和萧伯纳有着一种紧张的关系，应该不是来源于情欲的那种张力。她是一个极其迷人的女子。[28]1895年，在韦伯夫妇位于怀依谷的阿尔戈德的静修处，萧伯纳给珍妮特·阿彻奇写了一封袒露心声的信，信中他详细地讲述了他与比阿特丽丝的关系，这与他和悉尼之间相处随和融洽的友谊形成了对比。他和比阿特丽丝都让对方心烦，当他们两个被迫单独相处时，除非讨论他们共同感兴趣的话题，否则他们会尴尬地无所适从。她不喜欢他"傻气的……拈花惹草"以及他的虚荣。[29]他则觉得自己的脾气与她不合，并且觉得韦伯夫妇无休止的当众亲热很令人反感，"两个人积习难改的搂搂抱抱超过了他们的工业和政治学研究"[30]。在他们无数次的乡间暂住中，这个费边社三人组很显然总是开诚布公地谈论彼此的性格和缺点。

关于萧伯纳在结婚前那几年对夏洛特的行为和态度，比阿特丽丝·韦伯是持尖锐批判的观点的，同一时期，在读了萧伯纳写给这位生命中的新女子的信以后，她的观点产生了极大的改变。这些信不仅显示出了萧伯纳对于夏洛特与日俱增的喜爱——即使是苛刻的比阿特丽丝也承认他的个性中有着"某种柔情"[31]——但同时也有着他怕她爱上自己的真切担忧，或者说，对她的幸福的担忧。萧伯纳认识夏洛特时是39岁，这个时候——如果不是更早的话——他肯定对自己是否愿意缔结那"不合理的姻缘"（这是他在早期小说中对婚姻的称呼），或者自己是否适合这种生活，持极其怀疑的态度。萧伯纳在作品中对于婚姻制度一直持强烈批判的观点，从早期小说一直到《坎迪达》都是如此。

在1898年夏天前，夏洛特似乎时常因这些新的朋友和新的兴趣而感到痛苦——同时也有着极大的喜悦。这是由于她和萧伯纳关系的不确定性，还是她对之前感情失败而感到的挥之不去的忧伤，抑或是两者都有，我们难以确定。萧伯纳试图帮助她驱散这种忧愁。"你似乎又开

203

始重蹈忧伤过度的覆辙了。"他在 1896 年末或是 1897 年初一张写给她的，没有注明日期的便条中这样说道。[32] 1896 年 9 月在她从斯特拉特福德·圣安德鲁回来之后，夏洛特继续与韦伯夫妇住在一起——他们现在也回到了伦敦格罗夫纳街的房子——因为 10 月 26 日她要和比阿特丽丝一同去参加曼彻斯特全国女工联盟的一个会议。当时她受到一些病痛所扰（可能是神经痛。这个时期她频繁发作此症），萧伯纳 27 日"难以言喻地匆忙与焦急地"写信给她说："噢，在斯特拉特福德月光下 10 分钟的宁静！让我时刻知道你的所在；把我深深放在你的心里；当你感到爱我时就给我写信；还有为了我，你要幸福、幸运并且远离忧伤。"[33]

这封信第一次清楚地显示了在斯特拉特福德·圣安德鲁那段形影不离的关系，已经变成了一段恋情。11 月 4 日——这时候夏洛特已经搬到了德里——他写了那封说自己想和她在一起并"面对面向你撒谎"的信。之后，他就像是咨询一个知心专栏的作家一样，找"拥有智慧心灵的"的埃伦·特里为他和这位有着绿色眼眸的女子的感情状况提建议，他告诉埃伦，夏洛特也喜欢上了他，而她在认识自己之前，就已经读过《易卜生主义精华》了，"她从中感受到了，如她所料的真理、救赎、自由、解放、自尊等等"[34]。特里的回信直率、善解人意并且很明智："'清清楚楚、明明白白'，亲爱的，你是个大傻子……如果她所钟爱的不是你的精髓，那她最好还是嫁给你的书吧！……你们这些聪明人怎么这么傻呢。总是不知道！总是不确定！你知道你爱她吗？因为你如果爱的话，那么就放心大胆地娶她吧……至少有一件事我知道……除非你知道你爱她，否则你娶任何人，都是彻底错误的，不会有半点对的地方。"[35] 她建议萧伯纳向夏洛特求婚。

事情变得严肃起来，萧伯纳的乌拉尼亚的自由又一次受到了威胁。两天后，也就是 11 月 7 日，一个星期六，他试图劝夏洛特别再爱他："不，你一点都不爱我。这些全都是自然、本能、性：什么都不能证明。别坠入爱河：要属于你自己，而不是我的或者其他任何人的。从你觉得无法离开我的时候，你就迷失了，就像伯莎一样。"[36] 但是接下来的星期一，在为去巴黎看吕涅-波出品的《培尔·金特》做准备时，他写信

204

231

说："我会想办法去见你的，不惜任何代价：我必须；而这'必须'，我得警告你，让我十分恐惧。"他想逃跑——如果这能有用的话——他害怕他对女人那"根深蒂固的不忠与轻浮"会让她狼狈不堪，而他所希望的则是她能"坚强、自我、安宁"。他接着写道："祝福我吧！我多希望再见到你，单纯因为我喜欢你；因为你我之间有着一种区别于我的邪恶的东西。"[37]

这段恋情又继续拖了 18 个月，才在 1898 年 6 月有了最终的决定。夏洛特于 1896 年底加入了费边社，并开始参加集会和萧伯纳的演讲。他经常去阿德尔菲露台做客，两个人常常一起去看戏。1897 年 4 月到 6 月间，夏洛特和韦伯夫妇一起在萨里，靠近多金的北唐斯塔丘租了一间小村舍。萧伯纳在这期间往返于此地与伦敦之间，这时候他还在为秭市那个后来流产了的《难以预料》演出参加会议、监督排练。这段时间夏洛特开始做一些类似于他的秘书的工作。比阿特丽丝·韦伯的日记里关于 5 月的记录显示了萧伯纳和他的"秘书"早间的一些活动："夏洛特坐在楼上用打字机打萧伯纳的剧本。萧伯纳拿着他的笔记本和笔在花园里晃悠，为《星期六评论》写文章，为出版社修改自己的剧本，或者阅读我们作品中的一些章节。"[38]

但是在萨里，这段关系发生了一段小插曲，萧伯纳向埃伦·特里描述这段插曲"类似一场地震"——夏洛特主动提出了结婚的请求。萧伯纳后来在 8 月写给埃伦·特里的信中的描述，让他的答复显得很轻率："面对那个黄金的时刻，我的态度是战栗的惊恐，并鲁莽地要了一张去澳大利亚的船票，她的吃惊无以言表，她十分重要的自尊，也大受震动。"[39] 但是，在这次求婚后不久，他就写了一封信给夏洛特，为自己的拒绝所带给她的痛苦而懊恼。在这封信中，逃去澳大利亚的想法有了完全另外一种色调："我的胸上围着一个铁环，每次我想到你正在遭受折磨的时候，它就会变紧并挤压我的心脏。把这铁环放松一些吧，我最亲爱的人啊，只需告诉我你睡得很好，并且从来没有像今天这么好过。否则的话，就给我一张去澳大利亚的船票吧，或者去西伯利亚、去月亮上的群山中，去一个除了我自己，我谁也折磨不了的地方。我很抱

205

歉——不是徒劳地抱歉；不是因为我早上干的好事，而是痛苦地、渴望地、充满爱意地抱歉，因为你被伤害了。"[40]

在这封信中，萧伯纳那自我流放到偏远地方去的夸张点子，是他表现自己真挚担忧的方式之一，担忧自己能对夏洛特造成伤害。他在信中向埃伦·特里讲述此事的方式——把自己形容为一个拼命想从决心要用婚姻捕获他的女人手掌里逃脱的男人——更有作为喜剧素材的潜质。而这样的描写后来在萧伯纳 20 世纪初的剧作《人与超人》中有了用武之地，剧作的情节中心描述的正是一段身份颠倒的求爱。剧中健谈而有趣的绅士和社会主义者杰克·坦纳是极其聪明且能说会道的人，但对感情的事以及异性的引诱却极度无知。当他机灵的司机斯特拉克终于让他明白，他坦纳，而不是那个俗套的浪漫主义年轻诗人奥克塔维厄斯，才是女继承人安·怀特菲尔德在计划找丈夫时所"盯上的受害者和看中的猎物"时，坦纳立刻命令斯特拉克以破纪录的速度从伦敦开往比斯克拉，然后去"任何一个有往伊斯兰国家的船的港口，因为在这些国家里，男人在女人面前是受到保护的"。

萧伯纳剧中对他和夏洛特关系的反映，以及他婚前处境的反映，还可以在《英国佬的另一个岛》（1904）中找到，这是《武器与人》之后萧伯纳又一部重要的作品。剧中的英国佬叫汤姆·布罗德本特，是一个精力充沛、乐观得无药可救、多愁善感、轻信他人、有些傻气却和蔼可亲的英国人。他游历罗斯库伦小镇时的众多成就之一，就是与一位当地的爱尔兰女士诺拉·莱利喜结良缘。诺拉是一个敏感而又有洞察力的女子，有着一口悦人的爱尔兰口音，但是她却因为苦恋布罗德本特的同伴拉里·道尔 8 年，最后恋情失败而心碎，并变得满腹忧愁。布罗德本特让她靠在自己宽阔的胸膛（"至少有 42 英寸"）上哭，并给了她一张大的*丝质*手巾擦泪。在承认了自己之前几段与其他女子的闲混（"多数已经结了婚"）后，他成功地让诺拉的精神振奋起来。他没有向她提议恋爱（"恋爱总是以争吵收场"），他向她提议结婚，"一个四平方的家，男人和妻子，舒适与日常。以及许多的爱"。她接受了。 206

《英国佬的另一个岛》中自传的痕迹更多可以在拉里·道尔——布

罗德本特愤世嫉俗、丝毫不浪漫的同伴，一个侨居国外的爱尔兰人，他尖刻地批判"浪漫的"爱尔兰——以及那名有远见的、被免职的神父基根等人物身上找到。不过，在对布罗德本特极具讽刺的描写之下，也可以找到对他婚前那几年的个人状况以及他和夏洛特的关系的刻画：他与"大多数已婚的"女子的数不清的闲混；他以争吵收场的恋情；他尝试让充满愁思和"忧伤过度"的夏洛特振作，让她对未来能做有用的事充满希望，而不是守着过去破碎的梦生活。就连布罗德本特对他自己和诺拉婚姻的那种设想——"舒适与日常……以及许多的爱"——都与萧伯纳最终愉快接受的与夏洛特的婚姻大致相似，尽管他的姐姐露西对此嗤之以鼻。

如果说逃走的冲动，是萧伯纳对于与夏洛特结婚的可能性的反应的话，那么他内心的另一些需求——加之他对她的"单纯喜欢"以及与他健康相关的偶发状况——将把萧伯纳引向截然相反的方向。

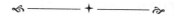

1897 年 12 月，萧伯纳拒绝了夏洛特的邀请，是请他同她和她的朋友露西（"莱昂"）·菲利莫尔——一名社会工作者，同时也是费边社成员兼圣潘克拉斯教区委员罗伯特·查尔斯·菲利莫尔的妻子——一起去迪耶普短途旅行。很可能是被萧伯纳的回答弄得心烦意乱，夏洛特 12 月 5 日前往迪耶普的时候，并没有告诉他。到了 6 日，萧伯纳依旧不知道她已经不在国内了，给她送去了一张便条："明天需要秘书，请于 11 点前来。"[41] 他此时已经十分依赖夏洛特的帮助了。但是，她在欧洲大陆做了一次比原计划要长得多的旅行，而 1898 年 3 月至 5 月她又和莱昂·菲利莫尔结伴去了一次，这迫使萧伯纳不得不请求凯特·索尔特来做他的替补秘书。

也许是受她与韦伯夫妇的关系以及萧伯纳在圣潘克拉斯教区工作的影响——他后来写了一本叫作《关于市政交易的常识》的书——夏洛特萌发了研究并写一本关于古罗马市政交易的书的想法。她因此前往罗马并搜集了"数量庞大的资料"[42]。她不在时，萧伯纳在书桌上的日历里记录了自己每天的活动，他把这些日历附信一起寄给夏洛特。1898 年 3 月 21 日记录她离开的那一部分这样写道： *207*

> 夏洛特 11 日抛弃了我。
> 这一天剩下来的时光，一半留给眼泪，一半用来回复信件。
> *我的消化彻底停止了。*
> 试着演唱汉德尔的《他们离开时埃及人很高兴》，
> 失败了。
> 今天没有锻炼。[43]

夏洛特启程去罗马的计划，与市伯夫妇不谋而合，1898 年 3 月 23 日，他们动身去了美洲和澳大利亚，做一个一直持续到了 12 月的环游访问。萧伯纳觉得"被可恶地遗弃"在了伦敦，只有他妈妈和圣潘克拉斯教区的人可以跟他说说话。[44]他不注意饮食而且从早到晚都在疯狂地工作。

他把自己的每一天详细地汇报给夏洛特，这显示出他有着与她保持密切联系的潜在愿望。但是其中的许多记录都充满抱怨与暴躁的情绪——甚至是哀伤——尤其是 4 月上旬，当他听说埃莉诺·马克思在 1898 年 3 月 31 日自杀的消息后，这是因为埃莉诺发现了自己事实婚姻的丈夫爱德华·埃夫林已在前一年与埃娃·弗赖伊秘密成婚。

在这件事发生前的一天，萧伯纳在一封信中吐露出了对夏洛特的激烈情感。萧伯纳这个残忍的魔鬼爆发了，夏洛特正是受害人。他再次上演了将亲密的女性朋友划分为不同人格的夸张戏码。她离开是件好事，他写道，因为这样留在他身边的就是那个与他的"梦幻世界"相契合的夏洛特，有着"美丽的绿眼睛的"女子，而不是"另一个夏洛特，糟糕的夏洛特，灵魂忧郁的病人，总是在伺机将我束缚，总是为我计划着敏感、舒适而自私的毁灭……用的正是蜘蛛对苍蝇所具有的那种专注的激情"[45]。这封信中劳伦斯式的狂暴因其半喜剧式的结尾——包含一段表

235

示长长的咆哮之声的拼写——以及谈论接下来消息的语气而稍显缓和，他承认凯特·索尔特抱怨他的"易怒"与"残暴"。夏洛特，这位秘书对手，大概很乐意听闻萧伯纳的母亲觉得凯特是个"愚钝的妖精"[46]。萧伯纳则觉得凯特，这位他旧日弹奏钢琴的伙伴和倾慕者，极易惹人生气，她习惯于在每次工作之前都在他的镜子前梳妆打扮自己，他认为这一点很让人厌烦。[47]

他生理上也思念夏洛特。"不能时不时地亲吻你的秘书真是太可怕了。"[48]他需要拥抱，他也赋予了《英国佬的另一个岛》中的汤姆·布罗德本特这一特点。4月12日，在中断了一段时间的通信后——他怀疑是某个意大利演员（也许是蒙特的替代者）让她分心了——他终于接到了（"报复心重的爱尔兰女人"）夏洛特的一封来信，他发出了胜利的呐喊："哈！哈！如果现在我能用这双臂弯搂着她的话，她的肋骨都会断掉。"[49]

1898年4月对于萧伯纳来说是残忍的一个月。他的牙齿已经折磨他有一段时间了，这为他写作《难以预料》开场时，牙医诊所里的那一幕提供了素材。4月7日，他给夏洛特绘声绘色地描述了这天需要在全身麻醉的情况下进行的一场牙科手术。他既疲惫又感到被抛弃了。"噢，夏洛特，夏洛特，"他写道，"这真的是应该在罗马四处游荡的时间吗？"[50]接着又出现了另一个医疗问题。在他看来除了在系鞋带时不小心夹到了脚背以外，没什么别的明显的原因，萧伯纳的左脚开始肿得很大。以他惯有的栩栩如生和夸大其词，萧伯纳4月19日告诉夏洛特，他的脚"跟一条羊腿一样大"。而到了21日，这只脚已经变得"跟阿尔伯特音乐厅一样大了"[51]。

骑车加重了他原有的状况，他此时忍受着极大的痛苦，甚至难以四处走动。他称自己是个"极度不健康的人"[52]。第二天他写信告诉夏洛特说他单脚跳着去参加了一个费边社的业务会议，而她被选为了社团执行委员会的一员，她自1896年以来就是会员之一。他还告诉她，自己决定去请索尔兹伯里·夏普医生看看，当时这位医生已与萧伯纳旧日的恋人爱丽丝·洛基特结了婚。当夏普23日来看他时，爱丽丝也陪同一起来了，她没有露面，会诊时在相邻的房间里坐着。夏洛特不在的这段时间，另一位来自过去的幽灵珍妮·帕特森也露过面。萧伯纳 29 日那天回了一趟菲茨罗伊广场，他惊讶地发现"比利"（珍妮的一个外号）正厚颜无耻地在探望他的母亲。他仓皇逃跑，像一只兔子一样冲进了自己的书房。[53]

夏普建议他用热水疗养并多加休息。4 月 23 日，趁着这个机会，萧伯纳开始创作一部标题为《恺撒与克利奥佩特拉》（1898）的新剧。萧伯纳没有遵从夏普的建议，依旧跳着在伦敦四处活动，参加会议。到了月末的时候，夏洛特也快回来了。5 月 1 日，他去了阿德尔菲露台附近，准备傍晚 8 点钟迎接她回家，却沮丧地发现，由于没有赶上换乘的火车，她还没有到达。第二天早上，一封表示歉意和关心的信寄到了菲茨罗伊广场，她经历了一段糟糕透顶的旅程，并且在罗马时还病得不轻："不管怎么样，现在我回来了！是的，我可以发封电报的，我真可恶。我现在太疲惫了，身体上、精神上。这趟旅程可真是的！……亲爱的——你的脚怎么样了？我该去你那儿吗，还是你过来呢，什么时候？告诉我你觉得怎么样更好。我自然是时间充裕的——夏洛特。"[54]

脚的问题，由于萧伯纳不愿意充分地休息，自然是没有恢复，甚至变得比当初想的更严重了，5 月 8 日，在用三氯甲烷麻醉的情况下他接受了手术。他脚里的一块骨头有了"骨疽"，他给珍妮特·阿彻奇写信说。骨头有一部分已经坏死。[55]

他健康恶化的直接后果之一，就是加快了他从《星期六评论》辞职。之前他已经在季末表达过这一意愿，做出这个决定的部分是因为他作为剧作家已经能赚更多钱了，另一部分是因为他觉得他占据的这个职位，应该由来自年轻一代的某个人来担任。尽管当时他还处于伤残的状态，他发表于 1898 年 5 月 21 日的告别通知却写得派头十足。他宣布了这个职位的继任者，麦克斯·比尔博姆，并做了深深的致意："年轻的一辈到了门前；而我开门时，来的正是无与伦比的麦克斯。"[56] 虽然他结束了每周评论的最后一稿，但是萧伯纳完全没有意向结束与伦敦当代戏剧界的战争。在《给清教徒的三部剧》的前言里，他在一段振奋的开

209

场段落中详细地阐述了一个想法，这个想法在他给《星期六评论》写的最后一篇稿件中已经有所铺垫，那就是，他健康方面的崩溃实际上是 19 世纪英国戏剧的空虚愚昧所导致的："剧院把我像一个最为虚弱的人一样击倒。我因受不了它而倒下了，就像一个只被喂食淀粉的婴儿一样。我的骨头开始腐烂，我不得不让技艺精湛的外科医生把它们凿出来……医生们说：这个人 20 年没吃过肉了，他必须开始吃肉，否则就会死的。我却说：这个男人已经去伦敦的剧院去了 3 年了；他的灵魂已经被逼疯，这使得他的身体也出现了反常。"[57] 那篇《星期六评论》的告别通知，标志着他常规戏剧评论的工作以及作为一名记者的职业生涯的终结。而他生命中一个全新的篇章正要拉开帷幕。

婚姻

关于萧伯纳与夏洛特未来关系的问题，几乎在 1898 年 5 月 21 日他那篇《星期六评论》戏剧评论员的"告别词"发表的同时得以解决，随后事态就飞速发展了。5 月 20 日，他随意地问了亨利·阿瑟·琼斯一句——在一封讨论托尔斯泰的文章《什么是艺术？》的信的最后一行里——他建不建议他结婚。[1] 琼斯以一个有所保留的"是的"作为回答，并谈到了弗朗索瓦·拉伯雷，他的人物巴汝奇（《巨人传》，第三部，第 35 章）众所周知，在这个问题上收到了许多建议，几乎都是下流粗俗又自相矛盾的。当巴汝奇问智者："保佑你，巴汝奇应该结婚吗，是或否？"他得到了令人费解的答案："他既应该结婚也不应该结婚。"5 月 23 日，萧伯纳给他的出版商格兰特·理查兹写信说："我要结婚了……在我完成这件事之前先保密。"[2]

萧伯纳的健康问题很严重，而且短时间之内也不会恢复。他需要在一个舒适的居家环境中得到照顾以及适当的护理。同时他还需要从伦敦和委员会的工作中脱身。夏洛特在罗马时，在他写给她的信中——除了 1898 年 3 月 30 日那封信中狂暴的发泄以外——显示出了他对她潜在的依赖与爱慕，更别说他对于她离开"秘书"一职的无理劝诫。他已经习惯于有这位不凡且聪慧的爱尔兰女子在自己身边，这是一段他不愿意失去的关系。他们对于婚姻制度都表示过谨慎和怀疑的态度；更有甚者，夏洛特很难忘记，当她之前克服自己的疑虑而向萧伯纳求婚时所遭受的痛苦拒绝。尽管如此，两人共同的需求以及生活以萧伯纳的健康状况的形式给他们创造的条件，足以推翻种种疑惑。他们需要彼此——他们需要住在一起。而在 1898 年，要住在一起却不结婚的话，会对二人的声誉造成重大的损害，并附带地，会对费边社和他们的整个社会圈子造成损害。

211

决定一经做出，夏洛特的组织能力就受到了考验。由于萧伯纳没办法移动，她就得去婚姻登记处做婚礼预约，去伦敦西区的珠宝店给自己买结婚戒指，并在萨里的黑斯尔米尔租一间房子，这对夫妇决定结婚以后就到这里修养，此外，她还为萧伯纳的康复做了许多其他的安排。格雷厄姆·沃拉斯和亨利·索尔特将在婚礼上做见证人，在一封 5 月 26 日写给格雷厄姆的信中，萧伯纳将夏洛特的戒指形容为——他称其为她"奴役的标志"——"一个现代的物品，有着如此怪异的重量和厚度，除了专业的钢琴家恐怕谁也没有办法佩戴，于是我母亲就把我祖母的结婚戒指送给她使用。"[3]

威廉·阿尔伯特·塞缪尔·休因斯，伦敦经济学院的第一任主任，在婚礼的前几天遇到了夏洛特——他引用了丁尼生对快乐岛的形容，此地正是《国王叙事诗》结尾里，将死的国王亚瑟"疗养他严重的创伤"的地方——并于 5 月 30 日告诉悉尼·韦伯："P. T. 小姐正忙于照料萧伯纳，并在寻找'有着夏日之海的没有领主的农庄'居住，以便他在此恢复体力。"据休因斯讲，夏洛特去罗马的真实原因是她"无法下决心嫁给萧伯纳"[4]。

婚礼于 1898 年 6 月 1 日，一个星期三的上午 11 点 30 分举行，地点在科芬园亨丽埃塔街 15 号的一所登记处里，离《皮格马利翁》开篇中人们躲避倾盆大雨以及伊莉莎·杜利特尔卖花的地方不远。萧伯纳的滑稽天赋在几次对婚礼的描述中展现得淋漓尽致。在很久之后他给阿齐博尔德·亨德森讲述的版本中，萧伯纳说他"整个就是个挂着拐杖的可怜虫，穿着一件旧夹克，旧夹克已经被拐杖捅成了破布"，反之，他的两位见证人，亨利·索尔特和格雷厄姆·沃拉斯穿上了他们最好的衣服。他继续讲道："登记员怎么都没有想到我会是新郎；他把我当成了所有婚礼队伍上都会碰到的乞丐。身高 6 尺的沃拉斯，在他看来才是婚礼的主角，所以他就平静地准备为沃拉斯和我的未婚妻证婚了，而沃拉斯可能觉得这个担子对于一个见证人来说似乎有点太重了，于是在最后一刻迟疑了，我也就得到了最终的胜利。"⁵

　　正如萧伯纳 1912 年的剧作《皮格马利翁》是从一场夏日大雨引发的活动开始一样，萧伯纳创作的带有一丝爱尔兰味道的迷你喜剧也是如此，而这喜剧其实就是他在报纸上对于自己婚礼的报道。1898 年 6 月 2 日，婚礼的第二天，他的报道以匿名的形式发表于《星》，他作为音乐评论家"科诺·迪·巴塞特"时主要活跃于此： *212*

　　　　一位女士和一位先生昨天在科芬园亨丽埃塔街兜风，而一场大雨使得他们到登记负责人的办公室里躲避，负责人一时没搞清楚怎么回事，就给他们证了婚。这位女士是爱尔兰女士佩恩－汤森德小姐，而这位先生则是萧伯纳。
　　　　格雷厄姆·沃拉斯先生和 H. S. 索尔特先生也迫于天气原因躲进了这间办公室，后者作为人道主义联盟的干事，如果有时间的话自然会反对仪式的举行，然而来不及了。萧伯纳先生打算下个星期去乡下恢复疗养，这是他最近经历的第二场活动*，只不过第一场，是由一名外科医生，而不是登记处的负责人实施的。⁶

　　萧伯纳在这个故事的最后一个段落里，隐晦地提到了夏洛特的财富以及他自己作为一名素食主义者的朴素饮食习惯："爱尔兰女士佩恩－汤森德小姐的收入，远高于'科诺·迪·巴塞特'过去的工资，不过身

＊ operation，也表示手术的意思。——译者注

为一名素食主义者，经济境况对这个幸福的男人来说，其实无足轻重。"
这个话题，毋庸置疑是非常敏感的，尤其对于在金钱方面谨慎又高尚的
萧伯纳来说。他不愿意被人看作是一个想借婚姻来发财的人或是"投机
者"，他过去就是这样毫不客气地指控自己父亲的。

　　在他们结婚的这个时候——主要归功于《魔鬼的门徒》在美洲的成
功以及他通过撰写稿件所得到的不多但却稳定的收入——萧伯纳已经存
了不少钱了，甚至开始在股票里做了一些投资。[7]但他远远谈不上富裕
或者说经济状况无忧。公正地说，他并不是为了钱才跟夏洛特结婚的，
虽说夏洛特的亲戚们都这么认为；不过婚姻依旧为他提供了充分的财力
支持。他再也不需要穷讲究了。1899 年 5 月 24 日，两个信托基金（由
悉尼·韦伯和舞台社创始人以及费边社成员弗雷德里克·惠伦管理）经
由夏洛特的律师起草协议并设立，按照协议，萧伯纳有一份固定的年收
入。这个协议为萧伯纳提供"大概每年 750 英镑"，其中他每年给母亲
300 英镑。他还花钱翻新了菲茨罗伊广场 29 号，让它变得"完善而得
体"[8]。而在后来的一个世纪里，他凭着自己的能力也将变成一个相当
富裕的人。

213　　　婚礼之后，新婚夫妇在伦敦又待了一个星期，萧伯纳也还没有搬
到夏洛特在阿德尔菲露台 10 号的公寓。似乎是要证明浪荡子并没有被
驯服，萧伯纳在婚礼当天的下午给女演员莉娜·阿什维尔（婚前姓波科
克，后来的莉娜·阿什维尔夫人）写了张开玩笑的语带轻浮的便条。其
中萧伯纳告诉莉娜，他在那天早上"冲进登记人办公室并结了婚"后，
回到了菲茨罗伊广场 29 号，发现了她写给他的一封信。要是早一点收
到信的话，他说："我认为我可能会静待时机，等在未来的 40 年以内，
某种致命的事情发生在普莱费尔先生（莉娜的第一任丈夫，阿瑟·普莱
费尔）身上。"[9]莉娜将在萧伯纳后来作为一名剧作家的职业生涯中扮演
重要的角色，并且会成为夏洛特亲密的朋友。

　　新郎和新娘双方的家人都对婚礼颇有微词。最终萧伯纳和夏洛特的
姐姐玛丽·乔姆利建立了十分亲切的关系。萧伯纳一家后来曾和乔姆利
一家一同度假，而玛丽也陪同他们一起进行了多次汽车旅行。1906 年

玛丽和萧伯纳一起完成了一次热气球升空，也正是她 20 世纪 20 年代的一次请求促使萧伯纳写出了《知识女性指南》。不过在恋爱和刚结婚的时候，萧伯纳毫无疑问在玛丽那里并不受欢迎。她称他为"婴儿"并且因为他"婴儿般的"举止，在结婚前有时甚至被阻止到阿德尔菲露台去探访夏洛特。而在婚礼举行之后，玛丽也认为这是一场危险而且不匹配的婚姻。她给夏洛特写信，声称："不要让我见这个男人。而就当是最后为我着想吧，请你看管好你的财产。"[10]

夏洛特的表姐伊迪丝·萨默维尔（她是《一位爱尔兰皇家治安官的经历》的作者之一，该书讲述了一系列发生在科克郡的滑稽故事）在婚礼后写的信，清楚地显示出她对萧伯纳的不认可，不过她在信中所表达的一些看法，到了后来都改变了。在其中一封信里，她声称："他无疑是具有文学气质的，但是他不是一个绅士，而且他太机灵了，因此不会真正爱上洛蒂，虽然她也很机灵，但是赶不上他。"并补充说，"夏洛特似乎对这个无赖感到心满意足无比开心，就算他有才华，但他依然是个无赖"[11]。萨默维尔并没有像希莱尔·贝洛克那样洞察到"萧伯纳是一个假装是无赖的绅士"。

萧伯纳的姐姐露西后来讲述了事情的另一面。她不喜欢夏洛特，她毫不礼貌地称她为"卡洛塔"，并认为他弟弟错误地为一桩在她看来毫不浪漫的结合而安定下来。在 1901 年 7 月 24 日写给她朋友珍妮·德莱斯代尔的一封言辞直率的信中，她提到了在伦敦与弟弟的一次私下的谈话，露西说："我因为'舒适的婚姻'斥责他，而他说这是他能做出的唯一让步，并且这能使卡洛塔满意。"[12]   *214*

就夏洛特对她这些姻亲的态度以及与他们的关系而言，萧伯纳的传记作品中充斥着许多轻率的推论、夸大其词以及毫无依据的论断。萧伯纳确实告诉过圣约翰·欧文，夏洛特和他的母亲与姐姐之间"没有好感"，而"夏洛特对我不落俗套的家庭感到惧怕和反感；我也小心地不去强迫她接受她们"[13]。

以这段话为依据，在关于萧伯纳的传记中，一个小的奥威尔式的历史修正主义模式逐渐形成。正如 H. G. 法默指出的，圣约翰·欧文夸大了萧伯纳的描述，他在描述夏洛特对贝茜和露西的态度时，在反感一词后面还加上了鄙视。另一个重写此事的人是迈克尔·霍尔罗伊德，他将夏洛特对贝茜和露西的态度描述为"憎恨"。赫斯基斯·皮尔逊则认为夏洛特在 1898 年 5 月从罗马回家以后，对萧伯纳在菲茨罗伊广场 29 号的居住状况感到"惊骇"[14]。霍尔罗伊德采纳了这一想法并对其进行了更详细的阐释，对于夏洛特到访菲茨罗伊广场时，发现萧伯纳一直居住在糟糕透顶的环境里的这一个假想情景，他如是描述："夏洛特的惊愕转变为对他母亲和姐姐的憎恨。"[15] 没有任何文字性的证据可以证明这个情景本身，或这种"惊愕"与"憎恨"。露西，作为一名音乐戏剧明星，当时刚好到达了事业的巅峰时期，1897 年到 1898 年间，她几乎都在美洲和英国做巡演，只是偶尔回家；因此她与菲茨罗伊广场的种种情形并没有什么关系。

夏洛特 5 月从罗马回来后所见到的萧伯纳居住地令人"惊骇"的状况的这个故事的由来，可以追溯到 12 个月前一封写给埃伦·特里的信。信中有一段生动的描述，主要是关于萧伯纳如何因为自己的习惯问题，而让他书房和卧室的凌乱程度愈发严重。萧伯纳说自己有把打开的书一本本堆在桌子上的习惯，垒出一座"书山，并且都是打开的"，后来这些书上堆满了灰尘与煤灰。[16] 萧伯纳这个养生怪物，一年四季都开着窗户，而在半个多世纪以后，英国才对空气质量设立相关法规，禁止家用燃煤取暖。在此之前，英格兰大一些的城市里——尤其是冷天——总是布满了煤灰，并穿过窗户飘进室内。1897 年 12 月，萧伯纳告诉埃伦："伦敦的祸根是这里的煤灰……我早就对外界的灰尘、污垢、脏乱逆来顺受了：即使 7 个女仆拿着 7 个扫帚，花半个世纪来打扫我的窝也没用。"[17] 那时候整个伦敦都很脏，并不独独是菲茨罗伊广场 29 号。尽管需要进行适当的翻新与修缮，但没有任何证据能证明这所房子当时异常脏乱。相反的是，当珍妮·德莱斯代尔 1898 年到萧伯纳的公寓做客时，她觉得那是"一个整洁、陈设得当的宜人住所"[18]。此外，夏洛特在 1898 年 5 月以前去过菲茨罗伊广场很多次，她很清楚这里的样子以及萧伯纳的居住环境。

在围绕夏洛特与姻亲的关系这件事上，诸多雾里看花的演绎里，出现了几个似乎真实可靠的证据。正如她不止一封信中显示的，露西·萧对夏洛特怀有一种令人费解的反感。萧伯纳提到他的母亲把他外婆的婚戒送给夏洛特日常佩戴，这一点似乎可以说明，贝茜这方面对于这场婚姻的态度还是相当友好的。夏洛特和萧伯纳在婚后也确实会回菲茨罗伊广场做客。露西承认夏洛特让自己在"外表上……有魅力且讨人喜欢"，但同时也将这些拜访描述为"例行公事"[19]。

而事实上，在这些情况之下，萧伯纳之所以能够在婚后几年给予母亲——以及姐姐——如此慷慨的照顾，都是来自夏洛特间接的资助。尽管贝茜继续在北伦敦女子大学学院教书一直到她 70 多岁，[20] 但还是多亏了 1899 年夏洛特赠予萧伯纳的财产，使他能够每年给母亲 300 镑的养老金，从而使她晚年生活的舒适度与幸福感得到了极大的改善。不过，没有证据能够证明，夏洛特和贝茜在婚后建立了亲切的友谊。很有可能两人的相处只是维持在彬彬有礼的程度。

作为在《星》"报道"自己婚礼故事的匿名者，萧伯纳在这篇欢乐的文章的结尾处，向这对新人致以最美好的祝愿："愿他们的婚姻幸福长久。"至少在婚后的早些年里，这个祝愿基本可以说是实现了的。除了萧伯纳痛苦的健康状况以外——6 月 17 日他因为鲁莽地拄着拐杖下楼梯而摔断了自己的左手臂，使得情况继续恶化——婚后那几年两人似乎过了一阵子十分心满意足的日子。

1898 年 12 月，旅行归来的比阿特丽丝和悉尼·韦伯立刻去了萨里和萧伯纳夫妇同住。比阿特丽丝发现夏洛特"由于为她所爱的男人担忧，转变成了一个慈母般的女人，并失去了她曾有的那种无法无天的、只以她自己瞬间的愿望为基准的肆意的生活方式"。到了第二年 10 月，比阿特丽丝写道，萧伯纳和夏洛特"安顿下来，成了一对彼此钟爱的夫妇，她温柔而文雅，并且很幸福，而他则一点也没有想要从她身边逃走

216

245

的迹象"[21]。

　　夏洛特为萧伯纳的康复所找的"世外桃源"是由一个叫作"皮特福德"的农庄改造而成的，靠近黑斯尔米尔。黑斯尔米尔是一个迷人的小镇，在萨里的西南部，被长着树林的小丘环抱，离伦敦大约45英里——在19世纪末就已经能乘火车到达了。他们于1898年6月搬到了黑斯尔米尔。萧伯纳不是拄着拐杖蹒跚而行，就是坐在一个装着轮子和折叠脚凳的大椅子上。他们聘用了一位住家护士——多萝西·克雷，她曾在伦敦市立医院受过训——来帮助萧伯纳穿衣、洗漱、按摩。萧伯纳在10月给悉尼·韦伯写的信中说，好在这位护士"的性格不是很热情"，因为她"是一个长得相当好看的年轻女子"[22]。在夫妇俩带去萨里的设备中有一架全新的柯达相机，用这架相机，多萝西·克雷为这个与众不同的蜜月拍下了许多照片，包括萧伯纳滑稽地扮成一个拄着拐杖的乞丐，穿着耶格尔套装，坐在轮椅上。一张萧伯纳斜靠在椅子上的照片在10月15日被寄给了《学院》用于发表，萧伯纳给照片附上说明："垂死的素食者。"[23]对于医疗人员把他所有的问题都归结到吃素一事上，他感到非常愤怒。

　　由于让他痛苦不堪的脚部问题、他断掉的手臂，以及大体上来说不佳的状况，当时的情形对于蜜月中通常该有的那种闲混调情来说全然无益。在两人婚前的通信中，可以很清楚地看出萧伯纳和夏洛特之前有着肢体上的亲密接触，至少是拥抱和亲吻。然而婚后两人在情事方面的情形却不太明了，唯一有迹可循的记录来自萧伯纳，然而他的话并不总是十分可靠。萧伯纳1930年6月写给弗兰克·哈里斯的信中对自己性生活的描述，与他1949年发表在《十六张自画像》中的版本有着很大的出入。信中萧伯纳虽然没有明确说明婚后是否同房过，但他写道："我发现把性爱作为一段长久关系的基础是注定失败的，我也从未指望过婚姻要与性爱相连……就持久和严肃这两方面来说，我那些有性爱关系的恋情完全比不上那些未曾同房过的，或者那些后来放弃性关系的恋情。"²⁴ 这一点到了 1949 年，却变成了一段关于他婚姻的坚定宣言："作为丈夫和妻子，我们发现了一种与性爱无关的全新关系。它终结了老式的殷勤、挑逗，以及拈花惹草。即使是在这些事中，也是那些从未发展至性关系的恋情，留下的回忆最为持久和亲切。"²⁵　**217**

　　婚姻"终结了老式的殷勤、挑逗，以及拈花惹草"——尽管在夏洛特这里，事实几乎就是这样——就萧伯纳一方而言这并不真实。在《十六张自画像》中萧伯纳删节并修改了他写给弗兰克·哈里斯的信，删去了"那些未曾同房过的，或者那些后来放弃性关系的恋情"，取而代之的是"从未发展至性关系的恋情"。前面的版本中说的"后来放弃性关系的恋情"可能指的是萧伯纳在与弗洛伦斯·法尔结束了性爱关系之后，依然保持着友好的关系。不过，这也有可能是暗指他和夏洛特婚后同房过，只不过后来不再继续。唯一可以肯定的是，这段婚姻没有子女，主要是一段相互陪伴的关系。

　　正如夏洛特 1927 年 5 月 17 日在给 T. E. 劳伦斯的信中写的，她从小的家庭生活令她坚决不要成为一个母亲。他们结婚时，她 41 岁，萧伯纳将近 42 岁。不仅她不想要孩子，而且在她这个年龄怀孕也有很高的风险。萧伯纳在向哈里斯做宣言时也提到了这一点，他形容夏洛特和自己是"过了新娘可以安全诞下第一个孩子的年纪的中年人"²⁶。

　　在漫长蜜月的头 6 个月里，萧伯纳完成了他从婚前就着手开始做的两部重要作品，论文《道地的瓦格纳派》以及他的新剧作《恺撒和克利奥佩特拉》。1898 年 8 月 20 日，论文的手稿被寄给了格兰特·理查兹，并于 12 月 1 日发表。萧伯纳虽然刚开始创作《恺撒和克利奥佩特拉》时遇到一些困难，觉得难以为这部作品找到叙述动力，不过还是在 12 月 9 日完成了写作。

　　《道地的瓦格纳派》是一篇解释《尼伯龙根的指环》的评论性文章，

理查德·瓦格纳这部极其复杂的四幕音乐剧，改编自古斯堪的纳维亚的《沃尔松格萨迦》中的神话故事。萧伯纳很好地把握住了这部作品的音乐和戏剧特质，常常以生动易懂的方式揭示作品中充满情感和想象力的效果。在这篇文章中，萧伯纳不仅将瓦格纳看作是西方音乐和戏剧史上一位革命性的人物，同时认为他在政治和哲学方面也具有如此的影响力。他列举了一个很有说服力的案例，《尼伯龙根的指环》和雪莱的《解放了的普罗米修斯》中的许多相似之处，后一部诗剧同样包含着普遍的

218　冲突。尽管他对于两部作品都十分赞赏，对于瓦格纳和雪莱最终将爱情作为治疗人类不幸的灵丹妙药这一点，萧伯纳则是持批判的态度的。同时他也批判瓦格纳的反犹太主义，他声称对于瓦格纳来说，犹太人成了"现代人类的替罪羔羊"²⁷。

　　萧伯纳认为《尼伯龙根的指环》是一部"世界史诗"，描写的对象是"人类历史的全部悲剧"，尤其是19世纪末期资本主义的恐怖。²⁸这个方面，尼贝海姆——由侏儒国王阿贝里希统治的地下王国，侏儒奴隶们在此辛劳地在铁砧上叮叮当当地工作，为他们的主人积累越来越多的财富——成为一幅对19世纪剥削工厂的寓言性图景：在火柴工厂，比如布莱恩特与梅，拿着可怜工资的女孩们由于长期暴露在黄磷下，得了磷毒性颌骨坏死；或者在白铅矿工厂，比如吉蒂·华伦，就像在《华伦太太的职业》中提到的那个，她的姐妹中的一个为了一星期9先令的工钱，最后死于铅中毒。²⁹

　　从某些角度——这个四部曲的一些崇拜者或许更愿意巨人、侏儒、众神、英雄，以及女杰保持原来的身份，而不是成为寓言性的符号——来说，可能会显得很怪异，《道地的瓦格纳派》是对于瓦格纳的《尼伯龙根的指环》的一次思想深刻、令人敬佩的政治性解读。这让人不由得将萧伯纳与瓦格纳的紧密联系，与他对歌德《浮士德》的阅读联系在一起，这两次经历都促使他在更广阔的哲学和历史背景下一试身手，正如他在《恺撒和克利奥佩特拉》和《人与超人》中所做的尝试那样。亨利克·易卜生的诗剧《皇帝与加利利人》以及《培尔·金特》——萧伯纳1896年11月在巴黎时看了吕涅-波制作的《培尔·金特》，这时他刚刚

展开与夏洛特的关系——也应该算作对他具有这方面的重要影响。

在担任一名常驻戏剧评论员这份工作的末期，萧伯纳开始厌恶"爱情"，不论是在 19 世纪的文学作品、戏剧、歌剧形式中——爱情总是作为单一主调反复出现在情色和感伤的叙事中——还是在现实生活中那些以性爱为中心的恋情里，这样的恋情总是伴随着占有欲、忌妒心，以及对个人自由和创作活动的威胁，正如同他在与"有性瘾的"珍妮·帕特森的关系中所经历的那样。[30] 珍妮把自己的"身体与灵魂"都交付予他，反之，他却不愿意交付予她任何东西。她是他的克利奥佩特拉，他需要从她爱情的"镣铐"中逃走。连弗洛伦斯·法尔都开始显露出同样的占有欲。

萧伯纳在结婚时所写的一部非常合乎时宜的剧作——他在 1898 年 4 月 23 日动笔，并在萨里的恢复期中继续作品的写作——就是《恺撒与克利奥佩特拉》，《给清教徒的三部剧》中的第二部。《恺撒与克利奥佩特拉》与莎士比亚的有恺撒出场的作品《恺撒大帝》和《安东尼和克利奥佩特拉》展开了一段有趣的批判性对话。在萧伯纳的剧作中，莎士比亚的那个难逃劫数的好色之徒安东尼几乎完全被威武的现实主义者恺撒取代，而在剧末他告别了克利奥佩特拉和埃及。

通过在克利奥佩特拉的故事中，对恺撒的塑造和对安东尼的弱化，萧伯纳或许是在想象中告别——至少是在这个时候——他在自己身上所看到的可能前景不妙的好色之徒，那个他在重读写给安妮·贝赞特的信时已经开始感到不耐烦——甚至是厌恶——的"无药可救的浪荡子"。在他对恺撒性格和人生观的描绘中，萧伯纳可以在几个特点中找到自己的影子。他将恺撒塑造成一个卡莱尔式*的英雄，其首要的英雄特质并不是那种骑士精神里所讲的，英勇的战士兼浪漫的情人，而是有着过人的

219

* 托马斯·卡莱尔，苏格兰评论家和历史学家。——译者注

敏锐、慷慨与宽宏大量的精神。恺撒同时还是一个幽默的人、一个音乐爱好者、一个推崇"智慧与想象力"的人,以及一个批判沉闷的"实干家和苦干家"的人。他与他那缺乏想象力的奴仆书记员不列坦纳厄斯——萧式讽刺在针对不列颠那种庸俗的道德主义以及固执地讲究排场时的一个靶子——形成鲜明的对比,他对古代不列颠人用菘蓝给身体染色的传统做了令人难忘的说明,他声称这些人,尽管被敌人掠夺了衣服和生命,却可以借此来保全自己的体面。恺撒人物塑造中的其他几个特征之一是——反映了萧伯纳对于女性洞察力的深深敬佩——他的精神力与斯芬克斯女性的一面相连,这位罗马的征服者在剧作开头的时候,在其面前驻足沉思,并说道:"我就是他,你正是我的天才的象征:一部分是暴君,一部分是女子,一部分是神。"恺撒是一个真性情、实干主义以及感性气质的综合体。

即使是对于萧伯纳剧作通常持苛刻的批判态度的 W. B. 叶芝——他看了两次《恺撒和克利奥佩特拉》,恺撒由福布斯 – 罗伯逊扮演——也告诉弗洛伦斯·法尔,他欣赏这部剧中"有用之人身上令人欣喜的欢快英雄气质",也许是从其主题中,他认出了自己在 1904 年的剧作《在贝勒海滩上》中,在人物库丘林和孔胡瓦身上所做的探索。叶芝同时还告诉弗洛伦斯,他确信"这整部剧有一半是埃及阶段的你"[31]。

220　　　剧中"令人欣喜的欢快英雄气质",某种程度上是源于在塑造恺撒的过程中,对萧伯纳自身精力充沛、生机勃勃形象的显现。这可能会显得滑稽,甚至荒谬,萧伯纳在婚后这段时期所塑造的恺撒,是他无数空想式的自画像之一:穿着华丽的古代装束的萧伯纳。一个出生于爱尔兰的新恺撒,正在第二次征服不列颠尼亚的途中,此刻暂时是在萨里的一架早期轮椅雏形中指挥着种种行动。

尽管他在婚姻的初期并没有清楚地意识到,但萧伯纳生命中的另一位"克利奥佩特拉",迷人的帕特里克(斯黛拉)·坎贝尔太太,一位具有致命诱惑力的女子,即将出现。他在 14 年以后才展开与她的恋情,不过从他在 19 世纪 90 年代所写的戏剧评论中对她的提及,已经可以看出他十分欣赏她的演技以及外在魅力——而且他在私下里已经与她相识了。1899 年 3 月，在泰恩河畔纽卡斯尔的皇家剧院，《恺撒与克利奥佩特拉》的版权演出中，斯黛拉扮演了克利奥佩特拉，与纳特康布·古尔德扮演的恺撒演对手戏。4 月 12 日，萧伯纳给斯黛拉写了第一封信，邀请她到萨里去，"带着恺撒（古尔德）来吃晚餐"。"萧伯纳太太，"他写道，"见到你会很高兴的。"鉴于后来所发生的事情，这些话看起来不乏讽刺意味。[32]

1899 年 4 月给斯黛拉写请柬时，夏洛特和萧伯纳已经在萨里租了另一所名叫"布棱－卡斯拉"的房子，租期为 6 个月，靠近欣德黑德。他们觉得黑斯尔米尔的房子太小了并且"不通风"，而"布棱－卡斯拉"条件更好，并且有着"天花板很高、通风很好的房间"[33]，他们大约是在 1898 年 11 月 12 日的一个星期六搬了过来。萧伯纳脚的情况依旧很糟，他告诉帕克南·贝蒂："我吵闹着要切除我的脚趾，以求这一切能结束，然而专家却更愿意先尝试一下基督教科学教派。"[34] 这位专家指的是鲍尔比医生，他在 7 月为萧伯纳动了手术，而他们在 11 月 3 日又去伦敦找他会诊。9 月他们去了怀特岛最西边的淡水镇，W. A. S. 休因斯骑车旅行时到这里来探望了他们；他认为自从上次在黑斯尔米尔见过这对夫妇后，萧伯纳的健康状况进一步恶化了。[35]

到了 1898 年末，韦伯夫妇依然在"布棱－卡斯拉"与萧伯纳夫妇同住，其间萧伯纳的脚持续为其带来烦恼。不过，1 月 28 日，他已经有了足够的体能与格兰特·爱伦一起作为两名主讲人，参加欣德黑德市政厅举行的一场和平会议，而会议的主持人是创造了夏洛克·福尔摩斯的阿瑟·柯南·道尔爵士。会议是紧接着俄罗斯沙皇尼古拉斯的"暂停欧洲军备发展"的呼吁举行的。在一封写给柯南·道尔的信中，萧伯纳称，所需要的并不是"一系列裁军的废话"而是"大国联合起来维持世界的治安，像镇压地方战争一样去镇压国际战争"[36]。

5 月 26 日，他再一次在欣德黑德出席公共场合，这次是在一个很小

221

的校舍里，一名老师——"一位多才多艺的女士……同时思维敏捷"——邀请他到一个她所负责并组织的自然历史俱乐部做演说。萧伯纳以一则学校张贴的关于该区域禁猎期的通知作为开场，指出成年人张贴此类通知，并不是因为他们热爱野生动物并且厌恶屠杀，而是如此一来，留给成年人狩猎的对象就更多了。这在学生中引起了"哄堂大笑"，萧伯纳详述了成年人为孩子们想出的那些普遍具有欺骗性的规则，并教导他们——为了让成年人自己开心——生命中第一位的职责就是服从自己的父母。这位"思维敏捷的"教师热烈地做出了回复，说萧伯纳先生仅在一次到访中就能给出这样颠覆性的建议，非常好，不过她将不得不花上几个星期的时间去恢复规则和秩序。诗人理查德·勒加利纳，萧伯纳在欣德黑德的邻居，陪同萧伯纳出席了萧氏首次与孩子们的对话，并留下了一段生动的记叙。[37]

演讲前，萧伯纳在 1899 年 5 月 3 日就已经开始起草后来将出现在《布拉斯庞德上尉的转变》中的场景，这正是他通过艺术向"拥有智慧心灵的"的埃伦·特里的致敬，他根据她塑造了剧中的主要人物之一，西塞莉·韦恩弗利特夫人。他从 5 月 14 日开始写对话，7 月 7 日完成了全剧的写作。

从苏格兰作家和政治家罗伯特·邦廷·坎宁安·格雷厄姆 1898 年写的一本旅行书中提取材料，[38] 萧伯纳制造了一段关于发生在摩洛哥荒野里的、靠近阿特拉斯山脉的探险的戏剧叙事，几位英国旅行者落入了本应是他们导游的、阴郁的强盗布拉斯庞德上尉的圈套。萧伯纳的西塞莉夫人类似于他笔下的恺撒：她是一位在男人世界里所向披靡的女子。随着旅行者们都被困在一个摩尔城堡里，一场权力的争夺在永远有分寸并礼貌的西塞莉夫人与乖戾、夸张的反叛社会者布拉斯庞德之间展开了。他通过挑衅、踢打和威胁来管束他手下的那帮无赖，而她却始终展示出坚定的性格、母亲般的体谅、得体以及灵敏，并以一种很温和的方

式嘲笑布拉斯庞德装腔作势的恶棍做派。布拉斯庞德被她那种"真正的　　222
聪慧"打消了敌意，最终认可了她的优秀，甚至还在最后一幕中出乎意
料地向她求了婚。

从传记的角度来看，《布拉斯庞德上尉的转变》的有趣之处不仅仅
在于其对萧伯纳和埃伦·特里关系的反映，以及作为一名朋友他对她
深深的尊重，更重要的是，剧作揭示了他对于她所具有的那种情商的欣
赏，一种他认为是女性所普遍具备的素质。

1899 年 8 月，萧伯纳夫妇离开了欣德黑德的房子一个月，到康沃
尔去度假，萧伯纳在这里坚持游泳以恢复健康。据一封他写给格雷厄
姆·沃拉斯的信中所讲，他游泳时一半时间是在水面上自娱自乐的，另
一半时间则"作为夏洛特的救生圈被压在水面下，她正在学游泳，挡在
她与死亡之间的，只有她那双紧抓着我脖子的手"[39]。

如果说夏洛特在萨里时，是担任某种代理母亲的角色的话，那康沃
尔的这位游泳教练则扮演了与之相对的角色，一位父亲。萧伯纳给了夏
洛特生活目的与方向，如果没有他，她很可能会活得没有目的、没有方
向。对她来说，写作类似韦伯的那类蓝皮书，比如她计划写的关于古罗
马市政管理的书，根本没有成功的可能。从她写的信中可以看出，她可
以优雅而有趣地写作，但是她没有成为一名有创造力的作家所需要的天
赋。她相信萧伯纳的天赋以及他为之奋斗的事业，其中的一些在认识他
之前就已经对她有所吸引了。而就他来说，他找到了一个热忱、敏锐、
忠诚的伴侣，他满足于她的支配，不过后来他也对这种支配有过一些激
烈的反叛。

8 月 30 日，萧伯纳告诉了沃拉斯另外一些消息，这次是关于他舅
舅沃尔特·约翰·格尔里去世，并给他留下了他不想要的遗产，其中包
括格尔里家在卡洛的房子。很显然他以前对沃尔特舅舅有的那种容忍，
甚至对其"拉伯雷式的粗俗滑稽"的喜欢——萧伯纳年轻时，舅舅常用

离谱的打油诗和故事逗乐全家人，1881 年到 1882 年萧伯纳还曾在他家中养病——被不耐烦和厌恶取代了。"我可恶的舅舅死了，"他这样给沃拉斯写道，"卡洛的房产像雪崩一般落到了我的头上。"[40]

同一时期，他的家族里还发生了另一件事，（1899 年 8 月末）那就是萧伯纳的姐姐露西被查出患了肺结核，这个飞来横祸使得她的歌唱事业突然被迫终结。[41] 1897 年，在纽约百老汇剧院，她因扮演维利尔斯·斯坦福《私家侦探奥布莱恩》中的吉蒂一角大获成功，次年，她又因在巴林·古尔德和利尔蒙特·德莱斯代尔的喜歌剧《红蜘蛛》中扮演奥诺·鲁克斯摩尔获得成功。在上演了超过 100 场以后，演出才于 1898 年 11 月结束。露西这个时候还没有意识到这将是她作为职业歌手的最后一场演出。[42]

紧接着康沃尔的假期，1899 年 9 月 21 日，夏洛特和萧伯纳继续旅行，他们参加了一个为期六周的地中海航游，登上了一艘东方航运公司的汽轮，名字和丘纳德公司 1915 年被潜艇鱼雷击沉的卢西塔尼亚号一样。[43] 出于众多原因，这次航游并不成功。与他们同行的是比阿特丽丝的姊妹，玛格丽特（玛姬）·霍布豪斯，关于她在船上的行为，萧伯纳在西班牙南岸的马拉加给比阿特丽丝写的信中做了一段极其好笑的描写。她让夏洛特心烦，跟萧伯纳调情，在格拉纳达似乎惊人地发现了自己内在的吉卜赛灵魂，并开始在着装上与之相呼应，同时还以无数的抱怨和要求惹恼了船上的工作人员——据萧伯纳讲，这一切的结果就是，"这艘船迅速进入了一段恐怖统治，而玛格丽特就是罗伯斯庇尔"[44]。除此之外还要与恶劣的天气做斗争。

在他们进入直布罗陀海峡时，萧伯纳向剧作家爱德华·罗斯形容这段经历为"一次邪恶的航行，由邪恶的人们"登上"一个漂浮着的享乐机器"；在克里特岛和马耳他之间的某个地方，他写信对悉尼·科克雷尔说这是"一个狂饮暴食、闲混、赌博的悲惨生活"[45]。这种无所事事、纯粹对享乐的追求，对于萧伯纳来说就是地狱。事实上，1899 年底的这段经历，很有可能为他在新世纪的第一部剧作《人与超人》中，描写"唐璜在地狱"梦境中的那个王国提供了素材。在这个场景中，地狱被描述为"虚幻与追求幸福者之家"。

　　婚后不久，在从黑斯尔米尔写给艾达·贝蒂的信中，萧伯纳提到他和夏洛特打算回伦敦以后依然住在各自的房子里。他写信是要郑重地告诉帕克南·贝蒂不要寄任何结婚礼物给他们："如果帕基托给我寄威尼斯玻璃制品或者类似的任何东西，我就把它们插在草坪上，然后用我这断胳膊朝它们扔砖头。纪念品、神像和礼物让我发疯。况且，结婚礼物应该放在我们共同的房子里；而我妻子和我会保留我们在伦敦各自的住所，就像以前一样。快把这些礼物给当掉吧。"[46]

　　关于结婚礼物的这则信息，将会重现在《人与超人》结尾处，刚订婚的杰克·坦纳关于同样的话题所做的一段言辞激烈的申讨中。不过，刚结婚的萧伯纳关于"各自的住所"的想法并没有实现。1899年10月30日，他们航游回来后，萧伯纳把东西都搬到了菲茨罗伊广场，和夏洛特一同在阿德尔菲露台10号定居。

224

2.1 萧伯纳，1898 年

2.2 比阿特丽丝·韦伯

226

2.3 悉尼·韦伯，帕斯菲尔德男爵。杰西·霍利迪画的粉笔画，1909 年

2.4 格雷厄姆·沃拉斯

2.5 威廉·阿彻（萧伯纳摄）

257

227

2.6　爱丽丝·洛基特

2.7　梅·莫里斯（局部），但丁·加布里埃尔·罗塞蒂画的纸本色粉画，1872年

2.8　简·帕特森太太

2.9　弗洛伦斯·法尔扮演约翰·托德亨特的剧作《一首西西里的牧歌》中的牧羊女艾玛瑞里斯，1890年

2.10 埃伦·特里

2.11 珍妮特·阿彻奇

2.12 安妮·贝赞特

2.13 埃莉诺·马克思

229

2.14 阿瑟·温·皮尼洛爵士和萧伯纳。麦克斯·比尔博姆的讽刺画

2.15 G. B. S., 令人着迷的演说家。伯莎·纽科姆 1892 年所画画作的照片,
原画已遗失

第 *14* 章

新世纪，"新宗教"

"我或多或少觉得我该开创一个新的宗教。"萧伯纳还在学校的时候就做出了这样惊人的声明。这段描述出自他的朋友马修·爱德华·麦克纳尔蒂 1901 年发表的回忆录，当时他们两人在探讨各自的人生志向。这之前麦克纳尔蒂刚刚向他这位少年老成的朋友提议"文学"是适合他的职业。"我不太关注文学"，这就是萧伯纳当时斩钉截铁的回答。[1] 正如许多麦克纳尔蒂所讲的关于萧伯纳孩童时代的逸事，这件事也可能是他凭空捏造的。不过它看起来貌似是可信的，因为萧伯纳——在孩童时期就坐在父亲的膝盖上大声朗读《天路历程》——那时候对宗教极其感兴趣。他发表的第一篇文章——以写给出版社的信件的形式——就是关于宗教的，而他第一次尝试写作的戏剧——耶稣受难剧（《约瑟的家庭》）——也是一个关于宗教主题的。更有甚者，他在一封 1895 年给伦敦的书商、藏书家以及业余摄像师 F. H. 埃文斯写的信中，也做出了极其相似的，关于想要开创一个新宗教的声明，当时埃文斯正在与他讨论出版作品的可能性："我想写一本关于奉献的书给现代的人，将古老宗教教条中所潜在的所有真理带至真实的生活中去——实际上就是一本萧氏宗教教义和福音。"[2]

　　20 世纪初，萧伯纳以这种"福音"——一种后来他称之为创造进化论的思想体系——表达了对新时代的欢迎，其载体就是《人与超人：一部喜剧与哲学》。《人与超人》发表于 1903 年，前言中有向戏剧评论家 A. B. 沃克利的"书信体献词"以及附加的《革命者手册》。1900 年 5 月，他为"唐璜在地狱"的场景草拟的一个情节——魔鬼与萧伯纳化的莫扎特《唐璜》中主人公的一段梦幻般的对话——出现在他这部喜剧的第三幕。他在 1902 年下半年完成了这部作品，1903 年 1 月，萧伯纳用三个晚上的时间，第一次向比阿特丽丝和悉尼·韦伯、格雷厄姆·沃拉斯及其太太埃达，还有夏洛特朗读了这部作品。这些人当时都在诺福克，靠近克罗默的欧维斯特兰的海边进行为期一周的度假。"在我看来这是一部了不起的作品，大概算是他所完成的最伟大的事。"比阿特丽丝在 1903 年 1 月 16 日的日记中这样评价这部剧作。[3]

232

　　剧作的主人公是友善的、革命的、有教养的社会主义者杰克·坦纳——虽自认是游手好闲的富人阶层一员，却与自己出身的资本主义体系为敌，因为在这里富人依靠"掠夺穷人"来生活——最终被富裕的女继承人以婚姻所俘获（在梦中他的对应者将婚姻形容为"以虚拟的成就和迷惑人的理想为诱饵的捕人陷阱"）。在诺福克听了这部作品首次朗读的费边社精英们，兴趣盎然地发现坦纳身上所反映出的萧伯纳自己：一名革命的社会主义者；一个批评婚姻制度的人，新近娶了一位富有的女继承人；一位绅士，此时大部分的生活开销，都是不劳而获地来自新娘的父亲，霍勒斯·佩恩－汤森德，在 19 世纪资本主义企业中的巧妙投资。

　　萧伯纳将《人与超人》描述为"关于创造进化论的戏剧性寓言"[4]，并常常将其中的第三幕"唐璜在地狱"，作为他这一信条的表述。他关于创造进化论的观点在《道地的瓦格纳派》以及 20 世纪头 20 年里所做

的有关宗教的各种演讲中逐渐成熟。在这段时期末，他在《回到玛土撒拉：一部超越生物学的摩西五经》（1921）的前言和五部剧作中对进化的主题做了最为全面的探索。后来的散文故事《黑女孩寻求神的探险》（1933）也是主要关注与宗教有关的进化主题。[5]

在他发表的所有表述过这类主题的重要作品中，萧伯纳关于创造进化论观点的语境，极大程度地限制了——有时甚至险些彻底颠覆——他的立场。不过，他的宗教观点的要点就是，神性并不是一个完美、圆满和不变的实体，而是一个不断演化的现象。宇宙是受一股智性的、有目的的力量，也就是生命力的推动，这种生命力借由进化这一过程，趋向更高的生命形式和意识。在他所做的一次宗教演讲中，萧伯纳明确地指出，神就是进化这一过程本身。萧伯纳相信，人的生命就是促使神性的不断进化，而我们也正是神性的一部分。神是意志，我们是神的手和头脑："我们与天父是一体的……天堂就在我们之中。"[6]

关于进化过程的目的论目标——以及人与其的协作——萧伯纳做了多方面的描述。在《人与超人》的第三幕中，唐璜谈到了"（他）内在运行着的那种生命永不停歇的，对更高层次的体制，更广阔、深刻、强烈的自我意识，以及更清晰的自我认知的渴望"。在同一幕的另一处，他宣称："我歌颂的不是武器和英雄，而是在冥想中寻找世界内在意志的哲人，在创造中，去发现完成这一意志的方法，并在行动中以这些方法去实践这一意志。"萧伯纳式的超人，换句话讲，类似于柏拉图式的哲学家王，是一个冥想中的行动主义者。

尽管萧伯纳通常被认作一名社会向善论者，一个世界改良论者，事实上他的"新宗教"是建立在对人类社会以及其进步可能性的深深的悲观主义和怀疑论的观点之上的。就像是安德鲁·马弗尔的诗歌《爱的定义》中所讲的爱情一样，是"源自绝望和不可能之上"的。《革命者手册》——萧伯纳附在《人与超人》之后的热情洋溢的文章以及一系列诙谐的格言——中有一个章节的标题为《进步是个幻觉》。这个标题与萧伯纳在书信体献词中对 A. B. 沃克利所做的声明类似："我不知道你是否还对教育、进步等抱有什么幻想，我是一点也没有了。"[7] 这一席话为文章奠定了基调，也为《人与超人》中与创造进化论最为相关的两个章节，也就是，第三幕以及《革命者手册》，奠定了基调。正如萧伯纳在《革命者手册》中所写的："让改良者、改革论者、社会向善论者……重新思考他自身，以及他那些永远不会产生实际作用的各种假设。"[8]

书信体献词以及《革命者手册》中的观点将民主看作是彻底失败的社会体系。埃德蒙·伯克所说的"贪婪的多数派"取代了古老的、由少数被选择的血缘来统治的贵族统治，而大地现在被胡乱治理，一群"大学刚刚及格的人……精心打扮的毫无特色的张三李四……岁月只是将他们玩的板球变成了高尔夫，而他们的智慧则一点都不会随着时间流逝而增长"[9]。

在《革命者手册》中，对于人类的抨击变得更加严厉。人类在其进化的现阶段，被视作毫无进步的能力。每一次对于文明的尝试，都紧接着变为向着毁灭性的野蛮状态的一次迅速而灾难性的倒退，每一个文明的制高点都"仅仅是少数人惴惴不安依附的坐落在道德败坏的深渊旁的小尖塔"。在这段谴责的末尾，萧伯纳做出了革命性的宣言，那就是人一定要消除耶胡，并提议创造一个进化论国务院或者一个封闭的社会，或是一个"专司人畜改善的"特许公司。这其中，《格列佛游记》和《一个小小的建议》的作者（指斯威夫特——译者注）的精神显而易见。《革命者手册》结尾处这段谦虚的提议的真正作用，似乎更像是他作为一名 *234* 创造进化论郑重的拥护者，以修辞的方式，对于之前文本中表述的种种对人类当前状态的绝望和责难的一种夸张的呈现。

在《人与超人》第三幕的众多讲话中，都可以找到类似于书信体献词和《革命者手册》中那种斯威夫特式的谩骂。尽管萧伯纳交替使用唐璜和魔鬼来批判人类的荒唐，但是他通过魔鬼对人类所做的非难，在他所有作品中是始终如一的。"人类一直吹嘘的大脑，减少了一点他自我破坏的能力吗？"魔鬼这样问道，并接着提出人类的发明创造力在对死亡的作用上要远远高于对生命的作用。从进化的角度上来讲，人类的成功远远高于其他一切猎食者，是所有物种中最为残忍的，也是"所有破坏者中破坏性最大的"。

怀疑论和讽刺贯穿了萧伯纳对创造进化论观点的表述。甚至其核心观点——人类当前的状态是毫无希望的，并必须进化成一个更高形式的存在——既是社会向善论的哲学观，也是一种讽刺性的修辞。人类如此堕落，必须被全部取代。而在《回到玛土撒拉》中，萧伯纳真的塑造了未来高度进化的人类的样子，他们被赋予了更多令人厌恶而非吸引人的特质，提前展示出一种类似于后来赫胥黎的《美丽新世界》这样的未来主义小说中的恐怖。换句话说，如同《回到玛土撒拉》被看作是一部乌托邦式的作品，它同样也可以被看成是一部反乌托邦的作品。萧伯纳梅菲斯特式的自我，与班扬式的自我之间那一如既往的对立和统一，贯穿了他对于创造进化论这一"信仰"的艺术性表述。萧伯纳关于创造进化论的那些最为积极的观点，其实都摇摇欲坠地屹立在一股汹涌的悲观主义和怀疑主义暗流之上。

萧伯纳关于创造进化论的观点最重要的来源，就是塞缪尔·巴特勒关于进化论的一些反达尔文主义的文章——萧伯纳曾在 1887 年 5 月 31 日的《蓓尔美尔公报》上评论了其文章中的一篇（《运气还是狡猾?》）[10]——以及前达尔文主义的自然学家让-巴蒂斯特·德·莫奈·德·拉马克的进化理论。萧伯纳在《回到玛土撒拉》（1921）的前言中明确肯定了这些文章对他的影响。在 20 世纪初期，萧伯纳将他的观点与法国哲学家亨利·柏格森的观点相结合，柏格森的重要作品《创造进化论》于 1907 年在法国出版，1911 年其英文版出版。萧伯纳在《回到玛土撒拉》前言的一个标题中用到了"创造进化论"这个术语，很可能就是直接援用了柏格森该书的标题。萧伯纳在《人与超人》中发明了"生命力"（Life Force）这个词，并在后来将其与柏格森的"生命

235

冲动"（élan vital）联系起来。[11]

尽管萧伯纳的观点与这位法国哲学家的观点有诸多非常相似的地方，但柏格森并不十分喜欢萧伯纳把两人观点看作一致的做法。在伦敦曾举办过一次致敬柏格森的午宴（时间大致是 1911 年 10 月），关于这次午宴，伯特兰·罗素给过有趣的描述，萧伯纳在午宴上开始以［后来的］《回到玛土撒拉》中前言式的风格解释柏格森的哲学思想，关于萧伯纳的阐述和柏格森的反应，罗素是这样写的："［萧伯纳］这样解释哲学的方式，是很难为专业的哲学家所接受的，柏格森温和地插嘴道，'啊，不，不是 qvite zat！'而萧伯纳泰然自若地说，'噢，我亲爱的同伴，我比你更了解你的哲学'。柏格森气得双拳紧握差点大发雷霆；他拼命抑制住了自己的怒火，而萧伯纳则径自阐述下去。"[12]

关于"超人"的想法，是萧伯纳关于创造进化论的一系列综合概念中的又一个关键要素，这在他之前的作品中已经有过几个前身，例如，在《易卜生主义精华》《道地的瓦格纳派》以及《恺撒和克利奥佩特拉》中。萧伯纳也尽力指出他和尼采都不是最先提出这一观点的人："对于超人的呼唤并非始于尼采，也不会因为他的观点不再风行而终结。"不过"超人"（Superman）这个词是由萧伯纳发明的，这自然是受尼采的 Übermensch*的启发。[13]萧伯纳所造的这个词有英译尼采式语词（overman）所没有的活力和恒久性。（至于萧伯纳对于 20 世纪 30 年代后期，这个词在克拉克·肯特*的秘密身份上具象化的看法，据我所知，并无记载。）

萧伯纳的"新宗教"创造进化论，其更广的语境，可以在浪漫主义和后浪漫主义传统中找到，当时的宗教，一方面由于其知识上的缺憾、正统宗教教育中幼稚的轻信以及荒谬，另一方面由于其僵化的哲学体系以及科学唯物主义的出现，其权威渐渐被削弱。浪漫主义和后浪漫主义对这样的状况做出了响应，在浪漫主义时期，威廉·布莱克将传统意义

---

* 德语，超人说。——译者注

* DC 漫画中的人物角色，其秘密身份是超人。——译者注

上的基督教上帝的形象塑造为"无人称的天父",奚落了将基督看作温顺、和蔼的看法,并斥责了培根、洛克和牛顿的哲学作品。雪莱对于正统基督教的排斥,促使萧伯纳形成了关于上帝是宇宙固有力量的观点。叔本华《作为意志和表象的世界》(1818)中关于意志的概念——萧伯纳 1887 年读了该书,同一年他也为巴特勒的书做了书评——实际上也促成了萧伯纳的概念体系。几乎可以肯定,奥古斯特·孔德在其《实证政治体系》(1851—1854)中提出的人性宗教,以及约翰·穆勒《三篇关于宗教的短文》(1874)中的功利主义观点都对萧伯纳产生了影响。

所有维多利亚时代的创作型作家,都在 19 世纪末期那个信仰瓦解、世俗主义哲学思想横行、达尔文主义理论传播扩散、自然现象的科学解释迅速发展的"黑暗平原"中寻找重申宗教以及精神价值的不同途径。从这方面来说,不论萧伯纳的风格和特点与卡莱尔、阿诺德、罗斯金以及丁尼生有多么不同,他关于宗教的想法,很显然也是这一时代思潮的一部分。在《拼凑的裁缝》中,当卡莱尔的托尔夫斯德吕克提出"以一种新的神话、载体、外壳来体现宗教的神圣精神"[14] 时,他所描述的也可以说正是萧伯纳在发展创造进化论这个"新宗教"时的构想。萧伯纳的思路是将一个科学的主题和一个宗教的主题结合起来。在萧伯纳看来,所需要的是"以科学为基础来复兴宗教"[15]。尽管尼采和柏格森对萧伯纳写作创造进化论产生了影响,但他的想法的最根本雏形,是在 19世纪关于进化和宗教的辩论中形成的,而这要比他接触到后来这几位作家的时间早得多。

萧伯纳对待达尔文的态度十分慎重,他将达尔文的基础理论形容为"最终是不易驳倒的"[16]。不过他也理解达尔文的反对者。巴特勒宣称达尔文"将思想从宇宙中放逐了",并且他也不能接受达尔文理论似乎将进化缩减为了一个由一系列偶然事件所决定的过程,其中一些个别种族中所发生的变异给了他们在特殊生态环境中得以存活的先机,从而以自然选择促成了进化发展。[17] 在巴特勒的观点中,这就相当于是说进化除了是"一段时期的偶然事件"以外,什么都不是,其中"美、设计、坚定、智慧、勇气"以及其他人类的品质并无用武之地。[18] 萧伯纳在将拉马克主义和达尔文主义的理论做比较时，也重申了这一观点："比起拉马克所说的那种对于智慧的渴求和倾向，达尔文主义的进化过程可以被描述为某段时期的偶然事件。达尔文主义里有着一种可恶的宿命论，对于美、智慧、力量、目标、荣耀和抱负的令人发指的削减，正如一次雪崩可能对山脉的地貌做出的改变，或者一次轨道事故可能对人的外貌所造成的改变。"[19]

在认可达尔文的同时，又支持着拉马克和巴特勒，严格意义上来说，萧伯纳支持着两个格格不入的科学理论。拉马克对于进化过程中演变的发生所做的描述，现在普遍认为在两个主要方面是站不住脚的。在他的描述中，最常引用的进化变异例子是，长颈鹿是如何演化出长长的颈项的。在野外，长颈鹿主要是吃树木的叶子。拉马克设想的是，在一段很长的时间内，一种原本短脖子的哺乳动物种群，由于不断地伸长脖子去吃树叶，从而发展出了长长的颈项。尼夫勋爵后来在一首诗中对这一理论做出了深刻的总结——虽然并不太正确：

237

> 一头鹿
> 脖子比其他族群成员长一半（请试着别笑）
> 通过不断地伸展伸展
> 无可否认地变成了一只长颈鹿。

拉马克的理论基于一个设想（萧伯纳也认同，但现在已被证明是错误的），那就是父母所获得的特征——例如，通过诸如举重这样的某一特定活动所发展出的不寻常的肌肉——可以被其子女继承。拉马克还错误地设想，进化变异的模式总是由简单生物体到复杂生物体。现在我们知道，尽管进化有些时候确实是遵循这一模式的，但是到目前为止，最普遍的进化事件是 G. L. 斯特宾斯所形容的"特定复杂程度的适应辐射"[20]。

达尔文的描述——通过孟德尔对于遗传学的研究而得到修改和发展——是现在普遍接受的主流科学理论基石。尽管如此，人类干预进化和遗传过程的可能性——并不与达尔文的观点相矛盾——给这一争论带来了新的维度。对人类预期寿命和基因、物理结构的巨大改变是完全可能实现的。

在萧伯纳对他的教义的表述中，有着严重的不一致。对于进化这一观点的斥责有时候似乎破坏了整个创造进化论体系。如果进步仅仅是"一个错觉"，我们如何能具有创造性地进化呢？更进一步的问题是，与其他宗教不同，萧伯纳的教义没有其内在的社会道德准则：在萧伯纳看来，行为准则需要去适应现实生活，而不是反过来。（萧伯纳对于传统行为准则的摒弃很容易使人对其放下疑虑，他的《致革命者的箴言》开篇这样写道："己所欲者，勿施于人，因为他们的品位可能不同。"）不过，关于神圣是宇宙与我们自身所固有的观点，我们是神秘生命力的一次展现，这种生命力能够以某些方法改善人类境遇的观点，以及为个人认为高于自身的事业或者人生的目标——而不是追求诸如自身的幸福——而自我奉献的观念，给萧伯纳提供了信念的框架，不管他在实际履行方面有多么不够坚定，这种信念都影响了他随后的整个创作生涯。

238

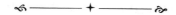

虽然他十分不喜欢 1899 年 9 月到 10 月间与夏洛特一道在卢西塔尼亚汽轮上所做的地中海巡游，但如同后来她劝说他参与的其他海上旅行一样，这次巡游对萧伯纳的创作和思想都产生了深远的影响。正如我们可以从上一章中所看出来的，他在这个"漂浮着的享乐机器"上的经历——亲自观察无所事事的富人们所过着的那种"狂饮暴食、闲混、赌博的悲惨生活"——使他得以塑造出《人与超人》中不同寻常的地狱场景。更有甚者，他在地中海各个文明古迹遗址的漫游，促使他思考人类帝国的历史，这种思考在他着手创作《人与超人》的同一时期所写的一些非戏剧作品中得以表达，特别是 1901 年 1 月发表在《人类评论》上的名为《文明和士兵》的这篇文章。

萧伯纳在《人与超人》的梦境片段"唐璜在地狱"中所呈现的关于

地狱的不可思议的景象，充斥着奇异的人物；他对于地狱和天堂的设想可谓是前无古人的。这个场景对于大多数的现代观众来说都太长了，而这个剧除非有一种特殊的安排，比如下午开始演，随后有晚餐休息时间，否则根本不可能被完整地搬上舞台。不过，"唐璜在地狱"梦境片段中的想象力——交响乐一般席卷而来的想法、四下洋溢的创造力、戏剧本身的喜剧性与莫扎特《唐璜》之间那种微妙的关系——十分令人钦佩。

"唐璜在地狱"这一场景中的四个角色都是对剧中人的超自然表现。那位"极其梅菲斯特式"的，伴着古诺的《浮士德》（萧伯纳童年时期的最爱）主旋律登场的魔鬼，其实就是伦敦萨沃伊酒店前服务员、土匪头子兼一系列多愁善感的糟糕情诗的作者，门多萨本人。唐璜·特诺里奥，能言善辩的、充满哲学意味的创造进化论解说者，对应的正是剧中的杰克·坦纳。多娜·安娜是剧中倒追他的安·怀特菲尔德的梦境版。这些在萧伯纳所塑造的地狱里过得似乎很自在的人物中，最令人称奇的是骑士长/雕塑，莫扎特歌剧中体面的代言人，他同时也极像拉姆斯登，萧伯纳剧作中那个非常保守的自由主义者。

239

在萧伯纳的幻想曲中，地狱和天堂之间往来自由。"人们"可以按照自己的意愿和口味自由地来去。不过那些地狱中的人会觉得天堂——思想严肃的现实主义者、哲学家、诗人、梦想家，还有通过沉思"世界内在意志"探求真理的人的家园——很无聊。地狱则是另一群人——追求欢愉、幸福、浪漫情事者；回避现实者；享乐主义者；钟爱美酒、女人和歌谣的人（比如莫扎特的唐璜）；艺术鉴赏家；以及音乐爱好者——的天然家园，此处被形容为（根据其中一位音乐爱好者所写的）"下地狱者的白兰地"。这是一个"除了享受以外无事可做的地方"。换句话说，地狱就如一个永无止境的地中海巡游，由英国富有的享乐主义者作陪，在卢西塔尼亚汽轮上，听着轮船上的乐队演奏华尔兹、音乐闹剧精选、感伤的情歌以及《上帝保佑女王》。

1899年末卢西塔尼亚汽轮上的航行也为萧伯纳1901年1月给《人类评论》的《文明和士兵》这篇文章提供了素材。[21]坐在船上的帆布折叠躺椅上（在临近雅典和锡拉库萨的某处——他在第二天便已漫步于古希腊文明的遗迹中，并在此前一天游览了锡拉库萨），对于旅客同伴以及帝国的命运，比如旅客中的大部分人所属的这个帝国，萧伯纳此时正处于一种沉思状态中。在航行途中，不列颠帝国对南非布尔反抗者发动的第二次战争于10月11日爆发了。萧伯纳将他在甲板上沉思回忆的日期标注为了战争爆发前一天的早晨："在战争开始前的这几天里，我陷入了沉思……在船舷的躺椅上，摇晃中的我进入了幻想，爱奥尼亚海轻柔地一起一伏……我被一群值得尊敬的英国人围绕。这是一个美好的清晨；而此刻船舷正轻柔地起伏着，安抚他们伴着旅行指南进入一种平和与心满意足。"

"值得尊敬的英国人"并不全是坏家伙，这些"有钱的、周游各地的、家底雄厚的、有名誉、有地位的英国人"陶醉地站在"船舷上，轻柔地起伏"。在这里他们唯一用来瞄准的——"许多文明的摇篮和坟墓"——是无害的柯达相机。偶尔会有在舞池里"趁着夜色鬼混"这样的野蛮行径出现，此时文雅的面纱完全落下。也许比阿特丽丝·韦伯的妹妹并不是唯一在卢西塔尼亚号汽轮上发现自己的吉卜赛自我的人。不过大多数时候，他们的娱乐活动从寻常观点看来是相当纯真的。

"值得尊敬的英国人"不仅对他们的旅行指南感到心满意足，同时也为自己身为英国人，且属于一个富裕繁盛的国度而满意，正如萧伯纳讽刺地刻画出他们臆想自己属于一个"愈发伟大的帝国，将一直壮大到最后的审判来临——也许这个审判会在威斯敏斯特教堂进行——而新千年以后，不列颠的统治将扩张到整个宇宙"。在两个月的时间里，新世纪即将到来，英国将会为其在19世纪中的宏伟业绩而沉迷于自我庆贺中，并期盼着在下一个百年里继续辉煌。《伦敦时报》在1900年1月特刊中，回顾了国家过去的荣耀，并对其前景做出了如下的展望："我们步入新的世纪，带着传承下来的成就，带着旧日的荣耀，这样的荣耀与世界上任何一个国家相比都绝不逊色，且更为源远流长。"在谈及不列塔尼亚荣耀统治之延续的预兆时，报纸谦逊地表示"还算吉利"。[22]

不过，对于两个月前，一个坐在卢西塔尼亚汽轮上躺椅上的人来说，英格兰和英国人的前景看上去则大不相同。他是"一个爱尔兰人，以一种彻底的超然身份审视着这种（英国人的）民族情感"。正是从这个视角，他总结道："我很清楚英国已经山穷水尽了，其文化的延续仅能寄希望于由一种截然不同的英国人来代替此刻这群天真的大孩子。"

英国当时正处于"民主资本主义的帝国主义阶段"。萧伯纳坚持认为没有任何文明可以从这一阶段幸存下来。他只对了一半。他确实正确地预言了大英帝国的未来——只能再多延续半个世纪——但"英国的文明"并没有随着其殖民地的独立而终结，而"民主资本主义"——被证明是自 1900 年以后诸多主流政治经济体系中，最具适应性和相对稳定性的——无疑是帝国衰落的原因。但是，萧伯纳是在 19 世纪末的时候写的这篇文章，当时的资本主义展现出了对社会经济地位低的人群最为残酷的剥削。萧伯纳渴望一种新的秩序——有着这样渴望的远不止他一个。此后将发生许多的抗争并获得胜利。1901 年的英格兰，工党还没有控制国会，女性也还未能在自己身处的民主政治体系中获得投票权。

萧伯纳从卢西塔尼亚汽轮上的巡游回来时，发现费边社内部因布尔 *241* 战争而产生了不和，这恰好反映了早些时候南非英国政权与德兰士瓦的布尔殖民者之间冲突——与土地、钻石和黄金息息相关——的复苏。关于社团应该对战争做何反应，费边社成员之间产生了巨大的分歧，这一分歧诱发了危机。一些成员支持大规模地谴责英国参与这场帝国主义与资本主义性质的冲突。其他成员，包括韦伯，希望费边社可以将其排除于社团的政治议程之外。历史学家帕特里西亚·皮尤对当时的情形总结如下："当布尔战争变得无可避免时，［悉尼］奥利维尔和萧伯纳意识到如果费边社继续故步自封于韦伯所钟爱的市政社会主义的话，社团就不再会被人们看作是政治智囊团了。"[23] 费边社不能持冷漠的观望态度。

与费边社"元老团体"的其他成员一起，萧伯纳成功地阻止了一场呼吁向英国"阴谋阻止德兰士瓦独立"表达"强烈愤慨"的支持布尔战争的活动。[24] 他认为英国政权，在南非是两害相权取其轻的那一个，并希望能采取与费边社风格相符的方式来行动。"南非白人"的胜利，在萧伯纳看来将是"［塞西尔］罗得的胜利"，以及在南非肆虐的资本主义的胜利，就像在美洲一样。[25] 考虑到帝国的存在，萧伯纳希望费边社想办法影响前者的行为方式，并使前者能有约束地将权力移交给殖民地，就像对澳大利亚这样的联邦国家一样。

　　费边社成员一时情绪高涨。1900 年 2 月 23 日，伦敦的克里福德酒店里举办了当时规模最大的一场会议，萧伯纳是其中的一位主要发言人，他发言的内容围绕"帝国主义"。萧伯纳在极具挑衅意味——在某种意义上也很诚实——的论证中提出社会主义运动的目标也是具有"帝国主义意味的"，因为它寻求将其影响范围扩大到国界以外。当然，之后随着诸如苏维埃社会主义共和国联盟的建立，这种政体与帝国主义之间的相似性变得显而易见。萧伯纳是该年晚些时候出版的竞选宣言《费边主义与帝国》的编辑总监。费边社没有在战后分崩离析，但也因一些成员的退出遭受了损失，这其中就包括未来的工党首相拉姆齐·麦克唐纳德，当时他与社团以及西尔维亚·潘克赫斯特之间有着一些其他的争执。

242　　夏洛特与萧伯纳的个人利益也与布尔战争关系紧密，因为夏洛特的姐夫休·乔姆利上校被派遣到了德兰士瓦指挥城市帝国志愿重步兵团。应夏洛特——她当时正在与"一场恼人的流感"做斗争——的要求，萧伯纳 1899 年 12 月 30 日写信给玛丽·乔姆利表达了夏洛特的担忧："从我们个人的爱国心出发，我们自然盼望着他能平安归来，夏洛特的这份盼望更是成倍的——为你也为他。"[26] 乔姆利在这场战争中功勋累累，被授予了巴斯名誉勋位。

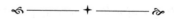

　　夏洛特在 1898 年 6 月与萧伯纳结婚后，决定租下黑斯尔米尔的房子并同时保留阿德尔菲露台作为伦敦的一个根据地，这就形成了延续两人一生的生活模式。他们在伦敦始终有家（只在 1927 年搬过一次——

从阿德尔菲露台搬到白厅宫4号的一所酒店式公寓里），同时在南部乡村离伦敦不远的半乡村地段有另一处居所。

　　从1900年到1906年，萧伯纳过着一种游牧的生活，在乡间租住各种房屋，并频繁地到英国和欧洲各地旅游。1900年5月到10月，他们租下了黑斯尔米尔的"黑丘陵小屋"作为他们的乡间居所，之后又在1900年11月到1902年4月之间改租了萨里吉尔福德圣凯瑟琳的"皮卡德的小屋"，当这里的租赁到期以后，他们搬到了沃金的梅伯利小山，他们在这里租房到1904年4月25日。之后这两个漫游者又在1904年7月2日搬到韦林哈默格林的"老房子"，这就离他们最终决定长期居住的阿约特圣劳伦斯乡村住所不远了。在他们搬进"老房子"之前，正和夏洛特度假的萧伯纳——1904年5月13日在罗马——写信给斯坦利夫人，在信中他这样描述："墙有九尺厚，门就像运河上的闸门一样。"[27]

　　1906年11月，萧伯纳夫妇终于将北伦敦赫特福德郡的一个小乡村阿约特圣劳伦斯的一条狭窄乡间小路尽头的一栋爱德华时代红砖大宅选作了自己的永久乡间居所。萧伯纳注意到此处教堂墓地一个叫玛丽·安·苏斯的人活了将近70岁（1825年到1895年），而她的墓碑上镌刻着："她英年早逝。"[28] 因此他认为这个村庄应该是一个很有益于健康的定居地。他喜爱此处的与世隔绝。他告诉一名到访记者："文明的发展越过了阿约特圣劳伦斯。""我们离大路有两英里的距离。我们不受汽车灰尘的影响。除了专程前来的人，人们一般不会路过此处，因此我们享受着不受干扰的快乐。"[29] 这所房子建在一个大约3英亩的花园里，最初在1902年营建时，是要作为村里教区牧师的住所，不过后来这个教区因为规模不够大而没有分得一位长居的牧师。萧伯纳租住此处一直到1920年，随后他们以6326英镑10先令将其买下。[30] 这所房子——现在由英国国民托管组织代管——就是后来有名的"萧之角"。

　　1900年夏秋之间，萧伯纳夫妇往返于黑斯尔米尔的"黑丘陵小屋"

243

和伦敦，萧伯纳此时发现了时值 23 岁的演员哈利·格兰维尔－巴克尔的天赋，此人在后来成了萧伯纳剧作家生涯中的一个亲密朋友和工作伙伴。1900 年 6 月 10 日，萧伯纳北上到伦敦去看舞台社团演出的格哈特·豪普特曼的剧作《和平节》（翻译版），主演是珍妮特·阿彻奇和 C. E. 惠勒博士。格兰维尔－巴克尔也是参演人员之一，他的表演给萧伯纳留下了深刻的印象，查尔斯·查林顿曾向他举荐此人来演《坎迪达》中的诗人马奇班克斯，萧伯纳当即便觉得他就是不二人选。

萧伯纳与格兰维尔－巴克尔的会面就仿佛"生命力"不早不晚带来的意外惊喜，当时萧伯纳正在构想他的"新宗教"，同时努力想以一名剧作家的身份在伦敦的职业剧院立足。格兰维尔－巴克尔年轻、英俊、聪明、有想象力，他对萧伯纳正在创造的这种新型戏剧有很高的悟性。除了出色地演绎萧伯纳笔下的人物——包括《人与超人》中的坦纳——他后来自己也成了一名成绩斐然的剧作家。他同时也是一位知名的莎士比亚学者和导演，他打破了 19 世纪末莎士比亚剧的风格——当时的许多莎翁剧，布景繁复且文本粗制滥造，以彰显像欧文这样的演员兼剧院经理的重要性。格兰维尔－巴克尔回到了伊丽莎白一世和詹姆士一世时期的那种莎翁剧风格，简洁的布景以及自然流淌的表演，而这正与萧伯纳在 19 世纪 90 年代写的评论和书信中所表达的观点相契合。1906 年 4 月，格兰维尔－巴克尔与活泼、迷人的女演员莉拉·麦卡锡结婚，她作为朋友和女主角，当时已经是萧伯纳戏剧世界中一个举足轻重的人物了。

萧伯纳夫妇在 20 世纪初四处游历，尽管游历的范围很广，但是两人直到 1905 年 7 月才去了爱尔兰。即便如此，爱尔兰始终在萧伯纳的脑海里，在他接下来的剧作《英国佬的另一个岛》中，他可以说通过艺术创造，以一种极其有力的方式"重返了故土"。格兰维尔－巴克尔扮演了基根神父这一角色，这个古怪的预言家、哲学家以及前任神父。这部剧作成了萧伯纳为伦敦皇家宫廷剧院的维德伦－巴克尔 1904—1907 上演季所奉献的首个保留剧目，也极大地提高了萧伯纳在伦敦作为一名职业剧作家新星的公众知名度。

244

　　当格兰维尔－巴克尔 1904 年刚刚加入时，宫廷剧院刚刚被一名业余演员 J. H. 利接管并做了翻新，萧伯纳对他的描述是："一个喜爱表演莎士比亚剧中角色的绅士，也有充足的金钱来满足这一愿望。"[31] 利雇用约翰·E. 维德伦来担任他的助理业务经理。1904 年，格兰维尔－巴克尔受邀执导并参演了《维洛那二绅士》，他提出的附加条件是在宫廷剧院的午后场上演 6 场《坎迪达》，他将在这部剧中扮演诗人马奇班克斯。由此，他和萧伯纳同时得以进入这家位于斯隆广场的剧院，而两人的事业都得以提升，英国戏剧史上重要的一个新篇章也随之被谱写。

第 *15* 章

永远的爱尔兰人

　　1946年都柏林市政向萧伯纳授予荣誉市民的决定并不是全票通过的。有一位议员宣称萧伯纳无论是给爱尔兰青年还是爱尔兰成人当导师都不适合。他同时还抱怨他所能找到的，萧伯纳唯一为爱尔兰做的事，就是寄来"偶尔一次的远距离俏皮话"[1]。而他其他的同胞则更大方地认可了他的成就，并赞许他与爱尔兰的关系。虽然如此，关于萧伯纳在移居英格兰以后几乎完全抛弃了自己的爱尔兰身份的看法——以及如一名评论家所说的，他"不太像爱尔兰人"——始终伴随着他，尽管很多证据表明事实恰恰相反。[2]

　　萧伯纳对爱尔兰的态度是复杂的、矛盾的，有时甚至是批判的。他曾形容自己为"超国家主义者"，而在《英国佬的另一个岛》中他宣称"民族主义正是爱尔兰和光明世界之间的阻碍"[3]。他对宗教的盲从、政治狂热、地方偏狭，以及他度过了人生的前20年的19世纪都柏林的脏乱环境嗤之以鼻。他以讽刺的笔触描写了19世纪末的爱尔兰文艺复兴和文化民族主义。但是，他作品中爱尔兰的另一幅景象却抵消了这些批判的话语，这是一个因其古老的宗教传统而变得神圣的地方，充满了天赋异禀的热情而智慧的人们。同时，对于这里的风景和海岸，西部的群岛和天空，他都深感其美。萧伯纳正是对于这样的一个爱尔兰有着归属感，他甚至在演说中称自己为"一个爱尔兰爱国人士"[4]。在 1948 年一篇名为《永恒与外在的爱尔兰》的文章中，他表示，撤除理智和常识，他也如其他爱尔兰人一样坚信他们是"天选的种族"。同样在这篇文章中，他描述了他的国家和他与国家的联系："在爱尔兰出生并呼吸这里空气长大的人就是爱尔兰人，这一事实是永恒的……我在爱尔兰住了 20 年，而在英格兰住了 72 年；但是这 20 年在先，在英国我依旧是个异乡人，这一点至死不变。"[5]在一封日期为1941年12月27日的信中，萧伯纳告诉艾尔弗雷德·道格拉斯勋爵——当时两人书信往来频繁——"没有任何事情可以抹去一名爱尔兰人的本土印记"[6]。

246

围绕着自己公众形象的树立以及与他人的交往，萧伯纳以各种各样的方式去部署自己的爱尔兰身份——以及他作为一个英格兰的半异乡人和外人的身份。从他"超国家主义者"的思想立场出发，他斥责爱尔兰人无用的白日梦、他们不断复苏的古老仇恨和无用的奋斗目标，以及他们在政治上头脑发热而使用的暴力手段。他如是结束了自己关于作为一名"超国家主义者"的声明（在爱尔兰发表的），他说自己"要赶回伦敦了，因为那里的疯子稍微没那么危险"。但是，当他在伦敦的时候——或是像在卢西塔尼亚汽轮上被英国人包围的时候——他将自己呈现为一名理智、有洞察力的爱尔兰人，客观地审视着典型的英国佬身上的那种自鸣得意、自我膨胀和冥顽不灵。萧伯纳对自己的爱尔兰身份的表述是对爱尔兰的自我疏离和自我认同相互交替的复合体。

在描述他平息费边社内部纷争的方法时，萧伯纳提到其中一种就是利用他的爱尔兰身份。他回忆起在面对这些情形时，他会以最为夸张的词语清晰地向大家解释他们的立场，从而激怒每个人，这样所有的怒火都会转向他们当中这个不可理喻的爱尔兰人，"结果就是：纷争的双方最终达成共识，一切都是我的错。我被所有人谴责为鲁莽的麻烦制造者，但因为我是一个爱尔兰疯子，从而也当然获得了原谅"。在这段出自《十六张自画像》的段落中，萧伯纳继续不动声色地解释，费边社之所以能在早期岁月中从对手的破坏中"罕见地幸存下来"都归功于"其管理层中这一点点爱尔兰因子"[7]。爱尔兰式的疯癫——他的故事暗示——其实是一种变相的理智。

　　且不说我们已经提到过的，萧伯纳同女性的最为投入的两段关系——珍妮·帕特森，他 19 世纪 80 年代到 90 年代间的情人，以及他的妻子，夏洛特——萧伯纳与爱尔兰的联系（即使是最显而易见的方面）比 1946 年那位议员所知道的要深远得多。他在描写爱尔兰，或是将爱尔兰的特质融入自己诸多创作之中时，总是不乏自传的维度。他与同时代的爱尔兰同胞有着文化和历史上的强烈联系。1909 年他密切参与了艾比剧院早期历史的辉煌时刻，萧伯纳的剧作后来成了艾比剧院保留剧目的重要组成部分。他一直关注爱尔兰发生的各个事件，并给予了具有洞察力的评论。1876 年离开爱尔兰后，他于 1905 年才首次回国，这次之后他频繁回去，特别喜欢在爱尔兰西部居住，他在这里写出了自己的部分剧作。此外，他从未改变自己讨人喜欢的——并且经常被人们提到的——爱尔兰口音。

　　萧伯纳在写作中涉及爱尔兰时，最为充分和透彻的，要数 1904 年的剧作《英国佬的另一个岛》，该剧标志着他真正取得英国职业戏剧界的成功和声望的第一步。但是，他作品中几个鲜为人知的爱尔兰主题和人物也值得我们研究。虽然爱尔兰并不经常出现在萧伯纳的剧作中，但这并不能降低其重要性。他一些具有决定性质的观点和感受，都源自他在创作中对于爱尔兰以及爱尔兰和英格兰关系的探索。

　　萧伯纳在作品中最早提到爱尔兰，是在他的小说《未成熟》中。匆匆一瞥，这部小说似乎是萧伯纳对他刚离开不久的祖国的背弃。他不仅给了中心人物一个典型的普通英国名字，史密斯，并且还在叙事中以不同的方式强调他的英国人特质。在小说最初版本中，史密斯有一个爱尔兰的祖母，但是到了出版发行时则被去掉了。另外，史密斯以一个英国人的角度去审视爱尔兰和爱尔兰品性。尼古拉斯·格雷纳认为，出于某些原因，萧伯纳在创造一个去爱尔兰化的自己，"从而使自己得以逃离爱尔兰乡下人的身份"[8]。然而，在主人公身上切断与爱尔兰的联系的做法并没有扩散到整部小说中，小说中有多个爱尔兰角色，且与爱尔兰有着一系列复杂的关联。

　　《未成熟》开创了萧伯纳作品中对待爱尔兰的矛盾态度，且这种态度一再地出现。一个角色对于爱尔兰的激烈斥责会立刻被另外一个角色的感叹所平衡："天呐！我跟爱尔兰人相处很愉快。"抨击爱尔兰的角色是一个出生于爱尔兰的轻狂女子，伊莎贝拉，她扬言此生再也不会重访自己出生的国家。不过随着小说情节的发展，她回了故乡。此外，她在不同的场合向史密斯表述了对爱尔兰完全不同的态度。在一封伊莎贝拉从爱尔兰写给史密斯的信中，她提到了所拜访的一个村庄，丑得能把"罗斯金先生（英国美术批评家——-译者注）给气哭"，同时她对于纽里的评价同样贬损，而纽里是萧伯纳曾到访过的一个小城镇，那时萧伯纳的童年伙伴爱德华·麦克纳尔蒂身不由己地被雇用自己的银行调到这里。但是，当伊莎贝拉回到伦敦以后，她对于两个国家的看法就对调了。她说自己很喜欢爱尔兰优美的乡野风光，特别是罗斯特雷沃，"一个美妙的地方"，而现在伦敦变成了糟糕的那一个："我觉得伦敦真是一个可憎的地方。在见过大山、海洋，并呼吸过醉人的清新空气之后，再呼吸这座城市里的毒气简直让人无法忍受。"

　　除了伊莎贝拉，《未成熟》中的爱尔兰角色还包括：纵容她的父亲，福利·伍德沃德，一个和善的绅士，令人联想到亨利·菲尔丁《汤姆·琼斯》中的奥尔沃西先生；伍德沃德先生的管家，达利太太；以及他的男仆，科尼利厄斯·哈姆雷特。史密斯很厌恶达利太太的一口爱尔兰土腔。达利太太则认为史密斯是个很蠢的人，在小说以幽默的方式探讨究竟是史密斯不成熟还是他所处的有问题的社会不成熟时，这一点极其重要。和达利太太一样，男仆也有着浓厚的口音，有时候甚至很难明白他说的话，比如他在早餐（breakfast）时间宣布"bruckhust"准备好了时。古怪的哈姆雷特和达利太太都展现出一种精明世故，这也使得爱

248

尔兰及其居民的肖像画变得更为复杂和丰富。

萧伯纳在作品中对于爱尔兰的处理有两个值得注意的例子，它们分别出自独幕剧《荣获维多利亚十字勋章的奥弗莱厄蒂》和《剪报》。在萧伯纳的所有作品中最为热诚的民族主义者要数奥弗莱厄蒂太太，荣获维多利亚十字勋章的英雄奥弗莱厄蒂的母亲，她以爱尔兰为中心的人生观使得她坚信莎士比亚出生于科克郡，维纳斯出生于基里尼海湾的海里，而拉撒路被葬在格拉斯奈文。（都是爱尔兰地名——译者注）

奥弗莱厄蒂与母亲之间有了矛盾，因为他骗她说自己在第一次世界大战中是与英格兰对战，而不是和英格兰一起作战。儿子对母亲听到这个谎言后的反应描述如下："可怜的女人亲吻了我并在房里四处奔跑，用她那沙哑的声音唱道，法国人在海上啦，他们会准时来到，荷兰人则会迟到，可怜的老妇人（Shan van Vocht）这样说。"《荣获维多利亚十字勋章的奥弗莱厄蒂》有一个具有讽刺意味的副标题《招募宣传册》，爱尔兰的民族主义热情是该剧用以讽刺爱国主义和反对战争的一部分。剧中，极不情愿、满腹狐疑的奥弗莱厄蒂被用来当作招募新兵的幌子，他宣称——毫无疑问他是想到了自己的亲友——"除非你将人类的爱国主义彻底废除，否则你们永远不会有一个清静的世界"。他决定回到法国的前线上去，因为这样都比和母亲还有亲戚一起待在家乡里要安宁得多。

《剪报》是一部时事概览，正如其副标题《1909年的女性战争》描述的一样。在一封1909年5月14日写给伯莎·纽科姆的信中，萧伯纳坦白："[剧中]唯一具有同情心的女人是一个女佣。"[9]他指的是法雷尔太太，唯一跟她一样有同情心的，是危险的持枪女高音歌手科林西亚·范肖夫人，以及班格太太，后者是"反普选联盟"的秘书，好斗且极富阳刚气概。法雷尔太太，她从一段生了8个孩子的爱尔兰婚姻中幸存下来（她的丈夫声称要他学会控制自己是有违他的信仰的），在剧中她正受雇于男主角米奇纳将军。

虽然仅是一部短小却讨喜的小剧中的配角，但法雷尔太太呈现了一个十分积极的爱尔兰人形象。她精明、善于观察、能言善道，并且很有

249

智慧，是一位直觉与理智并存的女子。她明白男性自大和狂妄外表下所发生的一切，也明白"山德斯通将军制服下丑恶的一面，他的［威士忌］酒瓶子在那里摩擦着背带扣"。在一场关于"将人诞生到这个世界上"和"将他们炸死"之间哪个更危险的口头交锋中，米奇纳将军输给了法雷尔太太，他不得不承认她是"一个心灵强大的女人"。正如萧伯纳喜剧中角色向上层社会流动的典型惯例，法雷尔太太最终也屈尊接受了米奇纳将军的求婚。

标题为《老绅士的悲剧》的剧目，即《回到玛土撒拉》（萧伯纳一战后写的五部系列剧）的第四部分开始于公元 3000 年一个美妙的夏日。第一个场景设在爱尔兰西海岸戈尔韦湾南岸的布伦码头，标题中的老绅士坐在用来将船系在岸边的石桩上。似乎是打趣般地暗示与剧中这个老朽的某种关联，萧伯纳在去爱尔兰时也照了一张他作为"一个老绅士"坐在戈尔韦湾石桩上的照片。

除了其未来的设定，这部剧在某些部分很明显参照了 1922 年—1923 年内战前在政治斗争和暴力中苦苦挣扎的爱尔兰。在萧伯纳所设想的未来中，许多当时现有的观点将会绝迹，其中就包括民族主义运动的思想。所有为民族独立而做的斗争在多年前已经以胜利告终："对于民族性的声称在世界范围内彻底结束了，至此，地球上没有任何一个国家还存在民族积怨或者民族主义运动。"在老绅士的一段话中，萧伯纳借失去工作和利益来源的他来讽刺爱尔兰的窘境："想一想爱尔兰的处境，除了民族主义者的骚动之外，丧失了一切政治能力，自身遭受的种种苦难让其成了世界上最有趣的民族！他们帮忙解放的国家觉得他们令人厌恶到难以忍受，因此抵制他们。曾经把他们作为热心和智慧典范而崇拜他们的那些人，现在回避他们就像回避瘟疫一样。"

一些非常积极的评价平衡了老绅士在总结爱尔兰历史时那些苦涩的嘲讽。一个充满神秘、美以及圣洁的人们的地方，一个以其"热心和智慧"而被赞美的民族——这幅旧时爱尔兰的景象正是一段针对老绅士的看管人祖和祖齐姆的控诉的核心部分，他们的美丽新世界毫无生气、毫无幽默感、残酷无情、崇尚物质主义，从文中可以看出，这个美丽新世 *250*

界正是第一次世界大战以后的欧洲。萧伯纳让祖给了这位老绅士一句简洁的建议，这句话无疑也是写给当代爱尔兰的："我要告诉你多少次呢，让我们变得明智的，不是对过去的缅怀，而是对未来的担当。"

萧伯纳时常为宗派主义的不断复兴和爱尔兰国内的政治仇恨而感到痛惜——而家长们鼓励自己的孩子继续将这一切维持下去。《老绅士的悲剧》是萧伯纳关于这个主题诸多观点的一次重申。1914 年 12 月，萧伯纳给新芬党议员德斯蒙德·菲茨杰拉德的妻子玛贝尔·菲茨杰拉德写了一封有趣的信，她参与了 1916 年都柏林的复活节起义。她在 1909 年曾以娘家姓麦康纳尔，短暂地代替乔治娜（"朱迪"）·吉尔摩担任萧伯纳的秘书。这封信大体基调是友善的，这表明萧伯纳还是喜欢他这位信天主教的爱尔兰朋友的，并觉得她有魅力。不过，他在信中严厉训斥了她反新教和反英的热情，以及她将此等偏执观念灌输给她自己儿子这一行为："作为一个乌尔斯特女人，你应该意识到，如果你养育出的儿子憎恨除了天主教徒外的所有人，那么你是要下地狱的。正如我给爱尔兰报刊的信中写的那样，那些没有积极民族概念的人，他们的心思不是当一名爱尔兰人，而仅仅是反英人士。如果你把爱尔兰已经厌倦了的那些老旧恶意和怨恨填进一个孩子天真的灵魂里，那你真是一个魔鬼。"[10]此后信中的语气变得温和得多了，包括对她的称赞和萧伯纳对于爱尔兰的另外一种情感："下次我一定来拜访你，瞧瞧你是不是依然那么动人。当我看见蜂巢小屋时，爱尔兰的魔力对我来说是那么的大。你参与过斯凯利格·迈克尔岛的朝圣之旅吗？如果没有的话，那你还没有真正看过爱尔兰。"

爱尔兰西南部的凯里郡沿岸耸立着一群石头岛，斯凯利格·迈克尔岛因其早期的基督教修道院而闻名，这座修道院建于公元 7 世纪，坐落在离海面 600 英尺的地方。萧伯纳和夏洛特于 1910 年 9 月 17 日乘小船到过这个岛，过程甚是危险。（只有在天气好时才能登上这个岛，在此前的一天，他们没能成功搭乘游艇来到此处。）这个经历给萧伯纳留下了难忘的印象，他在一封写给朋友退休的法务官弗雷德里克·杰克逊的信（这封信次日写于帕克纳希拉酒店）中，对小岛做了很生动详细的描

写，此描述现今依然为当地的游客信息所引用。"一个不可思议的、不 *251*
真实的、疯狂的地方，"他这样描述道，"告诉你吧，这里仿佛不属于你
我所生活和工作过的任何世界；它属于我们梦中的世界。"[11]这个属于
古老宗教传统并有着摄人心魄之美的"梦中世界"，是萧伯纳多面描绘
爱尔兰图景时的一个主要组成部分。

1904年6月23日，萧伯纳写信给W. B. 叶芝："我很严肃地考虑写
一部爱尔兰的戏剧（非常现代的——没有女妖也没有小老头精灵），在
我完成手头一本关于市政贸易这一有趣主题的书之后。"[12]他在这里所
指的戏剧就是《英国佬的另一个岛》，实际上他在6月17日就已经动笔
了，暂定名称为《统治不列塔尼亚》。[13]从一封叶芝1900年3月12日
写给格雷戈里夫人的信中可以看出，写"一部关于爱尔兰人和英国人个
性对比的戏剧"的想法在萧伯纳1904年给叶芝写信前的几年，就已经
存在于萧伯纳的脑海中了。[14]1904年8月和9月，萧伯纳夫妇拜访了苏
格兰，《英国佬的另一个岛》的初稿就是8月23日在罗斯马基（邻近因
弗内斯）的阿尔内斯完成的。该年11月，维德伦－巴克尔剧团在伦敦
切尔西的斯隆广场的皇家宫廷剧院首次演出了该剧。

《英国佬的另一个岛》是萧伯纳极为重要的一部作品。虽然评论界
对其褒贬不一，有些评论家将其缺乏传统的复杂情节误解为结构上的缺
陷，但这部作品还是引起了极大的关注。当时的首相阿瑟·J. 鲍尔弗最
初由比阿特丽丝·韦伯陪同去看了一次演出后，又去看了该剧不下五
次，并带上了自由党反对派的两名领袖亨利·坎贝尔－班纳曼爵士和赫
伯特·亨利·阿斯奎斯。1905年3月11日，国王爱德华七世观看了一
次该剧的专场演出，据说他当时痛快地大笑起来，以致弄坏了自己坐的
椅子。[15]在维德伦－巴克尔的演出季期间，这部剧在皇家宫廷剧院一共
上演了121次，后来于1907年第一次在都柏林的皇家剧院上演时也大
受这里的观众的喜爱。

如果谈判没有（像国王爱德华七世的椅子那样）失败的话，该剧很可能成为 1904 年艾比剧院建成后上演的第一部作品。在 1907 年为《英国佬的另一个岛》作的序中，萧伯纳表示这部剧是"应威廉·巴特勒·叶芝的要求，作为爱国的献礼供爱尔兰文学剧院当作保留剧目"而写的，并暗示因为其"与新盖尔语运动不相宜而被剧院拒绝了，该运动致力于追随自己的理想，建立新的爱尔兰，而我的剧作则是对真实古老的爱尔兰的直白呈现"[16]。

萧伯纳的声明很容易误导人。叶芝似乎并没有请他写作剧本，而尽管剧中确实有一些"与新盖尔语运动的精神不相宜的地方"——萧伯纳清楚地知道他对凯瑟琳女伯爵讽刺性的引用，势必会通过"调侃叶芝的方式"[17]博得观众一笑——这并不是爱尔兰国家戏剧社没有继续制作这部剧作的主要原因。最大的问题是这部作品的规模、技术要求，以及在这个经验尚浅的剧团中如何选派演员。事实上，艾比剧院的人对其评价颇高。演员 W. G. 费伊，尽管担心选角的问题，但觉得这是"一部极好的作品"[18]。J. M. 辛格认为这部剧能"吸引都柏林的观众"，与此后该剧收获的巨大成功相比，这个说法可以说是非常保守的了。[19] 在一封 1904 年写给萧伯纳的长达 3 页的信中，W. B. 叶芝对此剧称赞有加："在这部剧中，关于爱尔兰你说了一些十分中肯的话，此前从没有人说过的话……你展示出了你对这个国家的深刻了解。你嘲笑的事物都在人们可以接受的范围内，并没有去碰那些观众们还没有准备好被嘲笑的话题。"[20]

但是，叶芝在看了该剧在伦敦的演出后，向格雷戈里夫人做出了截然不同的评价。"搬上舞台的效果比预料中的要好……无疑是能取悦众人的，"他以肯定的评价开头，然后转而说道，"我并不真正喜欢它。根本上来说，这部剧是丑陋且不成形的。"[21] 剧中的讽刺几乎触及了叶芝自己文学事业的根基以及他对于"浪漫主义爱尔兰的构建"，他的评价也许不能完全说没有受这一点的影响。不过萧伯纳的剧作超越了讽刺；尤其是最后一幕里的一些中心理念，与叶芝的哲学作品有惊人的相似。

作为一部整体的作品来看，《英国佬的另一个岛》是一部关于英格兰和爱尔兰的尖刻的讽刺作品，它颠覆了两个国家刻板的民族认同。同时，该剧也是对萧伯纳关于理想社会设想的创造性表达，在这里，不同形式的人类活动中存在的社会障碍，人与神圣国家间的社会障碍都消解了。根本上来说，这部剧可以看作是萧伯纳以他的方式来描述叶芝口中的文化统一。[22]

通过对一个假爱尔兰人，剧中邂逅的三流骗子蒂姆·哈菲翰（后来被人发现他其实出生于英国的格拉斯哥）的鲜明、滑稽的刻画，该剧对民族模式化观念展开了抨击。萧伯纳赋予了哈菲翰所有与模式化的爱尔兰人戏剧形象有关的俗套。他的花言巧语中处处夹杂着此类角色惯有的语言特征。贪婪的酒鬼哈菲翰——萧伯纳把开自己父亲的玩笑用在了这个角色身上，使他成为一个原则上而非行动上的禁酒主义者——被一个英国佬式的角色，轻信的布罗德本特看作是典型的爱尔兰人："轻率而鲁莽但是勇敢善良；也许自己做生意不容易成功，但是能言善辩、幽默、热爱自由，伟大的英国人格拉德斯通的忠实追随者。"这个陷阱不仅是为布罗德本特设计的，也是为观众设计的。直到一个真正的爱尔兰人，拉里·道尔，布罗德本特在工程公司的同伴，说出了哈菲翰来自格拉斯哥的真相。面对布罗德本特听到真相后的抗议（"但是他说的话、他的行为都像一个爱尔兰人啊"），道尔震怒道："像一个爱尔兰人？！老天啊，你难道不知道他这些装腔作势的感叹和俗语都是故意用来欺骗你的……在爱尔兰没有任何一个爱尔兰人会这样说话，以前没有，以后也不会有。"

萧伯纳很明白，这种舞台上模式化的爱尔兰人形象不仅与真正的爱尔兰人没有半点关系，并且也是英国人不认真对待他们的原因之一。[23]这种对于爱尔兰人的贬低，还有一个阳春白雪的版本，那就是马修·阿诺德的演讲集《关于凯尔特文学研究》。布罗德本特关于爱尔兰民族性格的概述，效仿了阿诺德关于"凯尔特精神以多愁善感为其主要基础，优点在于对美的热爱、富于魅力和灵性，缺点在于固执与无能"[24]的信条。正如德克兰·基伯特所说，阿诺德表述了一个维多利亚时代末期的观点，认为爱尔兰代表了英国被压制的、阴柔的一面："如果英国佬是

253

勤奋可靠的，帕迪（指爱尔兰人——译者注）就必然是懒惰而对立的；如果前者是稳重而理智的，后者就一定是不稳定和情绪化的；如果英国人是成熟而阳刚的，爱尔兰人就是孩子气而阴柔的。"[25] 在《英国佬的另一个岛》的前言中，萧伯纳特意将两者对调，说英国人是"完全受其想象力支配的"，而爱尔兰人"总是专注于事物本身"[26]。剧中，不是爱尔兰角色，而是英国佬式的英国人总是多愁善感，透过玫瑰色的眼镜看世界。

剧中萧伯纳在描述罗斯库伦本地居民时，对爱尔兰乡村生活的缩影做了灵巧而熟识的刻画，而这无疑取材于他年轻时因尤尼亚克·汤森德地产公司的工作到都柏林以外的地方出差，以及（1872年夏天）去纽里拜访麦克纳尔蒂的经历。与迪翁·布西科的《少女围场》这样的作品——以及一些他姐姐露西演过的音乐喜剧——中那种情感上理想化的爱尔兰男女相去甚远的，是萧伯纳笔下声名狼藉的前地产经纪人科尼利厄斯·道尔、不满而好争论的小农地主马特·哈菲翰、健壮却乏味狭隘的当地神父登普西、十分迷信的帕西·法雷尔、长着一头红发的粗野无礼的多兰、明白事理的朱迪姨妈、苍白而极度渴望感情的诺拉。和詹姆斯·乔伊斯一样，萧伯纳不需要身在爱尔兰就能在作品中将其再现。爱尔兰就在他的思维与想象里。

这部剧中的自传因素分摊在了几个角色身上。如我们所见，即使是在荒谬的布罗德本特身上，我们也能看见些许萧伯纳的影子，特别是在布罗德本特对诺拉的追求上，让人想起他对时常闷闷不乐的憔悴的夏洛特的追求。更为明显的映射，可以在对自我放逐的爱尔兰人道尔的描绘中找到。和年轻时的萧伯纳一样，道尔——也对自己的父亲持批判态度——离开了爱尔兰来到伦敦更为广阔的天地中，希望能在"属于强国的世界"里"成为一个真正的男子汉"。道尔对与这种彻底的国际化环境的拥抱以及对爱尔兰狭隘观念的拒绝，当然是传达了作者本人的观念。剧中大多数有关爱尔兰以及英国人对爱尔兰态度的最为透彻和尖锐的评价，都出自他的口中。道尔向布罗德本特描绘的爱尔兰，是一幅肮脏的"乏味卑劣的地狱"的图景。萧伯纳以批判的眼光审视叶芝和爱尔兰民族主义运动，并让道尔在剧中猛烈地斥责了爱尔兰人对待宗教和政治的态度：

> ［爱尔兰人］没办法虔诚。教导他生活的尊严以及行为的重要性的品质高尚的教徒，被两手空空地驱逐了；而村里的穷牧师给他展现一个奇迹或是讲了一个关于圣人的感伤故事，他就搜刮那些身无分文的穷人，为这个牧师建造一座大教堂。他没有政治智慧：他还在梦想着"老妇人"的老生常谈。如果你想引起他的兴趣，那么你就要呼唤不幸的凯瑟琳女伯爵，假装她是个小老妇人。这样就不用动脑子了。

不过，就像萧伯纳小说中的一些角色一样，道尔似乎也带有自我批判的意味，他所展现出的无情的一面，萧伯纳明白自己有时候就是那样，特别是在涉及与女人的关系上。道尔渴望一个"梦想可以成真"的国度，但是在剧中，他是一个总是显得很消极——甚至是麻木不仁——的角色，他对世界的贡献基本上只是作为一个旁观者的批判。具有道德公信力但却同样徒劳无功的基根，在剧末形容道尔是"聪明反被聪明误"，认为正是因为他和像他一样的那些人，爱尔兰才变成了"受嘲笑之地"，由此一来，道尔似乎也是造成他自己所鄙视的种种问题的元凶之一。通过对尽管愚蠢，但性情与道尔相比，要温和善良得多的布罗德本特的展现，萧伯纳似乎借由这两位工程公司的同伴的不同性格，来展现他自身的不同侧面。*255*

剧中带有作者自我映射意味的三位一体组合中的第三个角色，是基根，一个被免职的神父，他的信仰建立在比登普西，村里那位乏味的神父，更为开阔的宗教理念上，他的精神和哲学远见抵消了布罗德本特那种冰冷的物质主义。正是基根在剧末提醒大家，爱尔兰是一个因其古老宗教传统而显得神圣的国家，并同时以一种超越民族界限的眼光看到文化的统一。通过重述奥古斯特·孔德实证主义宗教系统以及威廉·莫里斯作品中的一些观点，基根呈现出了一种哲学见解，在这种哲学见解中人与神、教堂与国家、工作与玩乐在概念上的分别都消解了。他以这样的梦想来与布罗德本特"关于效率的愚蠢梦想"相对立。但是，这一切对于布罗德本特这个碾压一切的"碾磨机"来说都是谷物一般。在布罗德本特对罗斯库伦村的宏大设想中——主题公园和高尔夫球场相结合——基根将会很有用处。作为当地的怪人，"基本可以与罗斯金和卡莱尔媲美"，这个爱尔兰的空想家将会和圆塔一起，吸引游客的到访。

　　知识和想象力都有限的英国佬式的英国人，也成了萧伯纳的同胞奥斯卡·王尔德在19世纪90年代讽刺和抱怨的对象。1893年2月，王尔德寄给萧伯纳他的新剧作《莎乐美》（当时刚刚出版，封面是紫色的）时，附信写道："英国是一个故步自封之地，不过你为了消除偏见已经做了很多。我们同是凯尔特人，我希望我们是朋友；正是因为如此，以及其他的很多原因，莎乐美穿着紫衣来面见你。请连同我最诚挚的祝愿一道接受她。"[27]

　　在同一封信中，王尔德赞扬了萧伯纳关于"荒谬的舞台审查制度"的文章，并补充说："你那本讲述易卜生主义和易卜生的小书让我很愉悦，我时常会拿起来读一读。"王尔德认为他和萧伯纳组成了一个小小的旅居英国作家的"爱尔兰流派"：他们是凯尔特盟友，以诙谐的方式反对那些愚钝自满和庸俗的英国佬以及19世纪末英国社会里挑剔的伦理家。当他1893年给萧伯纳寄去《温德米尔夫人的扇子》的复本时，王尔德给这部剧取了个别名——《爱尔兰流派1号》。同年晚些时候，他把萧伯纳的《鳏夫的房产》称作《伟大的凯尔特流派2号》，这个有趣的参考系一直持续到了5号作品，也是他自己的剧作《理想的丈夫》。[28]

　　王尔德的礼物《莎乐美》在邮寄途中被耽搁了。萧伯纳写信说："莎乐美依旧穿着她的紫衣徘徊着，在找寻我；我预计她将以一名十足的流浪者形象抵达，被盖上墨黑的印记，因为被粗鲁的手抛进红色的囚车［邮政车］而满身瘀青。"[29]在这封信中，萧伯纳也将自己与他的爱

256

尔兰同胞放在同一条阵线上，共同反对英国的清教主义和审查制度。他将王尔德、威廉·莫里斯以及他自己囊括进一个英国社会边缘的作家三人组，面对上述势力时，他们承担着一种特殊的好战而具有教育意义的身份："如果想除掉审查制度，无论是官方的还是非官方的，我们就要一边抗争，一边教育。而我说我们时，指的是威尔士人莫里斯，以及王尔德和萧伯纳这两个爱尔兰人。"[30]

1893 年，萧伯纳和王尔德都遭遇了英国体系中荒谬的舞台审查。这一年夏天，预计上演的王尔德的《莎乐美》被舞台剧许可总管 E. 史密斯·皮戈特禁演了，萧伯纳如是描述这位绅士："粗鄙短浅的地域成见的一个移动概览。"[31] 除了王尔德本人以外，只有萧伯纳和威廉·阿彻公开批判了这一行为。王尔德扬言要离开英国加入法国籍。"我不同意把自己称作一个在艺术判断上如此狭隘的国家的公民。我不是英国人，我是爱尔兰人，是非常不一样的。"他在发表在《蓓尔美尔街财政》的一次采访中声称。[32] 1893 年 11 月，萧伯纳完成了他富有争议的剧作《华伦太太的职业》，但是由 J. T. 格伦的独立剧场来演出这部作品的想法最终没得以实现：因为预料之中，皮戈特肯定不会批准其公演。

萧伯纳和王尔德作为爱尔兰同胞、朋友和同盟，除了在 19 世纪 90 年代通信中所显示出的相互尊重，在社交生活中其实并无太多交集。萧伯纳在《未成熟》（在王尔德去世之后很久，都依旧停留在仅是一本被老鼠啃过的手稿的阶段）中塑造的花花公子诗人霍克萧这一讽刺肖像，很明显有着王尔德的影子，这也暗示出了两个人从未成为亲密朋友的一些原因。"奥斯卡，你知道的，有着深入骨髓的自命不凡，他在都柏林的梅林广场长大。"萧伯纳 1908 年给弗兰克·哈里斯写信时这样说。[33] 除了关于威廉·王尔德爵士给乔治·卡尔·萧做的不成功的斜视手术这个记录不详的故事以外，并没有直接证据能显示辛格街和哈奇街的贫穷萧家与梅林广场富裕的社交名门王尔德家有过任何来往。不过，萧伯纳刚到伦敦时受邀拜访了王尔德夫人家，这说明两个家族可能在此之前就有一些社交联系。

257

在她丈夫去世之后，王尔德夫人，这位热情的爱尔兰爱国者、文学家和贵妇，给自己取了一个充满异域风情的笔名"斯佩兰扎"，并与长子威利——当他被问及在做什么工作时，据说他的回答是"偶尔"[34]——搬到了伦敦。她在格罗夫纳广场不远处的帕克街 116 号的家里举办了很多聚会，宾客都是作家和艺术家。自 1879 年 11 月，萧伯纳的日记记录的他第一次拜访王尔德夫人之后，他陆续参加过几次这样的聚会，W. B. 叶芝也同样受邀参加了。年轻羞涩的萧伯纳之所以能加入这个沙龙，很有可能也得益于当时的威利·王尔德和奥斯卡·王尔德都很喜爱他活泼迷人的姐姐露辛达·弗朗西斯·萧。

在 1893 年他们进行"爱尔兰学派"的通信时，萧伯纳和王尔德既是爱尔兰同盟又是竞争对手，不过王尔德当时的文学和剧院声誉已经超过了他的同胞。王尔德作为剧作家、才子、评论家以及纨绔子弟一举成名，事业蒸蒸日上，然而紧跟着 1895 年夏天对他的审讯，王尔德也同时步入了一条通向毁灭和牢狱的路。萧伯纳作为一名剧作家，在 1893 年时，几乎无人知晓：即使是《武器与人》所获得的局部成功（叶芝在难忘的开篇中称他为"现代文学中最令人敬畏的人"）也是 1894 年 4 月的事。不过，1893 年，作为一名评论家、辩论家和才子的萧伯纳已经有了一定的知名度——王尔德大方地肯定了这一点。萧伯纳欣赏并喜欢王尔德那句有名的隽语："萧伯纳在世界上没有一个敌人；而他的朋友中也没有一个人喜欢他。"[35]

除了两人在人生观上明显的不同外，萧伯纳和王尔德都是传统观念和臆断的机智颠覆者，写作时都带有一种利落和直率，这常常使得人们难以区分他们的作品和妙语。由于这种相似性，他们写给《蓓尔美尔公报》的未署名的评论难以被辨认究竟出自谁之手。"［所有那些］1885 年至 1888 年间具有明显的爱尔兰品质的作品，"萧伯纳写道，"我认为都可以归于我或者奥斯卡·王尔德名下，有时候他写的评论被误认为出自我之手。"[36]

1895 年王尔德和"小道格拉斯"来到弗兰克·哈里斯定期在皇家咖啡馆组织的周一午餐聚会时，萧伯纳也在场。昆斯伯里审判迫在眉睫，而王尔德试图劝说哈里斯以"文学专家证人"的身份出席为他辩护，并为他的小说《道连·格雷》的高度艺术价值作证。据萧伯纳回忆，哈里斯建议王尔德忘记文学事宜——"这个审判不是要针对你的书去耍嘴皮子"——并当晚就启程去法国。哈里斯知道接下来会发生什么："我知道他们掌握了怎样的证据。你必须离开。"王尔德和道格拉斯愤怒地离去，但是他们没去法国。就像悲剧中傲慢的受害者，王尔德留在英国去面对这一系列的事情，并最终被送进了雷丁监狱。[37]

　　虽然萧伯纳起草了一份写给内政大臣要求释放王尔德的请愿书，在和威利·王尔德讨论了之后，他决定不予递交，因为他自己的签名以及他能得到的其他签名并没有分量，比起帮忙或许会造成更多的伤害。萧伯纳在戏剧评论中加入了对王尔德作品的称赞，他以这种方式继续为其"辩护"，甚至——在王尔德被释放并耻辱地流亡法国之后——大胆地提议（在信中）将他的名字列入英国学院文学奖的候选名单："除了亨利·詹姆斯先生，唯一合情合理的剧作家提名，就是奥斯卡·王尔德。"[38]

　　W. B. 叶芝关于 19 世纪 90 年代那些弗洛伦斯·法尔和大道剧院的日子里，他与萧伯纳打交道的回忆，充斥着一种矛盾的情绪，这种情绪正是这位诗人在谈论他的爱尔兰同胞及其作品时的特征：

> 　　我带着赞赏与憎恨去听《武器与人》。在我看来，这部作品是无机的、逻辑化的平直，并没有生活之路的蜿蜒曲折，然而我却被其能量惊骇得驻足……之后不久我做了个噩梦，我被一架缝纫机纠缠，它发出咔咔的声音并闪着光，但是最不可思议的是，这部机器笑了，久久地微笑。我喜欢萧伯纳，这个令人敬畏的男人。他打击我的敌人以及我所爱的人的敌人的方式，我永远没有办法做到，我所钟爱的现存作家也没有一个可以做到。

　　弗洛伦斯·法尔回家的路有一段与我的一样，我们正是常常在

右侧页边：258

走这一段路时聊天，虽然不总是这样，但有些时候她也与我有同样的迟疑感，之后很多年，当谈及萧伯纳时，我都不确定应该谴责还是赞扬。[39]

这段话中积极的部分总是被人忽略，其中消极的部分却促成了种种愈演愈烈的关于萧伯纳的错误看法。叶芝将萧伯纳描述为某种僵化的逻辑学家，这一点经不起严肃的推敲。"逻辑化的平直"既不是《武器与人》也不是萧伯纳其他作品的特征。将其简单地看作是对于浪漫主义的攻击是一种误解。萧伯纳的那位表面务实的英雄布伦奇里，实际上坦言自己是一名浪漫主义者，这部剧真正讽刺的是戏剧传统中的那种伪浪漫主义。更普遍地来讲，萧伯纳戏剧作品中，知识理论和机械体制都被本能、激情以及生命给扫到了一边去。他的剧作总是在一种无法简化的复杂状态中结束，这正符合"生活之路的蜿蜒曲折"。对萧伯纳影响最大的人中，就有浪漫主义诗人雪莱和布莱克，而他们也正是叶芝的主要导师。

萧伯纳并不赞同叶芝的"库丘林式"[40]憧憬，辛格、王尔德、乔伊斯以及其他那些深深忠于爱尔兰及其国家事业的人也不赞同，这些人的国籍对他们个人认同感都有着很强的影响。不过，彻底现代化的（没有女妖也没有小老头精灵的）萧伯纳和"库丘林式"的叶芝之间显著的差异，掩盖了他们在知识和创作上一些重要的相似之处，他们在奋斗目标和所憎恨的事物上也有共同之处。正如他的《自传》所说的，叶芝将萧伯纳看作是他所珍视的事业的一个强有力的盟友。不管他们有何种不同，萧伯纳的这位爱尔兰同胞显然把萧伯纳看作是反对庸俗和狭隘的爱尔兰小圈子中的一员。从这方面来看，两人的关系近似于王尔德和萧伯纳之间的关系。

基根神父的梦，与叶芝笔下文化大同的理想世界有着惊人的相似，除此之外，萧伯纳和叶芝还有着另一个共同点，他们都敌视主宰着爱尔兰生活方方面面的天主教会和神职人员。叶芝作品中那种对教会干政的强烈反对，在他起草的一部关于年轻牧羊女的剧作中清楚地呈现了出来，牧羊女被指控为使用巫术和崇拜异教，因此受到了一位主教和其他教会人员的传讯。[41] 萧伯纳不可能看过这个早期的草稿片段，然而他的《圣女贞德》却与其有着惊人的相似，尤其是在萧伯纳笔下的这位女英雄——她也被称为一个"牧羊少女"[42]——如何挑战教会权威，维护自己的宗教理念这些方面。当叶芝 1924 年在伦敦看到这部剧作时，他对《圣女贞德》给出了他对待萧伯纳剧作时典型的那种含混评价。他"喜欢所有教会的片段，认为其算得上宏伟，但是讨厌贞德和女演员……我认为贞德一半是伦敦荡妇，一半是离经叛道的鼓吹者"[43]。虽然如此，叶芝早年的试验性篇章——其中也有一个离经叛道者，女妖"圣女贞德"——确实与萧伯纳的作品有着许多相同之处。

　　叶芝剧作中的故事设置在一个法院里，主教坐在一个大椅子上，被一群僧侣和世俗人包围。舞台后方可以看见一个随意搭建的火堆。叶芝赋予了这个主教与萧伯纳《圣女贞德》中的审问者一样的那种真诚却动机不良的慷慨和慈善。牧羊女脱离了教会，与未现身者进行了交流，主教想要她忏悔。她顽固地拒绝了，宣称自己并不是他教会的一员。结果叶芝的这位圣女贞德，实际上是一位来自爱尔兰神话仙境中的女子。在 *260* 审判过程中，被指控的女子褪下她灰色的罩袍，露出"一件用孔雀羽毛制成的贴身长袍；她的手臂和脖子裸露着，上面戴着黄金饰物"。这个片段并没有最终交代她是否也像萧伯纳的圣女贞德一样被送上了火堆。萧伯纳和叶芝在思想和创作上有趣的不谋而合之下，潜藏的是某种形式的新教主义，一种对教会掌控宗教冲动和社会生活的共同厌恶。他们都在有生之年目睹了爱尔兰的新教统治变为新教少数派。当叶芝成为爱尔兰自由邦的参议员时，爱尔兰的局势趋向于天主教和新教之间的平衡。1925 年 6 月 11 日，叶芝在参议院做了一次演讲，其中他抨击了爱尔兰自由邦对于离婚的禁止，认为这对新教徒是不利的，并附上了一首关于爱尔兰新教徒的颂歌。萧伯纳通过格雷戈里夫人向他致贺："请向 W. B. Y. 和他的太太转达我们的致意。我非常高兴有他在参议院里高举现代文明的旗帜，就像是那个举着鼓的新教男孩。"[44]

❧──────✦──────❧

"来这里帮我们造造势吧。"叶芝 1901 年 10 月 19 日从都柏林给萧伯纳写信说,这时他正在爱尔兰文学剧院准备第三个季度的演出。[45] 萧伯纳并没有应邀前往,不过,多年之后一个和叶芝及格雷戈里夫人合作的机会再次出现了,使得他能在都柏林以一种引起轰动的方式"造势"。

1909 年萧伯纳再一次在英格兰遭遇了舞台审查,他的两部独幕剧都被禁演了,分别是《剪报》和《布兰科·波士纳现身记》。萧伯纳、格雷戈里夫人和叶芝察觉到一个机会的到来:为何不在都柏林的艾比剧院上演一部在英国被禁的,由爱尔兰自己人写的剧作呢?《布兰科·波士纳现身记》最终被选中。

故事场景设置在美洲一个先驱殖民地的法院里,《布兰科·波士纳现身记》讲述的是一个社会反叛分子(按照一些萧伯纳早期作品中的叛逆者的形象来塑造的,比如《魔鬼的门徒》中的迪克·杜德吉恩和恶棍布拉斯庞德上尉),他因为被指控偷了一匹马而被审讯,本来就是够得上绞刑的罪,因为马的真正主人是当地警长而变得更加严重。在审讯过程中,观众逐渐明白,尽管他决意要做一个不信上帝的硬汉,但布兰科在紧要关头遇到一个孩子犯了哮吼症的可怜女人,他竟然被一种莫名而无法抑制的怜悯心搞得不知所措。虽然知道自己的做法并不理智,布兰科还是把马给了她,让她带孩子去医院,这个不由自主的自我牺牲行为最终导致他被捕并被送上法庭。

在他的审讯过程中,布兰科问了一些很难的问题。"什么是正义?"他粗暴地质问警长。警长则开门见山地回答:"把偷马贼绞死就是正义,现在你知道了吧。"更让伦敦的舞台剧许可总管乔治·亚历山大·雷德福担心的是,布兰科在质问为什么上帝会创造哮吼症时,提出了关于邪恶是否存在的古老问题。布兰科还用了"不道德"这个词描述他的指控者之一菲米·埃文斯淫乱的私生活。菲米·埃文斯是一个卡门式的年轻女子,在镇上她因滥交行为而声名狼藉。正是这些无关紧要的理由使得这部剧被禁演。

261

　　《布兰科·波士纳现身记》的副标题是《天然的布道情节剧》。虽然其中的"布道"是通过委婉的方式表达出来的，但这部作品还是可以看作萧伯纳剧作含混而复杂的主旨思想表达方式中的一个例外。事实上，这部剧是借助狂野喜剧和情节剧的混合形式，阐述了萧伯纳创造进化论的信念。剧中对于上帝的呈现符合萧伯纳关于宇宙中存在一种不完整的、不断进化的、不断试验的力量这一概念：创造出哮吼症是他的错误之一。那股驱使布兰科做出高尚行为的神秘力量，正是神通过人来履行其意志的例证，人是上帝的头脑与手臂。从这个角度来审视，这部剧作有着不合惯例但十分严肃的宗教主题。萧伯纳的朋友吉尔伯特·默里，一名希腊语教授以及欧里庇得斯译者，及其妻子默里夫人一致认为禁演这部剧作是"雷德福做过的最蠢的事之一"[46]。

　　问题是，在伦敦那种随时想监管他人道德和心灵幸福的人，也同样活跃在都柏林。更具体的问题是，都柏林城堡的权力当局——爱尔兰总督约翰·坎贝尔·戈登，阿伯丁郡的第七位伯爵，以及他的次官詹姆斯·多尔蒂阁下——被置于一个尴尬的境地，因为这部在伦敦被官方禁演的剧作即将在都柏林上演。归根到底，都柏林城堡是有着决策权的：作为艾比剧院许可证（许可证的所有人是格雷戈里夫人）的颁发者，城堡也有权力撤回许可。

　　随着剧作进入制作阶段，由艾比剧院的首席女演员萨拉·奥尔古德——J. M. 辛格的挚爱，莫莉的姐姐——饰演声名狼藉的菲米·埃文斯，弗雷德·奥多诺万饰演男主人公，一部被准确地描述为"美妙的社会、政治喜剧"[47]，以格雷戈里夫人、叶芝、萧伯纳与都柏林城堡当局 *262* 打起了口水仗的形式在背后慢慢展开了。萧伯纳的剧作成了一场更大范围的抗争的中心，其主要围绕着英国审查制度之下爱尔兰剧院的独立问题，以及英格兰和爱尔兰整个的舞台审查制度问题。这场论战是审查制度历史上的一个重要时刻，吸引了英国、爱尔兰以及其他地方媒体的极大兴趣。阿伯丁爵士并没有禁止这次演出，而是给戏剧公司寄去了一封警告信，说这部剧如果引起任何骚乱和冒犯行为，艾比剧院的执照就可能被吊销。在这把达摩克利斯之剑下，剧院勇敢地决定上演该剧。

1909 年 8 月 25 日剧作首演时，萧伯纳在爱尔兰西部，住在位于凯里环的大帕克南希拉饭店里。他刻意没去都柏林，不过，夏洛特和她的姐姐玛丽·乔姆利出席了这场座无虚席的首演，首演是以三合一的节目形式进行的，另外两部剧是叶芝的《凯瑟琳女伯爵》和格雷戈里夫人的《济贫院病房》。几乎伦敦所有的主流报社代表，来自法兰克福和米兰的代表都到场了。詹姆斯·乔伊斯当时也在都柏林，出席首演后为的里雅斯特《晚间小报》写了剧评。正如一位评论员所说的，"这是一生难遇的盛事"[48]。

观众们没有失望：剧作大获成功。在全剧快要结束时，布兰科跳上桌子做了一次即兴演讲，说到人们在生活中的选择，要么是投身慷慨无私的"伟大的游戏"，要么是参与卑鄙狭隘的"堕落游戏"。对于 1909 年 8 月 25 日都柏林的许多观众来说，这一席话比剧中的故事引起了更深的共鸣。叶芝和格雷戈里夫人当晚给萧伯纳发了一封电报说：极佳的反响、辉煌的胜利，看谁还提审查制度。

午夜时分，格雷戈里夫人又寄去一封信，信中她写道："欢呼声依旧萦绕耳际！这样的成功前所未有。剧作从头到尾紧紧攫住了观众的注意力，还有喝彩——剧终时那热烈的喝彩。"她告诉他，当晚剧院外驻扎了警察，以便随时可以将艾比剧院的人或者骚乱者送进监狱，"他们就像渔网空空的渔夫一样回了家"[49]。

1909 年 8 月 25 日艾比剧院的成功肯定让叶芝和萧伯纳之间的联盟变得更加紧密了。两人从未成为亲密的朋友，但是叶芝经常去萧伯纳夫妇在伦敦的寓所做客吃午餐，此外他还去过一次阿约特圣劳伦斯；1910 年 8 月，《布兰科·波士纳现身记》上演一年以后，两人一同去库勒园的格雷戈里夫人家做客。在一封写于 1940 年的信中，萧伯纳谈到了他与叶芝的关系："我们在私人关系上相处得很好；但是我们在文学观念上有所分歧；我没有读过太多他的作品，不能妄作评价；也从未参与过他发起的运动。"[50]

直到 1910 年做客库勒园时，萧伯纳才真正有机会开始欣赏叶芝的才华。在 19 世纪 90 年代，他认为叶芝而不是王尔德（《佩兴斯》中的邦索恩据说就是以他为原型创造的），才是吉尔伯特和沙利文讽刺唯美主义运动时，所指的那种矫揉造作的青年男子的典型。但是，他在 1940 年的回忆录中说："直到我在格雷戈里夫人的家里跟他一起度过了一些时光后……我才意识到他是个多么具有洞察力的评论家和优秀的发言人；在库勒园时，他一点也没耍邦索恩的那些手段，也没有信口开河。"萧伯纳甚至被叶芝那部极端民族主义的剧作《凯瑟琳女伯爵》打动，还写道，夏洛特看这部剧时泪水几乎淹没了他们坐的包厢。[51]1932 年，叶芝和萧伯纳共同成立了爱尔兰文学研究院，萧伯纳被选为校长，叶芝则是副校长。叶芝从 1935 年开始担任校长，直到 1939 年他去世，萧伯纳又继任了一年。[52]

　　显而易见，没有记录显示叶芝和萧伯纳在 20 世纪 20 年代到 30 年代之间就两人与法西斯主义的关系有过任何讨论。不过，两人晚年都在这件事上犯过蠢，这又一次佐证了这两位伟大的爱尔兰人在某些时刻出奇的一致性，尽管他们的文学作品和宗旨在外部特征上是那样的不同。

　　如果说萧伯纳与叶芝的个人关系是诚挚和相互尊敬的，他与格雷戈里夫人的关系则是一种更热切的友谊。格雷戈里夫人十分仰慕萧伯纳，和萧伯纳及夏洛特处得很好。1915 年 4 月 16 日，她在日记中记录道："萧伯纳夫妇来了。他们很随和，他是一个极易相处的人，透着一种亲切与快乐。"她把自己的剧作《金苹果》献给了萧伯纳，将他称作"我朋友中最为温柔的一个"。萧伯纳夫妇在 1910 年、1915 年和 1918 年自驾旅游时，去库勒园探望了她，她也常去阿约特圣劳伦斯过夜和度周末，或去阿德尔菲露台和白厅宫做客吃午餐。从她 1916 年 11 月的一篇日记中，我们可以瞥见萧伯纳夫妇在阿约特圣劳伦斯的待客之道："我们是在雪中到达的，但是房子里十分明亮暖和，每一个房间都生着火并摆着一壶菊花茶。"[53]

　　萧伯纳给她讲了自己童年时的故事——尤其是他曾经做过的一个 *264*

梦，梦中上帝以威廉三世雕像的形象在都柏林学院绿地上向他现身——并让她私下读了他尚未完成的《心碎之家》、《回到玛土撒拉》（包括戈尔韦湾布伦码头的场景），以及《圣女贞德》。正是在格雷戈里夫人建议下，奥尔良战役中（《圣女贞德》第三幕）战士久久等待的、将改变他们命运的风转向时，改由迪努瓦的男侍打个喷嚏作为信号。[54] 格雷戈里夫人在艾比剧院的工作是孜孜不倦和包罗万象的。由于担心可能会被误解为无礼的举止，萧伯纳并没有在任何一次演讲中用到原稿里的一句关于她的玩笑话，"艾比的女佣"，不过她却喜欢这个称呼并乐意使用。[55]

让萧伯纳加入"库丘林式"的神话的宣传队伍并不是一件易事，格雷戈里夫人难倒了自己，不过她确实说过，萧伯纳让她想起了爱尔兰历史上那些古老众神中的小丑，他"虽然喜欢嘲弄他人与搞恶作剧……但在费恩和勇士们需要帮助时还是适时地出现了，并给英雄男孩库丘林上了有用的一课"[56]。她所指的很有可能就是《布兰科·波士纳现身记》大获成功这件事，这部剧作大获成功时，正值艾比剧院历史上经济和政治的一个紧要关头。另外，1917 年当她邀请萧伯纳到爱尔兰做演讲时——据推测应该是关于爱尔兰民族的某些议题——萧伯纳回信中对民族主义和爱国主义做出了最为激烈的斥责："至于演讲，不行。正是国家、民族、我们的国家、爱国主义这些词语让我充满了嫌恶。你为什么还要去刺激一个在我们这座不幸的岛上已经病态地过剩的，并且害得整个欧洲都血流成河的自我意识呢？"[57]

7 个星期后，格雷戈里夫人的儿子，飞行员罗伯特·格雷戈里上校成了欧洲冲突的受害者之一，他的飞机在意大利北部被射落。萧伯纳当时正因帕特里克·坎贝尔太太儿子的死讯（被德军炮弹击中）而深感愤怒，于是给"深受创伤的"格雷戈里夫人寄去了一封体贴的信，她回信时说道："我正期待着你的来信呢。我知道它对我会有帮助。"[58]

萧伯纳最初对爱尔兰民族主义的态度倾向，是在 1888 年发表的一

个书评中确立的，他在其中写下："民族主义肯定是自然发展中所产生的一个错误，而不是一个创造发明。一个人会商量要不要给自家厨房添置一个烤肉用的旋转器，而不是他应不应该让儿子的嘴里长出四颗虎牙，或者随着儿子的年龄增长，他应不应该让他变高一些。"[59] 萧伯纳将爱尔兰的自决看作是一个"天赋的权力"，是"社会发展不可避免的规律"的一部分。[60] 他把获得民族自由形容为一个最终无人能阻挡的进程的第二阶段，这个进程始于从封建制度和蓄奴的寡头统治者那里获得个人自由，结束于国际联盟的形成。在 1923 年前，他对爱尔兰民族主义的态度都是坚持国家自决的必要性，但是萧伯纳同时又对作为文化和社会现象的民族主义表达了强烈的批判观点。

265

　　《英国佬的另一个岛》前言中的有一个章节叫作《民族主义的诅咒》，萧伯纳将民族主义运动形容为"自然机能受到压抑时的痛苦症状"[61]。一个没有自决权的国家就像是一个断了一根骨头的人，在骨头长好之前，他别的什么事都想不了。在萧伯纳看来，偏激的民族主义，与自然而然接受的民族认同感不同，是一种全国根基动乱的表现。这种动乱平复之前，民族主义所有的邪恶之处——各种空谈和大肆鼓吹、麻木和敌意、令人窒息的地域偏狭主义、虚假的感伤——会一直活跃下去。这种对爱尔兰民族主义的尖锐批判态度，需要在结合萧伯纳评论其他爱尔兰事件的语境下看待，比如他为帕内尔（当他垮台的时候）和罗杰·凯斯门特进行的辩护，他对于草率处决复活节起义首领们的强烈抗议，以及他对权力下放政策的言辞尖锐的反对。他希望英格兰和爱尔兰之间是一种自由且政治独立的国家交往关系，并通过签署协议来确立双方共同的责任。

　　超民族主义者萧伯纳和爱尔兰的爱国主义者萧伯纳，并不是两个势不两立的个体。然而他身上的爱尔兰自我和爱尔兰民族总是处于一种反复无常的状态，就像他不同的人格一样，梅菲斯特式的怀疑论者和嘲弄者与班扬式的朝圣者和改良者相对。就像我们见到的一样，他的爱尔兰自我既有"享有特权的……疯子"和在费边社里把淘气和不负责作为策略的玩世不恭的小丑，也有卢西塔尼亚汽轮上那个目光锐利、理智清醒的人——审视着多愁善感且轻信他人的英国人。

萧伯纳对于民族成见的看法不时展现出后现代主义的流动性。通过《英国佬的另一个岛》，他成功颠覆了关于凯尔特人和英国人之间人种特征差异的阿诺德公式，并摧毁舞台剧中爱尔兰人的虚构形象，他为此感到高兴。在 1946 年的一次访谈中，他甚至直接否认了爱尔兰种族的存在："看在老天的份上，别给我提这个老掉牙的传说，爱尔兰人种。爱尔兰人种并不存在。我们是一群混血儿：西班牙人、苏格兰人、威尔士人、英国人，甚至有一两个是犹太人。"[62]

266

不过，他看待爱尔兰的一些本质主义特征留存了下来。在他的戏剧和非戏剧作品中，一些反复出现的图景和思想都指向一种他对于故土的深深依恋。那些类似于多基和爱尔兰西海岸的风景和海景常出没于他的想象之中。那个老绅士形容爱尔兰是"世间一切热心肠和机智头脑的可爱化身"的那句话，略带感伤，这是为了与角色相契合，不过这句话在萧伯纳脑海中挥之不去，并在他塑造其他爱尔兰角色时也体现了出来。

通过基根神父，萧伯纳（在《英国佬的另一个岛》的结尾处）塑造了一幅爱尔兰的图景，而布罗德本特会用他"关于效率的愚蠢梦想"将其摧毁。虽然布罗德本特是好心好意，但在基根神父看来，他只是一个贪财的蠢人，"强壮、麻烦、善于摧毁和破坏"，他到爱尔兰来觅食，"却不知自己的脚下踏着的是一块神圣的土地"。透过基根的目光，爱尔兰在其古老的宗教传统下而显得神圣，但却因其贪婪居民而未能发挥其潜能。他关于统一的社会和宗教的憧憬，以及政治体制的想法，很像是"痴人说梦"，他主张梦想的价值，而同一部剧中，拉里·道尔则把梦想形容为爱尔兰意志瘫痪的主要原因。基根神父在一段令人难忘的话语中重拾梦想，讲话人和剧中当时的语境都与爱尔兰相关："每一个梦都是一个预言，每一个玩笑都是时间孕育着的真相。"基根的"痴人之梦"流露出了一种信念，那就是在理想的自我实现和自我修复中，"爱尔兰这片圣土"（中世纪的歌词中这样形容），可以对抗愚蠢且具有毁灭性的"效率之梦"以及驱使着英国佬的熏心利欲。

第 *16* 章

爱德华时代的夏天

尽管在费边社里他熟练地扮演了对战略一窍不通的角色，萧伯纳在新政治舞台上的一次冒险却不那么成功，他在1904年作为进步党候选人参加了伦敦议会选举。这之前一年，他从圣潘克拉斯的自治议会中辞职。由于夏洛特的鼓舞——她认为他在处理公众事务中的才能不应该被浪费——以及悉尼·韦伯的支持，萧伯纳带着一个朝气蓬勃且较为严肃的施政纲领报名了伦敦郡议会选举，其中一条就是他对1902年和1903年重要的新教育法的支持，这个新法当时受到了圣潘克拉斯选民中新教徒的反对。[1]

选举的前一天，萧伯纳在《圣詹姆斯公报》中宣称他和他的进步党同伴威廉·吉尔里能够轻松获胜，"只要选民中的聪明人能被动员去投票。只可惜上次他们中的3000个人都待在了家里——大概是在读我的书吧"[2]。萧伯纳很享受他的竞选活动，但是比阿特丽丝·韦伯却毫不留情地描述了他在竞选中的那种沾沾自喜的态度："他……拒绝运用任何传统的竞选策略……坚称自己是无神论者，说他自己虽然是一个禁酒主义者，却有办法让每个公民都通过喝下四分之一品脱的朗姆酒来治疗醉酒，嘲笑那些不信国教者的良知，又拿圣餐变体论来打趣天主教徒，辱骂完了自由主义者，接着就又屈尊降贵地去对待保守派——直到几乎所有的选区都被他搞得极为不满为止。"[3]这自然是有些夸大其词了。尽管萧伯纳竞选没有成功，他的票数还是很可观的，共收到了 1460 票，而成功当选的温和派候选人分别得到了 1808 票和 1927 票。[4]

参与郡政究竟会对萧伯纳的创作生涯造成多大的阻碍，这一点我们只能做个猜想。他在竞选中的失败很有可能是爱德华时代剧院之幸，这时他对喜剧的心血来潮成了一个优势而非劣势。他 1904 年的喜剧《英国佬的另一个岛》在国家领导那里和世界其他地区所得到的关注度，很可能是他本人在政治生涯中永远无法企及的；而且，几乎可以肯定地说，他爱德华时代的剧作对社会观念所造成的影响，远超他在政界所能取得的成就。他成了国家的一股力量，被广泛地看作是一个清扫维多利亚时代陈腐观念和社会生活方方面面禁忌的人。时代精神孕育出了对于新的、后易卜生主义的渴望，不仅能让人发笑，也能引人思考，让人能以新的方式去看待社会及其制度和构想。萧伯纳在爱德华时代和乔治时代早期所写的一系列剧作正好响应了这样的诉求。

"美妙的天气，美妙的风景。"[5]这句海伦·施莱格尔写给妹妹玛格丽特的话——出自她在"霍华德庄园"写的愉快书信中的一封，也是 E. M. 福斯特 1910 年的同名小说的开头——完全可以作为对爱德华时代英格兰的社会气候及其前景（无论是在那时还是之后）的传统观念的隐喻。对于一些人来说，爱德华时代让人想到的依然是阳光明媚，一派祥和、富足，国家充满乐观、自信的图景。如我们所见到的，这样的乐观态度，萧伯纳在他 1901 年的文章《文明和士兵》里并不赞同。事实上，不把爱德华时代看作黄金年代是有很多原因的，虽然有时候人们趋向于认为它是。不过，从某些角度来说（比如，在西格弗里德·萨松这类历经辛酸的作家眼里——他经历了法国前线的恐怖后写下了《猎狐人的回忆录》一书），那个时代似乎是一个拥有无尽夏日和愉悦消遣的时期。让这个时代负有盛名的包括长日里的板球、门球、草地网球和供应黄瓜三明治的花园聚会；深受身材魁伟并热爱一切运动的爱德华七世，以及后来 P. G. 沃德豪斯小说中的伯蒂·伍斯特和他十全十美的男仆吉夫斯所喜爱的悦人乡间自驾；越来越受人欢迎的飞机和热气球冒险。伟大的英国作曲家爱德华·埃尔加也是在这个时代声名鹊起的，萧伯纳很支持他，并与他成了朋友，后来两人还一同成了莫尔文戏剧节上最令人瞩目的焦点。埃尔加的《威仪堂堂序曲》（1 号）的曲调被改编为 1901 年阿瑟·克里斯托弗·本森为爱德华七世加冕所写的一首颂歌的配乐。曲目名为《希望与荣耀之地》，这首歌很好地抓住了民族情绪，成了非官方的第二首国歌。他宁静的音乐无可避免地唤起了一些极端爱国主义情绪，对此埃尔加非常不喜欢。

对于萧伯纳来说，更大的声望和知名度始于 20 世纪 20 年代之后，但是爱德华时代——以及紧接下来的乔治五世统治下的那几年，直到第一次世界大战前——从许多角度来讲，都是他事业的全盛期。在创作方面，这是一个产量极高的时期。自 1903 年完成了他在爱德华时代的第一部剧作《人与超人》之后，直到 1912 年，他的长篇作品一部接着一部，几乎是一年一部的速度，短剧也写了很多。到了 1909 年，他作为剧作家的知名度和成就，已经发展到了可以让 W. B. 叶芝和格雷戈里夫人在《布兰科·波士纳现身记》引起最大争议的时期，在都柏林公开称他为"在世的最有名的剧作家"[6]的程度。

1905 年第一本关于萧伯纳的批判性研究《萧伯纳：他的剧作》出版了，作者是 H. L. 门肯，而到了 1912 年，至少有 9 本关于他作品的书——包括 G. K. 切斯特顿所著的早期最好的批判性研究——接连出版，其中一些不是英文作品。第一本得到他本人授权的传记，由年轻的美国数学家阿齐博尔德·亨德森从 1904 年开始写，1911 年出版。萧伯纳的作品从那以后被译作 7 种语言，并在英国之外的多个国家上演。英国肖像画家威廉·罗森斯坦爵士 1903 年为萧伯纳画了一幅肖像研究画，之前还曾把他的肖像收进过名叫《英国肖像画》的平版印刷画系列中，这

269

个系列于 1898 年在一个合订本中出版。萧伯纳众多雕像中最早的一个，是奥古斯特·罗丹在他位于巴黎城外的默东工作室做的，萧伯纳为此在 1906 年去工作室做了几次模特，罗丹当时的秘书，诗人莱纳·玛丽亚·里尔克也在场。

对于这个盲目乐观、墨守成规、阶级分化、不平等，且在许多方面深陷困境的社会，这个他逐步获得名望的社会来说，贯穿整个爱德华时代，萧伯纳都是一个苛刻的讽刺作家和评论家。T. S. 艾略特 1921 年时曾形容他是"英联邦的讨厌鬼"[7]。"社会主义者—伦敦"是他在电报通信的新时代为自己选的称呼与地址，他始终是一个批判社会的社会主义者，如果这些在他的剧作中表现得不是很明显，至少在他的非戏剧作品和他的活动中是这样。不过在某些方面，他就像轻松地穿上一件合体的耶格尔套装一样，极好地适应了爱德华时代。他生活上的许多排场都符合一个富裕的爱德华时代绅士。萧伯纳夫妇在伦敦阿德尔菲露台的公寓的位置很好，俯瞰泰晤士河，临近斯特兰德大街，步行几分钟就可以到达皮卡迪利大街和皇家汽车俱乐部，萧伯纳在爱德华时代成了这个俱乐部的成员。在 1911 年俱乐部搬到了蓓尔美尔街的新地址后，萧伯纳在伦敦时，每天早餐前都会去俱乐部大楼地下室的游泳池游泳。[8]

270　　　　1906 年 11 月，夫妇俩搬到了他们在阿约特圣劳伦斯的乡村住所，这让萧伯纳表面上过着爱德华时代绅士生活的形象更加鲜明。阿约特所属的赫特福德郡，是 E. M. 福斯特在《霍华德庄园》中以挽歌般的[9]笔触描写一种逐渐消逝的生活方式时，主要的聚焦之地，这里的乡间土地由于 20 世纪的发展而受到威胁。在阿约特，萧伯纳雇用了几个佣人、一个厨师／管家、一个女仆、两个园丁，以及（从 1909 年开始）一个司机。

萧伯纳夫妇一直保持他们在夏季的几个月中休长假期和旅行的惯例，汽车代替自行车，成了他们用于消遣的主要交通工具。不像福斯特和其他早期现代作家那样，萧伯纳对 20 世纪出现的新科技带有一种孩子气的欢愉。从 1898 年到 1899 年他在蜜月中用的柯达相机开始，他慢慢发展到了使用爱德华时代更为复杂精密的摄影器材，并成了一个热忱且知识渊博的摄影师。1906 年，萧伯纳——同行的有他的妻姐玛丽·乔姆利、哈利·格兰维尔 - 巴克尔，以及演员兼一战期间的飞行员罗伯特·洛兰——乘玻西瓦尔·斯宾塞驾驶的热气球从旺兹沃思煤气厂出发，上升至 9000 英尺的高空后降落在一个怒气冲冲的农民的田地里。[10]（驾驶员的名字被萧伯纳用在了 1909 年的剧作《错姻缘》中，用作飞行员乔伊·玻西瓦尔的姓，在剧中他的飞机坠毁在了内衣制造商塔尔顿的温室里。）

　　萧伯纳 1908 年买了自己的第一辆汽车，一架华丽的德地氏汽车，并让园丁之一哈利·希格斯去皇家汽车俱乐部学了驾驶课程。萧伯纳夫妇两人都是技术不稳定的司机；德地氏汽车送到家的当天就被夏洛特撞坏了，萧伯纳后来也出过几次驾驶事故。就像之前发生过的一样，萧伯纳的生活又一次模仿了他的艺术作品，1909 年阿尔伯特·J. 基尔斯比被雇用为萧伯纳的全职私家司机，与《人与超人》如出一辙，剧中的绅士兼社会主义者坦纳也有一个司机，名叫亨利·斯特拉克。在英格兰、苏格兰、爱尔兰和欧洲其他地方进行自驾游，成了萧伯纳夫妇生活中新的一部分。1913 年，萧伯纳买了一辆绿色的利弗朗西斯摩托，也是事故频出。1909 年萧伯纳加入了英国航空协会，同年他开始写作《错姻缘》。[11]"这一生中我都想要飞翔。"塔尔顿先生在剧中说，也许这也是作者的心声。1916 年 5 月 20 日，萧伯纳第一次乘飞机飞行，乘一架由著名飞行员亨利·查尔斯·比亚尔驾驶的双翼飞机，从亨顿的飞行学校出发兜风。飞行结束，萧伯纳从自己的座位爬出来时，他向飞行员讲述了自己在绕圈倒立飞行时的感受："世界就是这样的年轻人。"[12] 接下来的一年，当他在法国前线的军用坦克中经历一次极为颠簸的旅程时，"脸上始终洋溢着幸福的笑容"[13]。

271

　　爱德华时代的早些时候，阿德尔菲露台 10 号成了诸多宾客常常到访的地方。寻求采访和专题故事的报纸和杂志记者、作家、艺术家、知

识分子、剧院人士、想要翻译萧伯纳作品的译者、他的第一个传记作家阿齐博尔德·亨德森、海外来宾（包括马克·吐温）、政治家（包括温斯顿·丘吉尔）以及外交官，他们要么是出于业务需要而到访，要么是来参加萧伯纳夫妇的午宴。[14]

从一篇名叫《名人在家中……萧伯纳先生在斯特兰德的阿德尔菲露台》的专题文章中，我们得以一窥 20 世纪初阿德尔菲露台 10 号的内部装潢以及从其窗户所能看到的景色，文章于 1900 年 7 月 18 日发表于《世界》。当西风吹散城市的雾霾，这所公寓享有一幅绝妙的风景："肯特山和萨里山美丽的绿色山脉划出了地平线，阳光下熠熠生辉的水晶宫装点着萨里山；流淌的泰晤士河与东西侧立的圣保罗教堂和议会大厦，构成了一幅令人愉悦的中景；脚下堤岸公园清新的青葱草木，与灰色的克利奥佩特拉方尖碑对比鲜明。"萧伯纳总是坚持说他不担心自己到底住在哪里："任何一个有一张床和一个写字台的地方，对我来说就是居所……我的回家本能不比一个火车站的牛奶盒强到哪里去。"意料之中的是，在文章中萧伯纳继续讲道，他对阿德尔菲露台的环境十分满足。在会客厅里：

> 意大利色粉画家萨尔托里奥精致的风景画装点着灰绿色的墙，迷人的白色家具让其更显灵动；一幅杰作巧妙地放置在壁炉的饰架背后。这是一系列小饰物的大本营——象牙雕刻、青铜制品和古董，基本都是萧伯纳太太［1892 年］在印度旅行时收集的；来自东方的战利品是这个充满艺术气息房间的一大特色。另一部分则是占据半个房间的巨大书架，这是各种各样的思想流派的存放处，可以看到罗斯金、尼采、巴尔扎克、悉尼·韦伯、斯坦利·杰文斯、威廉·莫里斯这些名字。这一文学工作的大杂烩，都在作为剧作家、小说家、记者、经济学家、批评家和时事评论家的主人的思想切面上一一反映出来。然而他却没有读书的耐心，并宣称唯一能让一名剧作家学到东西的作者就是班扬，他对班扬有一种意料之外的无限崇敬。[15]

272

　　这个房间里还有一架贝希施泰因钢琴。萧伯纳太太解释说，萧伯纳在这个乐器前，"伴着他那可以制造出非凡噪音的能力出众的嗓子"，演绎了诸多角色，如钢琴家、交响乐团、歌剧男星和女星。壁炉饰架上方是一幅萨尔托里奥为夏洛特画的色粉画肖像，19 世纪 90 年代，她在单恋阿克塞尔·蒙特时曾送他这幅画作为礼物，但遭到了拒绝。这篇关于阿德尔菲露台 10 号的生动文章没有署名，其风格令人联想到他著名的舞台指导笔记，不免暗示出萧伯纳在这篇文章的写作中所扮演的角色。

　　这个阶段，阿德尔菲露台最早的访客之一，是年轻的澳大利亚小说家、剧作家以及记者西格弗里德·特里比奇。1901 年 11 月，他带着一封威廉·阿彻写的推荐信，登门拜访萧伯纳，威廉·阿彻在这一年的春天向他介绍了萧伯纳及其作品。特里比奇在这次访谈之前做足了功课，对萧伯纳的作品有了很好的了解。他告诉萧伯纳，他"决意要把他的剧作译成德语"，他给自己定的目标是"为他拿下德国的舞台"。对第一次与他会面的萧伯纳，特里比奇将其描述为"一个亲切愉快的巨人"[16]。这次会面是一段持续一生的、双方都受益良多的友谊的开始，而两人长时间的书信来往正是这段关系的记录，信中有许多有关萧伯纳的作品、观点以及其家庭生活的内容。夏洛特也很喜欢特里比奇，他的妻子蒂娜也被引入了这个朋友圈。

　　夏洛特似乎很快就看出了特里比奇的素质和潜力，在她的影响下，"愉快的巨人"授予这个年轻的维也纳犹太人其作品的独家德语翻译权和在德国、奥地利制作其剧作的独家代理权。作为萧伯纳的德语译者和宣传者，除了一些德国英语学者对他早期译作中的一些英语有异议外，特里比奇是非常成功的。正是因为特里比奇的翻译，萧伯纳 20 世纪 20 年代初期的两部出色作品《安德洛克勒斯与狮子》以及《皮格马利翁》能首次在德语国家制作排演，前者 1912 年 11 月在柏林的克莱恩斯剧院上演，后者 1913 年 10 月在维也纳的霍夫堡剧院上演。第一次世界大战 *273*

爆发的时候，萧伯纳在德国已经和在英国一样有名了。

爱德华时代，另外一位成为他重要的新工作伙伴和密友的阿德尔菲露台访客，是莉拉·麦卡锡。在 1905 年她第一次造访的 10 年前，萧伯纳曾在伦敦的圣乔治会堂见过当时 19 岁的莉拉扮演的麦克白夫人。他在《星期六评论》中对她的表演给出了毁誉参半的评价。对于这个角色来说她"不够成熟"，他这样写道，她很显然把剧作悲剧的深度看作是"幻想中的美味刺激"，需要用"紧张的姿态、闪烁的双眼以及不屈不挠的举止"来传达。不过萧伯纳也承认她的一些表演"几乎令人振奋"。他看出了她的潜质并预言"再经过一些年的辛苦磨炼，她会成为伦敦戏剧舞台上一名有价值的演员"[17]。

萧伯纳 1895 年的这篇评论的要义很明显被莉拉铭记于心。在听说舞台社正在制作预计 1905 年上演的《人与超人》后，她给萧伯纳写信说，自己这些年——她记得是 10 年——按照他曾建议过的那样一直在磨炼，并问是否能去见他。她很快就被"召唤"到了阿德尔菲露台。这位"穿着绿裙子戴着阔沿帽的美貌年轻女子……身姿和步态就像月神狄安娜一样"，萧伯纳在门口微笑着迎接了她，并说道："看呐，这不是安·怀特菲尔德嘛。"[18] 她过了一会儿才反应过来，这个名字就是《人与超人》中女主角的名字，她在剧中是一个迷人、有魄力的角色，萧伯纳的舞台指导笔记中对她的阐释是"重要的天才之一"。

萧伯纳欣赏 1895 年那位不成熟的麦克白夫人身上的"天分和勇气"，而事实证明，这位热情洋溢的年轻女子不仅适合演绎《人与超人》中迷人的阴谋家安·怀特菲尔德，她也同样适合爱德华时代萧伯纳剧作中的其他主要角色，包括：《医生的两难选择》中的艺术家的妻子，珍妮弗·杜比达特；《范妮的第一场戏》中叛逆的玛格丽特·诺克斯；还有《安德洛克勒斯与狮子》中被囚禁的基督徒女主人公拉维妮娅（专门为她而创作的）。从某些方面来说，莉拉·麦卡锡是萧伯纳第一部小说《未成熟》中狄安娜式的哈莉特·拉塞尔的化身。跟哈莉特一样，莉拉也是一名技巧娴熟的划桨手。

在他为莉拉·麦卡锡 1933 年的自传《我与我的朋友们》写的导言

中，萧伯纳表露了莉拉·麦卡锡的外貌和演技如何与他在爱德华时代戏剧中的目标相契合。他反驳了剧院历史发生变化，是随着时代精神中某种神秘的创作冲动应运而生的说法，并直言不讳地表示，其外在迹象实则是天才型的剧作家和演员。在摧毁了维多利亚时代的传统戏剧之后，易卜生这股"旋风"在刮走后留下了一段空缺。"每个人都渴望一种崭新的戏剧，不但要拥有易卜生式的新奇与重要性，"萧伯纳写道，"还要令人愉悦并有足够多的合理笑料。"[19] 他和莉拉都在爱德华时代迎来了成功。莉拉充满想象力又很聪明。她结合了一种可以追溯至西登斯太太大学校的慷慨激昂的表演风格，萧伯纳称其为"一种扼杀维多利亚时代有女子气的女人的天然冲动"，关于"女子气的女人"，萧伯纳将其描述为一个"无礼且虚假的概念……是男人为了自己而发明的"[20]。萧伯纳在维多利亚时代就已经开始"谋杀"这些维多利亚式女子气的女人了；现在他在爱德华时代通过一系列鲜明的女性戏剧形象来为这一工作收尾。他认为莉拉对于其中某些角色的演绎"可能永远无法被超越"[21]。萧伯纳、哈利·格兰维尔－巴克尔，以及莉拉·麦卡锡组成了一个强有力的三人组，在爱德华时代英国戏剧界的变革中扮演了重要的角色。

在舞台社制作的《人与超人》中演坦纳和安·怀特菲尔德之间对手戏的近一年以后，哈利·格兰维尔－巴克尔和莉拉·麦卡锡假戏真做了：他们在 1906 年 4 月 6 日结了婚。哈利和莉拉与萧伯纳夫妇变得亲近，常常一起度假、旅游或到阿约特圣劳伦斯同他们小住。战前某一年，莉拉与萧伯纳夫妇一同在海边度暑假时，维奥莱特·阿斯奎斯（后来的伯纳姆·卡特夫人）——1908 年至 1916 年间任首相的自由党人赫伯特·亨利·阿斯奎斯的女儿——也是他们中的一员。莉拉的记述为我们呈现了一幅爱德华时代的快照。她和维奥莱特在晒太阳，萧伯纳在写一部手稿，这时一个浪出其不意地打了过来。"我们当时多么手忙脚乱啊！"莉拉回忆说，"我笑萧伯纳在水里捞他的手稿，而维奥莱特则去抓她的浮毯。"[22]

很小就跟父亲学会了游泳的萧伯纳，给莉拉上起了游泳课。在这些课上，莉拉发现了萧伯纳性格中与他在陆地上向人们呈现的有所不同的、更为宁静的一面。他经历了她所谓的"一种突然而彻底的转变"。在回忆这些一战前的游泳课时，她写道：

> 萧伯纳是一个很强壮的游泳者。我则不是。他给我上了很多次课。当他远离剧院，教授一些运动或者艺术时，他是既耐心又温和的。他会告诉我把一只手放在他的肩上，然后向前游，一直游。我们会发现自己在大海中央。接着他会发生转变，一种突然而彻底的转变。在陆地上他总是精力充沛、活力四射，而在海里，他变得很平静。他会边游边对我说："我们在另一个世界里。"如果我看见陆地渐渐变得越来越远而感到害怕时，他会说："不要怕，莉拉，轻柔而缓慢地去游。"[23]

男女混浴在爱德华时代的社会里是不被赞许的，在很多地方更是明令禁止的。这一事实，再加上萧伯纳似乎无性的婚姻以及他对莉拉外表魅力的公然欣赏，使人不由得猜想这些游泳课可能带有几分情色意味。莉拉对这些课程的记述，也给我们提供了有关萧伯纳形象更为私密的一面的有趣看法。

对自己剧作的制作，萧伯纳密切关注、事无巨细。从莉拉的一段回忆中就可以看出这一点，她扮演《医生的两难选择》中的珍妮弗，萧伯纳对她在丈夫路易斯·杜比达特死后现身那一场戏中的服装进行了指导。正如我们之前提到过的，萧伯纳厌恶维多利亚时代吊丧的服饰，他认为心爱之人的死应该是一个需要庆祝的时刻，而不应该是黑暗和忧郁的。莉拉记得在这一幕中，杜比达特死后，医生们围在他四周，他的妻子则离开了房间。"她回来时，穿的不是阴暗的黑衣服，而是一件火红的长袍，并戴着一方嵌着珠宝的头巾，伦敦震惊了。"[24]

萧伯纳很清楚自己与他年轻的朋友和合作伙伴哈利·格兰维尔-巴克尔之间的年龄差距；在爱德华时代初期，他们的合作刚刚开始时，萧伯纳正当四十中旬，而格兰维尔-巴克尔则刚刚二十出头。在两人相识后一年，萧伯纳戏谑地改写了刘易斯·卡洛尔的诗："我们是老父亲，威廉·布莱克认为我是个不中用的大老粗，聪明过度，有一个情投意合的妻子。"[25] 除了年纪上的差异，"不中用的大老粗"和时髦的年轻演员、导演以及剧作家相处得十分融洽。考虑到两人都有着敏锐的头脑、对莎士比亚和戏剧的全方面的兴趣，萧伯纳和格兰维尔－巴克尔之间其实有着许多的相似之处，他们之间的友谊是轻松且——如同萧伯纳对新发明的兴趣一样——几乎是孩子气的。

上述第二个特质被萧伯纳的表姐兼秘书朱迪·吉尔摩注意到了，她是 1912 年 4 月和 5 月英国自驾游中的一员，当时有萧伯纳、他的司机阿尔伯特·基尔斯比以及在约克加入他们的格兰维尔－巴克尔。多年以后，朱迪（当时是朱迪·马斯特斯太太）回忆起她"坐在后面，萧伯纳开车，巴克尔在前面跟他并排坐。整个旅程这两个人都像男学生一样在聊天、开玩笑、咯咯地笑。接着萧伯纳突然引用了一句莎士比亚的话甩 *276* 给巴克尔，他也引用了一句回敬萧伯纳，两人就这样来回不停煞有介事地喊着引文，一路喧笑不断"[26]。

在这次旅行中，萧伯纳给夏洛特写了信。虽然大多数时候他都精神不错，但他苦涩地抱怨了腰痛（他把其疼痛形容为"无法形容"），还有偏头痛。在旅行中的某个时刻，他们的车在一个分岔路转错了弯以后，萧伯纳和基尔斯比一起尝试调转方向，车不小心在湖泊地区滑进了堤岸，萧伯纳告诉夏洛特，"就像马戏场里的大象如何优雅地滑下滑梯——一点也不惊讶地向后滑去，只有基尔斯比大吃一惊"[27]。

令夏洛特十分伤心的是，对她来说几乎像儿子一般的哈利·格兰维尔－巴克尔因为爱上了一个美国女子，百万富翁阿彻·M. 亨廷顿的妻子海伦·亨廷顿，在 1915 年与莉拉离了婚。这段日子里，萧伯纳像一位温和有益的导师一般帮助莉拉。[28] 格兰维尔－巴克尔 1918 年娶了海伦，4 年以后莉拉也嫁给了弗雷德里克·基布尔教授（后来的爵士），一名植物学家和牛津莫德林学院的校友。在他写给威廉·阿彻的最后一封信中，萧伯纳问他的老朋友："你现在还见到过哈利吗；还是他也像放弃我一样放弃了你？"他在同一封信里继续说道："我就当是海伦对他的影响吧，他［格兰维尔－巴克尔］回到了他本性中亨利·詹姆斯主义的状态，并发现了亨利·詹姆斯主义，十分之九都是天真的美国人对英国人上流生活的崇拜，而实则是一条不准通行的无望之路。"[29]

另一位戏剧界人士在爱德华时代的成功也与萧伯纳密切相关，他就是罗伯特·洛兰，他在 1905 年夏天皇家宫廷剧院《人与超人》的午后场第一次见到萧伯纳，之后他又造访了阿约特圣劳伦斯。1905 年秋天，他在纽约制作了《人与超人》，亲自饰演坦纳，并成功地在美国进行了巡演。他接着又扮演了其他几个萧翁剧作中的角色，与萧伯纳成了亲密的朋友，并在 1914 年加入皇家飞行团的时候将萧伯纳列为自己的直系亲属。当 1914 年 11 月 22 日洛兰受重伤时，萧伯纳是官方通知的第一个人。[30]

洛兰在日记中留下了关于与萧伯纳见面和一同冒险的记述，其中就包括了 1906 年的那次热气球飞行。翌年 8 月 12 日，他们一起进行了一次真正的冒险，他们一同去威尔士汹涌的海里游泳，差点双双溺亡。两人当时被一股涌流卷到了海中央，在潜过了无数的大浪之后，变得筋疲力尽。依照经历类似事件时的惯例，萧伯纳在日期为 1907 年 8 月 14 日的一封写给 H.G. 威尔斯的信中，对这件事做了生动详细的描述："大概有 5 个小时（也可能是 5 分钟）我拼命游，但丝毫不抱有逃离的希望，仅仅是为了尽可能延迟溺水的不悦感。"在他想到自己"陈旧的遗嘱"以及夏洛特将不得不因处理他那些复杂的公事而陷入困境时，他看见了洛兰，"就像在全是泡沫的澡盆里打转一样，没有前进一英尺"。在他们最终挣扎着上了岸以后，两个大男人，就像《男孩自己》杂志里某个冒险故事的英雄一样，故作镇定。"刚才好险啊。"萧伯纳随意地对洛兰说。后者回答："是呀。""我们将颜面保持到了最后。"[31]在 1917 年探访法国前线时，萧伯纳专程去特雷赞看望了作为一名空军士兵驻扎在此的洛兰。洛兰的个性和战争经验启发了萧伯纳对奥布里·巴戈特的塑造，也就是他 1931 年—1932 年的剧作《真相毕露》中那个后来变身为牧师兼盗贼的前王牌飞行员。

对冒险的热爱是萧伯纳诸多消遣活动所具有的共同特征，比如游泳、骑自行车、驾驶汽车、骑摩托，以及时不时地乘飞机飞行。也许这也反映在了《伤心之家》中暴躁的绍特非船长的性格里，他追求危险刺激，认为这样能使他"更强烈地感受到自己的生命"，以及剧作结尾处角色的反应上，他们希望实施了可怕空袭的轰炸机第二天晚上能"再来"。"生活的冰面是很滑的。"这是萧伯纳在《范妮的第一场戏》中为剑桥费边社编写的座右铭中的一部分。正如《错姻缘》中勇敢的波兰杂技演员丽娜·申泽帕诺斯卡说的，"你不可能一点风险也不担地生活"。

　　在莉拉·麦卡锡关于与萧伯纳谈话的一次回忆中，她提到这次谈话变成了对费边社新成员，也就是 H. G. 威尔斯的"奇思遐想"[32]。在威尔斯还是个学生时，他参加过威廉·莫里斯在哈默史密斯举办的周日晚间聚会，萧伯纳也常在这个聚会上发言，但是直到 1895 年 1 月 5 日在圣詹姆斯剧院，亨利·詹姆斯的《盖·达姆维尔》的首演上，他才真正与萧伯纳相识。接下来，因为威尔斯加入了费边社，到 1903 年前两人间歇地见过几面。1906 年 2 月，威尔斯在一次非公开会议上做了一个名为《费边社之过》的演讲，他将社团组织形容为薄弱且能力不足，并已"停止"了实现其既定目标的尝试。执行委员会让威尔斯组建了一个委员会来想办法扩展费边社的影响，增加其财政活力以及社会效益。但是，当萧伯纳察觉到威尔斯这一议题很可能会（动摇）移除"老成员"的权力时，围绕这件事的斗争便拉开了序幕。威尔斯在整个事上做得很 278 糟，11 月 7 日在一次听取他的委员会报告的会议上，他提出了一个修正动议，实际上就是要求执行委员会辞职并把费边社全权交予他。[33]

　　带着他在辩论中一贯的可以令人消除警戒心的彬彬有礼，萧伯纳在 1906 年 12 月 14 日的一次会议上彻底驳倒了威尔斯，费边社作者、基尔特社会主义的推行者塞缪尔·乔治·霍布森在见证这次会议后留下了记录：

　　　　在最后一场会议上，萧伯纳用一个典型的笑话斥责了这件让人厌倦的事。"女士们先生们，"他说，"威尔斯先生在他的讲话中抱怨了'老成员帮'回复他的报告拖延了很久。但是我们用的时间并不比他多。在他的委员会进行审议的过程中，他出版了一本关于美国的书。确实是一本好书。不过在我起草给他的回复时，我完成了一部剧作。"[34] 接着他停顿了一下，茫然地望向天花板。看上去他似乎思路中断了。当我们全体人员都感到极不自在的时候，他继续说道："女士们先生们，我刚才停下来给威尔斯一个机会说，'也确实是一部好剧作！'"[35]

到了这时，根据霍布森的记述，会议在笑声中结束了，威尔斯站在讲台上羞怯而不自觉地笑着，并随后撤回了他的修正提议。威尔斯最终在1908年退出了费边社。回顾这次事件，他后来写道："在我的职业生涯中，从来没有哪一次像在费边社的那次小题大做一样在我的记忆中剧烈作痛，当时的我彻底被错误的决定、突然的冲动以及实在不可宽恕的虚荣心迷惑了。"[36]

威尔斯和萧伯纳的友谊并没有中断，不过两人在1909年又有过一次很严肃的对峙，起因是威尔斯与两名年轻费边社成员的外遇丑闻，一个是罗莎蒙德·布兰德，她是费边社苗圃的部门秘书，这个部门是为了教育年轻的费边社社员而成立的，另一个是安柏·里夫斯。

与罗莎蒙德·布兰德——费边社财务主管休伯特·布兰德的私生女，克里夫特·夏普的妻子，《新政治家》的第一任编辑——一样，安柏·里夫斯也与费边社圈子关系紧密。她的父亲是伦敦经济学院的主任，她的母亲是费边社执行委员会的成员之一。安柏自己则是剑桥大学费边社（萧伯纳为其创作了有趣的座右铭）的财务主管，她是费边社年轻一代中的一员，这一代社员由威尔斯领导，在爱德华时代逐渐开始影响社团的走向。她与威尔斯的外遇发生在他与简·威尔斯的婚姻过程中，后来她还怀上了他的孩子。由于来自威尔斯"狂轰滥炸的辱骂"，萧伯纳也被卷入了这桩丑闻，就如他在1909年9月30日写给比阿特丽丝·韦伯的一封信中解释的那样。[37] "狂轰滥炸的辱骂"指的大概是威

279

尔斯之前就与布兰德的外遇一事，写给萧伯纳的一封言辞愤怒的信，他在信中把这位上了年纪的爱德华时代剧作家称为"一个维多利亚时代中期的十足蠢货"，硬把自己的"保守观念"强加在自己所无法理解的事上。[38]

安柏在 1909 年 7 月与一个叫作乔治·R. 布兰科·怀特的律师结了婚，从而得以从丑闻中抽身。她的孩子在 12 月出生。据萧伯纳所说，安柏曾吹嘘自己如何征服了威尔斯，说他"为她顶住了攻击者整整一年的诟病"[39]。在安柏·里夫斯结婚以后，威尔斯改变了自己对萧伯纳干涉他的看法，事实上，萧伯纳在干涉此事时一直是巧妙而老练的，从来没有一丝假正经的意味。1909 年 8 月，威尔斯"友情大发地"写信给萧伯纳："有时候你不会直接去应付困难的情形，而是选择超然其外，我收回在过去两年多通信中一切你希望我收回的话语。"[40]威尔斯 1909 年 10 月出版的小说《安·维罗妮卡》在主题和故事中都有关于这段与里夫斯外遇的回忆，这件事同时也反映在了萧伯纳的《错姻缘》里，萧伯纳在威尔斯小说出版后的一个月里完成了这部剧本的写作。

在《霍华德庄园》（1910）出版的五年前，萧伯纳写了《芭芭拉少校》，这部剧探讨了福斯特小说中一些最主要的矛盾冲突，小说主要围绕两个英国家庭，施莱格尔氏和威尔考克斯氏的生活展开。福斯特让施莱格尔氏——他们的姓氏令人想到奥古斯特·威廉·冯·施莱格尔，德国浪漫主义者及莎士比亚剧作的译者——代表受教育的英国中产阶级，这一阶级致力于文学和艺术，认为人际关系至关重要，而后者施莱格尔姐妹之一将其形容为"永远重要的东西"。威尔考克斯氏的男人是市侩阶层，他们属于那个拥有复杂融资、"电报和愤怒"、讲求实用性的金钱至上的"真实"世界。

在《霍华德庄园》后半部分，威尔考克斯氏这个家庭的父亲亨利·威尔考克斯略微提到了萧伯纳。对于福斯特的母校剑桥大学在 20

世纪 50 年代对这位剧作家所做的反面批评来说，这似乎是一个有趣的预言，他声称："我可不是你们这群萧伯纳一样的人，认为没有任何事是神圣的。"[41] 威尔考克斯关于萧伯纳的假设——如我们所知，他其实有着很强烈的宗教观念，同时对生命及其不断变化发展的奇迹有着崇敬之情——自然是可以被质疑的。威尔考克斯对萧伯纳的评价是《霍华德庄园》中唯一提及萧伯纳的场合。但是，萧伯纳作品中的思想观念所产生的影响，从小说一开始就可以看出来，特别是承认了像施莱格尔氏这种围绕艺术与文化的生活，其所处的社会上层建筑要想繁荣兴盛，必须要有亨利·威尔考克斯这样的人所创造的坚实财富作为其必要基础。亨利·威尔考克斯关于"一个可靠的生意人对世界做的贡献，要比一打你们这些社会改良者还多"的观点，似乎是响应了萧伯纳剧作中的商业大亨、军工制造商安得鲁·安得谢夫特的人生观。

《芭芭拉少校》中施莱格尔式的理想主义者和文化、文明价值观的信徒，包括主角芭芭拉和她的未婚夫，阿道弗斯·库欣，一名希腊语教授。他们的人生观遭到了安得谢夫特的挑战，他运用了与威尔考克斯类似的论点，认为财富创造道德价值和社会安宁。当库欣问安得谢夫特在他对于"金钱和火药"的信仰中，"荣誉、公正、真理、爱、怜悯等"是否有着一席之地，他得到的回答是："有的。它们是一个富裕、牢固和安全生活中的恩惠与奢华。"

在 1905 年写作《芭芭拉少校》的过程中，萧伯纳无可非议地对自己新创造的角色，安德鲁·安得谢夫特感到兴奋，他意识到这个角色随着剧情的发展而变得"越来越令人敬畏"[42]。这个角色是为了路易斯·卡尔弗特而塑造的，他当时刚刚成功饰演了《英国佬的另一个岛》中的典型英国佬。萧伯纳从他当时居住的，夏洛特在罗斯卡伯里的房子里写信给卡尔弗特，信的开头他问演员会不会吹长号，因为安得谢夫特在剧作开始不久就出人意料地展示了自己对这一铜质乐器的喜爱，同时他吹奏得还很不错。*信中，萧伯纳故意打趣地误拼了一个单词，他告诉卡尔弗特，这个会吹长号的富豪制造的戏剧效果将会是"极大的"（DREMENJOUS，其实应拼为 tremendous）。从萧伯纳对这个角色的描述中可以看出，他把安得谢夫特看作是他前一部剧中那个征服一切的典型英国佬、有远见的被免职牧师以及他的童年英雄梅菲斯特的结合体。最终，安得谢夫特被证实是"布罗德本特和基根的合体，此外还加上了梅菲斯特"。学习音乐是件好事，萧伯纳这样劝告卡尔弗特，因为这样一来他就能戒掉"讨厌的雪茄"并保住他的嗓子。正如卡尔弗特及后来的演员们将会发现的，一个好的嗓子对于扮演萧伯纳在新剧中所塑造的这个机智且极具说服力的人物是多么的重要。

由格兰维尔–巴克尔（饰演阿道夫斯·库欣）和萧伯纳导演，安妮·罗素领衔，卡尔弗特饰演安得谢夫特的《芭芭拉少校》于 1905 年 11 月 28 日在宫廷剧院首演。据剧作家及梅特林克译者艾尔弗雷德·苏特罗所说，"全伦敦的知识分子都到场了"[43]。比阿特丽丝·韦伯由退休的首相阿瑟·J. 鲍尔弗陪伴出席了首演。她不久前才在自己的日记中写道，"整个知识界因对萧伯纳崇拜而争前恐后"，而"他的自负与虚荣也没有减少；他的才智和措辞变得更加灵巧熟练，也日复一日愈加有悖传统信仰，成为一个理想的嘲弄者"[44]。观众里有一群穿制服的救世军成员，他们中的许多人是平生第一次去剧院。苏特罗报道说前两幕收获了"热情洋溢的响应"，但是最后一幕却不那么成功。一个主要的原因，就是卡尔弗特不断念错台词，萧伯纳第二天为此严厉地谴责了他。萧伯纳发誓说自己为周五的演出订了一个包厢，里面"堆满白菜、死猫、鸡蛋以及姜汁啤酒瓶"，如果卡尔弗特再犯错就用这些来砸他。[45]

《芭芭拉少校》至今依然是一出当之无愧的人气剧目，反复上演。这部作品有力并具有挑战性，深刻地阐释了改良理想主义者们长期以来在与社会权力现实对峙时所面临的困境。就像圣女贞德一样，萧伯纳作

---

* 萧伯纳为安得谢夫特选择的这个乐器，源自他爱尔兰童年时代的有趣回忆。对于长号一类的铜质乐器的喜爱在萧伯纳的家族中流传已久（参见第一章）。萧伯纳也曾在 1873 年短暂地练习过短号，当时他还是都柏林的一个十几岁少年；参见 CL2: 542。

品中的后继者芭芭拉少校也具有标志性的地位，作为一个勇敢独立的女性，她以意志和信念与社会中的敌对力量做斗争。同样令人印象深刻的不朽戏剧形象，是萧伯纳塑造的军火制造商安德鲁·安得谢夫特。很少有作家能够在舞台上如此深刻地展现这类因成功而自满、迷人却无情的现代商业大亨形象。萧伯纳在向卡尔弗特描述安得谢夫特这个角色时，对其作了恰如其分的总结："魔鬼般地狡黠、温柔、镇静自若、有感染力、了不起，同时还好玩、有趣。"[46]

这部剧作的剧情呈现出了一个关于不同力量的抽象寓言，将"金钱和火药"的粗暴力量、宗教理想主义的精神能量，以及人文主义文化和哲学的代表置于动态的对抗之下。作品中的智力辩论深深植根于一个关于家庭忠诚与分离的人情剧，一段遭受意识形态冲突考验的爱情，以及以不同伪装贯穿整个情节的错综复杂的争权夺利，包括一段关于好斗的比尔·沃克的次要情节。整部作品因其在幽默和诙谐上的创新，复杂且模棱两可的人物塑造而充满活力与生气。

从某些方面来说，这部剧作重新探讨了早期萧伯纳作品中班扬式的宗教理想主义同梅菲斯特式的怀疑主义和嘲讽态度间的冲突，而且"梅菲斯特"是剧中安得谢夫特的诸多绰号之一。除了贯穿萧伯纳一生的，他在童年时代首次邂逅的两个截然不同的形象外，其他对《芭芭拉少校》最终成形有所影响的作品包括布莱克的《天堂与地狱的婚姻》以及尼采的《善恶的彼岸》。这两部作品都颠覆了对善恶那种过分简单的分门别类，就像萧伯纳剧中布里托玛特夫人和她的儿子斯蒂芬所认同的那样。布莱克看到了宇宙中神圣创造力既要包括老虎的那种"惊人的对称"，同时也要有羔羊的温顺；他同时感觉到弥尔顿的那位伟大的叛逆者撒旦是《失乐园》中真正的英雄。布莱克对于善恶传统观念激进的颠覆，反映在尼采的作品中。尼采谴责了被看作基督教美德的谦逊与自卑，极力赞美了代表着欢愉与激情的酒神精神。和布莱克一样，他也抨击了过分简单地将善恶一分为二。尽管萧伯纳在《芭芭拉少校》前言中否认受到了尼采的影响，但尼采的哲学观点肯定是与这部戏剧相似的。

在他写作《芭芭拉少校》前不久，萧伯纳读了他朋友，澳大利亚出生的希腊语教授吉尔伯特·默里译的欧里庇得斯的《酒神的女祭司们》，并留下了深刻的印象。《酒神的女祭司们》讲述了古代底比斯所发生的冲突，冲突双方是国王彭透斯所代表的权威与秩序，和具有破坏性的神秘宗教团体的领袖，神人狄俄尼索斯。[47] 狄俄尼索斯的女性追随者，女祭司们在城外的树林里进行欢愉和狂喜至极的仪式，她们伴随着铙钹和手鼓跳舞，常常变得神经错乱，并砍下动物的四肢。萧伯纳察觉到了这种狄俄尼索斯式的仪式，与救世军中那些女人在欢快地唱歌、奏乐和打手鼓时灵魂出窍般的表现之间存在的某种联系。他用这一发现来暗示"狄俄尼索斯·安得谢夫特"（富有洞察力的库欣如此称呼他）的"教派"与救世军之间的神秘联系。

前两幕中所出现的对立力量，逐渐在萧伯纳的这部剧中朝着合而为一的方向发展。通过最终达成"生命都是同一的"，而"生命之路从死亡工厂中穿过"这一共识，芭芭拉和库欣创造了萧伯纳式的天堂与地狱的婚姻。在意识到，尽管有着诸多的美德，但是安得谢夫特的模范村 *283* 庄玻西瓦尔·圣安德鲁并不能满足人类精神的全部需求时，芭芭拉重新发现了自己的信仰和目标。在她父亲那座物质充足的梦幻小镇里，那群衣食无忧的势利生物身上，还有工作有待完成。当萧伯纳写作这部剧的时候，安得谢夫特在现实生活中的对应者们正忙于制造武器，而几年之后，这些武器将被用在人类历史上最惨痛的战争中。1905 年，战前德英两国的军备竞赛早已展开。《芭芭拉少校》中那种智慧、精神启蒙、权力相联合的未来展望——类似施莱格尔氏和威尔考克斯氏的婚姻——在 1914 年破碎了。萧伯纳在战争期间所写的《伤心之家》无情地反映了这一现实。

卡尔弗特念错安得谢夫特的台词并不是《芭芭拉少校》最后一幕中唯一困扰一些同代人的事。安得谢夫特军工厂这一场景的布景——舞台中间摆着一个大炮——及与其相关的模范村，产生了极具视觉感观和比喻意义的表达。布里托玛特夫人在威尔顿新月街家里陈设讲究的图书室，和救世军中心一贫如洗的景象，突然间被（相形见绌地）置于由安得谢夫特的玻西瓦尔·圣安德鲁王国所代表的，受"金钱与火药"推动的巨大权力背景之中。"问欧洲的任何一个人",这是安得谢夫特在被问到他地址时的回答。1905 年的这部剧作传达了对某些势力的可怕感知,这些势力当时已经危及爱德华时代的夏日宁静,相比较之下还使得当地的政治问题和权力系统显得无关紧要。"我就是你的国家的政府。"安得谢夫特对他保守的儿子斯蒂芬说。斯蒂芬坚守着一个关于完整、稳定的国家和世界秩序的想法,且这一秩序应该依照天意,由威斯敏斯特和有着民主思想的体面英国人来监督。

对于安得谢夫特的塑造展示了萧伯纳世界观中一个新的,从某些方面来说甚至有些令人不安的元素。从军工制造中援引一个比喻的话,这个角色是萧伯纳政治哲学宇宙中一枚不受控制的大炮[*]。并不是萧伯纳起初完全没有意识到——一方面是他自己思考的结果,一方面是来自布莱克、易卜生、瓦格纳和近期的尼采、吉尔伯特·默里的影响——安得谢夫特在《芭芭拉少校》中所清楚明确地代表的那个世界中的酒神精神;而是,这样一个获得惊人的成功的、没有道德观念的资本主义者怎么可能与社会主义者和解呢?

这个问题困扰着萧伯纳的朋友们。在看过该剧后,比阿特丽丝·韦伯在自己的日记中评论说:"GBS 拿不同观点和情绪赌博的方式,让我和悉尼这样思维迟钝的道学先生深感忧虑。"[48]她直截了当地告诉萧伯纳,她在作品中所看到的最终含义是"不道德目的的胜利"[49]。在这部剧的写作过程中,吉尔伯特·默里也表达了对于结局的担忧以及"芭芭拉的信念被安得谢夫特的信念轻易击败"[50]的暗示可能带来的危险。默里给萧伯纳寄去了一些对话段落,以此来说明他的观点,他认为库欣和芭芭拉在作品结尾时,应该表现得更坚强。萧伯纳采用了一些默里的提议,虽然并没能使这个大炮完全受控,但确实表达了对安得谢夫特更具批判意味的观点。剧作的结局也重申了布里托玛特夫人的能力,这个布拉克内尔夫人式的角色是他塑造得最成功的喜剧角色之一,有益于一些警句、专横的教条主义以及常识的结合,她在开场的几个场景中占了主

284

* 指我行我素、不顾后果、无法预料的人。——译者注

导地位，而在最后一幕中她的权威又得到了再现。

　　在 1910 年 5 月国王爱德华七世去世以前，萧伯纳继《芭芭拉少校》之后，又写了三部多幕剧——《医生的两难选择》（1906）《结婚》（1908）以及《错姻缘》（1909）——和一部独幕剧《布兰科·波士纳现身记》，该剧由于审查制度而在伦敦被禁，在 1909 年成了艾比剧院与都柏林城堡之争的焦点。

　　《医生的两难选择》开篇不久，一队朋友和同事来到了卓越的医学家科伦索·雷吉昂的住处，祝贺他新近受封了爵位。雷吉昂这个角色的性格和职业，是基于夏洛特称为他们夫妇俩的"一个极好的朋友"[51] 的男人，阿尔姆罗斯·赖特爵士而创作的。阿尔姆罗斯·赖特于 1906 年封爵，而这部剧也是写于这一年。赖特是一个爱尔兰人，毕业于都柏林的三一学院，后来逐渐在细菌学和免疫学领域成了声名显赫的医学研究者和执业医生。在萧伯纳写作《医生的两难选择》时，他在伦敦普雷德大街的圣玛丽医院病理研究所担任负责人。不久前一篇关于赖特的传记研究在标题中将他称为"普雷德大街的柏拉图"[52]。

　　赖特所研发的抗伤寒疫苗接种系统在第一次世界大战中被应用在部队士兵身上，据估计拯救了上万个人的性命。他测量噬菌素（血液中起保护作用的物质）的方法成了《医生的两难选择》中雷吉昂的重大发现的基础。1917 年，在由官方赞助的法国前线访问中，萧伯纳开着（罗伯特·洛兰借给他的）车去了布伦，赖特在这里成立了一家大医院，而他则作为客人暂住了一段时间。[53] 萧伯纳和赖特的友谊在 1912 年关于女性选举权问题的激烈争执中幸存了下来，并一直持续到了 20 世纪 40 年代。[54] 即使是按照今天的标准来看，赖特都是一个极端顽固的大男子主义者。他是女性选举权运动的激烈反对者，并写了一本叫作《反女性选举权的完整控诉》（1913）。

　　《医生的两难选择》的副标题是《一出悲剧》。事实上，剧作的绝大

285

部分都是对医疗行业的极其好笑的讽刺与抨击，是一出关于医学界的口头禅、伪善和骗术，寡廉鲜耻地推广的风行一时却功效成疑（但对医生来说利润丰厚）的手术和秘方（类似 20 世纪末和 21 世纪初的抽脂术和其他一些形式的整容手术，更不要说"保健"和药品公司所推广的众多治疗和预防型药物）的笑声交响乐。但是，具有挑衅意味的副标题背后其实是 1906 年萧伯纳和威廉·阿彻有关易卜生和他在戏剧中如何处理死亡的一场争论。

萧伯纳在 1906 年 5 月 23 日易卜生去世时所写的讣告是这样开头的："19 世纪最伟大的戏剧天才死了。"[55] 在萧伯纳所说的关于这位挪威剧作家及其追随者的许多有趣的话中，他大胆地加入一些批判性的观点，比如这位大师的写作偶尔会有"人工撰写的痕迹"（就像《玩偶之家》中刻意的情节设定），此外他也正确地评价了易卜生常常在剧中以死亡作为其戏剧性主题——他将其称为他的"柔软"。威廉·阿彻上了钩，他在由他担任首席专栏作家的《讲坛》报中严肃地抨击了萧伯纳，说他作为一个剧作家"不可避免地受他顽劣的幽默感所支配"，并在"只有死亡能证实宿命这一事实"前退缩了。[56] 萧伯纳在同一家报纸以新闻稿的形式做出了回复，标题为《萧伯纳先生的下一部剧：阿彻先生的挑战与续集》："因为老友的责备而倍感难过，萧伯纳先生将写一部完全关于死亡的剧作，他宣称这将是有史以来最有趣的剧作。"[57]

对阿彻的反驳和他所指的剧作（《医生的两难选择》）都可以被看作是萧伯纳有关喜剧的信条。阿彻在他朋友身上所看到的致命缺点，即他顽劣的幽默感，实际上是他天才的精华之处，是萧伯纳式的严肃。萧伯纳将幽默看作是传达真理和预言的工具。"当一件事物是好笑的，在其中找寻隐藏的真理吧。"《回到玛土撒拉》中的古代人这样说。"每一个笑话都是时间子宫中的诚挚。"基根在《英国佬的另一个岛》中这样说。对于萧伯纳来说，神圣不在死亡的庄严之中而是在生命的馈赠（"璀璨的火炬"）之中；而喜剧正是要从根本上肯定后者。萧伯纳作为一名喜剧作家的目标，一定程度上说，是要重新定义神圣，强调与生命庆典相关的仪式，而不是与适应死亡和失去有关的仪式。《医生的两难选择》

286

刻意用喜剧的精神去面对悲剧。剧作同时还通过狂欢似的废黜诸如医生、法官、教授等这些社会阶层中权威和秩序的代表，来说明喜剧是一种颠覆世界的戏剧形式这一概念。[58]

在讽刺喜剧的总体框架中，《医生的两难选择》是一个混合体。艺术家死亡场面的"悲剧"素材被转换成了急转直下的滑稽闹剧。有时候——比如当医生们异口同声地夸赞着他们所热衷的各种各样的医学话题时——这部剧似乎又是喜歌剧和阿里斯托芬的讽刺剧的混合。标题中的"两难"是围绕着一桩神秘的谋杀案展开的。在医院资源有限的情况下，雷吉昂必须决定是拯救一个无趣但受人尊敬的医学界老友，还是一个聪明而没有道德廉耻的年轻艺术家。尽管他的选择看似是基于道德标准，但是他选择向受人尊敬的老友而不是那位艺术家施救的动机并不单纯（最终在收场白中被揭露），因为他其实爱上了艺术家的妻子。在剧作的最后，雷吉昂发现珍妮弗·杜比达特再婚了之后悲痛欲绝。剧作揭露了这位著名的科伦索·雷吉昂爵士对于女性魅力毫无抗拒之力以及他的伪善，萧伯纳很可能是借此来委婉地挖苦阿尔姆罗斯·赖特爵士，无论他对女性有着怎样的观点，他依然很受女性欢迎，圣玛丽医院的护士都很喜欢他。

在《医生的两难选择》的第四幕中，萧伯纳运用了一幅画面和一个莎士比亚式的暗示，两者都与他在写完剧作后不久，关于生命及其目的一段令人难忘的话相关。在杜比达特弥留之际，珍妮弗想起有一次两人在康沃尔，她的家中，生了一堆火，并为在窗户中看到火焰的影像而高兴，那影像仿佛是在花园的灌木中跳着舞。这幅画面看上去就像是一个奇迹般燃烧着却又不被火焰消耗的灌木丛。杜比达特希望能像那团火焰一样。他希望被火化，变作火焰，但同时他也希望能像珍妮弗想象中的火焰一样活下去。萧伯纳巧妙地将这种庄严过渡到了令人扫兴的结局，他让拉尔夫·布鲁姆菲尔德·勃宁顿爵士从莎翁悲剧和《暴风雨》中东拼西凑地引用了一些话，萧伯纳成功地将这个典型的骗子医生——很可能也是导致杜比达特死亡的直接原因——塑造得既荒谬又迷人。

"熄了、熄了，短暂的烛火。"勃宁顿在吟咏中结束了他为这个将　*287*

死的艺术家所念的莎士比亚墓志铭集锦。1907 年 3 月,《医生的两难选择》完稿并首演后不久,萧伯纳在布莱顿的一次演讲中提到了引自《麦克白》的这句话,他就自己对生命的看法说了一段令人难忘的话,这段话同时也让人想起了剧中燃烧的灌木:"我因生命本身而感到欣喜。生命对我来说可不是'短暂的烛火'。它是某种我正暂时握着的璀璨火炬;在我将它传递给后代人之前,我想尽可能地让它燃烧得灿烂。"⁵⁹

通过把"悲剧"变为喜剧,萧伯纳其实是在《医生的两难选择》中创造一个有关他人生哲学的演出,表演了对悲剧生命观念的颠覆和否定以及对生命之"璀璨火炬"的肯定。

爱德华时代最后的两部萧伯纳剧作,《结婚》(1908)和《错姻缘》(1909),触及了萧伯纳经历中更为隐秘的一面,他在婚姻中不安分的状态——最后在 1912 年爆发为一段与斯黛拉·坎贝尔的婚外恋——已经变得很明显了。在《结婚》的开场一幕中,睿智贤明的蔬果商贩科林斯先生对已婚状态的一些评论,很可能正是作者自己与夏洛特十年婚姻的投影。在谈论过程中,科林斯重复着他关于婚姻及婚姻对其他关系的限制的一些看法,而这种制约也发生在了萧伯纳以及对他青年时代有着深刻影响的珀西·比希·雪莱身上。

在雪莱的诗歌《心之灵》中,诗人用蔑视的辞藻将婚姻描述为"最枯燥和漫长的旅程"⁶⁰,他声称自己不属于"那伟大的宗派 / 其教义是,每一个人都应该 / 从人群中选一个情妇或朋友, / 而所有那些剩下的,尽管美丽而聪慧,都应 / 诉诸冰冷的遗忘"。《结婚》开篇处,在科林斯与主教的妻子布里吉诺斯太太进行的有关婚姻的秘密谈话中,科林斯提到了他如何压抑着自己从妻子身边逃走的冲动,因为他知道这样会让她觉得他并不在乎她而使她受到深深的伤害。他在婚姻中被击败并已经放弃了逃离的想法。不过,他还是用直白的话语表达了雪莱的看法:"婚姻切断了我与所有老朋友的联系,夫人,这真是糟糕透了,特别是和女

人们的联系，夫人。"⁶¹ 接着他又讲到了"乔治太太"，他哥哥乔治那个
能通灵的妻子；她解决这种约束的办法就是直接与她爱上的男人私奔。
科林斯的故事里或许带有一些作者的痴心妄想。在婚姻限制与他人交往
这个问题上，他很可能是作者的一位代言人。

288

　　爱德华时代，萧伯纳在婚姻中变得不安分的第一个表现，是从众所
周知的婚后第七年开始的。讽刺的是——也带有几分虚伪——在谴责威
尔斯外遇的同时，萧伯纳自己也陷入了与艾丽卡·梅·科特利尔的危险
调情中，她是一名萧伯纳和社会主义的年轻信徒。从一封 1909 年 10 月
13 日萧伯纳写给她的信中可以看出，她知道威尔斯和安柏·里夫斯之间
的外遇，她想给威尔斯写信谈论这件事，但是萧伯纳并不赞同。⁶²1905
年 9 月，在看了一部萧伯纳的剧之后，智慧、迷人且鲁莽的 24 岁的艾
丽卡迷恋上了萧伯纳。她故意将自己署名为"魅力小姐"，并开始与萧
伯纳通信，寄给他一些自己写的东西让他评论。萧伯纳显然因为这位年
轻女子的追求与崇拜而感到受宠若惊，并纵容了这段最终严重威胁到他
婚姻的关系。"艾美莉卡"（萧伯纳在信中对她的昵称）对于这位 50 岁
的剧作家来说，相当有吸引力。

　　艾丽卡·科特利尔是诗人鲁伯特·布鲁克的表亲，也是费边社一位
名叫查尔斯·克莱门特·科特利尔的普通男教师的女儿，这个男教师写
了一本名叫《给底层人的公道》（1907）的书。对于她的父亲来说，艾
丽卡当时处在一种极度叛逆的状态。她有着不凡的文学才能，写了一部
名叫《一个职业社会主义者》（1908）的有趣喜剧并发表了书信体的告
白，其中大部分都是写给萧伯纳的。她的自传性作品——献给萧伯纳的
《一段故事》（1916），和《日记的形式》（1939）——展示出了她的创作
才能、敏感以及自我专注。萧伯纳知道艾丽卡有着真正的文学才华。他
在 1907 年读了未完成的《一个职业社会主义者》并就如何结尾给出了
自己的建议。1910 年他告诉她："你要么是在 33 岁以前像一个疯子般

死去，要么会成为最伟大的英国女作家——肯定是英国最伟大的作家之一。"[63] 尽管关于她的预言一个也没有实现，但她确实是才华横溢。

1906 年 10 月 24 日，萧伯纳写信给艾丽卡："你真是一个年轻聪明的魔鬼；我看我是不得不把你当作一个朋友来对待了。"[64] 部分是因为受到萧伯纳的鼓励，艾丽卡想要的远不止友情。就像是一个生机勃勃的年轻希尔达·房格尔从易卜生的《建筑师》中走了出来，并来到了萧伯纳的家门口，她不仅想得到这位英国戏剧界的大建筑师及费边社社会主义倡导者的关注，同时还想要爱情与婚姻。[65]

1907 年 6 月 12 日，萧伯纳邀请艾丽卡到宫廷剧院去观看查尔斯·里基茨制作的《人与超人》中"唐璜在地狱"的一幕。一个月后，他在去马尔盖特的火车上写信给她，责备她在穿衣方面的粗心大意，他说这样的表现也被带到了她的写作中（"你不愿意为句号和段落费心思"），但他同时也大方赞扬了她："你是一个有着出众力量的女人，文雅，有教养，有着超凡的气质。即便是你的外貌也是那么出众。你就像是刀刃一般。"[66] 接下来的一年里，艾丽卡经常不分昼夜地拜访阿德尔菲露台和（骑摩托去）阿约特圣劳伦斯。她常做出超越友情界限的拥抱和爱抚，表现得好像她，而不是夏洛特，才是萧伯纳的妻子。艾丽卡在对萧伯纳肢体接触上的大胆，可以从萧伯纳就此事对她的诸多说教——很显然效果不佳——中推断出来：

> 简而言之，如果你来到我妻子的房子里，你就要明白你不能进来跟她丈夫示爱。如果我把你介绍给［格兰维尔］巴克尔太太，我应该要先知道你不会向她丈夫示爱。你可以钦佩、梦想、崇拜、爱慕到脸色发紫；但是你不能坐下然后拉他们的手，也不能亲他们，不能抱他们，不能躺在他们怀里——噢，多甜蜜、多纯真、像天堂一般——因为你如果这样做，生命力就会突然跃起并把你一口吞没。[67]

在一封写于 1942 年的信中，萧伯纳对艾丽卡的行为做了更为形象化的描述:"如果一个男人令她感兴趣,她就会随时走进他的房子里。多数时候是在午夜;占有他,就好像他那吃惊愤怒的妻子不存在似的;且完全意识不到为什么她不能跟他睡觉并且在这个房子想住多久就住多久。"[68] 她开始在萧伯纳面前表现出一些,据他说,即使是"出自克利奥佩特拉本人……他也容忍不了"的行为。[69]

　　这位年轻女子在她20多岁时对"上了年纪的绅士"(此时完全算不上年老体弱的萧伯纳向艾丽卡这样形容自己)[70] 的大胆追求,极有可能在萧伯纳的脑海里引起了一些强烈的幻想。这段关系明显地反映在了《伤心之家》的艾莉·邓恩和绍特非船长的形象刻画上。关于一个上年纪的男人和一个有吸引力与想象力的年轻女子结婚的想法,在一战前的那几年里,以一种非常私人的方式牢牢留存在了萧伯纳的脑海里。1907 *290* 年11月,这样一种婚姻也摆在了他面前,艾丽卡向他表白了自己的爱意。萧伯纳写了一封很长的、柏拉图式的信回绝她,这封信也许已经潜藏了艾莉与绍特非之间精神婚姻的想法:"至于我,可以说,我已经在每天的工作中接受了爱的表白。它们并不都是假象。在我体内真的有一个神圣的火花,女人身体里的神圣火花渴望着它。冲动的终极目标是至善的。"[71]

　　尽管艾莉在剧中的发展有着其自身的逻辑,但是《伤心之家》第三幕中有一个突兀的瞬间,艾莉突然宣称把自己托付给了作为她"精神丈夫和第二位父亲"的绍特非,这一幕可以片面地解释为剧作对萧伯纳和科特利尔这段关系美化后的再现。从两人的书信往来中可以看出,除了被作为带有浪漫和情色意味的爱慕对象,萧伯纳显然还被艾丽卡·科特利尔看作"第二位父亲"。据萧伯纳之后的描述,她对自己的亲生父亲有着一种"很深的恨意"[72]。萧伯纳的许多信都是在为她提供咨询,主要关于她压抑的家庭环境和她想要逃离其影响的诉求。在一封信中,他描述了青少年和年长的孩子被迫与他们的中年父母一起锁在一所房子里的"可怕而不自然的情形"[73]。亲子关系一直都是萧伯纳很感兴趣的话题。在爱德华时代和乔治时代早期,他的剧作《错姻缘》中那篇篇幅极长的开场白全是关于这一话题的探讨,他将其提名为《父母与子女》

（1910）；而在《错姻缘》的正文里，父亲塔尔顿谈到了父母与子女之间那"不可逾越的、永恒的鸿沟"并绝望地建议他自己去读《李尔王》；在《范妮的第一场戏》（1911）中，女儿玛格丽特·诺克斯讲到自己从家里解放了出来，"我从这个愚蠢的小破房子和其所有的虚伪中解脱出来了。我现在知道我比你和爸爸都要强大"；最后还有在《伤心之家》中，这种关系——比《错姻缘》更加复杂——因使用了莎士比亚在《李尔王》中的主题处理方式而变得错综复杂。

到了1909年，萧伯纳对艾丽卡感到了厌倦："魅力小姐"变成了他口中的"一个举止讨厌恶劣的年轻魔鬼，肆意滥用与我相识而获得的优待"[74]。次年，萧伯纳和夏洛特打算不再与艾丽卡进一步亲近并阻止她再次来访。萧伯纳为夏洛特起草了一封寄给艾丽卡的信，声称尽管她不是不喜欢这个年轻女子——事实上，觉得她"在某些方面是非常优秀和敏感的"——但她强烈反对她再来家里，并"决定要一劳永逸地终止我们之间的任何私交"，这是指三人之间的私交。信中说道，她的丈夫当初不应该任由艾丽卡变得"过于依恋他"，而她夏洛特，也不会让艾丽卡"更深地陷入一个不可能的身份了"。有意思的是，夏洛特复原了一句她的捉刀人在信中删掉了的话："我不信任他能让你保持距离。"[75]

这段亲密关系就这样结束了。不过，艾丽卡几乎不算萧伯纳生命中一个具有性吸引力的人，并最终变成一个严重具有威胁的麻烦。但同时艾丽卡也给萧伯纳的创作生涯产生了——在很大程度上被低估了的——重要的影响。她提供了关于无拘无束的年轻人反对爱德华时代核心家庭约束与行为准则的第一手鲜明例子，这些都显著地反映在了那段时期及其后的剧作中。《错姻缘》中狂野的、在性方面咄咄逼人的海巴夏·塔尔顿就是这种影响的例证。海巴夏"渴望从天而降的冒险"，带着嘲弄地与年纪是她两倍的男人调情，并打破一切要求子女尊崇父母的规则。丽娜·申泽帕诺斯卡，同一部剧中的另一个角色，她符合海巴夏所鄙视的爱德华时代那种沉闷的体面和顾家特征。玛格丽特·诺克斯，在《范妮的第一场戏》中也遵循了这种反叛的年轻女子的范本。最后，萧伯纳与艾丽卡·科特利尔的关系，在《伤心之家》的艾莉·邓恩与年长男子

291

（包括曼根与绍特非）之间的关系里留下了印记。

　　萧伯纳爱德华时代的最后两部剧作，以及紧接下来的《范妮的第一场戏》，质疑了维多利亚时代和爱德华时代社会生活的两块基石——婚姻与核心家庭，以及它们的中心原则——责任、服从、体面、随大流。与一些报道相反，这些剧作并没有公开说教或具有政治性。更准确地说，它们呈现了一种矛盾未决的舆论漩涡。对于社会主义最为直接的提及，与一个有着社会主义观点的无能盗贼有关。这个盗贼是一个萧伯纳式的伦纳德·巴斯特，他在一位博学、和善的资本主义者塔尔顿先生的可移动式土耳其浴盆中被人发现。塔尔顿在面对盗贼刺耳的言论时，以肯定的语气试图让受惊的妻子平静下来："宝贝儿没事，他不是骂脏话，社会主义而已。"塔尔顿太太的回复再现了夏洛特·萧对于艾丽卡·科特利尔的看法，她说她的家里绝不允许这样。

　　在由诙谐对话组成的大体框架中，在默默展开的，偶尔被惊人事件打断的情节中，这些剧作展示了叛逆者对抗爱德华时代体面社会的鲜明图景。英国人的城堡并不被看作是秩序和空洞价值观的避难所，而是约束人类——尤其但不仅限于女性的——精神自由表达的小地狱。爱德华时代中产阶级的婚姻与家庭被看作是奴役男人的机构，同时还阻止女人参与完整的人类社会、职业、经济以及政治生活。不论是在萧伯纳的个人生活还是剧作中，他所处的爱德华时代的夏日上空的乌云都是危险的；就他的个人生活而言，这些乌云很快便带来了一次风暴。不过，没有任何事能中断他充沛的创造力。

292

第 *17* 章

让女性投票

在爱德华时代晚期和乔治时代早期，英国因女性选举权所引起的骚动，在其激烈程度和公众关注度上达到了前所未有的高度。伊丽莎白·罗宾斯的时事剧《让女性投票！》——由哈利·格兰维尔－巴克尔执导，1907年4月9日在皇家宫廷剧院首演*——中的一个角色说，女性选举权论者的激进"唤醒了关于女性问题的兴趣，如此一来每个报纸都会报道它，从兰兹角到约翰岬角的每一栋房子都会谈论它"[1]。

这与现实生活中所发生的事相差无几。不仅是在伦敦，关于女性选举权的问题在整个英国都成了一个迫切的政治和社会问题。《让女性投票！》第一幕中的对话反映了女性选举权运动中相当大的分歧，温和派想采用论辩和说服等较为温和的策略，而好斗的鼓动者们则是向政客们起哄，举行大型示威，把自己绑在公共建筑外的栏杆上，进行非暴力反抗，并被拘捕和关进监狱。

"深深融入他那个时代的生活"[2]是萧伯纳对自己的描述，而他也言

---

* 《让女性投票！》首演时，萧伯纳和夏洛特在法国旅游。

行一致地热烈参与了该项事业。事实上，早在 1892 年 4 月 26 日，他在
伦敦圣詹姆斯大厅举行的一次激烈的会议上，就已经发表过支持女性投
票权的演说了。[3] 此前一年发表的《易卜生主义精华》中，包含了一段
对维多利亚时代有女人味的女人这一概念的强烈抨击。在 1906 年 3 月的
一次采访中，萧伯纳关于女性投票权做出了一段强有力的声明，采访他
的是广受喜爱的小说家、婚姻作家和女性选举权论者莫德·丘顿·布拉
宾太太，萧伯纳和她偶尔有书信来往。（布拉宾太太一些关于婚姻的相当
不合常规的自由主义观点，与萧伯纳 1908 年的剧作《结婚》极为相似。）
在采访中，萧伯纳介绍自己是坚决支持激进运动的，甚至是暴力革命。　*294*
远远超越了阿里斯托芬《吕西斯特拉忒》中女人们所使用的"性爱罢
工"计划，萧伯纳建议："如果我是个女人的话，我会直接拒绝与任何
男人说话为任何男人做事，直到我得到投票权为止。我会使我丈夫的生
活变得沉重，总的来说让每个人都过得悲惨。女人应该有一场革命——
她们应该开枪、杀戮、致残、破坏——直到她们能投票为止。"[4]

1907 年 3 月——同一个月，他在布莱顿做了关于生命的"璀璨火
炬"的演讲——萧伯纳在伦敦女王大厅一个由女性选举权社团国际联盟
举办的会议中发表了支持女性选举权的演讲。这个演讲，在大西洋两岸
都有期刊逐字刊登报道，最终全文发表在了 4 月 21 日的《纽约美国人》
中，标题是《为什么所有的女性都特别适合做好的选举人》。他在这个
演讲中的言辞比起一年前的声明，在语气上要温和得多，其所针对的问
题不仅是投票的权力，同时也针对女性没有资格作为议会成员的事实。

萧伯纳在女王大厅的演讲中的一个主要的论点就是女性被排除在政
治程序之外——除了否认公民在一个自由社会中的天然权利以外——是
对公共领域资源的极大浪费。女性"特别适合"担任好的选举人，因为
一系列至关重要的话题都被男性置之不理，而"如果女性的影响能通过
投票直接被感知的话"，这些话题"就会应运而生，并出现在政治斗争
的最前方"。萧伯纳继续讲道："要记得在英格兰……目前有一批代表卓
绝能力的非凡女性，她们在皇室委派的任务中干得十分出色，[5] 她们在
所有的社会运动中都展示出了女性能做好她们想做的事。"这个资源

之所以被浪费仅仅是因为有一个问题还悬而未决，"而这一问题在任何一个有智慧的国家，都应该早在一个世纪前就得到了解决"。通过赋予女性公民权，他论述道："英国能够释放一股巨大、有益的政治力量和社会力量，这股力量现在正为这一问题所束缚。"[6]

通过当时肯定博得了满堂大笑的娴熟修辞技巧，萧伯纳列举了汉弗莱·沃德太太作为"能干的公众女性"的典范，她是授予女性选举权的主要反对者之一，也是反女性选举权女子国际联盟的创立者（1908 年）之一。沃德是一名活跃的公众事务参与人，在英国建立学后游戏中心和假期学校以照顾孩子们的想法正是源于她。她当时刚给《泰晤士报》写了一封信，概述了她认为最适合男人用来反对授予女性选举权的论点。萧伯纳反驳了她所有的论点——女性对于政治的无知、狭隘的兴趣、无法着眼于大局，他说沃德太太肯定是在说男人："她指的是我这一性别。"[7]

萧伯纳家里另外两个女性选举权的支持者是他的妻子夏洛特和他的表姐朱迪·吉尔摩，后者在 1907 年成了他的全职秘书。1908 年 6 月 13 日，有 10000—15000 名女子参加了一场巨大的组织周密的支持女性选举权的示威游行，女性选举权社团国际联盟承担了这场游行的协调工作。由联盟主席米莉森特·福西特领导，女子们带着横幅从海外、英国各地，以及各行各业而来，她们在伦敦的大街上行进了两英里，从泰晤士的河堤走到了海德公园，在这里的阿尔伯特大厅里举行了一场集会。大厅里聚集着"一众女子，她们穿着夏日的裙装，拿着闪着光泽的丝质横幅或披着学院长袍，格外夺目"[8]，此外那里还簇拥着红色和白色的花，这一场景被一家报纸形容为与"之前这个伟大建筑所见证过的其他事件一样非凡。从地板到最顶端的角落到长廊，这座建筑的内部因这些女子和鲜艳的色彩而显得生机勃勃"[9]。夏洛特·萧、朱迪·吉尔摩以及萧伯纳都参加了此次示威。*

萧伯纳不可能没有注意到，在第一次世界大战以前的女性选举权示

---

* 大约十分之一的参与者是男性。

威中，圣女贞德常常被作为一个女权主义反叛权威及女性穿衣举止传统的多元象征。圣女贞德打扮的女子，骑跨着白马站在激进的女性社会政治联盟队列的最前面。[10] 我们知道写一部关于贞德的剧作这一想法早在1913年就已经在萧伯纳的脑海里打转了，10 年后他写了《圣女贞德》。[11] 萧伯纳对于贞德的形象塑造对女权主义思想有着很强烈的影响，T. S. 艾略特注意到了这一点，在写给《准则》杂志的一篇文章中，他抱怨萧伯纳将这位圣女变成了"一个伟大的中产阶级改良者，她的地位要比潘克赫斯特太太稍高一点"[12]。

　　萧伯纳对于反女性选举权思想最尖锐的抨击之一，出现在他针对《反女性选举权的完整控诉》一书所写的一篇文章中，而这本书的作者是他的朋友阿尔姆罗斯·赖特爵士，此书出版于 1913 年。通过卖弄一系列"区别判断"、伪科学讨论，以及老式的骑士主义精神，这位著名的医生，萧伯纳的《医生的两难选择》中科伦索·雷吉昂爵士的原型，*296*
在基于女性通常没有男性客观这个理由上，试图详尽地阐述一个反对女性选举权的议案。在论文中，萧伯纳恰如其分地引用了莎士比亚《一报还一报》第二幕中伊莎贝拉的演说，开头是"但是男人，骄傲的男人，/ 掌握着片刻的权威，/ 在他最确信的事上最无知"。带着和颜悦色的嘲弄，萧伯纳毁灭性地将赖特空中楼阁般的论点夷为平地：

　　　　莎士比亚，把他自己、阿尔姆罗斯爵士、我，以及剩下的所有人都说成是呆板之物和愤怒的猿猴，这真是尖刻，但是他有这样的权力和资格，哎！结果是这么个结论；不过莎士比亚所删掉的特征，他也应该补充说明一下：

　　　　你必须要明白，先生们，这些结论仅限于安·海瑟薇，而我，这个极具阳刚气质的男人中的男人，很明显在给出评价方面是聪明十足且具象征性的［非人的］；永远不会过于受个体实例的影响；永远不会在证据不足的情况下下结论；分寸感堪称完美；不会感情用事、是非不分；不会为主观愿望而盲目相信，也不会因为不喜欢就否定事物的客观存在；精力充沛、像神一般，对世界的真实情况有着完整的认识，不会因偏好和厌恶而有所偏倚；上述，先生们，正是生理因素给男性思维带来的可喜效果。[13]

但是，这篇文章中强有力的修辞艺术，萧伯纳最出色的讽刺作品之一，却不足以动摇他朋友的偏见。1942 年 11 月 15 日，在一封写给萧伯纳的信的附录里，顽固不化的阿尔姆罗斯爵士向他的爱尔兰同胞进一步阐述了自己关于女人不理智的观点："我想知道，是否我们之间对于女性的不同观点不仅仅是因为她们'对逻辑的憎恶'让我感到愤怒。你不以为然的这些事情，在我看来却是令人发指的错误。我知道她们是——还有你，我认识的男人里唯一的一个——完全不合逻辑的。这正是你为你其他种种绝妙的品质所付出的代价。"[14]

虽然谈论女性在公众生活中可以起到的独特贡献符合萧伯纳 1907 年在女王大厅的演讲，但他在非戏剧的语境下对性别的看法，更普遍的是强调共同的人性，男人和女人在本质上的相同和平等。在一篇 1927 年的文章中，他描述了自己如何创造剧作中的女性角色："我总是设想一个女人就是和我自己完全一样的人，这个把戏就是这样完成的。"在同一篇文章中，他解释说——以同样的风趣回避了一些问题，以及他剧作中的大量复杂的证据——他总是从"一个女人其实仅仅是一个穿着衬裙的男人，或者如果你愿意的话，一个男人就是一个没有穿衬裙的女人"[15] 这个设想出发的。在《服装世界》期刊，丘顿·布拉宾太太对萧伯纳做的采访中（发表在关于女性与投票这个访谈前的那一年），萧伯纳将他关于男女相同的理论——在概念上废除性别差异——运用在了女性的服装上，他如此建议道："一个女人就跟男人一样是有着两条腿的生物；让她也像男人一样穿衣吧。"[16]

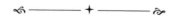

萧伯纳在早期的剧作如《浪荡子》、《华伦太太的职业》以及《武器与人》中，还有在 1891 年的《易卜生主义精华》中对维多利亚时代

有女人味的女人这一概念进行了抨击，并从根基上削弱了性别的刻板印象，而在他爱德华时代和乔治时代早期的剧作中，这样的行动又有了新的表现形式。乔治时代早期的剧作中，没有女人味的女人的一个最好典范，就是《错姻缘》（1909）中杰出的波兰杂技演员丽娜·申泽帕诺斯卡。剧情进展到一半时，玻璃破碎的可怕声音暗示着一架飞机坠毁在了塔尔顿家的温室里，而故事也随之展开。在飞行员穿着飞行服、戴着护目镜出现在舞台上时，我们了解到他之所以奇迹般地幸存下来，是多亏了他飞机上的一名乘客的非凡特技，这位乘客在半空中抓住了他，将他安全地推向了某一花坛所在的方向，随后"像只鸟儿一样飞落在（他）身旁"。这位乘客出现时，也穿着飞行服、戴着护目镜，所有人，包括飞行员都设想其会是一个男人。"我们正在讨论您高超的技巧呢，先生。太出色了。"塔尔顿说道。然而，当乘客摘下护目镜，她"站在那里，原来是一个相当漂亮的女子"。

　　这段情节中对于性别期待的动摇——这本就是生活乐趣以及萧伯纳的喜剧创造性所具有的能量的力证——随后也在人物的对话中得到了贯彻，尤其是结尾前，萧伯纳让丽娜进行的一段关于婚姻和家庭生活的情绪激昂的愤怒声讨。在她对与塔尔顿的儿子约翰尼成就一段受人尊敬的婚姻这个提议的义愤拒绝中，以及对自己独立职业状态骄傲的宣言中，丽娜可以被看作是一众萧伯纳剧中女英雄的强硬代言人——无疑也是许多爱德华时代晚期拥有"自由灵魂"（借鉴萧伯纳的说法）[17]的女性的代言人：

　　　　噢，你的约翰尼还有他的婚姻。他会好好待我。他会给我一个　298
家，一个地位。他说我必须明白我现在的地位并不适合一个好女
人。竟跟我丽娜·申泽帕诺斯卡，说这样的话！我是个诚实的女
人：我自己赚钱养活自己。我是一个自由的女人：我住在我自己的
房子里。我是这世界上的一个女人：我有上万个朋友；每晚都有一
群又一群的人为我欢呼鼓掌……我强壮，我技巧出众，我勇敢，我
独立，我不受束缚……而这个英国人！这个亚麻布商！他胆敢叫我
来跟他一起住在这个兔子窝里、从他手里讨面包、向他要零花钱、

穿柔软的衣服，然后当他的女人！他的妻子！

　　这就是丽娜的职业自豪感，她宣称自己宁愿屈尊降贵地成为"一名女演员或一个歌剧演员"，也不会把自己的身体和灵魂交给一个男人主宰——一个来自萧伯纳的超戏剧玩笑——缓解了他的角色的这段愤怒的声讨所制造的紧张气氛，将剧情引向其喜剧性的悬而不决的结尾。

　　第一个在台上说出丽娜台词的人是莉娜·阿什维尔，萧伯纳在自己婚礼当天写的那张轻浮的便条就是给她的。她也在 1908 年 6 月 13 日女性示威游行的队伍中，并在一个女性选举权代表团中向首相阿斯奎斯介绍了女演员公民权联盟。1910 年，当她在约克公爵剧院扮演丽娜时，她并不知道自己的专业技能会在一战期间得到皇室的认可，并获得一枚大英帝国勋章。莉娜也将在出演了《错姻缘》以后的那些岁月中，在萧伯纳的私生活里扮演重要的角色，包括当萧伯纳从 1912 年 6 月开始与帕特里克·坎贝尔太太发生外遇时，她给予了夏洛特极大的支持。

　　将《结婚》和《错姻缘》中情绪激昂的喜剧人物，以及对资产阶级婚姻批判性的探索看作与萧伯纳的个人感情有很直接的联系是错误的。但在读这些剧作或者观看这些剧作的演出时，不想起萧伯纳在《十六张自画像》中的声明，也同样是不可能的："如果一个人是一个深刻的作家，那么他所有的作品都是自白。"[18] 这些剧作对于婚姻的处理，似乎在某些方面逆转了他早期小说《不合理的姻缘》里的主题。不过，从自传性的角度来讲，爱德华时代的这些剧作有着萧伯纳以第一手经验来写作的优势。更有甚者，它们确实暗示着萧伯纳——一个无拘无束的剧作家以及（到当时已经是）一个出名的公众人物——对那种丽娜·申泽帕诺斯卡所鄙视的资产阶级婚姻"兔子窝"的某种潜在不安。

299　　《结婚》的对话中包含了一大段关于自由的冗长陈述，这些自由通常都被剧作标题里的这个主体剥夺：科林斯先生之前的友谊；乔治太太的非法外遇及其以"充满激情的匿名女子"的笔名与主教的书信往来（让人想到艾丽卡·科特利尔与萧伯纳的书信往来）；利奥·布里吉诺斯渴望重婚，从而便能与她的现任丈夫雷金纳德以及她令人振奋的新追求者霍奇基斯一同享受生活；还有莉丝比亚心中的与将军"拳击手"布里吉诺斯的理想婚姻——他们应该有各自的房子，如此一来她就不用忍受他那令人厌恶的雪茄和一系列的坏毛病。莉丝比亚（Lesbia，类似Lesbian，意为女同性恋——译者注）的名字，也低调地暗示了异性恋一夫一妻婚姻范例之外，存在另一种人类性爱关系的可能性，萧伯纳在结识双性恋者凯特·索尔特以后就很熟悉这种关系了。剧作并没有对女同性恋有过多的涉及，不过这位十分独立的女子名所带有的暗示，几乎不可能被爱德华时代的观众忽视。

当科林斯先生被请去为失败的婚前协议草案起草一个合理的范本时，他这个蔬果商贩出具了一张详尽的清单，列举了都有哪些人出于哪些原因会步入婚姻。其中包括了"有过多异性追求者的人，不得不找个办法终止这一切"。鉴于萧伯纳婚前被众多女子追求的历史，这一滑稽的瞬间便增添了一丝很明显的自传色彩。

在某种程度上讲，萧伯纳的婚姻确实为其提供了一所庇护性的城堡，一个浪荡子的避难所，对女性倾慕者以及他自身的行为都有一定程度的限制。例如艾丽卡·科特利尔的这段经历，在紧急情况下，城堡的吊桥可以被升起来，把侵入者和围攻者隔离在外。这个城堡也为萧伯纳提供了一个有条不紊的场所，让他可以维持其包含创作、通信，以及作为一名公共知识分子和辩论者的活动的非凡体系。不过，正如他在爱德华时代晚期的剧作中所暗示的，这座城堡同时也是一座监狱。这些剧作反映出了对于男人和女人解放的强烈诉求——尤其是对一个特别的男人的解放。萧伯纳灵魂中有一部分，就像丽娜·申泽帕诺斯卡的一样，是属于令人振奋的娱乐业以及随之而来的公众赞誉的。就像他在与夏洛特新婚之后不久，在卢西塔尼亚号汽轮上写给比阿特丽丝·韦伯的一封信中所说的，他的天性中有着戏谑的一面；在 1899 年的这次航行中，他和当时也在船上的，比阿特丽丝的姐姐玛姬，组成了"恶棍共济会，成员是两个游民"[19]。他在提及斯黛拉·坎贝尔时，也曾用到相同的词"恶棍般的"[20]，她是继艾丽卡·科特利尔之后，这个家庭城堡的又一名 *300* 更为成功的围攻者。

∞————✦————∞

萧伯纳的关于女人"其实真的只是穿着衬裙的男人",一个在他看来与男人完全相同的两条腿同伴的这一公开看法,并没有在他诸多的女性代表身上得到印证,无论是在现实生活中还是在剧作里。[21] 他认为有些女人——比如"拥有智慧心灵的"的埃伦·特里——对人和情感关系有着一种独特的直觉性的智慧。他剧作中的有些女人确实符合"穿衬裙的男人"这一概念。《浪荡子》(1893)中,易卜生俱乐部的女性成员穿着诺福克花呢夹克和马裤(搭配可拆卸的裙装或是单穿),大步流星地行走,自己卷香烟,并且严格地坚持着性别上无差别对待的态度。薇薇·华伦,这位《华伦太太的职业》(1894)中22岁的数学专业毕业生,在握手时"坚定有力",总是使对方的手暂时变得麻木。在搬家具时她也不接受男士的帮助,总的来说拒绝一切往常"具有骑士风度"的礼仪,她最后出现时,是在伦敦一家经营精算业务的办公室里工作,在19世纪90年代这被看作是男人的世界,正如《浪荡子》中新女人的生动榜样一样,她也吸了一支香烟。萧伯纳剧作中,反抗传统女性行为守则观念的主要人物,包括芭芭拉少校、丽娜·申泽帕诺斯卡,还有圣女贞德。

不过,"穿着衬裙的男人"这一程式仅涵盖了萧伯纳剧作中很小一部分的女性角色的塑造。从某些方面来说,他对于女性的个人态度反映了圣母/魔鬼的二元性,这是维多利亚时代文学艺术对女性形象的呈现所具有的特征,尼娜·奥尔巴赫的《女人与魔鬼:一个维多利亚时代神话的生活》研究的正是这样的主题。奥尔巴赫认为在占据主导地位的维多利亚时代神话艺术中,女性是家庭纯洁的中心、男人充满爱意的附属,以及考文垂·帕特莫尔歌颂婚姻爱情的有名组诗中那位"房子里的天使",但是还有一系列与之平行的神话,是关于她的庄严权力以及与魔鬼的联系。纠缠着维多利亚时代想象力的女性概念,是最强大的女王("众人皆须臣服于她")[22]、蛇、吸血鬼、具有毁灭性的美人鱼,还有魔鬼这一系列概念的交替。维多利亚时代的流行和高雅文化中对女性的呈现,正如奥尔巴赫所说,"天使可以悄无声息地转变为一个恶魔"[23]。

即使他对于女性的看法很先进，并毫不动摇地支持女性在政治背景下的解放，同时他的剧作中对于不同类型的新女性也有着频繁的体现，301 萧伯纳对于女性的观点也总是反映出维多利亚时代的那种二元性，虽然这种魔鬼的对立面大多是以喜剧的形式呈现出来的。坎迪达，同名剧作中的女主角，是时而出现在萧伯纳作品中的二元女性形象的完美范例。她的名字，暗示着天真与纯洁。她一方面以一名安详宁静的母亲形象出现，与布景中提香的圣母画像强烈呼应。但是坎迪达同时，如萧伯纳所说，也"像西格弗里德一样无情"，她把自己的丈夫当作幼儿来对待——她对他有着绝对的控制力——同时还喜欢卖弄风情。萧伯纳模棱两可地描述女性特性的另一个例子，是《伤心之家》中的赫西俄涅，绍特非船长的"恶魔女儿"（人们在剧中就是这么称呼她们的）之一；她呈现一种家里的天使与具有破坏性的轻浮荡妇的双重形象。她的姐姐，阿里阿德涅，也同样是玩弄和摧毁男性感情的人物。

在爱德华时代的剧作《结婚》中，萧伯纳让霍奇基斯这个人物在谴责能通灵的、极具性吸引力的乔治太太时，相当全面地列举了魔女的类型。她是"一个鸟身女妖、是塞壬、是人鱼、是吸血鬼"。这个夸张的列表立刻被乔治太太本人颠覆。当霍奇基斯开始称她为"致命的女人——如果你真的是女人而不是一个穿着人皮的魔鬼"时，她打断他，问道："这是从书里读到的吗？或者这是你社交时一贯的东拉西扯？"这段对话显示出萧伯纳清楚地意识到了维多利亚时代对女性的妖魔化，以及男人的对此故作姿态，是多么的荒谬和虚伪。不过，他所描绘的女性形象的险恶一面，绝不总是在欢笑中结束。

两种新形式的影响——戏剧作品和个人经验——在爱德华时代和乔治时代早期开始作用于萧伯纳对女性的想法。在 20 世纪初期，萧伯纳接触到了奥古斯特·斯特林堡和安东·契诃夫的作品。他深深钦佩这两位剧作家的作品，在他们在英国获得广泛认可之前，成了他们的拥护者和倡议者。

1905 年，萧伯纳读了一本斯特林堡的剧作《父亲》的译作，[24]其中劳拉，标题中这位"父亲"的妻子，被描绘为以慈爱的"第二位母亲"的身份进入了她丈夫的生活。但是在这个过程中，她也折磨着他，将他弱化为了无能的孩童，在他临终时，她以慈母般的关爱看着他被护士绑在束身衣里。1912 年，舞台社在伦敦演出了斯特林堡的《债主》，萧伯纳将其描述为"一部可怕的剧作，斯特林堡在其中为《玩偶之家》向男性实施了报复"，因为这部作品中"男人是家庭生活的受害者，而女人则是暴君和灵魂的摧毁者"。[25]在一封写给朋友的信中，斯特林堡提及《债主》中母亲似的妻子泰卡时写道："你会发现这个吸血鬼般的妻子迷人、自负、寄生虫一般……充满爱意（同时对两个男人）、温柔、拥有错误的母性，总的来说，就是我眼中女人的样子！"[26]

1908 年 7 月，一次由萧伯纳的瑞典译者雨果·瓦伦丁安排的旅行中，萧伯纳和夏洛特在斯德哥尔摩见到了斯特林堡（萧伯纳称其为"易卜生的双胞胎巨匠"）。[27]在斯特林堡的陪同下，他们在剧作家的私密剧院观看了一场《朱丽小姐》的特别演出。两人对该剧留下了很深刻的印象，后来萧伯纳的姐姐露西和莫里斯·埃尔维合译了这部剧作。[28]萧伯纳夫妇与斯特林堡一段以几种语言进行的激烈对话突然中止了，据萧伯纳所说，因为当时这位过分忧虑自己健康的剧作家掏出他的表并说道："Um zwei Uhr werde ich krank sein!"（两点钟的时候我会生病！）[29]萧伯纳对这次会面夸张而奇特的结束方式的生动描述，使得他后来写给斯特林堡的那些和善、友好的信件黯然失色，他写这些信的目的是试图让这位瑞典剧作家的作品在英国更加广为人知。而从萧伯纳的创作角度来看，也许比私人会面和通信更为重要的，是他在斯特林堡的剧作中所发现的一系列迷人却又邪恶、暴虐的，强有力的女性形象。萧伯纳并没有这位灵魂饱受困扰的、有着"海蓝宝石一般眼睛的"[30]瑞典天才的那种对于女性的厌恶。不过，当萧伯纳在剧作中塑造女性角色时，他的想象明显有着与斯特林堡相类似的轨迹，尤其是在《伤心之家》中。

萧伯纳从来没有见过死于 1904 年的契诃夫，但是契诃夫的作品给萧伯纳留下了极深的印象，广为人知的是，萧伯纳在 1916 年对 H. G. 威尔斯说的话："我们在英国写的所有东西，跟契诃夫和其他［俄罗斯］人比起来就像是木屑一般。"[31] 当 1911 年 5 月 28 日舞台社制作的《樱桃园》上演时，萧伯纳宣称自己非常愤怒，因为"契诃夫［樱桃园］这样的一部绝妙好剧居然会被观众嘘"[32]，萧伯纳在这里运用了拼写这位俄国作家名字的众多方式之一，Tchekoff。契诃夫的剧作所呈现的女性形象，如斯特林堡的《父亲》和《债主》一样，符合维多利亚时代那种天使 - 魔鬼的模式。其中尤为突出的，是《万尼亚舅舅》中叶莲娜这个角色，由于萧伯纳的力劝，舞台社 1914 年在伦敦演出了这部剧作。极度迷人的叶莲娜——易怒的老教授谢列勃里亚科夫的年轻妻子，一个让男性陶醉和爱慕的对象——被万尼亚舅舅和阿斯特洛夫医生无望地追求着。她的继女告诉她"你肯定是一个女巫"，而阿斯特洛夫则将她形容为"一个迷人的猛禽"。彻底被她迷住的阿斯特洛夫说："我在这里，吞噬我吧。" 303

这些戏剧世界中的天使 - 恶魔人物在现实生活中的对应，大概就是帕特里克·坎贝尔太太了，一个迷人、出众、充满母性且举止轻浮的女子，她将会把萧伯纳迷得神魂颠倒，就像叶莲娜对阿斯特洛夫医生和万尼亚舅舅所做的那样。

一句来自舞台下方的"让女性投票"的呼喊，是萧伯纳 1909 年的独幕剧《剪报》所收获的第一声反响，剧中包含了他对于女性选举权的最为直接的戏剧化处理。这部剧作是女性选举运动的一部分，萧伯纳创作该剧就是为了在宫廷剧院上演，用以支持女性选举权伦敦社团；次年，该剧又与西塞莉·汉密尔顿和克里斯托弗·圣约翰支持女性选举权的剧作《选举是如何赢的》一同在金斯威剧院上演。伯莎·纽科姆，肖像画家以及 19 世纪 90 年代遭到萧伯纳拒绝的追求者（一直未婚），被任命负责宫廷剧院演出的相关事宜。[33]

《剪报》开篇一个穿异性服装的诙谐情节——与《错姻缘》中波兰

杂技演员丽娜·申泽帕诺斯卡穿异性服装那一幕正好相反——是剧中一系列与性别刻板印象有关的有趣冲突的序曲。性格狂暴的将军米奇纳——故事就发生在他位于英国陆军总部的办公室里——他从不符合士兵规范且不称职的勤务兵[34]那里听说，一个女性选举权论者机智地将自己用锁链锁在了大楼外的门刮板（一个固定在门上的金属板，用于刮掉鞋上的污垢）上，这是一个在整体清理锁链可以穿过的设施时容易被忽略的物件。她带着一封首相巴尔斯奎斯先生写的信，指示米奇纳立刻用信封中装着的钥匙释放她，并领她到他的办公室来。

这个"女人"让将军惊慌失措，且在到了他的办公室以后，不顾劝阻地开始脱衣服，露出了一条"时髦的裤子"。将军抗议了这样的行为，在他刚说到"即使是首相写的信，你也不能"时，这个"女人"又脱去了一层外套，并说道："我亲爱的米奇纳，我就是首相呀。"站在他面前的这个人，原来就是巴尔斯奎斯——鲍尔弗和阿斯奎斯的组合，这两个人在爱德华时代都当过英国首相——他解释道，唯一一个安全穿过街上那些抗议的女性选举权论者，并抵达米奇纳办公室的方法，就是自己也假扮成她们中的一个。赫伯特·阿斯奎斯，这位现实生活中的首相，特别不受女性选举权论者的欢迎，因为他强烈地反对她们为之奋斗的目标。

萧伯纳在这部剧中的策略是不包含任何一名真正的女性选举权论者，而是两个极具讽刺意味的反对女性选举权的女子，科林西亚·范肖夫人和班格太太。科林西亚夫人，一个受过高等教育的女顾问，自诩为女性气质的典范，形容自己是"在世的顶级的女高音"并认为女性选举权运动"是由寒酸女人所主导的"。她向将军解释说，自己是"那种生来就是要通过男人来统治世界的女人之一"。她认可萨利克继承法，这个法典禁止女性登上王位，她的理由是当女人坐在王位上时，国家实际是由男人来统治的，因此被统治得很糟糕，"而当一个男人坐在王位上时，国家是由女人统治着的，因此统治得很好"。这个新西兰女人获得了投票的权利，但结果是什么呢？她煞有介事地质疑道，就像哈利·利姆在电影《黑狱亡魂》中询问瑞士的态度那样："从来没有诗人把新西兰女人看作他的女主人公。他还不如对着新西兰羊肉抒情。"剧中，科林西亚夫人还曾拔枪威胁过米奇纳，说如果他敢动的话就开枪，这让人联想到伊丽莎白·罗宾斯曾威胁萧伯纳，说他要是敢在一篇给报社的文章中写任何未得到她认可的关于她的话，她就会射杀他。

　　米奇纳将军办公室里另一位极其不同的反女性选举权论者，是令人害怕的"穿着衬裙的男人"班格太太，舞台指导中对她的描述是"一个 40 岁的具有阳刚气的女人，声音洪亮，力气很大"。班格太太是更为激进的反女性选举权论者，她想"解开（她）碍事的裙子"带着自己值得信赖的马刀，然后领导一场反对女性选举权的战役。她吓坏了勤务兵（他拒绝执行将军下达的让他把她带出办公室的命令，因为他怕自己在体力交锋中输给她），此外她的理论也令将军震惊，"历史上所有真正强大的男人"，包括俾斯麦，"都是乔装的女人"。而女性选举权的问题，在班格太太看来，需要通过"血与铁来解决"。通过呈现班格太太这个极具男子气质的女人，萧伯纳反过来将了那些讽刺女性选举权运动的人一军，他们对女性选举权论者的描述，通常男性化得极不自然。

　　米奇纳将军被这两个可怕的反女性选举权论者吓坏了，以至于他也转而支持女性选举权运动，此后他向自己精明、脚踏实地的爱尔兰女佣法雷尔太太求了婚。通过制造反女性选举权论者的笑柄，萧伯纳对女性选举权所做的贡献，比起他创作一些真正的女性解放例子，很可能要大得多。此外，他也在这部舞台价值长盛不衰的时事作品中，为女演员们创造了一系列非常有吸引力的角色。 *305*

　　《剪报》的写作始于一次穿越阿尔及利亚和突尼斯的摩托车旅行，萧伯纳 1909 年 3 月 16 日和夏洛特的姐姐玛丽·乔姆利一起展开了这段旅行。创作类似《剪报》这样的短篇作品，成了萧伯纳在 1909 年里的日常惯例：就像燃放烟花一样，《布兰科·波士纳现身记》《现实一瞥》《剪报》，以及《迷人的弃儿》一部紧接着另一部出现。这是萧伯纳生命中充满了重大事件的一年，他对于女性选举权运动的支持，是一场范围更广的战役的一部分，旨在对抗当时禁锢的政治和社会保守主义。

从北非回来以后，萧伯纳投入了对抗英国审查制度的斗争。5月，《布兰科·波士纳现身记》没能获得许可，因此有了这一年晚些时候该剧在都柏林颇具蔑视意味的演出。6月，宫务大臣又拒绝给《剪报》颁发许可，理由是其中有暗示"名人的表述"。剧中首相的名字确实是鲍尔弗和阿斯奎斯的组合，但是萧伯纳后来解释说这个着墨十分委婉的角色，其实是有其好理由的，"这两个政治家，即便以自然规律来说也不可能兼而有之"[35]。一个更为严重的问题是，米奇纳不仅仅是基奇纳——夏洛特多年前曾在埃及与他共进午餐，很快他将成为第一次世界大战中一个重要的领袖人物——的一个讽刺肖像，同时也是一个"与高层有着更多联系的司令官"[36]的讽刺肖像，这位司令官是最后一位剑桥公爵，维多利亚女王的表亲，他长期以来一直带头反对军队的现代化。真相很有可能是，萧伯纳触及了英国审查者的神经，他们自然很愿意找各种理由来给他添堵。剧作第一次演出时，角色名字被改成了伯恩斯将军和约翰逊先生，从而解决了暗指真实人物这一问题，这样的伪装并没有难倒1909年7月9日到12日之间前来观看非公开演出的特邀观众们。

1909年7月，萧伯纳带着一篇长达11000字的提案，出庭了一个调查审查制度的联合特选委员会，委员会的主席是赫伯特·塞缪尔阁下。萧伯纳的提案被拒了，审查制度也丝毫没有发生变化。"被拒绝的提案"随之被纳入了《布兰科·波士纳现身记》的前言中。8月，萧伯纳又开始了摩托车旅行，这一次是去爱尔兰，在这里夏洛特和她的姐姐亲身见证了《布兰科·波士纳现身记》的成功上演；萧伯纳在凯里环的帕克南希拉收到了格雷戈里夫人报告胜利的消息。1909年剩下的时间里，他的主要活动包括完成《错姻缘》以及和哈利·格兰维尔－巴克尔一起进行的建立一个国家剧院的倡议。尽管这一年是成果丰硕的，但萧伯纳与爱德华时代的剧评家以及审查制度还有一个账要算。1910年8月在格雷戈里夫人的库勒园小住时，他开始创作《范妮的第一场戏》，这部作品将会成为这场战役中最主要的讽刺武器。

评论家登场，舞台右侧

在达到了他作为一名剧作家的声望巅峰，并刚刚获得了诺贝尔文学奖以后，1926 年，萧伯纳针对他的剧作在 20 世纪头几年里，与其他国家相比，在英国评论界所得到的反响，做了一个揶揄式的回顾。他的德国译者西格弗里德·特里比奇让他在德国出了名，他在美洲和中欧也很受好评。但是，英国评论家们却依然不确信他适合当一个剧作家。针对爱德华时代他在英国的这一反常情况，萧伯纳写道：

> 我发现自己目前在德语国家被看作是一个成功并受尊敬的剧作家，但英国的评论家们却一直在辛苦地解释我的剧作不是剧作，并以最温和的态度催促我停止这徒劳的努力，不要试图进入一个我天生不适合的职业。在 19 世纪的最后 10 年，作为一名剧作家，我从美国和中欧得到了十分丰厚的收入。在 1905 年之前，仅靠在伦敦的戏剧收入的话，我是不可能生活的。[1]

在写这段话很久之前，萧伯纳就已经通过他的喜剧《范妮的第一场戏》向 20 世纪初的英国评论界施以了报复，他于 1911 年 3 月完成了这部剧作。萧伯纳在一个简短的前言中说这部作品是为了"赚快钱写的"。在某些方面，该剧可以被看作是对《错姻缘》中一些主题的改写，剧中的女主人公，玛格丽特·诺克斯——就像海巴夏·塔尔顿和丽娜·申泽帕诺斯卡一样——反对爱德华时代的核心家庭和爱德华式家庭的"兔子窝"。"我从这个愚蠢的小破房子和其所有的虚伪中解脱出来了。我得到了力量，无论好坏，我都自由了。"玛格丽特·诺克斯向她长期受苦的母亲宣布。尽管萧伯纳也许仅仅把这部剧设想为一部为了赚快钱而粗制滥造的作品，但从其首演期的长度来看，这是他职业生涯中最成功的一

部作品。由萧伯纳亲自担任导演，1911 年 4 月 19 日在伦敦阿德尔菲的小剧院首次演出以后，该剧继续上演了 622 场。作为一个玩笑，同时也是为了让观众们猜测作者的身份——这给剧作的收场白提供了许多可供讽刺的材料——1911 年这部作品以匿名的形式上演，但作者的真实身份很快就被揭晓了。

　　《范妮的第一场戏》是一个关于年轻人反抗父母以及中产阶级枯燥乏味的家庭生活的生动喜剧。萧伯纳用"开场白"和"收场白"为这场戏增添趣味，在收场白中他并无恶意地呈现了几位爱德华时代剧评家的滑稽肖像，这些剧评家，按照萧伯纳 1926 年的声明来看，一直在"辛苦地解释我的剧作不是剧作"。这四位受邀上台对《范妮的第一场戏》大放厥词并试图猜测作者身份的评论家分别叫特罗特、沃恩、冈恩以及弗洛纳·班纳。前三个滑稽肖像的原型分别是《泰晤士报》的阿瑟·宾厄姆·沃克利，萧伯纳在《人与超人》中的书信体献词就是写给他的，同时此人也是他在《星》的前同事；《每日新闻》的爱德华·A.鲍恩，他曾经称萧伯纳是"一个了无生气的理想主义者"[2]；还有吉尔伯特·坎南，《星》的前评论家。第四个评论家，弗洛纳·班纳，是各种流行出版物写手的复合肖像，从中也可能瞥见克莱门特·斯科特的身影，萧伯纳称他为"《每日电讯报》的一位感伤主义者"[3]。当《戏剧画刊》在《范妮的第一场戏》的上演过程中为其发行了一期特刊时，萧伯纳趁机给画刊编辑写了一封信，署名"弗洛纳·班纳"。在这封信中，

"弗洛纳"介绍自己是极具影响力的《清晨好事者》的作者，而作为普通人的代表，以及作为一名"简单直接、开门见山的英国人"，他在评论一部剧作时，他坚定的原则就是，"不论有多隐晦"，永远不要提出自己独到的见解。[4]

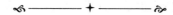

《范妮的第一场戏》的框架和主要情节都是围绕父母误以为了解子女——或者对子女的期望——以及子女真正的行为和观点间那些滑稽又痛苦的鸿沟。故事设置在一个老式的乡村房子里，房子的主人是一个爱尔兰的唯美主义者，奥多达伯爵，"一个端庄的50岁男子，穿着优雅考究的、过时了一百年的衣服"。由于鄙视现代社会的丑陋和庸俗，他将自己彻底与现代社会——对他来说就是18世纪以后的世界——隔绝开来，并用他称为"美妙的现实"来包围自己。他主要居住在威尼斯，他迷人的女儿范妮则正在剑桥大学完成自己的学业，奥多达认为剑桥大学是最有可能还存有"18世纪氛围的地方"。作为给女儿的生日礼物，他安排让她的新剧作在家里进行一次专业的私演，并请来了伦敦主要的评论家。他设想这部剧将是一出穿着优美服饰的滑稽表演，"就像一幅华托画的路易十四的芭蕾舞剧一样"。

　　在许多方面，这个50岁的爱尔兰伯爵都与其54岁的爱尔兰作者相差甚远。萧伯纳自然是不喜欢这种逃避现实的对于文化和艺术的崇拜，就像伯爵所表现出的那样，萧伯纳是变化与进步的先驱和欢迎者。但是奥多达伯爵身上还是可以瞥见一些萧伯纳自己的观点。萧伯纳复杂的人格自我中确实有着某种18世纪的形象，尤其是他对于自己文字运用方式的看法，以及他的爱尔兰人身份。在1907年《英国佬的另一个岛》的前言中，他写道："我出生于爱尔兰，因此……我的母语是斯威夫特的那种英语，而不是19世纪伦敦报纸里那种糟糕的行话。"[5] 在1919年给费边社做的一场演讲中，萧伯纳说学生时代他学习历史的优势之一，就是生于爱尔兰"就等于是出生于17世纪；也就是说，我父亲的房子，

309

从客厅桌子上的烛花剪到院子里的卫生状况都与塞缪尔·皮普斯所住的那种房子如出一辙"。此外，他还告诉费边社的听众，19 世纪以前的生活方式也是有好处的，如果去爱尔兰的话还能有机会看到："如果你从这里去爱尔兰的话，你就会回到一种 17、18 世纪的氛围中去。你会发现一种不寻常的悠闲生活。这是一个活得悠闲死得也悠闲的国家，有些时候回归到这样的氛围之中是一件很健康的事。人们因为贫穷，也不指望彼此会变得富裕，他们有大把的时间去思考和交谈。"[6]

如果说伯爵可以被看作是萧伯纳观点和身份中某一特定方面的滑稽伪装——譬如说，他带有 18 世纪气质的自我——那么叛逆的范妮和她的剧就更与这位前瞻性的革命剧作家、社会批评家，以及 20 世纪的新时代男人相一致了。

不为范妮的父亲所知的是，范妮在剑桥所享受的并不是"18 世纪的氛围"，而是成了大学费边社的一名成员，其座右铭则是关于冒险的重要性（"生活的冰面很滑"）。在自己的戏上演之前，范妮把其座右铭引述给了困惑不解的老派评论家特罗特先生听。范妮同时也成了一名女性选举权论者。她剧作中的故事发生在伦敦郊区两户受人尊敬的中产阶级家庭中，即吉尔比一家和诺克斯一家。这两家的家长十分心烦意乱，他们的生活被搞得乱作一团，因为长大了的孩子们彻底反对他们的价值观念和想法。这两对父母都发现各自的孩子，波比和玛格丽特，分别在去伦敦狂欢时被控醉酒和袭警，从而被关进监狱两个星期。

范妮的戏中巧妙的情节——快速发展的情节、许多心血来潮的偶发事件和人物一时冲动的行为，体现着青春的活力粉碎了顽固守旧的时代禁锢——就是萧伯纳对爱德华时代的那些针对他的评论家的幽默回应：这部剧作包含了许多他们坚称的萧伯纳的剧作中所缺少的成分。不过，在该剧的"开场白"和"收场白"中，萧伯纳给出了针对他早期的那些评论家的最辛辣和有趣的还击。

这些当代评论家的漫画式形象中，第一个对戏剧发表自己看法的是特罗特先生（也就是 A. B. 沃克利），他在范妮的戏开幕前，与她有一段谈话。在这段谈话中，他谴责了伦敦上演的某些戏剧，他惭愧地说作者其实是他的一个朋友（很显然指的是萧伯纳），这位朋友将这些剧叫作"对话、讨论一类的，同时避免对探讨的对象做评论"，但是特罗特则宣称这些剧作"并不是戏剧。对话，如果你愿意的话。或者人格的展示，尤其是作者的人格。小说，可能吧，尽管比起介绍真实的人稍显含蓄，但是那样会侵犯私生活之神圣性，因此也许不算不适当的。但绝不是戏剧，不，我说不是。不是戏剧"。在特罗特看来，戏剧的定义"准确而科学地在2260年以前"就已经确立了，是由"不朽的斯塔利亚人"亚里士多德制定的。特罗特先生认识的那位作者在伦敦舞台上演出的那些新作品，从定义来看不是戏剧，因为它们并不符合亚里士多德的定义。

　　在范妮精彩的戏剧演出结束后，这四位评论家，"无聊而疲惫"，开始陷入作者身份的争执之中。班纳先生，一位流行报刊的供稿人，愤慨地说："你不会指望我对一部连作者是谁我都不知道的剧做评论吧？"冈恩先生说，既然这场戏剧是"一个腐朽的老式家庭情节剧"，并带着一丝"萧伯纳那种陈旧的风格"，那作者一定就是格兰维尔-巴克尔了。沃恩先生认为作者是皮尼洛，而班纳先生则鲁莽地提出作者应该是萧伯纳，但这一想法立刻被另外几位给否定了，因为这部戏有"些许激情在其中"，而"萧伯纳从生理上就是不可能有任何激情的成分"。班纳先生也记起了关于萧伯纳的这一正确看法，说道："是，我知道……很聪明，在我看来；但却铁石心肠。"

　　爱德华时代关于萧伯纳的那些不断重复的评论，说他的剧作并不是　　*311*
真正的戏剧，其实一部分来讲是萧伯纳自己怂恿的。他厌恶极了维多利亚时代那种单调保守、情节机械的佳构剧和情节剧，因此他有时会特意地让自己的作品看上去似乎完全与情节无关。萧伯纳起草的一篇发表于1895年的，关于《坎迪达》的自我访谈片段，如下所示（由幽灵"采访者"开始发问）：

情节呢？

如果我告诉你情节的话，你会觉得这是你听过的最无聊的事。一个牧师和他的妻子——坎迪达，也就是女主人公的故事。

那谁是作品中的坏人呢？

我从来不谈及邪恶。我写过的最接近坏人的就是一个名不见经传的诗人，他爱上了女主人公。

啊！然后呢？

有一些对话。没别的了。

除了这个什么都没有吗？

没有了。但是这些对话可非常精彩啊！ [7]

G. 威尔逊·奈特评价萧伯纳式的幽默时说，萧伯纳在谈到他自己的剧作时，有时似乎是在"自取灭亡"[8]。事实上，萧伯纳戏剧中的"对话"，包括《坎迪达》，通常很明显可以被定义为戏剧行动，因为这些对话大体都对人物关系的发展和他们的命运产生了重大的影响。尽管萧伯纳的戏剧，和契诃夫的一样，有些时候是开放式的结局或者结局显得很模棱两可，但是这些作品不会展示出叙事上的完全停滞，比如像贝克特的《等待戈多》中那样。萧伯纳的戏剧，一方面是相对静止的对话，另一方面是更具活力的交谈、突发事件以及与结局直接相关的戏剧性叙事，这两个方面在其不同作品中的平衡相差极大。即使是在爱德华时代这种极大的差异也是存在的，混合了有趣的哑剧和情节丰富的历史戏剧的《安德洛克勒斯与狮子》，以及更侧重对话的诸如《结婚》一类的作品之间就存在着上述差异，萧伯纳直接为后者立了一个富有挑衅意味的副标题《一部探讨剧》。

312　　麦克斯·比尔博姆，萧伯纳在《星期六评论》的继位者，是爱德华时代第一批说萧伯纳的剧不是真正戏剧的评论家之一。不过，有意思的是，当比尔博姆看了同一部剧的演出之后，他改变了自己的观点。在读了萧伯纳的《人与超人：一部喜剧和一部哲学》的文本后，比尔博姆写了一篇关于这部作品的文章，发表于 1903 年 9 月的《星期六评论》中，标题为《萧伯纳先生的新对话》。无论是在标题的措辞上还是文章的某些问句上，比尔博姆都为萧伯纳 8 年后创作的《范妮的第一场戏》中特罗特先生的那段我们之前引用的言辞提供了核心素材。"这个特殊的文章，"关于《人与超人》比尔博姆 1903 年这样写道，"当然根本不能算是戏剧。它'和戏剧一样好'——好得多得多……比之前我所读到过的或者观看过的戏剧都要好。但这部作品不是戏剧。"[9]

在后来几篇关于萧伯纳爱德华时代剧作演出的评论中，比尔博姆"缓和"（他这样形容）了自己对于萧伯纳作为一名剧作家的大致观点。在 1905 年，他明确地撤回了他关于《人与超人》所说的话："当我看到了这部戏的演出时，我决定绝不再犯错了。我发现它在剧场中呈现时，它是完美的。"[10] 比尔博姆对萧伯纳戏剧看法的转变始于 1904 年，在他观看了《英国佬的另一个岛》之后。在一篇发表于 1904 年 11 月的关于该剧的评论中，他毫不客气地在"那些一贯的鹦鹉学舌的言论：'不是一部戏剧'"面前为萧伯纳辩护，同时他还谈到了萧伯纳从容自如的戏剧技巧："萧伯纳先生以最最自然的方式来展开剧中的'关键场景'，让他的角色断断续续地出现，他在舞台上同时处理一系列的角色，却显得游刃有余。"[11] 但是，直到在 1905 年的一篇更长的文章中，比尔博姆才完全撤回了他早前对于萧伯纳的评价。一段出自他写给《星期六评论》的名为《萧伯纳先生的立场》的文章中的话，值得详尽地在此引述，因为他在其中总结了爱德华时代关于萧伯纳的种种评价，并做出了有力的反驳：

　　萧伯纳先生，大家都坚称他无法描绘生活，只会扭曲生活。他对于人类的本性没有任何认知，他只不过是一个理论家。他所有的角色只不过是他自己的诸多化身。尤其是，他写不了戏剧。他没有戏剧的直觉，没有戏剧技巧。这些反对意见总是被高傲的评论家们断然重申（常常不乏才智与创新），而真相一直就在他们面前：萧伯纳先生在《芭芭拉少校》中所创造的两个人物——芭芭拉和她的父亲——他们鲜活且富有强烈的生命力；一系列次要角色都来自对生活的准确观察（尽管其中有些角色被有意地夸大了）；而有一幕——第二幕——的巧妙、严谨的编排，可以媲美任何传统剧作家最高水准的技巧，其中层层递进的感染力，没有任何在世的剧作家能企及。所有这些事实摆在面前，他们依然坚称萧伯纳先生不是一名剧作家。[12]

在这段话中，关于萧伯纳戏剧的主要战线就此拉开，不仅仅是在爱德华时代，同样也在后来关于这一主题的批评话语中。比尔博姆为这些问题提供了极好的诉求点，当你知道比尔博姆并不十分喜欢萧伯纳本人时，他对于剧作家的称赞以及对其才华的认可，就显得更加宽厚大方了。[13]

具有讽刺意味的是，按照首演的持续时间来说，萧伯纳最为成功的戏剧作品，应该是这部挖苦他的评论家的、言辞和善但又犀利的讽刺作品。通过这部作品给了爱德华时代的英格兰以及他的评论者们临别时的一击之后，萧伯纳写了《安德洛克勒斯与狮子》，并于 1912 年 11 月 25 日在德国柏林的克莱恩剧院进行了首演，于 1913 年 9 月 1 日在伦敦的圣詹姆斯剧院上演了英文版——导演是哈利·格兰维尔-巴克尔。

从许多方面来看，《安德洛克勒斯与狮子》与《范妮的第一场戏》一样是对爱德华时代萧伯纳的评论家的有效反驳，尽管没有后者那样直接。对宗教主题的严肃反映与寓言、哑剧、滑稽闹剧中的种种元素被机智地结合在一起，萧伯纳的这部作品是对描述罗马统治下基督殉难者的 19 世纪戏剧的滑稽模仿，展示出了精湛的戏剧与喜剧技巧。从开场的一幕开始，安德洛克勒斯从一只感激的狮子的爪子中得到一个皇冠，而在剧终时，同样是这位谦逊的动物爱好者插足，从一只"穷追不舍"的狮子口中拯救了罗马皇帝，欢笑与恐怖在这部剧作中仅有一线之隔。作品中充斥着斗兽场里邪恶运动的阴森恐怖，即包括仅仅是为了供罗马"酒色之徒"娱乐，就把基督徒扔进狮群，同时，作品又始终贯穿着强烈的幽默感和对滑稽情节的灵巧处理。狮子在舞台上追逐罗马皇帝这一生动的戏剧情节，几乎可以看作是萧伯纳用他的冷嘲热讽追赶着爱德华时代评论家的象征。不过，一个艺术上更大的成功即将到来。在萧伯纳职业生涯的前方，潜伏着一场危险的情事，同时还有一部将被公认为他最为杰出的作品之一的《皮格马利翁》。

第 *19* 章

一场外遇，一个死亡，以及一次胜利

在 1912 年 6 月 30 日的这个星期天，萧伯纳写信给哈利·格兰维尔-巴克尔，向他讲述自己近两次与帕特里克·坎贝尔太太的会面，其中一次，他给她读了自己的新剧作《皮格马利翁》。他说虽然自己带着"曾与许许多多这样的姑娘有过类似会面却不为所动的傲慢与自信"去赴会，但依然"彻彻底底地爱上了她——狂野而剧烈地陷入了爱恋……而我就快 56 岁了。历史上从没发生过这样荒唐，或这样令人欢欣的事。星期五我们一起待了一个小时：我们去拜访了一位爵士；我们一同乘了计程车；我们一同坐在肯辛顿广场的一个沙发上；我的年纪就像衣服一样从我身上掉下来。我已经陷入爱情近 36 个小时了；而这一切都是她的罪过，原谅她吧"。[1]

在一封写给萧伯纳的信中（没有注明时间，但邮戳是 6 月 27 日），斯黛拉——萧伯纳很快就会如此称呼这位"姑娘"——为萧伯纳给自己读了他的新剧而致谢，"也谢谢你考虑让我做你漂亮的骚货。我想知道自己是否能取悦你"[2]。此处其实是参照了《皮格马利翁》中的女主人公，满口伦敦方言的卖花女伊莉莎·杜利特尔。斯黛拉所讲的（"我想

知道我是否能够取悦你"）后来被证实既是关于萧伯纳对她的感觉，也
是关于她是否适合扮演《皮格马利翁》中的这个角色。"没有别的伊莉
莎，也不能有。"他不久后告诉她。在他写信给格兰维尔－巴克尔的同
一个星期天，他也给斯黛拉写了信，信中依旧清楚地——尽管他声称自
己已经由狂喜的顶点回到现实之中——流露着他的爱慕和陶醉："非常
感谢周五和周六你带给我的美梦。我以为自己心中已经没有了这样的感
情。我现在完全回到了现实之中，我所有的铙钹、边鼓和刺耳的粗俗言
语都在轰轰作响；但是要假装你不是一位极其美妙的女士，或者假装你
的魔咒并没有在整整 12 个小时里将我彻底迷住，就太卑鄙怯懦了。"³

　　"近 36 个小时"或"整整 12 个小时"完全不足以用来描述萧伯纳
为斯黛拉·坎贝尔的魅力所迷的时间长度。1912 年 6 月的会面和通信，
仅仅是一场外遇的序曲，这场外遇一直持续到了 1914 年 4 月，也就是
《皮格马利翁》首演的 5 天前，斯黛拉当时陡然嫁给了她的第二任丈夫，
乔治·康沃利斯－韦斯特。即使是这样，两人之间的关系也没有中断。
斯黛拉以一种独特的方式将自己嵌入了萧伯纳的脑海与心里，而他在感
情上与她的联系从未真正被切断。这是萧伯纳与女人建立的最为认真和
重要的关系之一。在 1912 年至 1914 年间，这段感情威胁到了他的婚姻，
并给夏洛特造成了深深的悲痛。

　　未来的帕特里克·坎贝尔太太，比阿特丽丝·萝丝·斯黛拉·坦
纳，1865 年 2 月 9 日出生于伦敦时髦郊区肯辛顿一所名叫森林山的房子
里，就在肯辛顿宫花园的对面，是一个英国和意大利的混血家庭。她的
父亲，约翰·坦纳⁴，在孟买遇到并娶了她的母亲玛丽亚·路易佳·焦
万娜·罗马尼尼，坦纳在这里有一座兵工厂，为印度的英国部队提供武
器。坦纳不安分的冒险精神以及他既能挣大钱也能很快挥霍一空的能
力，在他有名的女儿的身上都得到了体现。印度军队反英暴动时，他损
失了 5 万英镑，之后也没能在英国政府那里得到补偿，他回到了英国并

随后在美国经营了一些不太成功的生意。[5]

斯黛拉从小就很喜爱读书。有一次她在引用了布莱克的诗句后告诉萧伯纳，她对她所"钟爱的布莱克一无所知"[6]——不过她确实博览群书并且非常聪明。她同时也是一个很有才华的钢琴演奏者，萧伯纳在 1893 年很快地就发现了这一点；她曾在市政音乐学校学过一段时间，那里的老师希望她能成为一名职业音乐家。19 岁的时候，她未婚便怀上了当时 20 岁的帕特里克·坎贝尔的孩子，于是在没有通知父母的情况下嫁给了他。新婚之后，夫妇俩定居在伦敦，她在这里教钢琴课。她同坎贝尔生了两个孩子，一个女儿，名字也叫斯黛拉，以及一个儿子，阿兰·厄克特（"比奥"）。

在孩子们出生以后，帕特里克·坎贝尔放弃了自己在英国的工作并去了澳大利亚和南非，在这些地方，跟他在美国的岳父一样，他也做了一些不太成功的生意。由于有两个孩子要照顾，斯黛拉不得不自力更生，她渐渐开始在戏剧行业工作。在一个业余剧团和一个地方巡演公司积累了一定的经验之后，1890 年 3 月 13 日，她在阿德尔菲剧院上演的谢里登·诺尔斯的《驼背》中，迎来了自己在伦敦舞台上的首秀。她名声大振并一跃成为那个时代主要的女演员之一，是始于她在皮尼洛的《第二位坦柯芮太太》（1893）中，对悲剧角色波拉，这个"有过去的女人"的广受好评的演绎，以及在同一位剧作家的《声名狼藉的埃布史密斯太太》（1895）中对那位大胆叛逆但最终还是墨守成规的阿格尼丝的演绎。紧接着这些成功以后，在吕克昂剧院，她在约翰斯顿·福布斯-罗伯逊出演的著名莎士比亚悲剧中扮演了朱丽叶和奥菲莉亚，与他饰演的罗密欧和哈姆雷特演对手戏。

正如我们所见，萧伯纳在 1912 年夏天命中注定似的给斯黛拉读《皮格马利翁》之前，就早已经被"危险而销魂的"[7]斯黛拉·坎贝尔外在的魅力和作为一名女演员的演技给迷住了。在 1893 年时，在《第二位坦柯芮太太》里，他就称赞过她的美貌和弹奏钢琴的技巧；他嘲讽似的抱怨说台上那些"讨厌的人"用令人分心的对话打断了她对一首舒伯特作品的专家级演奏，而这对话指的就是皮尼洛的戏剧！[8]在一篇 1895

316

年 3 月写的嘲弄《声名狼藉的埃布史密斯太太》的评论中，他更加赞不绝口，他说她用迷人的表演和仪态将剧作家的影子"从台上一扫而空"："她创造了各式各样的幻象，让人想要不断地去探寻。你无法不感觉到那双令人难忘的眼睛正凝视着一段意义重大的过去，而微微张开的双唇却预示着一个令人震颤的迫在眉睫的未来，同时在所有那些不露声色的表演和悄然的语调之下，必然还有着某种神秘难解的当下。"[9]在这些评论中，已经很强烈地流露出了萧伯纳对这位迷人的斯黛拉·坎贝尔的感情。正如他在 1913 年 1 月 4 日的一封信中坦白的一样，19 世纪 90 年代的那些评论其实就是一封封含蓄的情书。他在同一封信中说（写于朗诵《皮格马利翁》的 6 个月以后），尽管那时候他不像 1913 年那样跟她"熟识亲近"，但他的爱意却不是"一件新鲜事"。"我的爱在每一行我写的关于你的文字中闪耀。"在回忆起他在《星期六评论》中写的关于她的那些"酒神赞歌"时，萧伯纳补充道。[10]

　　19 世纪 90 年代，萧伯纳曾在英国演员兼经理约翰斯顿·福布斯 - 罗伯逊的陪同下见过斯黛拉。1897 年 2 月 18 日，他给他们读了《魔鬼的门徒》，希望他们能饰演其中的角色。[11]这次会面很有可能在萧伯纳的脑海中埋下了一个想法，15 年以后，这个想法转化为了他的剧作《皮格马利翁》。萧伯纳在 1897 年 9 月 8 日写给埃伦·特里的信中提到了帕特里克·坎贝尔太太和福布斯 - 罗伯逊，他说他正在写的作品（《恺撒和克利奥佩特拉》）被另一部戏驱逐出了他的脑海："我想为他们写一出戏，其中他应该是一位伦敦西区的绅士，而她则是伦敦东区一名穿围裙的底层女子，戴着三根橘色和红色相间的鸵鸟毛。"[12]罗伯逊是"伦敦西区的绅士"，而帕特里克·坎贝尔太太则是"伦敦东区的底层女子"*。

　　这封写给埃伦·特里的信中还有另一个值得注意的预示，萧伯纳在信中把斯黛拉称作罗伯逊的"恶棍般的持花少女"。当时斯黛拉正在吕克昂剧院档期很长的《哈姆雷特》中扮演奥菲莉亚。萧伯纳显然是指奥

_317_

---

* "女子"（西班牙语，doña）。在英语中，这个词暗示社会底层的女子；根据牛津英语词典 19 世纪的一段引用，马戏团里的男人会把马戏团里的女子称作"dona"。

菲莉亚的第二场疯戏中对花朵的应用。萧伯纳给这部戏写了两篇评论，第一次，萧伯纳特别提到了斯黛拉对奥菲莉亚的有力诠释。斯黛拉的奥菲莉亚不仅仅是漂亮傻气和含糊不清的，据萧伯纳所说，她的表演让奥菲莉亚变得"真正疯狂"——令观者感到恐惧。[13] 在疯戏中，奥菲莉亚披着头发出现，在她的一首歌中，一系列下流的话语突然从角色那自始至终少女般的端庄之中喷涌而出。

可能正是斯黛拉对疯狂的奥菲莉亚的诠释，启发了萧伯纳使用"恶棍般的"这个词。同时，斯黛拉和花的联系也一直萦绕在他的脑海里。15 年之后，她将会饰演一个完全不同的"恶棍般的持花少女"，那就是满口伦敦方言的科芬园卖花女伊莉莎·杜利特尔，她将会被一个男人影响，而这个男人以喜剧的形式带有些许莎士比亚赋予哈姆雷特的那种对女人的厌恶。不论是与斯黛拉的外遇，还是斯黛拉将启发萧伯纳创作的喜剧，都像是长期休眠的种子一样，在 15 年之后才开始发芽。

在 1912 年 6 月，萧伯纳向格兰维尔－巴克尔激动地倾诉自己爱上了斯黛拉后，两人间的情事开始迅速发展。一边用她的名字来做文字游戏，一边练习自己的拉丁语，萧伯纳（在一封 7 月 3 日的信中）称她为"比阿特利奇丝玛"（"最受祝福的"）和"斯黛拉·斯黛拉若姆"（"群星之星"）。这封信主要是谈"正事"的，（为了显示完全清白）萧伯纳甚至肆无忌惮地声称要把信读给夏洛特听——"我的风流韵事是她经久不衰的消遣"[14]。过了没多久，斯黛拉写了一封回信说道，"噢心爱的人，多么动人的一封信啊"，并解释说称呼"亲爱的萧伯纳先生毫无意义——但心爱的人就表示最亲爱的，最亲爱的就表示一个男人、一个思想，还有一次交谈——比如你和你的思想还有你的演讲"。[15]

318　　萧伯纳与斯黛拉恋情如痴如醉的初始阶段，立刻就反映了在独幕喜剧《驳回》之中，他在 1912 年 7 月的头三个星期完成了这部剧作。该剧以滑稽喜剧的风格写成，与后来诺埃尔·科沃德一些作品的特色相似，《驳回》是关于两段婚姻中，丈夫和妻子都与另一对夫妇中的配偶发生恋情并很有可能发展到偷情通奸的地步。[16] 这部作品可以说有趣地反映出了，就萧伯纳而言类似恋情的不可抗拒的力量，以及其所引起的痛苦的内疚感，同时作品中很多部分都明显带有自传色彩。值得一提的是，剧中的男人比女人更受良心的折磨，萧伯纳和斯黛拉两人的情况正是如此。该剧作为一个三合一节目的一部分（另外两部作品分别来自 J. M. 巴里和阿瑟·温·皮尼洛）于 1912 年 10 月首次上演，所收获的反响并不太好——皮尼洛的剧也一样。萧伯纳事后给皮尼洛写信，开玩笑地说他们两个人都选错了职业，应该加入"商品蔬果行业"[17]。

　　尽管在这段与斯黛拉的恋情中，他的良知备受煎熬，萧伯纳在此事上却格外地不慎重，就像他婚前与女人恋爱时一样。除了格兰维尔－巴克尔、J. M. 巴里，他和斯黛拉共同的朋友伊迪丝·利特尔顿（可敬的艾尔弗雷德太太）——6 月 26 日《皮格马利翁》的朗读，她也在场——也从一开始就很清楚地知道了这段外遇。巴里，斯黛拉的另一位爱慕者，就住在阿德尔菲露台，萧伯纳夫妇的对面。在获得斯黛拉的青睐这件事上，他把自己和萧伯纳此起彼伏的运气比作玩具晴雨盒里的两个小人儿，一个出来的时候，另一个就会消失在盒子里，反之亦然。[18]

　　在 1912 年 7 月萧伯纳和斯黛拉的一系列书信往来期间，斯黛拉受了重伤，几乎算是与死亡擦肩而过，她乘坐的计程车为了躲避一辆自行车而撞上了另一辆计程车。在肯辛顿广场的家里浑身瘀青疼痛、双眼发紫、下巴肿胀地躺了一阵以后，7 月 30 日，她和朋友爱德华爵士还有史崔西夫人一起乘坐他们的劳斯莱斯前往艾克斯莱班的米拉波酒店，这是法国萨瓦区著名的水疗度假胜地。在出发的头一天晚上，她把酒店的地址寄给了萧伯纳，并附上了一首歌，她说这首歌让她想起他，她的女儿斯黛拉过去很喜欢唱：

　　　　他疯了、疯了、疯了，
　　　　他完全失去了理智，
　　　　他用草莓酱来清理鞋子，

319

　　他一有机会就吃自己的帽子，

　　他疯了、疯了、疯了——[19]

　　在回信中，萧伯纳参照"斯黛丽内塔"（他这样称呼小斯黛拉）的风格写了一首四节打油诗，演唱时要有班卓琴来伴奏，其中含有供家庭阅读时讲的笑话，内容是关于坎贝尔家孩子们对这个"傻气的老人"的看法，他们极其看重这位"傻气的老人"[20]。

　　萧伯纳当时是从巴特基辛根的卢瑟酒店（另一家位于巴伐利亚的欧洲温泉小镇酒店）写的信。他和夏洛特、玛丽·乔姆利以及司机基尔斯比一起，于7月27日，斯黛拉前往法国的3天前去欧洲大陆旅行。夏洛特和玛丽在巴特基辛根进行昂贵的理疗，萧伯纳向斯黛拉描述道："（夏洛特）在稀薄的空气中喘息，她的姐姐则在泥浆里打滚，每5次标记一换气一打滚。"同时，他则和基尔斯比一起乘德地氏汽车四处游览，途中，他们在一个与世隔绝的阿尔卑斯小镇"撞坏了一个重要部件"，并因此耽搁了行程，车也通过铁路被送到德地氏位于吕纳维尔的工厂进行修理。

　　他有足够的时间给斯黛拉写冗长、有趣和恭维的信，他告诉她，他意识到自己就像是（《人与超人》中）那个可悲的失恋的强盗兼瘸脚诗人门多萨，而门多萨钟爱的路易莎——"她是我们的厨子"。萧伯纳顺便说道——但他无法抑制自己的爱慕之情："然而，噢，斯黛拉，我亲吻你的双手并赞美生命力创造了你；因为你是一个多么美妙的人啊。"[21]斯黛拉模仿学校女教师的口气答应他："也许有一天，如果你很乖，在排练时表现很好，我会给你写一封情书的。"[22]

　　1912年9月，在事故创伤的影响下，斯黛拉的健康急转直下，只能卧床。她那一年接下来的时间里都待在肯辛顿广场的家中，1913年初，她被转移到了马里波恩欣得街12号的一所护理院里。萧伯纳定期去看望她，并照了一张她疲惫地躺在床上的照片。她衣装不整的样子让他更加注意到了这位"绝妙的白色大理石女士"（他在一封信中如此称呼她）外在的魅力。[23]在斯黛拉女儿的监督下，两人书信中的一些段落被从精简版（1952）里删除了，包括"哦，多甜美的躯体，令人想将其吻个遍"和"我赞美你的病痛，因为它让你特有的美得以显露——你比我想象的还要可爱"。[24] 在 1912 年 11 月 27 日写给斯黛拉的一封信中，萧伯纳生动地回忆了那一时刻——大概 6 个月前——当她第一次牵起   *320*他的手，使得他的手触碰了她的胸部："噢，她的乳房！现在我想起来了——玉石一般！——当她第一次拉起我的手，她晃动了一下，于是我的手就碰到了她的乳房，寡廉鲜耻的伎俩，这令我彻底兴奋了好几个小时。"用类似这样的伎俩，"玉石"让他从班扬式的朝圣之行中，从他所从事的伟大事业中分心了。"我不想要斯黛拉，"他直率地说，"我想要我的头脑，我的笔，我的舞台，我的观众，我的对手，我的使命。"[25]

事实上，即使是他与斯黛拉恋情的骚动也没能影响萧伯纳的公众生涯、他的舞台，以及他的"使命"。在写给斯黛拉的同一封信中，萧伯纳提到了一篇前言，以及一篇他正在写的文章，同时还有 1913 年 1 月 28 日将要在女王大厅进行的重大辩论，双方分别是他和他的对手希莱尔·贝洛克。这是一战前，萧伯纳与贝洛克以及 G. K. 切斯特顿所进行的一系列著名辩论中的一场。他通过这些辩论，与这两名保守派的罗马天主教对手以及他们抨击社会主义的言论做斗争。1 月 28 日的这场辩论的主题是"财产或奴隶制度"，阿诺德·本内特也出席了这场辩论，他日记中对此的记录，是见证了这一切的同时代人所留下的少数几篇回忆之一。这些令人敬畏的思想巨人之间的较量，等同于重量级拳击冠军之间的对决。（本内特也以不赞成的口吻做了类似的比较。）

讽刺的是，本内特说萧伯纳和夏洛特到达女王大厅时，"夫妻味儿"有些太过了，女王大厅当时"挤满了人，票价跟音乐会一样"：

> 座位销售一空。萧伯纳面色苍白，满头银发，直立着。他的妻子在他身旁。对于一个工作中的男人来说，这一对的夫妻味儿显得

太过了。悉尼和比阿特丽丝在他们旁边。这一对的夫妻味儿也有点
太过了。莫里斯·巴林扶着贝洛克，两个人都穿得很破旧。莫里斯
穿着宽大的棕色靴子和皱巴巴的袜子。他们如此发言：贝洛克 30
分钟，萧伯纳 30 分钟，贝洛克 20 分钟，萧伯纳 20 分钟，贝洛克
10 分钟，萧伯纳 10 分钟。直到最后 3 分钟。贝洛克的第一段发言
很不错。萧伯纳在第一段发言中给出了最高水平的发挥，不可能比
这更好了；完美的公开演讲就该如此（并非雄辩）；没有一处口误。
但这之后的辩论，给人的感觉愈发像是一场格斗表演或者杂技表

演，到了最后甚至让人有些失望，因为整件事退化成了仅仅为了比
分的争夺。不过我之前从未见过萧伯纳像当天那样情绪激动。[26]

　　小说家和评论家弗兰克·斯温纳顿也对萧伯纳作为"伦敦最好的辩
手"的骁勇做了类似的记述。斯温纳顿写道，观众们都被"他的声音和
说服力征服"，还有他那渊博的知识："他了解所有市政政策……；他知
道有关莎士比亚和戏剧的一切，因为他是一个剧作家；他知道所有的经
济学知识，空谈、易卜生、瓦格纳、社会主义、切斯特顿和贝洛克、医
生、律师、政治、责任、荒诞，以及所有其他的事。"斯温纳顿继续说，
萧伯纳奇妙的言语在打印出来作为研究对象时，确实有时会显得"充满
了空谈"。但是，他依旧是"最讨人喜欢的演说者"[27]。

　　斯黛拉对萧伯纳参与的公共辩论、社会问题，还有"蓝皮书"事宜
并没有显示出太大的兴趣，这也是萧伯纳赋予国王情妇——他的剧作
《苹果车》中以斯黛拉为原型所塑造的一个戏剧人物——的一个特色。
除此之外，她也——如同他在爱德华时代的观众和其他许许多多的人一
样——被他具有爱尔兰特色的声音迷住了。她热爱他的幽默感、他对她
的温柔（她后来说这在病痛中拯救了她）、他的思想，以及他美妙的书
信："你的信——一场文字的狂欢——我如何能用我那贫瘠不堪的牢骚

来回应呢。"[28]斯黛拉对政治兴趣寥然这一点，有趣地反映在了她对萧伯纳的回复中，当时萧伯纳给了她一份他关于社会主义的一篇文章的复本，文章刚刚发表在 1913 年 3 月 13 的《晨报》中："我尝试阅读《社会主义的情况》，但是我不断听到画眉的叫声。"对斯黛拉来说，画眉的叫声有时候听起来像是萧伯纳对她名字的不断呼唤："斯黛拉！斯黛拉！斯黛拉！"[29]

她常常逗他。在 1912 年 11 月写给喋喋不休的萧伯纳的一封短信中，斯黛拉附言道："当你是个小男孩的时候，至少该有个人对你说一次'嘘'！"[30]后来，她给他取了个外号"乔伊"，一个杂技团小丑的惯用名，在他们后来的通信中这个名字一直延续了下来。[31]这个名字，她很久之后写道："对我有着特殊的意义——令人困惑的真诚所具有的悲剧感。"[32]后面的这句话，或许是因为她知道在所有的插科打诨之下，萧伯纳对她的爱是深沉而认真的，同时，还有对没有结果的悲伤，以及对未能实现的欲望的相互感知——尤其是她和她钟爱的"乔伊"间的恋情最终所导致的萧伯纳的欲望。萧伯纳知道这是一个寓意极深的别名。在萧伯纳写给斯黛拉的最后几封信中，其中一封写于 1938 年 12 月的信的结尾处，他写道：

322

> 乔伊是你最聪敏的发明，至今，至今，至今——G. B. S.[33]

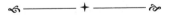

到了 1912 年末，萧伯纳注意到，随着迷人的斯黛拉逐渐恢复健康，她内心的恶意甚至残酷的一面也开始显露出来。在她养病的早期，萧伯纳告诉伊迪丝·利特尔顿，斯黛拉就像"一半孩子一半天使"。但是，到了 1912 年 12 月，恢复了部分健康以后，她旧时的那些"妖魅和残暴"又被带了回来："她跟我玩猫鼠游戏。她残忍地捉弄海伦。她叫她那不幸的哥哥为她演奏（钢琴），接着又诋毁他，因为她利用我将他弄得很紧张。"³⁴ 海伦是斯黛拉的美国儿媳妇（比奥的妻子），她总是残忍地模仿和取笑她的口音。³⁵ 斯黛拉性格中这些爱卖弄风情、爱捉弄和残酷地操控他人的特点，加上她乌黑浓密的长发这一外貌特征，后来都被萧伯纳借鉴到了赫西俄涅，也就是《伤心之家》中绍特非船长的那个"魔鬼"女儿的身上。斯黛拉的模仿才能在她扮演《皮格马利翁》中的伊莉莎时排上了大用场，会"用"不同口音的技巧是扮演这个角色的一个必备条件。

斯黛拉在开始与萧伯纳展开关系时，天真地希望自己能与夏洛特成为朋友。但是，随着时间的流逝，她开始变得爱挖苦夏洛特了，把她形容为萧伯纳的"老婆娘"并认为她像那些"女性选举权论者"³⁶一样邋遢，在她看来"女性选举权论者"是个贬义词。萧伯纳在解释阿约特圣劳伦斯的电话放在哪里时，斯黛拉发现了这对夫妻有各自的卧室。萧伯纳告诉伊迪丝·利特尔顿，这个发现唤醒了斯黛拉体内的"意大利野蛮人"，她开始用不屑和奚落搞得他不知所措，当他无力地反驳说一个女人应该有一个自己的房间，"在这里男人没权利不敲门就随便闯进去，然后把靴子到处乱脱"³⁷，但换来的仅仅是更多的蔑视。任何一个犹豫该不该在她房间里随便脱掉自己泥泞的脏靴子的男人，只配得上被嘲笑。

在一封1912年末写给伊迪丝·利特尔顿的信中，萧伯纳试图客观并专注地看待自己的窘境。他是一个值得尊敬的已婚男人。夏洛特或许没有斯黛拉那样让人神魂颠倒，但她依然是"他的一部分"，而他不可能跟她分离。他想保留一切的可能性："我一点也不愿意跟夏洛特分开，也不愿意跟斯黛拉淡下来，也不会冒任何你所担心的风险。"³⁸然而，这段话中那种不真实的一片澄明的景象，很快就会被打破。

1913年1月7日，夏洛特在她的约会日记中写下一段简短的记录："G. B. S. 跟我讲了 P. C. 太太的事。"³⁹日记显示她在1月到2月间，就

这件不愉快的事又跟萧伯纳谈了几次。在一封 1913 年 2 月 6 日写给斯黛拉的信中，萧伯纳记下了两人分开时她所说的一些伤心话："我现在再也不会知道你在哪里度过你的午后了。我之前从来没想过这一点——从来也没有疑惑过。而现在我总是在设想。"在同一封信中，他告诉斯黛拉，在他死后，欣得街 12 号她住过的那个护理院内应该刻上一句题词："一个伟大的男人曾在这里找到幸福。"[40]

但是，这个"伟大的男人"却给夏洛特带来了极大的忧愁。夏洛特深深地气愤、忌妒和沮丧，因为她觉得自己作为萧伯纳生命中最重要的女人这一位置被人取代了。[41]她有一些痛苦的发现，比如她无意中发现了与"斯黛拉"会面的提醒，这些都是后者淘气地写在萧伯纳的约会日记中的。在一周之内，有 5 条这样的记录。（怪不得有一次斯黛拉在写给萧伯纳的信末尾把自己署名为"危险女子"。）[42]还有一次，夏洛特无意间听到了萧伯纳与斯黛拉的亲密对话，正是通过阿约特圣劳伦斯的那部影响重大的电话。

在 1913 年的头几个月中，萧伯纳在婚姻状态中的不安和束缚感——他在 1908 年的剧作《结婚》中为蔬果商贩科林斯所写的演说中，以及在其他一些爱德华时代和乔治时代早期的剧作中都暗示了这些情绪——变成了一种常态。"我被拘留在这里了。"他在 1 月 4 日从阿约特圣劳伦斯写给斯黛拉的信中说道，接着他就安排了次日在伦敦与她密会。[43]他对夏洛特有着一系列非同寻常的感情，其中一些充斥着强烈的敌意，另一些则是深深的内疚。

4 月，萧伯纳告诉斯黛拉，夏洛特摆脱了"极度憎恨和狂怒"的状态，但是现在她从"一个魔鬼"变成了一个愉快得令人心烦的"绿眼人鱼"。她现在觉得自己比这两个"光脚玩伴"（萧伯纳的表述）要优越得多，他们表现得多么孩子气啊，而她的恨意也变成了"无边无尽的蔑视……几乎算是一种快乐的蔑视"[44]。接下来的那个月里，萧伯纳告诉斯黛拉，他觉得自己"被撕成了碎片"，整个局面让他备受"某种心绞痛"的折磨，其疼痛再度发作。[45]夏洛特刚听到了他们在电话上的交谈，而萧伯纳受不了看她受苦："我似乎必须要杀死我自己，或者杀

324

367

死她。"[46] 就像珍妮·帕特森把自己看作与萧伯纳关系中"弱势的那一个",他现在也把夏洛特看作这段三角恋中的弱势一方。他向斯黛拉写道:"弱势的一方承受着最多的苦楚,这真的太艰难了。"显然,他低估了夏洛特的力量。[47]

萧伯纳与斯黛拉·坎贝尔的恋情恰好与他私生活中另一个重大事件重合:他的母亲露辛达·伊丽莎白·萧患病的临终阶段以及她的去世。他与斯黛拉——一位"了解一个人的母亲和其他情感"[48]的朋友——的关系,令萧伯纳数次谈及自己的母亲,他们信中所透露的关于萧伯纳母亲的一些信息,在其他的信源中都没有提到过。比如,他的母亲曾在他还是个孩子的时候跟他下国际象棋,并在他放置棋子时善意地提醒他"注意你的皇后",因为这枚游戏中最重要的棋子面临着被吃掉的危险。[49]他告诉斯黛拉,在母亲去世后,他的姐姐露西在她的遗物中发现了"我婴儿时戴的一个帽子"[50]。也是对斯黛拉·坎贝尔,萧伯纳——在一封1913年2月22日,他母亲葬礼当天写的信中——对他母亲的火化仪式做出了非凡的描述("我的母亲化作了那团美丽的火焰"),我们在之前的章节中提到过。[51]

在贝茜·萧过完了自己82岁的生日后,也就是她的儿子与斯黛拉·坎贝尔之间的恋情刚开始不久,她的健康状况急转直下。在一封1903年5月18日写给斯坦利夫人的信中,萧伯纳说自己的母亲之前晕倒了——可能是轻微的中风——不过恢复良好。1912年8月,她经历了3次令她瘫痪的中风,并最终导致她在次年的2月19日病逝。露西·萧写道:"这场病是漫长的,也使在旁边看着的人十分难受,尽管她从头到尾都没有受罪。她整整16周没有意识,并在睡梦中失去了知觉,那么安静、那么难以察觉,以致他们告诉我她去世了时,我都无法相信。"[52]

　　尽管没有明显的迹象显示萧伯纳的母亲在他成年以后通过建议或者责备干预过他的行为，但是在与斯黛拉的恋情上，他母亲的影响很有可能反映在了《驳回》中一个饱受良心折磨的丈夫身上。萧伯纳 1912 年 7 月 2 日开始创作这部剧作，那是在斯黛拉家里朗读《皮格马利翁》的 6 天之后。格雷戈里·伦恩在他与朱诺太太情事中的行为令其看上去似乎就是萧伯纳最为直接的自我肖像之一。在他销魂失魄地坠入对朱诺太太的爱恋中时，格雷戈里被一种突如其来的、难以自控的狂喜占据，同时他又被内疚感困扰："我反对这样。我被推到了悬崖边。我是无辜的。这狂野的欢愉、这极致的温柔、这种升入天堂的感觉使我内心最深处的纤维也为之震颤 [意乱神迷中她将脸埋在他的肩上]；但这不能抑制我的思想或腐化我的良知，它们仍然在对着天空呐喊，我不愿意成为这可耻行为的一部分。我拒绝你用极致的欢愉来填满我。"

　　刺激格雷戈里良知的主要驱动力，早先已经被证实是源于他对母亲的承诺"永远不会与一个已婚女人做爱"，确切地说是因为他的母亲曾经在自己丈夫的一段婚外情期间饱受折磨。在回应朱诺太太轻蔑的态度（"真的嘛！听一个成年男人讲述自己对他母亲的承诺！"）时，格雷戈里说："是，是。我全都知道。这并不浪漫，不是唐璜，都建议说不要这样；但是我们却都有相同的感受。它在我们的血液和骨髓之中，比所有的浪漫更深邃。"

　　也许在他母亲去世后，萧伯纳感觉从压在自己良知上的一个重担中解脱了出来，不过，在接下来 6 个月里所发生的复杂事件中，爱上斯黛拉所带来的那种焦躁不安的感觉一直伴随着他。1913 年 6 月，萧伯纳发现斯黛拉和乔治·弗雷德里克·M. 康沃利斯 - 韦斯特少校恋爱了，并正考虑跟他结婚。康沃利斯 - 韦斯特——一个社交界的花花公子，长着《伤心之家》中风度翩翩的赫克托·哈夏比那样的八字胡——当时的妻子珍妮（伦道夫·丘吉尔爵士的遗孀，温斯顿·丘吉尔的母亲）要跟他离婚，理由是他抛弃家庭以及行为不检。6 月 9 日，萧伯纳写信给斯

325

黛拉，求她延迟与出现在她生命中的"另一位乔治"的婚姻，允许他实现自己的梦想，他承诺会以自己最快的速度"匆匆完成"[53]。

表面上看来，萧伯纳的生活愉快地继续着。6 月 24 日，他有一场令人愉快的会面，可能是在法国使馆的招待会上，他见到了玛丽，乔治五世的王后。萧伯纳告诉斯黛拉，王后，"一位高贵的女士，非常美丽"，"刚用最令人震惊的方式骂了我一个小时"。他依然崇拜她，并在分别时收到了她"小小的祝福"。他给斯黛拉画了一幅他心脏的画，周围有一圈光环，他觉得这是他获得祝福后的结果。[54] 接着，他又和格兰维尔 - 巴克尔去欧洲大陆做了短暂的旅行，拜访德累斯顿海勒劳的先锋派达尔克罗兹音乐学校。他们在这里观看了一场格鲁克的《奥菲欧》的精彩演出，并看到一排年长的绅士穿着沐浴用的无袖单衣，依照艺术体操发明人埃米尔·雅克 - 达尔克罗兹的理论做着运动。萧伯纳 6 月 30 日从德累斯顿给斯黛拉寄了一套明信片，他在其中一张里对这种运动做了有趣的描述，提议给她买一件这样的无袖衬衣，然后教她如何做这种运动，并跟她一起"公开展示这一新式艺术"[55]。

7 月 2 日回到英国以后，萧伯纳给伊迪丝·利特尔顿写了一封慰问信，后者的丈夫不久前刚刚去世，她告诉斯黛拉，在所有的信中，"萧伯纳先生的信给予了我精神上的力量"[56]。但是，萧伯纳觉得自己被斯黛拉"抛弃"，因此他对她抱有埋怨之情，在一封 7 月 9 日写给她的信的开头，这种情绪体现得十分强烈："斯黛拉，不要玩弄我。"[57]

这段关系即将迎来的一个转折点——也是使萧伯纳感到失望受伤——发生在 1913 年 8 月的第二个星期。7 月末，萧伯纳去德文郡与哈利和莉拉·格兰维尔 - 巴克尔同住，并去拜访了剧作家和设计师迪翁·克莱顿和他的妻子。7 月 26 日，他带着沮丧的心情离开了伦敦。"我现在并不好。我整个人狼狈不堪。"他告诉伊迪丝·利特尔顿。[58]

不过，在德文郡，除了和莉拉·麦卡锡一同被困在一团激浪中而（又一次）差点被淹死以外，他似乎重拾了兴致。迪翁·克莱顿，在他的自传《我自己的小号》中，提供了一段对当时沉浸在度假情绪中的萧伯纳的生动描述："萧伯纳，远离阿谀奉承的世界，是最纯粹的欢愉。

他游泳，和村里的孩子们玩耍，倒立，严肃地、明智地、俏皮地跟我和我的妻子谈话……照了很多照片，去看了当地的花展并猜了一只猪的体重。"[59] 在德文郡期间，他开始创作包含两个场景的小喜剧《艳后凯瑟琳》。他从德文郡给斯黛拉写信，告诉她自己差点和莉拉一起被淹死，并谈论了一些别的事。由于他记不清勃朗宁的名句，他断言即使她没办法"再捕获第一次什么什么的（勃朗宁）美妙欢乐"*，他也能反复地以一种没有减弱的方式去体验。

　　萧伯纳信中所描述的他对斯黛拉感情的感知，或许正是当时的真实情况。1913 年 8 月 4 日，他回到了伦敦，8 月 8 日夏洛特独自坐 P&O 航运公司的轮船摩里亚号前往马赛度假。在利物浦街的港口联运列车上送走了夏洛特以后，萧伯纳立刻去了肯特的海边小镇桑威奇，斯黛拉当时在这里的吉尔福德酒店暂住。她在去之前已经告诫过他，对她来说"以不越界的程度去爱你"真的很难，并坚称她想独自待在海边。[60] 萧伯纳没有理睬这个要求，并在同一家酒店订了一个房间，但是他并没有受到欢迎。8 月 10 日，斯黛拉写了一张唐突的便条："你今天能不能回伦敦去，或者随便去你想去的地方，但是不要待在这里。如果你不走的话，我就必须……请不要让我看不起你。"[61]

　　据萧伯纳 8 月 12 日写的一封信来看，他们计划 11 日早上一起去游泳。但是当他去她房间时，那里已经人去楼空了——包括她的女佣、司机，还有一只宠物狗——仅留下了一张便条："再见。我还是很累。你比我更适合旅行。斯黛拉。"[62]

　　这次的失望在萧伯纳心中引起了极大的怨恨和愤怒。"深深、深深、深深地受到了伤害"，11 日，他写了两封包含愤怒和辱骂的信，12 日又写了第三封，在这封信中他说："我想伤害你，因为你伤害了我。声名狼藉、卑鄙、无情、轻率、邪恶的女人！说谎者！说谎的双唇、说谎的眼睛、说谎的双手，背弃誓言的人，骗子、诈骗犯！"[63]

327

---

*　"那是聪明的画眉鸟；正把每一支歌都唱上两遍，/唯恐你误认为，他再也不能捕获/第一遍即兴唱出的美妙欢乐。"（罗伯特·勃朗宁，《海外乡愁》）。

尽管从两人幸存的信件中难以确定,但萧伯纳似乎原本希望这一次的会面能将两人的恋情上升到情爱的地步。萧伯纳因自己愚蠢地被她哄骗而感到痛心:"傻子!上当受骗者!老糊涂!爱哭鬼!"[64]斯黛拉惊人地从这个"被蒙蔽了双眼的人"以及"文字编织者"的猛攻之下恢复了过来。他想要用他"任性的讥讽"扼杀她"小小的火焰"。她以"你这个优雅有魅力的人,你这个捕获女子芳心的人,你这个珍贵的朋友,你以为对我来说伤害朋友是件轻松的事吗"[65],从而缓和了这股攻势。很显然,斯黛拉认为自己的离去对于保全两人的正直和体面至关重要,而事实也是如此。

虽然这段关系还远未结束,但 1913 年 8 月在吉尔福德酒店发生的事肯定打消了萧伯纳的念头。这仅仅是一段猛烈而愉快的友谊,而且这段友谊在斯黛拉后来硬要公开两人的书信时变得异常紧张。一部分天性使然,比起她亲爱的"乔伊"和他"文字的狂欢",斯黛拉更为另一种社交圈子所吸引,那里有着香槟、牡蛎,以及贵族朋友——她另一个乔治所居住的世界。1914 年 4 月她嫁给了康沃利斯-韦斯特,他对她并不忠贞,并陷入了财务危机,这段婚姻以失败告终,1919 年两人分手。

328　　　萧伯纳与斯黛拉的关系的一个重要影响是,斯黛拉和萧伯纳的姐姐露西成了朋友。这两个女子有着相似的背景,她们的剧院生涯都从业余的和地方性的公司表演开始,比起露西和夏洛特的关系,她们也更脾气相投。萧伯纳 1913 年介绍她们认识后,斯黛拉与露西建立了热忱的友谊,露西当时的健康状况急剧恶化,这是她 1899 年 8 月感染的肺结核所致,她这时也已经与丈夫分开很久了(另一个也叫乔治的离经背道的绅士)。萧伯纳经常和斯黛拉一起去看望露西,在一次探访之后,他在写给斯黛拉的信中说:"你唤起了露西内在美好的一面,那是我只在她还是一个小女孩时所见过的。"[66]还有一次他们和爱尔兰女演员萨拉·奥尔古德——在 1909 年都柏林艾比剧院上演的《布兰科·波士纳现身记》中扮演菲米·埃文斯——一同前去探望。三位来客一同演出了一场音乐会,斯黛拉以专业级的水准演奏钢琴,萧伯纳"在钢琴师的取笑声中以'低沉洪亮的男中音'唱着各式各样的歌,萨拉则'以令人

落泪的女低音唱着哀伤的爱尔兰老歌'。之后三个人又伴着留声机上的
'威·麦克格雷戈'的旋律跳了一段苏格兰里尔舞"[67]。

　　斯黛拉·坎贝尔是萧伯纳创作生涯和私人生活中一个极其重要的角
色。萧伯纳与她的风流韵事很强烈地反映在了《伤心之家》（萧伯纳继
《皮格马利翁》后的又一部重要作品）对两性关系的不同处理方式以及
主题中，同时也在其他的一些作品中有所体现。她的性格似乎包含了所
有男人对于女性的幻想以及传统思维中的女性形象，从吸血鬼——也是
菲利普·伯恩－琼斯的一幅著名绘画的标题，看得出斯黛拉正是此画的
模特——到圣母，或"天使之母"，萧伯纳在一封写于1913年新年夜
的非凡书信中这样称呼她。[68] 在伯恩－琼斯的画中，"一个长着瀑布般
乌黑秀发的美丽女人，穿着贴身的睡裙，骑跨在一个横倒在床上的男人
身上。女人的表情专注而愉悦；她的牙齿又尖又长"[69]。

　　吸血鬼的形象在《伤心之家》中再度出现，赫克托这样喊（"女吸
血鬼、女魔鬼"）绍特非的女儿们。此外在萧伯纳写给斯黛拉的一封信
中，他提到了他剧作中的角色是以她为原型的："为什么，噢，为什么
啊，你不能从我这里汲取任何东西，而我却在你这里汲取了一切？《伤
心之家》中的赫西俄涅·哈夏比太太，《回到玛土撒拉》中的蛇，在我
脑海中就是用你的声音说话的，还有奥林西亚（《苹果车》中），都是
你，更不要说伊莉莎了，她仅仅是个笑话。你是吸血鬼，而我是受害
者，但却是我在吸你的血。"[70]

　　不过，这个"吸血鬼"有着另一面，一个宽容、温柔的母亲。在萧
伯纳的个人生活中，斯黛拉·坎贝尔在他心中所唤起的情感深度以及需
求，没有其他任何人曾做到。对一个因自己对多愁善感和浪漫情事具有
免疫力而自豪的男人来说，这段关系开启了他平常生活中所缺失的那种
对情感放任和情感满足的期待。在一封写于1913年3月13日的信中，
就自己爱上这位具有母性的塞壬所处的窘境，萧伯纳给出了一段洞察敏

329

锐的描述:

> 我丧失了抵抗力,就像鱼无法抗拒水;在人的声音中我听到了未曾听过的音调;我理所当然地认为我是个想要快乐的孩子;我带着狡猾的自信和精湛的技艺,穿着铜质胸甲在一场两性的决斗中拔剑,却突然发现我自己躺在一位母亲的怀抱中———一个年轻的母亲,而我的怀抱中也有一个孩子,这孩子已经是个女人了。所有这一切都使我陷入了最疯狂的恐惧,就好像我突然身处上万英尺的高空,在岩石和海洋的上方……我又被攫住了……在一阵迷醉之中,而这迷醉一定是我坠向毁灭时,即将面临的丧失理智的终点。71

在这封信中,失去男子气概并再度变成一个孩童的体验,是同时混合着欢欣和恐惧的,有点像是彼得·潘和温蒂一起玩的复杂游戏。斯黛拉收到了萧伯纳一封信,署名为:

> 噢,最可爱的、最纯洁的、最婴孩般的
> 你最傻的
> G. B. S72

她回信说:"跟孩子在一起对你来说是有益的——在我心中的育儿所里玩耍。"73 萧伯纳和斯黛拉都感受到了某种第二童年,活在 J. M. 巴里极其成功的爱德华时代剧作《彼得·潘与温蒂》(萧伯纳和斯黛拉都很熟悉这部作品)所营造的那种令人难忘的永恒青春的幻想之中。麦克斯·比尔博姆正是抓住了这段关系的这一方面,并据此创作了一系列绝妙的讽刺漫画——斯黛拉在《我的人生和一些书信》(1922)中公开了部分她与萧伯纳的书信,这些画创作于这之后。漫画中,两个嬉戏打闹的中年情侣玩着扮演孩子的游戏。74

从某些方面来说，萧伯纳的《皮格马利翁》作为一个文学文本、一 　330
个表演文本，以及一部在改编为电影和音乐剧时经历了极大变化的作
品，其历史是关于一个杰作如何被遗失的故事——或者说，即使不是遗
失，也是在很大程度上被篡改和遮掩了。这是他最好的喜剧之一，也为
他一战前的这段剧作家生涯画上了一个完美的句号。不过这也是一个十
分有意思的例子，文本——尤其是但不仅限于戏剧文本——在被公布以
后，便具有了自己的生命和意义。萧伯纳尽全力维护着对"他的"文本
的作者控制权。但是，正如皮格马利翁创造伽拉忒亚——剧作的名字和
戏剧叙事都让人想到了这个故事——在这个古典传说中，雕塑家完成他
的作品后，这个雕像便产生了自己独立的生命。这样的过程，从戏剧第
一次上演时就开始了。这场 1914 年 4 月 11 日，在女王陛下剧院的首演
是极其成功的，帕特里克·坎贝尔太太扮演伊莉莎·杜利特尔，赫伯
特·比尔博姆·特里爵士扮演亨利·希金斯教授。

即使是观看首演的观众们，也在夺取原作者的控制权中发挥着作
用。萧伯纳给夏洛特提供了一段关于这场演出的生动描述，而夏洛特因
为无法面对这场戏——以及帕特里克·坎贝尔太太在其中的角色——所
吸引的公众关注度，决定和莉娜·阿什维尔、詹姆斯·波特·米尔斯[75]
及其夫人一起去美国旅行。她于 4 月 8 日启程，并不知道斯黛拉已经结
了婚。对于全体观众来说，首演之夜是一场巨大的成功。但是，萧伯纳
却告诉夏洛特，戏的最后两幕中，他简直是"在地狱里痛苦地翻滚"。

他的作品已经失去控制了。即使是在最后两幕之前，表演也已经
因为观众听到伊莉莎·杜利特尔的感叹语时的大笑而"差不多毁掉
了"——当弗雷迪问她愿不愿意走路穿过公园时，她回答："该死的没
门儿！我要去坐计程车。"1914 年的观众觉得，这种与文质彬彬的会客
厅的常态格格不入的伦敦方言好笑至极。"他们笑得十分放纵且完全失
控，"萧伯纳写道，"有时候我都怀疑他们到底能不能恢复平静，让戏继
续演下去。"[76]

这并不是"该死的"第一次在英国的舞台上被用来加重语气。这样的例子在复辟时期的戏剧中就能找到，当时这个词被用来表达断言或郑重声明。但是，到了维多利亚和爱德华时代，这个词就不再在礼貌用语中使用了，不过社会底层的人们还是继续使用。萧伯纳的戏中，这个词之所以引起如此大的反响，是因为当时的语境：希金斯太太切尔西的家中，举行聚会的文质彬彬的会客厅；这句话不由自主地从伊莉莎嘴里溜了出来，她当时本应学习以一位女伯爵的姿态说话和行事；还有观众自身所提供的更大的社会语境，他们大多是来自希金斯太太的这个阶层。即使是在先前的报纸宣传中，帕特里克·坎贝尔太太使用的"某个禁语"——将引起这几年里最大的剧院轰动——都掩盖了该剧所具有的其他意义。[77] 这部剧作变成了使用了"那个"词的剧。

不仅仅是观众对于"该死的没门儿"的反应，还有萧伯纳写给夏洛特的信中所说的"特里表演中那种极端的荒谬"，也将这部作品从作者的原意中带离。萧伯纳对于这部剧作和其结局的考虑，在他多次申明及其尝试解释结局的含义时，都有清楚的体现。

《皮格马利翁》原始英文文本的印刷版（一本包含了《安德洛克勒斯与狮子》的合订本）是这部戏剧的初版，1916 年由布伦塔诺书店在美国出版，由康斯特勒出版社在英国出版。这些合订本中该剧的版本几乎都被后来的版本取代了；唯一能被合理地称为《皮格马利翁》"原版"的文本，来自精选集《萧伯纳戏剧全集》，它于 1931 年最先由康斯特勒出版社出版，后来又由奥布哈姆斯出版社和相关出版社出版。根据这个最早的版本，剧作结尾时，希金斯无视伊莉莎的"告别"并镇定自若地叫她去买火腿和奶酪、一副驯鹿手套，还有一条新领带。伊莉莎轻蔑地回答"自己买去吧"然后夺门而出。希金斯和他的母亲一起被独自留在了舞台上，依旧愉快地继续忽视他昔日的学生所发出的叛逆讯号：

希金斯太太：我担心你宠坏了那个女孩，亨利。不过不要担心，亲爱的，我去给你买领带和手套。

希金斯：（快活地）噢，别麻烦了。她会买好的。再见。

　　　　他们相互亲吻，希金斯太太跑了出去。希金斯，独自被留在台
　　上，把口袋里的钱晃得咔嗒作响；轻声笑着；以一种极其自满的姿
　　态自娱自乐。

　　这是一个含义丰富的结尾，展现了不可救药的希金斯傲慢自大的可
笑状态，并强烈地暗示他对伊莉莎的忠诚度似乎过于自信了。原作中的
结尾承接了剧中早些时候所布下的种种提示，即希金斯与异性最感舒适
的关系，是与他的母亲或者像他母亲一样的女人的关系（"我心目中可
爱的女人就要越像你越好"）；而他口袋中咔嗒作响的钱，让人想起他
与伊莉莎之间那种令人不安的从属关系这一点，在剧作开头就被作为对
话中的主旋律呈现出来。希金斯与伊莉莎最后的争吵暗示出，希金斯自
以为可以继续支配伊莉莎，但这种信心很可能是错放了。
　　萧伯纳数次尝试强化他的想法，那就是剧作最终要展示的，是伊莉
莎从希金斯那里解放了出来。第一次尝试是在他指导斯黛拉和特里对角
色的演绎时。萧伯纳给演员们的建议，总是展示出他对舞台表演中的动
态和细微差别，时机、动作、站位、姿势和表情的重要性，对话的语音
语调等这些方面的敏锐洞察力。他给演员的建议，以及他的作品被译成
其他语言时，在信中给译者们的建议，比起在剧作完成后很久才写的散
漫前言，更能使我们靠近他剧作的经验结构。他给《皮格马利翁》的演
员的诸多意见也不例外。
　　为了首演，他在给斯黛拉·坎贝尔做指导的时候，就像希金斯对伊
莉莎那样勤勉而专横（尽管也很幽默）。他在首演的前一晚给她发去了
一封信，抬头是"最后的指示"。这些指示包括，伊莉莎在剧末不要对
希金斯表现出任何友善的态度："当希金斯说'噢，对了，伊莉莎'时，
一定要控制住你致命的习惯，不要像乔治娜（她的宠物狗）那样，谁一
叫她的名字她就忘乎所以地跑去跟他亲密地依偎在一起。把他想成是作
者本人，要轻蔑地对他。"[78] 至少在演出的早期，斯黛拉很好地贯彻了
萧伯纳的指导，兢兢业业地正确展现角色，并希望这能成为萧伯纳的一
出成功剧目。

　　和善而疏忽的特里就没有这么顺从了。1914 年 4 月 11 日，特里在剧末做了萧伯纳恰恰最不希望他做的事："在最后一次排练时，我特意指导了他的结束语，让他忙于向母亲示爱，并把伊莉莎赶去买火腿，同时命令她给他的肩上搭点东西。在我离开剧院时，我看见希金斯粗鲁地把他母亲推开了，并以恳求的神情请伊莉莎去为他寂寞的屋子买块火腿，恰似一个死了亲人的罗密欧。"

　　怒火中烧的萧伯纳"回家后直接上了床，读了一个小时的莎士比亚，然后安下心来睡觉"[79]。后来，这位"死了亲人的罗密欧"特里继续为结尾添油加醋，他在伊莉莎离去时向她抛了一支玫瑰花。

　　这部剧作的失控就此开始。萧伯纳以为，除了别的事情，他写的主要是关于一个年轻女子最终从她男导师的支配下解放的故事。在他看来，这部剧并不是关于教师和学生之间爱情的发展，而是关于学生在努力之后，重新获得了独立的人格，恰如古典雕塑家的作品获得生命那样。讽刺的是，从一开始上演，这部剧作就自顾自地发展，就像皮格马利翁的故事中刚刚被创造出来的伽拉忒亚一样。

　　为了让演出和对这部剧的解读符合他自己的观点，即最后的叙事暗示出希金斯和伊莉莎分道扬镳，而不是结为夫妻了，萧伯纳尝试了重写结局。在他新写的结局中，有一个从来没有发表过。这个结局的存在，直到 1995 年一封他写给斯黛拉·坎贝尔的信被发表后，才为人所知。在这封写于 1920 年 2 月的信中，萧伯纳给了她一些扮演伊莉莎的建议，因为该剧当时即将在奥德维奇剧院重新上演。在 1995 年以前，这封信一直躺在图书馆的档案之中。

　　信的最后一段不仅显示出萧伯纳为剧作写了一个新的结局，同时包含着我们所能见到的，关于他戏剧叙事的创作初衷的最清楚的提示。在该信现存的最后一段中，他写道：

　　　　现在到了最关键的时刻。当伊莉莎解放了自己时——当伽拉忒亚获得生命时——她不能重蹈覆辙。她必须将自己的尊严和胜利保持到最后。当希金斯在"僚舰"上拉着你的手臂时，你要立刻带着无法安抚的尊严将他甩开；直到结尾的"你自己买去吧"之前都要保持这种感觉。他会走上阳台看你离去，胜利般地回到屋里，大喊"伽拉忒亚"（意思是雕塑最终活了过来），然后幕布降下。这样他有他的结语；而你也有你的。[80]

尽管这个"伽拉忒亚"的结局从来没有发表过，但另一个为1938年加布里埃尔·帕斯卡导演的电影版所写的结局却发表了出来。不幸的是，即使电影版在结构和艺术性上有所欠缺，其文本却流传极广。在这个版本中，希金斯在听说伊莉莎可能会嫁给皮克林上校后，哈哈大笑："胡扯！她会嫁给弗雷迪，哈哈！弗雷迪！弗雷迪！哈哈哈哈哈哈！！！"在萧伯纳为1916年发表的剧作文本所添加的一个非戏剧的续集中，与弗雷迪·恩斯福德-希尔的婚姻被描述为伊莉莎未来命运的一部分。

在这个剧作后记的开篇段落中，萧伯纳宣称副标题《五幕浪漫剧》中的"浪漫"一词，并不是要把剧作与"浪漫主义旧货店中的那些毫无新意和千篇一律"联系在一起，"这种旧货店里存放着浪漫主义硬塞给所有故事的'大团圆结局'"，而是指代伊莉莎在社交界"改头换面"的传奇故事。尽管萧伯纳努力反驳大众对该作品感性化的解读，但当时他是逆大流而行的。这其中一部分也是他自己造成的，他建议在对话中增加希金斯和伊莉莎的亲密感和熟悉程度以及他们彼此之间——夹杂着敌意——的爱意。 *334*

一般说来，这部剧作属于灰姑娘式的故事传统，这类故事的叙事结局有着其不可避免的模式。这种典型的"浪漫主义"模式为当今的好莱坞制片人所钟爱，这种模式也在1938年的电影和1956年根据该剧改编的音乐喜剧中获胜。这两部片子都很能打动人，也都收获了巨大的成功。但是，也有让人遗憾的地方，一个原本更强硬、更精巧、更有意思的作品，被后来的这些改变遮掩了。

在创作《皮格马利翁》和其中的中心人物——高傲、专注学术并强烈依恋自己母亲的语言学者，以及生动活泼、感情贪婪、有趣、叛逆的伦敦东区卖花女——时，萧伯纳触及了他创作生涯和个人经验中一些根深蒂固、关注已久的主题和冲突。在他为剧作写的前言中，他让这部作品看上去像是一篇关于语音学的论文。事实上，这部剧确实反映了语言在社会生活中的重要性，还有在阶级划分中所发挥的重要作用。他对于艾尔弗雷德·杜利特尔——这个向社会高层流动的清洁工－演说家和中产阶级道德的敌人——的喜剧形象的超凡塑造，为戏剧对阶级制度的反映增加了一层绝妙的讽刺。不过，在戏剧的这些"公众的"和社会学的层面之下，还有与萧伯纳作为艺术家和男人的生涯密切相连的另一层主题。

剧作对萧伯纳作家经历的反映，可以追溯到他对自己身份的自我探寻中，他在早期小说中对史密斯、康纳利以及他们生机勃勃的女冤家的塑造，都体现了这种探寻。在伊莉莎的性格塑造中，有着萧伯纳在伦敦的第一位女友爱丽丝·洛基特对傻气的年轻爱尔兰人"乔治·萧"及其崇高、伟大的想法和对情感的一窍不通的轻蔑嘲笑。珍妮·帕特森为他做了拖鞋（伊莉莎成了希金斯的拖鞋保管人），买他喜欢吃的食物，在各种细节上对他体贴入微（就像伊莉莎对希金斯一样）。有时她甚至不敢相信这个"石头做的男人"在理解她的感情方面如此无知。埃伦·特里也指责过他，说他在与夏洛特的关系中，缺乏普通人的直觉常识。尽管斯黛拉·坎贝尔是伊莉莎这个角色的灵感源泉，但这个角色实际上是基于萧伯纳生命中的一系列重要人物而创作出来的。

剧作的一大成功在于，它以极其令人信服的方式走近了两个主人公的想象和心态，充分地反映出了萧伯纳与自己以及与他人之间关于情感和才智的延续一生的对话。萧伯纳成功地塑造了他这位伦敦东区卖花女的内心世界，其代入感与动人程度不亚于她的那位导师。即使他没有写过其他作品，《皮格马利翁》也已经足以让其作者在喜剧历史上永远占有显要的一席之地。

3.1　沙滩上的夏洛特·萧，1898 年在她的蜜月中

3.2　康复期的萧伯纳扮作乞丐，1898 年在他的蜜月中

3.3　20 世纪初的夏洛特

3.4　1910 年的萧伯纳

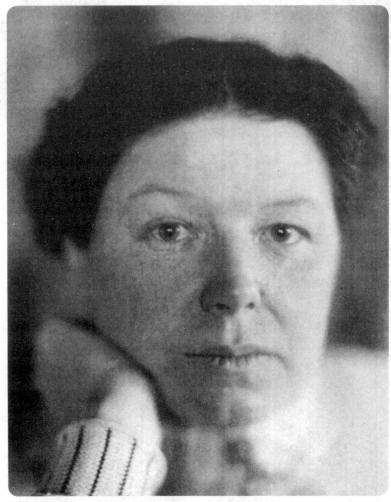

3.5 夏洛特，1904 年 1 月 24 日

338

3.6 哈利·格兰维尔－巴克尔

339

3.7 莉拉·麦卡锡扮演的《武器与人》中的安·怀特菲尔德，1905 年

3.8　艾丽卡·梅·科特利尔

341

3.9 帕特里克（斯黛拉）·坎贝尔太太

3.10 萧伯纳在格雷戈里夫人的庄园，爱尔兰，库勒园，1915 年（格雷戈里夫人摄）

3.11 奥古斯塔斯·约翰画的萧伯纳肖像，1915 年。布面油画

第 *20* 章

末日大决战，以及“无情的笑声”

从萧伯纳在 1914 年 4 月 11 日《皮格马利翁》在伦敦首演后的那个星期里，给在美国的夏洛特写信的口气判断，他们的关系当时已经恢复和谐了。夏洛特是萧伯纳向之吐露心声的人，所说的主要关于特里对希金斯“那种极端荒谬”的演绎；“该死的没门儿”所获得的巨大媒体关注度；演出中发生的“蠢事”，以及因此首演之后他就再没出席过。

夏洛特本来是想匿名在美国旅游的，但是当她和 W. F. 摩根夫妇一起住在他们在波士顿都铎酒店的家时，一名《波士顿邮报》的记者想办法得到了一次在摩根家会客厅采访她的机会。其结果是一篇发表于 1914 年 4 月 29 日的、占据了 6 个版面的文章，并附上了艺术家为她画的素描，文章用了一条看似惊人、实则无伤大雅的标题《妻子揭秘萧伯纳》。[1] 在这个采访中——显然也是她唯一的一次采访——夏洛特陈述了在她眼中，萧伯纳在私人生活中的自我与其他人所见到的萧伯纳的公众形象间的差别，同时也谈了她自己的兴趣与信仰。不过，文章中没有任何暗示，更不用说披露关于她当时因两个“光脚玩伴”，她的丈夫和帕特里克·坎贝尔太太，而经历的困境。相反，在这个采访中她显得完全专注于萧伯纳和他的事业。《波士顿邮报》的记者 H. F. 惠勒，把夏洛特描述为：

> 　　一个大概 45 或 50 岁（她当时 57 岁）的庄重女子，不过显得比实际年龄年轻，她锐利的灰色大眼睛，随着她的情绪和感情的变化而反射出不同的光泽，在浓密的浅棕色头发下透过无框的眼镜直视着你。不断变化的嘴唇和脸庞，丝毫没有那些因忧虑而生出的皱纹，而始终在微笑，这一切以及一件赏心悦目的与她发色相搭的棕色裙子，都使她显得越发具有魅力。她仅有的饰物是两枚戒指，一 *344* 枚镶有钻石，另一枚是简单的纯金婚戒，此外还有一条系在她脖子上的丝带。

　　夏洛特告诉波士顿的市民们，她的丈夫是一位热烈的社会主义者以及女权运动的有力支持者，他甚至认为"所有的政府都应该由女人组成"。她希望能够纠正公众对他的误解："只有极少数的人……理解萧伯纳先生。他是一个伟大的男人、一个有着绝妙美梦的梦想家、一个理想主义者以及一个个人主义者……他不是流行概念中那种喧嚣浮夸的人。他的天性是腼腆而孤僻、安静而矜持的。但是他没有让这部分天性左右自己。当必要时，以及当他认为这是唯一宣传他的思想和信念的方法时，他会以意志力将这部分天性排除。"

　　夏洛特继而将自己描述为"一名社会主义者和一名女性选举权论者"，并提到自己是费边社以及伦敦经济学院的理事会成员之一，她同时也是后者的创始人之一。《波士顿邮报》的保守派读者——这篇文章被夹在一个关于波士顿股票交易所前主席去世的讣告，以及一个男鞋广告（"给保守男士的宽头鞋"）的中间——很难不为文章中展现的图像所震惊，一位优雅、有魅力并且冷静自制的爱尔兰女士，她所持的思想观点对他们中的大部分人来说本就是可恶至极的。这是费边社为社会主义带来社会尊重的一个很好的例子。[2]

　　夏洛特 1914 年 5 月 15 日返回伦敦，到了 23 日，她终于有了足够的勇气去看《皮格马利翁》了。她日记中关于此事的惊叹号，沉默地见证了她在看到自己的对手担任女主角时的感受："皮格马利翁在陛下剧院上演。23 日去看了！！"她在 6 月 10 日又去看了一遍。[3] 这出剧在上演了 118 场以后，于 7 月 24 日结束。

同一个月早些时候，萧伯纳也参加了一个不寻常的活动——一个滑稽的牛仔电影——组织者是 J. M. 巴里以及哈利·格兰维尔 - 巴克尔。7 月 3 日，巴里在萨沃伊酒店组织了一场"电影晚餐"，拍摄了包括萧伯纳在内的很多文学界的客人。随后，巴里和格兰维尔 - 巴克尔合作——在接下来的 4 天里，在赫特福德郡的一个地方——制作了一部默片，其中萧伯纳、威廉·阿彻、G. K. 切斯特顿以及霍华德·德·沃尔登勋爵都在滑稽短剧中以牛仔的形象嬉戏打闹。其中有一幕萧伯纳躺在一个木桶里从山上滚了下来，另一幕中则让肥胖的切斯特顿穿着牛仔的衣服划独木舟过河。结果证明，切斯特顿的身躯对于独木舟来说太重了，小舟沉了下去，只留下其切斯特顿的头露在水面上，最后剧组的同伴们将他救了出来。[4]

345

斯黛拉·坎贝尔提到 1916 年 6 月 9 日她想在伦敦的大剧院放映这部片子，这就说明，那个时候这部影片依然存在。[5] 影片后来被丢弃了；一张静态的剧组成员合照是唯一幸存下来的东西。在一封 1916 年 12 月写给威廉·阿彻的信中，萧伯纳评价这部片子"一点也不好笑"，并补充说"切斯特顿有着成为一名喜剧电影演员的可能性——或者说是在他的疾病毁掉了他的体型之前有过——但是剩下的我们几个就是一群差劲失败的业余查理·卓别林"[6]。后来萧伯纳与查理·卓别林有过几次会面，1931 年 2 月 25 日，当他和夏洛特应邀参加阿斯特夫人在她泰晤士岸边宫殿般的房子克里夫登举行的午宴时，萧伯纳初次见到了查理·卓别林以及著名的先驱女飞行员埃米·约翰逊。[7]

与萧伯纳的喜剧《皮格马利翁》里的轻松氛围，以及赫特福德郡电

影制作人的嬉戏打闹形成鲜明对比的，是欧洲的政局危机——在戏剧上映的尾声以及拍摄电影的同时开始显露出来——在 7 月底直接导致了第一次世界大战的发生。战争的导火索——一个塞尔维亚民族主义者在萨拉热窝刺杀了奥地利大公弗朗西斯·斐迪南和他的妻子——在 1914 年 6 月 28 日就发生了。7 月 29 日武装冲突爆发，贝尔格莱德遭到了奥匈帝国炮兵部队的轰炸。大不列颠有条约义务维护比利时的中立地位，因此正式卷入纷争。8 月 3 日，德国入侵比利时，次日英国对侵略者宣战，随后大英帝国加入了世界列强的联盟——包括法国、俄罗斯、意大利、日本，以及最后（1917 年）加入的美利坚合众国——对抗德国、奥匈帝国以及土耳其。

夏洛特和萧伯纳在德文郡沿岸的索尔科姆听到了英国参战的消息，当时他们正在去托基的海德鲁酒店度假的途中，他们在 1914 年 8 月 4 日宣战的当天抵达。萧伯纳听到消息后的第一反应，是给他的德文译者，温和而举止文雅的奥地利小说家兼剧作家西格弗里德·特里比奇发去了一封电报，电报内容包括如下的一段感叹："多可怕的形势啊，文明将自己撕成碎片……你和我在交战状态还有比这更荒谬的吗？"[8]

一夜之间，两位朋友、相互合作的知识分子及他们的妻子都正式成了敌国公民。这件事令人印象深刻地展现出，有教养的知识分子在面对由政治和经济力量的巨大海啸、帝国对抗，以及国际权力斗争所引发的第一次世界大战时有多么无助。

1914 年的最后几个月里——当战争狂热、沙文主义，以及反德情绪在英国国内逐渐高涨时；当一场声势浩大的志愿征募活动开始实施时；当女人们被巨大的广告牌劝诫去鼓励她们的儿子为国王和国家效力时；当空气中充斥着类似艾弗·诺韦洛的《家务照常》（萧伯纳一战期间的剧作《伤心之家》结尾时，兰德尔用笛子吹奏的就是这个旋律）这样的爱国主义歌谣时；当恐慌情绪蔓延，成千上万的比利时流亡者涌进这个国度，带来了关于德国人暴行的夸大其词的故事时；当上万年轻人已经在前线被无情屠杀了时——萧伯纳写了一本完全与国民情绪背道而驰的论战小册子。他 35000 字的论文《关于战争的常识》于 1914 年 11

月 14 日发表在左翼期刊《新政治家》的战争特别增刊中。

不出所料，这篇文章引发了来自四面八方的敌意。萧伯纳研究者丹·H.劳伦斯将公众的反应总结如下：

> 《关于战争的常识》从根基上震动了整个国家，引发了一阵狂怒以及新闻界愤慨的贬损。他被谴责为一名叛徒、一个"墙内的"敌人。从前的朋友在委员会会议和街上佯装不认识他。书商和图书管理员将他的作品下架。社会主义同伴们展开了公开的抨击，他们中的一员……将《关于战争的常识》形容为"无情的恶意、肮脏的暗讽"，而其作者则"犯下了一个住在慷慨而坚忍的英格兰的敌侨所犯过的最为卑鄙的背叛"[9]。

英国宣战的官方直接理由是德国对比利时中立国身份的侵犯，德国在对宿敌法国发动战争时也践踏了其邻国。尽管萧伯纳将这场战争形容为"对文明与人性的一次恐怖的罪行"[10]，但萧伯纳的立场并不是一位和平主义者的立场，而他所写的也不是在战争爆发后呼吁放下武器。他的目的是要揭露在当时关于政治与爱国的花言巧语下，冲突背后真正的动机。他将比利时中立身份被侵犯看作是一个托词，这场战争实质上是欧洲帝国主义敌对势力对霸权的争夺，英国、普鲁士以及其他地方的容克军国主义阶级都宣扬这样的争夺。"这是一场均衡国际力量的战争，仅此而已。"萧伯纳 1914 年 8 月 11 日这样宣称。[11]在《关于战争的常识》中，他对英国政客——以及他们以欺诈的方式对各种问题的粉饰——的批判态度与他对普鲁士军国主义者的批判态度无异。

随着战争的拖延，骇人的死亡人数飙升，醒悟后的猛烈批评声开始出现——包括西格弗里德·萨松和威尔弗里德·欧文这样的著名好战分子——萧伯纳的观点看起来更像是他标题中所说的"常识"了。但是，在《关于战争的常识》刚刚发表时，公众的反应是相当激愤的，也有少数几个支持者。萧伯纳在这篇文章中的观点，从某些方面来看，与伯特兰·罗素的观点很接近。阿诺德·本内特称赞了萧伯纳关于"征募、士兵和水手家属的待遇、秘密外交、军国主义、容克主义、教会、和平条件以及裁军"的勇敢的声明，他称这些声明是"对这一系列常识的最出色、智慧、有说服力的表述"。不过，本内特继而指责萧伯纳在讲述战争发生的原因时刚愎自用且"仰仗精湛的辩证技巧扭曲了事实"[12]。

从个人层面上来说，萧伯纳许多亲密的友谊都由于他对战争的态度而变得紧张。在 1914 年 12 月一篇发表在报纸上的论战中，H. G. 威尔斯说萧伯纳当时简直是"一个几乎让人无法忍受的讨厌鬼"[13]。萧伯纳和韦伯夫妇也针对战争发生了激烈的讨论与争执。莉娜·阿什维尔（《错姻缘》中扮演波兰杂技演员丽娜·申泽帕诺斯卡，1914 年曾陪同夏洛特一起前往美国，她关于自己海员父亲的故事启发了萧伯纳对《伤心之家》中绍特非船长这一角色以及他不寻常的住所的塑造）也因萧伯纳对战争的观点而与之发生了争吵。与萧伯纳所遭遇的敌意相反，莉娜因在战争期间组织剧团到不同国家为部队演出而获得了大英帝国勋章。

虽然后来萧伯纳与这其中大部分人都重归于好，但是有一段友谊则遭到了无法挽回的破坏，那就是他和同行剧作家亨利·阿瑟·琼斯之间的友谊。萧伯纳关于战争的观点激怒了琼斯，1915 年 11 月 1 日，他告诉萧伯纳，他这是在诋毁英国与美国以及其他中立国家的参战理由："我相信英格兰的参战原因是最为正义的。我确信英格兰没有煽动战争。我确信这样做的是德国。对我来说，这些不是观点不同的问题，而是被明确证实了的事。"[14]

琼斯继续以英国佬式的态度说，萧伯纳是公认的一个为了展示自己的敏捷度而不惜对自己病床上的母亲拳脚相向的人："你可以说英格兰并不是你的母国——那么对于英国人来说，你是一个对他们病床上的母亲拳脚相向、恶意中伤的人。"次日，萧伯纳给他发去了一封言辞激烈（合情合理）的回信，指责琼斯在复述一些流行媒体中的废话："如果你认为仅凭一张你从《每日快报》上摘抄来的便条就能阻止我的话，你就大错特错了。"[15]在一篇写给萧伯纳的歇斯底里的公开信中，琼斯把他形容为"女巫煽动"和刚愎自用所结合的产物，一个"以非法的方式诞生出来的畸形侏儒"[16]。萧伯纳通常对这样的辱骂都会轻蔑地不予理睬，

348

但是他对于这段友谊的无可挽回深感伤心。在琼斯生病时，萧伯纳试图恢复这段友情，琼斯接纳了他的好意，但是这个尝试并未成功。

包括亨利·阿瑟·琼斯在内的一些剧作家同行们对萧伯纳发动了一场更为普遍的排斥运动，这场运动发生在萧伯纳 1915 年针对战争发表了更进一步的观点之后。1915 年 10 月 26 日，他在科芬园（离《皮格马利翁》中开场一幕的地点很近）的国王大厅面对座无虚席的观众席发表了一场名为《战争的幻觉》的震撼人心的演讲。次日的剧作家俱乐部集会的会议记录显示当时发生过一些讨论——最终结果是他们寄了一封信给萧伯纳——是有关"有一部分成员因为萧伯纳对战争的观点而拒绝见他，秘书按指示通知了他这件事，并建议他目前不要再参会了"。琼斯是这一行动的支持者。[17]

这封建议信并不是一次正式的驱逐行动，正如萧伯纳指出的一样，这是一个不规范的俱乐部程序。不过，这封信确实是他与俱乐部断绝关系的前兆，同时也是接下来一个月中他与作家协会及其戏剧小组委员会断绝关系的前兆。事实上，尽管他喜欢与其中的一些成员进行午宴和聚会，但萧伯纳并不十分钟爱剧作家俱乐部。他认为俱乐部里搞小团体的现象严重，并且反对其不接受女性成员这一事实。1915 年 11 月 2 日，在写给当时俱乐部主席，成功的伦敦西区剧作家 R. C. 卡顿的一封言辞慎重而友善的信中，萧伯纳表示自己已在前一日宣布不会参加作家协会管理委员会的重选，这也意味着他将不再是戏剧小组委员会的成员之一，而这一会员身份是与剧作家协会的会员身份相重叠的。两个与萧伯纳有主要关系的专业协会因此开始解散。"明年萧伯纳就不会出现了，"他对卡顿写道，"没有你的牧人后，你会变成什么鬼样子，只有上帝知道；不过这个世界在我到来之前也能够运转（我不知道如何做到的），而我料想在我离开之后，它也会发生一些蹩脚的转变。"[18]

349 萧伯纳为成功建立戏剧小组委员会，在数年间付出了很多努力，他很清楚他在此的活动和影响力会被深深怀念。在 1915 年 11 月 1 日宣布了自己不参加作家协会管理委员会的重选后，萧伯纳 11 月 19 日在一封写给剧作家俱乐部秘书 H. M. 保罗的信中，正式请辞，保罗之前写的一封挽留他的信——包括来自阿瑟·温·皮尼洛的支持——并没有对他产生影响。[19] 毋庸置疑，萧伯纳断绝这些重要关系的显著因素，就是战争以及他对战争的态度。

在战争的开始几年间，萧伯纳——在 1914 年 7 月到 8 月灾难性的事件发生前，刚刚用他的剧作《皮格马利翁》取悦了观众——在英国是一个被极度孤立和排斥的人物。萧伯纳在他那本充满力量和勇气的《关于战争的常识》中所说的话大多是令人信服的。然而，像威尔斯和亨利·阿瑟·琼斯等这些人的反应，不管他们的观点表达得多么尖锐，都是可以理解的。他对敌对家族双方（普鲁士以及英国社会中的军国主义元素）莫枯修式*的咒骂，他对于冲突初露端倪时英国参战动机的质疑，以及他对爱德华·格雷爵士这样的英国领导人的抨击，这些行为的结果就是萧伯纳被一部分人看作是给敌人以安慰，并对国家斗志造成威胁。于是，他被诸多个人和群体排斥。在《圣女贞德》的第五幕最后，萧伯纳给了女主角一段令人印象深刻的演讲，而其中一定蕴藏着许多他个人的感受，贞德发现自己的支持者一个个背弃她时，她说道："我终究还是独自一人。我一直以来都是独自一人。"

直到 1917 年——当时他意外收到了英国当局让他探访法国前线的邀请——萧伯纳才开始重获公众的好感。即使是那时，据说他还开了这封请帖的玩笑，说其"要么是一个恭维，要么是想要我命的诡计"[20]。此间，他创作了《伤心之家》这部非凡的新剧作，其中有着第一次世界大战前和大战中，他个人经历的明显印记。

第一次世界大战所造成的毁灭的规模极其恐怖，在许多人的心中激起了末日大决战，那一古代启示文学中所预言的终极世界大战的想法。[21] "我们生活在文明终结的氛围之中。"诗人斯蒂芬·斯宾塞描述一

---

* 莫枯修是莎士比亚剧作《罗密欧与朱丽叶》中的一个人物。——译者注

战中和战争刚刚结束后的经历时这样写道。[22] 随着潜艇战攻击的引入、

350 对非军事目标的空袭，以及原野战场中毒气的使用，战争给人类冲突带来了噩梦般的新维度，整个社会都陷入了前所未有的混乱之中。

战争期间所写成的文学作品中，许多都充满了世界末日的主题：D. H. 劳伦斯的《恋爱中的女人》（写于 1916 年，出版于 1921 年）中伯基这个角色对人类终极毁灭的冥想，他关于"人类是一个错误"以及"他必须离开"的观点；W. B. 叶芝在他的诗歌《基督再临》（1919）中以震撼人心的华丽辞藻描述了世界被"晦暗如血的潮流"淹没，留下的"只有混乱"；T. S. 艾略特在《荒原》（1922）中描述了破碎城市的超现实景象，"倒塌的塔"，以及世界性的大火与毁灭——都呈现出了一种明显的由战争激发出的末世观念模式。萧伯纳的《伤心之家》，写于 1916 年到 1917 年间，初次发表于 1919 年，也属于这一类作品，弗兰克·克莫德称之为"现代启示"的概念在其中被用为主旋律。[23]

在 1919 年给《伤心之家》写的前言中，萧伯纳明确地暗示了关于天启以及随之而来的瘟疫和洪水这样的天灾的圣经文学。战争被看作是对"邪恶的半个世纪"（1850 年—1900 年）的神罚，当时达尔文主义和资本主义联合促成了一种新的"宗教"，伦理、人类目标以及道德选择都被排斥在外，而世俗的加尔文主义则大行其道，这是一个认可侵略和掠夺行为的宗教，并将这种行为视作是事物的自然规律。这场历时 4 年刚刚结束的战争，正是对"邪恶的半个世纪"的一场现代的可怕天谴。在萧伯纳对于宇宙的看法中，神性是栖息于自然之中，并通过自然表达出来。下文中引自《伤心之家》前言的一段话中，"她"这个代词指的正是自然，"她"惩罚人类的邪恶与荒唐，就像旧约与新约中上帝以瘟疫、洪水以及其他灾祸来惩罚邪恶的和未做准备的人们："整整 4 年时间，她［自然］毁灭了我们的长子，对我们大肆施加埃及都未曾想到过的灾祸。"[24] 萧伯纳的几个密友——包括威廉·阿彻、帕特里克·坎贝尔太太，以及格雷戈里夫人——都在战争中失去了儿子。他们失去的不仅仅是"长子"，而且是唯一的儿子。

在《伤心之家》中，作者通过不同的途径提及了天启的观点，其中

最明显的就是第三幕刚开始时，在晚间场景中，赫克托在绍特非家的花园里所讲的话。当时赫克托试图解释赫西俄涅所听到的神秘的“空中传来的美妙鼓声”，事实上，这是剧末大爆炸前的序曲。对于赫克托来说，这个声音是“天堂因厌恶我们这些无用的生物而发出的危险咆哮。〔凶狠地〕我告诉你，两件事中的一件肯定会发生。要么黑暗中会出现某种新的生物取代我们，就像我们取代了动物一样，要么天堂就会伴着雷霆降临并摧毁我们”。

351

随着剧情的发展，绍特非船长像船一样的房子以及其中的住户——过着船长所说的“浪漫、多愁善感、自命不凡的愚蠢生活”——具有了象征的意义。尽管他们有教养有知识，但这些住在萧伯纳的“没有根基的房子”中的人代表了一个处于毁灭边缘的社会，他们玩着徒劳而幼稚的调情游戏，羞辱他人，对于漂流中的国家之舰束手无策。资本家博斯·曼根和殖民地总督黑斯廷斯·厄特沃德（一个未出场的人物）为主要情节中剥削的资本主义和残酷的帝国主义体制中的种族从属关系，提供了强大而可怕的语境。[25]

《伤心之家》从某些方面讲，是一部关于重大公众主题的剧作。标题中的“伤心之家”，萧伯纳在前言开篇写道，是“战前文明、闲适的欧洲”。这部作品展示了一个处于危险混乱中的社会，作为一名讽刺作家和社会评论者，萧伯纳以“喜剧式的严苛以及带着无情的笑声”怒斥了这样的社会。[26] 这是他最为复杂和具有隐喻性质的作品，开头便援引了一系列的文学和喜剧文本，从荷马的《伊利亚特》、莎士比亚的悲剧，到当代托尔斯泰和契诃夫的作品。[27] 对后者的引用诠释了剧作副标题《一个以俄罗斯方式讨论英国主题的幻想曲》的含义。不过，这些文学上的效仿，在一系列手法的转化下，令剧作具有了萧伯纳独特的风格。尽管《伤心之家》讨论的是最为严酷的主题，但其本质上依旧是萧伯纳所说的“喜剧”。一位 20 世纪 20 年代的评论家精辟地将这部作品描述为萧伯纳剧作中“最嬉闹的一部”[28]。

除了其中对重要公众主题的处理以及文学上的暗喻，《伤心之家》还以含蓄的方式反映了萧伯纳自己在战前痛苦而滑稽的经历，特别是他与艾丽卡·科特利尔以及帕特里克·坎贝尔太太的关系，她们分别在艾莉·邓恩和赫西俄涅·哈夏比的人物塑造中再现。这部剧的自传色彩比公众所知的要浓烈得多。在剧作的前言中，萧伯纳强调了导致一战这场灾难发生的知识和社会渊源。

但是前言比剧作本身更具有历史性，剧中对话和人物行动的重心是围绕残酷的、试图摆布他人的，以及常常显得幼稚的两性对决。正是在这一话题中——以及剧中谈及的与之相关的天启主题——可以明显看出萧伯纳个人经历对创作《伤心之家》的影响。《伤心之家》刚完成不久时，在一封写给他的瑞典译者雨果·瓦伦丁的信中，萧伯纳想起了一个天启文学中反复出现的主题，即那些将要遭受神罚的人所表现出的异常性爱行为："老船长（绍特非）是你的先知耶利米，大声哭诉着上帝对这一切疯狂的审判。同时在这种混乱愈演愈烈的同时，还有性爱的暗流在不断制造险情。" 29

正是这股"性爱的暗流"最初引起了断断续续的约会、残忍的调情、讨论，以及揭露他人的算计，这一切又组成了剧中复杂的、不连贯的且极不完整的情节。同时，正是在剧作对性爱主题、两性关系的处理中，《伤心之家》的自传色彩显露无遗。

关于《伤心之家》的创作起始时间，萧伯纳留下了自相矛盾的叙述，而创作时间直接关乎这部作品的传记性起源。他通常会在剧作手稿中记录创作开始和结束的时间。至于《伤心之家》，他记录的创作时间是 1916 年 3 月 4 日开始写，1917 年 5 月 12 日完成，而他相关书信中提到的时间也是这个。不过，在前言以及其他的一些陈述中，萧伯纳坚称剧作是在一战"一枪都没有打响"时创作的。30 对于这一奇怪的自相矛盾，最有可能的解释是，他直到 1916 年才开始动笔写作，但是战前萧伯纳早已在脑海中开始了这部剧的创作。

当萧伯纳开始写作《伤心之家》以前，他的暂定名是《莉娜的父亲》。之所以取这个名字，是因为剧中像船一样的房子，以及绍特非船长这个角色，都是受到了莉娜·阿什维尔的启发，她在 1913 年给萧伯纳讲了关于自己的海员父亲，波科克船长的故事。在她的童年时期，波科克把停泊在英格兰纽卡斯尔泰恩河上的一艘船当作了自己的家。这艘船成了家庭住宅，配有一个育儿室、一个会客厅，甚至（在顶层甲板上）还有一个花房。波科克是一个仪表堂堂、威风凛凛的人物，一个有着"强势观点"的人，据莉娜讲，他能用自己"正当的怒火"使全家人服从。她记得在洛桑，他躺在自己的临终之榻上，还要求圣餐面包要搭配奶酪。这个看似亵渎上帝的行为，其实是因为当时一个医生给他配置的规定饮食几乎将他饿死。[31]

　　据阿什维尔讲，萧伯纳的那个"古朴的老酒鬼"绍特非和她的父亲，那个"有着自制力和自我否定能力的绝妙的老可人儿"之间没有任何相似之处。[32] 但是，莉娜关于她独特的父亲和他船一样的房子的故事，确实极大地激发了戏剧的想象力。萧伯纳据此而在绍特非身上所创造出来的形象——古怪的、喝朗姆酒的、有着尖刻的才智的愤怒预言者——始终是一个极富感染力的戏剧角色，并在这部剧作的舞台史上吸引了众多世界著名的演员。

　　对这部剧中的性爱主题和男女关系——实际上，对伤心这个主题——影响最大的，是萧伯纳在战前与斯黛拉·坎贝尔的那段风流韵事。如我们所见，萧伯纳特别提到过《伤心之家》中赫西俄涅·哈夏比这个角色正是以斯黛拉·坎贝尔为原型创作的角色之一。萧伯纳和其他人在斯黛拉身上所看到的特质——极具吸引力的外表和母性的甜美，以及偶尔残忍的举止、令人痛苦的风骚、机智并喜欢取笑人——都在他创造这个生动且名字好听的有着"乌黑秀发……雪白肌肤以及雕塑般轮廓"的赫西俄涅这一角色时发挥了作用。

　　剧中对赫西俄涅的头发有着诸多的着墨，她一度让艾莉·邓恩拉扯自己的头发以证实这并不是假发。这一幕让人想起斯黛拉·坎贝尔演艺生涯中的一个真实事件。当她在主演一个改编自索福克勒斯的《厄勒克特拉》的戏剧时，她的头发意外地被一个火把给点着了。这引起了极大的轰动；一个当地报纸发表了一篇标题为《有名女演员着火了》的报道，其中错误地陈述斯黛拉当时戴着假发。斯黛拉的传记作家记载说，比起这次意外，斯黛拉对这篇报道中的谎话更感气愤："斯黛拉对自己一头浓密的乌发而感到相当自负，而戴假发的指控激怒了她。"[33] 在萧伯纳列举受斯黛拉启发所创作的角色（包括赫西俄涅）的那封信中，对这件事也有提及，信中萧伯纳将她描述为一个吸血鬼："你是吸血鬼，而我是受害者；但却是我在吸你的血。"[34] 这个有趣的主题，和假发事件一样，也被反映在了《伤心之家》里赫克托对绍特非的女儿们所发出的感叹中（"女吸血鬼、女魔鬼"）。

与斯黛拉的风流韵事，特别是 1913 年发生在桑威奇的一切，很可能让萧伯纳经历到了最接近于心碎的感觉。这段关系对《伤心之家》的创作施下了种种魔咒。评论家们总能在绍特非这个角色的身上发现萧伯纳的"声音"。但是，萧伯纳心理经验的一些特定因素——尤其是他与斯黛拉的关系——在不同男性角色的身上分别反映了出来，其方式显示出了自传的成分，即使是在兰德尔、曼根，以及赫克托这些看似不可能的肖像的伪装之下也是如此。

《伤心之家》对于男女关系的描述有着一个固定的模式，那就是女性占主导地位，由最初相互的调情和男女人物之间有关性爱的洽谈，到对男性的揭发、羞辱以及拒绝，而此后男性就退缩至一种灰心丧气、幼稚可悲的状态——他被婴儿化了。[35] 这种性爱态度下最主要的两个受害者就是兰德尔和曼根，赫克托的情况稍好。不过，绍特非船长也陷入了女性的诱惑和操控之网中。在第二幕的结尾处，艾莉带着绍特非去花园里散步，赫克托对兰德尔说："这个老水手在她手里就像是只拴着绳子的哈巴狗。"此处很可能也是暗指斯黛拉·坎贝尔，她那些小宠物狗众所周知，[36] 而萧伯纳觉得过去她一直就是在牵着绳子遛他。即使是剧中的强盗，到头来也是纳斯·吉尼斯那个被轻视和摒弃的丈夫。

在一封写给斯黛拉·坎贝尔的信中，萧伯纳勾画出了自己作为一个咆哮不止的、被抛弃和背叛的求爱者的滑稽怪异的形象："你是否曾在一个房间中巧妙地避开一名哭哭啼啼、咆哮不止、满脸通红、浮肿苍老、姿态扭曲的男人，他拿着一封信追你，把这个白纸黑字的证据递到你面前，其中你亲自写道，你曾经爱过，或者至少假装爱过他？"[37]

这正是对《伤心之家》中曼根这个哭哭啼啼、羞辱难当、愤愤不平、暴露无遗的不讨喜角色的预示。和兰德尔一样，曼根在剧中也极为凄惨。他被挑逗、被无情地揭露，之后又被随随便便地拒绝。"我最喜欢他咆哮的时候。"艾莉在第三幕中这么说他。在她将房子命名为"伤心之家"后，困扰他的"低声抽泣"一直持续到了他最终离开时："他眼泪汪汪地离开"是对这一角色最后的舞台指导。曼根不仅被最后沙砾坑中的爆炸摧毁，同时也被伤心之家中女人们"母亲似的暴政"摧毁。这个令人讨厌的资本家以这种方式成了作者——这个 1913 年间斯黛拉的失望的情人——在作品中独特的对应。在他对曼根以及其他灰心丧气的、被拒绝的男性的描写中，萧伯纳似乎是在以一种幽默且有创意的方式来治愈自己痛苦的经历。

另一个在战前与萧伯纳有关系的异性也明显地在《伤心之家》中得到了再现，那就是艾丽卡·科特利尔，这个有着一头金发的聪明、迷人的年轻女子，她在 1905 年迷恋上了他，她大胆地追求他甚至包括向他求婚。正如我们看到的，尽管萧伯纳当时只是个 40 多岁快 50 岁的人，但萧伯纳却在她面前把自己称为一个"老绅士"。在《伤心之家》的情节发展中，年轻的艾莉·邓恩有过一次奇怪的宣告，她说老船长绍特非成了她"精神上的丈夫"。

在剧中早些时候，艾莉伤心地发现她所爱上的那个英俊男子（赫克托），其实是她的朋友、绍特非家的女主人赫西俄涅的丈夫。最初仅仅是一个听赫克托讲冒险故事的天真少女，就像莎士比亚的剧作中被奥赛罗的故事迷住的苔丝狄蒙娜一样，艾莉逐渐发展成了一个愈发坚韧的"铁石心肠"的角色，她经历了《李尔王》中类似于贡纳莉和里根那样的阶段，对后来成为自己追求者的曼根是残忍无情的。最后，她变成了一个有见识的科迪莉亚式的人物，忠实于李尔王式的角色绍特非。在塑造这个一头金发的迷人年轻女子（赫西俄涅嘲讽地称她为"金凤花"），一个最初只是天真的访客，最后则成了占有绍特非家父亲大人的人物

355

401

时，萧伯纳成功地再现了年轻的艾丽卡·科特利尔——在战前的那几年中，她一直试图让萧伯纳成为自己的丈夫。[38]

在 1916 年 3 月动笔后，萧伯纳花了比以往（以他的标准来说）长得多的时间创作《伤心之家》。1916 年 5 月 14 日，他写信给斯黛拉·坎贝尔："我这个平时写剧本都是一气呵成的人，现在却在零碎缓慢地写着一部新剧（为了不让我自己哭出来），每次只写两三段话。我不知道这是怎么了。"[39] 对比在短短三个月时间内就写成的《皮格马利翁》，《伤心之家》用了超过一年的时间才完成。在这段时间中，萧伯纳生活中发生的事又为他提供了更多写作这部剧的素材。特别是 1916 年他生命中的两件事——出席萨塞克斯的一个乡村别墅聚会，以及他亲眼看见一架德国齐柏林飞艇在他家附近被击落——都成了影响《伤心之家》创作的个人经历的一部分。

1916 年 6 月，萧伯纳和韦伯夫妇一起进行了一次远足，并在伦敦和布莱顿之间的西萨塞克斯郡克劳利附近一所名叫温德姆农庄的房子里暂住，6 月中旬，夏洛特也到此加入了他们。从 17 日到 19 日，弗吉尼亚和莱昂纳德·伍尔夫的加入令这个别墅聚会的规模变得更大了。萧伯纳在一封 1940 年 5 月 10 日写给弗吉尼亚·伍尔夫的信中回忆了这一次萨塞克斯的聚会，在信末一个值得注意的段落中，他提到了《伤心之家》：

> 我有一部名叫《伤心之家》的剧作，我总把它跟你联系在一起，因为我在萨塞克斯某处的那所房子里构思了这部剧，我在那里第一次见到你，也爱上了你。我想每个男人都是如此吧。
>
> 必然是你永远的，
> 萧伯纳[40]

在这封信中，萧伯纳先给伍尔夫提供了一些关于他与艺术家罗杰·弗里交往的回忆，当时她正在写他的传记。在一封 1940 年 5 月 15 日写给萧伯纳的信中，伍尔夫回复道："你的信让我整整两日都处于纯粹快乐所带来的沉默之中。你肯定已经料想到我直接从你的信中抄了些句子放到我的校稿中。"她接着说："至于爱上我，让我向你坦白吧，那并不是你单方面的……在我生命过去的 30 年中，你一直扮演着一位情人的角色；尽管我敢说这没什么值得夸口的，但如果没有萧伯纳，我一定是个更差劲的女人。"[41]

在这封信的附言中，伍尔夫又补充道："对了，《伤心之家》是你所有作品中我最喜欢的一部。"在萧伯纳说爱上了她时，伍尔夫的回复抵消了一些她见到他后在自己日记中写下的尖锐评论，此外日记中也有赞赏的话语。除了两位作家有趣的互诉衷肠外，20 世纪 40 年代间的这些信是很有意义的，因为其中萧伯纳提到了《伤心之家》与伍尔夫的关联。

当然，我们知道有关这部剧作的许多观点，是早在 1916 年 6 月认识伍尔夫之前就已经存在于萧伯纳的脑海中了——事实上，他当时已经写了些东西了。虽然我们只能猜测他如何将这部剧作和伍尔夫联系在一起，但毋庸置疑的是，1916 年这次别墅聚会让当时英格兰一些最具智慧和教养的人走到了一起。在英吉利海峡的另一边的法国，战争正在肆虐。从萧伯纳的兴趣来说——同时把这个情况和剧作结合起来看——自己所处的这个群体对战争所释放出的可怕力量无能为力，这让他受到了深深的震撼。剧中好几个参加聚会的角色都与萨塞克斯的这一群人有着诸多相似处。当赫克托把众人形容为"心碎的低能儿"时，萧伯纳一度让马齐尼·邓恩这个角色发出这样的抗议："噢不。当然了，如果我能说不的话，更准确地说是代表了我们英国文化中最好的一部分。你们是非常有魅力的人，思想超前、不带偏见、直率的、有人性、不保守、民主、思想自由，带着有思想深度的人们所喜爱的一切特质。"

这些修饰词中的每一个，都可以用来形容 1916 年 6 月聚集在萨塞克斯郡的温德姆农庄里的这群人，他们其中的两个还是布卢姆斯伯里派

357

的重要成员。不过，对于绍特非来说，这些邓恩以如此奉承之词描述的人，都危险地脱离了真正的权力来源，因此他们在博斯·曼根为代表的势力面前是不堪一击的。作为发明家的暴躁老人绍特非，忙于制造"能杀死曼根这样的家伙"的武器。萨塞克斯别墅聚会中这群"让人喜爱"且"思想超前"的人，在萧伯纳看来肯定急需对抗世界上所发生一切的方法，正如他剧中所描述的那样。

在戏剧的最后，好几个角色似乎都趋向于自我毁灭。最后一幕的部分对话带有一丝明显的幸灾乐祸，仿佛不管多么具有灾难性，任何能够打破这种令人窒息和痛苦的温室氛围的事都是受欢迎的。剧末表达出了一种对于终结的渴望，尽管并未实现。在最初的几枚炸弹在他们周围爆炸时，赫西俄涅和艾莉为空中轰炸者的"贝多芬"音乐而激动；艾莉似乎想要第二座燃烧的特洛伊，她告诉赫克托"放火烧了这房子"。两个"强盗"——比利·邓恩，这个真正的强盗，以及资本家曼根，这个被社会认定的强盗——在砾石坑中寻找庇护时被炸死了。但是，当兰德尔终于用自己的笛子成功地吹奏出《家务照常》时，一个净化一切末日灾难的许诺，消失在了含混不清的突降式氛围里。全篇对话以一个充满感情的、一定程度上属于元戏剧的笑话作结，赫西俄涅希望第二天晚上轰炸机还会回来，艾莉（"因这种可能性而显得容光焕发"）赞同道："噢，希望如此。"

萧伯纳在赫特福德郡的阿约特圣劳伦斯的房子距离齐柏林飞艇的飞行路线很近，这是一种雪茄形状的充氦飞行器，德国从 1914 年 12 月开始在针对英国城镇的空袭中使用这种飞艇。齐柏林飞艇的最大飞行速度仅为每小时 20 英里；其引擎发出的轰隆声那时候肯定会在空中延续相当长的时间。1916 年 10 月 1 日晚，一架开往伦敦的 L31 齐柏林飞艇径直飞过了萧伯纳家房子的上空。"以最高的精准度……径直沿着我们的屋脊瓦飞行。"萧伯纳在一封几天后写给悉尼和比阿特丽丝·韦伯的信中这样描述道。[42] 这架齐柏林飞艇被一架战斗机成功袭击，并像一个巨大的火球一般缓缓降落，落在了波特斯巴，阿约特圣劳伦斯往南 10 英里的一个小村庄。萧伯纳见证了这一景象，并骑摩托车到波特斯巴去看飞艇残骸。

358

就像 1966 年第一次被提出的那样，[43] 萧伯纳写给韦伯夫妇的信中，有一段直接预示了伴随《伤心之家》暴力结尾的那种非同寻常的欢欣情绪。同时这封信中还蕴含了另一想法的萌芽，纳斯·吉尼斯在看到比利·邓恩和曼根死在砾石堆里时那种"丑恶的喜悦"：

> 虽然难以相信，但确实是这样，齐柏林的引擎声非常好听，而飞艇在群星间航行的景象那样迷人，以至于我发现自己真心希望明晚能有另一场轰炸。我要悲伤地补充一下，在看到齐柏林像一团燃烧的报纸一样坠落，里面的人炙烤了数分钟（慢得令人害怕）后，我躺到床上不到 10 分钟就安然入睡了。一个人为看到了奇观而感到如此高兴，以至于 10 多个人在可怕的恐怖与痛苦中毁灭竟然也算不上什么。"告诉你吧，我一点也不高兴。"残骸旁的一个少女说道。我们真是一群美妙的生物。[44]

在这段坦率的叙述中，萧伯纳对直接战时事件的反应已经触及《伤心之家》中的一些想象深度和心理洞悉了。

虽然在 1917 年就已经完成了，但是《伤心之家》直到 1920 年才投入制作，并在纽约的加里克剧院进行了全球首演。在 1919 年发表（包括前言）以后，剧作于 1920 年在伦敦的宫廷剧院首次上演。萧伯纳在前言中指出，战争期间严肃的戏剧不会兴盛。穿卡其布的人并不是老练的戏剧迷，不过他们和他们的"女人们（被称为轻佻女郎）……挤满了剧院"[45]。她们去看的是音乐厅的综艺节目还有轻松的老式滑稽喜剧。1919 年 6 月的那篇前言的最后一部分的标题是《战争如何使戏剧诗人缄默》，在其中萧伯纳做了如下解释："你不能在与战争做斗争的同时也与你的邻居做斗争。战争无法忍受喜剧可怕的苛评，和舞台上大放异彩的无情笑声。"当人们在"为了国家而英雄般地死去时"，不适宜跟他们

至亲的人谈论引起战争的那些荒唐事。[46]最后他总结道，他在战争期间

359 推迟了该剧的制作，因为"德国人随时有可能把剧中的最后一幕变为现实，他们可不会等登场的提示"[47]。1943 年，第二次世界大战期间，当这部剧在伦敦演出时，观众们都收到了一份解释流程的特别节目说明，以防真正的空袭发生。

虽然《伤心之家》注定要成为萧伯纳被重演得最多的剧作之一，但它在演出早期收获的评价却是毁誉参半。当这部剧在纽约和伦敦上演时，报纸上的评论对其表示出了一定程度的困惑以及相当大的敌意。不过这一切似乎并没有影响观众们的热情，剧作在纽约上演了 125 场，而在伦敦上演了 63 场。早期的评论普遍抱怨其长度——由于技术问题，该剧在伦敦首演时持续了将近 4 个小时——和赘言。

不过，早期评论中有迹象显示，至少一小部分的评论家意识到了该剧的重要性。德斯蒙德·麦卡锡，一个极具洞察力的早期萧伯纳评论家，他认为《伤心之家》只需要一支蓝铅笔和一把剪刀就可以成为"一部杰作了"[48]。许多戏剧评论家后来在谈到这部剧作时，也都用到了"杰作"一词。20 多年以后，麦卡锡看了一场该剧出色的演出并写道："当《伤心之家》像在剑桥剧院这样被出色地呈现出来时，它就是萧伯纳最令人激动并最有趣的剧作之一。"[49]从 20 世纪 20 年代开始，这部剧每隔 10 年就会在英国和美国大规模地重演，同时在世界上的其他国家也有过重要的演出。评论中最常提到的就是这部剧作"总是能给当代观众带来新的感受"[50]。这部剧作至今依然能够引发争议，但是其关联性、舞台价值，以及对演员和观众的吸引力一直在不断地被展现出来。

除了《伤心之家》，萧伯纳在第一次世界大战期间只写了 3 部独幕剧，包括有趣的《荣获维多利亚十字勋章的奥弗莱厄蒂：一个招募小册子》（1915）和令人印象不太深刻的幽默短剧《玻路撒冷的印加王：一个近似历史的小喜剧》（1915）以及《奥古斯都尽了他的本分：一个反

映现实的闹剧》（1916）。

　　萧伯纳决定让他那个多话的哲人式的二等兵，丹尼斯·奥弗莱厄蒂荣获维多利亚十字勋章，这个英国颁发给英勇军人的最高荣誉，如此一来他就赋予了《荣获维多利亚十字勋章的奥弗莱厄蒂》中主人公对战争和爱国主义做的那些尖锐评价以道德权威。"在你把爱国主义从人类种族中完全消除之前，世界不会安安宁宁的。"奥弗莱厄蒂这样对爱国的将军皮尔斯·马迪根爵士说。奥弗莱厄蒂还坦白说，他觉得前线的生活与在家里和他那帮爱尔兰亲戚一起生活相比，要宁静祥和得多，从这里我们就可以看出，萧伯纳欢快的性格和喜剧上的创意并没有因《关于战争的常识》被大肆抵制而减少。不过这样的说法在都柏林堡当局者的眼中，并不能成为去打仗的充分理由，特别是在一个自称是《一个招募小册子》的作品中。更不讨当权者喜欢的观点（在剧中有所表示）是，爱尔兰人如果知道要去跟英国人而不是德国人打仗的话，他们会更有应征入伍的热情。

360

　　在这部剧计划于艾比剧院上演之前，来自都柏林当局的一些危险谣传得以应验（与 1909 年《布兰科·波士纳现身记》相反），这部剧被撤档了。虽然剧作在战争期间没有登上专业舞台，但是 1917 年 2 月 21 日，在法国特雷赞西部战线上，皇家飞行团的第 40 中队组织了一场该剧的业余演出（导演很可能是罗伯特·洛兰），地点就在一个名为皇家剧院的建筑里。[51]

　　萧伯纳继续就爱尔兰在一战期间的错误路线表达自己的观点——比如，公开表达自己对复活节起义以及罗杰·凯斯门特的审判的看法——并多次回国访问。从 1915 年 4 月 13 日到 5 月 9 日，他和夏洛特一同与格雷戈里夫人在库勒园小住，在这里他们听说了卢西塔尼亚号被鱼雷炸沉的消息，而格雷戈里夫人的侄儿，休·莱恩爵士，战前都柏林市立现代艺术馆的创始人，也在这次事故中遇难了。在这次小住中，另一位住客奥古斯塔斯·约翰，为萧伯纳画了 3 幅肖像，其中的两幅被认为是艺术家为他画的习作中最好的两幅。萧伯纳在当模特时睡着过一次，约翰却被他睡眼周围的皱纹深深吸引，并继续作画，结果就是，萧伯纳告诉斯黛拉·坎贝尔，这幅画被命名为《萧伯纳在听别人说话》。[52] 尽管约翰把萧伯纳看作是"精神的王子"并十分喜欢每晚听他边弹钢琴边用他那"温柔的男中音"演唱，但他却抱怨说萧伯纳的"长篇大论，相比之下显得毫无生气，只是在长度上有所增加，却失去了其辛辣感"。[53]

在去库勒园之前，萧伯纳夫妇与霍勒斯·普伦基特爵士一起住过两个星期，后者是爱尔兰农业合作化运动的创始人，萧伯纳十分支持他对爱尔兰农业改革的主张，甚至在《荣获维多利亚十字勋章的奥弗莱厄蒂》的对话中提到了这件事。霍勒斯·普伦基特是一个开明的、广受尊敬的人，萧伯纳很钦佩他。他在 1917 由劳埃德·乔治成立的爱尔兰会议中担任主席，这个会议的目的是要通过草拟一个可以被各个相互争论的派系接受的爱尔兰宪法，从而解决地方自治的问题。萧伯纳曾尝试成为与会的爱尔兰名人之一，但最终没能入选，而这个会议最终也没能实现其目标。

霍勒斯爵士住在都柏林市郊的福克斯罗克，离多基很近，而萧伯纳童年最快乐的时光就是在多基度过的。普伦基特位于福克斯罗克的那所豪宅，基尔特拉弗，在爱尔兰内战期间被民族主义者毁掉之前，成了萧伯纳在都柏林时的根据地；他与屋主的友谊始于 1908 年，而在一战期间变得更加深厚了。有一次在基尔特拉弗暂住的时候，萧伯纳见到了约翰·彭特兰·马哈菲爵士，他是都柏林三一学院有名的院长，同时也是奥斯卡·王尔德的导师，萧伯纳在花园里给他拍了一张照片。[54]

当《荣获维多利亚十字勋章的奥弗莱厄蒂》在法国进行业余演出时，萧伯纳已经接受了访问法国前线的邀请，而且事实上，他于 1917 年 2 月 3 日观看了该剧的一场排练。他在 1 月 6 日接到了西部战线总司令，陆军元帅道格拉斯·黑格爵士（后来的伯爵）的邀请，1 月 28 日

前往法国，并在那里待了一个星期。

　　最先提议萧伯纳访问的新闻工作者、战地记者、作家菲利普·吉布斯（后来的爵士），在他的书《岁月的庆典：一部自传》（1946）中提供了几段关于萧伯纳访问前线的记录。据吉布斯所说，萧伯纳在这次访问中透露了"一个保守得很好的秘密"，那就是，他"很爱英格兰，也深深渴望我们能获胜"。当我们登上维米山脉时，萧伯纳评论道："一个人对这场战争的想法是两条永远不会相遇的平行线。第一条是，所有这一切都是人性的退化、极度的疯狂，是对文明的犯罪。战争根本就不应该发生。这是我们都应该感到羞耻的肮脏勾当。这是第一条看法。而第二条则是我们必须打败德国人。"[55] 第二条看法与萧伯纳的其他声明一致，那就是终结德国的"军国主义统治"十分重要。[56] 款待萧伯纳的是陆军元帅黑格，他也在日记中留下了一段 2 月 1 日和"萧伯纳先生（作家和剧作家）"吃午饭的记录。黑格觉得这位访客是"一个有着独到观点的有趣的人。一个十分健谈的人"！当他们发现客人是位素食主义者时，出乎意料地为他提供了水煮蛋、菠菜，以及通心粉。[57] 萧伯纳在一篇由 3 部分组成的文章中，对这次访问法国做了绘声绘色的新闻报道，正如菲利普·吉布斯爵士所说，文章中部分的鲁莽语气从标题就可以看出来——《在前线兜风》。[58]

　　1918 年，和萧伯纳关系最亲密的三个女性朋友，斯黛拉·坎贝尔、格雷戈里夫人，以及莉拉·麦卡锡的生活都发生了不幸的事。1 月 3 日，斯黛拉收到了她"亲爱的比奥"，她的儿子海军少校阿兰·休·坎贝尔，被德国炮弹炸死的消息。萧伯纳 1 月 7 日给她写信，表达了深深的同情与愤怒。[59] 格雷戈里夫人的儿子在意大利北部前线阵亡的消息接踵而至。6 月萧伯纳与莉拉·麦卡锡取得了联系，当时她与格兰维尔-巴克尔分手的一长串事件进入了尾声。萧伯纳夫妇 6 月 19 日见到了格兰维尔-巴克尔的未婚妻，美国人海伦·亨廷顿，之后萧伯纳写信告诉莉拉

"这对罪恶的情侣还没有结婚"[60]。被称为"罪恶情侣"的这两个人，在7月31日结了婚。

夏洛特·萧为格兰维尔－巴克尔与莉拉分手而感到特别沮丧，这件事也给两人本来十分亲密的关系造成了永久的裂痕。她主动把他的名字省略为哈利·巴克尔，并命人将他的肖像从萧伯纳卧室的墙上取了下来。格兰维尔－巴克尔几乎算是夏洛特从未有过的一个儿子（另一个是T. E. 劳伦斯）。据萧伯纳的表姐和秘书朱迪·吉尔摩说，夏洛特对他的爱"转变为了恨"[61]。

在 1918 年 11 月 11 日停火协议宣布之前，战争陆续造成了可怕的伤亡。1918 年 5 月 22 日，萧伯纳给他未来的传记作家，出生于贝尔法斯特的记者、小说家、剧作家和评论家圣约翰·欧文写了一封信。当时萧伯纳刚得知，因为一处炸伤，欧文的一条腿必须截肢。在信中，萧伯纳回忆说他自己在 1898 年时也差点因为脚里的骨疽而失去一条腿，当时他觉得没有这条腿反而更好，"喂养和照顾一条没用的腿"真是很麻烦。为了尽力让欧文好过些，他以欢快的口气告诉他"对于你的职业来说，两条腿是一种浪费"。欧文将获得一份抚恤金，而且越思考这件事，"就越会发现，你是一个多么快乐的幸运的人啊，你摆脱了一条什么声誉都没为你带来过的腿"[62]。考虑到当时的实际情况，这封信中的幽默可能比任何忧伤和同情的表示都要鼓舞人心。欧文明白萧伯纳是带着善意写的这封信。"他以他的方式告诉我，不要过于沉溺在我的烦恼之中。"他在后来这样对剧作家和戏剧导演劳伦斯·兰纳说。[63]

萧伯纳夫妇在阿约特圣劳伦斯度过了第一次世界大战的停战日。在战场上的武器全部放下的很早之前，1918 年 3 月，萧伯纳已经开始了他关于进化论的全新作品的创作，这就是五部剧系列《回到玛土撒拉》。

第 *21* 章 *364*

智者、圣人，以及轻佻女郎

1918 年到 20 世纪 20 年代中期，萧伯纳完成了两部主要的新剧作，五部剧系列《回到玛土撒拉》和《圣女贞德》。虽然当时他已经 60 多岁了，但因为后来发生的一些事，他在职业生涯中的这段时间，依旧被看作是一个不打自招的"不可救药的浪荡子"。另外的重要事件包括都柏林卡尔·萧家族里最后一个幸存成员（除了他自己）的离世以及聘用了新秘书，令人敬畏的布兰奇·帕奇，在萧伯纳的余生中她一直都伴随着他。

1917 年访问前线以后，萧伯纳进入一个沉思人类历史和缅怀文明的阶段，后者是因为 1899 年第二次布尔战争爆发时，他正乘卢西塔尼亚汽轮漫游于古帝国的废墟之间，因此受到了触动。1917 年的访问让他近距离地接触了战争的现场。有一次，一枚炮弹在他乘坐的一辆车的必经路线上爆炸了，还有一次他看见了一具没有头的尸体躺在路边。在一封他写给夏洛特的信中，他生动地讲述了看到一个团的人从战壕回来时的情景，他们都大张着嘴，处于一种极度精疲力竭的状态中。[1]战争似乎又一次在萧伯纳的脑海中引发了广泛的思考，其中就包括人类文明史。

　　似乎是对他所亲眼见到的人类丑恶现状做出回应，他在一战刚结束后写的剧作中满是超人式的角色，比如《回到玛土撒拉》中古代男人和古代女人这样的圣贤，以及《圣女贞德》中的女主人公。萧伯纳没有在这些剧作中回避当代历史；事实上，他在两部剧中直接以不同的方式正视了这段历史。不过，他将当下置于十分宽广的历史视角语境之中。第一次世界大战后，在他的想象世界中，萧伯纳做了许多穿越时光的旅行，就像他的朋友 H. G. 威尔斯在 1895 年写的经典科幻小说《时间机器》中的主人公一样。《回到玛土撒拉》的第一部分，标题为《在开始时》，设定在伊甸园中，古老的雌蛇讲述了从原始的雌雄同体生物莉莉丝中创造亚当和夏娃的故事。第五部分，《思想的尽头》，被设定在公元 31920 年，并以莉莉丝讲话中对永恒 "彼岸" 的一瞥作为结束。《圣女贞德》中，故事情节的时间跨度也极大。主戏将我们带回 15 世纪早期，讲述了圣女的生与死；但是在收场白中，萧伯纳让贞德成为一个时间旅行者，并遇见了 "一个看着像牧师的绅士，穿着 1920 年的那种双排扣长礼服，戴着一顶高礼帽"，此人带来了她被追封为圣人的消息。

　　《回到玛土撒拉》除了老绅士和贤者之外，显然还反映了一种新的无所顾虑、不依惯例的年轻女子——轻佻女郎们。她们一战期间开始出现，萧伯纳 1919 年在《伤心之家》的前言中已经提到过。她们中的典型，就是《回到玛土撒拉》第二部分里的辛西娅，她的昵称叫莎维（"莎维奇"* 的简称）。在入场舞台指导中，她被形容为 "一个精力旺盛、皮肤晒得黝黑的年轻女子，一头浅褐色的头发剪到脖子下的长度，似乎除了短裙、罩衫、丝袜和一双挪威鞋外就什么都没穿了"。她的父亲，剧中巴拿巴斯兄弟中的一个，抱怨她缺乏教养。20 世纪 20 年代这些轻佻女郎的部分性格特征也反映在了萧伯纳对圣女贞德的塑造中，在剧作开头的几个场景中，她是一个鲁莽且不依惯例的年轻女子，有着强烈的女权主义倾向并留着一头短发。

---

* Savage，意为野蛮人。——译者注

　　在 1919 年 3 月初的一篇日记中，格雷戈里夫人记录了 3 月 2 日星期天的晚上，她在阿约特圣劳伦斯和萧伯纳夫妇一起度周末的时候，他们去了拉默园，那是萧伯纳夫妇的朋友和邻居，退休探险家阿普斯利·彻里－加勒德的房产。当时，她写道，萧伯纳介绍了"一部他正在写的不可思议的精彩剧作，故事从伊甸园开始"[2]。这部剧作就是《回到玛土撒拉》，在格雷戈里夫人描述的场合中，萧伯纳朗读了第四部分中的一幕，"老绅士的悲剧"。这部巨制于 1920 年 9 月完成。尽管萧伯纳将其选为自己的代表作收入牛津世界经典丛书中，但《回到玛土撒拉》的舞台历史却是毁誉参半的。1922 年 2 月到 3 月间，该系列首次在纽约的加里克剧院演出，分为两部分，每部分持续 3 个星期。英国首次演出则是 1923 年 10 月在伯明翰戏剧剧院，演出人员包括伊迪丝·埃文斯（后来被封为爵士），她在剧中扮演蛇和古代女人。

　　皇家莎士比亚剧院在 20 世纪和 21 世纪之交演出了《回到玛土撒拉》，这至少表明该剧在首演的一个世纪以后，尽管不得不被大量删减，但依旧具有舞台价值。这次演出引发了热烈的反响，不仅反映出了萧伯纳这部令人望而却步的作品出色的一面，同时也反映出了其有问题的一面。伦敦《独立报》的评论家将该作品描述为一头"难以驾驭的巨兽"，但是这次制作"突破万难"，成功将怪兽变为了"一只充满生气的野兽"。另一位评论家讥讽地表达了他对作品长度的厌烦，并希望自己直到最后一幕发生的公元 31920 年之前，都不用再看一次该剧的演出。[3]

　　《独立报》的评论家在这部作品中所看到的生气，可能部分源于以下一个事实，虽然作品最终要展示的，是人性发展到了沉思取代性爱和肉体愉悦成了人类主要享受方式的阶段，但是《回到玛土撒拉》却意想不到地充斥着诸多情爱描写。来自不同种族的衣不遮体的年轻女人出现在了好几个部分之中。在有一幕中，一个"女黑人"[*]不小心忘记关掉自己

366

---

[*] 这个词现在通常被视作具有种族歧视的意味，但是在 20 世纪上半时期却被普遍接受。

的电视通信设备，被人看见她只穿着内衣待在卧室里，但她并不为此感到尴尬。胎生的方式已经被废弃了，在第五部分里，一个 17 岁的发育成熟的女孩阿玛瑞莉斯，从一个蛋里被孵化出来，身上仅覆盖着几丝蛋清。新生的人们会加入其他轻佻女郎和年轻人的队伍，古代男人和古代女人也游荡在其中，嘴里念着他们有时令人难忘的萧伯纳式格言，比如"当一件事很好笑时，在其中寻找隐藏的真相吧"[4]。

很难判断萧伯纳在表达"回到玛土撒拉"的观点时究竟有多严肃。也许将这一观点作为强调人类在进化的现阶段的种种不足的斯威夫特式的讽刺手段来看，会让人觉得更解释得通。不管怎样，尽管他们十分贤能，萧伯纳的这一群没有性别、没有毛发、极度禁欲的古代人并不受欢迎，是可以理解的。第五部分中的人物斯特雷蓬*很可能说出了很多人的心声，他对古代人的状态提出了质疑："如果我们要退化为不自然的、没心没肺的、没有爱情的、没有愉悦的怪兽，那生下来有什么用呢……"乔治·格什温的歌剧《波姬与贝丝》中，"游戏人生"这个角色在他关于玛土撒拉的诗中，以更尖锐的方式提出了这个问题："谁能把这称作活着呢 / 当没一个女孩接受任何一个男人，九百年又算什么呢？"萧伯纳自己并不热衷于永生这一想法。"什么人会愚蠢自负地认为永生的自己是让人可以忍受的呢？即使是对他自己来说。"他在《错姻缘》的前言中这样问道。[5] 在 70 岁的时候，萧伯纳在一个采访中被问到，他愿不愿像《回到玛土撒拉》中所讲的那种想法一样，成为有着极长寿命的人类，他回答说："我觉得没有什么比一个永恒的萧伯纳更糟糕的了……如果我像亚哈随鲁一样，我除了自己的悲剧命运以外什么都没办法想。"[6]

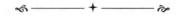

不论我们怎么看，《回到玛土撒拉》中的古代人都属于一种重复的意象模式，其中老年人被年轻的群体包围，但却被深深地疏远。第四部

367

---

* 意为患相思病的人。——译者注

分标题中的那个"老绅士"被迫面对可怕的未来社会中无情的生物，其代表是一个叫作祖的年轻女子（莎维的升级版）以及其他一些人，对他们来说，传统人类价值体系和描述这种体系的语言都显得十分陌生。原始的婚姻和家长关系已经消失，"父亲""小姐"以及"太太"这样的词语已经不属于礼貌用语了。"房东"是一种灭绝了的生物。

萧伯纳在写作时，究竟对他想象中的这些上了年纪的生物有着何种程度的认同感，这曾经是一个有趣而困难的传记议题。据戏剧导演劳伦斯·兰纳所说，当萧伯纳得知在该剧纽约的演出中，扮演老绅士的演员被刻意装扮得像剧作者本人时，他显得极为愤怒，声称这个角色是"一个老笨蛋"[7]。从某种角度来说，这是一个恶劣的演出错误。不过这个系列的许多场景似乎都反映了萧伯纳的一种困惑，那就是一战中出现的新一代年轻人，他们与最基本的中产阶级行为准则和价值系统断了联系。这些人就是失去价值判断力的轻佻女郎和爵士时代的年轻男人——F. 斯科特·菲茨杰拉德作品中描述的正是这样一群人。这位24岁的小说家在20世纪20年代发表了名为《轻佻女郎与哲学家》的短篇故事集，同年萧伯纳完成了《回到玛土撒拉》。两位作家都以非凡的速度感知并描绘了以这群一战后时代精神的年轻产物为代表的社会变革。 *368*

与他《回到玛土撒拉》第四部分中的中心人物不同，萧伯纳是老绅士中最不古板守旧的一个。有证据显示，他与轻佻女子这一代的年轻费边社代表相处得极好。更有甚者，"充满生气"似乎不仅可以用来形容《回到玛土撒拉》这部作品某些部分，同时也可以用来形容其老作者的行为举止。

从1907年开始，费边社成立了暑期学校，用以给所有年龄阶段的费边社社员提供会面、讨论、交换意见以及听演讲的机会。贤者萧伯纳自然是一位极受期待的演说者。他同时也与许多费边社的轻佻女郎调情取乐。在出席1918年8月到9月的某一暑期学校前，萧伯纳给查尔斯·查林顿写信，问他有没有"试过费边社的暑期学校，汉金森小姐（学校的举办人）会以瑞典的方式训练你，此外还会跳很多舞"。他一如既往地将自己展现为调情的受害人而不是发起者，继续说道："没办法，较高的年事会让一个男人成为轻佻女郎的消遣对象。当追逐对象年过六十以后，女人们会变得毫不害臊。"[8]

在写给亨利·S.索尔特和莉拉·麦卡锡的信中，萧伯纳讲了一些跟费边社暑期学校里的轻佻女郎们调情的其他看法，信中他提到了1917年他在其中一个学校里上的12节舞蹈课。晚上的集会干些什么这个问题显然促使萧伯纳去弥补他长久以来的社交缺憾——他的舞蹈技能——正是这种缺憾让他在刚来伦敦时拒绝了伊丽莎白·劳森家庭聚会的邀请，因为其中包括了跳舞这个环节。1917年，已经61岁的萧伯纳，这个因为害怕自己会成为一朵"阴郁的壁花"[9]而在1880年拒绝了劳森太太邀请的人，"正经历着某种返老还童"并"开始学习跳舞和像年轻人一样犯傻"。他这样告诉索尔特：

> 他们把我当作某种主教一样来对待，鉴于我61岁的年纪……但是我很快意识到，没有社交才能的话，知识在晚上8点30分以后就没用了，因此……为了不当一个失败者，到了那个点我就应该上床睡觉了，除非我能回应那些最美丽的费边社社员们反复提出的跳一曲华尔兹的邀请。最好玩的是，她们认为我有着一副衰老迟缓的邪恶躯体，因此我那大卫王式的嬉闹对我自己来说还挺有趣的，也不至于让我不幸的搭档觉得无法忍受，因为她们对此估计早有预料。[10]

"我的调情是可耻的。"在讲述了与"最美丽的费边社社员"一起"嬉闹"后，他从戈德尔明的学校写信向莉拉·麦卡锡这样坦白。[11]考虑到这些调情是在某种社会约束下进行的，我们可以合理地认为它们其实是无伤大雅的。不过，萧伯纳在1921年遇到了莫莉·汤普金斯，一个活泼、迷人的24岁美国女演员，他与她建立的关系在20世纪20年代后期发展成了一段相当认真的风流韵事。

1920年3月27日，萧伯纳的姐姐露西67岁生日的次日，她终于

369

被长久以来的肺结核压垮了，在伦敦东南部"一流小墅"的家中去世。在一封1915年她写给她朋友珍妮·德莱斯代尔的信中，她讲述了自己的健康状况，这段陈述概括了她在每况愈下的病痛和随之而来的死亡面前所展现出的勇气："我又一次平静地恢复了元气，我比50只猫更难杀死。"[12]

尽管她在1899年感染肺结核以后坚持了很长一段时间，但她生命中的最后20年饱受疾病折磨，其中大部分时间她都花在了寻找治疗方法上，但最终未能如愿。1901年，她听从萧伯纳的建议并在他的财政资助下，搬到了德国的一处疗养胜地，她在这里住到了1908年，其间她在夏天定期回英格兰和母亲以及婆婆罗伯特·巴特菲尔德太太同住。在德国她认识了施耐德一家，并与他们建立了友谊，他们其中的一个女儿，埃娃·玛丽亚·施耐德先是贝茜·萧临终前的看护同伴，后来又照顾了露西本人。

贝茜·萧临终前的病痛以及1913年的去世，对深爱她的露西带来了健康上的极大打击。"我的肺急速地恶化了，"她1913年4月在信中告诉珍妮·德莱斯代尔，"如果我不想步我妈妈的后尘，就必须停止再那样下去，我也做到了。"[13]萧伯纳雇用了一名在行业里数一数二的胸腔专家哈罗德·德沃医生来为姐姐治病，但是这位医生并没能治愈她。无法再继续从事歌手和演员的工作，这位前音乐喜剧明星失去了自己生命中最大的一些乐趣。不过，她有着很强的心理素质；从她的信件可以看出，她始终勇敢地保持着乐观的精神。她非常关心"最出色的那个"（她的弟弟）的事业并期盼着他的来访，但这些来访对她来说太少，间隔时间也太长了。

370

在一战期间，露西的问题因骇人的齐柏林飞艇突袭和防空炮而变得更加严重了，这两者都离她的住所很近。事实上，有一座防空炮就架在她的花园旁边。"喧嚣的炮声很是可怕，我们周围全都是这些炮。"1915年7月她在信中对珍妮说。[14]同一封信中，她还讲述了自己前夫，那位不忠却很有魅力的查尔斯·罗伯特·巴特菲尔德的猝亡，在1909年两人离婚后，她一直与他保持着令人惊讶的友好关系。"尽管离了婚，我们依旧是最好的朋友……他跟他富有的哥哥一起住在离这里很近的地方，并且是我这里的常客，这令我们的亲友们感到无限吃惊。"他在 1915 年因中风去世前的一天，还带着"欢快愉悦的"心情去探望了露西。[15]

1920 年 3 月 27 日傍晚，露西去世的时候，萧伯纳正在这里看望她。他在写给查尔斯·麦克马洪·萧的信中回忆了当时的情形：

> 有一天下午，她的健康状况很令人担忧，我去她家时她正躺在床上。我在她旁边坐了一会儿以后，她说："我要死了。"我拉着她的手像往常一样对她说："噢，不会的，不久之后一切都会好起来的。"接着我们陷入了沉默；除了离这里最近的一所房子里某人弹奏钢琴的声音外，万籁俱寂（这是一个美好的夜晚，所有的窗户都开着），直到她的嗓子里发出了一声微弱的震颤。她那时依然握着我的手。接着她的拇指变得僵硬，她死了。[16]

当一名医生到达时，萧伯纳问他应该怎么记录她的死亡原因，并觉得应该是肺结核。这位医生回答她的死因是饥饿，并向他解释说，自从战争爆发后，他们就没能让她吃下足够的食物。

葬礼在戈德斯绿地火葬场的礼拜堂举行，那里"挤满了她的爱慕者"，萧伯纳发表了葬礼致辞。鉴于战争严重打击了他姐姐的精神，他适宜地朗诵了一段莎士比亚《辛白林》中的哀悼歌作为结尾，他在 1937 年写给查尔斯·麦克马洪·萧的信中提到，这首哀悼歌里有如下两句话：

> 不要再怕闪电或是那叫人畏惧的雷石。

371　　参加露西葬礼的同一天，萧伯纳还参加了他的秘书安·M. 埃尔德

的婚礼，她与露西相处得很好，正准备嫁给一位叫杰克逊的先生并和他一起搬去印度。萧伯纳的戏剧以及其他商业事务的规模极大，因此拥有一名全职秘书至关重要。在安·埃尔德的临时替工干了一段时间以后，萧伯纳 1920 年 6 月 3 日写信给布兰奇·帕奇，邀请她来担任该职。而布兰奇·帕奇在自己的书《与萧伯纳的三十年》的开首语中错误地引用了他的话。"你愿意来做我的秘书吗？"萧伯纳写道，"我自己的秘书结婚跑掉了。"[17]

1917 年，在威尔士拉德诺郡的一个名叫普雷斯廷的小镇里，比阿特丽丝·韦伯的侄女们在一个花园派对上将布兰奇·帕奇介绍给了萧伯纳。帕奇在伦敦的药剂师会所获得了一个药剂师证书，并作为药剂师受雇于普雷斯廷的一位医生。在他的邀请信中，萧伯纳建议布兰奇到阿德尔菲露台见一见安·埃尔德，这样她就可以见识一下她工作时所要身处的那个"狭小得可怕的地方"，并"了解最坏的情况"。[18] 在犹豫了一段时间后，布兰奇以每周 3 英镑 10 先令的薪水接受了这个工作，并于 1920 年 7 月末赴任。在帕奇的书的开头，她引用了杰弗里·迪尔默为赞扬她对"这位贤者"的服务而写的诗，其结尾如下：

> ……我歌唱
> 为我们不朽的债主
> 不仅为萧伯纳——也为他的编辑
> 帕奇小姐——她那个年代的元老
> 贤者的抄写员——
> 告诉我帕奇小姐，一个人怎么开始
> 学习驾驶一辆苹果车？

并不是所有人都像这个拙劣诗人一样热衷于帕奇小姐，帕奇后来成了这位贤者门前一条相当凶猛的龙。萧伯纳与她相处得很好，但有证据表明，她并不是一个热情的人，而且她对萧伯纳和夏洛特的看法都相当挑剔。不过，她是一名有能力有效率的秘书，几乎处理萧伯纳所有的事务。在她的职业生涯中，帕奇曾声称自己对萧伯纳和他的作品并无兴趣，尽管以她名义出版的回忆录确实表达了她对这位身为作家、社会评论家、以讥讽方式揭露伪善和虚伪的著名雇主的仰慕之情。最后的句子是向这位在阿约特圣劳伦斯的花园里建了一个小屋作为自己书房的人致敬的："一家之主正在花园尽头的小屋中辛勤劳作，那里有多少的虚伪都升华作了欢笑。"[19]

在 1923 年开始创作这部作品之前，写一部关于圣女贞德的剧作的想法已经在萧伯纳的脑海中生根发芽了许多年。在 1913 年 9 月 8 日从奥尔良写给帕特里克·坎贝尔太太的一封信中，萧伯纳就已经提到过他想要"什么时候写一部关于贞德的剧作"：

> 奇怪的是，我之前从没有来过奥尔良，尽管我之前已经游遍了圣女贞德的国家……我什么时候应该写一部关于贞德的剧作，以清扫她殉难后的灰烬和橘子皮作为开头，继而讲述贞德到达天堂之后的事。我应该让上帝责罚那些参与背叛她的英国人，而贞德将在审判结束时出示一根烧焦的木棍。"那是什么？是其中的一根柴火吗？"上帝问。"不，"贞德说，"这是当我走向火堆时，一个英国士兵给我的捆在一起的两根棍子烧剩下的；他们连一个十字架都不给我；而你不能责罚以这个士兵为代表的那些英国普通群众，一群男爵和主教组成的可悲又懦弱的群氓怎么会有能力抵御魔鬼呢？"[20]

萧伯纳认为这个士兵是 15 世纪这位战士与圣人殉难的"整件事中，唯一带有弥补意味的角色"。他在给斯黛拉·坎贝尔的信中对这个细节的强调，使我们得以洞悉他是如何看待贞德这个故事的。最后一幕的对话中提到了士兵的做法，他在收场白中也作为角色之一出场（"一个凶恶的英国士兵"），他登场时唱了一首他称之为《直接来自群众心底》的

歌。这一说法响应了萧伯纳在剧作第五幕最后为贞德写的话。被朝臣和
主教们背叛抛弃以后，贞德断言她真正的朋友在"普通群众"之中，他
们明白这些社会上层人士所不明白的事。她转身背对法庭并宣布："现
在我要出去走向普通的群众，让他们眼中的爱意来抚慰我在你们眼里所
遭受的憎恨。"简而言之，这个士兵是萧伯纳如何将一个个人英雄故事
置于社会和宗教视野下的重要组成部分，其中普通群众以精神上的主权
超越了世俗制度中政治与教会阶层的统治和权力。

　　在1924年发表的《圣女贞德》的正文和前言中，萧伯纳都明确地　373
将贞德的历史和欧洲新教主义开端联系在了一起。这个观点，当然是值
得争议的。不过，圣女贞德确实是一个具有多种意义的偶像。这个传奇
的一些突出内容——比如她在原野中听到的"声音"，她声称自己受到
了上帝直接的引导，以及她对教会权威的反叛——确实符合萧伯纳对她
的象征意义的诠释。从某些方面来说，她与英国和欧洲大陆宗教改革时
期的清教徒精神是一致的，他们背弃了牧师、主教以及教堂，在村庄和
原野中举行集会，寻求与上帝的直接交流，不以僧侣或代理机构作为中
间的媒介。《圣女贞德》是一部符合清教徒宗教倾向的作品，这种倾向
的代表作家包括班扬、弥尔顿，以及佩因，萧伯纳与他们有着强烈的共
鸣。他曾宣称："比起其他教派，我更接近于一个贵格教徒。"[21] 为了对
这段自我描述加以说明，他解释说，他所谓的贵格教徒就是那些"觉得
教会崇拜没有意义的人，他们的教堂就是他们自己的灵魂"[22]。

　　从15世纪早期，圣女贞德就既创造历史，同时也被历史塑造。她
不仅在中世纪晚期的法国以及罗马天主教廷历史中留下了强烈的印记，
还被卷入了其他种种事业之中，比如法国民族主义，以及20世纪初呼
吁女性选举权的运动，这一文化现象与1909年进行的她的宣福礼同时
发生。这个时代将她塑造成了一名女权主义者，正如后来第二次世界大
战时她被塑造为了一名法国反抗军战士一样。在萧伯纳的笔下，她是一
个女权主义者的原型，这也呼应了他关于性别成见以及这种成见如何使
女性活动和行为受限的看法。这位不喜欢"拖着裙子到处走"的战士与
圣人，从某种角度讲，正是萧伯纳式的女主人公的原型。

写作《圣女贞德》时，萧伯纳做了大量的研究，并就这位圣人的历史与一名天主教牧师，约瑟夫·莱昂纳德神父进行了有趣的书信来往，这位神父是遣使会的一员，萧伯纳在帕克纳希拉创作该剧时认识了他。萧伯纳读了——并在剧作的一些对话中沿袭了——T. 道格拉斯·默里1902 年的《圣女贞德：她的人生故事》中关于贞德受审判的记录，书中包含了相当完整的朱尔·基舍拉的五卷本《圣女贞德的审判》（1841—1849）的译文。《圣女贞德》这部剧作在很短的时间内就创作完成了。1923 年 4 月 29 日动笔，到了 8 月萧伯纳就已经在帕克纳希拉的大南部酒店完成了初稿。

374　　对于《圣女贞德》的早期反响，留存下来的记录包括西比尔·桑代克（后来的女爵士），第一个饰演这一角色的英国女演员，和她的丈夫刘易斯·卡森的评论。1923 年冬天，萧伯纳在阿普斯利·彻里 - 加勒德位于阿约特圣劳伦斯的家中，向在这里聚会的一小群人朗读了这部剧作。"我们简直不敢相信自己的耳朵，"西比尔爵士回忆道，"对我来说，这是我听过的最美妙的第一个场景……多么非凡……还有他渲染第一个场景中那种神秘气氛的手法。多么大胆和真实啊，那女孩和我想象中的一样。在第一个场景快要结束前，刘易斯和我没有跟对方说一句话。我们都觉得，'噢，真是太美妙了'。"[23]

　　1923 年 12 月 28 日，这部剧在纽约的加里克剧院首次上演，又于次年 3 月 26 日在伦敦的新剧院上演，《圣女贞德》饱受赞誉。在一篇关于纽约首场演出的评论中，意大利剧作家路伊吉·皮兰德娄声称："这部作品从头到尾都是一首诗。"[24] 萧伯纳的老朋友和惯常的评论家 A. B. 沃克利，在《泰晤士报》里对伦敦的演出做了评论，他认为这是"萧伯纳先生最杰出的成就"[25]。G. H. 梅尔在《标准晚报》中表示这是"萧伯纳先生最好的一部剧作"[26]。英国评论家 J. I. M. 斯图尔特后来将《圣女贞德》形容为"当然是萧伯纳的一部杰出作品，可能是继《冬天的故事》和《暴风雨》之后，最杰出最动人的英语戏剧"[27]。20 世纪 20 年代的反对声音中包括 T. S. 艾略特，不过他随后承认他创作《大教堂里的谋杀案》时，可能受了萧伯纳的影响。

圣女贞德和萧伯纳关于她的这部剧作，是萧伯纳和玛格丽特·麦克拉克伦书信往来中谈论的话题之一，后者是一个本笃会的女修道院院长，她在教会中被称作劳伦蒂娅修女。她是一个杰出的女子，她在 1913 年被任命为莫尔文附近的斯坦布鲁克修道院的院长，后来又被封为劳伦蒂娅爵士。1924 年 4 月，萧伯纳的老朋友，剑桥大学菲茨威廉博物馆的主管悉尼·科克雷尔爵士，同时也是劳伦蒂娅修女多年的老相识，介绍了两人认识。通过书信往来以及萧伯纳偶尔去修道院拜访，这段友谊一直持续到了萧伯纳 90 多岁的时候。他有时候羡慕她与世隔绝的生活，并总是很感激她为他祷告。1924 年 12 月，萧伯纳夫妇准备动身去马德拉群岛度假时，萧伯纳在一封写给劳伦蒂娅修女的信中谈论了圣女贞德以及一切其他的话题，信末他承诺道："下一次我们在你那附近旅行时， *375* 我要再来摇晃你的栅栏，并渴望地看着栅栏那一边的自由。"[28]

这段友谊曾一度变得紧张，因为劳伦蒂娅爵士并不赞同萧伯纳后来关于宗教题材的一些作品，比如 1932 年他写的故事《黑女孩寻求神的探险》。不过，他们大体保持了非常友好和相互尊重的关系，这为我们提供了萧伯纳对宗教和教会生活看法的一些有趣见解。在他 88 岁写的一封信的结尾处，萧伯纳向劳伦蒂娅爵士坦白道："我把在斯坦布鲁克度过的日子看作是我人生最快乐的日子之一。"[29]

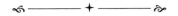

《圣女贞德》的巨大成功以及随之而来的国际赞誉，必定在瑞典学院 1926 年决定授予萧伯纳 1925 年年度诺贝尔文学奖时发挥了极大的作

用。20 世纪 20 年代在《学者》期刊这样极具影响力的机构中，关于究竟是将萧伯纳还是托马斯·哈代列为当时最杰出的文人，有着观点不同的各种判断，后者当时获诺贝尔奖的呼声也很高。1924 年 12 月那一期的《学者》中，威廉·阿彻决定支持萧伯纳，他说："阿纳托尔·法朗士去世后，萧伯纳成了欧洲文学界的老前辈。托马斯·哈代确实年纪更大，但是相较之下他的声誉没有那么大。"阿彻还借此机会责备了萧伯纳的"道德沦丧……某种特有的顽皮，一种恶作剧式的幸灾乐祸"[30]。在一篇给萧伯纳的献词中，瑞典学院诺贝尔委员会的主席佩尔·霍尔斯卓姆博士，则对这种"顽皮"有着更为积极的看法，他谈到萧伯纳对各种观点的混合以及"机智、对任何传统惯例都不屑一顾的态度，还有愉快的幽默感——这一切都恣意地聚集在一起，这在以往的文学中几乎从来没有出现过"[31]。

萧伯纳跟阿齐博尔德·亨德森开玩笑说，他被授予的诺贝尔奖是"一种感激的象征，感激他让全世界感到宽慰——因为他在 1925 年什么作品都没有发表"[32]。他并不在乎荣誉，他接受诺贝尔奖都是因为夏洛特的劝说，因为这个奖项也是在向爱尔兰致敬。他没有出席斯德哥尔摩的颁奖典礼，并想象要用 6500 英镑的奖金来"鼓励瑞典和不列颠群岛之间文学艺术的交流和理解"，方法就是将那些被忽视的瑞典作品翻译成英文。[33] 萧伯纳心目中拥有至高无上地位的瑞典作家是奥古斯特·斯特林堡，他十分敬重他。萧伯纳在诸多场合都表现出了想要拒绝公众荣誉的冲动。1926 年 2 月，他拒绝了爱丁堡大学授予他荣誉博士的提议，并指责这所大学"在毕业典礼上胡闹"[34]。之后他又拒绝了英国工党首相詹姆斯·拉姆齐·麦克唐纳德授予他爵位的提议，并阻止了授予他一等功的举动。

尽管萧伯纳想继续当萧伯纳，并让人们通过他的作品去评价他，但是名望的洪流——以及随之而来的麻烦事——是不可避免的。1914 年这个在英国备受唾骂的人物，已经成了全国的名人，一位值得尊敬的贤者，尽管同时也是一个小丑。1930 年丘吉尔发表了一篇赞美他的文章《萧伯纳——圣人、贤者和小丑》，其标题一定程度上抓住了他那扑朔迷离的公众形象。丘吉尔写道，从一名"他早期最厌恶的人"之一开始，萧伯纳在他眼中逐渐成了英语散文的大师之一。他将他形容为一个"欢快、机智、凶猛以及有洞察力的人，冰霜杰克在阳光里闪闪发亮地跳着舞，错过了我会追悔莫及的"[35]。

同时，萧伯纳也为名望付出了代价，数不尽的援助请求，堆成山的信件一并涌入了阿德尔菲露台和阿约特圣劳伦斯。"诺贝尔奖对我来说是一场可怕的不幸，"他告诉他的法语译者奥古斯丁·哈蒙，"在获奖消息公布以后，全欧洲都写信找我借钱，大多数直接想借奖金的总数额。而当我拒绝了奖金的消息传出后，另外100万个人又写信给我说，如果我富有到了可以丢弃这么一大笔钱的程度的话，我也可以收养他们的孩子，或者还清他们的房贷……或者借给他们 ×××× 英镑的钱，他们明年5月会准时归还，或者出一本解释宇宙奥妙的无价之书。"[36]

布兰奇·帕奇回想起不管信上的地址写得多么含混不清，信最终都能到他手里："'萧伯纳，文人、作家、政治家、国务活动家等，伦敦'就可以了；有一名美国军队里的中尉仅仅写了'萧伯纳先生，英国'。"[37]尽管萧伯纳给数不清的事业和个人送去了极为慷慨的援助，但一定的限制还是要设置的。从1906年开始，他印刷了一些语气礼貌但强硬的明信片来对付索要他签名、请求经济援助、朗读文学手稿、出席展览开幕、参与晚宴发言、给期刊供稿，以及其他相似的请求，同时给一些他时常被问及的诸多问题以统一的标准答复。这些明信片分散在世界各地，现在成了收藏家收集的对象。一张1927年左右留存下来的卡片上写道：

> 萧伯纳先生，现在不是，也从没有当过一名职业的演讲者*，他　　*377*
> 不得不将自己作为一名公共演说者的活动限制在特殊和例外的场
> 合，主要是与政治有关的。因此他祈求各机构的秘书把他的名字从
> 可用的演讲者名单上划去。萧伯纳先生不为展览和义卖会揭幕、不

---

* 萧伯纳在进行演讲时总是拒绝收取任何费用。

主持会议、不在公开晚宴上发言、不做名誉副校长或赞助人，也不做任何礼仪性的公共工作；他向相应的收信人请求原谅。[38]

在 20 世纪 20 年代末，印刷品以外的另一种媒体形式，进一步扩大了萧伯纳的国际名望。他在第一次无线电广播中——1924 年 11 月 20 日，由英国广播公司转播自伦敦的萨沃伊山——朗读了他的剧作《荣获维多利亚十字勋章的奥弗莱厄蒂》，他还唱了两段著名的战时歌曲《蒂珀雷里》。在 20 世纪 20 年代，萧伯纳通过广播做了多次会谈并参加了一些辩论。1930 年 10 月 28 日，他在伦敦萨沃伊酒店的一个晚宴发言中——为促进东欧犹太人的福利——的献给阿尔伯特·爱因斯坦的祝酒词，由短波传送给美国的 CBS，成了该国广播播出的首个萧伯纳发言。1934年，他在新西兰的惠灵顿通过广播发表了一次演讲，演讲有着一个响亮的名字《GBS 对世界讲话》。[39] 当时凡是受过教育的人，几乎没人需要关于"GBS"这些首字母的释义。

萧伯纳在尝试有声电影时，得以施展他性格中演员和小丑的一面。1928 年，受影音新闻的邀请，他在阿约特圣劳伦斯的家中在一部有声电影里露面并讲话，他特意安排了自己从花园的灌木丛里走出来，并假装很吃惊地看到有一个摄像机的画面。说了几句俏皮话以后，他滑稽地模仿了那位妄自尊大的意大利领袖，贝尼托·墨索里尼。[40] 在诸多展现了萧伯纳式玩笑的有声电影中，这是现存最早的一部影像资料，正是这些影片使得世界各地的人们能够"亲身"了解这位不寻常而有趣的爱尔兰人。

A, B. 沃克利 1924 年在《泰晤士报》发表了一篇关于《圣女贞德》首个英语演出的评论，其中一段富有洞察力的旁白引起了人们对该剧一个极具争议的内容的关注，也就是萧伯纳对于那些审判贞德的教会权威带有同情心——甚至是赞许意味——的处理。当提及博韦主教科雄这个角色时，沃克利在括号里写道：顺便提一下，萧伯纳先生对此人有粉饰

倾向。此后的评论家普遍认为，沃克利的看法算是保守的了。有人争论说"萧伯纳化的科雄"（引用自后来的一篇评论的题目）[41]是萧伯纳在戏剧创作中，对历史事实所做的诗的破格的最佳例证。虽然在作为艺术作品的戏剧中，这似乎不是一个大问题，但是不幸的是，与对科雄富有同情心的处理相似的，是萧伯纳对许多20世纪20年代末至30年代初真实的凶险政治人物的态度，这些人无疑都是极其恶毒的。

萧伯纳作为一名剧作家的能力之一，就是他可以在想象中进入那些他在社会批评中所敌视并讽刺的人物的内心。《圣女贞德》引人入胜地探索了人类权力体系中那种自圆其说的策略。在职业生涯的早期，萧伯纳就已经批评并否定过简单、夸张的善恶角色划分。在他的剧作中，他在刻画那些通常会被看作是十足恶棍的角色时，都会展现他们的心态以及他们看待世界的方式。他多部作品中所出现过的强盗，都直言不讳地为他们自己和他们的职业辩护；一些情况下（比如《伤心之家》里），人们会注意到这一事实，那些被法律体系认作是罪犯的强盗，与社会公认的资本主义强盗其实没有真正的区别。正如我提到过的，萧伯纳很喜欢引用蒲鲁东的格言"财产就是盗窃"。

即使是在剧作中，萧伯纳这种对于"恶棍"的温和且富有同情心的看法，也可能产生一些问题。例如《芭芭拉少校》中他对安得谢夫特的处理，一位评论家中肯地批评说，他"给了魔鬼远远超过他所应得的"[42]。20世纪20年代末到30年代初，萧伯纳对新兴的法西斯势力及所谓欧洲强人的一些早期评价，就证明了他乐于发现事物的另一面的行为，可能会把他置于某种危险之中。墨索里尼1922年带领他的法西斯黑衫军进军罗马，并随后取得了意大利的至高权力，萧伯纳对他的态度就是这种危险的最佳例证。

1924年12月26日，萧伯纳和夏洛特动身到马德拉群岛去度为期6周的假期，他们入住了丰沙尔的里德宫酒店。临行前，威廉·阿彻写了

379　　他给萧伯纳的最后一封信。阿彻当时正要入院接受一个恶性肿瘤的摘除
手术。尽管他认为自己从手术中幸存的概率"相当大"，他还是借机向
萧伯纳写道："尽管我有些时候扮演了一个过于公正的导师的角色，但
我对你的崇拜和喜爱从未动摇过，我也一直认为命运待我不薄，让我成
了你的同代人和朋友。我从心底感谢你做了我 40 年的好伙伴。"[43]

　　在抵达马德拉的 3 天后，萧伯纳夫妇接到消息，阿彻没有挺过手术
并于 12 月 27 日去世了。阿彻的《三部戏剧》(1927) 在他死后出版，
萧伯纳在前言中写道，阿彻去世的消息将他置于"一阵狂怒之中"，他
承认自己把这些愤怒都发泄在做手术的医生身上是有失公允的，不过这
的确帮助他度过了"最初的丧亲之痛"。他回忆起自己当时从马德拉回
到了一个"没有阿彻的伦敦"，感到"这个地方进入了一个新的时代，
而我在其中已经是过时而多余的了"。[44]

　　在《圣女贞德》以后，萧伯纳作为剧作家沉寂了很长一段时间，直
到 1929 年《苹果车》在华沙世界首演。至于文学方面的活动，他在那
几年中注意力主要放在了《知识女性指南：社会主义和资本主义》的写
作上，在这部作品 1928 年美国版的扉页中，他将其称为"我给人类的
临终遗嘱"。这部作品的创作出自机缘巧合，玛丽·乔姆利请他为她提
供一些关于社会主义的看法，以供她在施罗普希尔的女性集会上做介
绍。从这一点开始着手，萧伯纳写成了阐述他政治观点的最主要的一部
作品。

　　萧伯纳的剧作有时候会在呈现政治内容时表现出一种极其令人困惑
的复杂性，但《知识女性指南：社会主义和资本主义》则保持了萧伯纳
和他的费边社同伴在 19 世纪 80 年代到 90 年代间所设计的社会主义观
点的连贯性。作品的标题现在看来有些居高临下。但是放在当时的环境
中看，这部作品的写作是源于一位女性想要了解社会主义，而那个年代
政治决策几乎全部由男人做主。文章的标题正是以修辞学的方式向男性

占有的领域争夺所有权。这本指南在语气和风格上，再次展现了萧伯纳那种非凡的沟通天赋，这一点在他早期写的费边社小册子，比如《费边社：做了什么及怎么做的》（1892）中有所反映。文中的"声音"不是来自一名教条主义的社会主义者，比如《一个不合群的社会主义者》中的特里弗西斯，也不是一名专家讲专业术语。它更像是一个人与另一个人进行的关于社会组织结构的理性探讨。当时人们对政治感到极大困惑，英国第一位工党首相，前费边社成员拉姆齐·麦克唐纳德于1924年上任，很明显，需要有人来为广受质疑和辱骂的社会主义哲学做启蒙。萧伯纳的书正好响应了这样的需求。这本书在大西洋两岸出版后获得了成功。16000册英国版以及75000册美国版在1928年被印刷出来，而20世纪30年代以后，又出了更多版本。

380

　　《知识女性指南》在进行论证时，有着堪称典范的幽默感以及相当开明的思想。费边社社会主义的学说，是以"在一个可敬的文明国家"财富应该如何进行分配的观点来呈现的。[45] 萧伯纳的方法是，展开话题并邀请读者与他一同对其进行探索。他对于资本主义缺点的诊断是敏锐的，且难以被反驳。资本主义，他论述道，在其意图上可以完全是温和的，甚至具有创见性。但是，其最主要的问题是，没有办法确保其动机是利他的。在两个中心章节（《永动的资本主义》和《失控的资本主义》）中，萧伯纳明确描述了资本主义难以被控制的力量，这些描述至今依旧适用：

　　　　资本主义给我们带来了各种各样的企业，国内和国外均如此，对这一切我们没有办法控制，也没有意愿。这些企业不一定是坏的，它们中的有一些产生了有益的作用；但是问题在于，资本主义并不在乎这些企业对我们带来益处还是害处，这些企业的目的是要给股东带来收益。我们永远不知道资本主义下一步会怎么做；而我们永远也不能相信他们的报纸所告诉我们的关于其所作所为的任何一句话，因为真相很可能不尽如人意。[46]

萧伯纳提出，除了造成社会分歧与异化之外，资本主义制度最主要的道德缺失之一，是它摧毁了"对除了以武力为后盾的利己主义以外的其他一切有效力量"的信仰。

在仔细分析了许多财产分配的方案以后，萧伯纳得出了社会主义的中心信条。"分得自己生产的"、"分得自己应得的"以及"分得自己能得到的"一类的方案都含有严重的缺陷以及公平方面无法解决的问题。社会主义的"真正特征"，也就是区别于其他有着相似目标的意识形态——激进的、博爱的、自由的，或者工团主义者——的，是收入平等。为了达到这一目的，政府必须成为"国家的地主，国家的金融家，以及国家的雇员"[47]。

381

尽管萧伯纳有时候对引发社会和政治变革中暴力的运用，表现出模棱两可的态度，但在这部作品中他十分明确。在关于革命的章节中，他反对暴力的使用。"真正明白自己事业的社会主义者，"他写道，"永远都是反对流血的。"[48]暴力并不能创建社会主义，只会浪费，而宪法和经济规划的基本工作依旧没有完成。意识到暴力革命发生的可能性是有必要的。但即使是在这样的革命之后，问题依旧需要解决，因此杀戮还是不发生的好："从长远来看（在现在都是短期来看）你必须恢复议会和固定的宪法；而造反和政变以及伴随而来的流血、燃烧以及死刑，从积极的社会主义建设性工作来看，最好还是不要发生。"[49]

历史给《知识女性指南》带来了一种辛酸的特质。从某些角度来说，在第二次世界大战前的政治和社会骚乱中，这部作品称得上是一部圣贤之作和悦耳的理性之声。但是在20世纪20年代末和30年代初，这一哲理的变异成了彻底邪恶的政治运动的根本原因。像多数时候一样，萧伯纳对现存制度所做的分析和批评，在现在看来，比他提出的解决方案更具有说服力。尽管其中的积极倡议现在看来不尽如人意，但这部作品的精神——寻求比资本主义的放任主义更公平的社会分配——依旧令人钦佩。

去往巴韦诺之路：危险的暧昧

"老年人很危险：他们已经不在乎世界会怎样了。"萧伯纳在《伤心之家》中给绍特非船长的这句精炼的宣言，只有部分符合老年时代的作者自己。除了对人类作为政治动物与日俱增的绝望感以外，萧伯纳继续关心着世界会怎样。不过，在 20 世纪 20 年代末到 30 年代初，他卷入了一些十分危险的暧昧之中，一次是在他的个人生活中，还有几次是在政治领域里。其中两次与意大利的马焦雷湖密切相关，萧伯纳夫妇 1926 年到 1927 年的夏天好几次来这里长住。正是在这里，萧伯纳与美国演员莫莉·汤普金斯的调情变得更加激烈了，也是在这里，他开始对墨索里尼和意大利法西斯主义产生了同情的态度，他对这些态度的表达毫无疑问地引来了大量的强烈批判，同时也令他的朋友们十分惊恐。萧伯纳在两次世界大战的间隔中，对于另外两位极权主义统治的主要领袖，希特勒和斯大林的反应，也同样误入歧途，并始终难以与他作为社会评论家的那些令人钦佩的方面相符，也难以与他最好的喜剧作品中那迷人的人道主义精神相符。

~~~ ━━━━ ✦ ━━━━ ~~~

由于崇拜萧伯纳的作品，23 岁的莫莉·阿瑟·汤普金斯 1921 年在艺术家丈夫劳伦斯及尚在襁褓之中的儿子彼得的陪伴下来到了伦敦。她的两个志向是建立一个萧伯纳的剧院以及发展她刚刚起步的演员生涯。[1]关于萧伯纳和莫莉·汤普金斯关系的主要信息来源，包括大约150 页的书信以及他从 1921 年 12 月到 1949 年 1 月去世前一年写给她的明信片。莫莉写给萧伯纳的信件（她儿子估计大约有 1000 封）只有极少数留存了下来，她也烧毁了所有记录她回忆的笔记本。[2]萧伯纳给莫莉的信被收录在一本配有大量插画的合订本中，由彼得·汤普金斯编辑，1960 年康斯特勒出版社以《致一位年轻女演员：萧伯纳写给莫莉·汤普金斯的信》为书名出版此书。

彼得·汤普金斯在编辑了书信之后，又于 1961 年出版了他编辑的第二本书，书名叫《萧伯纳和莫莉·汤普金斯的自述》。莫莉回忆她与萧伯纳交往的磁带录音、新闻剪报以及其他一些消息来源被她的儿子拼凑在了一起，这部半虚构的作品以一部她写的"自传"的形式呈现了出来。这部作品的叙事主干看似是可信的，并且也从其他的证据（比如萧伯纳的信）中得到了证实，不过其中的对话以及小说似的场景设置则是另一回事了。在书的扉页，有一条来自萧伯纳遗产（那时的公共信托）信托人与执行人的批注，其中声称遗产基金会"对书中的萧伯纳先生的对话的准确性不负任何责任，因为其仅基于大约 30 年前的回忆"[3]。因此，萧伯纳与女人的最后一段重要感情故事，我们只能点点滴滴地从形形色色的资料中去了解了。

莫莉和劳伦斯·汤普金斯 1921 年夏末时来到阿德尔菲露台，他们希望能向偶像萧伯纳自荐并跟他讲讲他们的计划。被一位不太热情的女佣搪塞以后，劳伦斯去了一家不远处的咖啡馆，莫莉则继续等待，并在萧伯纳回家时当街向他做了自我介绍。随后她被邀请到了萧伯纳的公寓中，她向他解释了自己来的目的。从第一封留存下来的萧伯纳写给她的信中（1921 年 12 月 21 日）来看，她长得"非常漂亮"，有着天生的"优雅气质和良好体态"。但是，在同一封信中他总结道："向可怜的汤普金斯带去我的问候，他娶了一个相当麻烦的姑娘。"[4]

这对夫妇来自美国的富裕家庭，当时他们显然从一些投资中获得了可观的收入。他们设想的莫莉将要在其中演出的萧伯纳剧院，已经被劳伦斯设计了出来。"剧院有着罗马式的建筑外观，一块刻着创造进化论故事的砂岩。"劳伦斯是一名画家和雕塑家，他创作了一件名为《莉莉丝》的作品，就是那个萧伯纳在《回到玛土撒拉》中所塑造的神秘生物。这幅画描绘了一个丰满性感的裸体女子，长着浓密的阴毛，仰面躺着，一只膝盖抬起来。模特很显然是皮卡迪利的一位歌舞团女子，但是从彼得·汤普金斯的叙述来看，许多人都以为画中是莫莉本人；作为"她的故事"的叙述者，莫莉评论道："劳伦斯似乎总是在他做的每一件事中都加入一点我的痕迹。"[5]（尽管她具有许多活泼迷人的特质，但莫莉显然天生不具有强烈的幽默感。）作为创造进化论故事基础的莉莉丝，她的画像本来是要放在他们计划修建的剧院的主入口的。也许幸运的是，为萧伯纳和他的"宗教"建一座戏剧神殿的想法，最终仅仅成了劳伦斯在一所借来的伦敦工作室里做的小模型。

384

在他们到达英国后，这对年轻的美国佬得到了萧伯纳的庇护，他邀请劳伦斯去蓓尔美尔的皇家汽车俱乐部晨泳，带夫妇两人开车在英国旅行，并介绍他们参加了1922年费边社的暑期学校，他们在这里还与萧伯纳一同合了影。[6]他给莫莉的第一个建议就是，让她去皇家戏剧艺术学院登记入学，萧伯纳从1911年开始就是这所学院一位十分活跃的理事会成员和支持者。莫莉在这里的第一位老师是克劳德·雷恩斯，他从一开始就不喜欢她，反之，莫莉也不喜欢他。

接着，为了克服她说话时的"地方口音"，比如把"黄油"中的t发作d，萧伯纳建议莫莉跟他的朋友，伦敦大学的一位威尔士语音学教授丹尼尔·琼斯上一些课程，琼斯很有可能就是萧伯纳在《皮格马利翁》中塑造的亨利·希金斯的原型之一。莫莉在演艺事业上坚持不懈，并取得了一些小小的成功；但是后来她发现绘画是宣泄她创作冲动的更好途径。萧伯纳建议她不要尝试喜剧。"你的声音中没有可以引发大笑的声调，"1923 年 8 月 27 日，他从帕克南希拉给她写信说，"你目前必须要通过扮演悲伤的女子才能成功，长着麝香葡萄一样的双眼，用未流下的眼泪淹没舞台，而不是要引得满座的人哄堂大笑。"[7]

萧伯纳和莫莉早期的关系，类似于皮格马利翁式的希金斯和他的伽拉忒亚式的伊莉莎·杜利特尔。他教他的"莫莉汤普金斯"（他就是这样称呼她的）发音、演说技巧、书法、社会礼仪以及饮食（"我一直在警告你的元音和辅音，其实我真正应该给予你警告的，是你的饮食"），并尝试说服她不要化妆（她的脸"素颜会好看得多"）。[8] 从一封早期的信中可以看出他很生气，因为她在信封上称他为"萧伯纳先生（Mister Bernard Shaw）"。源于他在绅士谷物商乔治·卡尔·萧家中的教养，他解释道"Mister"是用于称呼手艺人的。他是"萧伯纳绅士（G. Bernard Shaw，Esquire）"。这个建议更多是为了不让她犯社交上的错误，而不是为了势利地维护自己的社会地位，或者像英国人所说的，摆架子。[9]
从最初的希金斯和他的伊莉莎开始，他后来听着更像是《伤心之家》中
385 绍特非船长生气地责备自己风骚的魔鬼女儿们。萧伯纳很快发现了他这位自以为是却格外迷人的年轻朋友身上风骚成性的一面。

1922 年到 1924 年间的书信主要是萧伯纳给予莫莉演艺事业的各种戏剧事宜上的建议。但是，其中也夹杂着关于爱情的讨论，从上下文中我们可以明显看出，这些讨论是由她向萧伯纳表达了自己的感情而引起的。1924 年 6 月 10 日，萧伯纳在写给莫莉的信中谈到了爱情，其中可以看出，他在以自己早期恋情中的那种冷漠和超然来回避这个话题。2月他引用了他最喜欢的作家之一，拉罗什富科的一句格言："很老的人和很年轻的人不应该谈论爱情。这会让他们看起来很荒谬。"[10] 在 6 月10 日的寄给"我亲爱的莫莉汤普金斯"的信中，他问道："恋爱不是很让人愉快吗？我可以假装去满足你。你会在《伤心之家》中看到我尽我所能对其做出的描绘……但这并不会持久，因为它不属于这个世界；而当你击碎偶像，你会发现他跟你一样只是一个碎布娃娃。"[11]

在和这第二封信差不多的时间，莫莉决定她不想成为一名女演员了。据她儿子所说，"她想要的是生活"[12]。她选择意大利作为实现这一

想法的地方，到了8月，她已经和劳伦斯一同在这个国家旅游了，其间她收到了几封萧伯纳的信。1925年初，她激怒了萧伯纳——他正在马德拉群岛和夏洛特一起度过1924年到1925年间的冬天——因为她跟他讲述了自己和一位意大利女士的丈夫调情的经历。2月22日，在萧伯纳度假回来后，他愤怒地写信给她说：

> 你别想哄我：你可以想做什么就做什么；但你不能不明不白地去做。你就是典型的卖弄风情的女人：也就是，主动去勾引别人但最终又不会满足对方。如果你偷那个不如意的女主人的丈夫，是因为你想要他，那么至少还算事出有因；但是引诱他仅仅是为了引诱，随之又把他抛开的话，这就是一种放荡的操纵行为……恐怕告诉你小心一点也无济于事吧。卖弄风情的女人和浪荡子都是无可救药的。[13]

在这个无可救药的风骚女子身上，"无可救药的浪荡子"找到了他的对手。萧伯纳在这封信中复述了他拒绝伊迪丝·内斯比特的追求后，伊迪丝对他的抱怨（"你如果没打算写书的话就无权写前言"），他责备莫莉犯了同样的过错，满世界地写"前言"却根本没打算继续完成"那本书"。不过，这封信本身就是萧伯纳自己拈花惹草的"前言"之一，　　*386*
在一段长长的附言中，他承认："我几乎和你一样坏。"

1926年和1927年的夏季里，在意大利皮埃蒙特的马焦雷湖边，萧伯纳和莫莉的关系发展到了最为激烈——并且有性爱——的阶段。汤普金斯夫妇1925年夏天在意大利旅行时去了巴韦诺，一个位于湖西南岸的风景优美的村庄，距大一些的湖边度假胜地斯特雷萨两英里。在巴韦诺的贝尔维尤酒店暂住时，莫莉和劳伦斯产生了在湖中的博罗梅安群岛的一座岛屿上租一个别墅的想法。他们见了维塔里亚诺·博罗梅奥，拥有群岛的贵族家族中的一员，并成功以十分低廉的价格租到了其中的一个岛屿，圣乔瓦尼岛以及岛上的别墅。但是，他们直到1927年*，别墅完成了翻新以后，才到这里来居住；此间，在1925年到1926年间的冬天，他们搬到了巴黎，劳伦斯在这里建立了一个工作室。

1926年1月的一个晚上，当夏洛特决定去伦敦市里时，萧伯纳从阿约特圣劳伦斯给莫莉写了封信。这是一个柔和的夜晚，萧伯纳坐着，膝上放着他的打字机，"就像一个水手和他的小姑娘一样"，无线电收音机上放着莫扎特的"小夜曲"。在信中营造了一种秘密沟通的氛围后，萧伯纳提起了他们的关系在肉体方面的话题。信中他说自己上了年纪了以后，对女人的吻和爱抚有了免疫力，同时他也不愿意借名利之便去假设年轻的女性崇拜者会想被他"粗暴地抚摸"。"年老就像年少一样，会令人羞涩，"他写道，"而这就是一个男人，尤其是一个老男人不总是会吞食他的天然猎物的唯一原因。"她与他的恋情风平浪静地持续了很长一段时间，有几次她希望两人能够"同房"。他继续语带神秘地写道："但是这些事不适合言语表达和谈论。它们属于极乐世界……我们都想逃到那里去会见对方，而我们只应该在想象中去到此地。不过我们也应该在这个真实的世界里做我们需要做的事；下一次你至少不会舌头像打了结一样了。"[14]

387　　1926年夏天，萧伯纳夫妇去斯特雷萨度假，8月4日启程（在他70岁生日后不久）前往俯瞰马焦雷湖景的雷佳娜皇宫酒店。萧伯纳抵达时精疲力竭（"我愚蠢地在疲劳状态下从伦敦动身。"他告诉莫莉），这一状况因他在意大利染上发热疾病而变得严重。[15]不过，他的健康和精神很快就恢复了，这主要得益于划船，游泳，和指挥家阿尔伯特·科茨（他在湖上有一座别墅）兴趣盎然地谈论音乐，和他圈子里的人——包括英国作家塞西尔·刘易斯以及他的俄罗斯妻子"杜什卡"——社交。他花了一部分时间来为雕塑家普林斯·保罗·特鲁别茨科伊做模特，特

---

* 从1927年开始，汤普金斯决定把这个别墅作为他们的永久住所，直到他们在1929年华尔街崩盘时遭遇亏损，并被迫于1931年放弃此地。参见《致一位年轻女演员》，第96页。

鲁别茨科伊当时在为他雕一尊坐像和一尊半身像，爱尔兰国家美术馆里的萧伯纳塑像正是出自他之手。[16]夏洛特在一封写于斯特雷萨的信中告诉比阿特丽丝·韦伯，特鲁别茨科伊"在湖上有一座别墅，一个很大的工作室，以及一位惊艳的妻子"[17]。

萧伯纳夫妇两人立刻开始饶有兴致地辨认"莫莉的"在湖上的小岛，寄明信片到巴黎给莫莉，描绘湖上点缀的不同小岛。莫莉8月8日之前一定是纠正了他们，当日萧伯纳写了封信说，他关于租赁其中一座岛的"诗意"看法已经变为了一名"房产中介"的态度，因为他发现圣乔瓦尼小岛就在湖对面，从巴韦诺出发，离帕兰扎很近，基本算是一个大酒店的花园的一部分。这位都柏林一家地产中介的前雇员，一位对排水系统感兴趣的伦敦区议员，随后问了一些很实际的问题。她有没有意识到"喧闹的帕兰扎大酒店就在你们的正上方"？她有没有弄清楚帕兰扎的排水系统，"更不必说圣乔瓦尼的排水系统了"？[18]夏洛特8月22日给莫莉寄了一张这个岛的明信片，并在9月10日给她写了一封友善亲切的信。[19]

1926年9月18日到19日的这个周末，莫莉在发了一份通知她到访的电报以后，从巴黎来到了马焦雷湖。出于一些只能是我们猜测的原因，可能是因为萧伯纳眼中莫莉的一些不良行为（"愚蠢的举动"），这次来访变得很糟糕：萧伯纳和"小野兽"之间迅速爆发了一阵暴躁的书信和便条来往，她一度给他留下一张草率的便条说她要立刻回巴黎。[20]不过，在此之后，争吵就平静了下来，在她到达湖滨之后的这两个星期里——在萧伯纳夫妇10月4日回英格兰之前——两人间第一次度过了愉快的时光。这段时间最重要的一个地点，就是从巴韦诺到斯特雷萨沿湖的一段路，萧伯纳在晚餐后会陪莫莉从蕾佳娜皇宫酒店回贝尔维尤酒店。在她儿子写的书中，她这样回忆道："那是阳光明媚的日子和安静的夜晚，每晚萧伯纳都陪我走回巴韦诺，然后我又陪他走一半回斯特雷萨的路，此后他把我送到巴韦诺贝尔维尤的台阶上之后，再大步流星地走进夜色里。"[21]"去往巴韦诺之路"这句话在萧伯纳和莫莉后来的书信中，成了两人间在意大利所发生的一切的简约表达。

388

　　萧伯纳和夏洛特 1927 年又回到了斯特雷萨长住，他们在这里从 7 月末一直待到了 10 月初，这时莫莉和家人已经在圣乔瓦尼岛的别墅住下了。从汤普金斯夫妇所讲的故事中可以看出，萧伯纳夫妇早上常常从蕾佳娜皇宫酒店乘船去拜访他们，并在这里游泳、野餐。下午当劳伦斯工作，夏洛特阅读时，萧伯纳和莫莉就驾驶她的雷诺汽车一起去探索湖边的山和小镇。莫莉在她儿子为她写的"自传"中有一段浪漫的回忆，其中她和萧伯纳将车停在了托切河边一个隐蔽的树丛里。当他们躺在河边的沙滩上时，她说萧提议她应该写他的传记。她回答说自己对他一无所知，只知道他对她来说意味着什么，然后他们"聊了许多有关他和女人的关系"。她继续讲述道："最后我伸展了一下身体并说，'我受够了你了，还有这河，还有这些树，还有这种甜蜜，但我还是不能写你的人生。我会使我自己和你都出洋相的'。"22

　　彼得·汤普金斯直到 2004 年才公开了一封萧伯纳 1944 年写给莫莉的信，其中明确证实了一些评论家（包括该书作者）的猜想，两人之间是发生了性关系的。这封信写于夏洛特去世之后，其中萧伯纳询问了莫莉她当时已经与之离婚了的丈夫的情况，接着又问道："你诸多的周末丈夫中，我自然是最有名望的一个，有没有谁像你我一样，没有尊重劳伦斯的夫妻特权。我希望他永远不要怀疑我'背叛'了他。从来没有哪一段发生了性关系的恋情给过我如此多的欢愉。"23

　　在此前发表的萧伯纳与莫莉的书信中，有几处提到了他们在去往巴韦诺的路上的经历，明显暗示了不管是在那儿还是马焦雷湖的别处，两人之间不仅仅是聊天。在一封 1929 年 2 月 2 日从伦敦写给他"最亲爱的莫莉金斯"的信中，萧伯纳写道："你想知道我是不是厌倦你了。到了我这个年纪，你会厌倦每一个人，只能请求年轻人给我一点宽容的忍耐。我吝啬地积攒着对肉体的痴迷，因此到了 70 岁，我还有一些剩下；不过我所有的那些剩余，都在去往巴韦诺的路上，还有在从同一个地方去往天堂的路上，被偷走了。"24

389　　在一封写于 1927 年 1 月 12 日的信中，他回忆说"夜晚去往巴韦诺的路"是她在马焦雷湖边的各时各地中，可以有甜蜜美梦的地方之一。1928 年 3 月 2 日，他告诉她"他疲惫的双手有时候会厌倦握笔并忆起去往巴韦诺的路"[25]。在一张 1927 年 1 月 10 日的明信片上，在提到她租赁圣乔瓦尼岛时，他问她何时会去"永受祝福的被亲吻多次的小岛"[26]。1934 年莫莉的画作在伦敦莱斯特画廊的展览大获成功，其中一幅叫作《去往斯特雷萨的路》。据汤普金斯所说，萧伯纳买下了这幅画，并坚持画的名字应该是《去往巴韦诺的路》。[27] 她在马焦雷湖暂住时，莫莉曾去过米兰堕胎。据她的儿子所说，孩子的父亲是萧伯纳，在以莫莉·汤普金斯口吻讲述的故事中，他为这次堕胎感到非常沮丧。[28]

一封留存下来的莫莉 1945 年写给萧伯纳的信中，她坦言，当他们在马焦雷湖相会时，她"因对你的激情之激烈而感到头昏眼花"，并说他是"那个当与他一起躺在意大利的一条河边，或是一个湖边，或是和他一起走在去往巴韦诺的路上时，给我的身体、我的思想、我的心灵带来平静的萧伯纳"[29]。她当时是从纽约给萧伯纳写的回信，萧伯纳在前一封信中表达了自己获悉她想去拜访他的提议后，所感到的恐慌。在回信中，她坚称自己并不想重新延续两人的性关系：

> 事实上我并不想重走巴韦诺之路。我会永远将其深深地、甜蜜地放在心里，为了夏洛特我也是这样考虑的。我以前并不喜欢夏洛特——她没给我多少机会让我喜欢她，我似乎从来没有时间去真正了解女人们以使自己知道到底喜不喜欢她们。但是我知道你有多么在乎夏洛特，还有当一个男人被爱胜过他爱别人时所具有的那一丝内疚感，因此你绝不会做任何可能伤害她的事。如果我料到自己的拜访可能被误认为想要重新寻求刺激的话，那我是绝不会考虑去探望你的。[30]

在 1930 年 6 月给弗兰克·哈里斯的信中，萧伯纳写道他"喜欢性爱，因为它非凡的力量能够创造出一股天国般的汹涌情绪以及存在的极致喜悦"，他当时想到的必定是比人们之前所料想的要新得多的经历。[31]

萧伯纳与莫莉·汤普金斯的外遇是紧接在 1922 年帕特里克·坎贝尔太太发表《我的人生和一些书信》之后发生的，书的一大卖点就是
390 其中收录了萧伯纳写给她的信。萧伯纳对这本书有着极大的——也合乎情理的——担忧，因为它可能会给夏洛特造成伤害，也会使他难堪。但是，斯黛拉指出，1921 年 12 月 2 日他在写给她的一封信中已经授予了她版权，并坚持要发表这些书信。"开始祈祷吧。"[32] 她写道。她就出书的计划给萧伯纳写了冗长甚至有时候显得刻薄的书信。最后该书如期出版，其中选录的书信遭到了大量的删减。

对夏洛特来说，莫莉·汤普金斯这段外遇，肯定就像是她那任性的丈夫与斯黛拉的那段"光脚玩伴"[33] 间的调情的变本加厉的再现。但是，从彼得书信集（1960）中收录的夏洛特写给莫莉的信来看，她举止得体、亲切，同时对这位年轻的美国女子相当友善，到了 1926 年，莫莉已经基本取代斯黛拉，成为萧伯纳生命中最引人入胜和令人烦恼的魅惑女子了。在莫莉的回忆中，夏洛特似乎并不讨人喜欢。据说她那种刻板的举止以及对她伟大的丈夫"G. B. S."的恭敬而占有欲极强的态度，令莫莉极为恼怒。莫莉对她有一些极不厚道的评价。据汤普金斯的记述，夏洛特——那时将近 70 岁——不太在湖里游泳，但会穿一件黑色塔夫绸的泳衣，肩膀处饰有一只充棉金丝雀，"这只鸟的嘴微微张开，就好像要唱歌似的"[34]。此外，记述中还暗示萧夫妇在蕾佳娜皇宫酒店的套房阳台上有一副倍数很高的双筒望远镜，夏洛特用其来监视萧伯纳和莫莉的一举一动。[35] 这其中有多少是无凭无据的谣言，我们没有办法知道。其中的一些评价确实带有令人信服的特性，但是，从夏洛特那些友善的信件来看，这些记述中对她的态度是有失偏颇的。[36]

马焦雷湖的局面肯定造成了一定的冲突。但是，夏洛特似乎并没有采取任何措施去阻止萧伯纳和莫莉之间关系的发展；也许当时她已经或多或少对萧伯纳的拈花惹草逆来顺受了。或许也是因为她有理由确信，萧伯纳并不会与莫莉发展任何可能导致丑闻或者破坏他婚姻的关系。对

于萧伯纳来说——当时身体还很强壮，他的婚姻要么从一开始就无性，要么很早就不再有性爱了——这位有魅力又热情的年轻美国人肯定有着极大的诱惑。夏洛特很可能猜到了萧伯纳和莫莉在去往巴韦诺的路上，还有开车"在同一地区通往天堂的其他路上"兜风时，究竟发生了什么，但她选择了宽容。

与莫莉·汤普金斯的关系引起了萧伯纳关于性爱体验的一种熟悉而 *391* 根深蒂固的矛盾情绪。有时候，她在他的信中是一个给他带来极致欢愉的人，而其他一些时候，她则扮演着一个邪恶的妖妇的角色，正如《奥德赛》中将水手诱惑到她们岛上的宁芙。在一封1928年5月31日写给她的信中，萧伯纳援引了卡利普索和奥德修斯的传说，这种表达方式，在他早年写关于"令人着魔的卡利普索"的诗歌时，就已经被用来形容恋爱关系了，当时他从这样的"卡利普索"身边逃走了。此外，当他还是都柏林的一个青少年时，画过一幅名为"卡利普索"的素描，描绘的是一个裸体的女子躺在海边。在这封信中——他热情地称呼她为他亲爱的"莫莉金斯"，并以浪漫的歌剧致敬结尾"致你，噢亲爱的"*——他责备她是一个"恶魔般的吸血鬼"，徘徊在湖边，让男人的妻子们痛苦不堪。他告诉她，梅菲斯特在他耳边悄声低语，说她并不是试图勾引他的第一个塞壬："在你出生前，我就已经要对付像你一样诱人的塞壬了。"接着他指责她试图在她意大利的岛屿上扮演他的卡利普索："你以为当你有了奥杰吉厄岛并把我引诱到岸边后，就可以扮演我这位奥德修斯的卡利普索，让我变得贪得无厌。你难道不庆幸自己没有成功吗？无论如何，你还是有点头脑的。这样充满情欲的恋爱态度，在生活中不会令你开心的。"[37]

---

* 这是对贝里尼的歌剧《清教徒一》第三幕中的咏叹调的映射，其开场白如下："致你，亲爱的，爱情有时候／让我偷偷摸摸且泪眼蒙眬；／现在它将我带到了你身边／既欢愉又疲惫。"

很难想到他的信中有哪一封能比这一封更清楚地概括萧伯纳对性爱的矛盾冲动，其中他温柔地将他的"莫莉金斯"用意大利语称作"噢，亲爱的"，同时又把她比作是一个毁灭性的吸血鬼。

与莫莉·汤普金斯的关系在萧伯纳心中所激起的这种矛盾，再一次让我们想到他与传统英国清教主义的精神关联。从某些方面来看，他的态度令人想起英国文艺复兴时期伟大的清教诗人埃德蒙·斯宾塞和约翰·弥尔顿作品中所表达的思想。在斯宾塞的《仙后》中，性爱被看作是一种肉欲的诱饵，让仙后格洛丽安娜的那些进行精神探索的游侠骑士们分心，并将他们引入虚妄的欢愉之地，夺取他们男子的诚实、力量以及高尚的目标——就像奥德修斯和他的水手们在荷马的诗中被诱惑和伏击一样。在弥尔顿早期的诗歌《利达斯》中，那位牧羊诗人在使命感和"在树荫里和阿玛瑞莉斯嬉戏 / 或是玩弄妮埃若的发卷"的诱惑间摇摆不定。（萧伯纳给《回到玛土撒拉》中的新生少女命名为阿玛瑞莉斯时，大概想到的就是这段话。）[38] 如我们所见，关于参孙——圣经中被黛利拉夺取了力量的英雄——弥尔顿在《力士参孙》中对其故事做了极有感染力的探索，萧伯纳在叙述他第一次见斯黛拉·坎贝尔的情景时，也想到了这部作品。莫莉是萧伯纳眼中有难以抗拒的吸引力的众多女子中的最后一个，同时萧伯纳又像清教徒一般，认为她们会让他从自己作为创造性艺术家和社会改革者的人生使命中分心。

萧伯纳最终也没能解决他对莫莉·汤普金斯的矛盾感觉，直到人生尽头都很喜欢她。他在 20 世纪 30 年代的时候帮助她度过困境，并大方地资助她的儿子彼得在英国接受教育。从一张萧伯纳 1949 年 1 月 3 日寄给莫莉的照片明信片上，可以看到他站在阿约特圣劳伦斯萧之角的门后，其中附言：

> 老人在他的门边
> 就像他四十八岁时那样
> 现在九十三岁依然如此
> 等着你的消息

莫莉·鲍恩[39]

　　萧伯纳同斯黛拉·坎贝尔还有莫莉·汤普金斯这两位魅惑女子的经历，反映在了《苹果车》之中，1929 年 6 月 14 日，该剧在华沙的波兰剧院首演，次年 8 月成为在第一届莫尔文戏剧节中上演的萧伯纳戏剧之一。此外，莫莉·汤普金斯可能也启发了萧伯纳创作《真相毕露》中那个毫不害羞的风骚护士斯维蒂这一角色，这部戏剧于 1932 年在莫尔文进行了英国首演，剧中与斯维蒂私奔的奥布里，曾是一个教士，后来变为了强盗，他宣称："我……疯狂地爱上了她。她在知识方面不能与我并驾齐驱；连餐桌礼仪我都得教她。但是我们的低层中枢却异常契合。"斯维蒂在奥布里眼中代表了一战前一种对人性的新的表达，属于"低层中枢"，属于之前一直被当作"罪恶的秘密"而被麻木和隐藏的那部分意识。[40]斯维蒂不同寻常，因为"她的低层中枢会说话"。莫莉·汤普金斯，这位萧伯纳不得不教她举止礼仪，但似乎在情爱方面十分契合的热情少妇，在萧伯纳写作这些段落时，很可能就萦绕在他的脑海中。*393*

　　《苹果车》是讨论剧这种戏剧形式中的佼佼者。就像在他大部分晚期作品中一样，萧伯纳在这部作品中也采用了小丑的破格，几乎省掉了所有的传统情节材料。该剧的结构让人想到了介于交响乐和轻歌剧之间的乐曲。一场宪法危机在马格纳斯国王和他的内阁之间的冲突中爆发了，原因是前者不愿意在政治事务上保持沉默，内阁因此决定给他下达最后通牒试图堵住他的嘴。这场危机，加上国王与他充满异域风情的情妇以及朴实无华的妻子间的关系，还有美国大使关于融合美利坚合众国和大英帝国的提议，构成了极简的叙事支柱——在有些人看来太过薄弱——而剧中的辩论就是建立在这种支柱之上的。

　　迷人又恼人的情妇奥瑞西亚，想方设法地要将国王从对政治的全神贯注和对他忠贞冷静的"老荷兰"妻子杰迈玛的忠诚中夺走，萧伯纳在塑造这个角色时，大胆地使用了他的个人经历，斯黛拉·坎贝尔和莫莉·汤普金斯与他和夏洛特的婚姻间的关系。国王和他情妇的"插曲"结束得很滑稽，马格纳斯国王想去处理内阁危机，因此试图从奥瑞西亚的怀抱中挣脱，最终两人在地板上搏斗、翻滚，闹得不可开交。这个场景基于发生在斯黛拉肯辛顿家中的真实一幕，当时一个仆人看到她和萧伯纳处于类似上述的情形之中。[41] 斯黛拉·坎贝尔激烈地反对萧伯纳对他们关系的"粗俗"用法，于是萧伯纳对这个段落做了一定程度上的改动。[42] 不过，由于仆人到来而终止的摔跤比赛，原封不动地成了这一场景欢乐而失态的结尾。

作为对民主主义政体的讽刺性描述，《苹果车》继续保有其重要性和关联性。剧中反映了 20 世纪 20 年代到 30 年代民主社会的混乱状态，其中民主主义是一种功能失调的政体。这个体制并不是人民的政府，由人民选出，为人民服务，而是大型企业在争权夺利中的一种手段，这些企业为了盈利忙于生产注定会被淘汰的商品，并且占用公共设施来为私人贪欲服务。民主主义，换句话说，只是富豪统治集团操控权力的掩护。剧中描述了一个分化严重、争论不休的内阁，其冲突最终形成了僵持不下的局面，让人不禁想到《错姻缘》中萨摩海斯爵士的一句妙语："民主主义，字面上看起来很漂亮；实际在运用中却不尽如人意，就像某些人写的戏剧一样。"同样令人印象深刻的，是萧伯纳对民主主义的斯威夫特式的描绘，在《苹果车》的前言中，每隔 5 年左右选举的时候，都会有热气球搭载少数几个无能的政客降至地面，而在一阵推搡中，少数几个竞争者挤上去以后，"热气球又再次承载着相差无几的那群人再次升空，将你原封不动地留在原地"[43]。

该剧对于资本主义的态度与《知识女性指南》中的观点相似。不过，让一些人困惑的是，《苹果车》最终认同的是与社会主义完全不同的政治解决方法。这部剧作第一次演出时，许多人觉得萧伯纳的政治观点发生了彻底的转变。剧中的马格纳斯国王谦恭、亲切、聪慧，并在与内阁政客的斗争中取得了胜利，正因为如此，人们认为萧伯纳犯下了"政治变节"并展示了一场"独裁统治对民主主义的胜利"[44]。1930 年他试图在与剧作一起发表的前言中反驳这种观点。在剧作的版权校样中他也给马格纳斯国王的演讲添加了下面几句话："不要误会我，我不想恢复过去的统治阶级。这种统治如此自私，要不是民主主义推翻了它的话，人民恐怕已经全死光了。但是尽管这种统治在许多方面如此邪恶，至少它是立于普遍无知和普遍贫穷的暴政之上的。如今只有国王立于这种暴政之上。"

但人们依旧"误解"了，这段补充说明并不足以消除人们对他的那种印象，认为萧伯纳多少被有知识有远见的独裁统治这一观念吸引，并把这种独裁当作是脱离民主主义困境的途径之一。他的马格纳斯国王——一个机智的讽刺家，大大胜过内阁中那些喧嚣的政客并智取狡猾的首相普路提斯——是一个有吸引力且有趣的角色，他与萧伯纳作品中其他那些强大而智慧的角色有着族群性的相似，比如《恺撒和克利奥佩特拉》中的恺撒、《芭芭拉少校》中的安得谢夫特。马格纳斯国王是这些角色中性情最为温和的一个。问题是，在现实世界的国际政治中，萧伯纳似乎对两个政治阵营中出现的独裁统治者表现出了过多的认同感，历史证明这远远超出了他们所应得的。

借用历史以及后来墨索里尼、希特勒，还有斯大林政权所暴露出来的问题，来抨击萧伯纳在 20 世纪 20 年代到 30 年代间关于他们的言论，是一件很容易的事。当时许多人都同萧伯纳一样，认为希特勒和斯大林为各自的国家带来了许多积极的转变。尽管墨索里尼、希特勒和斯大林统治下的极权国家现在彻底名誉扫地了，萧伯纳对这些政权初期的好评在西方知识分子中绝不是独一无二的，而他们作为他的故事的一部分，也需要有人来讲述。

395

萧伯纳对英国和欧洲关于墨索里尼和法西斯主义的讨论的介入饱受争议，其中最重要的一个阶段，始于 1926 年夏末秋初他第一次在马焦雷湖暂住的几个月后。1927 年 1 月 24 日，《每日新闻》（伦敦）发表了

一篇标题为《萧伯纳谈墨索里尼：一篇辩护》的语带赞同的信。萧伯纳告诉格雷厄姆·沃拉斯，副标题《一篇辩护》并不是他写的。[45] 这封信受到了许多社会主义者和流亡的意大利人的抨击，包括奥地利工党领袖和工党及社会党国际的秘书弗里德里希·阿德勒。当 1927 年 10 月《每日新闻》刊登了萧伯纳和阿德勒就这一问题的书信来往后，再次引发了争议。[46]

这件事使得比阿特丽丝·韦伯在日记中写下了对萧伯纳最严厉的批评。萧伯纳和阿德勒在 1927 年 10 月进行了那场争论以后，她写道："G. B. S. 引起了轰动。他想方设法地证明墨索里尼独裁的卓越之处——比英国和其他国家的政治民主要优越。"如果萧伯纳 10 月没有重提，这个话题可能就此告一段落了。"但是，"比阿特丽丝·韦伯继续写道，

> G. B. S. 花了 8 个星期和 600 英镑住在斯特雷萨的一个豪华酒店里，其间他不断与具有人格魅力和颇有学识的法西斯官员进行愉快的会谈，并变得更钦佩墨索里尼了；10 月中旬［他］将给阿德勒 2 月的那封信写的回信交给了意大利媒体，这封具有挑衅意味的信被断章取义地在整个意大利广播。从英国媒体发表的书信以及与阿德勒私下的通信来看，G. B. S. 似乎把墨索里尼的政权推崇为一个所有其他国家都应该效仿的新范本！他的理由似乎是，无论是富人还是穷人，都必须夺取政权并将一切的资源都置于法西斯的犁之下。如此轻率、粗鲁的改造意图，源自狂妄、急躁和无知。这对 G. B. S. 声誉的伤害要比对英国民主机构的伤害大得多。但是这也巩固了意大利的暴政。应该说这种对超人的天真信仰——在他的力量和天才面前，所有人都必须屈服——在萧伯纳的意识中不是什么新鲜事。新鲜且可悲的是，他完全没有同情地意识到最优秀和最聪明的意大利人如今所遭受的痛苦，也没有意识到对于自由行动、思想和言论的压抑所带来的精神上的退化。[47]

尽管这段批评的大致要点言之有理，但其中有两个指控值得推敲。

396

一个是说萧伯纳对法西斯的态度是受"不断与具有人格魅力和颇有学识的法西斯官员进行愉快的会谈"的影响，萧伯纳在 1927 年 10 月 21 日写给詹姆斯·拉姆齐·麦克唐纳德的一封信中反驳了这一观点，他在信中说："在意大利我只和一个法西斯主义者讨论过法西斯主义，我写了［给阿德勒的］信后就是交给他了。"[48] 换句话说，萧伯纳对墨索里尼的看法是自主形成的，而非因为在意大利与人交谈。

不过萧伯纳确实在斯特雷萨结识了一些意大利的高官，他们中的一些很可能与法西斯主义有关联——其中的一个有着明确关联。1926 年 8 月，萧伯纳跟莫莉·汤普金斯讲了一件事，那一次蕾佳娜酒店的门卫突然冲进了他们的房间——吓坏了他和夏洛特——宣布说有一行显赫的客人意外来访，他们想要来向这位著名的英国剧作家致意。萧伯纳告诉莫莉，这行人中包括"博罗梅奥公主、诺瓦拉省的省长、六个市长和前市长，还有数不清的侯爵夫人、公主、各大贵族的男爵夫人"[49]。

这群要人中那个"诺瓦拉省的省长"，就是萧伯纳给拉姆齐·麦克唐纳德的信中所说的"一个法西斯主义者"。他叫卡罗·埃曼努埃尔·巴西勒，《法西斯演说》（1930）一书的作者，他还写了其他的一些书，并且是墨索里尼政权中的一个主要人物。当时刚满 40 岁的巴西勒和他的夫人——萧伯纳称之为"男爵夫人"，她的书面英语比丈夫更好——加入了莫莉和劳伦斯·汤普金斯的朋友圈。[50] 萧伯纳在 1927 年 2 月 2 日写给莫莉的信中说，如果她见到了巴西勒，她应该"告诉他，因为给墨索里尼辩护，自由主义者找了我许多麻烦"[51]；在同一封信中，他说这个意大利人是"我认识的最健谈的人"[52]。当莫莉写了一部关于她、萧伯纳和夏洛特的三角恋的戏剧时——萧伯纳改写了其中的第三幕——萧伯纳向她提议（在意大利发表），"巴西勒必须翻译这部剧作，男爵夫人可以做他的活词典"[53]。在一封 1927 年 10 月 11 日写给阿德勒的公开信中，萧伯纳将巴西勒称为是"我一位高贵的意大利朋友"[54]。

在萧伯纳写了这封信的大约 18 年后，也就是 1945 年第二次世界大战接近尾声的时候，巴西勒作为战犯受审并被判终身监禁。第二年他死在了监狱里。战争期间，他在墨索里尼的政府中身居要职，是军事部的

397

447

国务秘书。1944年纳粹篡取了对北部意大利的控制权后,他成了热那亚省的行政长官。任职期间,他通过处决和流放镇压那些采取了工业和军事行动的反法西斯力量。

比阿特丽丝·韦伯的愤怒申讨中还有一点值得商榷,她说萧伯纳对法西斯的认同感源自一种"对超人的天真信仰"。欧洲政界的法西斯运动产生于一个社会和经济全面剧烈动荡的时期。在民主议会制的限制下运行的政府,面临上述问题时节节失利。正如萧伯纳1933年的政治剧标题所说的一样,民主主义似乎"触礁了",这就给墨索里尼和希特勒这样的独裁者留下了发挥号召力和稳固权力的余地。正如英国、欧洲大陆、美国的许多其他公众人物一样,墨索里尼的成功给萧伯纳留下了很深的印象,20世纪20年代他在意大利建立了稳定的政府并进行了多方面的社会和经济改革。

在萧伯纳看来,由墨索里尼和希特勒这样的人物领导的法西斯主义运动之所以存在,是因为议会制民主的失败。1931年一篇发表在《每日邮报》的访谈中,他在谈到希特勒时表达了上述观点,这篇访谈是他对德国政治困境问题的部分回答:"第三帝国(希特勒主义者计划中国家的名称)之所以存在并风行,完全是因为英国自由主义议会制度的徒劳无用。"他继而指出,因为他们的无能,民主主义被"钢盔(一个德国准军事民族主义组织)、法西斯主义者、独裁者以及军事委员会,以及任何厌恶了我们这种过时与无用政体的团体淘汰"。萧伯纳坚称如果我们能修复政治机构并着手解决社会问题(当然是遵循社会主义路线),那么"钢盔就会在阳光下熔化"[55]。讽刺的是,第二次世界大战期间"钢盔"被强制解散时,艾德礼政府在英国重新执政,萧伯纳成了无情的高税收之下一名怨声载道的受害者,这一政策的实行中可以看到对社会主义原则的运用,尽管这些原则在丘吉尔执政时就已经首次被推行了。

不幸的是,对于墨索里尼,萧伯纳确实大大轻视了其独裁政权无情镇压的一面,或者说他温和地看待并在理论上将其视为了政治改革的必要部分。1924年对反法西斯的意大利社会主义者吉亚科莫·马泰奥蒂的谋杀，以及其他被萧伯纳称为"反抗法西斯恐怖事件"[56]，都被萧伯纳以一种历史相对主义的视角来审视，并将它们归为通过暴力来取得必要社会和政治变革的例子。作为一个爱尔兰人，萧伯纳坚定地指出这种镇压异己的残暴手段，不久前还在英国的议会民主制度下实施。但是这种"你也一样"的论点——萧伯纳这样指责英国，并称墨索里尼也有权这样做——在历史的视角下，以及对墨索里尼统治下意大利镇压的规模和恐怖程度的充分认识之下，就显得相当薄弱了。1927年10月，萧伯纳遭到了加埃塔诺·萨尔维米尼教授的猛烈责骂，他是一位流亡中的反法西斯意大利历史学家，他谴责萧伯纳"对自己完全不了解的事妄加议论，还有他对于困境和痛苦麻木无情的奚落，而这些困境与痛苦以他的高智商来说，他是应该能够明白的，就算他在道德上没有相同高的敏感性让他意识这些"[57]。

尽管萧伯纳后来大肆批判阿道夫·希特勒——真的，他在第二次世界大战爆发前很早就觉得希特勒是一个疯子了——但他在20世纪30年代对这位德国独裁者的评价，现在看来却有着让人难堪的赞同态度，虽然萧伯纳肯定不是唯一对希特勒表示钦佩的著名英国人。[58] 他将希特勒看作和墨索里尼一样的改革家。在1933年的一个采访中，萧伯纳说："我在许多方面都十分认同纳粹运动。"让人稍感宽慰的是，他接着表示，让他大感"沮丧的是，在最关键的时刻，希特勒先生和纳粹分子在犹太人的问题上发了疯"，并将反犹太主义称为极端的荒唐："恐犹症跟恐水症一样，是一种疾病。"他认为，德国人的表现跟社会主义者或者法西斯主义者不同，"纯粹因为恐惧就恣意妄为，这与疯子无异"[59]。萧伯纳谴责希特勒并不是因为他是一个法西斯独裁者，而是因为他是一个疯狂的反犹太主义者。他声称，法西斯主义和其他"独裁的策略，都认同大多数的公众观点，都对我们虚假的民主议会制中那些延迟、借口、吹嘘、无能以及无政府主义的主张深感厌恶"[60]。

在这些20世纪20年代末到30年代初关于法西斯主义的欠妥言论中，可以看出萧伯纳的某种"变节"。那位提倡渐进主义并反对激进的《399》马克思社会主义和暴力革命的费边社社员，晚年时似乎常常让步于对年

449

纪的厌倦和一种反常且令人担忧的鲁莽。作为一名剧作家,他后来许多
有关国际政治的言论——写给编辑的信中、发表的访谈中,以及他的
剧作《触礁》的前言中——似乎都与他充满温暖、善意与人性的喜剧缪
斯,以及后期书信中持续不断的亲切、幽默和活力相悖。在阅读萧伯纳
晚期的论战作品时,我总是想起帕特里克·坎贝尔太太早期写给萧伯纳
的一封信中的妙语("当你是个小男孩的时候,至少该有个人对你说一
次'嘘'!")[61]。不过,这是一句他天生就没有办法遵从的命令。当然,
晚期的论战作品并不能否定萧伯纳早期关于社会、文化和政治问题的具
有洞察力和影响力的评论的价值。回想起来,20 世纪 20 年代到 30 年
代初并不是萧伯纳作为一个社会评论家的光辉时刻。

萧伯纳通过在《日内瓦》中对希特勒和墨索里尼的刻画,局部纠正
了他关于这两个人的早期评价。这是他 1938 年写的关于国际联盟的一
部戏剧,两人在剧中分别是浮夸而啰唆的演说者巴特勒尔和邦巴多内。
在一个戏剧化的国际法庭上,这两位领袖的滑稽角色遭到了讽刺与挖
苦。但是,值得注意的是,同一部剧作以肯定的语气描写了苏俄人民委
员波斯基。《日内瓦》中苏俄人民委员的积极形象明显反映出了萧伯纳
的希望,他希望这个国家所建立的新秩序可以为资本主义所制造的混乱
带来解决的方法。在西方,执掌法庭的荷兰法官在剧中说:"我们对人
性感到绝望,而俄罗斯却有着带领国家度过最可怕的苦难并迈向文明前
沿的希望。"

萧伯纳 1930 年开始进行一系列的世界旅行,1931 年他——带着倾
慕,并由英国历史上第一位女议员,资本主义保守党政治家南希·阿斯
特陪伴——来到了俄罗斯。随着去往巴韦诺的路渐渐没入回忆,去往莫
斯科的路取而代之,成了萧伯纳生涯中主要的焦点。

世界旅行者和乡村绅士

从 20 世纪 30 年代开始，萧伯纳开始进行大规模的世界环游。从
1931 年到 1936 年，他和夏洛特花了生命中的大量时间乘坐远洋班轮，
气派而舒适地前往世界上遥远的角落，在许多落脚点，萧伯纳受到了堪
比国家首脑的礼遇。借用爱尔兰诗人、剧作家和散文家奥利弗·戈德
史密斯在他一部作品标题中所做的表述，萧伯纳真正成了一个"世界
公民"。

　　萧伯纳的旅行吸引了媒体极大的注意力，他风趣、发人深思、妙语
连珠，人们总能从他这里得到头条的标题和种种建议。他示意南非人
"少点冲浪和日光浴，多一点思考"并改善他们的"贫民窟"[1]。建议亲
英的新西兰人不要顺从于"母国"，也不要以为英国很在乎新西兰——
或甚至应该明白新西兰和澳大利亚其实是两个国家。*（一个英国女士听说
萧伯纳要去新西兰以后表示希望他能去她女儿家住，她"在悉尼有一所
很不错的房子"。）[2] 他劝中国香港的学生"20 岁时就要做革命者"，否

---

* 新西兰和澳大利亚由塔斯曼海隔开，相距 2000 公里——大概是大西洋宽度的三分
之一。

则到了中年很可能会有墨守成规的风险，这条建议被当地报社恰如其分地报道为"煽动革命"[3]。

当伦敦斯特兰德大街的旅游中介们听到白厅宫4号130公寓（当时这里成了他们在伦敦的住所）的萧伯纳夫妇又计划要短期旅行时，一定是两眼放光的。[4]由于他们在婚姻开始时就形成了拥有各自卧室的习惯——相当受帕特里克·坎贝尔鄙视——萧伯纳夫妇在远洋班轮上也有各自的特等舱房，在下榻的大酒店里也有各自的套房。还有萧伯纳先生作为素食者的餐饮也需要好生照料，尽管他并不是一个挑剔的旅者。他最希望的是，在甲板上不受那些想聊天的同行乘客的打搅，这样他就能读书和写作了，这两件事他在航行中都做到了惊人的程度。

从夏洛特手写的一张长达两页的注有标题的"打包清单"中，我们得以窥见萧伯纳夫妇旅行背后极其周密详尽的安排。夏洛特的"打包清单"反映了一个在喷气式飞机的时代，在很大程度上被遗忘了的世界和旅行方式。这个清单唤起了一幅幅背着旅行箱、衣箱、帽盒、手提行李箱的蹒跚而行的搬运工的图景，夏洛特没有遗漏任何一件维持日常生活的必要物件。"综合"下面是床单、靴子、鞋子、书、内衣、发网、梳子清理器、洗漱用品、针垫、发卡、洗眼杯、脚凳、一条薄棉布披肩、珠宝盒、厕所用具、钢镜、工作用品（用于针线活？）、手表、澡刷，还有棉花。"夜袋"中有软帽（丝质）、"眼罩"和一些其他物件，而"帽盒"里则装有——除了帽子外——手套、围巾、眼镜。"手提行李箱"里有雨伞、手杖、地图，以及旅行指南。"笔盒"里，除了所有的书写用具外，还有"梳妆台银饰"。连护目镜（可能是为了骑摩托和乘飞机）、眼镜，还有药方也没被落下。第二页里的药膏和药剂简直就是药剂师的店铺：5种不同的乳霜（平滑的、镇静的、补水的、祛斑的、眼部的）、温度计，还有许多其他东西，包括（神秘的）"动物毛线"和"新皮"。[5]一个极地探险者估计也不会打包得这么详细吧？

旅行周期——大多都选在可以避开英国冬天的时段——从1931年3月3日开始，当时萧伯纳夫妇去了马赛，参加希腊旅者俱乐部的地中海和圣地之行。在这个首次旅行时写的一封信中——派遣时间和地点是"圣帕特里克节，大马士革"——萧伯纳给他的朋友，斯坦布鲁克修道院的女院长劳伦蒂娅·麦克拉克伦夫人，寄去了关于他游览圣地的生动而引人入胜的描述。她让他"从骷髅地给她带点东西"。由于他排斥市面上那些没用的纪念品，萧伯纳在伯利恒捡了两块小石头，一个让她"随意"扔进斯坦布鲁克的石堆里，这样就与骷髅地有了永恒的联系，另一个则要装上一个"底座或者支架"送给这位院长做纪念。[6] 在他写给劳伦蒂娅夫人的长信末尾，萧伯纳建议她卖掉悉尼·科克雷尔——他们共同的朋友以及剑桥大学菲茨威廉博物馆的主管——的手稿，并用这笔收入在斯坦布鲁克捐建一个圣伯纳的小礼拜堂。[7]

1931年7月，夏洛特没有陪萧伯纳去俄罗斯。此后他们一起进行 *402* 的旅行包括：1931年12月到1932年4月去南非；次年冬天相同时段乘英国女皇号汽轮巡游世界，抵达了地中海、亚洲、美洲（包括纽约，1933年4月萧伯纳在这里的大都会歌剧院发表了著名的演说）；1934年年初的几个月乘坐兰吉坦号汽轮去新西兰；1935年3月到5月乘坐兰吉比城堡号汽轮巡游南非；1936年乘坐阿兰多拉之星号巡游太平洋，包括探访火奴鲁鲁，萧伯纳在那里和查理·卓别林一起吃了午餐，他们还去了大峡谷，并在那里见到了J. B. 普里斯特利。[8]

回到英国，萧伯纳夫妇成了伍斯特郡温泉小镇莫尔文一个年度夏季节日的常客，萧伯纳是这个节日长期的守护神。莫尔文戏剧节由伯明翰保留剧目剧院极有魄力的创始人和导演巴里·杰克逊爵士，及他的制作人同伴兼剧院经理罗伊·林伯特共同创立和管理。[9] 陡峭的街道延伸至背景的群山之中，莫尔文有着某种阿尔卑斯村庄的特点。这个小镇有着许多文学和文化渊源，正是在莫尔文的山里，中世纪诗人威廉·朗兰——一个很早以前的道德家和有远见的世界改良者——作品中的一个叙事者说，他梦见了14世纪寓言头韵诗《农夫皮尔斯》中的主题。同一座山也俯瞰着优美的乡村风光，正是这个景致启发了爱德华·埃尔加的音乐以及A. E. 豪斯曼的诗歌。萧伯纳夫妇住在艾比路的莫尔文酒店，距离节日剧院只有几步之遥，萧伯纳的许多剧作都在这里进行了英国（有些是世界）首演。以下剧作的首演都在莫尔文：《苹果车》（1929）、

《真相毕露》(1932)、《意外岛上的愚人》(1934)、《日内瓦》(1938)，以及《好国王查尔斯第二治下的黄金时代》(1938—1939)。

在莫尔文，这位高挑的剧作家穿着花呢诺福克夹克、灯笼裤，戴着布帽，大步走过山丘，好像只有他实际年纪的四分之一。他在下午茶时跟埃尔加和诗人约翰·德林克沃特，还有其他一些人聊天，拍摄快照，坐在剧院前排的特别座位上观看自己的剧作——巴里·杰克逊回忆，"他就像最忠实的萧伯纳迷一样享受"[10]。他是这里人们熟悉而喜爱（可能除了镇上一些守旧的居民外）的一个人物。他为节日详尽并配有精美插图的节目单写了一些活泼的简介。有一年他在莫尔文时，莫尔文的艺术家维克多·休谟·穆迪绘制了一幅名为《写作的萧伯纳》的有趣半身像。[11]

403　　剧作家、小说家、作曲家和戏剧评论家贝弗利·尼科尔斯在他的回忆录《我永远无法成为的一切》中，对莫尔文酒店的萧伯纳和夏洛特做了一段令人难忘的描述。这家酒店——一个"极其体面的地方"，这里的"女疑病患者们"用嘴装腔作势地啜饮着温泉水——的顾客中似乎有某种不成文的约定，不要盯着他们中间的名人看。萧伯纳和夏洛特全然沉默又心满意足地一起吃饭，面前的水瓶上靠着书。尼科尔斯认为萧伯纳给人一种愉悦感。最让他吃惊的是，"这个男人有多干净！他就像是雪和新换的亚麻床单，沾着雨露的棉绒和红苹果。让你不禁觉得他肯定也很好闻，就像干草和梨子一样"[12]。

当他不在海外和像莫尔文这样的地方以一个海内外名人的身份"孔雀开屏"（夏洛特的绝妙形容）时，萧伯纳在阿约特圣劳伦斯的生活和一位普通的英国乡绅没什么两样。当《女性王国》的记者弗朗西斯·霍普金斯1909年去阿约特圣劳伦斯拜访他时，他发现萧伯纳在当地被看作是"村里的绅士"[13]。所有的记录都显示，萧伯纳夫妇是很好的邻居，并为村民及其子女，还有他们家里的佣人所喜爱和敬重，这所房子被称为萧之角。

如此一来，20世纪30年代初，萧伯纳过着一种双重生活，既是一位世界旅行家，又是赫特福德郡一个小村庄社区里的一员。这两种差异极大的生活场景间的交替，在萧伯纳最令人愉悦的短篇喜剧《乡村求爱》中得到了反映。这部剧写于1932年到1933年世界巡游期间，由一男一女间的三段"对话"组成，其中第一段发生在一艘远洋班轮的甲板上——这个男人在这里最不愿意做的，就是谈话。他是一名作家，试图专注于写作。然而，船上同行的旅客，这名女子，却兴高采烈地坚持要跟他聊天。另外两个场景设置在一家英国的乡村商店里，女子在这里又当老板又当邮政局局长，男子在第二个场景中碰巧出现。由于在旅行中所见的景致与女子想象中的出入很大，她在回到家中后称："旅行破坏了我对世界的幻想。让我永远都留在这个村子里吧。"男人心满意足地成了她乡村商店里的雇员，剧末，在接到了教区牧师家订购洋蓟的电话后，女子要求跟教区牧师通话谈一谈结婚公告的事宜。

《乡村求爱》具有极大的自传色彩，部分创作灵感源于萧伯纳与阿 404 约特圣劳伦斯的一位村民，洁丝贝拉（"杰西"）·莱斯太太间的友谊，她在村里就是一名店主和邮政局局长。世界旅行者萧伯纳——他在远洋班轮上完成了大量的写作，并在写作的同时发明了许多避免与人交谈的策略——也很喜欢"他的"村子阿约特圣劳伦斯，在这里居住时他常常去跟莱斯太太聊天。这所商店兼邮局的15世纪砖木结构小屋，同时也是杰西·莱斯的家，距离萧之角步行只需一会儿就到了。在定居在这里前，杰西有过一段她所说的"旅行探险生活"，到过世界上很多遥远的地方。（1931年夫妻两人搬到阿约特圣劳伦斯后不久，她的丈夫就去世了。）萧伯纳送了一本《黑女孩寻求神的探险》给杰西·莱斯，并在其中题词"好朋友和好邻居"，又送给了她一本《皮格马利翁》，并附言"给一个好姑娘"，这大概是幽默地暗指伊莉莎·杜利特尔在开场一幕中对自己道德品质的声明（"我是一个好姑娘，我真的是"）。[14]

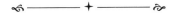

萧伯纳1931年7月18日从伦敦的维多利亚车站出发前往俄罗斯，同行的除了南希·阿斯特以外，还有她的丈夫阿斯特子爵；他们的儿

子，尊敬的弗朗西斯·大卫·阿斯特（当时他是牛津贝列尔学院的一名学生）；菲利普·亨利·克尔（第11位洛锡安侯爵），一名报社编辑、自由党政治家，以及罗得信托的秘书；还有查尔斯·坦南特，一名基督教科学教派的信徒。据萧伯纳讲，此行的原因是"阿斯特夫妇想亲眼看一看俄罗斯是不是真的像我所说的那样是一个人间天堂；同时他们也挑战我跟他们同行"[15]。恰如其分地借用了即兴喜剧中的场景，温斯顿·丘吉尔把萧伯纳和南希这对奇怪的政治组合（在他们去俄罗斯时）比作"世界上最著名的聪明小丑和傻老头的合体，以及资本主义闹剧中迷人的科隆比纳"[16]。

这位"科隆比纳"旅行前刚刚接到了关于她的爱子波比，一名英俊的皇家骑兵卫队军官的坏消息。在俄罗斯之行临行的5天前，她接到通知说他因犯了同性恋的罪行即将被捕，而在旅行者们离开伦敦前的一天，他被判在苦艾丛监狱里服役4个月。萧伯纳就此事立即给南希写了一封慰问信，从这封信可以清楚地看出他对同性恋体贴而不带批判的观点，以及与其的亲疏关系。7月15日他写道：

405　　最亲爱的南希，

　　为什么上天如此忌妒你的高昂的情绪，因此在你满怀希望的时刻给你这样的打击？要怎么做才能安慰你呢？……就他这件事来说，我理论上也是有罪的，我相信事情确实发生了，但我不认为这是违法行为。许多男人天生就有这种违反常情的喜好，其中包括许多杰出人士（比如柏拉图和米开朗琪罗）；在许多国家，成年人有权利满足自己的喜好，并不需要受我们这样的弗吉尼亚人和爱尔兰人的偏见和对何为正常的狭隘理解所左右。波比可以声称他之所以受罚是基于英国的法律，而不是自然的法则。[17]

在1932年写给南希的第二封信中，他对同性恋做了大致如下的评价："圣经，以及其中关于罗德的妻子的废话，真是非常危险……如果一个男人把一种他对其没有任何道德责任的，与色盲无异的自身状况误以为是一种可怕的罪行，那他可能会有痛苦不堪并丧失自尊的危险。"[18] 可能受到了这些理智的书信的开导，"科隆比纳"在与"傻老头"的旅行中似乎又恢复了往日的生机勃勃。

萧伯纳有一次给南希·阿斯特写信说，夏洛特"非常喜欢你。我也是。我也不知道为什么"[19]。这确实是一段奇异的友谊。在他们公开声明的政治立场中，萧伯纳和阿斯特可谓是南辕北辙。然而，这段友情可以被看作是萧伯纳在他生命的这个阶段里，思想中鲁莽混乱的政治动机和倾向的反映，比如，这从他对墨索里尼的赞许评价中就可以看出来。1927 年初，当萧伯纳应邀前往阿斯特夫妇在泰晤士岸边著名的克里夫登庄园[20]过圣诞时，南希·阿斯特和萧伯纳的相处亲切又风趣。萧伯纳显然很欣赏南希的活力、智慧以及公益精神。萧伯纳对基督教科学教派的信仰产生了兴趣，而南希随着年龄增长并变得更加暴躁（不止一个亲历者这样说）时，愈发醉心于该教派的教义。南希是萧伯纳 1950 年去世之前，最后探望他的人之一。由于知道莫莉·汤普金斯很可能会对这位新的、富有而出名且同是美国人的友情竞争对手感到忌妒，萧伯纳故意在一封 1928 年给莫莉的信的抬头处写下这样的地址和感叹："在阿斯特夫人家里……（噢瞧你忌妒的！）"[21] 南希刚 48 岁时认识了萧伯纳，根据他的性情，两人的关系很可能也带有撩拨的意味。[22] 不过对于夏洛特来说，南希显然是情敌中她感到相当安全的一个，这两位女子间有着一段热烈的友谊。

作为英国第一名女议员，1919 年到 1945 年间，南希·阿斯特是普 *406* 利茅斯萨顿区的保守党成员。她于 1879 年出生于弗吉尼亚的丹维尔，是奇兹韦尔·达布尼·兰霍恩———名富裕的生意人，靠开发铁路发家致富——五个女儿中的一个。兰霍恩姐妹们是一群骑马、打网球的南部美人儿，她们后来都跻身于最高的社交圈，并过上了非同凡响的生活。[23] 在经历了与罗伯特·古尔德·萧——南希跟他生了波比——的一段不成功的婚姻后，南希遇见了极其富有的沃尔多夫·阿斯特，并于 1904 年嫁给了他。沃尔多夫是第一位阿斯特子爵的儿子，1919 年父亲去世后，阿斯特继承了他的爵位和上议院的席位。

南希从 1926 年开始就提议萧伯纳去克里夫登看望她并认识一些其他人，对此他刚开始时是犹豫不决的（"她觉得我想要多认识些人，其实我不想。但是夏洛特有时候想"）[24]。但是，在 1927 年接受了圣诞节的邀请后，萧伯纳和夏洛特常去克里夫登小住，直到 1942 年（夏洛特去世前的一年），此时房子的一部分第二次成了一所军事医院，第一次是在一战期间。在作为房子女主人的南希的管理下，这里迎接过一系列的名人，包括富兰克林·罗斯福总统和他的妻子埃莉诺、温斯顿·丘吉尔、查理·卓别林，还有海伦·凯勒。萧伯纳和阿斯顿的友谊本身也变得很有名。美国学者 A. E. 约翰逊留下了一段关于阿斯顿夫人在其市内宅邸接待萧伯纳的回忆，当时有人引述了一段对英国的定义，"爱尔兰自由邦东岸的一个岛屿，完全被萧伯纳和阿斯特夫人占据"，萧伯纳听到以后回答："为什么要把阿斯特夫人也拖下水呢？"[25]

1931 年萧伯纳对俄罗斯的访问伴随着大张旗鼓的宣传。当载着到访的一行人的列车驶入莫斯科的亚历山大车站时，他吃惊地见到了一个管乐队、一个军事仪仗队、印有他的名字和肖像的横幅、一群群欢呼的工人（萧伯纳在给夏洛特的信中将当时的场面描述为"可怕的围攻"，他几乎每天都会给她写一封甜蜜亲切的信）[26]、闪光的相机、记者，以及高官。

在莫斯科，萧伯纳和其他的来访者被安置在了大都会酒店，他在这里住得很满意。"食物很合口味，就餐时段、浴室和卧室套间，不能更好了……无比兴旺。羡慕我吧。"他在寄给夏洛特的信的附言中写道。[27] 抵达大都会酒店后，"母性泛滥的"南希坚持萧伯纳需要休息。（两天后，萧伯纳说南希想要用力士给他洗头，她说自己洗得比邦德街的发型师伯莎·哈蒙德还好——最后也真的洗了。）[28] 但是她这位不知疲惫的照顾对象可不受控制，他立即就动身去参观了列宁的坟墓、克里姆林宫，还有"三座沙皇们受洗、结婚和下葬的教堂"[29]。接下来的日日夜夜排满

407

了各种会议、接待会，还有戏剧活动，其中包括会见伟大的导演和戏剧理论家康斯坦丁·斯坦尼斯拉夫斯基，此外他们还去参观了一座巨大的电气工厂（午餐时间他们在这里遭到了工人的围堵）、一个无家可归男孩们的收容所、一个集体农场，还去了卡美尼剧院，萧伯纳在这里观看了贝托尔特·布莱希特和库尔特·韦尔的作品《三分钱歌剧》的改编剧，他跟夏洛特形容说这是"一个绝妙且有时让人厌恶的［约翰·盖伊的］《乞丐歌剧》的变体"[30]。

这群旅者中途从莫斯科去了趟列宁格勒，被安排住在了这里欧洲酒店的大公套房里。萧伯纳在他 75 岁生日（7 月 26 日）那天回了莫斯科，他被带到了一个赛马场，当天的活动里包括一场特别的"萧伯纳让步赛"。[31] 当天晚上，他又被带到了工会中央大厅，也就是以前的贵族大厅，在这里，主管教育和艺术的苏联委员，同时也是萧伯纳在俄罗斯的主要接待人，阿纳托利·卢纳察尔斯基，当着大约 2000 名观众，发表了一篇赞颂萧伯纳的漫长生日祝词。祝词和萧伯纳赞颂俄罗斯的回答都收到了雷鸣般的掌声。3 天后，也就是 1931 年 7 月 29 日，发生了这次访问中最重要的一件事，萧伯纳、阿斯特夫人以及洛锡安侯爵获得了少有的优待，他们得以同约瑟夫·斯大林进行一次非正式的访谈。这次访谈持续了 2 小时 20 分钟——比通常 20 分钟的指定时间要长得多。

萧伯纳对俄罗斯的访问，有时是经过滑稽的精心安排的。7 月 22 日，在参观完了无家可归男孩们的收容所后，一行人来到一个大剧院观看一部关于这个收容所的影片。"我们迟到了，"萧伯纳给夏洛特写信说，"但是他们暂停了影片并从头开始放映，因为观众们被吩咐以喧嚣欢腾的掌声来欢迎我的到来，对此我也以沙里亚宾*最好的举止报以感谢。"[32] 所有的努力都是为了取悦萧伯纳并给他留下好印象，他的所到之处都是俄罗斯想让他看到的地方——也是他想要看到的。在萧伯纳的眼中，俄罗斯实现了许多他早期还是伦敦一名年轻的社会主义支持者时

408

---

* 费奥多尔·伊万诺维奇·沙里亚宾（1873 年—1938 年）是一位著名的俄罗斯歌剧演唱家，萧伯纳 1914 年（SM3:541）在德鲁里巷听过他演唱。据说他十分擅长演唱古诺的《浮士德》中梅菲斯特（萧伯纳童年时期的英雄）这一角色。

的期许。

1931 年 7 月 29 日迎接萧伯纳的斯大林是个面带微笑的温和人物，在第二次世界大战期间和战后被美国、欧洲以及英国殖民地称为"乔叔叔"。当这一行人访问俄罗斯时，一个有着威风凛凛的别号亨利·沃兹沃斯·朗费罗·达纳的美国演说家和作家，为了写一本关于苏维埃戏剧的书已经在俄罗斯待了 6 个月了，他记录了萧伯纳对斯大林的评价："我以为会看到一个俄罗斯工人，而我却见到了一位乔治时代的绅士。他不仅自己很放松，同时他还有着让我们也放松下来的技巧。他幽默讨喜。他毫无恶意，同时也很谨慎。"[33]

哎，萧伯纳对斯大林和俄罗斯的评价很不像他平时的风格。很显然，南希·阿斯顿的反应并没有这么强烈，她显然问了许多让人难堪的问题，而据萧伯纳说，她始终对官员和工人保持一种批判的立场。"南希跟所有人开玩笑，直到搞得他们晕头转向、无所适从"，萧伯纳在一轮访问后说道；而在电气工厂里，她"跳上一辆运货车并摆出一副一本正经的样子，这种举止对当政者的思维来说是难以想象的"。[34]

尤金·莱昂斯，一个驻俄罗斯代表美国通讯社的负责报道此行的记者，从他和属下职员的角度出发，总结出了一个相当悲观的看法，"两个星期的插科打诨，弄得我们精疲力竭"。他说，萧伯纳完全为表面现象所左右："他根据大都会酒店的菜单来评价这里的饮食状况，根据模范农场去评价集体主义，根据布尔舍沃的典型殖民地去评价国家政治保卫总局，根据随行那些阿谀奉承者的喊喊喳喳来评价社会主义。"[35] 在萧伯纳到访的时候，"大清洗"运动早已开始。

20 世纪 30 年代初，少数西方人——包括最初对共产主义持有好感的人，比如马尔科姆·马格里奇和萧伯纳的好友，重量级拳击冠军吉恩·滕尼——开始抨击俄罗斯的现状。[36] 然而，萧伯纳对俄罗斯实验的信念不仅丝毫没有动摇，反而在他的访问后变得更加坚定了；回到英国之后，他以十分积极的态度描述了这个国家发生的一切。据夏洛特·萧说，萧伯纳回到阿约特圣劳伦斯时，晒成了古铜色，看起来很健康，说自己度过了"一生中最美好的时光"，并表示这次访问仿佛是"一个阳

409

光明媚的梦"[37]。

　　尽管萧伯纳从未加入共产党，但他总的来说反复表达着对于"伟大
的共产主义实验"[38]——他在莫斯科回复卢纳察尔斯基时这样称——的
倾慕。从许多方面来说，他对"共产主义实验"的认可都与他萧氏喜剧
的精神相悖，在这些喜剧中，那些将制度和理论强加于生活，还有在活
人身上做实验的尝试——在《皮格马利翁》的对话中，"实验"一词带
有极大的批判色彩——常常被欢笑和生命自身意想不到的发展给扫除。
至于俄罗斯，萧伯纳似乎被自己早期的观念束缚。那些观点源于对 19
世纪资本主义的暴政和不公的回应。但是，萧伯纳似乎从未真正认识和
理解 20 世纪俄罗斯所建立的这个国家。

　　1931 年访问俄罗斯时所形成的模式——大肆宣传、记者和狗仔队对
萧伯纳的围困、由高级官员公开接待和迎接——在他后来 5 年的世界环
游中不断重复。1932 年他的南非之行中，萧伯纳见了首相詹姆斯·赫佐
格、杨·克里斯蒂安·斯马茨将军以及百万富翁 I. W. 施莱辛格。他还
在开普敦的市政厅面向 3000 名观众做了长达 3 小时的致辞——完全脱
稿。在和斯马茨的会面中，他把这位将军弄糊涂了（将军以为他在谈阿
拉伯的劳伦斯，而不是 D. H. 劳伦斯），他说："每个 16 岁的女学生都应
该阅读［D. H. 劳伦斯的］《查泰莱夫人的情人》。"[39] 1933 年的世界巡游
中，萧伯纳夫妇与马尼拉的州长，还有美国前总统的儿子小西奥多·罗
斯福一起进餐。在上海，他们被引见给了宋庆龄，她是中国革命领袖孙
中山的遗孀，蒋介石的夫人的姐姐，之后他们又乘火车去了北京，并坐
飞机飞跃了长城。在日本，他们见到了日本首相，海军上将斋藤实，并
和陆军大臣荒木贞夫进行了长达两个小时的谈话，之后他们又观看了一　410
场向萧伯纳致敬的能乐表演。

　　萧伯纳夫妇在美国结束了 1933 年的世界旅行，在这里他们和媒体
还有娱乐界的名人而不是政治领袖交往。在旧金山被记者轰炸了一整

天后，他们于次日飞往了报业巨头威廉·伦道夫·赫斯特在圣西米恩的"牧场"，在那里他们以赫斯特和他的情妇，舞台女演员和电影明星玛丽昂·戴维斯的客人的身份到访。在暂住的 4 天中，萧伯纳在赫斯特的游泳池里游了泳，且无疑很享受被一众"好莱坞小明星以及戴维斯的密友们"包围。[40]（莫斯科的一位女观察员曾评价说："即使到了 76 岁的年纪……他依然对女士小姐们感兴趣。"）[41] 从赫斯特的牧场出发，萧伯纳夫妇又去了圣塔莫尼卡。在经历了他们所乘坐的飞机让人惊恐的迫降后，萧伯纳夫妇去了卡尔弗城的米高梅工作室，在这里他们得到了戴维斯的午宴款待；午宴的其他客人包括路易斯·B. 迈耶、查理·卓别林、克拉克·盖博以及约翰·巴利莫尔。

离开卡尔弗城以后，萧伯纳夫妇重新登上了英国女皇号，并沿洛杉矶和巴拿马运河驶进了加勒比海，随后又到了纽约北部。1933 年 4 月 11 日，他们抵达了西二十一街的 61 码头，迎来了记者和摄影师一阵热闹非凡的欢迎。萧伯纳在纽约的主要邀约是由美国政治学学院赞助在大都会歌剧院发言。这场持续了 1 个小时 40 分钟的演说的标题是《政治学在美洲的未来》。萧伯纳全面批判了美国的资本主义制度和文化，对于歌剧院在场的 3500 名观众中的大多数人来说，这可算不上悦耳；而对那些在国家电台上收听现场广播的人来说也是如此，有几百个人给演讲发送了投诉。在他演讲刚开始不久，在批判将个人自由作为一种理想而过度崇拜（以社会责任为代价）以及他所说的自由放任的资本主义的无政府主义力量时，萧伯纳把自由女神像描述为一座"可怕的神像"，并建议在所有的纪念碑完工前都应该在基座上加上"但丁在地狱之门上的题词：'进入此门者，当放弃一切希望。'"[42]

据当时在场的美国评论家埃德蒙·威尔逊所说，萧伯纳的爱尔兰口音以及优雅的舞台风范没有失去其魅力。尽管他收获了少数坐在 1 美元的走廊座位上的激进主义者的热烈反响，但是他面对的主要还是一群持反对意见的、面孔冷峻的观众。在威尔逊绘声绘色的描述中，萧伯纳当时是在一个压抑且充满敌意的环境中发言的——在一个硕大礼堂的"丑 *411* 陋陈旧的富丽堂皇"的映衬下，对着"一大群愚蠢的观众"，就如同置

身于一个"满是失明的深海生物的令人泄气的水族馆"。坐 5 美元座位的
"衬衣族"中，据威尔逊说，在演讲的过程中没有一个人动手鼓掌。[43]
萧伯纳当时并不知道，在台上坐在他身后的是一群他在演讲中所批判的
那种金融寡头，是政治学学院理事会的成员。[44]威尔逊有可能夸大了演
说的糟糕反响。不过，这次演说实质上是非常好斗的，虽然这一点，在
对赞助组织的赞美之词下，稍微有所缓和；这次演说其实是一次资金
募集活动，而萧伯纳像往常一样声明自己不收取任何费用。当演讲内容
1933 年在英国发表时，用的标题是《美国与住宅附近的政治喧嚣地》。

　　这两位世界旅者最远的一次旅行，是 1934 年到新西兰，他们 2 月
8 日登上兰吉坦号汽轮，汽轮的往返巡游到 5 月 17 日才结束。萧伯纳
夫妇两人都非常喜欢新西兰，并觉得自己能在这里定居得很开心。他们
轮番受到热情欢迎和接待。在奥克兰，他们被邀请参加了总督贝迪斯洛
子爵和他的夫人在总督府举行的一次花园午宴。之后他们又拜访了首相
乔治·福布斯。此外他们还现身于其他一些公共场合，包括为奥克兰和
惠灵顿的费边社成员演讲，以及会见卡利塔尼婴幼儿医院及诊所的创始
人特鲁比·金爵士。和多数时候一样，萧伯纳作为一名剧作家的工作，
完全不受这次旅行的影响。在新西兰之行的过程中，他开始并完成了新
剧《意外岛上的愚人》的写作，并立刻开始构思另一部名为《女百万富
翁》的多幕剧，该剧的初稿在 5 月份兰吉坦号汽轮在普利茅斯靠岸之前
就完成了。

　　萧伯纳的环球旅游——特别是去非洲、印度以及太平洋的旅行——
对他的创作以及世界观所产生的最显著的影响之一是，其激发了他对非
欧洲宗教、文化以及民族的兴趣。后来剧作的情节中，常常会包含去有
异域风情的地方旅行，其中包括中东、太平洋以及连接了太平洋和大西
洋的巴拿马。非洲人、中国人、印度人以及海岛上的原住民在这些剧作
的叙事和主题发展中扮演了重要的角色；1933 年萧伯纳把一个年轻的

412

非洲女子选作他的寓言故事《黑女孩寻求神的探险》中的主角，这是具有重大意义的。在萧伯纳最后一部多幕剧《振奋人心的数十亿：一部粗俗的喜剧》的最后一幕中，去东方的旅行兜了个圈又回到了原地，英国喜剧的会客厅经历了一场剧变。《振奋人心的数十亿》中最后两幕发生的地点是"伦敦贝尔格雷夫广场的一个会客厅，这里被改建为了一个家庭规模的中国寺庙"。他晚期作品中的有色人种，通常是有着美丽外表和高贵精神的人，颓废和不健康的白人跟他们比起来显得非常不讨喜。

对锡兰（现在的斯里兰卡）、印度以及中国这些地方的风景和人的美，萧伯纳的印象尤为深刻。1933 年 4 月，在从一次世界巡游回来之后，他在海德公园见了弗吉尼亚·伍尔夫，当时她记载下了萧伯纳"泉涌般想法"的诸多片段，其中包括萧伯纳对于僧伽罗人和中国人的评价："锡兰人是最原始的人类——我们只是一些模糊不清的复制品。我发现中国人带着恐惧看着我们——我们居然是人类！"[45]他对"锡兰"人的评价直接反映在了剧作《触礁》（1933）中年长的僧伽罗绅士加弗纳·潘德拉纳什的一席话中，他在谴责了英国人是野蛮人以后，继续说道："看看你们的脸，再看看锡兰的我的人民的脸，这是人类的发源地。你能看到出自上帝之手的人，他们的所有特征都留有这位伟大的原创者明确无误的印记。你能看到眼睛里反射出宇宙光辉的女人。"

在孟买，萧伯纳观看了"来自尼泊尔的三个精湛舞者（三姐妹）"的表演，她们在一个长达 3 小时的庆典中"向萧伯纳展示了自己最佳的表现"[46]。在孟买城外的瓦克希沃山里，山顶一个耆那教的大理石神庙的全景视野让他感到欣喜；而到了庙里以后，他立刻对墙壁上一个个壁龛里各式各样的男神女神小像产生了极大的兴趣。"当人们看到这些塑像时，"他问他的向导，"他们会在信仰和观念中，把这些神设想成这种固定的具体的形状和样子吗？""我断定就是这样的。"向导说。同一个向导还为萧伯纳详细解释了寺庙内部密室"中心巨大的蒂尔丹嘉拉大理石像"所摆的冥想姿势，那是耆那教中的一个先知。[47]

1934 年 2 月 16 日萧伯纳开始创作剧作《意外岛上的愚人》，在他构思第一幕的场景时，很可能想到了寺庙之行以及他在印度和斯里兰卡

的其他经历。场景中包括"一个升起的花园",花园的 4 个神龛中有两 *413*
位年少的女神和两位男神的栩栩如生的雕像,他们盘腿而坐。年纪大概
都在 17 到 20 岁之间,此刻的剧中,他们"穿着印度服装,美得不可思
议,周身笼罩着柔和的光辉……他们的表情专注、肃穆且神秘莫测"。

　　东方的旅行在萧伯纳的思想和想象中留下了深远的影响。他在 20 世
纪 30 年代早期在旅行中所形成的非欧洲的文明、宗教以及文化观念,此
时开始与俄罗斯针锋相对,成了掂量西方的试金石,他也发现这一切正
是西方世界所渴望的。东方成了他心目中的理想世界——比如,一个田
园牧歌般的世界——在这里,人性保留了其未经腐蚀的状态,在其宗教
文化中,形体之大美与冥想的沉静结合在一起。萧伯纳在生命中的这段
时期,对宗教主题的专注尤甚,并开始导向了新的方向。在 1934 年 12
月写给弗朗西斯·扬哈斯本爵士——探险家、军人以及宗教神秘主义者,
两年后成了世界信仰大会的创始人——的一封长信的末尾,萧伯纳提到
了他的剧作《意外岛上的愚人》,并说该剧可以向扬哈斯本展示"我也在
东方找到了一种这些岛屿〔英格兰和爱尔兰〕所缺乏的宗教品质"[48]。

　　《意外岛上的愚人》中充满情欲的年轻印度男神和女神(他们在一
种典型的萧伯纳式转折下,结果被证明是相当乏味且危险的)属于贯穿
萧伯纳晚期作品的那一脉情色幻想,也与他对非白人种和文化的兴趣有
关。深肤色女人和白种男人之间的虚构婚姻,传达出了萧伯纳自己幻想
的生活的投影,并有着明显的自传性。在《伤心之家》中,我们了解到
绍特非船长在"牙买加某处"有一位"黑"妻子。在对茫茫的搜寻感到
气馁之后,《黑女孩寻求神的探险》中的女主人公最终嫁给了一个长着
胡子和一头红发的爱尔兰社会主义者,此人喜欢园艺,有着朴实的创造
进化论,并且在约翰·法利为故事画的授权插画中,他很像萧伯纳。性
感的"黑女孩"自己则在插画中被呈现为一个极具情色意味的裸体像,
拿着一个像阴茎一样的用来砸碎神像的木槌;在故事中,她被描述为

"一个漂亮的生物，她缎子般的皮肤和闪着光的肌肉，让白人牧师在对比之下好似苍白的鬼魂"。她在外貌上让人想起《回到玛土撒拉》中有着"黑缎子一样皮肤"的"漂亮女黑人"，因为她不小心忘了关掉自己的可视通信设备，人们看到了她穿内衣的样子，而这个"漂亮女黑人"就谈到过"白美人们"那"苍白的脸庞"。

414

《黑女孩寻求神的探险》1932 年创作于非洲，当时他们不得不在这里逗留，因为萧伯纳驾车出了事故，并导致夏洛特受了不轻的伤。萧伯纳夫妇当时驾驶租来的车从开普敦出发开往伊丽莎白角，他们计划在这里乘船去德班并返航英国。在"以大师级的风范"成功翻过了一些山脉以后，他打趣地在一封信中告诉他的朋友朗达夫人——一个女权主义者和《时代与潮流》的创始主编——萧伯纳在一条直道上提高了速度并使车失去了控制，随后他又矫枉过正。"我从路上冲了出来，"萧伯纳写道，"越过了一个栅栏，冲过一个碉堡，那前面的 5 根带刺的铁丝一个接一个地咔嚓断掉了，最终也没能把我拦下来，接着我疯狂地冲下了一个很陡的地方，这时我才有了把踩着油门的那只紧绷的脚换到刹车上的好主意。"他侥幸只受了轻伤，下巴裂了个口子，膝盖被撞一下，借用莎士比亚典故中的那种混合句式，他生动地描述了他那位乘客的不同命运："而夏洛特！！我简直无法形容。撞伤的头、两只熊猫眼、扭伤的左臂、瘀青的背部，胫骨上还有一个洞，虽说没有水井那么深也没有教堂的门那么宽，但是——快别让我想到它了。"他感伤地补充道，夏洛特此前"在阳光下显得那样快乐与舒适"⁴⁹。

这场事故发生在 2 月 10 日，直到 3 月 17 日夏洛特才在克尼斯纳——南岬一个迷人的海边小镇，位于伊丽莎白港和开普敦之间——恢复到可以出行去乔治敦的程度，这里有一个大型机场。萧伯纳夫妇在这里包了一架联盟航空的容克飞机带他们到开普敦，他们在这里登上了他们的船，华威城堡号。

1932 年初萧伯纳在南非花了不到 3 个星期写成的故事，是一部杰作。借鉴了伏尔泰的《老实人》和塞缪尔·约翰逊的《拉塞拉斯》中的叙事模式，萧伯纳让《黑女孩寻求神的探险》中生气勃勃的主人公经历

了一段传奇式的浪漫冒险。在这个旅程中，从旧约中那个要求献祭人类
和动物的报复心很重的上帝开始，她遇到并质问了世界大多数主要宗教
的代表。这个古怪而思想独立的年轻女子发现了她搜寻中所遇到的每一
个宗教的缺点，并挥舞她可靠的木槌砸碎了许多神像。

　　最后黑女孩遇到了一个老哲人，从老者的观点和约翰·法利的插画
来看，都代表了伏尔泰。哲人告诉她："寻求神最好的地方是在一个花 *415*
园里。"正是在这位哲人的花园里，她遇见、迷住并嫁给了另一位哲学
家园丁，红头发的爱尔兰社会主义者。萧伯纳对伏尔泰有着极强的认同
感，《黑女孩寻求神的探险》的结尾就是一个很好的例子。[50] 这两位园
丁都是黑女孩潜在的结婚对象，但是伏尔泰式的候选者说他太老了，她
还是"最好嫁给那个爱尔兰人"。

　　爱尔兰人给他迷人的俘获者讲述了一段关于上帝的纯朴想法，依照
的正是萧伯纳的创造进化论，他认为上帝是一个发展的、未完成的宇宙
内在现象。他在"伏尔泰"的花园里挖土豆的间歇做的这段关于神的有
趣描述，事实上是对萧伯纳的信条最简明的阐释之一："我自己相信，
神完全不是他该要成为的样子。他还没有完全成形。我们内在有某种东
西指向他，而我们之外也有某种东西指向他，这是肯定的；唯一另外一
件可以肯定的事就是，这种东西在试图达到完满的过程中，会犯很多错
误。我们需要尽全力为其找到正确的道路，你和我；因为还有非常多的
人除了他们自己的肚子以外什么都不想。"

　　这段话之后，故事的叙述者关于这个爱尔兰人对神的概念，给出了
一段更为简明的描述："一个永恒但尚未实现的目标。"《黑女孩寻求神
的探险》写于世界旅者自己的冒险的短暂间歇之中，是一部大胆而冒险
的作品；这部作品曾经一度威胁到了萧伯纳与劳伦蒂娅·麦克拉克伦夫
人之间的友谊，同时也引起了一些宗教组织的愤怒。但是，该书在出版
时获得了极大的成功。这个故事 1932 年 12 月出版时印刷了 25000 册，
该版本后来又加印了 5 次，一共 57000 册，1933 年到 1936 年又加印了
9 次，一共 48000 册。

　　1935 年在萧伯纳夫妇第二次去南非旅行时，他们在德班接到了 T. E.
劳伦斯（阿拉伯的劳伦斯）死于一场摩托车车祸的噩耗。劳伦斯 1922
年 3 月 25 日经悉尼·科克雷尔的介绍认识了萧伯纳。5 个月后，他给
萧伯纳寄去了 8 册他自费出版的书《智慧七柱》，问萧伯纳是否可以读
一读并发表对该书的价值的看法。萧伯纳夫妇都深深被这部作品打动
了，并尽全力帮助劳伦斯修订制作该书的一个删节本以供发行，最终这
个版本在 1927 年以《沙漠革命记》为标题发表。劳伦斯对萧伯纳夫妇
416　来说，就像是他们的孩子一样，他与夏洛特形成了非常亲密的友谊，如
我们前面所见到的，她给他写了很多信，并常常在其中诉说衷肠。劳伦
斯是阿约特圣劳伦斯的常客。当他在军营里时，夏洛特会从伦敦的福特
纳姆和曼森商店给他寄一篮篮的食物。为了在 1923 年离开皇家空军后
隐姓埋名，劳伦斯试图通过作为一名列兵加入皇家坦克部队来重塑自己
的身份，他使用的名字是列兵 T. E. 萧。[51]

　　劳伦斯是摩托车的狂热爱好者，1935 年 5 月 14 日他发生致命事故
的车——一辆被他命名为"博阿内格斯"的布拉夫 SS-100——是夏洛
特和几个朋友一起送给他的礼物。[52] 他的去世让夏洛特极为悲恸。"不
知怎么的，我不觉得他真的离开了，"她在从阿约特圣劳伦斯寄给埃默
里·沃克的女儿多萝西的信中写道，"他似乎就在这里，这所他常来的
小房子里。"后来她告诉多萝西，她与劳伦斯的关系是"我一生中最
奇特的交往"。[53] 萧伯纳 1932 年的剧作《真相毕露》中的人物列兵米
克——在一个英帝国的军事基地里，他对当地方言和习俗的了解以及战
略方面的才华令上司感到震惊——就是以阿拉伯的劳伦斯为原型来塑造
的。列兵米克在剧中出场时就骑了一辆很吵的摩托车。

　　20 世纪 30 年代到 40 年代初期，萧伯纳有两段文学方面的关系得

以蓬勃发展，分别是跟剧作家同行肖恩·奥卡西和奥斯卡·王尔德的前
情人艾尔弗雷德（"波西"）·道格拉斯爵士。

　　肖恩·奥卡西的剧作以私密、幽默同时又极其犀利苛刻的笔触展
现了都柏林的廉租房和贫民窟，萧伯纳因为童年时期的经历，对这样
的地方有所了解，同时也极为厌恶。也许没有任何其他剧作家能像奥卡
西一样，如此精准地捕捉到爱尔兰爱国主义狂热而具有自我毁灭倾向的
悲喜剧。萧伯纳对奥卡西的作品怀有深深的敬意，并在 1934 年写给南
希·阿斯特的信中对他大加赞美，他在信中说他的剧作"给人留下很深
的印象，在申斥的同时又不像我的作品那样容易使人发怒"[54]。

　　20 世纪 20 年代在艾比剧院取得了早期的成功之后，奥卡西在 1928
年因为叶芝拒绝了他的剧作《银酒杯》而感到深深的失望。此前他因为
对新的爱尔兰政府感到不满，搬到了伦敦，并在这里认识了他的妻子，
艾琳，他们都很崇拜萧伯纳的作品，并很喜欢他本人以及夏洛特，他们
常常在阿德尔菲露台和白厅宫共进午餐。萧伯纳读过奥卡西所有的剧
作，并观看了其中几部在伦敦的演出。1932 年，奥卡西拒绝了加入叶
芝和萧伯纳共同创办的爱尔兰文学学院的邀请（由萧伯纳起草）。1950
年 1 月，艾琳去阿约特圣劳伦斯拜访萧伯纳，萧伯纳感到尤为高兴，并
把她展示给他看的一张奥卡西一家的照片装裱了起来。和南希·阿斯特
一样，艾琳也是萧伯纳临终前最后去见他的人之一；她在自己的书《肖
恩》中对这次拜访做了动人的描述。

　　萧伯纳 1895 年见过一次奥斯卡·王尔德的"波西"，艾尔弗雷
德·道格拉斯爵士，在看到他对王尔德的行为举止后，觉得他就是一
个"臭小子"。不过，到了 20 世纪 30 年代，两人开始进行友好又活泼
的书信往来，在这个过程中，因为萧伯纳给了他许多方面的帮助，道格
拉斯开始称其为"圣克里斯托弗"，萧伯纳则反过来称他为"恰德（罗
兰）·艾尔弗公子"。[55] 早期书信所讨论的主要内容是弗兰克·哈里斯写
的极具争议的奥斯卡·王尔德传。萧伯纳跟这本书的第二版（1918）有
间接的关联，作为营销策略，该书在封面上宣称版权页里有萧伯纳对这
部作品的一些注释（未得到他的授权）。针对这部传记，罗伯特·H. 谢

417

拉德写了一本充满敌意的批判作品，1937 年发表时，艾尔弗雷德·道格拉斯爵士为其作了序，因为他觉得哈里斯曲解了王尔德。

萧伯纳和道格拉斯的通信至此开始变得有些棘手了。萧伯纳很喜欢哈里斯写的王尔德传。在谢拉德的书引发争议以后，他还催促康斯特勃出版社发行这本传记的英文版，用以帮助哈里斯的遗孀，海伦·奥哈拉（"内莉"）·哈里斯——她当时住在法国，经济十分拮据，仅靠从先夫的一些出版物中获得少许收入。萧伯纳慷慨地花了很多时间帮助内莉，并给了她大量的建议，但道格拉斯的反对和诉诸公堂的可能性，是出版哈里斯的王尔德传的绊脚石。最后两人通过书信讨论的结果是——并不是就此一帆风顺了——道格拉斯帮助萧伯纳修订了传记，1938 年该书的新版得以发行，萧伯纳为其写了一篇冗长的前言。

基于这件事，萧伯纳和道格拉斯的通信慢慢扩展到了其他话题，包括宗教（道格拉斯此时成了一名天主教徒和禁酒主义者）、道格拉斯的诗歌（萧伯纳对其评价颇高）以及英国和爱尔兰的政治。关于最后者，他们在信中讨论的主要一点是，德·瓦莱拉在 1940 年宣布爱尔兰的中立立场，并拒绝让联盟的军队使用爱尔兰的港口，这使道格拉斯极为愤怒，他针对此事发表了一本强烈的反爱尔兰小册子，标题就是《爱尔兰和反对希特勒的战争》。萧伯纳对"爱尔兰港口"的复杂政治情况有着很清晰的理解，也明白其中立立场给爱尔兰（以及英格兰）所带来的致命威胁。他认为道格拉斯的方法太具有煽动性，也不明智，1940 年 11 月 14 日他在信中说：

> 公子啊公子，
>
> 在政治方面你的头脑堪比蟋蟀；而你也太过勇敢了。如果道格拉斯们少一点胆量多一些常识的话，他们已经成为苏格兰的皇室了……你面对这种情形时的想法，是翻旧账并搬弄是非，再度引起爱尔兰的争端。[56]

在一封早几天的信中，萧伯纳告诉道格拉斯情况"很危险，但是却有利于第一次联合爱尔兰，并不是为了支持英格兰，而是为了反对希特勒，两者的结果是一样的"[57]。

1961 年一本名叫《作为村民和人类的萧伯纳：一个传记论文集》的书在伦敦出版。此书的编辑是作家、摄影师兼萧伯纳的狂热爱好者艾伦·查普洛，他除了汇编了这部作品以及一部名为《萧伯纳："护场员"》（1969）的姊妹篇外，在萧伯纳生命中的最后一年，还给他照了许多很好的摄影习作。《作为村民和人类的萧伯纳》最大的功劳是，查普洛得以收录许多朴实村民和家中佣人对萧伯纳——以及夏洛特——的回忆，如果不是他，这些回忆很可能就遗失了。从查普洛的书中的记录来看，萧伯纳给人的整体印象是，他在村里很受邻居和员工的尊重和喜欢，而人们对夏洛特的评价也很好。

和所有的回忆一样，阿约特圣劳伦斯的村民和佣人的回忆在作为传记素材时，也要谨慎处理。人们真的能相信伊迪丝·里夫斯——她和丈夫一起经营着毗邻萧伯纳夫妇房产的一家农场——说的"萧伯纳太太有一次告诉我说，她非常想有孩子"吗？[58] 这与夏洛特 1927 年 5 月 17 日在信中对 T. E. 劳伦斯所说的相悖。然而，里夫斯太太关于邻居的其他一些说法却看似可信，包括她说萧伯纳习惯于把"萧之角"草坪上割下来的草从栅栏上丢过去，给邻居的牛和其他牲畜当饲料，还有尽管他会免费把自己花园里的白菜和其他蔬菜送给他们，但当里夫斯送给他树莓和樱桃时，他总是坚持付钱（尤其是他钟爱的白鹿樱桃）。里夫斯太太解释说："我想在他看来，种植水果和蔬菜是我们作为农民的生意的一部分，但对他来说只是一个爱好。"[59] 她的丈夫帮助萧伯纳夫妇的园丁亨利（"哈利"）·希格斯除草以作为报答。哈利·希格斯在 1901 年到 1943 年间担任萧伯纳夫妇的主管园丁，而他的妻子，克拉拉·丽贝卡·希格斯则在这段时间担任他们的管家。

"我非常喜欢他。在我与他共处的 16 年里，他从来没有对我说过一

419

句脏话,我对他也没有。"在萧伯纳生命最后 16 年中服侍他的爱尔兰客厅女仆玛格丽特("玛姬")·凯欣的这段话,是萧伯纳家里大多数佣人的想法。玛姬·凯欣概括出了萧伯纳一种非凡的品质,许多人在回想起他时都会提到:"他从未对任何人怀有过恶意。如果他的一篇文章或是一部剧作受到了批评,他只会一笑置之。他不在乎——他心胸太宽广了——非常仁慈、和蔼且有魅力。"[60] 他是一个很整洁的男人,她表示,照料起来一点也不麻烦。

1938 年,一名 17 岁的女佣维奥莱特·庞德加入了玛姬·凯欣的队伍,她后来还在契克斯英国首相别墅和唐宁街 10 号为温斯顿·丘吉尔以及克莱门特·阿特利工作过。2001 年《泰晤士报》刊登了一篇关于她职业生涯的访谈,维奥莱特最喜欢萧伯纳的一点就是"他对她永远彬彬有礼以及他念她名字的方式"。她回忆说:"我总是在他下楼梯的时候给电话掸灰。他会下来然后说,'早晨好,维-奥-莱-特'。听着就像音乐一般。没有任何一个人像萧伯纳先生那样念我的名字。"[61]

维奥莱特很爱音乐,而"她一天中的高光时刻,就是小心翼翼地站在楼梯平台上听萧伯纳弹钢琴。钢琴摆在大厅里,他每晚都会为自己和夏洛特演奏"。萧伯纳给维奥莱特照了一张照片,当希格斯太太发现了这件事以后,厨房里的氛围变得非常冷淡;她认为"一名女仆不应该出风头"。1943 年,维奥莱特被召集到辅助领土服务团服役。在经历了伦敦闪击战中的一些可怕经历以后,她突然间被召唤到沃特福德,一辆军队的车把她载到了目的地,后来她才知道这里是契克斯,英国首相的乡村休养地。她在这里服侍了温斯顿·丘吉尔一家人,后来又在唐宁街 10 号为战后担任首相的克莱门特·阿特利工作。希格斯夫人的严格训练对她日后的这些工作很有用。后来她嫁给了一位弗雷德·利德尔先生。[62]

1938 年维奥莱特作为女佣任职时,萧伯纳的员工(除了她以外)还包括:布兰奇·帕奇,秘书;克拉拉和亨利·希格斯,管家和园丁主管;玛姬·凯欣,客厅女仆;弗雷德里克·威廉·戴,司机;以及弗雷德里克·托马斯·德鲁里,助理园丁。1943 年克拉拉和亨利·希格斯(为萧伯纳夫妇服务了 42 年)退休以后,弗雷德里克·德鲁里成了主管园丁，而爱丽丝·拉登则担任管家。

夏洛特·萧和她的丈夫一样也得到了佣人们的忠心和尊敬。"萧太太成就了萧先生，"弗雷德·德鲁里这样说，"她是一个真正的贤内助，也是他生命所有方面形影不离的伴侣。"这些话语是德鲁里回忆起萧伯纳夫妇在阿约特圣劳伦斯的花园中的一些令人难忘的图景时所说："萧伯纳先生和太太总是一起在花园里散步……他们习惯于在某一特定的地点堆放石头，来标记每一英里。他们有一条围绕花园的固定路线，大概一英里，每一次他经过这个地方，就在上面放一块石头。他们名字的首字母都刻在了温室的玻璃上，四周饰有三叶草。"[63]

德鲁里以及其他几个人都谈到了萧伯纳对当地活动的慷慨资助，包括给当地足球俱乐部（德鲁里是这里的荣誉秘书）的一笔数目可观的捐赠，给村里的所有孩子提供圣诞礼物，此外还有很多这位乡绅的赠款的例子。德鲁里将他的两位雇主概括为："萧先生是一位很和善的绅士——只动口不动手。而萧太太是最好的人之一。"

萧伯纳的佣人中最活泼的一位，是苏格兰厨师兼管家爱丽丝·拉登太太。她是一位来自阿伯丁的受过训练的护士，最先是萧伯纳夫妇雇来在白厅宫照顾临终时的夏洛特的。1943年夏洛特去世后，她继续在阿约特圣劳伦斯为萧伯纳工作并"以母狮的凶猛去守卫和保护他"[64]。尽管她显然很崇拜萧伯纳，但从一开始她就毫无顾忌地表达了她对他那些社会主义观点的看法以及她自己的政见。萧伯纳表示过他并不想要一个崇拜萧伯纳的管家，只想要一个好管家。"嗯，"拉登太太说，"我是一个彻头彻尾的保守党员，而且我打心底里不同意所有社会主义的观点。"[65] 在1950年英国大选时，她厚脸皮地把一张丘吉尔的照片钉在了萧之角的门上。爱丽丝·拉登写了《萧伯纳的素食食谱》一书，其中讲述了她以素食烹饪的种种技巧为萧伯纳做的丰盛且多种多样的大餐，该书于1972年出版。在他生命中的最后几年，她说，萧伯纳"以汤、鸡蛋、牛奶、蜂蜜、奶酪、水果、奶油以及柠檬汁为食"[66]。尽管她觉得"他有时奇怪又难以相处"，她还是——带着阿伯丁的喉音——将他描述为"一个非常好的人……大方而和善，直到最后都很有魅力"[67]。

421 　　阿约特圣劳伦斯的村民和萧伯纳的佣人们对他的一致好评，实在让人印象深刻。除了在萧伯纳生命的最后几年中，拉登太太变得相当专横——也许是必要的——雇主和雇员之间始终维持着恭敬的距离。但是，萧伯纳夫妇在对待这些为他们工作的人时，有着非同寻常的和善和体谅。他们和佣人们的关系，与当时相同社会等级的人——比如弗吉尼亚·伍尔夫和其他布卢姆斯伯里派的成员——那种对待佣人的轻蔑和摆架子的态度，形成了鲜明的对比。克莱夫·贝尔将他们称为"一个人的随身奴仆"[68]。

　　在读了萧伯纳晚期谈论抽象社会（或半抽象）的一些政治文章后，再转看这些描述他在自己的村庄和家里，对待真正亲密接触的人们时的方式，那种始终如一的和善与友好的态度，令人感到十分宽慰。这些描述展示了萧伯纳的一个侧面，这个侧面我们在他建立和维持重要友谊的非凡能力中，以及他慷慨地花费大量时间和金钱去帮助人们解决私人问题时，也能看到。说来也奇怪，《触礁》的前言中，萧伯纳关于"科学讨论"灭绝的糟糕笑话，还有他在关于墨索里尼的一些文章中所显示出的那种麻木，与他人格的这一侧面实在是背道而驰。弗雷德·德鲁里对萧伯纳的评价（"只动口不动手"）从某些方面来看，很有道理。但是，只是动口有时候足以让人不寒而栗，我们不能简单地说这不是"真正的"他，从而置之不理。幸运的是，我们还有许多他的其他形象，都来自他与人类同胞更为私密的交往，这些形象让他显得尤为迷人。

4.1　萧伯纳坐在布伦码头的石柱上，戈尔韦湾南岸，1922 年

4.2　萧伯纳坐在汽车里，1921 年 12 月

423

4.3 萧伯纳在卡萨·埃斯特拉站在跳台上，昂蒂布海角

4.4 萧伯纳在庞贝，1932 年

4.5 萧伯纳在马德拉群岛跳水，当时他 69 岁，1925 年

4.6　萧伯纳走在斯特兰德大街上，伦敦，1927 年 5 月

425

4.7　萧伯纳在阿约特圣劳伦斯花园中的旋转小屋里工作，1929 年

478

4.8　爱德华·埃尔加爵士，指挥他的"苗圃组曲"，他的右边是约克公爵和公爵夫人（后来的国王乔治六世和伊丽莎白女王，太后），他的左边是萧伯纳，1931年6月4日

4.9　玛姬·凯欣，萧伯纳的爱尔兰女佣，在阿约特圣劳伦斯接收信件

427

4.10　莫莉·汤普金斯在圣乔瓦尼岛租的别墅，意大利，马焦雷湖

4.11　莫莉·汤普金斯在莱斯特画廊举办的她的画展上，伦敦，1934 年

428

4.12　萧伯纳，89岁，在萧之角的花园中，阿约特圣劳伦斯，1946年7月20日

4.13　从花园的角度看到的房子，萧伯纳站在前景中

429

4.14　萧伯纳和丹尼·凯在阿约特圣劳伦斯，1949 年 5 月 3 日

4.15　萧伯纳和罗伯特·莫利、加布里埃尔·帕斯卡一起。电影版《芭芭拉少校》的宣传照，1941 年

4.16 上面不可靠的说明——94岁的萧伯纳亲手所写——这样写道：这是约翰·格拉汉姆为96岁的我拍的最新照片。萧伯纳，1950年8月15日

第 *24* 章

最后的繁荣以及银幕的召唤

1934 年从新西兰回家的途中，萧伯纳给莉奥诺拉（"诺拉"）·欧文——后来萧伯纳的传记作家圣约翰·欧文的妻子——写了一封信，其中他透露了很多关于他剧作家生涯最后阶段所写的剧作的宗旨："我的弩箭已经射过所有明确的目标了，而现在，我的剧作家机能在活跃了30 年之后依旧动力充足，我就越来越放肆地、不带任何预设地向天空射箭——不管会发生什么。"[1]

这段话充分体现了萧伯纳晚期旺盛的创作天赋中，那种热情洋溢、随心所欲的自然举动。信中他直接的参考点，就是在环游途中，他正在创作的两部"大致发生在热带"的作品：《意外岛上的愚人》和《女百万富翁》。两部剧——都是萧伯纳在 1934 年环游途中完成的——中的第一部被他在信中描述为"公然东方的、祭祀的、疯狂的"，而第二部"有着司空见惯的形式：发生在大都市中的三幕剧，主题也是沉闷的婚姻题材；但是其中的对话从头至尾都是疯狂而荒诞的"。

放肆，在许多方面，成了晚期剧作的风格特点。充满异域风情的场景及奇异的事件和人物，与传统的自然主义频繁相悖，这些都成了他多数作品中的常态。在《真相毕露》（1931）的第一幕中，有一个外形很像人类的微生物怪兽，但"似乎是由会发光的胶状物构成的，可以看见其短黑的棍状骨架"，它在一个郊区别墅里，斜倚在一个病人床边的安乐椅上。（怪兽最早——穿着华丽的道具服装——由欧内斯特·塞西杰扮演，欧内斯特曾在《圣女贞德》的英国首演中扮演法国皇太子一角。）在《意外岛上的愚人》中，在最后审判的号角奏响以后，一个天使从天而降，对各种无用的人类样本宣读有选择性的最后审判。天使配备有一个滑稽且效率不高的飞行装置，因为在永远变化的萧伯纳式的宇宙中，没有什么是完美的。"总有更好的。"天使在询问哪有近便的可以降落的 *432* "护墙"时，这样解释道。

　　萧伯纳戏剧生涯的最后号声将我们带进了想象中光怪陆离的世界，其角色塑造和叙事手法常常与讽刺寓言相似。不足为奇的是，萧伯纳将最后几部作品中的一部取名为《牵强附会的寓言》，作品中的角色都是"年轻男人"和"年轻女人"这样的通用称呼。*有时，这些晚期作品中的戏剧技巧，似乎无疑是要展现萧伯纳式的表现主义和超现实主义，这与19世纪90年代"令人不悦的剧作"那一类作品典型的自然主义形式相去甚远，王尔德曾因后者而称赞了萧伯纳"对简单的生活真相所具有的戏剧价值的超凡信心"以及"［他的］创作中的那些可怕的血肉之躯"[2]。

　　尽管晚期的剧作常常流露出绝望的情绪，但它们依然被喜剧的缪斯主宰。在讨论这些晚期剧作的过程中，美国评论家埃德蒙·威尔逊说："有意思的是——证明了萧伯纳当时处于自己作为一名艺术家的巅峰——他最不可能失去的，显然就是他纯粹的喜剧创造天赋，尽管我们也许会厌倦，但这天赋从《难以预料》起一点也没有减弱。"[3]马丁·迈泽尔极为欣赏这些晚期的作品，他将它们形容为"现代戏剧中，萧伯纳最应得到关注却得到了最少的关注的作品"。此外迈泽尔还称赞了作品中的一些品质，包括"出于哲学目的而创造的非欧几里得式的世界"以

---

* 由埃丝梅·珀西执导，《牵强附会的寓言》从 1950 年 9 月 6 日开始，在一个私人戏剧俱乐部上演了 30 场，两个月后，即该年 11 月萧伯纳与世长辞。

及它们"对寓言的公开运用以及明确具有象征意义的行动和场景"[4]。

尽管从这些写于 20 世纪 30 年代到 50 年代之间的作品中，常常可以看到萧伯纳创作力、喜剧创意以及看世界的独特方式的延续，但它们同时也有着过于繁复的角色和事件，以及太多不同的戏剧关注点。此外这些作品在品质上也是参差不齐的，事实上，萧伯纳自己很可能也意识到了这一点，1935 年他告诉莫莉："我的剧作，虽然没有以前那么沉重了，但它们之中依旧有着一些出色之处。"[5] 作为一组作品，晚期的这些剧作并没能在舞台上历久弥新。在多幕剧中，只有《苹果车》有着可观的新版演出记录。20 世纪末，这一组中的其他作品，在类似加拿大年度萧伯纳节的场合中，也有过成功的新版演出。它们通常并没有成为在剧院上演的萧伯纳的主要剧目。总的来说，当代评论家们对萧伯纳最后的剧作的评价毁誉参半，他们通常认为这些作品太过古怪并且让人难以捉摸。

晚期的作品中有一部在剧院和银幕上有着极不寻常的经历，这就是《女百万富翁》(1935)，这是萧伯纳在写给诺拉·欧文的信中提到的作品，该剧的主要角色吸引了诸如伊迪丝·埃文斯、凯瑟琳·赫本、索菲亚·罗兰以及佩内洛普·基斯这样的明星。(由玛琳·黛德丽担当主演拍摄电影的计划最终没能实现，但是由索菲亚·罗兰和彼得·赛勒斯担当主演，根据该剧改编的电影，于 1960 年拍摄成功。)当萧伯纳提到《女百万富翁》的对话中"疯狂的荒诞"时，他指的一定是中心人物——好斗、反复无常、随便发脾气的女百万富翁——诸多言辞中所具有的那种疯狂属性。他给她取了一个响亮的名字，伊皮法妮娅·奥格尼桑提·迪·帕蕾佳，最终她被温柔、虔诚的埃及医生驯服。这部剧在某些方面让人想到了《驯悍记》。

凯瑟琳·赫本的才华很适合演绎伊皮法妮娅这个角色，1952 年该剧第一次在伦敦西区上演时，她大获成功，罗伯特·赫尔普曼则扮演了剧中的医生一角。英国戏剧评论家肯尼斯·泰南将赫本在考文垂的表演形容为"在剧中像一个撞锤一样到处乱撞，以最大的嗓门说话，像一个失去理智的体育女教师一样叫嚷着指令"[6]。(不幸的是，赫本在百老汇没有收获相同的成功，演出在那里收获了极为惨淡的反响。）在这之后的 10 年中，《女百万富翁》以电影再次重生，由安东尼·阿斯奎斯执导，索菲亚·罗兰扮演伊皮法妮娅，彼得·赛勒斯扮演医生，这个版本中的医生是一个印度人。

由于两位主演的声望和他们才华的非凡结合，这部电影引来了媒体的大肆宣传。正如赛勒斯的一位传记作者所说，这部电影是"欧洲最性感撩人的明星与英国最好笑的喜剧演员"的结合。在电影的拍摄过程中，赛勒斯疯狂地爱上了罗兰，有不止一种解释表示，正是卡比尔医生给这位银幕女神裸露的背部涂乳液的这一场戏让他坠入了爱河。讽刺的是，他公开与自己的妻子安妮谈论了这一激情，并给他自己的婚姻带来了极大的问题，这与萧伯纳剧作中开头的几幕描写的情形竟极为相似。[7]

晚期作品中的奇异和放肆，并没有阻止其中的一些作品与当代世界　*434*
所发生的一切相关联，同时它们依旧具有传记方面的参考价值，特别是在《真相毕露》和《意外岛上的愚人》这两部作品中。

如我们所见到的，《真相毕露》对成为强盗的前王牌飞行员兼牧师奥布里，以及护士斯维蒂的刻画，明显反映出了萧伯纳与莫莉·汤普金斯的外遇。在剧作的第二幕中，天生的传教士奥布里关于斯维蒂对待情欲大胆而坦率的态度进行了哲理性的思考，她代表的正是对人类性事"罪恶秘密"的革命性的开放态度。D. H. 劳伦斯正是以《查泰莱夫人的情人》（1928）这样的作品和一些画作来表达这种态度而震惊了世界的，他的画作在伦敦的华伦画廊展出时，被警察以有伤风化为由查封了。

奥布里将斯维蒂看作一战爆发之际，在人类谈话、习俗以及看待世界的方式上所发生的"地震"，把过去的约定俗成和礼仪都破坏得全无影踪。《真相毕露》的第二幕中，奥布里将斯维蒂以及她对人类意识"低层中枢"所发生的一切的表达，比作巴兰的驴——一个旧约中的典故，驴在故事中比其主人更具智慧，它奇迹般地通过天使的话语听出了上帝

的意愿。[8]斯维蒂无可厚非但也相当无知地拒绝被称作"巴兰的驴",奥布里一跃而起并说道:

> 女人:我这是在赞美你呢。巴兰的驴比巴兰更有智慧……这几乎就是说斯维蒂是个超人。她的"低层中枢"会说话。战争发生以后,低层中枢就有了声音。其影响就像是一次地震。因为它们说出了以前从未被提起的真理——我们国内制度的缔造者试图忽略的真理。而现在,斯维蒂四处叫嚣这些真理,这些制度也随之分崩离析。这些真理使我们没有地方生活、没有约定俗成、没有可行的道德、没有天堂、没有地狱、没有戒律,也没有上帝。

这段话,不仅仅是萧伯纳对 D. H. 劳伦斯还有他勇敢摧毁人类性事种种禁忌并对其大加颂扬的隐晦称赞,同时是《真相毕露》如何以锐利的洞察力审视当今世界的例子之一。

奥布里将两次大战间的世界称为身体与精神的迷茫之地的简洁的概括——这里"没有约定俗成、没有可行的道德、没有天堂、没有地狱、没有戒律,也没有上帝"——与第三幕中充满哲学意味的角色"长者"的演说有关。长者对斯维蒂和为她所倾慕的英俊中士说,艾萨克·牛顿那稳定的宇宙"在爱因斯坦的评论之下,已经像杰利科的墙一样轰然倒塌了……一切都是反复无常的:可以预测的世界变得不可预测了"。

除了奥布里,剧中的中士也有着另一层的自传意义。中士在一个名为"爱的栖息地"的人工洞室里,如饥似渴地阅读萧伯纳儿时最喜欢的作者约翰·班扬的作品《天路历程》。在听了中士边读边评论班扬关于世界末日时这个世界注定被天堂之火毁灭的开篇词之后,斯维蒂表示自己其实对《天路历程》很熟悉,她在监狱里待过一段时间,并在其间看过这本书。

在其放肆与奇异的表象之下,《意外岛上的愚人》也显示出了其与当代世界的关联,虽然方式与《真相毕露》有所不同。正如标题所暗示的,这部作品同样传达出一种不断变换的不稳定的现实世界。就像萧伯纳给诺拉·欧文描述的那样，这部作品或许可以被称为是"公然东方的"以及"祭祀的"，但却远远称不上是"疯狂的"。萧伯纳在写作这部剧时所乘坐的加拿大班轮的名字（英国女皇），和其停靠港（印度）在剧中都有着重要的反映。除此之外，《意外岛上的愚人》是一部关于帝国、殖民主义以及将宗教传播工作作为帝国扩张前线的剧作。标题中的愚人，一个英国教堂里名叫伊迪·汉明塔普的传教士，在威斯顿海滨被一群海盗绑架了。这群"海盗"——明显是讽喻殖民地的企业家——利用温柔天真的伊迪来为他们作为"骗子、勒索者、走私者……进行任何能赚到钱"的行为增添一些体面。在讲述他的经历时，伊迪提到了海盗在抓他时说的话："'你看起来清白又体面，'他们说，'正是我们想要的！'"威尔克斯，剧中一个有自杀倾向的英国殖民地官员，希望自己是塞西尔·罗得并幻想把全世界都变成英格兰。

"后殖民"这个词，在《意外岛上的愚人》创作的那个年代，当然还没有被使用。但从其主题和形式来看，这部剧可以公正地被认作是提前讨论了后殖民主义的主题。从 20 世纪晚期批判帝国主义和殖民主义的视角出发，《意外岛上的愚人》显然是一部醒目而独特的作品，它预见性地探讨了英国和欧洲对待其支配下的其他国家时，所展现的欧洲中心主义的傲慢。

尽管 20 世纪 20 年代到 30 年代之间，萧伯纳在法西斯主义的问题上有着臭名昭著的欠妥言论，但《意外岛上的愚人》保持了对独裁主义 *436* 的高度批判，并且制造了萧伯纳关于法西斯主义领袖非戏剧言论的反话语。剧中一次西方种族和东方种族间通婚的实验最后以灾难性的失败告终，四个漂亮但是莽撞、不知廉耻的孩子诞生于此，他们就是剧作开头的女神和男神。随着剧情的发展，孩子们渐渐变得越来越危险，最后他们唱出了自己受虐狂般的欲望，想要从属于普罗拉，让她作为他们的皇后，他们宣称"顺服可以免遭难以忍受的思想之疲乏"。在他对这些孩子的塑造中，萧伯纳讽刺地反思了欧洲独裁主义的兴起、歇斯底里的沙文主义，以及英国殖民地在文化和政治上的从属地位。孩子们最后变成的抽象概念（当他们像歌德的《浮士德与海伦》中的漂亮孩子一样消失时）——爱情、自尊、英雄气概和帝国——在剧作中被处理得极具批判意味。西方的帝国主义被含蓄地比作浮士德式对权力的追求，最终在空洞但危险的祷词中结束了。

从《意外岛上的愚人》中可以看出萧伯纳对创造进化论思考的新发展。其中对意志和知识作为动因的强调减弱了，而更多强调东方的默许和接纳，强调应该对生命的可能性保持开放的心态，而不是以先入为主的理论去对待它。"让生命来吧。"开场时那位生气勃勃的年轻女子说，这一劝告随着剧作中非凡的故事的展开而多次重现。剧作的结尾，为生命的男祭司和女祭司，波拉和普罗拉所左右，我们被——尽管以一种非常不同的基调——送回了萧伯纳早期作品《难以预料》的标题所讲述的主题。"世界上没有什么是可预见的，意外岛就是全世界。"普罗拉说道。她宣称，未来属于那些"喜欢惊喜和奇迹多于安全感的人"。全剧在波拉和普罗拉对"即将到来的生命"所做的致敬仪式中结束，"他们以东方的方式拍了拍手"。

这位"对他来说辩论和写作就是生命的灵丹妙药的爱尔兰玛土撒拉"（正如萧伯纳在 1948 年评论他的最后一部多幕剧《振奋人心的数十亿》时所说的），[9] 在完成了《真相毕露》和《意外岛上的愚人》之后，依然还计划着更多的戏剧写作。1950 年 7 月，在他去世的几个月前，快满 94 岁的他还在写一部叫作《她为什么不会》（被作者嫌弃地称作"一个可怜的小老头的蠢话"）[10] 的剧作。但是，从传记的角度来看，在解
437 释萧伯纳其人和他对生命看法的改变这些方面，其他的晚期作品都没有与《真相毕露》和《意外岛上的愚人》这两部狂想曲相同的锐气和价值了。他与剧院的告别，是 1949 年 8 月莫尔文节上的公共表演，该节在第二次世界大战期间停办以后重新恢复。1949 年的剧目包括了萧伯纳一生中最后上演的两部作品：寓言叙事与哲学讨论的肆意混合体《振奋人心的数十亿：一部粗俗的喜剧》，以及木偶戏《莎氏与萧夫》——其中萧夫和这位从头至尾都对他有着极大影响的诗人的形象，展开了唇枪舌剑并相互拳打脚踢。

ᕚ —— ✦ —— ᕛ

在他生命中的最后两年里，萧伯纳的兴趣范围、活动以及社交往来，因为他对电影业的涉足而得到了相当大的拓展。由于他向来很热衷于这样的科技发展，作为一名摄影爱好者的萧伯纳在20世纪初就开始对电影及其作为一种媒介的可能性而着迷。正如伯纳德·F.杜可雷指出的一样，早在1908年萧伯纳就告诉阿瑟·温·皮尼洛，他觉得电影让人难以抗拒。在1912年8月19日的一封信中，他告诉帕特里克·坎贝尔太太："我这个不大情愿，并且要经过努力才会去普通剧院的人，竟然被电影院深深吸引。"[11]在同一封信中可以看出，他是一个见多识广的电影观众。简单地说，他是他自己1927年所宣称的，"一个电影迷"[12]。

在20世纪初的时候，萧伯纳就已经收到了大量将他的剧作转换为电影的提议，以及购买他作品电影版权的高报价。萧伯纳在20世纪30年代到40年代起，也开始作为编剧参与了电影的创作。正是在这个时期——1939年2月——萧伯纳作为《皮格马利翁》的编剧，在学院奖的颁奖典礼上被授予奥斯卡奖。萧伯纳并不太在意这类华而不实的东西，不过这个奖杯还是摆在了阿约特圣劳伦斯会客厅的壁炉架上，旁边放着一尊莎士比亚的斯坦福德小陶土塑像——立在一个底座之上倚靠着一堆书，这个姿势与威斯敏斯特教堂的那尊大理石雕像颇为相似。萧伯纳说这个小塑像是他最喜欢的莎士比亚的形象，这是他在第二次世界大战前夕，和夏洛特一起在海边的弗林顿的一家古董店里，以23先令买的。[13]据说，萧伯纳用奥斯卡奖杯来砸坚果。

在他参与为自己的作品写电影剧本以及与协作剧院演出制作的那几年里，萧伯纳接触到了许多人，他们的名字现在读来就像是那时电影史上传奇人物的名册：莱斯利·霍华德、温蒂·希勒、雷克斯·哈里森、罗伯特·莫利、查尔斯·雷恩斯、费雯·丽，还有斯图尔特·格兰杰——他们都在萧伯纳在世时，在他剧作的电影版中担任主演。而差点被埋没在演职人员名单中的还包括：黛博拉·克尔，她首部参演的电

438

影就是《芭芭拉少校》中被比利·沃克欺负的救世军一员珍妮·希尔；让·西蒙丝，她在《恺撒与克利奥佩特拉》中扮演一个弹竖琴的奴隶女孩；安东尼·奎尔（后来的安东尼爵士），他在英国电影版的《皮格马利翁》中扮演伊莉莎的理发师。

萧伯纳还与克拉克·盖博、查理·卓别林、路易斯·B. 迈耶，以及阿瑟·兰克有着私下的会面以及来往。萧伯纳一篇时间很晚的日记（1950 年 3 月 10 日）条目，初看时尤其醒目："阿瑟·兰克要付我83705 英镑。"[14] 纵观萧伯纳与电影业的关系，让人很容易再次想到阿齐博尔德·亨德森对他的评价，他"紧紧拥抱"自己所生活的时代。

20 世纪 30 年代和 40 年代之间，萧伯纳戏剧的电影化工作，主要是由一个派头十足的匈牙利裔电影导演兼制片人完成的，他的真名是嘉博·勒霍尔，但他自称加布里埃尔·帕斯卡。帕斯卡说他第一次遇见萧伯纳，是 1925 年某天的黎明时分，在法国里维埃拉裸泳时。10 年以后，他身无分文地来到伦敦，请求并成功获得了《皮格马利翁》的版权。帕斯卡 1938 年出品了《皮格马利翁》的电影版（温蒂·希勒饰演伊莉莎，莱斯利·霍华德饰演希金斯），1941 年出品了《芭芭拉少校》的电影版（温蒂·希勒饰演芭芭拉少校，雷克斯·哈里森饰演库欣，而罗伯特·莫利饰演安得谢夫特），1945 年出品了《恺撒和克利奥佩特拉》的电影版（克劳德·雷恩斯饰演恺撒，而费雯·丽饰演克利奥佩特拉），他与萧伯纳合作，为这几部电影都加入了新的场景。1947 年 10 月 18 日，帕斯卡拜访了阿约特圣劳伦斯，并把自己的新婚妻子瓦莱丽·希德维吉介绍给了萧伯纳。

在 20 世纪 40 年代，萧伯纳和帕斯卡之间的友谊逐渐加深，他们在萧伯纳作品上的合作也不断飞速发展。在他去世前的几个月（他预感到自己时日无多），萧伯纳写了一封感人的、慈父般的信，信中他鼓励帕斯卡为他后半段的职业生涯"找一个年轻的萧伯纳"。"你必须活在你自己的时代里，而不是我的，"他告诉帕斯卡，"为我这样一个老朽献身是令人伤感的傻事。"[15]

且不谈它们与剧作的关系，这些电影本身就很值得称赞。在《芭芭拉少校》中，魁伟威严的罗伯特·莫利为安得谢夫特一角做了超凡的演绎。温蒂·希勒、莱斯利·霍华德、克劳德·雷恩斯以及费雯·丽都在他们参演的影片中奉献了难忘的表演。但是，从某些方面来看，这些电影对萧伯纳剧作的文本历史来说，是好坏参半的。如果原作的文本能像电影剧本一样流传广泛，那就不会有这样的问题。尤其是《皮格马利翁》和《芭芭拉少校》，电影版本的广泛流通意味着原剧作的文本极易遭到排挤和忽视。

有足够理由可以说，这些电影以较为低劣的艺术形式呈现了原始剧作。这不仅是在整体上表现得很明显——例如，许多事情在剧中常常是以灵巧而点到即止的方式暗示出来，留给读者和观众想象的空间，而到了电影中则以乏味而笨拙的视觉形式和盘托出——而且其主体结构和阐释方面的变化使原作流于伤感并被扼杀。

当然，批评和传记性的评论是没有办法控制文化文本的多重生命的。每个人都有自己眼中的《皮格马利翁》。有谁能够抗拒《窈窕淑女》这部自己本身就欢快而动人的作品呢？不过，《皮格马利翁》的原始剧作几乎被忘却这件事还是值得让人关注的。这部剧作变得像是一件藏在艺术馆地下室里的杰作，而其艳俗且改动极大的复制品则活跃在公众的视线之中。

"一个熠熠发光的人"：最后的岁月

"多有生机，多有活力啊！多么强健的体魄啊！"这段关于年过七旬的萧伯纳的感叹，出现在弗吉尼亚·伍尔夫描述自己与萧伯纳见面的几篇十分形象的日记的其中一篇的结尾处。[1] 她不是唯一一个为萧伯纳晚年惊人的精力所震惊的人。让她写出上述这段话的场合，是 1932 年 6 月 2 日，她和丈夫莱昂纳德以及萧伯纳夫妇一起参加了在经济学家梅纳德·凯恩斯家中举办的午餐聚会，当时萧伯纳即将度过自己的 76 岁生日。

次年的 4 月 28 日，弗吉尼亚·伍尔夫在肯辛顿花园与萧伯纳见了面，就是我们之前提到过的，他"思如泉涌地"跟她讲述了自己新近的世界巡游以及他认为僧伽罗人是"原始的人类"的那次会面。在 1933 年的那个夏季的夜晚，伍尔夫和莱昂纳德在"裙衬里装着板栗，举着小小的蜡烛"散步的时候，萧伯纳突然出现了："萧伯纳在那儿，瘦削的小腿、白胡子；独自一人大步流星地走着。我们在一个栏杆边谈了大概 15 分钟。他双手叠在胸前，笔直地向后靠着；牙上镶着黄金。他刚从牙医那里回来，被天气'引诱'出来散了个步。非常友善。那就是他的艺术，让人觉得他喜欢你。思如泉涌。"[2]

从弗吉尼亚对这次会面的叙述来看，莱昂纳德似乎在萧伯纳出现之前就去了别处，因此在他们交谈的时候，莱昂纳德并不在场。即使他之前走开了，但很显然他后来又回来了，因为他也留下了一段关于当时情景的描述。在 1964 年的一个自传式文章中，莱昂纳德回忆起"萧伯纳以'典型的 GBS 式态度'站在我们面前，双手交叉，站得笔直，胡子在他说话时晃动着，向我们做了一段精彩热情的独白"[3]。大概 20 个陌生人也围了过去，目瞪口呆地看着。

伍尔夫夫妇所注意到的不仅仅是萧伯纳的惊人活力。莱昂纳德指出了一个弗吉尼亚和 E. M. 福斯特也注意到了的萧伯纳的特征。"萧伯纳的最奇怪的一件事之一，"莱昂纳德写道，"就是他私下是最和气、友善和有魅力的人，但是他也是我认识的人中最没人情味儿的一个。"当萧伯纳跟你说话时，莱昂纳德回忆道，就好像你是当时"全欧洲唯一"他最想与之交谈的人。但是当你望向"他那双有些呆滞的冰蓝色眼睛时，你会为之一震。这双眼睛并没有看着你；你完全不在其视线之内；它们只是透过你或越过你，看着一个遥远的世界或者宇宙，那里几乎只有 GBS 居住"[4]。弗吉尼亚·伍尔夫也表达了相似回忆中那种难以言喻的感觉，她回忆起他的眼睛是"海青色的，就像是水手或者凤头鹦鹉的眼睛"。她还评论说："他没太察觉到谁在那儿。"

从常规意义上讲，萧伯纳一点也不自私或者不体谅人。"不过，我没有耽误你让你在这里受冻吧。"弗吉尼亚·伍尔夫回忆起萧伯纳在肯辛顿公园与她见面时中途问道；他总是在为别人做事并关心别人。但是，随着他年龄的增长并变得越来越出名后，萧伯纳似乎变成了弗兰克·克莫德在《浪漫主义意象》中所探讨的，浪漫主义想象中那种不可思议的幻想产物的鲜活版本：一个自在、自足、自悦的人。在莱昂纳德·伍尔夫引人注意的矛盾修饰表述中，他似乎是一个"没人情味的人"。萧伯纳在年轻时无疑总是谈话中说得最多的那个，但是从他早期日记和信件的关于与人——例如梅·莫里斯、弗洛伦斯·法尔以及其他人——面对面交谈的记载中，这些对话都是有来有往的互动。后来，这

些似乎被自然而然、才华横溢的独白取代，而人们在对话中，一定很难
与这位独白者抗衡。当然，人们有时不由想到——就像奥古斯塔斯·约
翰在格雷戈里夫人的库勒园为萧伯纳画肖像时所想的——无论它们有多
么生动有趣，这些独白都太长。在家中的私人生活中，萧伯纳并不是一
个特别爱说话的人。

挺拔的身姿、非凡的活力，以及"瘦削的小腿"，是伍尔夫关于萧
伯纳的叙述中，三个最能体现他晚年形象的印象。这个伍尔夫夫妇1933
年4月28日在肯辛顿公园见到的76岁的男人，还有17年和另一场世
界大战要经历。尽管他在生命中的最后几年确实有过几次严重的健康问
题，总的来说，他始终是非常活跃且精力充沛的。他的歌声始终洪亮，
除了偶尔忘事以外，他的思维也很敏捷。在萧伯纳88岁生日在即之时，
442　一位前来探访他的人觉得他有些虚弱，走路不太稳，但是"笔直得就像
个感叹号"[5]。另一个在他88岁生日前一天来探望他的人，被爱尔兰女
佣玛姬·史密斯告知，萧伯纳正在花园里劈柴。这位访客见到他"在苹
果树下，戴着一个带有云母护眼罩的令人感到惊奇的帽子[*]，大力地锯着
木头，旁边围着一堆原木"[6]。

即使是在萧伯纳90岁以后的照片中，他也仅仅有一点点弯腰，那
个时候他在走路时常常会使用一根拐杖。他94岁临终病痛的开端源于
他在花园里给一棵树修剪树枝时摔倒了。

在他80岁和90岁时，萧伯纳的外表越发显得优雅。1938年3月，
当萧伯纳81岁的时候，戏剧评论家詹姆斯·阿加特在拜访阿约特圣劳
伦斯时，给夏洛特带去了一篮子春天的花朵。他瞥见萧伯纳背靠窗户，
沐浴在一束灿烂的阳光里，阿加特想："他变得那样虚无缥缈了，即使

---

[*] 这个令人感到惊奇的帽子是一顶矿工帽，萧伯纳戴着这顶头盔来防止木屑迸溅到他的
眼睛。

在普通的光线里，他看着也像是染色玻璃上的人物。"[7]阿加特不禁想到圣人和柯勒律治《古舟子咏》中半透明的天使般的人物："这束阳光的重要性在于，它强调了这个正快速转化为圣人的人的不真实性。我相信这会使其他圣人相当不适。阳光穿过白发，形成了一个光圈，而我想到了柯勒律治的'一个熠熠发光的人'[*]。"

3 年后，1941 年的 2 月，萧伯纳给比阿特丽丝·韦伯写了封信："以我体重急剧下降的速度，我就快完全消失了……我还是有 6 英尺高；但是我只有 9 英石重了，我过去的体重在 10 英石 8 磅到 11 英石之间。"当脱去衣服时，他说，他看起来就像是"一具被不完全覆盖的骨架"[8]。

第二次世界大战无疑是给萧伯纳生命晚年蒙上阴影的主要事件。在 1939 年推测与德国开战的可能性时，萧伯纳也和首相内维尔·张伯伦以及其他人一样做出了错误的判断。在一篇发表于他 83 岁生日当天（1939 年 7 月 26 日）的采访中，萧伯纳预测欧洲政权共同的恐惧（"怯懦"）将会阻止战争的爆发。他在 1941 年 7 月 5 日写给《新政治家》的一封长信中承认了自己的错误。[9]在这篇采访的一个多月后（9 月 1 日），希特勒入侵了波兰。第二次世界大战正式爆发。回想起一战爆发时，他对于英国态度的评论，萧伯纳写了一篇名为《关于战争的冷知识》的文章，并于 10 月 7 日发表在《新政治家》上。萧伯纳呼吁"立刻停战并举行一个世界会议来创造建设性的和平"[10]。他的言论再一次招致攻击和非议，但在程度上远不及 1914 年。

不管他对战争还有哪些其他看法，萧伯纳——他在 1933 年已经谴责过希特勒反犹太主义政策和把雅利安人视作特选的种族的这一观点的"疯狂"——无疑认为希特勒必须被制服。1939 年 9 月 28 日，在《关

443

---

[*] 引用了《古舟子咏》中船上每一具死尸旁站着的天使般人物的景象："每一具尸体旁，都站着一个熠熠发光的人，一个天使般的人。"（《古舟子咏》，11.490-I）

于战争的冷知识》发表前不久，他以下议院议员的身份写信给南希·阿斯顿说："我们应该表达向国际法庭投诉希特勒的意愿，他不适合掌管国家，他有着偏执的反犹情结。关于特选的种族，使得他进行了大规模的迫害和抢掠。"[11]但是，向国际法庭投诉为时已晚，到了1940年5月，萧伯纳已经以类似丘吉尔的语气给《曼彻斯特卫报》写信强调必须与德国抗争到底："当德国开始征服世界的时候……必须有人要冒风险。我们挺身而出，而现在对我们或者双方来说，都到了关键的时刻。我们被逼到了角落，但我们又能做什么呢？我们要么投降，要么在最后的抗争中死去。我认为我们应该在最后的抗争中死去。"[12]

战争的爆发——特别是德国对伦敦进行的空袭——意味着萧伯纳夫妇必须放弃在白厅宫住几天，又在阿约特圣劳伦斯住几天的老惯例。"这一年每晚都睡在阿约特圣劳伦斯。"萧伯纳1941年12月在日记中写道。[13]即使阿约特圣劳伦斯也不是完全不受轰炸威胁的。由于这片区域架设了防空探照灯，这里也在一段时间内成了被攻击的目标。"夜间的阿约特大轰炸。"萧伯纳在1940年11月15日的日记中记录道，而在次年1月写给南希·阿斯特的一封信中，他说11月的突袭中，有8枚炸弹都与房子"一箭之遥"。[14]在阿约特圣劳伦斯的防空炮被移走以后，情况有所好转，但是伦敦变得极其危险，特别是对于白厅宫这样靠近市中心的住所来说。布兰奇·帕奇不得不从白厅宫撤离并寄宿在阿约特圣劳伦斯的客房里。在1943年短暂的轰炸间隙之中，布兰奇回到了伦敦。但是，次年落在查令十字街的V型炸弹的冲击波冲进了白厅宫公寓书房的窗户里，并击碎了一个落地式大摆钟，这件吓人的事使得布兰奇又回到了阿约特圣劳伦斯。[15]

444

❧ ——— ✦ ——— ❧

英国对德宣战几乎与夏洛特·萧健康的急转直下同时发生。1939年8月29日，在希特勒侵略波兰的前夜，萧伯纳夫妇去了艾萨克斯的海边弗林顿度假。（巧合的是，一战爆发的时候，他们也是在托基的海边度假。）1939 年 9 月 5 日，在宣战两天以后，夏洛特卧床不起，他们起初以为是"腰疼"，后来才发现这很可能是骨科疾病引起的症状，这个病的侵蚀使得她在 1943 年去世前饱受折磨。1939 年 9 月那段时期的病痛，仅仅是夏洛特后来所受的种种病痛的开端。正如萧伯纳 1941 年 1 月 30 日给比阿特丽丝·韦伯写信时说的，"她的腰痛又发作了，已经卧床数周了，除了惧怕四处走动所引起的疼痛，以及行动不便和无助感所带来的暴躁以外，情况还不错，"随后他补充说，"她的情绪很低落"。[16]

1942 年 7 月，当萧伯纳夫妇最后一次在克里夫登的南希·阿斯特家暂住的时候，一名加拿大医生将夏洛特的疾病诊断为"畸形性骨炎"或佩吉特骨病，其症状是骨骼的异常生长或偶然弯曲，该疾病发展到晚期可以引起剧痛。据萧伯纳讲，就夏洛特的情况来说，这个病同时还导致了呼吸困难，因为骨炎影响了她的肺部。在她生命的最后 3 年中，她变得越来越行动不便。

1943 年 9 月 12 日这个星期天的凌晨 2 点 30 分，在萧之角，86 岁的夏洛特在患上双侧肺炎后去世。从许多角度来说，这是一种解脱。正如萧伯纳在她去世当天写给 H. G. 威尔斯的信中所说的，夏洛特成了"一个弯腰弓背的跛脚老妇人，满脸皱纹，因房间里有人群、坏人、动物的幻觉而深感苦恼"。（萧伯纳告诉默里夫人，他试图安慰夏洛特，说她变成了千里眼，她想象中所见到的这些可怕的人"都在澳大利亚或其他地方"。）[17] 他在给 H. G. 威尔斯写信时，讲了他后来给不同的人写信时反复提到的一件事——虽然有所差异——那就是，夏洛特在生命的最后 30 个小时里，发生了奇妙的变化："但是到了周五晚上，奇迹发生了。她的烦恼都消失了。她的幻觉也停止了。她的皱纹变得平整了。她似乎一下年轻了 40 岁。她拥有了 30 个小时的幸福与安宁。在她咽下最后一口气以后，她又减掉了 20 岁，现在她躺在那里，看上去那样年轻而美丽。我得进去看看她并跟她说说情话。我从不知道自己会如此感动。"[18]

根据夏洛特的遗嘱，9 月 15 日在戈德斯格林火葬场举行的葬礼很简洁，"不要鲜花；不要黑色的着装；不要仪式"，只有她最喜欢的作曲

445

家汉德尔的音乐。萧伯纳叛逆地穿了一件夏洛特喜欢的黑西装。另外两位悼念者是南希·阿斯特和布兰奇·帕奇。据后者说，葬礼上，当管风琴开始演奏汉德尔的咏叹调《我知道我的救赎者永生》时，"萧伯纳站在那，双手微微张开，轻轻地唱着歌词，似乎是为他自己而唱"[19]。

就像通常人们忍受了长时间的病痛并去世后一样，萧伯纳对夏洛特的死也表现出了一种复杂的情绪。在写给莫莉·汤普金斯的一封信中，他说自己"一点也不悲伤；因为她只比我小一岁，而她也应该得到解脱了；但是我确实被深深感动了"[20]。在写给埃达·蒂勒尔——他的一位童年伙伴，萧伯纳晚年时与她不时有着书信来往——的信中，他说："那些痛哭、哀悼的人们从来都不会铭记。我从不哀悼但我永不遗忘。"[21]圣约翰·欧文关于萧伯纳在夏洛特死后变得彻底"凄凉"和失落的说法，其实是片面的。[22]夏洛特的死是一种解脱，不仅对她自己，对于整个家里的人，包括萧伯纳在内都是如此，在摆脱了她的病痛所带来的压力后，他的健康状况得到了极大好转。他给莫莉·汤普金斯重复了他对很多人说过的话，那就是，直到夏洛特死后，他才意识到了她的病给每个人带来了多么大的压力："在我自己的健康状况大为好转后，我才意识到，如果她再多活一年的话，我们大家都会因此而死，尽管当时我们并没有意识到自己处于何种压力之下。"[23]

夏洛特去世后，萧伯纳的感受还有着另外一个维度。在莎士比亚《暴风雨》的第一幕中，普洛斯彼罗问他往常热情洋溢，眼下却显然在"闹情绪"的仆役精灵爱丽儿："你想要什么？"爱丽儿立即回答说："我的自由。"这是他第一次提到这个在剧中从始至终驱使着他的主导情绪。萧伯纳对自由，有着一种爱丽儿式的渴望，他对保有他所谓的那种"乌拉尼亚的自由"有着非同寻常的需求。正是这种需求在所有他与女性的关系中造成了冲突，不论是在婚前还是在婚后。并不是出于对夏洛特的不敬或是忘恩负义，他告诉悉尼·韦伯，自己很享受重获单身。"这种单身汉的生活，"他在1945年10月给韦伯的信中写道，"除了我自己，不用跟任何人商量——想吃饭时就吃，想睡觉时就睡，想工作时就工作，依我的喜好去管理屋子和花园，独处（或社交）完全由我自己

决定——真的很适合我；事实上，这让我在 90 岁了还有所成长！"[24] 在
此前一年，他也给莫莉·汤普金斯说了差不多的话——特别是把自己和
他的母亲做了比较——说自己很喜欢独自生活："我已经经历了足够长
的婚姻了，现在独自一人我很高兴，我从母亲那里继承了能够十分愉快
地独处的能力。"[25]

　　不过，在 1946 年的一封信中，在萧伯纳谈及对自己葬礼安排的设
想时，他动人地提到了与夏洛特相伴的婚姻，还有和她一起在阿约特
圣劳伦斯散步的那些经历。他在信中对提到葬礼安排的悉尼·科克雷尔
说："我的鬼魂在都柏林的大修道院或者圣帕特里克大教堂（在斯威夫
特旁边）里会感到无聊的。我需要四季，树和鸟儿。我真正希望的，是
在阿约特圣劳伦斯的花园里放上一个小架子，上面摆放一个设计精美的
骨灰罐，我和夏洛特就在里面倾听布谷鸟和夜莺的第一声啼叫，嗅闻高
大的樱桃树的香气。"[26]

　　尽管他们两人性情相合，但是夏洛特的许多内心生活，萧伯纳也是
到了她死后才有所了解的。在读过她的一本日记和"一些她写给 T. E.
劳伦斯的信"后，他意识到"她的性格中有许多连我都不知道的方面，
因为她真的是将自己的灵魂都倾吐给了劳伦斯"。[27]

　　除了遗赠财物——比如留给悉尼·韦伯的 1000 英镑——和给佣人
们的备用金，夏洛特在遗嘱中给萧伯纳留下了她所有财产的终身所有
权，并规定在他去世后，把这些钱用于爱尔兰的公共事业。其中第一项
拨款是"拨款给那些旨在让爱尔兰人民接触到艺术杰作的基金会和机
构"。而第二部分的两项拨款，虽然初衷是好的，却招致了愤怒和非议。
这两项将主要被用于鼓励爱尔兰在社交、商务以及职业生涯这些方面的
自我呈现技巧的教育。问题是，当这一点被简单地看作是夏洛特留下了
一大笔钱去教爱尔兰人礼仪举止时——就像媒体所呈现的那样——她的
遗嘱不可避免地会让人感到反感。

　　那些第二项拨款旨在提升的一系列技能中的第一个，看上去一定尤
其让人生气。这些资金是用于教导"自由控制、演说、雄辩术、仪态、
个人接触技巧和社会礼仪，以及爱尔兰男女在个人、职业、商业生活中

的其他技巧"。第三项拨款主要用于在一所爱尔兰大学里建立一个讲座或者读者群，为上述的课题提供指导。"伊莉莎·杜利特尔的遗嘱"[28]

是人们对这份遗嘱讽刺性的称呼之———这当然是参照了《皮格马利翁》中希金斯教授对那位"街头流浪的"伦敦东区卖花女的教育。

到了 1943 年底，在伦敦的萧伯纳的非凡人生舞台上，大多数早期的主力选手已经离场。这个早年在费边社战略性地扮演"有特权的爱尔兰疯子"一角的人，最终比"元老团体"的所有人都要活得久，结果，萧伯纳不仅仅是他们之中最著名的一个，同时也是生命力异常顽强的一个。萧伯纳和夏洛特婚礼的两位见证人，亨利·索尔特和格雷厄姆·沃拉斯，都死于 20 世纪 30 年代，悉尼·奥利维尔和比阿特丽丝·韦伯都在 1943 年初去世，与夏洛特同年。（在一封 1943 年 4 月 29 日写给悉尼·韦伯的信中，萧伯纳提到奥利维尔去世前曾在 2 月份写信给他，说自己认同《英国佬的另一个岛》中那个被免职的牧师的观点，"这个世界是地狱"。）[29] 萧伯纳当时有一段时间没有比阿特丽丝·韦伯的音讯了，他并不知道在自己写信给悉尼的第二天，比阿特丽丝就去世了。萧伯纳和悉尼·韦伯，正如萧伯纳所说，是早期费边社社员中"仅幸存下来的散文家"，而韦伯只多活了三年。[30]

萧伯纳 19 世纪 80 年代和 90 年代之间主要的女性朋友和情人们，都先他而去。热情洋溢的爱丽丝·洛基特——在和萧伯纳的风流韵事结束之后，1890 年她嫁给了威廉·夏普医生，并协助了自己的丈夫给萧伯纳的脚动手术——死于 1942 年。珍妮·帕特森和她的情敌，弗洛伦斯·法尔，还有安妮·贝赞特，在 20 世纪 40 年代前很早就去世了，而另一位想成为萧伯纳妻子的失望倾慕者，伯莎·纽科姆，死于 1947 年。（萧伯纳直到 1944 年依然能收到伯莎"偶尔的来信"。）[31] 梅·莫里斯——19 世纪 80 年代那位所谓与萧伯纳有着神秘婚约的女子——死于 1938 年。

1939 年 6 月 28 日，斯黛拉·坎贝尔从巴黎卡普西纳街的加莱酒店给萧伯纳写了最后一封信。当时她过着经济极其拮据的生活。她写道，自己"已经开始习惯贫穷和不适了"。她没有女佣"能给我一点点日常的照料，或是在我带着'月光'（这是她的最后一只小狗，一只哈巴狗）穿过可怕的匆匆的车流时扶我一下"[32]。她当时年过七十，膝盖上的旧伤——她 1905 年在费城试图登上一辆四轮马车时在冰上滑倒了，导致了有创伤性骨折——使得她行动不便。1938 年回巴黎的途中，她在到达布伦时，必须由 3 个男人把她抬下船。[33] 20 世纪 30 年代，她的事业开始走下坡路，其中包括一些在电影方面的不太成功的尝试。

1937 年 8 月，萧伯纳——如自己所说的，"无比费力且稍感心碎地"——将所有她写给他的信装在 6 个信封里寄还给了她。[34] 他把自己写给她的信的版权给了她，但是始终拒绝授权她发表这些信，因为他害怕这会给夏洛特带来伤害。对于他的这一决定，斯黛拉自然深感愤怒和沮丧，但她没能活到以出版这些信件，来补救她日渐亏损的财产状况的时候。

在 1939 年 6 月给萧伯纳写信后不久，由于战争的阴云密布，斯黛拉被迫离开了巴黎。带着月光以及——在其他大量行李之中——一个装着她和萧伯纳之间信件的黑盒子，她南下至昂蒂布。随后因为这里可能成为一个军事疏散计划的中心，她再次被迫离开，最终她来到了比利牛斯山脚下的波城度假村。在这之前，当斯黛拉住在意大利加尔达湖上的西尔米奥纳时，她遇见了一个名叫阿格尼丝·克劳迪厄斯的年近四十的女子，这位女子成了她的崇拜者之一。因为她觉得阿格尼丝长着一张法老的脸，斯黛拉便称她为"埃及"。在 1939 年和 1940 年间的冬天里，在波城孤独又穷困的斯黛拉邀请阿格尼丝到纳瓦拉酒店与她同住。"埃及"设法说服了英国的护照办公室的工作人员让她出行。她在斯黛拉生命的最后几个月里陪伴着她。1940 年早春，斯黛拉坐车去乡间时着了凉。4 月 9 日，她在波城的酒店里去世，终年 75 岁。

莫莉·汤普金斯和南希·阿斯特，这两位萧伯纳在 20 世纪 20 年代认识的美国女性朋友，都比他活得久，她们分别活到了 1960 年和 1964

448

年。让萧伯纳感到惊讶的是，在经历了离婚和其他一些困难之后，莫莉·汤普金斯在 20 世纪 40 年代成了纽约布伦塔诺出版社旗下的一家书店里的"售货员"，萧伯纳与这家出版社的出版部门有着长时间的来往。"你当售货员！"他 1946 年 12 月写信说道，"而且是在多年以前就因我而倒闭的布伦塔诺。"[35]南希·阿斯特，也许是为了在她与沃尔多夫那不快乐的破碎婚姻中寻求一些慰藉，一直照顾萧伯纳到最后一刻。

449 作为一名剧作家，萧伯纳在第二次世界大战期间尤为沉默。1939 年 5 月，他完成了《好国王查尔斯第二治下的黄金时代》，这是一部两幕讨论剧，涉及了从牛顿学说、贵格会到爱情和婚姻的诸多话题，时间设定在英国的复辟时期。1940 年 5 月 9 日，该剧在伦敦的新剧院进行了首演，但是一共只上演了 29 场。战争的爆发促使他立刻为《日内瓦》——一部他反复修改的与国际联盟有关的剧作——写了一段新戏，记录"巴特勒尔（希特勒）攻击的到来"[36]。但是，在战争期间，他没有写作任何其他新剧，直到 1945 年 8 月他恢复《振奋人心的数十亿》的创作时，才重拾自己作为一名剧作家的事业，他从 1936 年开始创作该剧，后来又搁置一旁，当时的标题是《世界改良者》。

  战争期间，萧伯纳主要的文学作品《每个人的政治见解》（1944），是他 1929 年的政治专著《知识女性指南》的一个续篇。写于乐观但夹杂着对未来的绝望情绪之中，这是一部相当散漫的作品，常常会偏离政治的主题而去谈论社会学和文化的主题。作为萧伯纳政治观点的宣言，这部作品除了在他关于平等收入的乌托邦式想法上有所改变外，并没有比 1929 年的政治专著多出太多新的观点。作品中，萧伯纳似乎把民主社会主义这个词认定为他纲领中的核心制度体系。不过，他确实说"应该无情地废除英国的政党制度"，这个观点受到了后来一些政治评论员的大力追捧。[37]这部作品还包含了相当多关于斯大林的溢美之词。

　　对于一个宣称"所有的自传都是谎言"，并说人们感兴趣的关于他的事，都包含在了他的小说、戏剧和其他作品里的人来说，萧伯纳对他的自传作品做了大量的修改和重复利用。在第二次世界大战后，继《每个人的政治见解》之后的第一部非戏剧作品，就是他的自传文集《十六张自画像》。这本书一共 140 页，由康斯特勃出版社于 1949 年出版，使用的是出版社萧伯纳作品标准版的美观版式，印制了大约 50000 本。多德米德出版社出版的美国版于同一时间发行，印制了 10500 本。

　　有着引人入胜的插画和短小精干的章节，《十六张自画像》是一部极有吸引力的、平易近人的作品，并对关于萧伯纳的传记文学的形成有着很大的影响。这些"画像"（事实上一共有 17 幅）中的大多数，都是萧伯纳早年以不同文学形式写成的自传文章的修订版。其中有一部分早在《十六张自画像》诞生的半个世纪前就完成并发表了，而之后又以修订后的形式重新发表在 1939 年一本名为《萧伯纳自我坦白》的书中。其他一些章节则以写给不同对象的长信的形式展开。

450

　　作为传记的资料来源，我们必须遵照其标题来看待《十六张自画像》：一系列的画像，而不是一段连贯一致的叙述。作品遗漏了萧伯纳人生经历的诸多方面，而（如我们所见）对其提到的一些经历，又做了相当值得怀疑的叙述。这本书当然有其自身的魅力，而开头的几章也至少具有了短篇经典自传作品的特征。但是，各个章节多而杂的来源，不可避免地导致了本书作为一个整体的散乱特性。尽管如此，从这部作品中，我们确实能看出这个在 1949 年将其编写出版的人依旧头脑清晰，并且渴望能掌控他自己的人生故事——也希望能纠正其他人撰写的一些叙述，就像他在标题为《传记作者谬误的纠正》这一章中对 5 位遭到警告的作者所做的那样。

从第二次世界大战的最后几年一直到 20 世纪 50 年代，萧伯纳大部分的时间都用在了为他的各项事务做整体的整理上。同时，他的成就和地位在这段时期收获了更进一步的认可。各行各业的众多名人都到过阿约特圣劳伦斯来拜访这位"熠熠发光的人"。

在文学事务的整理方面，萧伯纳得到了来自 F. E.（弗利茨）勒文斯泰因博士的不太得力的帮助。勒文斯泰因是希特勒德国政权下的一名犹太流亡者，毕业于维尔茨堡大学，他成了萧伯纳的追随者并在 1941 年创立了萧伯纳社团。勒文斯泰因 1936 年时就联系过萧伯纳，希望能在汇编一部有关这位大师的著作的文献集上得到萧伯纳的援助。萧伯纳在 1943 年 12 月 31 日的一封信中将勒文斯泰因形容为"一个邪恶的恐怖分子：一个在所有同类中最应该被回避的人"[38]，对此萧伯纳感到很抱歉，在夏洛特死后，便被说服允许勒文斯泰因定期在阿约特圣劳伦斯楼上的一个起居室里工作，并让他可以查阅自己所有的文件。这个时候出现了一位追随者的竞争对手，一个名叫约翰·沃德罗普的苏格兰记者，他在战争期间，在 1944 年《每个人的政治见解》发表之前，帮助萧伯纳校451 对了该书。勒文斯泰因和沃德罗普之间的竞争——他们都觊觎萧伯纳文学执行人的宝座——在萧伯纳的家里所造成的紧张局面，因布兰奇·帕奇的到来而变得更加严重，她受不了那个被她称为"一刻不停地抽烟的德国犹太佬"[39] 勒文斯泰因，同时也觉得自己的职业受到了这两个人的威胁。

最终勒文斯泰因取代沃德罗普成了萧伯纳的文学助理，并被任命为他的"授权书目汇编人和债务收取人"。据萧伯纳学家以及书目汇编人丹·H. 劳伦斯所说，勒文斯泰因偷偷地侵吞了那些他受雇编录的萧伯纳资料，将它们收为私藏，并在 1953 年卖掉了。好在他收藏的大部分条目都被美国的大学图书馆和档案馆获得了。大量的材料逃过了勒文斯泰因的掠夺。萧伯纳的大部分个人文件（包括他成年后保存的来自他人的数量众多的信件）都被遗赠给了大英图书馆，现在这些文件被收录在了一个多卷本合集中。他的日记、账簿还有资料，在伦敦经济学院改名之际，遗赠给了该学院的图书馆，即为现在的英国政治和经济科学图书馆。1950 年萧伯纳去世后，勒文斯泰因意图成为阿约特圣劳伦斯的管理人，而这一妄想被无情地粉碎了。在萧伯纳去世的那一天，公共信托人命令他从房子里离开，管理人的职位由既有魄力又有能力的苏格兰管家爱丽丝·拉登担任。

大整理还包括了对萧伯纳财产管理的后续安排。萧伯纳 1944 年 1 月将阿约特圣劳伦斯的房子交给英国国民托管组织的提议，被当时的代理秘书詹姆斯·利斯–米尔恩接受。为了完成他将卡洛郡的房产交给当地城市委员会的计划，1945 年，萧伯纳给爱尔兰共和国的首相埃蒙·德·瓦莱拉写信，要求设立地方市政改善基金的相关法令，允许个人向其进行捐助和遗赠。这条法令在 6 月开始生效，1945 年 8 月，这些房产完成了合法的让与。

萧伯纳临终的遗嘱——他在 1950 年 6 月 12 日签署了这份遗嘱，并开玩笑说这是"我至高的杰作"——是他在 1901 年 7 月起草了第一份遗嘱后的一系列遗嘱的最终版文书。[40] 1901 年写的这份遗嘱被 1913 年 8 月的另一份遗嘱取代。在 1913 年这份遗嘱的条款中，他给弗洛伦斯·法尔和珍妮·帕特森各留下了 104 英镑的遗赠，后者被形容为"她在 1886 年到 1892 年间给予我的善意让我持久受益，这一切我一直由衷铭记并尊重"。这两位女子都早于萧伯纳去世，因此谁都没有继承到这笔遗产。1913 年的这份遗嘱同时还向"一个语音学机构联合修辞、演讲、着装礼仪以及公众生活艺术的学院（不论是否这样命名的）"[41] 进行了捐赠。他提出的"语音学机构"——因为前一年刚写完《皮格马利翁》，萧伯纳当时心里一直惦记着此事——成了最终遗嘱具有争议特性的先兆。后来的一些遗嘱和诸多附加条款写于 1921 年到 1937 年间。

1950 年的临终遗嘱规定萧伯纳将在死后被火化，他的骨灰将"和托管在戈德斯格林火葬场的我已故妻子的骨灰混合，并一同埋葬或撒在阿约特圣劳伦斯房产的花园中，我们在这里共同生活了 35 年。除非信托人认为有其他更合适的处理方式，比起教堂我更偏爱花园"。（根据这

452

一遗愿，1950 年 11 月 23 日，萧伯纳的骨灰和夏洛特的骨灰混合后，被撒在了阿约特圣劳伦斯的花园里。）因为宣称自己是创造进化论的信徒，他规定不能有任何仪式暗示他接受任何国教教会和教派的教义，"也不能有十字架和其他刑具或是任何血祭的象征"[42]。

除了许多佣人以外，还有其他一些人获得了遗赠和年金，比如埃娃·玛丽亚·施耐德，"为了纪念她对我已故姐姐露西的热心照料"[43]。遗嘱的主要受益机构是大英博物馆（"为了对这个对我有着无可估量的价值的机构表示感谢。在我事业生涯初期，这里的阅读室是我每日必去的地方"）、爱尔兰国家美术馆，以及皇家戏剧艺术学院。[44]

遗嘱中有一项奇怪而有争议的条款，那就是萧伯纳希望用一笔资金来创造一个新的英文字母体系。他支持建立一个包含"至少 40 个字母"的语音字母系统，这样一来"书写（英语）语言时就不需要通过一系列的字母组合来表达单个的读音了……每一个读音都会有其自己的符号"。这种改变的影响就是，在"though"这样的单词中，不发音的那些字母都可以被去掉，变为"tho"这样的语音表达。这个条款的问题在于，要有资金来进行统计调查，从而确定英国有多少作家以及这样的英国字母表提议到底能节省多少时间。还有一个遗愿——最后确实实现了——是将他的剧作《安德洛克勒斯与狮子》"音译"为语音拼写的版本，并将其与标准拼写版并列在一起出版。1957 年，遗嘱中包括大英博物馆、皇家戏剧艺术学院以及爱尔兰国家美术馆在内的其他一些主要受益者，向字母表信托发起了挑战。这一年的 2 月份，在高等法院一篇措辞优雅但公正度可疑的判决中，哈曼法官宣布字母表信托是无效的。

奇怪的是，作为语言交流和技术进化过程的结果，萧伯纳关于字母表设想的一部分基本原理，现在已经被数百万人应用在了各种各样的媒体之中，比如发信息和聊天室里，语音缩写（"I luv u"，"wd u plz"）是一种常见的、省时间的拼写方式。当然，我们有理由对这种（对许多人来说）让人厌恶的语言形式，及其可能对语言交流体系所造成的负面影响感到担忧，更不用说它们对词源历史所造成的侵蚀。无论好坏，萧伯纳提出的英国字母体系通过一种实实在在的过程，确实成了现实。不为

大多数——如果不是完全没有的话——电子语言系统的使用者们所知的
是，他们正有效地实现着萧伯纳 1950 年 6 月 12 日签署的临终遗嘱中，
一项主要条款所表达的一些潜在愿望。

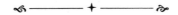

　　1946 年，萧伯纳接受了市议会授予他的都柏林荣誉市民身份——
这是在他被授予伦敦荣誉市民的 10 年以后。[45] 一份纪念这一都柏林荣
誉的泥金卷轴，8 月被送到阿约特圣劳伦斯的萧伯纳手中，都柏林的市
政官员将"自由之卷"送去让他签名。同年 4 月，萧伯纳将几册含有
他早期小说手稿的沉重书卷交给了爱尔兰的高级官员约翰·W. 杜兰蒂，
让他转交给爱尔兰国际图书馆。10 月，为了参加一个仪式，萧伯纳最
后一次前往伦敦，这个仪式上他被授予了圣潘克拉斯都会自治区荣誉特
权。在去的路上，萧伯纳跌倒并伤了腿，英国广播公司记录了他从白厅
宫家中的床上发表的获奖演说。萧伯纳写信告诉伦敦郡议会的议长莱塞
姆勋爵："我不在那里；但麦克风会替我说话。"[46]
　　1946 年这一年也是萧伯纳 90 周年的诞辰，这个十分值得庆祝的场
合一点也不受萧伯纳的欢迎。人们对萧伯纳晚年生日的过分热情让他甚
感愤怒。"把祝贺生日的东西都扔了。它们让我感到厌恶。"他唐突地
命令勒文斯泰因这样处理他在白厅宫和阿约特圣劳伦斯收到的上千张卡
片。[47] 从 7 月 26 日到 8 月 24 日，全国图书联盟举办了萧伯纳诞辰 90
周年展览。萧伯纳在阿约特圣劳伦斯的邻居斯蒂芬·温斯滕编辑了一
部纪念文集，并于 1946 年出版，标题是《G. B. S. 90：萧伯纳生活和工
作的方方面面》。这本文集包括一篇由桂冠诗人约翰·梅斯菲尔德写的
颂词——其中萧伯纳被形容为拥有"永远年轻的敏捷思想，/ 辉煌伟大
的心灵，机智的口才"——此外还有许多知名作家和公众人物的供稿，
其中包括 J. B. 普里斯特利、H. G. 威尔斯、詹姆斯·布莱迪、奥尔德
斯·赫胥黎、吉尔伯特·默里、麦克斯·比尔博姆，以及迪安·英奇。
英国广播公司的总负责人威廉·哈利爵士描述了萧伯纳与公司长久而卓

454

越的关系；在提到萧伯纳针对公司诸多节目写的频繁而热烈的劝诫信时，哈利爵士总结道："在他90周年诞辰之际，英国广播公司向其最伟大的审讯人致敬。"[48]

被有些人昵称为"阿约特的圣人"[49]的萧伯纳，在晚年变得越来越容易拒绝"朝圣者们"的造访。他希望独自一人待着。即使是老朋友和工作伙伴们在提出要去拜访他时，有时也会收到言辞异常激烈的拒绝信。"我不想见你。我谁也不想见……离远一点儿，加布里埃尔。"他在1947年9月写信对帕斯卡这样说道。[50]可怜的西格弗里德·特里比奇在1948年最后一次见了萧伯纳，次年他提议再去拜访时，收到了一封比写给帕斯卡的更坚决的拒绝信。许多访客都被猜忌且保护欲强的爱丽丝·拉登阻止了，她开始被人们看作是圣乔治的恶龙。1947年，一名巴勒斯坦的访客成功对他进行了访问，并写了一篇新闻来叙述当时的情形，文章标题就叫《朝拜萧伯纳》，其中萧伯纳被描述为颇似"一个偶像……或是一只很老但是相当凶猛的鸟，随时准备跳起来啄你"[51]。文章的作者还注意到，这个偶像跟他带来的女朋友展开了"名副其实的调情"。（女性访客似乎比男性访客更受欢迎。）萧伯纳将1950年艾伦·查普洛为他拍摄的一张惊人的照片取名为《门卫》，照片里他拿着手杖，以一副威吓的姿势站在他房子的门阶上。

不过，他动的口依旧比动的手（或者说是啄）厉害得多，虽然有时候是不情不愿地，萧伯纳在晚年还是接待了若干访客。就连加布里埃尔·帕斯卡也不顾禁令地前往了阿约特圣劳伦斯。娱乐界前来拜访萧伯纳的有费雯·丽（当她扮演电影版的《恺撒与克利奥佩特拉》中的克利奥佩特拉时）、丹尼·凯、格特鲁德·劳伦斯、弗朗西斯·戴，以及莉莉·帕尔默。女演员、舞者兼歌舞剧艺术家格特鲁德·劳伦斯1949年2月探访了他。在讨论哑剧的过程中，她和萧伯纳——在布兰奇·帕奇所形容的"了不起的二重唱"中用洪亮而清楚的声音——唱了《阿拉丁》中的一首歌曲，"来吧，小姑娘，和我一起起航，/ 在我漂亮的热气球之上"。[52] 同年，萧伯纳出席了埃丝梅·珀西在他的邻居斯蒂芬·温斯滕的花园里进行的《振奋人心的数十亿》的预演，演出人员包括歌舞剧明星弗朗西斯·戴和舞台及电影演员德诺姆·埃利奥特。

关于去阿约特圣劳伦斯探访晚年萧伯纳的最令人难忘的回忆之一，来自《新政治家和国家》的编辑金斯利·马丁，他在 1946 年末，萧伯纳 90 岁生日过后的某个时候去拜访了他。这次拜访快要结束时，萧伯纳谈及自己对于演唱大歌剧的喜爱，这是他在青少年时期学会的，马丁叙述了当时的情景：

> 他陪我们走到了路上的车旁，在车里发现了我们的橘猫，他把这只猫叫作"猫希金"并开始与它交谈，就像他总是跟猫和其他动物交谈那样，他说他发现动物们显然和他一样享受这样的对话，尽管它们也许不能完全领会其内容。而当我掉转车头时，我听到了令人惊讶的声音。我停下来，看见萧伯纳正站在小径中央唱歌，用他那铃声般清脆的嗓音唱着威尔第的一首咏叹调。他转过身来说："我的声音现在可不是便士哨笛了！"[53]

1949 年 4 月 29 日，印度独立后的第一位首相贾瓦哈拉尔·尼赫鲁拜访了萧伯纳，尼赫鲁毕业于剑桥大学，在那里听过萧伯纳的演讲并成了他作品忠实的崇拜者。[54] 萧伯纳在 1948 年一次拟访——当时的情况阻碍了这次访问——前写给尼赫鲁的信中说，他能够"客观地看待印度，因为我不是英国人而是爱尔兰人，我自己就曾生活在试图从英国统治下解放的抗争之中，而爱尔兰和北爱尔兰的分裂，就是印度和巴基斯坦之间关系的西方版。我在伦敦就像一个外国人，就如你在剑桥时感受到的一样。"[55]1950 年 5 月，基于他的年纪和当时所遭受的腰疼，萧伯纳回绝了缅甸总理的访问计划。

~~~ ✦ ~~~

　　虽然萧伯纳的健康状况总的来说很好——他在 1946 年金斯利·马丁来访时告诉马丁，夏洛特在世时为了他的健康着想，总是让他 10 点就去睡觉，现在他不用那么早睡觉了，这辈子从来没有感觉那么好过——但是他在晚年确实生过几次重病。1938 年夏天，当他刚满 82 岁时，他病倒了，并被诊断为恶性贫血，他随之经受了很长一段时间的肝脏激素注射，并且不得不在白厅宫卧床 6 周。同年 12 月份，他日记里的"扑通"一词指的是他在伦敦德里夫人伊迪丝的家中突然昏厥，他将此归咎于自己当天早上所接受的荷尔蒙注射。在这件事之前，他还在 1934 年经历过一次不太严重的心脏病发作，那之后他睡了 6 个小时并卧床数日。在 1950 年最终导致他去世的那次跌倒之前，他还摔过几次，1947 年 4 月，他作为门诊病人，每天在附近的韦林维多利亚医院，接受治疗风湿病的热疗。（不过，紧跟时代，他在 1947 年成了英国星际协会的一名终生会员。）1950 年 5 月，在他 94 岁生日来临之际，萧伯纳又去了韦林维多利亚医院 11 次，为恼人的风湿病做进一步的治疗。1950 年 7 月 17 日到 23 日之间，他写了自己最后一部戏剧《她为什么不会》的初稿，并于 31 日完成了这部作品。

　　人们对他 94 岁生日——1950 年 7 月 26 日的一个星期三——的小题大做让萧伯纳比之前几次生日更感厌烦。在次日写给悉尼·科克雷尔的信中，他将星期三阿约特圣劳伦斯的状况形容为"简直就是地狱"："《泰晤士报》声称我在'休息'引得我生气地大喊了一声。电话和门铃一刻也没有停过。小路一整天都被摄影师堵满了。全都不屈不挠、不接受拒绝。福特南梅森公司以硕大好看却不能吃的蛋糕赚了很多钱。邮政和电报业务不堪重负。"[56]

　　萧伯纳的倒数第二次媒体访谈发表于 1950 年 8 月 6 日。当时的话题是有关原子弹的。当被问及他是否认为原子弹的使用是合理的，萧伯纳回答说，尽管"战争中，合理一词没有意义"——唯一的行为准则就是杀死敌人或者被敌人杀死——"原子弹是一个回旋镖，对于投弹者和

受害者都是致命的"。他谴责朝鲜战争其实是一次对俄罗斯政底的征讨。[57]

一切的结束开始于1950年9月10日一个星期天的傍晚，萧伯纳在阿约特圣劳伦斯的花园里给一棵树剪枝时跌倒并摔断了大腿。那段时间，萧伯纳像《伤心之家》里的绍特非船长一样，身上挂着一个应急用的哨子。他在摔倒以后，吹响了哨子，而第一个赶过来的人是爱尔兰女佣玛姬·凯欣，她已经在1950年6月12日结了婚，成了史密斯太太，当时只是回阿约特圣劳伦斯临时代替拉登太太的。（爱丽丝·拉登当时去因弗内斯度假了，但是在事故发生以后被召回。）玛姬将萧伯纳抱到自己的膝盖上躺了15分钟，直到他指示她把他放下并找别人来。因为她不愿意让他躺在潮湿的草地上，她用哨子叫来了自己的丈夫，让他帮忙把萧伯纳移进了屋子里。托马斯·C.普罗宾医生被找来了，萧伯纳又指示他们找来了一名放射科的医生。一张用便携仪器照的X光片显示萧伯纳摔断了大腿。次日，萧伯纳被救护车送往了卢顿和邓斯特布尔综合医院，当晚他在这里接受了大腿手术。医院被电话给淹没了，他们不得不雇用第二位接线员来帮忙接电话。新闻记者挤满了接待室，因此医院专门给了他们一间会议室来接收公告。媒体摄影师试图开出高价来得到拍摄病房中的萧伯纳的许可，但都被拒绝了。

萧伯纳似乎恢复良好，但是9月21日他不得不因为肾脏和膀胱再次接受手术。10月4日，在接待了包括南希·阿斯特和弗朗西斯·戴等少数来客的拜访以后，他被送回了阿约特圣劳伦斯的家中，他当时拒绝了第二次肾脏手术。家中楼下的起居室里搭了一张床，萧伯纳就躺在这里，由格温德琳·霍华德和弗洛伦斯·霍兰修女照顾。

《每日邮报》编辑部的一名记者，F. G. 普林斯－怀特，10月12日去了萧之角。次日发表的一篇访谈报道说，萧伯纳坐在轮椅上，让人把他抬到了花园里，这样他就能享受秋天的阳光了。普林斯－怀特看见"他的脸上现在有了一种温柔，他曾经锐利的目光中露出了一丝柔

457

和"[58]。萧伯纳在最后的日子里也不乏幽默。他告诉卢顿医院的员工，试图修复一个"古迹"是没有意义的。南希·阿斯特则讲述了她和萧伯纳待在一起的最后几个小时里，萧伯纳给她讲的那些笑话。[59]艾琳·奥卡西表示，他向她展露了"他那美妙的笑容"并问她是否愿意轻抚他的额头。关于她跟他相处的最后时刻，她回忆说："当我说'再见，上帝保佑你'时，他以他一贯的敏捷回答说，'他已经保佑了你了'。"[60]

萧伯纳因为肾功能的紊乱而发烧。10月末，他的情况恶化了，11月1日，他在说完"我要死了"[61]以后，就陷入了昏迷。他于1950年11月2日一个星期四的早晨去世。公告由 F. G. 普林斯－怀特撰写并张贴在萧之角的锻铁大门上："11月2日早晨5点差1分，萧伯纳先生平静地离世了。他用自己宝贵的天赋造福了世界。"

458　　萧伯纳的死引起了全球媒体的关注。纽约百老汇为他将灯光调暗了几分钟，澳大利亚剧院里的观众为他静默伫立两分钟，而来自世界各地的献礼源源不绝地涌了进来。

11月6日下午4点，戈德斯格林火葬场的西礼拜堂举行了一个简短的葬礼。仪式上的音乐是萧伯纳选的，包括威尔第《安魂曲》中的《解放我》一曲以及埃尔加《音乐缔造者》(阿瑟·威廉·埃德加·奥肖内西的诗歌《我们是音乐的缔造者》的配乐)的选段，还有他的《谜语变奏曲》中的宁录变奏曲。取代祭文，悉尼·科克雷尔朗读了班扬的《天路历程》中卫真先生的最后一段演说，其中有一段话是"我的利剑将授予踏着我的足迹奔走天路的人，我的勇气和武艺也将留给合格之人"，紧接着是，"他跨了过去，而小号在彼岸为他奏响"。

尽管他曾是——也依然是——一个有争议的人物，许多人认为，随着萧伯纳的去世，世界上一束伟大的光芒也熄灭了。在他死后，他的苏格兰管家爱丽丝·拉登对这位雇主所做的许多描述都不太准确。但是，她有一句话——专门以书面形式记录了下来，以展示她的阿伯丁口音——却是无可非议的："再也不会有另一个萧伯纳了。"[62]

文献缩写

Agits	*Bernard Shaw, Agitations: Letters to the Press 1875—1950, ed. Dan H. Laurence and James Rambeau (New York: Frederick Ungar, 1985)*
Auto1, 2	*Shaw: An Autobiography, 2 vols., ed. Stanley Weintraub (New York: Weybright & Talley, 1960—1970; London: Max Reinhardt, 1970—1971)*
AutoMisc	*Shaw Gives Himself Away: An Autobiographical Miscellany (Newtown, Montgomeryshire: The Gregynog Press, 1939)*
BB	*Charles MacMahon Shaw, Bernard's Brethren, with comments by Bernard Shaw (London: Constable, 1939)*
BL	*British Library, Department of Manuscripts*
BLPES	*British Library of Political and Economic Science*
Chron	*A. M. Gibbs, A Bernard Shaw Chronology (London: Palgrave, 2001)*
CL1, 2, 3, 4	*Bernard Shaw, Collected Letters, 4 vols., ed. Dan H. Laurence (London: Max Reinhardt, 1965—1988)*
Cornell	*Rare Manuscript Collection, Kroch Library, Cornell University, Ithaca, New York*
D1, 2	*Bernard Shaw: The Diaries, 2 vols., ed. Stanley Weintraub (University Park: Pennsylvania State University Press, 1986)*
DBW1, 2, 3, 4	*The Diary of Beatrice Webb, ed. Norman and Jeanne Mackenzie, 4 vols. (London: Virgo/London School of Economics and Political Science, 1982—1985)*

Dent   Bernard Shaw and Mrs. Patrick Campbell: Their Correspondence,
                ed. Alan Dent (London: Victor Gollancz, 1952)

Drama1, 2, 3, 4 The Drama Observed, 4 vols., ed. Bernard F. Dukore (University
                Park: Pennsylvania State University Press, 1993)

Farmer   Henry George Farmer, Bernard Shaw's Sister and Her Friends
                (Leiden: E. J. Brill, 1959)

Guelph   Dan H. Laurence Collection, University of Guelph, Ontario, Can.

Harvard   Houghton Library, Harvard University, Cambridge, Mass.

Hend1   Archibald Henderson, George Bernard Shaw: His Life and Works
                (London: Hurst & Blackett, 1911)

Hend2   Archibald Henderson, Bernard Shaw: Playboy and Prophet (New
                York: D. Appleton & Co., 1932)

Hend3   Archibald Henderson, George Bernard Shaw: Man of the Century
                (New York: Appleton-Century-Crofts, 1956)

Heritage   Shaw: The Critical Heritage, ed. T. F. Evans (London: Routledge &
                Kegan Paul, 1976)

I&R   Shaw: Interviews and Recollection, ed. A. M. Gibbs (London:
                Macmillan,1990). 在引用中，缩写 I&R 表示引用的段落也可以在
                本卷及其直接上下文中找到。

Imm   Bernard Shaw, Preface to Immaturity (London: Constable, 1930)

L&G   Shaw, Lady Gregory and the Abbey: A Correspondence and a
                Record, ed. Dan H. Laurence and Nicholas Grene (Gerrards Cross:
                Colin Smythe, 1993)

Lbib1, 2   Dan H. Laurence, Bernard Shaw: A Bibliography, 2 vols. (Oxford:
                Clarendon Press, 1938)

Lgen   Dan H. Laurence, "The Shaws and the Gurlys: A Genealogical
                Study," in SHAW: The Annual of Bernard Shaw Studies, vol. 18
                (University Park: Pennsylvania State University Press, 1998), 1-31

McNulty   Matthew Edward McNulty, "Memoirs of G. B .S.," ed. Dan H.
                Laurence, in SHAW: The Annual of Bernard Shaw Studies, vol.
                12, ed. Fred D. Crawford (University Park: Pennsylvania State
                University Press, 1992), 1-46

460

Matter	*Bernard Shaw, The Matter with Ireland, ed. David H. Greene and Dan H. Laurence (London: Rupert Hart-Davis, 1962)*
OTN1, 2, 3	*Bernard Shaw, Our Theatres in the Nineties, 3 vols. (London: Constable, 1954)*
Patch	*Blanche Patch, Thirty Years With G. B. S. (London: Victor Gollancz, 1951)*
Prefs1, 2, 3	*Bernard Shaw, The Complete Prefaces, 3 vols., ed. Dan H. Laurence and Daniel J. Leary (London: Allen Lane, Penguin Press, 1993-1997)*
Quintessence	*Bernard Shaw, Shaw and Ibsen: Bernard Shaw's "The Quintessence of Ibsenism" and Related Writings, ed. J. L. Wisenthal (Toronto: University of Toronto Press,1979)*
Reviews 1, 2	*Bernard Shaw's Book Reviews, 2 vols., ed. Brian Tyson (University Park: Pennsylvania State University Press, 1991—1996)*
Ross	*B. C. Rosset, Shaw of Dublin: The Formative Years (University Park: Pennsylvania State University Press, 1991—1996)*
SCG	*John O'Donovan, Shaw and the Charlatan Genius: A Memoir (Dublin: Dolmen Press, 1965)*
SM1, 2, 3	*Shaw's Music: The Complete Musical Criticism of Bernard Shaw, 3 vols., 2nd rev. ed., ed. Dan H. Laurence (London: Bodley Head, 1989)*
SSS	*Bernard Shaw, Sixteen Self Sketches (London: Constable, 1949)*
Texas	*Harry Ransom Humanities Research Center, University of Texas, Austin*
Theatrics	*Theatrics (Selected Correspondence of Bernard Shaw series), ed. Dan H. Laurence (Toronto: University of Toronto Press, 1995)*
Villager	*Shaw the Villager and Human Being: A Biographical Symposium, ed. Allan Chappelow (London: Charles Skilton, 1961)*

引言 461

1.Shaw to Archibald Henderson, 30 June 1904; CL2: 427.

2. 20 世纪间的长篇萧伯纳传记，总的来说并没有很好地为这一主题服务。虽然这些作品并不是全无优点——本书也不时地受惠于它们——但是在对萧伯纳的生活和事业的描绘中，它们都有严重的不足。〔更详细的评论，请参见我的文章:《"巨脑……无心":批评与传记中的萧伯纳》(" 'Giant brain…no heart': Bernard Shaw's Reception in Criticism and Biography," Irish University Review 26, no. 1 [Spring-Summer 1996]: 15-35);以及《萧伯纳的家族秘密:新研究》("Bernard Shaw's Family Skeletons: A New Look"),《石滩:一本爱尔兰研究日记》(Bullán: An Irish Studies Journal 3, no. 1 [Spring 1997]: 57-74)〕。早期的传记作品(作者是亨德森、皮尔逊和圣约翰·欧文)因为后期关于萧伯纳的学术研究而显得过时了,尽管它们依然含有比较罕见的材料,其中大多数是由萧伯纳提供给这些作者的。这些传记有一个共同的缺点,它们对于萧伯纳的创造性写作探讨得不够充分。萧伯纳曾一度受到 T. S. 艾略特、F. R. 利维斯、雷蒙德·威廉斯这样有影响力的评论家的攻击,他们对于萧伯纳艺术成就的评价并不是批评性的讨论(即使是在他们自己写作和发表作品时),这对萧伯纳在文学和学术界的声誉都造成了不良的影响。霍尔罗伊德的研究,尽管在风格上生动而有趣味,但是这个研究是基于萧伯纳的情感构成和他的各种人生追求的,在我看来这是一种从根本上就有缺陷的理论。我不认为萧伯纳"在感情上……差劲",也不认为他热衷于"寻找爱情"或是"追逐权力";我也不认为他最终被"幻想的诱惑"引诱。霍尔罗伊德对萧伯纳的描述,在我看来,在很多方面都是不全面、琐碎并且居高临下的。同时他的描述还常常在极其重要的议题上误传和曲解主要的传记证据。我不赞同传记作者扮演像小说中的全知叙述者一样的角色;而这一点正是霍尔罗伊德的作品中存在许多问题的原因。

3. Shaw to Archibald Henderson, 3 Jan. 1905; CL2: 506.

4. Shaw to *Vanity Fair* journalist and novelist Tighe Hopkins, 31 Aug. 1889; CL1: 222. 这封信的原稿(Cornell Ms. 4617, Box 10)显示,萧伯纳对包含引言的这段话做了值得注意的改动:他最初写的是"the personal raptures of copulation",不是"the personal rapture of music",CL1 中没有记录这一改动。

第一章 "一个朴巴式家族":萧伯纳的爱尔兰血统

1. 萧伯纳出生的官方记录也成了爱尔兰历史的牺牲品。在一封(尚未发表的)1938 年写的信中,萧伯纳说:"我是一个没有出生证明的爱尔兰人。"他解释说,在他叔叔威廉·乔治·卡洛尔神父给他施洗的圣布莱德教区被教会废除后,他的出生记录被转到了四法院,而当这座建筑在 1922 年 4 月 30 日,爱尔兰内战期间被毁时,这些文件也就遗失了(Shaw to Denis Johnson, 1 April 1938;

Trinity College, Dublin, Library, Ms.10066/287. 2823）。关于萧伯纳臀位分娩和接 *462*
生医生的资料，都提供给了弗朗西斯·麦卡锡太太，她是萧伯纳博物馆的创立
者和馆长，博物馆位于辛格街 33 号。

2. Shaw to Frank Harris, 12 May 1930; CL4: 188-189.

3. 这句话出自一个叫作伊格内修斯·加拉赫的角色，他和年轻的萧伯纳一
样，离开了都柏林，并成了伦敦一名成功的记者。他出现于詹姆斯·乔伊斯
的故事《一朵小云》（"A Little Cloud"）中。[*Dubliners* (Harmondsworth, Eng.:
Penguin Books, 1956)], 73.

4. W. B. Yeats, "The Lake Isle of Innisfree."

5. Shaw to Charlotte Payne-Townshend, 4 Nov., 1896; CL1: 691.

6. 这个现在仍被称作四法院的壮观新古典主义建筑，建立于 18 世纪到 19
世纪的交替时期。这座建筑包含了 4 个法院，同时也是一个公共档案馆。建筑
内部在 1922 年爱尔兰内战期间被摧毁。

7. Imm ix; Prefs3: 6-7.

8. *The Manuscripts of the House of Lords*,1689—1690, Historical MSS
Commission Twelfth Report, Appendix Part VI, vol. 2, 1889, 183. 我很感激艾德·怀
特找到了这个记录。

9. C. J. Shaw, *A history of Clan Shaw* (Chichester, Sussex, Eng.: Phillimore,
1983), 219.

10. 发生在第二位灌木园男爵罗伯特·萧的葬礼上。

11. Imm viii; Prefs3: 6.

12. Imm viii; Prefs3: 5.

13. Imm ix; Prefs3: 6.

14. Ibid.

15. 这个故事显然是萧伯纳传达给他的传记作者赫斯基斯·皮尔逊的。参见
后者写的 *Bernard Shaw: His life and Personality* (London: Collins, 1942), 16。

16. Imm ix; Prefs 3:6.

17. Shaw, *Nine Answers* (privately printed, 1923); I&R 24.

18. Imm xxiv-xxv; Prefs3: 19-20.

19. John O'Donovan, *Bernard Shaw* (Dublin:Gill & Macmillan, 1938), 22.

20. CL4: 652.

21. Imm xxiv-xxv; Prefs3: 19-20.

22. 关于萧氏成员移民到澳大利亚的历史更详细的探讨，参见我图文并茂 的 文 章 "Ascendancy Downunder: George Bernard Shaw's Irish and Australian Relations," in Peter Kuch and Julie-Ann Robson, eds., *Ireland in the Asia-Pacific* (Gerrards Cross, Buckinghamshire, Eng.: Colin Smythe, 2003), 213-236。

23. Bernard Shaw, "In the Days of My Youth," in T. P. O'Connor's magazine M. A. P. (*Mainly About People*), 17 Sept. 1898, 324-335. 这个自传以重修本形式重印；参见 AutoMisc and SSS（引用的片段在第 45 页）。

24. 后来这些房间有着多种用途。1853 年的评估资料显示，"卡洛读书俱乐部"当时占用着这些房间，这座建筑被称为"新闻和集合室"，这表明当时的用途之一是报纸阅览室。从 1912 年到 1915 年，这座建筑被用作电影院，名叫"影屋"，1923 年成了卡洛技术学校。后来这里又成了卡洛郡图书馆和本地研究档案馆。参见 "c. 1853 Primary Valuation of Tenements," Act 9&10, Vict., Cap. 110, Carlow Library Local Studies Section; B. O'Neill, "The Old Assembly Rooms," *Carloviana* 1, no. 2 (Jan. 1948); L. D. Bergin and B. O'Neill, "Shaw's Ties with Carlow," *Carloviana*, n. s., 1, no. 4 (Dec. 1956)。

463

25. 关于沃尔特·格尔里的年轻时代和教育，参见 Ross 8。

26. SSS 14-16.

27. 丹·H. 劳伦斯提到"除了康斯坦斯以外……所有格尔里家族的姐妹和她们的子女都在有生之年受到了萧伯纳经济上的援助"。参见 Lgen8。

28. BL Ms. Add. 50710, fol, 25.

29. Imm x; Prefs3: 7-8.

30. 参见第二章。

31. SSS 14.

32. 原作藏于得克萨斯大学奥斯汀分校的哈利·兰塞姆人文研究中心。丹·H. 劳伦斯的展览目录 *Shaw: An Exhibit* 中的第 584 号主题，就是其中最令人印象深刻的一幅画作的复制品，这个展览（1977 年 9 月—1978 年 2 月）展出了一系列哈利·兰塞姆中心具有代表性的萧伯纳资料。

33. Register of Marriages in St. Peter's Church, Dublin, No. 239。转录于 Ross 54。

34. CL3: 358.

35. McNulty 24. 萧伯纳自己将阿格尼丝的头发形容为"Highland red"（SSS 105）。麦克纳尔蒂的回忆录中有一份 49 页的关于萧伯纳年轻时代回忆的打字稿，此外还有对于萧伯纳其他家族成员的描述和一些萧伯纳1891年到1924年间写给麦克纳尔蒂的信件的副本。这份打印稿的副本藏于教堂山北卡罗来纳大学的阿齐博尔德·亨德森萧伯纳资料收藏、南方历史收藏以及手稿局中。

36. 托马斯·迪米特里厄斯·奥博尔格是一名住在美国的爱尔兰移民,他写了一篇标题叫作《真实的萧伯纳》的传记研究作为他的博士论文,他于1913年在宾夕法尼亚大学完成了这篇论文的写作。萧伯纳通过书信给奥博尔格提供了很多资料,并且最初在奥博尔格想要把论文作为书发表时与他有过合作。萧伯纳最终拒绝了该书的发表,因为他觉得书中对他的家族成员以及他自身的处理是没有分寸且无礼的(参见 CL3: 854-855)。打印稿以及大量萧伯纳和奥博尔格间的通信一同藏于哈佛大学的霍顿图书馆,其中一部分发表于 CL3。B. C. 罗塞特是1964年《都柏林的萧伯纳》这篇研究的作者。

约翰·奥多诺万,一名都柏林的作家,他提供了大量关于李和萧一家的有用资料,他在1965年的研究《萧伯纳与天才骗子》的正文中对萧伯纳出身的说明显然是模棱两可的。不过,他为这本书加上了附言,明确地表示他不认为"萧伯纳是乔治·卡尔·萧以外的任何其他人的儿子",并补充说:

> 间接证据显示萧伯纳就是嫡出。乔治·卡尔·萧在给贝茜的信中对 G. B. S 的态度,就是出自一个完全不怀疑这是自己亲骨肉的父亲,所以他人拒绝承认这一点的看法是有悖常理的。而李在贝茜怀上萧伯纳的至少7年以后,才与她同住一个屋檐之下,如果你了解1964年的都柏林,那么1864年的都柏林是什么样的,可想而知,拒绝承认这一事实的重要性也是有悖常理……坚持认为在一个人们爱说长道短的小城市里,一个居民不多的社区中,一位活跃的居民会常常偷跑去跟一名主妇偷情,而不被人察觉,这真是把都柏林人想得过于老实了。 *464*

遗憾的是,奥多诺万决定在附言中才做出这些具有说服力的声明,他说之所以有这个必要,是因为一名英国的记者在看了他的书的校对稿后表示,作者"试图证明萧伯纳是个私生子"(SCG 106-108)。

37. Shaw to Edward B. Shaw, 10 Nov. 1947(私人收藏,塔斯马尼亚).

38. Shaw to Grace Goodliffe, 3 Dec. 1942; CL4: 652. 格蕾丝·古德利夫是萧伯纳的一位远房表姊妹,她是弗雷德里克·萧爵士(灌木园的第五位男爵)的第三个女儿,嫁给了盖伊·V. 古德利夫少校。

39. CL3: 365.

40. 对声称他与克伦威尔有关的驳斥，参见一篇翔实的文章 "Bernard Shaw's Ancestry: No Link with Oliver Cromwell, " *Bath & Wilts Chronicle and Herald*, 28 April 1949。

41. CL4: 430.

第二章　家族内幕

1. 萧伯纳的自传作品展现了评论家和理论家大卫·劳埃德所描述的（与爱尔兰作家詹姆斯·克拉伦斯·曼根有关的）那种（自传中的）"对于不需要父亲就能自我创生的欲望，以及尴尬地明白先于自己的存在对自己的影响，这两者间的冲突" [*Nationalism and Minor Literature: James Clarence Mangan and the Emergence of Irish Cultural Nationalism* (Berkley: University of California Press, 1988), 162; cited in Emer Nolan, *James Joyce and Nationalism* (London: Routledge, 1995), 37]。感谢特伦斯·布朗博士，他让我注意到了萧伯纳和曼根在对他们父亲的态度上的相似性。

2. SSS 13.

3. AutoMisc 93.

4. Imm xxxvi; Prefs3: 20.

5. Farmer 的第 7 页中有引用。

6. SSS 10.

7. CL3: 363.

8. 萧伯纳写到了他母亲在订婚时的情形，"从来没有人教过她婚姻究竟意味着什么，她也从未经历过贫穷，那时的她，无论嫁给哪一个冒险主义者都不会意识到自己在冒着多大的险" (SSS 10)。

9. SSS 11.

10. SSS 12.

11. Ibid.

12. Ibid.

13. Ross 58.

14. 关于贝茜对丈夫的感情，赫斯基斯·皮尔逊猜测 "不能确定她爱过他。不能确定她爱过任何人"。[Hesketh Pearson, *Bernard Shaw: His Life and Personality* (London: Collins, 1950), 17] 在一篇标题为《他母亲的冷淡性格》的

465

文章中，圣约翰·欧文对贝茜·萧做出了一个非同寻常的指控，他说她是"一个冷淡的女孩，并成了一个冷淡的妻子和母亲"，他宣称，"很显然，贝茜并不爱自己的丈夫"。在断言"她天性中有着与生俱来的缺陷"之后——让人想到哈姆雷特的"天性的恶性循环"——欧文将自己的否定言论发挥到了极致，他完全抹去了贝茜的人性："简单来说，她缺乏人类的品性。"读者在看到他接下来的文章标题"他母亲的优点"[St. John Ervine, *Bernard Shaw: His Life, Work and Friends* (London: Constable, 1956), 13-19] 时，一定会觉得为时已晚。

15. 另外两位对这封信发表评论的作家是纳撒尼尔·哈里斯（*The Shaw: The Family of George Bernard Shaw* [London: Dent, 1997], 31）和约翰·奥多诺万（"The First Twenty Years," in *The Genius Of Shaw*, ed. Michael Holroyd [London: Hodder & Stoughton, 1979], 20）。在他们简短而有用的研究中，哈里斯和奥多诺万对萧伯纳父母的婚姻提出了一个比萧氏主要传记作家更为公正的观点。

16. George Carr Shaw to Lucinda Elizabeth Shaw, BL Ms. 50508, fols. 8, 18, 30.

17. Letter of 5 Aug. 1857; Ms. Add. 50508, fol. 24.

18. Letter of July 1857; BL Ms. Add. 50508, fol. 4.

19. Letter of 8 Aug. 1857; BL Ms. Add. 50508, fol. 30.

20. Letter of 30 July 1857; BL Ms. Add. 50508, fol. 18v.

21. Letter of 20 July 1857; BL Ms. Add. 50508, fol. 4.

22. Letter of 28 July, 2 Aug. and 5 Aug. 1857; BL Ms. Add. 50508, fols. 18v, 23v, 26.

23. Letter of 28 July 1857; BL Ms. Add. 50508, fol. 15v.

24. CL1: 35-36.

25. BL Ms. Add. 50710B, fols. 2-3. 萧伯纳 1879 年 10 月 25 日给 J. 金斯顿·巴顿寄了一份关于他父亲和叔叔们饮酒习惯的记述的副本。这段描述也出现在萧伯纳日记的再版中，标题相当以偏概全：《嗜酒的萧氏》（参见 D1: 27-29）。迈克尔·霍尔罗伊德和莎莉·彼得斯在传记中通过对这段描述中一些细节的操纵，塑造出了乔治·卡尔·萧的极不讨喜的肖像。前者写道："萧不是一个浪漫的角色。他似乎在那时就已经是一个重度酒鬼了，习惯性腹泻……食欲不佳，一只眼睛有斜视并且还有多种癫痫……他是个郁郁寡欢的人，有着令人不适的奇怪幽默感，对女人并不感兴趣。他只在乎金钱和酒。"［*Bernard Shaw, Volume I, 1856—1898: The Search for Love* (London: Chatto & Windus, 1988, 11.）］莎莉·彼得斯煞费苦心地详述了这段记述中的一些信息，并塑造了这个男人更为让人讨厌的形象："在乔治·卡尔·萧穿衣服和桑尼睡觉的那个小房间里，男孩闻到过让人作呕的疾病的气味，也见识过这个可怜人又吐又拉地跑向厕所的情形。"(*Bernard Shaw: The Ascent of the Superman* [New Haven, Conn.: Yale University Press, 1996], 76.) 乔治·卡尔·萧的腹泻在这两个传记作者的笔下愈发严重了。

26. 在1879年的笔记中，萧伯纳写道："最终他痉挛发作，不久之后——我能记得的——虽然不是立刻，但他戒了酒；并至少有10年都滴酒不沾，那些认识他的人简直无法相信他曾是个酒鬼。"BL Ms. Add. 50710B, fol. 2. 另可参见SSS 92。

27. Imm xxi; Prefs3: 16; Auto1: 37.

28. 参见第三章。

29. SSS 48.

30. George Carr Shaw to Bernard Shaw, 28 March 1881: "You are an ill-natured cur that you would not once in a while say 6 or 12 months drop me a few lines···What about your second book—I think it will tale if it only gets into proper hands—Tell the Mar I got her letter yesterday···" BL Ms. Add. 50509, fol. 17.

31. George Carr Shaw to Bernard Shaw,15 Aug. 1884; BL Ms. Add. 50510, fol. 250r-v.

32. George Carr Shaw to Bernard Shaw,29 Aug. 1884; BL Ms. Add. 50510, fols. 258-259.

33. SSS 91.

34. SSS 92; cf. CL4: 479. 原信中，"赎罪"一词后来被改为"平复"。

35. Imm xxii; Prefs3: 17.

36. Hend1, 38.

37. Katharine Tynan, *Twenty-Five Years: Reminiscences* (London: Smith Elder, 1913), 313; I&R 262-264.

38. Letter from Lord Olivier to Archibald Henderson, 8 June 1931, quoted in Hends, 212; I&R 263.

39. Record of Conversation Between Shaw and His mother in "Notes to *Captain Brassbound*"; CP2: 420.

40. Lucinda Elizabeth Shaw to Bernard Shaw, 24 March 1894; BL Ms. Add. 50513, fols. 39-42. 他母亲做出这段关于她音乐训练的叙述时，萧伯纳正在萨

里和索尔特一家同住。装信的信封上有萧伯纳写的说明："关于洛吉和古老的历史。"

41. Lucinda Frances Shaw to Jane Crichton Drysdale, 27 Jan 1908; Texas.

42. Grace Chappelow Recollection in Villager, 243-246. 哈里斯太太在萧伯纳写给珍妮特·阿彻奇的信（1895 年 4 月 30 日）中，被描述为"我们的家庭助理"。CL1: 531.

43. Unpublished Letter from Shaw to Edith Benigna Isobel ("Ida") Beatty, 19 Oct. 1903(私人收藏).

44. Shaw Diary Entry for 10 Aug. 1889; D1: 530.

45. Shaw to Mrs. Patrick Campbell, 22 April 1913; CL3: 167.

46. 澳大利亚的这位表亲可能具有萧氏那种深深的骄傲，但是却并不势利。所有的证据都表明，他是一个亲切并善于交际的人。他担任过维多利亚的澳大利亚银行分行经理，后来又在墨尔本的大都会高尔夫俱乐部担任了多年的秘书兼经理。1936 年，在当了 30 年的经理后，他退休了，俱乐部的年报中说他以"尊严和卓越"完成了自己的义务。他被授予了俱乐部的荣誉终身会员，并被看作是"高尔夫界的名人之一"。参见 John Kissling, *Seventy Years: A History of the Metropolitan Golf Club* (Melbourne: Macmillan, 1973), 72(该记录由俱乐部的档案管理员艾伦·弗格森提供)。查尔斯·麦克马洪·萧在 1943 年 4 月 15 日去世（ 参见 Obituary Notice in Argus, Melbourne, 16 April)。

47. BB, facing 47, 119, 125, 136. 页边和行间有萧伯纳亲笔写的注释的打印稿，收藏在爱尔兰国际图书馆的手稿局中。尽管几乎所有萧伯纳的注释都发表在了书中，但有一些评论却被遗漏了。其中就包括萧伯纳对童年绘画爱好的回忆。同样被遗漏的还有萧伯纳关于他自传中对父亲的描述的评论。

48. BB 127.

49. BB 124.

50. Ms. 16, 686, p79 (对 BB 第 124 页的注解).

51. Imm xi.

52. SSS 14; SM1: 39.

53. 关于大饥荒，参见 Joel Mokyr, *Why Ireland Starved: A Quantitative and Analytical History of the Irish Economy*, 1800—1850 (London: George Allen & Unwin, 1983), 11, 15。

54. 关于爱尔兰的贫困程度，参见 Cormac O Grada, *Ireland Before and After*

467

the Famine: Explorations in Economic History, 1800—1925, 2nd ed. (Manchester: Manchester University Press, 1993), 17; Mokyr, *Why Ireland Starved*, 1, 6-29。关于爱尔兰的文盲程度，参见 Mary E. Daly, *The Famine in Ireland* (Dundalk, Ire.: Dublin Historical Association by Dundalgan Press, 1986)。她写道，尽管 19 世纪 40 年代文化水平有所上升，"1851 年，42% 的男人和 51% 的女人都目不识丁"(121)。

55. Mary E. Daly, *Dublin, the Deposed Capital: A Social and Economic History*, 1860—1914(Cork, Ire,: Cork University Press, 1984), 270.

56. Daly, *Dublin*, 32.

57. SSS 27. "全职佣人"是指负责多项家务的人，比如洗衣、打扫以及做饭。8 镑相当于 21 世纪的 380 镑（700 美元）。当然家里的佣人都是包食宿的。

58. George Carr Shaw to Lucinda Elizabeth Shaw, 24 and 27 July 1857; BL Ms. Add. 50508, fols. 8, 10.

59. Shaw to Frank Harris, 12 May 1930; CL4: 189.

60. SM1: 43.

61. SCG 69-73, 77-78.

62. SM1: 53.

63. Ibid.

64. Bernard Shaw, *Everybody*'s *Political What*'s *What?* (London: Constable, 1944), 75.

65. McNulty 20.

66. 这里提到的精神分析方法，迈克尔·霍尔罗伊德在他的萧伯纳传记中大量运用。

67. 更多关于此话题的探讨，参见第十一、十三、十九和二十章。

68. Farmer 7.

69. CL1: 7

70. Lucinda Frances Shaw to Bernard Shaw, n.d. [c.1876]. Texas.（Farmer 再版了该信，副本中有一些错误，在该书的第 31 页。）信开头的 "Swit" 或许是 "sweet" 的滑稽写法。

71. Texas.

72. 关于她，萧伯纳这样写道："她不需要家族的虚荣感和她娘家的乡绅地位。但她却讨厌波西米亚主义，并以此为耻。" SSS 94.

73. Mrs. Mabel Dolmetsch to H. G. Farmer, 27 Nov. 1947. 再版于 Farmer 第79页。

74. 萧伯纳的声音引来了许多评论；参见第八章。

75. *Great Acting*, ed. Hal Burton (London: British Broadcasting Corporation, 1967; New York: Hill & Wang, 1968), 68; I&R 375.

76. 在一篇发表于 1942 年的论文中，奥登表示："现在这代人，如果是诚实的，就会承认与他们自己的代言人比起来，'粗俗的老朽'不仅有着更好的举止、更善良的心灵、更勇敢的意志，同时还是一个更好的作家。" W. H. Auden, "The Fabian Figaro," *The Commonweal*, 23 Oct. 1942; *George Bernard Shaw: A Critical Survey*, ed. Louis Kronenberger (New York: World, 1953).

77. J. B. Priestley, "Thoughts on Shaw," *New Statesman and Nation*, 28 July 1956; I&R 508-510. 普利斯特利回忆起贝洛克说过："威尔斯是一个无赖，他也不会把自己装作是无赖以外的任何人；但本内特确实是一个装成绅士的无赖；萧伯纳是一个装成无赖的绅士。"

第三章　在都柏林成长

1. Bernard Shaw, *Everybody's Political What's What?* (London: Constable, 1944), 81. 萧伯纳在这部作品中将学校一并归为"儿童监狱"(73)。

2. SSS 23.

3. Shaw, *Everybody's Political What's What?* 81.

4. Ibid., 45.

5. Shaw, *Preface to London Music* in 1888—1889 (1937) ; Prefs3: 327; SM1: 40.

6. Prefs3: 328; SM1: 40.

7. Ross 178; CL4: 727.

8. SSS 21.

9. 到 1868 年 10 月 31 日为止，还记录了 4 次相同费用的出勤记录。Ross 18.

10. SSS 22.

11. Ibid.

12. Ibid.

13. SSS 28; Auto1: 58.

14. SSS 20-21.

15. SSS 30.

16. CL2: 499; Hend1: 18; Theatrics xii.

17. McNulty 18.

18. Harvard bMs Eng 1046. 9: 9-23. 这份文件包含了托马斯·迪米特里厄斯·奥博尔格在 1915 年到 1916 年间询问萧伯纳有关他童年的打字稿，还有萧伯纳的亲笔回信。（萧伯纳的回信部分出现在 CL3 中。）

19.[Bernard Shaw], "The Search for Another Messiah," unsigned notes in the *Dramatic Review*, 29 Aug. 1885; SM1; 346.

20. Bernard Shaw, "A Pride of Fausts," *Dramatic Review*, 19 Dec. 1885; SM1: 427.

21. Imm xx; Prefs3: 15.

22. D1: 366.

23. 比尔博姆在 1922 年有关托尔斯泰翻译争论的漫画中，将萧伯纳描绘为梅菲斯特。萧伯纳在 1922 年 5 月 8 日一封写给《泰晤士报》（伦敦）的信中表达了对托尔斯泰学者埃尔默·莫德观点的支持。

24. Henry S. Salt, "Reminiscences of G. Bernard Shaw," March 1929, Texas (Shaw, GB, Misc., Hanley).

25. Imm xxi; Prefs3: 16.

26. Wilfrid Blunt, *Cockerell* (London: Hamish Hamilton, 1964), 211.

27. Bernard Shaw, "Better than Shakespear," Saturday Review, 2 Jan. 1897; OTN3: 2; Drama2: 736.

28. Prefs1: 161-162.

29. 萧伯纳在他的剧作《日内瓦》的前言中（1947）发表了这一评论。Prefs3: 461.

30. 在《人与超人》的献词中，萧伯纳写到了 "班扬认为正义是破烂的衣衫，他在道德村中对合法先生的嘲笑，他对取代了宗教的教会的挑战，他坚称勇气是最重要的美德，他认为传统上可敬的聪敏的世俗智者的生涯实质上与不法先生的生与死并无二致"，说他的观点通过 "一个补锅匠的神学术语" 表达了出来，并预示了尼采、瓦格纳以及易卜生的革命性观点。Prefs1: 162.

31. Prefs1: 159.

32. Lena Ashwell, *Myself a Player* (London: Michael Joseph, 1936), 254.

33. "当魔鬼在金牛犊之歌中登场时，古诺的《浮士德》中的梅菲斯特之歌就轻快地奏响了。" 一封日期为 1946 年 10 月 3 日的萧伯纳写给 BBC 制片人彼

469

德·迈克尔·瓦特的信中涉及了关于该剧广播使用的音乐。CL2: 779.

34. SSS 9.

35. Katharine Tynan, *Twenty-Five Years: Reminiscences* (London: Smith, Elder, 1913), 313; I&R 264.

36. Imm xxi; Prefs3: 16.

37. 据萧伯纳讲，当他问父亲什么是神体一位派教徒时，他回答说："神体一位派教徒就是相信我们的主并没有被钉在十字架上，而是'从骷髅地的另一边逃跑了'的那些人。"Auto1: 36; CL3: 372.

38. Auto1: 38.

39. Richard Frederick Shaw to George Bernard Shaw, 27 May 1885; BL Ms. Add. 50511.

40. Bernard Shaw, "On Going to Church," *The Savoy*, no.1 (Jan.1896); Auto1: 31.

41. Imm xix; Prefs3: 14.

42. SSS 24.

43. Bernard Shaw, "In the Days of My Youth"; AutoMisc 100.

44. Shaw to Grace Goodliffe, n. d. (assigned to 25 Oct. 1949). 在这封信中，萧伯纳告诉古德利夫"业余音乐协会的演奏会都在我们家排练；男高音、男中音、男低音以及女高音碰巧都是天主教徒"。CL4: 857. *470*

45. AutoMisc 101; SSS 46.

46. Sir Thomas Browne, *Religio Medici and Other Works*, ed. L. C. Martin (Oxford: Clarendon Press, 1964), 20.

47. 参见《振奋人心的数十亿》（1947）一书的前言。Prefs3: 489-493.

48. Shaw to Thomas Demetrius O'Bolger, 24 Feb. 1916; CL3: 376.

49. SSS 72.

50. Matter 291.

51. 我很感激爱尔兰国家美术馆的馆长艾德里安·勒哈利维尔，他对我在这座建筑的历史和馆藏的研究上给予了很多建议和协助。对于 19 世纪 60 年代和 70 年代的馆藏和历史，在美术馆的各种目录和历史记录中以及勒哈利维尔先生善意提供的一些打字稿文件里都有详述。

52. "On Going to Church"; Auto1: 33.

53. CL3: 896.

54. SSS 28.

55. National Library of Ireland, Ms. 16, 686, p.82.

56. 素描本包含在：BL Ms. Add. 50719。

57. BL Ms. Add. 50720.

58. CL1: 8.

59. Matthew Edward McNulty to Shaw, 18 Feb. 1883 (corrected in Shaw's hand to 17 Feb.); BL Ms. Add. 50510, fol. 21.

60. Shaw to Matthew Edward McNulty, 3 June 1876; CL1: 19.

61. SSS 33.

62. "George Bernard Shaw," in *Irish Literary Portraits*, ed. W. R. Rodgers (London: British Broadcasting Corporation, 1972); I&R 3-10.

63. 这一回忆参见：Frank Harris, *Contemporary Portraits*, 4 vols. (London: Methuen, 1915—1924),vol. 2, 42-43; I&R 10。

64. *Irish Literary Portraits*, 122; I&R 6.

65. *Irish Literary Portraits*, 122; I&R 7. 另参见："Mr. Foy Tells of G. B. S. (Orchard-raider)," *Empire News*(Irish ed.), Manchester, 19 Nov. 1950; I&R 10-11。看上去似乎是一个印刷错误，福伊（Foy）在《爱尔兰文学肖像》（*Irish Literary Portraits*）中叫作 Fry。《帝国新闻》（*Empire News*）发表时，他 93 岁了，那时他才刚刚透露了自己童年时代与萧伯纳的友谊。我没有找出福伊所说的拳击狐狸的游戏指的是什么。

66. 据说这是萧伯纳给帕特里克·奥莱利的回复，他是都柏林的一个清洁工，他组织在萧伯纳的出生地立起了一个匾额，并（在 20 世纪 40 年代末）问萧伯纳是否记得波特尔，这是都柏林的一条窄巷。引用于 Desmond M.Fisher, "Shaw's Other Dustman," *American Mercury* (March 1954): 121; I&R 11。

67. Bernard Shaw, "Educational Confessions," *The Schoolmistress*, 17 Nov. 1927; I&R 13. SSS 45.

68. SSS 45.

69. Shaw to Thomas Demetrius O'Bolger, 14 Feb. 1916; Harvard bMs Eng 1046. 9.

70. Shaw to Thomas Demetrius O'Bolger, 14 Feb. 1916; Harvard bMs Eng 1046. 9. 尽管在 1937 年给《伦敦音乐，1888—1889》写的前言中，萧伯纳没有提供他儿时代所知道的作品的具体内容，但他给出了一些作曲家的名字，海顿、罗

471

西尼、贝里尼，他们的作品他能"从头到尾地唱出来或者哼出来"。Prefs3: 328.

71. 奥多诺万把他关于李和萧家的回忆录（我随后的探讨得益于此）命名为《萧伯纳与天才骗子》（*Shaw and the Charlatan Genius*）。

72. SCG 47-51; Ross 226-227.

73. SCG 142. 尽管出版的标题页写的日期是 1870 年，但奥多诺万给外科医生菲利普·克拉普顿·斯迈利的赠阅本中复制的李的题词所标注的日期是 1869 年 12 月。

74. SCG 145.

75. Prefs3: 335; SCG 94-96.

76. 萧伯纳在 1915 年到 1916 年间，分几次回答了奥博尔格询问他童年阅读习惯的问题。参见：Harvard bMs Eng 1046.9。

77.《给清教徒的三部剧》的前言。Prefs1: 67-68.

78. Shaw reply to Thomas Demetrius O'Bolger, n. d. [1915]; Harvard bMs Eng 1046. 9.

79. Shaw reply to Thomas Demetriuis O'Bolger, 14 Feb. 1916. 关于萧伯纳之前没有发表的关于他早年阅读的描述，值得在此一提：

在伦敦［李］找我借了一本大号字体的莎士比亚，并抱怨说他在这里面找不到《造谣学院》。学生们经常会送他书——由当时尚未出名的多尔绘制插画的《在比利牛斯山旅行》（法语），还有拜伦的，以及［托马斯·摩尔的］《拉拉鲁克》，特涅尔为这本书画了插画，还有德比爵士翻译的荷马的《伊利亚特》，这本书导致我过分蔑视教皇。我们有《家庭箴言》和《一年四季》的合订本，还有班扬全集。我的舅舅，当时在英曼运输公司（现在的美洲运输公司）的船上当外科医生，他一批批地带给我们盗版小说，主要是安东尼·特罗洛普的。我们有钱伯的杂文集，里面有关于特伦克男爵的故事，还有诗歌，包括《古舟子咏》《仙子女王》（选段）和［威廉·柯珀的］《约翰·吉尔平》。我们有莎士比亚，附有瑟罗尔的插画。当我成为办公室文员以后，每周有 30 先令，我每月都买多尔插画版的书，尤其是《堂吉诃德》。当我成为马龙图书馆［？］的订阅者后，我总是会读《威斯敏斯特评论》（在其信奉无神论的光辉岁月中）、廷德尔和乔治·艾略特等。

且不说国家美术馆，以及都柏林一位有名的音乐家约瑟夫·罗宾森借给我的 24 卷古代大师版画集；你会发现，尽管我没受到多少正统教育，但是在我 15 岁时，已经比我们那些市侩在 55 岁时有文化得多了。

这一切，都与基里尼和达尔基山，还有都柏林和基里尼海湾那无与伦比的美相契合。我受到了这种美的深深影响；由此我在自己一文不值、默默无名的处境中编织出了各种各样的天堂。(Harvard bMs Eng 1046. 9)

472

80. 马丁·迈泽尔在《萧伯纳与 19 世纪》(*Shaw and the Nineteenth-Century Theater* [Princeton, N.J.: Princeton University Press, 1963]）中对萧伯纳的作品和 19 世纪流行戏剧之间关系的叙述尚未被取代。

81. 萧伯纳关于早年去剧院还有其他地方的回忆，参见罗伊·纳什的采访："The Theatre Today and Yesterday According to George Bernard Shaw," *Manchester Evening New*s, 6 Dec. 1938。文中的细节来源于此。汤姆·泰勒（1817—1880），剧作家、*Punch* 的编辑、英语教授以及公务员，以 19 世纪流行的形式为伦敦的剧院写了超过 70 部剧作。他的剧本《情节与激情》1853 年在伦敦的奥林匹克剧院首演。《科西嘉兄弟》于 1848 年由狄俄尼索斯（迪翁）·拉德纳·布西科（1820—1890）改编自大仲马（1802—1870）的一部小说。

82. Theatrics xiv.

83. Imm xx; Prefs3: 15.

84. 萧伯纳给迪米特里厄斯·奥博尔格的回信。"我的困境……是要在现实生活中变得有用。就像是学习表演一样。事实上真正的萧伯纳是那个演员，想象中的萧伯纳才是真实的。" Harvard bMs Eng 1046. 9.

85. Imm xliii.

86. Shaw to Frank Harris, 20 June 1930; CL4: 189.

第四章　与汤森德的关系

1. 参见 *Burke's Irish Family Records* (London: Burke's Peerage, 1976), 115-119。

2. Shaw to Lord Alfred Douglas, 9 Nov. 1940; CL4: 586. 我感谢诺拉·卡利南在我 1997 年去德里宅邸时的亲切欢迎，她为我提供了家族记录中这座宅邸的历史以及佩恩 - 汤森德家族的历史。

3. Diary of Charlotte Shaw; BL Ms. Add. 63188A. 关于她父亲的描述出现在她 1927 年 5 月 17 日写给劳伦斯的信中（参见 n. 5）。

4. 参见 *Burke's Irish Family Records*, 1119。

5. Charlotte Shaw to Lawrence, 17 May 1927; BL Ms. Add. 45922. 萧伯纳夫妇

于 1922 年 3 月在共同的朋友剑桥菲茨威廉博物馆馆长悉尼·科克雷尔爵士的介绍下，认识了劳伦斯。

6. 迈克尔·柯林斯（1890—1922），一名爱尔兰革命家，他在 1916 年因参加复活节起义被拘留，获释后他成为爱尔兰共和军的情报总监和领军人物。

7. Charlotte Shaw to T. E. Lawrence, 17 May 1927; BL Ms. Add. 45922. 伦斯特公爵是爱尔兰首屈一指的公爵、侯爵，以及伯爵。关于爱尔兰没有中产阶级的断言受到了质疑。罗伊·福斯特（*Modern Ireland, 1600—1972* [London: Penguin, 1989]）写道："与许多概括不同，爱尔兰的中产阶级是存在的，但其大部分是由地方的镇里那些'专业人士'或者分销业的人组成的，他们的职业都派生自乡村。"（379）

8. Charlotte Shaw to T. E. Lawrence, 17 May 1927; BL Ms. Add. 45922. 关于她 *473* 对孩子的态度，信中这样写道：

> 　　随着我年龄的增长，我见到了更多更好的原因让我坚持自己的决定。这样的想法让我从身体上极度抗拒，我的理由并不是人们所猜测的那样。我被告知，延续种族是我的责任。我说我生活在一个在我看来人口过多的国家，我没有看出我们的种族会很快消失；我也不愿意生下一个炮灰。他们又对我说我是一个了不起的人，我应该把这些品质传下去。我回答说，卓越的人不见得有卓越的后代；伟大的男女通常都是"突变"。诸如此类。

9. BL Ms. Add. 56525, Charlotte Shaw Papers, vol. XXXVI (ff.L + 101). 霍勒斯·佩恩－汤森德财务备忘录中未注明日期的补充说明，其中还有有关其他方面的补充说明（1856—1887）。

10. BL Ms. Add. 56525, fol. 36.

11. SSS 32.

12. SSS 31.

13. SSS 37.

14. Shaw to Matthew Edward McNulty, 22 July 1913; BL Ms. Add. 50516, fol. 38.

15. SSS 32.

16. SSS 31-32.

17. SSS 32.

18. SSS 31.

19. 参见"莱勒"（Lalor）条目（*The Oxford Companion to Irish literature*, ed. Robert Welch [Oxford: Oxford University Press, 1996], 295.）

20. Foster, *Modern Ireland*, 381.

21. 参见第三章。

22. Imm xxxiv; Prefs3: 27.

23. CL1: 14, 19, 22.

24. Shaw to Matthew Edward McNulty, 3 July 1876. CL1: 19.

25. CL1: 22.

第五章　寻找自我：伦敦与小说

1. Imm xxxii.

2. 萧家直到 1881 年 12 月 23 日之前都住在维多利亚园 13 号，之后他们搬到了菲茨罗伊街 37 号一楼的房间里。他们在这里待到了 1882 年 4 月 22 日，接着就搬到了奥斯南博格街的 36 号，他们在这里住了 5 年。从菲茨罗伊搬到奥斯南博格（后者离摄政公园不远），萧伯纳离伦敦中心和他常去的一些地方更近了，比如大英博物馆。费边社早期的会议就在奥斯南博格街 17 号举行，这里是社团秘书爱德华·皮斯的家。

在一封没有发表的，日期为 1911 年 7 月 11 日的信中，萧伯纳让阿齐博尔德·亨德森去寻找他在伦敦早期的住所并纠正亨德森新近发表的传记中的错误。

474 （一家奥斯南博格街附近的生姜啤酒店铺被错认为是萧伯纳在伦敦的"第一个"住所。）萧伯纳告诉亨德森，要去奥斯南博格街，他需要乘坐内环地铁到附近的波特兰路站。在画了一张小地图以后，他指示自己的门徒"沿着奥斯南博格街走一段，走过教堂的栏杆；接着你会在对面看到一个十分受尊敬的建筑，门口的牌子上写着圣凯瑟琳之家。我的先生，那就是曾经的圣伯纳的家，而这也不是他在伦敦的第一个住所，富勒姆路的维多利亚街 13 号才是（一个建有半独立别墅的独头小巷，在西布朗普顿邮局的另一面；也不是他的第二个住所，那一个是在你向北走，到达广场前，菲茨罗伊街左边的最后一所房子……）"（Harvard bMs Eng 1046. 11）。萧家在奥斯南博格的房子中主要住的是二楼，三楼还有一个房间，萧伯纳睡在里面（D 1: 52）。维多利亚园后来改名叫内瑟顿园，而为了建造"大房子"，13 号被拆除了（SSS 37）。

3. Shaw to Lewis Wynne, 26 Nov. 1928; CL4: 120-121. In CL1: 18 an CL4: 121.

劳伦斯认出歌剧演员就是男低音歌手理查德·德克，他也是萧伯纳 20 多岁时朋友圈中的一员，并教过萧伯纳控制嗓音。

4. 照片出现在 SSS 中第 38 页的对面。

5. CL1: 19.

6. BL Ms. Add. 50508.

7. Preface to *The Irrational Knot* (London: Constable, 1931), xv-xvi; Prefs1: 181. 萧伯纳暗指弥尔顿对科摩斯的描写，科摩斯是酒神巴克斯和女妖色西的放纵的后代，在《勒德洛城堡上演的假面剧，1634》中，他轻蔑地对自己想要奸污的纯洁年轻的处女的善意恳求充耳不闻。

8. Lucy Shaw to Jane Crichton Drysdale, 27 Jan. 1908; Texas.

9. D1: 39.

10. D1: 30. 影响这次介绍的人（在萧伯纳的日记中被简称为霍姆）很可能是雷斯顿·H. 霍姆上尉，圣詹姆斯广场东印度联合服务俱乐部的一员，日记中的其他地方也偶尔提到他，他是萧伯纳交谈过的人。参见，如 D1: 105。

11. CL1: 35.

12. D1: 33.

13. 针对这些小说进行批判的著作，参见 Richard F. Dietrich, *Bernard Shaw's Novels: Portraits of the Artist as Man and Superman*, 2nd rev. ed. (Gainesville: University Press of Florida, 1996)。其他相关研究有：Charles A. Berst, "*The Irrational Knot*: The Art of Shaw as a Young Ibsenite," *Journal of English and Germanic Philology* 85, no. 2 (April 1986): 222-248; Nicholas Grene, "The Maturing of *Immaturity*: Shaw's First Novel," *Irish University Review* (Autumn 1990): 225-238; Robert Hogan, "The Novels of Bernard Shaw," *English Literature in Transition*, 1880—1920 8(1965): 63-114; Margery M. Morgan, "The Novels," in her book *The Shavian Playground* (London: Methuen, 1972); Stanley Weintraub, "The Embryo Playwright in Shaw's Early Novels," *University of Texas Studies in Literature and Language* 1(1959: 327-355)。

14. 麦克米伦一位审稿人对萧伯纳的小说《一个不合群的社会主义者》的结 *475* 论，被萧伯纳包含在了他一封 1885 年 1 月 22 日的信中，"故事有意营造了自相矛盾、荒谬和不可能——就像是皮科克的作品一样。但是不管他是谁，作者深谙写作之道：他尖锐、敏捷、有力，不乏诙谐，相当有趣，偶尔能言善辩。我猜想有人会说这是本闲书，但这是一本聪明的闲书。这本书会受欢迎吗？我有些担心这本书对于'大众'来说太聪明了：他们可能没法分辨作者到底是认真的，还是在嘲笑他们"。BL Ms. Add. 50511.

15. 亨德森在讲述该故事时把小鼠改成了大鼠 (*George Bernard Shaw: His Life and Works*[London: Hurst & Blackett, 1911], 47)，但是在萧伯纳 1930 年为《未成熟》写的前言中，对包裹的状况进行了相当详细的描述，他写的是"小鼠"。Imm xxxviii-xxxix.

16. Shaw to Richard Bentley & Son, 15 Jan. 1880; CL1: 26.

17. 这个词在艾琳·塞弗的论文《费边社反小说：萧伯纳的〈一个不合群的社会主义者〉》("Fabian Anti-Novel: Shaw's Unsocial Socialist," *Literature and History 11*, no. 2 [Autumn 1985]: 241-253) 中被用于形容萧伯纳的最后一部小说，我认为这个词更适合用来形容萧伯纳的前三部小说，最后两部以严格的萧伯纳风格重回传统浪漫主义的结构。

18. Shaw to Macmillan & Co., 1 Feb. 1880; CL1: 27. 麦克米伦审稿人的评论被引述在了编辑对这封信的批注中。

19. Dietrich, *Bernard Shaw's Novels*, 60.

20. Elinor Huddart to Shaw, 10 March 1881; BL Ms. Add. 50535.

21. 1883 年 1 月，在策划上演《佩兴斯》时，萧伯纳在排练中为李弹奏钢琴。

22. D1：41.《未成熟》的前言中也提到过格罗夫纳画廊，参见该书第 xli 页。

23. D1: 31.

24. Elinor Huddart to Shaw, 29 May and 2 Occt. 1881; BL Ms. Add. 50535.

25. Elinor Huddart to Shaw, 6 Sept. 1882; BL Ms. Add. 50535.

26. Elinor Huddart to Shaw, 6 Oct. 1881. BL Ms. Add. 50535.

27. Elinor Huddart to Shaw, 2 Sept. 1883. BL Ms. Add. 50536.

28. Elinor Huddart to Shaw, 26 March 1882. BL Ms. Add. 50535.

29. Acts 26: 25.

30. 帕克南·贝蒂的背景和婚姻资料，出自圭尔夫大学的丹·H. 劳伦斯藏品中一份未发表的打字稿。在写这部作品时，我也参考了一本帕克南·贝蒂的侄孙 C. J. P. 贝蒂博士编辑并推荐给我的书，书有两个标题，《关于萧伯纳和他的朋友帕克南·贝蒂的侧记：露西·卡尔·萧给艾达·贝蒂的信》(*Sidelights on GBS and His Friend Pakenham Beatty: The Letters of Lucy Carr Shaw to Ida Beatty* [Dorchester, Eng.: Plush, 2002])。

31. 帕克南·托马斯·贝蒂与萧伯纳之间的书信 (1878—1889) 藏于大英图书馆，参见 Ms. Add. 50530。这句话引自一封日期为 1882 年 3 月 28 日的信。

32. Pakenham Thomas Beatty to Shaw, 16 Sept. 1881; BL Ms. Add. 50530.

33. Pakenham Thomas Beatty to Shaw, 15 Dec. 1881; BL Ms. Add. 50530.

34. Pakenham Thomas Beatty to Shaw, 12 June. 1882; BL Ms. Add. 50530.

35. Shaw to Pakenham Thomas Beatty，一张未注明日期的明信片，时间应在 *476*
1908 年之后（私人收藏）。

36. Shaw to Pakenham Thomas Beatty, 12 April 1899 and 24 March 1908(私人
收藏).

37. 在《人与超人》中，奥克塔维厄斯这个正式名字当然是来自莫扎特《唐璜》中的奥塔维奥。萧伯纳的奥克塔维厄斯代表了帕克南·贝蒂"想要成为一个有分量的诗人……写一部伟大的剧作"的目标。因此，萧伯纳在塑造奥克塔维厄斯的时候，很可能是暗指帕克南·贝蒂本人，而不是他的弟弟大维。

38. 这篇评论的题目是《最近的诗歌》，是萧伯纳用化名 L. O. 斯特里特写的，1884 年 8 月 1 日发表在《今日》；参见 Reviews2: 22-28。萧伯纳写道，贝蒂早期的爱情诗"虽然没有那些初次尝试情诗写作时容易出现的粗鄙与笨拙，但表达的是迷恋而不是爱情"，并抱怨说，《玛西亚》中"1880 年俄国历史的悲惨真相"被"司空见惯的虚构"取代了。

39. D1: 611; CL1: 250.

40. 劳伦斯的记述，Guelph。

41. Imm xliii; Auto1: 86.

42. Imm xlii; Auto1: 85.

43. CL1: 29.

44. BL Ms. Add. 50509.

45. Elinor Huddart to Shaw, 27 March 1881; BL Ms. Add. 50535.

46. Elinor Huddart to Shaw, 6 Sept. 1882; BL Ms. Add. 50535.

47. 玛格丽·M. 摩根在其书（*The Shavian Playground* [London: Methuen, 1972]: 15）中提到了这一点。尽管他的小说中明显有着对奥斯汀的效仿，萧伯纳似乎并没有在他的自传作品、信件或者散文作品中提到她。

48. Prefs1: 56.

49. 萧伯纳经常提到他早年阅读约翰·廷德尔和托马斯·亨利·赫胥黎的作品，这两人是 19 世纪最重要的物质主义和理性主义的先知，还有，如上所

述，他告诉迪米特里厄斯·奥博尔格自己会定期阅读那时还"有着无神论的荣耀的""老威斯敏斯特评论"。

50. Shaw, handwritten reply to Thomas Demetrius O'Bolger, March [?]1915; Harvard bMs Eng 1046. 9.

51. D1: 31.

52. 在 1896 年 9 月，作家克拉伦斯·鲁克给萧伯纳出的一份模拟试卷中，萧伯纳承认了雪莱对于他决定成为一名素食主义者的影响，以及他总体上对雪莱的拥护："我对这件事［成为素食者］的注意，首先是因为雪莱（我是一名彻头彻尾的雪莱迷），后来是因为一位演说家。"(Bernard Shaw, *Nine Answers* [privately printed for Jerome Kern, 1923], published in interview form the *Chap-Book* [Chicago], 1 Nov. 1896; I&R 22-29).

53. *The Revolt of Islam*, Canto VIII, xiii.

54. *Nine Answers*; I&R 27.

55. "关于麦布女王的注解"。

477　56. 格伦费尔对这次拜访的回忆，参见其本人的著作：*Joyce Grenfell Requests the Pleasure* (London: Macmillan, 1976, 160-161; I&R 518-519)。

57. Shaw, "Wagner and Vegetables," The Academy 55 (15 Oct. 1898), 79.

58. SSS 58; CL1: 145; I&R 45-46; Doris Arthur Jones, *The Life and Letters of Henry Arthur Jones* (London: Victor Gollancz, 1930), 221.

59. Jones, *Life and Letters*, 221; I&R 45. 亨利·阿瑟·琼斯 (1851—1929) 成了 19 世纪 90 年代伦敦一位主要的剧作家。

60. Charles Churchill Osborne, *Philip Bourke Marston* (London: Times Book Club, 1926), 26-27; I&R 46. 马斯顿（1850—1887），诗人，剧作家 J. W. 马斯顿的儿子，童年时期因事故而失明。他关于雪莱社的叙述出自一封 1886 年 4 月 17 日写给奥斯伯恩的信。

61. 萧伯纳说小时候接种过天花疫苗。而这支疫苗的失效，成了他后来在反疫苗运动中的武器之一。参见 Bernard Shaw, "Smallpox in St. Pancras," letter to the editor, *The Times* (London), 21 Sept. 1901。

62. 这里现在是伦敦郊区 E10。

63. Patch 215. 在同一个段落中，她解释了——由于天花"他没办法剃胡子"——"著名的胡子是怎样诞生的"。丹·H. 劳伦斯声称"[天花]造成的疤痕使他开始蓄胡子……"。CL1: 38. 据我所知，这两种解释——如果需要解释的话——都没有证据支持；不过帕奇的解释似乎是可信的。

64. 1900 年美国第一版《艺术家的爱情》的序言。Auto1: 97.

65. D1: 32. 在 Chron 中该计划被错误地记述为 1881 年 3 月。

66. Shaw, preface to *The Irrational Know*(1905); Prefs1: 174.

67. 歌剧中的女主人公当然不是露西所装扮的吉卜赛女郎，而是一位奥地利伯爵的女儿。在《未成熟》中，萧伯纳让史密斯这个角色独自唱了伯爵的咏叹调之一。

68. SSS 94.《十六张自画像》中的这个部分，是 1937 年 11 月 17 日萧伯纳写给查尔斯·麦克马洪·萧的一封长信的修订版，"母系家族的乡绅做派"在信中是"格尔里式的乡村绅士主义"。CL4: 481.

69. 露西的生动描绘忽视了萧伯纳才是《无政府主义的不可能性》这本费边社小册子的作者。

70. Lucy Carr Shaw, *Five Letters of the House of Kildonnel* (London: Lawrence & Jellicoe, 1905), 1.

71. CL3: 196.

72. Bernard Shaw, preface to 1901 edition of *Cashel Byron*'s *Profession*; Prefs1:90.

73. Robert Louis Stevenson to William Archer, March 1886; 引用于 D1 第 152 页。

74. 引文来自《查泰莱夫人的情人》的第二版：*Lady Chatterley*'s *Lover*, in Dieter Mehl and Christa Jansohn, eds., *The First and Second Lady Chatterley Novels* (Cambridge: Cambridge University Press, 1999), 263。劳伦斯读了许多萧伯纳的作品，除了对这位年长作者的作品的一些刻薄评论外，他对萧伯纳还是有着极大的敬意。关于《查泰莱夫人的情人》中对于萧伯纳的效仿，以及以不同的方式解读萧伯纳在自己小说中处理这一场景手法，见莎莉·彼得斯的著作：*Bernard Shaw: The Ascent of the Superman* (New Haven, Conn,: Yale University Press, 1996), 83。

75. 埃莉诺·赫达特在 1882 年 3 月 26 日和 4 月 17 日写给萧伯纳的信中，*478* 提到了爱丽丝。萧伯纳从 4 月 12 日开始写作《卡谢尔·拜伦的职业》。洛基特和萧伯纳之间现存的最早一封信，是萧伯纳于 1883 年 9 月 9 日写的。

76. D1: 32; SSS 58; Auto1: 113; I&R 32; CL2: 489; Hend1: 47-48.

77. 阿彻关于他们友谊开端的概述记录，参见 C. Archer, *William Archer: Life,*

Work and Friendships (London: George Allen & Unwin, 1931), 119-135; I&R 87-88。

78. Imm xl.

第六章　费边主义的唐璜

1. SSS 113. 标题是《致弗兰克·哈里斯关于传记中的性》的一章。

2. CL4: 190-193.

3. SSS 115.

4. Bernard Shaw, "Carrying on Wagner's Business," *The World*, 15 March 1893; SM2: 833.

5. Shaw to Jules Magny, 18 Dec. 1890; CL1: 278. 马尼在为《社会评论报》翻译萧伯纳的演讲《向社会主义民主转变》时，结识了萧伯纳。萧伯纳 1888 年 9 月 7 日在巴斯，面向英国学会做了这篇演讲；参见 CL1: 211。

6. Zsa Zsa Gabor, article in *People*, 15 Aug. 1954; I&R 445. 1939 年夏天，作为英国文化协会的嘉宾，莎莎（莎莉）·嘉宝和丈夫一起去了伦敦，同行的还有一队土耳其记者。1936 年，她赢得了匈牙利选美小姐的冠军，普遍认为她生于 1917 年。

7. CL1: 63.

8. Emily Jane Gurly to Shaw, 19 March 1882; BL Ms. Add. 50509.

9. 萧伯纳在一首速记诗中使用的韵脚，"Love lifted to his lips a chalice"，被抄录在故事《恋爱中的萧伯纳》（1977 年 10 月）的打字稿中，由丹·H. 劳伦斯作，藏于圭尔夫大学。萧伯纳写给爱丽丝的另外一首诗见于 CL1: 62-63。

10. CL1: 63.

11. CL1: 65, 94.

12. CL1: 92.

13. CL1: 73.

14. Texas。引用于 CL1:71。

15. Alice Mary Lockett to Shaw, Dec. 1884; BL Ms. Add. 50510.

16. CL1: 100.

17. CL1: 66.

18. CL1: 73.

19. Letter from Lord Oliver to Archibald Henderson, 8 June 1931. 引用于Hend2: 144-145。悉尼·霍尔丹·奥利维尔，后来的奥利维尔男爵 (1859—1943) 是费边

社最早的成员之一。I&R 41.

20. Hend2: 144; I&R 41.

21. 这里引用的费边社目标构想出自萧伯纳之手，由珀西·L. 帕克重印。"What Is It to Be a Fabian? An Interview with Mr George Bernard Shaw," *Young Man*, Apirl 1896; I&R 65-68.

22. Bernard Shaw, "Some Impressions," preface to *Sydney Olivier: Letters and Selected Writings*, ed. Margaret Olivier (London: Allen & Unwim,1948), 9; I&R 40-41.

23. DBW1: 329-330.

24. 吉蒂·马格里奇的回忆被理查德·英格拉姆引用，参见 Richard Ingrams, *Muggeridge: The Biography* (London: Harper Collins, 1995), 34。该回忆的另一个版本见一篇前言文章《我的柏姨妈》，参见 Kitty Muggeridge and Ruth Adam, *Beatrice Webb: A life* (London: Secker & Warburg, 1967), 13-14。

25. SSS 65. 在《十六张自画像》中叫作《硕果累累的友谊》的章节里，萧伯纳效仿了韦伯的言论："我做过的最明智的事就是强迫他跟我做朋友并将这段友谊保持下去；从那以后，我就不仅仅是个微不足道的萧伯纳了，而是一个韦伯与萧组成的委员会。"

26. Ingrams, *Muggeridge*, 34.

27. D1: 33.

28. 这是丹·H. 劳伦斯的描述。1988 年，劳伦斯与凯蒂·塞缪尔的住在加州比弗利山的孙子约翰·德·索拉·莫斯利取得了联系，他持有萧伯纳写给凯蒂的 5 封信以及在她启发下写的诗。关于凯蒂的资料——萧伯纳和她之间的所有信件、一张凯蒂初为人母的照片的复印件——都包含在了劳伦斯的文章中，参见 "Katie Samuel: Shaw's Flameless 'Old Flame,'" *SHAW: The Annual of Bernard Shaw Studies* 15 (1995): 3-19。所有关于两人书信的引用都出自这篇文章。

29. D1: 33.

30. CL1: 822.

31. Margot Peters, *Bernard Shaw and the Actresses* (Garden City, N. Y. : Doubleday, 1980), 32.

32. 朗读的具体日期难以确定，但这显然是《玩偶之家》首次在英国的"表演"。萧伯纳于 1886 年 5 月 5 日在他的日记中记录到，他"去了埃夫林家讨论一个朗读易卜生的《娜拉》的计划"（D1: 81）。伊冯娜·卡普在为埃莉诺·马克思写的传记的第二卷中说，这次朗读的日期是在 1886 年 1 月 15 日。不过，正如萧伯纳日记的编辑斯坦利·温特劳布指出的一样，这个日期并没有在萧伯纳的日记中得到证实，日记中没有记录朗读的时间，而在这一天他从早到晚都有事。Yvonne Kapp, *Eleanor Marx*, 2 vols. (London: Lawrence & Wishart, 1972—1976), 2: 103.

33. Preface to *The Irrational Knot* (1905); Prefs1: 184.

34. CL1: 90.

35. 这一资料由乔治娜（"朱迪"）·马斯特斯太太提供给丹·H. 劳伦斯，劳伦斯在 2001 年 5 月 5 日的一封信中告诉了我。劳伦斯关于珍妮·帕特森的"1960 年 8 月 7 日在福克斯通与乔治娜·马斯特斯的谈话中做的笔记"（"Notes made during a talk with Georgina Musters at Folkestone, 7 August 1960"）藏于圭尔夫大学。马斯特斯太太是阿拉贝拉·吉尔摩太太的女儿，贝茜·萧同父异母的姊妹，她晚年作为伴护与珍妮·帕特森住在一起。

36. "大量的"萧伯纳写给珍妮·帕特森的信（在 1924 年珍妮·帕特森去世以后）被阿拉贝拉·吉尔摩太太烧毁了（Laurence, "Notes," Guelph）。

480　37. May Morris to Shaw,11 and 14 Feb. 1886. BL Ms. Add. 50541.

38. 丹·H. 劳伦斯好心地向我提供了珍妮·帕特森遗嘱的副本。

39. Mrs. Jane Patterson to Shaw, 28 Dev. 1882 and 6 Jan. 1886; BL Ms. Add. 50544.

40. D1: 59, 63, 80.

41. 悉尼·韦伯的描述，转引自 D1: 35, n18。

42. 当萧伯纳 1904 年发表《关于市政交易的常识》的时候，他给维克斯蒂德寄去了一份复本并附言："给我经济学上的父亲。"参见 I&R 43。

43. CL1: 115 提供了关于这次演出重演的信息。参见 D1: 54, 57。

44. CL3: 151-152. Desmond MacCarthy, *Shaw* (London: MacGibbon & Kee, 1951), 213-217; I&R 287.

45. D1: 78. J. C. 萧指的可能是詹姆斯·科凯恩（"卡菲尔"）·萧，萧伯纳的一个堂兄弟。萧伯纳后来给了这位堂兄弟和他的子女极大的经济援助，包括借给"卡菲尔"1200 英镑，用以在都柏林买房子。参见 Lgen 16; CL2: 904。

46. CL1: 132.

47. D1: 54, 91.

48. G. K. Chesterton, *George Bernard Shaw*(London: John Lane, 1910), 96.

49. D1: 94-98.

50. D1: 55 (导言), 99(事件记录).

51. D1: 101-102.

52. D1: 124.

53. Mrs. Jane Patterson to Shaw, 7 Jane. 1887; BL Ms. Add. 50545.

54. D1: 415.

55. Mrs. Jane Patterson to Shaw, 12 May 1886; BL Ms. Add. 50545.

56. Mrs. Jane Patterson to Shaw, 14 June 1886; BL Ms. Add. 50545.

57. Mrs. Jane Patterson to Shaw, 22 Feb. 1888; BL Ms. Add. 50545.

58. Mrs. Jane Patterson to Shaw, 12 May and 20 Oct 1886; BL Ms. Add. 50545.

59. Mrs. Jane Patterson to Shaw, 6 Jan. 1886; BL Ms. Add. 50545.

60. Mrs. Jane Patterson to Shaw, 12 May 1886; BL Ms. Add. 50545.

61. SSS 114.

62. Karl Pearson, "The Woman's Question," in *The Ethic of Freethought and Other Addresses and Essays* (London: Adam and Charles Black, 1901), 361-362. 这篇文章 1885 年为内部流通而进行了初审和印刷。

63. May Morris to Shaw, 5 May 1886; BL Ms. Add. 50541.

64. Lucinda Frances Shaw to Jane Crichton Drysdale, 24 July 1901; Texas.

第七章　针锋相对的吸引

1. Eleanor Marx and Edward Aveling, "The Woman Questions—From a Socialist Point of View," *Westminster Review* (Jan.1886): 207-222. 这篇文章后来作为小册子单独出版。

2. Bernard Shaw, "An Explanatory World from Shaw," introduction to *Florence Farr, Bernard Shaw, W. B. Yeats*, ed. Clifford Bax (Dublin: Cuala, 1941); Auto1: 165. 弗洛伦斯·法尔与萧伯纳第一次见面，参见 Chron 96。

3. Mrs. Jane Patterson to Shaw, 8 Feb. 1886; BL Ms. Add. 50545. 信写于"黑色 *481* 星期一"，见证了示威游行以及蓓尔美尔的窗户被砸碎，以引起人们对失业的重视。萧伯纳的好几个朋友——包括约翰·伯恩斯、H. H. 钱皮恩、H. M. 海因德曼，还有约翰·E. 威廉——都遭到了逮捕，随后又无罪释放。参见 D1: 144-145。

4. Mrs. Jane Patterson to Shaw, 29 June 1886; BL Ms. Add. 50545.

5. Mrs. Jane Patterson to Shaw, 21 Sept. 1886; BL Ms. Add. 50545.

6. Mrs. Jane Patterson to Shaw, 25 Dec. 1887; BL Ms. Add. 50545; D1: 326.

7. Mrs. Jane Patterson to Shaw, 29 Jan. 1888; BL Ms. Add. 50545.

8. May Morris to Shaw, 21 July 1885; BL Ms. Add. 50541.

9. May Morris to Shaw, 8 June 1885; BL Ms. Add. 50541.

10. May Morris to Shaw, 25 Nov.1886; BL Ms. Add. 50541.

11. May Morris to Shaw, 25 Oct. 1885 and 14 Feb. 1886; BL Ms. Add. 50541.

12. Bernard Shaw, *William Morris as I Knew Him* (New York: Dodd, Mead and Co., 1936)。《我所认识的威廉·莫里斯》最初是以 "Morris as I Knew Him" 作为梅·莫里斯的《威廉·莫里斯：艺术家、作家、社会主义者》(*William Morris: Artist, Writer, Socialist* [Oxford: Basil Blackwell, 1936]）的第二卷的序言出版的。Prefs3: 283-284; Auto1: 167.

13. D1: 158,159.

14. D1: 57, 348, 352, 403.

15. D1: 348.

16. W. B. Yeats to Katharine Tynan, 12 Feb. 1888. *The Collected Letters of W. B. Yeats*, ed. John Kelly and Eric Domville, 2 vols. (Oxford: Clarendon Press, 1986—1997)1: 50.

17. G. Wilson Knight, *The Golden Labyrinth: A Study of British Drama* (London: Phoenix House, 1962), 351.

18. 发生在 1893 年 5 月 22 日。D2: 936.

19. D2: 867.

20. Prefs3: 285-286; Auto1: 168.

21. D2: 903, 936-937.

22. Shaw to Alice Lockett, 8 Oct. 1885 and 19 Aug. 1886; CL1: 142-143, 157-159.

23. D1: 416.

24. Bernard Shaw, "Mrs Besant as a Fabian Socialist," *Theosophist* (Oct. 1917); Auto1: 138.

25. Bernard Shaw, "Annie Besant and the Secret Doctrine," corrected galley proof intended for the *Freethinker*; Texas; Auto1: 142, 320.

26. Annie Besant, *An Autobiography*, 2nd ed. (London: T. Fisher Unwin, 1893), 57. 贝赞特在萧伯纳之前就使用了"欢愉"一词，文中她接着将这样一种渴望描述为"并不是以一种刻意的有意识的意志去行动，强迫自身屈服并痛苦地放弃心之所向，而是跃向前方最轻松的道路，'献身'成为最诱人的事，不会让你否认灵魂最深处的渴望，不会让人觉得受到了玷污和侮辱"。

27. Besant, *Autobiography*, 337.

28. 游行的主要目的——参与的人员包括众多来自不同组织的社会主义者，其他的左翼激进分子，还有许多爱尔兰人——是要反对爱尔兰犯罪法案的条款，这一法案旨在有效镇压持异议者以及集会、言论自由。集会遭到了禁止，并被 *482* 挥舞着警棍的骑警和士兵驱散。

29. Shaw to William Morris, 22 Nov. 1887; CL1: 177; D1: 314-315.

30. Besant, *Autobiography*, 13-14.

31. "Mrs Besant as a Fabian Socialist"; Auto1: 139.

32. Besant, *Autobiography*, 303; I&R 161.

33. D1: 34, 237, 252, 288, 315, 326, 328.

34. Hesketh Pearson, *Bernard Shaw: His Life and Personality*, 2nd ed. (London: Collins,1950), 114.

35. "1886 年 6 月 26 日，我发现她［伊迪丝］对我产生了强烈的感情。" D1: 34.

36. Doris Langley Moore, *E. Nesbit: A Biography*, rev. ed. (London: Ernest Benn, 1967), 113; I&R 161-162.

37. Shaw to Molly Tompkins, 22 Feb. 1925; CL3: 904-905.

38. Bernard Shaw, preface to *Salt and His Circle*, by Stephen Winsten (London: Hutchinson,1951); Prefs3: 534-535; Auto1: 123-124.

39. D1: 274, 347.

40. Grace Gilchrist to Shaw, 26 March 1888; BL, 引自 CL1: 105-106.

41. D1: 362-363, 365. 另一个密切关注这段风流韵事动向的费边社成员是爱德华·皮斯后来的妻子，一个名叫玛乔丽·G.（"明妮"）戴维森的苏格兰教师。从她当时写给萧伯纳的信（其中有一封这样说道："你什么时候有时间给我写一封污言秽语的信？你知道什么最吸引我吗——你自己"）中可以看出，她在吉尔克里斯特这件事上，也许并不是一个完全公正的旁观者。Marjory G. Davidson to Shaw, 6 May 1888, 信件是玛乔丽在她父母的家（The Manse, Kinfauns, Perth,

Soctland）中写的。BL Ms. Add. 50547.

42. Grace Black to Shaw, 24 and 25 May 1887; BL Ms. Add. 50511.

43. Grace Black to Shaw, 31 March 1889; BL Ms. Add. 50512.

44. D1: 289：“完成了《关于唐璜的真相》。晚上去了贝赞特太太家，并弹了几部二重奏。”这个故事在 1932 年以《唐璜阐释》作为题目发表，并被收录在了康斯特勃出版社的合集《萧伯纳作品集》的第六卷《短篇小说、杂文》中。1934 年，康斯特勃出版社又在《黑女孩寻求神的探险以及萧伯纳其他的一些小故事》中发表了这个故事。本书中出自这个故事的引文来自后者。

45. Bernard Shaw, “Darwin Denounced,” *Pall Mall Gazette*, 31 May 1887; Reviews1: 277-279.

46. 故事中唐璜与一位“寡妇”发生性行为的片段，被错误地当作是自传收录进了斯坦利·温特劳布校对的萧伯纳自传作品中。Auto1: 164-165.

47. D1: 230.

第八章 “前程似锦的人”：评论家和“令人着迷的演说家”

1. Mrs. Jane Patterson to Shaw,13 April 1886; BL Ms. Add. 50544. 珍妮·帕特森有可能是指，在 1886 年，萧伯纳在一些公共场合被称为“前程似锦的人”。我没能找到其出处。

2. Anon., “Coming Men: Mr. G. Bernard Shaw,” *London Figaro*, no. 1748 (10 Aug.1889): 4-5.

3. Shaw to Mrs. T. P. O'Connor, 16 Sept. 1888; CL1: 196. 这段关于萧伯纳如何度过每一天的生动描述，为诺曼和珍妮·麦肯齐的书（*The First Fabians* [London: Weidenfeld & Nicholson, 1977]）中的一个章节提供了标题（《巡回演说和墨水瓶》）。麦肯齐夫妇错误地表示（第 96 页）这封信是写给 T. P. 奥康纳先生的。

4. CL1: 106.

5. Ibid.

6. 萧伯纳的书信打字稿收藏在 Guelph。

7. Bernard Shaw, “How William Archer Impressed Bernard Shaw,” preface to the posthumous publication of William Archer's *Three Plays*, 1927; Prefs2: 558. 另参见 Charles Archer, *William Archer: His Life, Work and Friendships* (London: Allen & Unwin, 1931); Martin Quinn, “William Archer,” in *Dictionary of Modern Literary*

Biography, vol. 10, *Modern British Dramatists* (Detroit, Mich.: Gale, 1982).

8. William Archer to Shaw, 22 June 1921; BL Ms. Add. 50528.

9. William Archer to Shaw, 1 Sept. 1903; BL Ms. Add. 50528.

10. 1893 年 5 月 4 日，《世界》刊登了阿彻对《鳏夫的房产》的出版文本的评论，参见 CL1: 373。

11. 阿彻的连续的几篇命名为《萧先生的戏剧》的评论，于 1898 年 4 月 19 日和 21 日在《每日纪事报》（伦敦）上刊登，副本收藏于 Guelph。

12. CL1: 373. 萧伯纳对阿彻侮辱的描述，可能是暗指 A. W. 皮尼洛的感伤喜剧《甜蜜的薰衣草》（1888）。

13. CL1: 427.

14. Reviews1: 12.

15. Reviews1: 19-20.

16. Reviews1: 200.

17. Reviews1: 277-281.

18. Reviews1: 52-55.

19. CL1: 241-242.

20. Bernard Shaw, "How to Become a Musical Critic," *Scottish Musical Monthly*, Dec. 1894; repr. in *New Musical Review*, Oct. 1912; SM3: 339-346.

21. Quoted in Hend1: 230.

22. Bernard Shaw, "The Captious Frolic," *Star*, 30 March 1889; SM1: 593. 科诺·迪·巴塞特最近 (1889 年 3 月 23 日) 提到 A. B. 沃克利称他为 "嬉戏的巴塞特"。SM1: 586.

23. CL1: 107.

24. SM2: 898.

25. SM1: 7.

26. SM1: 598.

27. SM2: 8.

28. SM1: 237.

29. 这个剧院，以与莎士比亚相关联的那个剧院命名，1868 年 11 月在斯特兰德大街旁边的纽卡斯尔街开张。由于担心火灾隐患，1902 年剧院被拆除。

30. SM1: 587.

31. SM3: 72.

484

32. Shaw to Harley Granville-Barker, 30 June 1912; CL3: 95.

33. W. R. Titterton, *So This Is Shaw* (London: Douglas Organ, 1945), 9-11; I&R 63-65.

34. D. J. O'Donoghue, "George Bernard Shaw: Some Recollections," *Irish Independent*, 17 Feb. 1908; I&R 47.

35. Edmund Wilson, "Shaw in the Metropolitan," *New Republic*, 26 April 1933; I&R 337-338.

36. SSS 58-60. 英国科学促进会的一份报告，参见 A. S. and E. M. Sedgwick, *Henry Sedgwick* (London: Macmillan, 1906), 497-498; I&R 57-58。

37. 附加在《人与超人》出版版本后的一个章节开头这样写着："革命家手册和袖珍伴侣，作者约翰·坦纳，M. I. R. C.（无所事事的富裕阶级成员）。"

38. William Morris, "A King's Lesson," in *Stories in Prose, Stories in Verse, Shorter Poems, Lectures and Essays*, ed. G. D. H. Cole (London: Nonesuch, 1974), 272.

39. Prefs1: 71-72.

40. Shaw to Janet Achurch, 6 Jan. 1891; Texas.

41. Shaw to Janet Achurch, 6 Jan. 1891; Texas; D1: 644.

42. D1: 54, 127.

43. Lucinda Frances Shaw to Jane Crichton Drysdale, 27 Jan. 1908; Texas.

44. D1: 537; SM1: 778-783.

45. SSS 52-53.

46. CL1: 106.

47. D1: 229.

第九章　在台上

1. Shaw to Tighe Hopkins, 2 Sept. 1889; Theatrics 5.

2. 萧伯纳在 1935 年的一次采访中向阿齐博尔德·亨德森描述了克莱门特·斯科特。这次访谈没有发表的打字稿《剧作家的自我揭露》，藏于伦敦皇家戏剧艺术学院的伊沃·库拉收藏品中。亨德森发表了对这次采访做了润色后的版本，题目为《萧伯纳的自我揭露》（"George Bernard Shaw Self-Revealed," *Fortnightly Review,* n. s. 119 April-May 1926）。I&R 313-316. 萧伯纳保留了罗伯特·布坎南的文章（"Is Ibsen a Zola with a Wooden Leg?," *Pall Mall Gazette*, 11

June 1889), 作者在其中写道："简而言之，易卜生是一位相当渺小的作家，却相当自负，就像我之前描述的那样——一个有着一条木腿的左拉，为了准科学现实主义而为难北方。" BL Ms. Add. 50740.

3. Shaw to R. Golding Bright, 10 June 1896; Cl1: 632.

4. Quintessence 8-9; D1: 636.

5. Shaw to Elle Terry, 27 Jan. 1897; CL1: 723.

485

6. Bernard Shaw, "Ibsen Triumphant," *Saturday Review*, 22 May 1897; OTN3: 138; Drama2: 853.

7. Quintessence 42.

8. BL Ms. Add. 50595 A-B.

9. D1: 514.

10.[Bernard Shaw], "A Play by Henrik Ibsen," unsigned review in the *Manchester Guardian*, 7 June 1889.

11. Shaw to Janet Achurch, 21 June 1889; Theatrics 3.

12. Shaw to Janet Achurch, 17 June 1889; CL1: 215-16.

13. Shaw to T. Fisher Unwin, 16 Feb. 1896; CL1: 599.

14. Unpublished letter from Shaw to Janet Achurch, 8 Jan. 1895; Texas. 肯辛顿戈尔是肯辛顿路的一个部分，两侧是阿尔伯特纪念碑和皇家阿尔伯特音乐厅。萧伯纳提到"照明"，暗示了他记得发生在圣诞季的那件事。

15. Unpublished letter from Shaw to Janet Achurch, 24 April 1894; Texas. 次日，萧伯纳写信给珍妮特，让她把 4 月 24 日的信丢进"火里"。CL1: 430.

16. D1: 528.

17. D1: 33.

18. 阿彻对该剧起源的叙述，见 Charles Archer, *William Archer: His Life, Work and Friendships* (London: Allen & Unwin, 1931), 136-137。

19. 萧伯纳在他的文章《威廉·阿彻给萧伯纳的印象》中详述了这一场景，文章作为前言发表在威廉·阿彻的《威廉·阿彻的三部戏剧》中（William Archer, *Three Plays by William Archer* [London: Constable; New York: Henry Holt, 1927]）; Prefs2: 573.

20. D1: 228.

21. D2: 839.

22. D2: 865.

23. J. T. Grein, "GBS's First Play Revived," *Illustrated London News*, 14 Aug. 1926; I&R 122-124.

24. 引自 *Lady Gregory*'s *Journals*, ed. Daniel J. Murphy, Coole Edition 14 (Gerrard's Cross, Eng.: Colin Smythe, 1978), 256; I&R 124.

25. *The Autobiography of G. Lowes Dickinson and Other Unpublished Writings*, ed. Dennis Proctor (London: Gerald Duckworth, 1973), 158-159; I&R 124.

26. 萧伯纳收集了易卜生和他的追随者们挑起"狂热和不得体的辱骂"的例子，他在《易卜生主义精华》中关于《群鬼》的那一章里展示了这些例子。Quintessence 155-157. 易卜生的追随者们被攻击为"无性别的……不像女人的女人，失去性别特征的女人，一整队穿着衬裙的不受欢迎的怪人……受过教育的寻找粪便的狗……女子气的男人和像男人一样的女人。"

27. Bernard Shaw, "The Author's Preface" to *Widowers' Houses*, appendix 1, in *The Complete Prefaces* (London: Paul Hamlyn, 1965), 705-706. 劳伦斯编辑的版本中，前言的附录被删掉了。

28. 斯科特对于易卜生、新问题剧以及戏剧中道德观念的看法，可以参见雷蒙德·布拉斯维特的一篇访谈文章《戏剧有好处吗？——克莱门特·斯科特探访》，1897 年 12 月发表在一个名叫《大师的伟大思想》(*Great Thoughts from Master Minds*) 的期刊中。萧伯纳的文件中保留了一份这篇文章的副本。BL Ms. Add. 50704.

29. D1: 20.

30. SM2: 64.

31. D1: 668ff.

32. 这种委婉语被萧伯纳用在了 1930 年写给弗兰克·哈里斯的信中，众所周知，指的是他数不胜数的风流韵事。参见一封日期为 1930 年 9 月 18 日的萧伯纳写给弗兰克·哈里斯的信，重印于 Frank Harris, *Bernard Shaw* (London: Victor Gollancz, 1931)。Auto1: 261.

33. Shaw, preface to *Three Plays by William Archer*. Prefs2: 573-74; Auto1: 261.

34. D2: 716.

35. Shaw to Florence Farr, 1 May 1891; CL1: 297.

36. Shaw to Florence Farr, 7 Oct. 1891; CL1: 313.

37. Shaw to Florence Farr, 28 Jan. 1892; CL1: 332.

38. Henderson, "Dramatists Self-Revealed"; I&R 314.

39. D2: 902.

40. D2: 909.

41. Shaw letter to *Star*, 18 July 1893; Agits 26.

42. Letter signed "E," *Star*, 21 July 1893; D2: 960.

43. Shaw letter to *Star*, 25 July 1893; Agits 28-29.

44. 配乐和萧伯纳抄的诗都复印于 SM1: 205-207。原件藏于教堂山北卡罗来纳大学的图书馆里。

45. Mrs. Jane Patterson to Shaw, 12 and 28 May 1886; BL Ms. Add. 50545.

46. D2: 914.

47. D2: 918. 温特劳布版本中 "Rickfield Rd."（本文中为 Rockfield Rd.）这个拼写是错误的。

48. Shaw to Henry Arthur Jones, 11 June 1894; CL1: 444. 该剧持续的舞台价值在一次卓越而反响极好的演出中得到了体现，这次演出由吉姆·梅森导演，在加拿大安大略省尼加拉瓜湖边小镇的 1995 年萧伯纳戏剧节剧场上演。萧伯纳戏剧节剧场是北美洲第二大的保留剧目专用演出剧场。

49. Bernard Shaw, "Mainly About Myself," preface to the first volume of *Plays Pleasant and Unpleasant*, 1898; Prefs1: 29.

50. Shaw to J. T. Grein, 12 Dec 1893; CL1: 413.

51. D2: 961.

52. D2: 962-963.

53. D2: 963.

54. Shaw to William Archer, 30 Aug. 1893; CL1: 403.

55. Shaw to Janet Achurch,4 Sept. 1893; CL1: 403.

56. Shaw to Janet Achurch,4 Sept. 1893; CL1: 404.

57. 在《每日纪事报》1898 年 4 月刊登的一封信中，萧伯纳把这一声明包含在了这部的起源之中；引自 CL1: 404。

第十章　成功的滋味 *487*

1.引自 R. Page Arnot, *Bernard Shaw and William Morris* (London: William Morris Society,1957), 14-16; I&R 125-127.

2. D2: 989.

3. Shaw to Harley Granville-Barker, 17 Nov. 1907; CL2: 725.

4.萧伯纳非常重视芮娜的这句话——"你怎么识破我的？"他在 1907 年萨沃伊剧院的演出中告诉莉拉·麦卡锡（Shaw to Lillah McCarthy, 30 Dec. 1907），她一边坐一边说这句话，就丧失了这句台词的效果："这样完全扼杀了舞台效果。你必须坐下，看着他，然后再开口。"在一封 1911 年 5 月 14 日写给阿诺德·达利的信中，萧伯纳将这句台词形容为布伦奇里的"首次胜利"。Theatrics 87, 111.

5.3 月 30 日，萧伯纳写信给阿尔玛·默里，解释"由于昨晚在大道剧院的惨败，很有必要尽快上演一部我的剧作"。他在信中邀请她扮演芮娜，她接受了。CL1: 422; D2: 1023.

6. D2: 1023.

7. Shaw to Henry Arthur Jones, 2 Dec. 894; CL2: 462.

8. 参见 W. B. Yeats, *Autobiographies* (London: Macmillan, 1955), 281-284; I&R 127-129. 早先引用的萧伯纳的这一版本的回应在 CL1 第 433 页中是由劳伦斯提供的。

9. Yeats, *Autobiographies*, 281-284; I&R 127-129.

10. CL1: 426.

11. Shaw to Henry Arthur Jones, 2 Dec. 1894; CL1: 462.

12. D2: 1048. 温特劳布认为萧伯纳在暗指布拉姆斯；参见 D1: 5; D2: 1048。

13. Shaw to Florence Farr, 12 Oct. 1896; CL1: 674.

14. Shaw to Florence Farr, 13 Oct. 1896; CL1: 679.

15. 萧伯纳在给别人的信中是这样描述的，参见 CL1: 668。

16. Shaw to Florence Farr, 14 Oct. 1896; CL1: 679.

17. Josephine Johnson, *Florence Far: Bernard Shaw's "New Woman"* (Totowa, N. J. : Rowman and Littlefield, 1975), 66.

18. Shaw to Florence Farr, 12 Oct. 1896; CL1: 675.

19. Shaw to Janet Achurch, 3 May 1895; CL1: 532.

第十一章　剧院之战、母亲们以及自行车

1.萧伯纳的描述出自一封 1895 年 11 月 1 日写给埃伦·特里的信。CL1: 565.

2. Shaw to Janet Achurch, 24 Aug. 1895; CL1: 547.

3. William Archer, *English Dramatists of To-Day* (London: Sampson Low, Marston, Searle & Rivington,1882), 9. 阿彻对英国公众的描述附和了威尔基·柯

林斯著名的小说成功的公式:"让他们笑,让他们哭,让他们等待。"

4. "The Author's Apology," preface to *Dramatic Opinions and Essays* (New York: Brentano's, 1906); Prefs1: 190.

5. Bernard Shaw, preface to *Ellen Terry and Bernard Shaw: A Correspondence* (New York: Fountain Press; London: Constable, 1931); Prefs3: 81.

6. Bernard Shaw to Ellen Terry, 8 Sept. 1896; CL1: 653.   *488*

7. James Redfern, "The Comparable Agates," *Spectator*, 30 June 1944.

8. Bernard Shaw, "Hamlet," *Saturday Review*, 2 Oct. 1897; OTN3: 202-207; Drama3: 906-910.

9. Bernard Shaw, "The Echegaray Matinées," *Saturday Review*, 27 Fe. 1897; OTN3: 58; Drama3: 789.

10. 萧伯纳用他的自创词《萨尔都式》作为一篇评论的标题,这篇评论中他讲到了两部作品,《软呢帽》(赫尔曼·梅里维尔作品的英文版)以及维克托里安·萨尔都的《吉斯蒙达》。(*Saturday Review*,1 June 1895; OTN1: 133-140; Drama2: 353-359.)在评论《桑热纳夫人》时,萧伯纳写道:"这个观点相当好,到底要不要原谅埃伦·特里小姐为了[维克托里安·萨尔都的]桑热纳夫人,而把兰心之船开进了萨尔都式的阴影中去。"*Saturday Review*, 17 April 1897; OTN3: 105; Drama3: 827.

11. Shaw to William Archer, 22 June 1923; CL3: 837. 这段话的最后一个句子改编自本·琼森描述莎士比亚的名言:"他不属于一个时代,他属于所有的时代。"

12. Shaw to William Archer, 21 Aug. 1893; CL1: 402.

13. 亨利·阿瑟·琼斯的剧作《叛逆苏珊的故事》中,作者最终也对"新女性"表现出了类似的否定。

14. Bernard Shaw, "Mr Pinero's New Play," *Saturday Review*, 16 March 1895; OTN1: 63; Drama1: 285-286.

15. Shaw to William Archer, 3 July 1908; CL2: 801.

16. CL2: 799, 842-843.

17. Bernard Shaw, "Two New Plays," *Saturday Review*, 12 Jan. 1895; OTN1: 9; Drama1: 240.

18. Bernard Shaw, "An Old New Play and a New Old One," *Saturday Review*, 23 Feb. 1895; OTN1: 42; Drama1: 268.

19. Bernard Shaw, "The Two Latest Comedies," *Saturday Review*, 18 May 1895; OTN1: 123; Drama2: 345.

20. 多丽丝·琼斯关于这段友谊和两人最终闹翻的记载，见她的书 *The Life and Letters of Henry Arthur Jones* (London: Victor Gollancz, 1930), 310；另参见 I&R 231。

21. Shaw to Ellen Terry, 28 Nov. 1895; CL1: 572.

22. Shaw to Ellen Terry, 9 March 1896; CL1: 609.

23. Bernard Shaw, "Why Not Sir Henry Irving?" *Saturday Review*, 9 Feb. 1895; OTN1: 30-36; Drama1: 258-262. 欧文是第一个被授予爵位的演员。

24. Shaw to Ellen Terry, 2 Oct. 1896; CL1: 672.

25. Bernard Shaw, "Richard Himself Again," *Saturday Review*, 26 Dec. 1896; OTN2: 290; Drama2: 733.

26. Ellen Terry, *The Story of My Life* (London: Hutchinson, 1908), 320-322; I&R 162-163.

27. 萧伯纳在 1896 年 4 月 6 日的一封信中向埃伦·特里提到了这件事。CL1: 342, 623-624,832.

28. Shaw to Ellen Terry, 16 Nov. 1896; CL1: 702. 在他给《埃伦·特里和萧伯纳：通信集》（1931）作的序中，萧伯纳写道："她那种美丽与敏感智慧的结合是独一无二的。"Prefs3: 70.

29. 萧伯纳在 1898 年 4 月 21 日的一封信中给威廉·阿彻列了一张"被他作为人物原型"的人的名单。社会改良者劳拉·奥米斯顿·钱特也作为坎迪达的第三个人物原型而出现在这个名单中。CL2: 34.

30. Shaw to Ellen Terry, 16 July 1897; CL1: 785. 探险家亨利·莫顿·斯坦利在 1899 年被授予骑士爵位，并于 1904 年去世。他的妻子多萝西，1909 年编辑了他的自传。

31. Shaw to Sidney Webb, 7 May 1898; CL2: 41-43.

32. 感谢比利时特弗伦中非皇家博物馆的彼德·达埃尔当让我注意到了这段通信，同时也感谢博物馆让我在本书中引用其中的一些内容。斯坦利夫人和萧伯纳之间的一小部分书信藏于 BL。

33. Shaw to Dorothy Tennant (Lady Stanley), 17 Nov. 1897. Royal Museum for Central Africa, Tervuren, Belgium.

34. Shaw to Dorothy Tennant (Lady Stanley), 18 May 1903. Tervuren.

489

35. Shaw to Bertha Newcombe, 31 March 1896; CL1: 620.

36. Shaw to Ellen Terry, 11 June 1897; CL1: 773.

37. Shaw to Ellen Terry, 16 Oct. 1896; CL1: 681.

38. Terry, *The Story of My Life*, 320-322; I&R 162-163.

39. Shaw to Ellen Terry, 6 April 1896; CL1: 622.

40. 萧伯纳的描述包含在 1893 年 9 月 4 日写给珍妮特·阿彻奇的一封信中。CL1: 404.

41. Shaw to Ellen Terry, 6 Aug. 1896; CL1: 641.

42. Shaw to Ellen Terry, 6 Aug. 1896; CL1: 623.

43. Quoted in James Huneker, "The Truth about Candida," *Metropolitan Magazine* 20 (August 1904): 635.

44. Shaw to William Archer, n.d. [assigned to 21 April 1898]; CL2: 34.

45. Richard Mansfield to Shaw, April 1895. 全文重新再版于 CL1: 522-524。

46. Bernard Shaw, preface to *Plays Pleasant* (1893); Prefs1: 43.

47. CL1: 806.

48. Shaw to Charlotte Payne Townshend, 7 Nov. 1897; CL1: 821.

49. 在《十六张自画像》中，萧伯纳写道："当他毫无痛苦地［乔治·卡尔·萧］突然去世时，我的姐姐正在都柏林，他们之间是很亲密的。" SSS 93-94. 这与 1937 年 11 月 17 日萧伯纳寄给表兄弟查尔斯·麦克马洪·萧的信中所说的略有不同。CL4: 480.

50. 在他的日记关于父亲家族纵酒酗酒习惯的记载中，萧伯纳确实说过他的父亲有些怪癖，偶尔会表现出狂野的行为，尽管从来不会针对人："我见过他在喝醉时，从壁炉台上抓起一个小物件掷向炉石，或是把报纸抛向空中；不过，虽然他很不稳定，他从不对人使用任何暴力。" BL Ms. Add. 50710B; D1: 29.

51. Shaw to Charles Charrington, 22 Aug. 1896; Theatrics 18.   *490*

52. Shaw to Florence Farr, 8 Sept. 1897; CL1: 799.

53. Shaw to Ellen Terry, 8 Sept. 1897; CL1: 801.

54. Shaw to William Archer, 10 July 1906; quoted in Charles Archer, *Willian Archer, Life, Work and Friendships* (London: Allen & Unwin, 1931), 295.

55. Bernard Shaw, "On Going to Church," *Savoy*, no.1 (Jan.1896); Auto1: 31. 参见第三章。

56. 参见第三章。

57. 出自萧伯纳《给清教徒的三部剧》(1901) 前言中删除的段落。Prefs1: 85-86.

58. D1: 334, 662.

59. Shaw, Epistle Dedicatory to Man and Superman; Prefs1: 159.

60. D2: 1009.

61. Shaw, preface to *Three Plays for Puritans*; Prefs1: 74.

62. D1: 64.

63. D2: 715, 929.

64. Shaw to Florence Farr, c. 13-15 July 1896; CL1: 636; D2: 1134.

65. Shaw to Janet Achurch, 16 Sept. 1895; CL1: 558.

第十二章　一场爱尔兰人的求爱

1. Shaw to Charlotte Payne-Townshend, 4 Nov. 1896; CL: 691-692.

2. 他们国籍的法律地位直到 1935 年才成为一个问题，当时爱尔兰自由邦"否认爱尔兰人的英国公民身份"。1936 年 7 月 3 日，在伦敦的高级专员办事处，依照 1935 年的爱尔兰公民身份和国籍法案，萧伯纳夫妇注册成为爱尔兰自由邦的公民。"G. B. S. Registers as an Irish Citizen," *Daily Express* (London), 22 July 1936; CL4: 396, 725.

3. Shaw to Ellen Terry, 7 Dec. 1896; CL1: 711.

4. Shaw to Ellen Terry, 28 May and 24 Dec. 1897; CL1: 771, 831.

5. Malcolm Muggeridge, *Chronicles of Wasted Time: The Green Stick* (London: Collins, 1972), 147.

6. Entry for 16 Sept. 1896; DBW2: 100.

7. Janet Dunbar, *Mrs G.B.S.: A Biographical Portrait of Charlotte Shaw* (London: George G. Harrp, 1865), 55.

8. Diary of Charlotte Shaw; BL Ms. Add. 56500.

9. 转引自 Dunbar, *Mrs G.B.S.*, 90.

10. Ibid., 91.

11. 显然，因为对手稿的误读，邓巴说夏洛特是午宴中"盖茨太太"的一位客人。手稿是这样说的："在大酒店与埃德蒙·耶茨夫妇一起用餐，还见到了蒙特。" BL Ms. Add. 56500; Dunbar, Mrs G.B.S., 93, 96. 我猜想，因为他不太寻常的名字，这位《世界》的著名伦敦编辑和小说家跟夏洛特所指的耶茨先生，很可能就是同一个人。他死于 1894 年 5 月 14 日。

12. Dunbar, *Mrs G.B.S.*, 104.

13. Shaw to Ellen Terry, 5 Nov. 1896; CL1: 696.

14. D2: 1074.

15. Diary of Charlotte Shaw; BL Ms. Add. 56500. *491*

16. D1: 1; D2: 1124.

17. BL Ms. Add. 56500.

18. Ibid.

19. D2: 1119, 1124.

20. D2: 1124.

21. DBW2: 101.

22. 关于萧伯纳作为教区委员和市议员的工作，参见 A. G. 爱德华兹的文章 "GBS Brought Wit, Vigour, and Good By-Laws to St Pancras," Local Government Service, May 1947; I&R 68-70.

23. Shaw to Janet Achurch, 24 Aug. 1895; CL1；547.

24. Bertha Newcombe, noted written for Ashley Dukes, 1928; CL1: 546.

25. Shaw to Bertha Newcombe, 31 March 1896; CL1: 620.

26. DBW2: 110-111.

27. DBW2: 116.

28. 正如她在这段时间的照片里所显示的。萧伯纳在为她的书写的前言中谈论了她的魅力。*My Apprenticeship* (Harmondsworth, Eng, :Penguin Books, 1938); Prefs3: 350.

29. DBW2: 114.

30. Shaw to Ellen Terry, 28 May 1897; CL1: 771.

31. DBW2: 115.

32. Shaw to Charlotte Payne-Townshend,[c. late 1896 or early 1897]; CL1: 657.

33. Shaw to Charlotte Payne-Townshend, 27 Oct. 1896; CL1: 686.

34. Shaw to Ellen Terry, 5 Nov. 1896; CL1: 696. 萧伯纳在 1896 年 11 月 16 日的一封信中将她称为"拥有智慧心灵的埃伦"。CL1: 702.

35. Ellen Terry to Shaw, 6 Nov.1896; cited in CL1:696.

36. Shaw to Charlotte Payne-Townshend, 7 Nov.1896; CL1:697.

37. Shaw to Charlotte Payne-Townshend, 9 Nov.1896; CL1:699.

38. DBW2: 115-116.

39. Shaw to Ellen Terry, 5 Aug. 1897; CL1: 792.

40. Shaw to Charlotte Payne-Townshend,13 July 1897; CL1: 783-784.

41. Shaw to Charlotte Payne-Townshend,6 Dec. 1897; CL1: 826.

42. Shaw to Sidney Webb, 7 May 1898; CL2: 40.

43. Shaw to Charlotte Payne-Townshend,12 March 1898; CL2: 14.

44. Shaw to Charlotte Payne-Townshend,5 April 1898; Shaw to Sidney Webb, 11 April 1898; CL2: 27, 29.

45. Shaw to Charlotte Payne-Townshend, 30 March 1898; CL2: 24.

46. Shaw to Charlotte Payne-Townshend, 31 March 1898; CL2: 25.

47. Shaw to Charlotte Payne-Townshend, 19 and 31 March 1898; CL2: 21,25.

48. Shaw to Charlotte Payne-Townshend, 22 March 1898; CL2: 21.

49. Shaw to Charlotte Payne-Townshend, 8 and 14 April 1898; CL2: 28,32.

50. Shaw to Charlotte Payne-Townshend, 7 April 1898; CL2: 27-28.

51. Shaw to Charlotte Payne-Townshend, 19 and 21 April 1898; CL2: 32-33.

52. Shaw to Charlotte Payne-Townshend, 21 April 1898; CL2: 33.

53. Shaw to Charlotte Payne-Townshend, 15 March 1898; CL2: 16.

492 54. Charlotte Payne-Townshend to Shaw, 2 May 1898; BL; cited in CL2: 38.

55. Shaw to Janet Achurch, 11 May 1898; CL2: 42.

56. Bernard Shaw, "Valedictory," *Saturday Review*, 21 May 1898; OTN3: 386.

57. Bernard Shaw, preface to *Three Plays for Puritans* (1901); Prefs1: 59.

第十三章　婚姻

1. Shaw to Henry Arthur Jones, 20 May 1898; CL2: 44.

2. Shaw to Grant Richards,23 May 1898; CL2: 44n.

3. Shaw to Graham Wallas,26 May 1898; CL2: 46.

4. W.A.S.Hewins to Sidney Webb,30 May 1898; BLPES; I&R 171-172.

5. Archibald Henderson, *George Bernard Shaw: Man of the Century* (London: Appleton-Century-Crofts,1956); cited in CL2: 46.

6. CL2: 46-47.

7. 1898 年 4 月 13 日，萧伯纳写信告诉悉尼·韦伯："你现在可以放心了，我做了些投资。威尔逊的公司给了我价值 1000 镑的新西兰股票，我付给他们

1174 镑。"从萧伯纳 1907 年 8 月 14 日写给艾达·贝蒂的一封未发表的信中（私人收藏）可以看出，他当时已经很了解股票市场以及不同公司付的利息了。

8. CL2: 53, 117.

9. Shaw to Lena Ashwell, 1 June 1898; Texas.

10. 萧伯纳在 1898 年 6 月 21 日写给比阿特丽丝·韦伯的一封信中引用了玛丽的话。CL2: 51.

11. Maurice Collis, *Somerville and Ross: A Biography* (London: Faber & Faber, 1968), 127; I&R 171.

12. Lucinda Carr Shaw to Jane Crichton Drysdale, 24 July [1901]; Texas. 圣约翰·欧文引用了另一封露西的信来表明她不喜欢夏洛特。*Bernard Shaw: His Life, Work and Friends* (London: Constable ,1956), 319.

13. Ervine, *Bernard Shaw*, 321.

14. Hesketh Pearson, *Bernard Shaw: His Life and Personality* (London: Collins, 1950), 209.

15. *Michael Holroyd, Bernard Shaw, volume 1, 1856—1898: The Search for Love (London:* Chatto & Windus, 1988), 458.

16. Shaw to Ellen Terry, 5 March 1897; CL1: 731.

17. Shaw to Ellen Terry, 31 Dec. 1897; CL1: 840.

18. Farmer 96.

19. Undated letter from Lucy Shaw to Constance Shaw; Ervine, *Bernard Shaw*, 319; Farmer 126.

20. 萧伯纳在 1905 年 1 月 3 日的一封信中告诉阿齐博尔德·亨德森，他的母亲贝茜在 74 岁的时候，还在"有名的现代学校"工作。CL2: 501.

21. DBW2: 154, 166.

22. Shaw to Sidney Webb, 18 Oct. 1898; CL2: 67.

23. Ibid.

24. Shaw to Frank Harris, 24 June 1930; CL4: 192-193. 因为哈里斯要将这封信收录进《萧伯纳：一个未经授权的传记》（1931）中，所以萧伯纳早前修改过这封信，这本书在其作者去世后才得以出版。 *493*

25. SSS 115.

26. CL4: 193; SSS 115.

27. Bernard Shaw, *The Perfect Wagnerite: A Commentary on The Ring of the*

Niblungs (London: Grant Richards, 1898); Prefs3: 512.

28. Prefs3: 441-442, 495.

29. Prefs3: 434.

30. 在 1930 年写给弗兰克·哈里斯的信中，他就是这样形容她的，没有提到她的名字。

31. W. B. Yeats to Florence Farr, 7 Oct. 1907. See *The Letters of W. B. Yeats*, ed. Allan Wade (London: Macmillan, 1954), 500.

32. Shaw to Mrs. Patrick Campbell, 12 April 1899; CL2: 84.

33. Charlotte Shaw to Beatrice Webb, 6 Nov. 1898; Dunbar 181.

34. Shaw to Pakenham Thomas Beatty, 12 Nov. 1898（私人收藏）.

35. W. A. S. Hewins to Sidney Webb, 22 Sept. 1898; BLPES.

36. Shaw to Arthur Conan Doyle, 24 Jan. 1899; CL2: 73.

37. Richard Le Gallienne, *The Romantic' 90s* (London: Putnam's Sons, 1926), 143-146; I&R: 280-281.

38. Robert Bontine Cunninghame Graham, *Mogreb-El-Acksa: A Journey in Morocco*.

39. Shaw to Graham Wallas, 24 Aug. 1899; CL2: 100.

40. Shaw to Graham Wallas, 9 Sept. 1899; BLPES.

41. Farmer 122.

42. Farmer 114.

43. Dunbar 186; CL2: 103.

44. Shaw to Beatrice Webb, 29 Sept. 1899; CL2: 106.

45. Shaw to Edward Rose, 25 Spet. 1899; Shaw to Sydney C. Cockerell, 17 Oct 1899; CL2: 103, 111.

46. Shaw to Edith Benigna Isobel Beatty, 30 June 1898（私人收藏）.

第十四章　新世纪，"新宗教"

1. Edward McNulty, "George Bernard Shaw as a Boy," *Candid Friend*, 6 July 1901; I&R 21.

2. Shaw to Frederick H. Evans, 27 Aug. 1895; CL1: 551. 萧伯纳在这封信中宣布的另外一个计划是以劳伦斯·斯特恩的《感伤之旅》的风格写"一部类似于小说的情色书"，不过这个想法最终没有实现。

3. DBW2: 267.

4. Bernard Shaw, preface to *Back to Methuselah*; Prefs2: 429.

5. 对萧伯纳观点的综述讨论，参见我的文章 "Shaw and Creative Evolution," in *Irish Writers and Religion*, ed. Robert Welch (Savage, Md.: Barnes & Noble, 1992), 75-88。

6. Bernard Shaw, preface to *Androcles and the Lion*, alluding to Luke 17: 21; Prefs2: 209.

7. Shaw, "Epistle Dedicatory to Arthur Bingham Walkley" (*Man and Superman*), 1903; Prefs1: 155.

8. 《革命者手册》的引文来自 *Man and Superman: A Comedy and a Philosophy*, 494 ed. Dan H. Laurence (Harmondsworth, Eng.: Penguin Books, 1946)。

9. "Epistle Dedicatory to Man and Superman"；Prefs: 154. 萧伯纳在这里局部引用的埃德蒙·伯克的句子 "贪婪多数派的蹄子"，出自 *Reflections on the Revolution in France* (1790)。

10. Bernard Shaw, "Darwin Denounced," *Pall Mall Gazette*, 31 May 1887; Reviews1: 277-281.

11. 萧伯纳和柏格森关于创造进化论的观点之间的关系，见米歇尔·法兰的研究：*Bernard Shaw and the French* (Gainesville: University Press of Florida, 2000), 243-252。

12. Bertrand Russell, *Portraits from Memory and Other Essays* (London: George Allen & Unwin, 1956), 73-74; I&R 278-279.

13. 引文出自《革命者手册》的第二段。牛津英语词典认为萧伯纳在剧中对 "超人"（superman）一词的使用，是这个词在英文中的第一次出现。

14. Thomas Carlyle, *Sartor Resartus* (London: Oxford University Press, 1902), 165.

15. Bernard Shaw, preface to *Back to Methuselah*; Prefs2: 425.

16. Ibid., 405.

17. 萧伯纳说巴特勒在大英博物馆的天井里发表评论，说达尔文 "将思想从宇宙中放逐了"（banished mind from the universe）（*Observer*, 26 March 1950）。丹·H. 劳伦斯认为："这其实是萧伯纳将巴特勒在《运气还是狡猾？》中一句不那么显著的话做了改动后得来的。"但是，在我看来，巴特勒的原话并不是劳伦斯引用的那句话。这句话更有可能来自《运气还是狡猾？》中的另一段话，其中巴特勒声称达尔文的理论包括"骤然……把思想抛出宇宙"（the pitchforking...of mind out of the universe）。Prefs2: 300; Samuel Butler, *Luck, or Cunning, as the Main Means of Organic Modification?* (London: A. C. Fifield, 1920), 18.

18. Samuel Butler, *Evolution, Old & New; or the Theories of Buffon, Dr. Erasmus Darwin, and Lamarck, as Compared with that of Charles Darwin*, 3rd ed. (London: Jonathan Cape,1921), 53.

19. Prefs2: 399

20. Theodosius Dobzhansky et al., *Evolution* (San Francisco: W. H. Freeman,1977), 8.

21. Bernard Shaw, "Civilisation and the Soldier," *Humane Review* 1 (Jan.1901): 298-315; repr. (with several errors) in *SHAW: The Annual of Bernard Shaw Studies* 9 (1989): 99-112. 接下来的探讨中，我要感谢里昂·雨果在其书中对这篇文章和其历史背景的分析。Leon Hugo, *Edwardian Shaw: The Writer and His Age* (London: Macmillan,1999), 16-19. 引文出自刊登在《人类评论》上的该文。

22. Cited in Hugo, *Edwardian Shaw*, 14.

23. Patricia Pugh, "Bernard Shaw, Imperialist," *SHAW: The Annual of Bernard Shaw Studies 11* (1991): 98.

24. Ibid., 99.

25. Shaw to George Samuel, undated letter [c. 26-30 Dec.1899]; CL2: 124.

26. Shaw to Mary Cholmondeley, 30 Dec. 1899; CL2: 127-128.

27. Shaw to Lady Stanley,13 May 1904. Stanley A, Royal Museum for Central Africa, Tervuren, Belgium.

28. 萧伯纳在一张明信片上记下了这句教堂院落的铭文，其复本刊登在 F. E. Loewenstein, *Bernard Shaw Through the Camera* (London: B & H White Publication, 1948), 36。

29. Francis Hopkins, "'Squire'Shaw: Being an Unconventional Interview with one of the Most Written-about Persons in the Public Eye," Lady's Realm (Oct.1909); I&R 433.

30. Day & Son 公司在 1920 年 6 月 17 日寄给萧伯纳的信中告知他们已经收到了 630 英镑作为该产业的押金；1920 年 10 月 15 日的又一封信则表示收到了 5696 镑 10 先令的余款。Shaw Business Papers, sec.22/1, BLPES.

495

31. Bernard Shaw, "Granville-Barker: Some Particulars by Shaw," *Drama*, n.s., no. 3(Winter 1946).Cited in Hugo, *Edwardian Shaw*, 101.

第十五章　永远的爱尔兰人

1. "Shaw Speaks to His Native City," New York *Journal-American*, 17 and 18 March 1946; *Leader Magazine* (London), 23 March 1946; repr. in Matter 292-293.

2. See, e.g., Henry Summerfield, "AE as a Literary Critic," in Myth and Reality in Irish Literature, ed. Joseph Ronsley (Ontario, Can.: Wilfrid Laurier University Press, 1977), 58. 另参见丹尼尔·科克里在《辛格与盖格鲁－爱尔兰文学》（Cork, Ire.：Cork University Press, 1931）中关于旅居国外的爱尔兰作家的评论："当然，他们中的一些人像亨利·詹姆斯那样草率地切断与自己的国土的联系。萧伯纳、欧文、门罗和其他一些人都属于这一类。"（5）

3. Bernard Shaw, "The Eve of Civil War," *Irish Times* (Dublin), 21 Aug. 1922; repr. in Matter 257; Prefs1: 217.

4. "Socialism and Ireland," lecture delivered to the Fabian Society, 28 Nov. 1919; repr. in Matter 15.

5. "Ireland Eternal and External," *New Statesman*, 30 Oct. 1948; *Atlantic Monthly*, Feb. 1949; Matter 294-297.

6. Shaw to Lord Alfred Douglas, 27 Dec. 1941; CL4: 622.

7. SSS 68.

8. Nicholas Grene, "The Maturing of Immaturity: Shaw's First Novel," *Irish University Review* 20, no.2 (Autumn 1990): 233.

9. Shaw to Bertha Newcombe, 14 May 1909; CL2: 843.

10. Shaw to Mabel W. Fitzgerald, 1 DEC. 1914; CL3: 271. 这是萧伯纳写给她的回信（现在藏于都柏林大学学院的菲茨杰拉德资料中），她在信中鼓励他用他那"强有力的声音"帮助爱尔兰的民族主义事业。他写给爱尔兰媒体的信发表在 1914 年 11 月 30 日的《自由人期刊》中，标题是《爱尔兰与战争——萧伯纳先生的古怪观点》。

11. Shaw to Frederick Jackson, 18 Sept. 1910; CL2: 942.

12. Shaw to W. B. Yeats, 23 June 1904; Cornell.

13. CL2: 423.

496

14. *The Letters of W. B. Yeats*, ed. Allan Wade (London: Rupert Hart-Davis, 1954),

335; repr. in L&G x.

15. See Hesketh Pearson, *Bernard Shaw: His Life and Personality* (London: Collins, 1950),17, 237; see also Theatrics 62 and CL2: 519, 522.

16. Bernard Shaw, *Preface for Politicians* (preface to *John Bull's Other Island*), 1907; Prefs1: 193.

17. Shaw to J. L. Shine, 29 Oct. 1904; CL2: 460.

18. W. G. Fay to W. B. Yeats, 4 Oct. 1904; BL Ms. Add. 50553.

19. W. B. 叶芝在 1901 年 10 月 5 日写给萧伯纳的信中提到了 J. M. 辛格的评论。参见注释 20。

20. W. B. Yeats to Shaw, 5 Oct. 1904; BL Ms. Add. 50553.

21. W. B. Yeats to Lady Gregory, 7 Nov. 1904, in *Letters of W. B. Yeats*, 442.

22. 关于这一点的详细探讨，参见 A. M. Gibbs, "Yeats, Shaw and Unity of Culture," *Southern Review* (Australia) 6, no. 3 (Sept 1973): 189-203。

23. Prefs1: 568.

24. Matthew Arnold, "On the Study of *Celtic Literature*" and Other Essays (London: J. M.Dent, [1910]), 91.

25. Declan Kiberd, *Inventing Ireland: The Literature of the Modern Nation* (London; Vintage, 1906), 30. 在熟练地分析了这些二分法以后，基伯特做出了令人失望的概括（他把这泛泛地归咎于 20 世纪以后失意的观众），他说萧伯纳的剧作——包括《英国佬的另一个岛》——没能为那些"毁灭性问题"提供"可行的解决方法"。尽管对于一个剧作家来说，这看上去是一个奇怪的要求，我们很难听到有人抱怨莎士比亚没能为《哈姆雷特》中提出的那些问题提供"可行的解决方法"，不过，比起那些说萧伯纳的剧作说教性太强的不合理抱怨，这也算是让人耳目一新了。

26. Prefs1: 198.

27. Oscar Wilde to Shaw, 23 Feb, 1893, in *Selected Letters of Oscar Wilde*, ed. Rupert Hart-Davis (Oxford: Oxford University Press, 1962), 109.

28. Ibid., 112. 我要感谢斯坦利·温特劳布的关于萧伯纳和王尔德关系的文章。"'The Hibernian School': Oscar Wilde and Bernard Shaw," SHAW: *The Annual of Bernard Shaw Studies* 13 (1993): 25-49.

29. Shaw to Oscar Wilde, 28 Feb. 1893; Theatrics 8.

30. Theatrics 9.

/ 注 释 /

31. Bernard Shaw, "Down with the Censorship!," *Saturday Review* 79, no. 2 (March 1892); D2: 1067.

32. Richard Ellmann, *Oscar Wilde* (London: Hamish Hamilton, 1987), 351-352.

33. Shaw to Frank Harris, 7 Oct. 1908; CL2: 813.

34. Ellmann, *Oscar Wilde*, 121.

35. 这是萧伯纳在 1911 年写给阿齐博尔德·亨德森的一封信中的措辞，其中他苛责这位传记作者不仅把"非常机智的俏皮话"（萧伯纳的话）错误地当作王尔德的话来引用，还把这句话改得"会被人当作是一种忌妒诽谤"(Shaw to Archibald Henderson, 22 Feb. 1911; CL3: 8)。在 1896 年 9 月 25 日萧伯纳写给埃伦·特里的信中，他又用到了稍有不同的措辞："奥斯卡·王尔德说我是个'了不起的人。他没有敌人；他的朋友也没有一个喜欢他'。说得相当对。他们不喜欢我；但是他们是我的朋友，其中一些爱着我。" CL1: 668.

36. Weintraub, "The Hibernian School," 40-42.

37. D2: 1060; Weintraub, "The Hibernian School," 40-42.

38. Weintraub, "The Hibernian School," 42.

39. W. B. Yeats, *Autobiographies* (London: Macmillan, 1955), 283-284.

40. "库丘林式"这个词（当然是来自库丘林这个名字，爱尔兰传说中的大英雄，此外他也是叶芝剧作中的一个角色）显然是斯蒂芬·麦克纳杜撰的。在一封写给麦克纳的信中，J. M. 辛格写道："我不认为一个'纯幻想的、非现代的、理想主义的、春日般的库丘林式国家剧院'是可行的，因为没有任何戏剧能脱离现实生活的根基而生成，而这样的现实并不是现代或非现代的。" Quoted in *The Collected Letters of John Millington Synge*, 2 vols., ed. Ann Saddlemyer (Oxford: Oxford University Press, 1983—1984), 1: 74.

41. W. B. Yeats, untitled early draft of a play. National Library of Ireland, Ms. 30, 060.

42. 萧伯纳赋予贞德的身份有些许含混性。尽管她被教会势力称为"牧羊女"（sc. 4）和"牧羊人的姑娘"（sc. 6），但是贞德在审判的场景中否认了这样的说法，她说她在村里仅仅"像其他人一样帮着照看了羊"。在第一个场景中，罗伯特·德·波垂科特则告诉伯伦吉"她不是农村姑娘，她是个市民"。

43. W. B. Yeats, note to Lady Gregory; L&G 171-172.

44. Shaw to Lady Gregory, 28 Aug. 1925; Cornell; L&G 177.

45. W. B. Yeats to Shaw, 19 Oct. 1901; BL Ms. Add. 50553.

565

46. L&G 37.

47. L&G xv. 在当下有关"布兰科·波士纳"的讨论，以及与萧伯纳同格雷戈里夫人、艾比剧院之间关系有关的其他事件的资料上，我都受惠于来自劳伦斯和格雷纳的相关材料。

48. Joseph Holloway, "Impressions of a Dublin Playgoer" (Holograph Journal National Liberty Ireland); L&G 48.

49. L&G 48-49.

50. Shaw to Stephen Gwynn, 28 Aug. 1940; CL4: 576.

51. CL4: 577.

52. CL4: 308.

53. Quoted in *Lady Gregory*'s *Journals*, 1916—1930, ed. Lennox Robinson (London: Putnam, 1946), 200.

54. Ibid., 66-67, 202, 204, 215.

55. L&G xxv.

56. Lady Gregory, noted to *The Jester, in The Collected Plays of Lady Gregory*, 4 vols., ed. Ann Saddlemyer (Gerrards Cross, Eng.: Colin Smythe,1970), 3: 379.

57. Shaw to Lady Gregory, 3 Dev. 1917; Cornell; L&G 136.

58. Lady Gregory to Shaw, 8 Feb. 1918; BL; L & G 138.

59. Lady Gregory to Shaw, "A Crib for Home Rulers," *Pall Mall Gazette*, 25 Sept. 1888; Matter 21. 更多关于萧伯纳对爱尔兰政治的态度的探讨，参见我的文章 "Bernard Shaw's Other Island," in *Irish Culture and Nationalism,1750—1950*, ed. Oliver MacDonagh, W. F. Mandle, and Pauric Travers (London: Macmillan,1983), 122-136。

60. Prefs1: 219; Matter 23.

61. Prefs1: 218.

62. "Shaw Speaks to His Native City" (1946); Matter 294.

498

第十六章　爱德华时代的夏天

1. 在鲍尔弗的保守党政府于 1902 年和 1903 年采用的教育法中，学校的董事会被废除，教育改由当地的市或者郡议会负责。这一法案造成的影响就是，所有学校，无论其宗教背景如何，都被列入了国家拨款的体系中，这一举措冒犯了那些不信奉国教的人。法案的起草在很大程度上受到了悉尼·韦伯的费边社短文 106 号的影响。Sidney Webb, *The Educational Muddle and the Way Out*. See Leon Hugo, *Edwardian Shaw: The Writer and His Age* (London: Macmillan, 1999), 46-47.

2. "Too Many Electors Sit at Home—Reading My Books," *St. James's Gazette*, 5 March 1904; I&R 71.

3. DBW2: 318.

4. Hugo, *Edwardian Shaw*, 57.

5. E. M. Forster, *Howards End* (Harmondsworth, Eng.: Penguin Books, 1995), 8.

6. Cited in L&G 43.

7. T. S. Eliot, "London Letter," *Dial* (Oct. 1921): 253-254; cited in Stanley Weintraub's Bernard Shaw, 1914—1918: *Journey to Heartbreak* (London: Routledge & Kegan Paul, 1937), 326.

8. SSS 127.

9. 这个恰如其分的词被用来形容《霍华德庄园》的整体基调。Nicola Beauman，*Morgan: A Biography of E. M. Forster* (London: Hodder & Stoughton, 1993), 5.

10. Chron 171; I&R 210.

11. CL2: xii.

12. H. C. Biard, *Wings* (London: Hurst & Blackett, [1934]), 56-57; I&R 211.

13. C. D. Baker, *From Chauffeur to Brigadier* (London: Ernest Benn, 1930), 209; I&R 247-248.

14. 1907 年 7 月 3 日，马克·吐温（塞缪尔·克莱门斯）以及麦克斯·比尔博姆同萧伯纳共进午餐。CL2: 696 and I&R 276, n2. 温斯顿·丘吉尔、他的母亲、哈利·格兰维尔－巴克尔以及莉拉·麦卡锡在 1912 年 1 月 26 日的一个星期五与他们共进午餐。CL3: 73.

15. "Celebrities at Home, no. MCLIII: Mr. George Bernard Shaw in Adelphi Terrace, Strand," *World*, no. 1359 (18 July 1900); I&R 428-430.

16. CL2: 27-78; Weiss 3; Siegfried Trebitsch, *Chronicle of a Life*, trans. Eithne Wilkins and Ernst Kaiser (London: Heinemann, 1953), 122-124; I&R 173-174.

17. Bernard Shaw, "A New Lady Macbeth and a New Mrs Ebbsmith," *Saturday Review*, 25 May 1895; OTN1: 132-133.

18. 关于莉拉去阿德尔菲露台的描述，出自萧伯纳的文章《题外话》，这是他为莉拉的书作的序。Lillah McCarthy ,*Myself and My Friends* (London: Thornton Butterworth, 1933; Prefs3: 145.) 莉拉关于这次会面的描述，参见 *Myself and My Friends* 55-56; I&R 139。

19. "An Aside," Prefs3: 143.

20. Ibid., 148.

21. Ibid., 146.

22. McCarthy, *Myself and My Friends*, 87-88; I&R 213-214.

23. Ibid., 88; I&R 198.

24. Ibid., 84-85; I&R 141. 萧伯纳对头饰很感兴趣。画家内维尔·利顿按照他妻子朱迪斯带过的一个样式设计了这个头饰。头饰于 1906 年 11 月 20 日宫廷剧院的演出中首次亮相。

25. Shaw to Charles Charrington, 27 November; CL2: 227.

26. 朱迪·马斯特斯（娘家姓是吉尔摩）为丹·H. 劳伦斯提供了这个信息，Guelph。

27. Shaw to Charlotte F. Shaw, 30 April and 2 May 1912; CL3: 87-90. 威斯敏斯特竞技场，最初是作为杂技团的永久性场馆而修建的，其中的一个巨大水池正是为萧伯纳在此处回忆到的特技而设的。

28. See CL3: 352.

29. Shaw to William Archur, 14 Dec. 1924; CL3: 894.

30. See CL3: 278.

31. Shaw to H. G. Wells, 14 Aug. 1907; CL2: 709-710.

32. McCarthy, *Myself and My Friends*, 86; I&R 432.

33. See S. G. Hobson, *Pilgrim to the Left: Memoirs of a Modern Revolutionist* (London: Edward Arnold, 1938), 106-107; I&R 74-75; CL2: 596; Edward R. Pease, *The History of the Fabian Society* (London: Frank Css,1963), 165-167; J. Percy Smith, ed., *Bernard Shaw and H. G. Wells*[correspondence](Toronto: University of Toronto Press, 1995), 44-45.

34.《在美国的未来》(London: Chapman & Hall, 1906 ）是威尔斯的书；《医生的两难选择》，1906 年 11 月 20 日在宫廷剧院首次上演，是萧伯纳的戏剧。

35. Hobson, *Pilgrim to the Left*,106-107; I&R 74-75.

36. H. G. Wells, *Experiment in Autobiography: Discoveries and Conclusions of a Very Ordinary Brian* (since 1866), 2 vols. (London: Victor Gollancz/Cresset

Press,1934), 2: 660-661; I&R 74.

37. Shaw to Beatrice Webb, 30 Sept. 1909; see also Laurence headshot to this letter in CL2: 868-871.

38. H. G. Wells to Bernard Shaw, n.d.[Summer or Autumn 1907?], reprinted in Bernard Shaw and H. G. Wells, 52-53. 萧伯纳和威尔斯的信中，有关布兰德和里夫斯的风流韵事的部分遗失了。

39. Shaw to Beatrice Webb, 30 Sept. 1909; CL2: 869.

40. H. G. Wells to Bernard Shaw, 24 Aug. 1909[dated by Shaw]. *Bernard Shaw and H. G.Wells*, 73-74.

41. Forster, *Howards End*, 407-408.

42. Shaw to Louis Calvert, 23 July 1905; CL2: 542.

43. Alfred Sutro, *Celebrities and Simple Souls* (London: Duckworth,1933),117-118; I&R 148.

44. DBW2: 354-355.

45. Shaw to Louis Calvert, 29 Nov. 1905; CL2: 584.

46. Shaw to Louis Calvert, 23 July 1905; CL2: 543.

47. 当《酒神的女祭司们》于 1908 年 11 月在宫廷剧院上演的时候，狄俄尼索斯的这个角色由萧伯纳的女主角莉拉·麦卡锡扮演。该剧的一个评论家在 1908 年 11 月 11 日的《泰晤士报》上写道："可以想象，头发里装饰着常青藤和葡萄的莉拉·麦卡锡小姐是个多有魅力的角色，她的虎皮下是一件火焰般的长袍——一个奇特的东方神灵，充满了优雅与美，有着一种微妙的，类似于香水的魅力。"（Cited in John Culme, "Footlight Notes" for Sat. 21 Sept. 2002 with postcards showing Lillah McCarthy as Dionysus: http://www.gabrielray.150..com/ArhiveTesxtM/LillahMcCarthy.html, 获取自 2005 年。）

48. DBW2: 12-13.

49. DBW3: 14; I&R 149.

50. 1905 年 10 月，默里将这些评价和对一些对话段落的建议一起寄给了萧伯纳。包含这些段落和评论的文件藏于得克萨斯。

51. Charlotte F. Shaw to Mary Cholmondeley, 16 Feb. 1916. I&R 247.

52. Michael Dunnill, *The Plato of Praed Street: The Life and Times of Almroth Wright* (London: Royal Society of Medicine Press, 2000).

53. I&R 247.

500

54. 关于这方面的说明参见第十七章。

55. Shaw obituary of Ibsen, Clarion, 1 June 1906; repr. in Quintessence 239-245.

56. *Tribune* (London), 14 July 1906; repr. in Hugo, Edwardian Shaw, 159.

57. *Tribune* (London), 3 Sept. 1906; repr. in Hugo, Edwardian Shaw, 159.

58. 关于这一戏剧观点的阐释，参见 Ian Donaldson, *The World Upside Down: Comedy from Jonson to Fielding* (Oxford: Clarendon Press,1970)。

59. 《萧伯纳先生在布莱顿》是 1907 年 3 月初，萧伯纳在布莱顿的市立技术与艺术学院做的演讲《艺术与公款》的部分逐字记录。*Sussex Daily News* (Brighton), 7 March 1907，更完整的记录参见：Brighton Herald, 9 March 1907。Lbib2: 629.

60. Shelley, "Epipsychidion," l. 159. E. M. 福斯特的小说《最漫长的旅程》的标题，就是来源于这段话。

61. 萧伯纳对这件事的感受，大概可以从他 1903 年 5 月 8 日写给珍妮特·阿彻奇的信中看出来，信中他解释了夏洛特与他那些单身时代交的朋友相处时的不自在；see CL2:323。

62. Shaw to Erica Cotterill, 13 Oct. 1909; CL2: 871.

63. Shaw to Erica Cotterill, 30 Oct. 1910; CL2: 951.

64. Shaw to Erica Cotterill, 24 Oct. 1906; CL2: 659.

65. 萧伯纳1907年7月11日写给艾丽卡·科特利尔的信中提到了《建筑师》，这就说明她知道这部剧作；由此可以推测，她知道萧伯纳做的这个对比。CL2: 699-700.

66. Shaw to Erica Cotterill,11 July 1907; CL2:700.

67. Shaw to Erica Cotterill,27 April 1908; CL2:774-75.

68. Shaw to Erica Cotterill,3 Sept. 1942; CL2:637.

69. Shaw to Erica Cotterill,22 June 1909; CL2:847.

70. Shaw to Erica Cotterill,27 Nov. 1907; CL2:732.

71. Ibid.

72. Shaw to Erica Cotterill, 3 Sept. 1942; CL4: 638.

73. Shaw to Erica Cotterill, 17 Nov. 1907; CL2: 726.

74. Shaw to Erica Cotterill,22 June 1909; CL2:847.

75. Letter drafted by Shaw and sent to Erica Cotterill by Charlotte F. Shaw, n.d., assigned to 11 Oct. 1910; CL2: 943-945.

501

第十七章　让女性投票

1. Quoted in *How the Vote Was Won and Other Suffragette Plays*, ed. Dale Spender and Carole Hayman (London: Methuen,1985), 57.《让女性投票！》1909年首次在伦敦由米尔斯与布恩出版社出版，格兰维尔－巴克尔将原来的标题《女性的朋友》改成了现在的标题。关于该剧在宫廷剧院演出的记载，参见 Samantha Ellis, "*Votes for Women!*, Royal Court, April 1907," *Guardian* (London),19 March 2003; 另参见网址：http://www.guardian.co.uk/arts/curtainup/story/0,12830,921772,00.html (获取自 2005 年 7 月)。

2. Shaw to Archibald Henderson, 3 Jan. 1905; CL2: 506.

3. 萧伯纳在一封 1905 年 1 月 3 日写给阿齐博尔德·亨德森的信中，对这次会面做了生动的描述；CL2: 493。

4. Maud Churton Braby, "GBS and a Suffragist," *Tribune* (London), 12 March 1906; I&R 405.

5. 萧伯纳当时脑海中一定是以他的朋友比阿特丽丝·韦伯作为例子的，比阿特丽丝在 1905 年受到鲍尔弗的任命以后，她在济贫法皇家专门调查委员会的工作中发挥了主要作用。

6. Bernard Shaw, "Why All Women Are Peculiarly Fitted to Be Good Voters," *New York American*, 21 April 1907; repr. in *Fabian Feminist: Bernard Shaw and Woman*, ed. Rodelle Weintraub (University Park: Penn State University Press,1977), 248-254.

7. Ibid., 249.

8. Lisa Tickner, *The Spectacle of Women: Imagery of the Suffrage Campaign, 1907—1914* (London: Chatto & Windus, 1987), 86.

9. *Morning Leader* (London), 15 June 1908; cited in *The Spectacle of Women*, 86. 尽管 1908 年的游行非常引人瞩目，却没有能动摇威斯敏斯特的政客们。英国直到 1918 年才赋予了女性选举权，并且只针对 30 岁以上女性，从这方面来说，英国与其他的英语国家相比，尤其是新西兰和澳大利亚，显得十分落后。新西兰在 1893 年就赋予了女性平等的选举权，而澳大利亚则是在 1901 年赋予了女性选举权（有一定的限制条件）。

10. 关于安南·布莱斯在 1911 年的一次游行中扮演马背上的圣女贞德的详细描述，参见 *The Spectacle of Women*, 209-211。

11. 他的"某天写一部关于贞德的剧作"的意图，可以从 1913 年 9 月 8 日他从奥尔良写给帕特里克·坎贝尔太太的信中看出；参见第二十一章。

12. "Crites" [T.S.Eliot], "Commentary," *Criterion* (London)3 Oct. 1924, 4.

13. 1913 年 10 月 18 日，萧伯纳的文章首次以《阿尔姆罗斯·赖特爵士的辩论》为题目发表在伦敦的《新政治家》中；后来爱尔兰女性选举权联盟以小册子的形式再次发表该文章时，标题又叫《阿尔姆罗斯·赖特爵士对于女性选举权的反对》，这个标题也被沿用在了《费边社的女权主义者》（243—247）中。萧伯纳参考了《一报还一报》（2.2.110—123）中伊莎贝拉的演讲。

14. Sir Almroth Wright to Shaw, 15 Nov. 1942; Ms. 9888/2/33. Trinity College, Dublin.

15. "As Bernard Shaw Sees Woman," *New York Times Magazine*, 19 June 1927; repr. in *Platform and Pulpit: Bernard Shaw*, ed. Dan H. Laurence (New York: Hill and Wang 1961),173-178.

16. Maud Churton Brady, "Dress and the Writer: A Talk with Mr George Bernard Shaw," *The World of Dress*, March 1905; I&R 404.

17. 在《易卜生主义精华》中，在进行精神受束缚的那些有女人味的女人与各种各样关在笼子里的鹦鹉之间的延伸性类比时，萧伯纳写道："内心自由的人唯一会同情的鹦鹉，就是那些只有待在笼子外面才愉快和善的鹦鹉。"Quintessence 130.

18. SSS 6.

19. Shaw to Beatrice Webb, 29 Sept. 1899; CL2: 106.

20. 在提到帕特里克·坎贝尔太太 1897 年在一场《哈姆雷特》的演出中扮演的奥菲莉亚时，萧伯纳把她称作"那个恶棍般的持花少女"。Shaw to Ellen Terry, 8 Sept. 1897; CL1: 803.

21. 关于萧伯纳对"穿裙子的男人"这一观点的背离，论文集《费边社的女权主义者》中的多位作家都有所探讨。尤见 Rhoda B. Nathan, "The Shavian Sphinx" (30-45), and Elsie Adams, "Feminism and Female Stereotypes in Shaw" (156-162)。

22. 这是赖德·哈格德的《她》里女巫王阿伊莎的臣民对她的称呼，在 BBC 的电视剧《法庭的鲁波尔》中，约翰·莫提默滑稽地让鲁波尔在低声抱怨他的妻子希尔达时，用到了这个称呼。

23. Nina Auerbach, *Woman and the Demon: The Life of a Victorian Myth* (Cambridge, Mass.: Harvard University Press, 1982), 107.

24. 在丹·H. 劳伦斯为 1905 年萧伯纳写给阿齐博尔德·亨德森的信写的眉批中，劳伦斯记载说，萧伯纳当时已经读过斯特林堡的"《疯子日记》和《父亲》了，后者是由内莉·艾理逊翻译的"。CL2: 553.

25. Shaw, preface to 1913 edition of *The Quintessence of Ibsenism*; Quintessence 101-102.

26. August Strindberg to Charles Casenove, 26 June 1892; cited in Michael Meyer, *Strindberg: A Biography* (Oxford: Oxford University Press, 1987), 246.

27. Shaw, preface to 1913 edition of *The Quintessence of Ibsenism*; Quintessence 102.

28. 据丹·H. 劳伦斯所说，《朱丽小姐》"首次上演，是阿德尔菲戏剧社 1912 年在伦敦［小剧院］的演出，由莫里斯·埃尔维和露西·卡尔·萧译"；CL2: 907。

29. 萧伯纳向芝加哥的法官亨利·尼尔讲述了他与斯特林堡见面一事；参见 "Bernard Shaw—As Few Know Him," *Pearson*'s *Magazine*, Feb. 1927；I&R 416-417。另参见 Shaw to William Archer, n.d. [16 July 1908]; CL2: 802。

30. 萧伯纳的描述被引用在了尼尔的 "Bernard Shaw—As Few Know Him" 中；I&R 417。

31. Shaw to H. G. Wells, 7 Dec. 1916; CL3: 439.

32. Shaw to George Moore, n.d. [Oct 1911]; CL3: 53.

33. Shaw to Bertha Newcombe, 14 May 1909; CL2: 843. 斯坦利·温特劳布在文章《萧伯纳的独幕剧》中提供了《剪报》早期舞台历史的更多相关资料，文 *503* 章发表在 1991 年加拿大安大略湖尼亚加拉湖边小镇的萧伯纳节上，该剧的一次演出大纲中，演出导演是格莉妮斯·莱森。

34. 勤务兵和他那强横的雇主之间的关系，可以被看作是萧伯纳在《圣女贞德》的第一幕中，塑造罗伯特·德·波垂科特上尉和悲惨的管家的早期模板。

35. Bernard Shaw, preface to his collection *Translations and Tomfooleries* (London: Constable, 1926; rev. and repr. 1932 for the Standard Edition), 130.

36. Ibid.

第十八章 评论家登场，舞台右侧

1. Bernard Shaw, "Translator's Note"（介绍了他翻译的西格弗里德·特里比奇的剧作《吉塔的赎罪》）in his *Translations and Tomfooleries* (London: Constable,

1926; rev. and repr. in 1932 for the Standard Edition), 4.

2. E. A. Baughan, signed notice of *Man and Superman*, *Daily News*, 24 May 1905; repr. in Heritage 108.

3. 斯科特可能是萧伯纳创造班纳这个角色的原型之一的说法，出自芭芭拉·M. 费希尔的文章："*Fanny's First Play*: A Critical Potboiler?" in *SHAW: The Annual of Bernard Shaw Studies*, vol. 7[special issue: The Neglected Plays, ed. Alfred Turbo Jr.](University Park: Pennsylvania State University Press, 1987), 193.

4. Raymond Mander and Joe Mitchenson, *Theatrical Companion to Shaw* (New York: Pitman, 1954), 143-144; cited in Fisher, "*Fanny's First Play*," 193-194.

5. Bernard Shaw, preface to *John Bull's Other Island*, in *Preface for Politicians* (1907); Prefs1: 195.

6. Bernard Shaw, "Socialism and Ireland," lecture to the Fabian Society, 28 Nov. 1919. Supplement to the *New Commonwealth*, 12 Dec. 1919; Matter 218.

7. "*Candida*: A Talk with Mr Bernard Shaw," *Realm*, 5 April 1895; I&R 131.

8. G. Wilson Knight, *The Golden Labyrinth: A Study of British Drama* (London: Phoenix House, 1962), 351.

9. Max Beerbohm, "Mr. Shaw's New Dialogues," *Saturday Review* 12 Sept. 1903; repr. in Heritage 103.

10. Max Beerbohm, "Mr. Shaw's Position," *Saturday Review*, 9 Dec. 1905; repr. in Heritage 159.

11. Max Beerbohm, "Mr. Shaw at His Best," *Saturday Review*, 12 Nov. 1904; repr. in Heritage 131.

12. Max Beerbohm, "Mr. Shaw's Position," *Saturday Review* 9 Dec. 1905; repr. in Heritage 158.

13. 萧伯纳在 1898 年的《星期六评论》中，向读者们介绍他戏剧评论员一职的继任者比尔博姆时，将其称为"盖世无双的麦克斯"，而后者对萧伯纳相当贬损的看法和回忆见美国剧作家 S. N. 贝尔曼的作品：*Conversations with Max* (London: Hamish Hamilton, 1960), 19-21, 162; I&R 274-276。

第十九章　一场外遇，一个死亡，以及一次胜利

1. Shaw to Harley Granville-Barker, 30 June 1912; CL2: 95.

2. Mrs. Patrick Campbell to Shaw, n.d. [postmarked 27 June 1912]; Dent 19. 这

/ 注 释 /

里的 "slut" 一词应该是牛津英语词典中解释的第二种意义："大胆放肆的女孩；   *504*
轻佻女子，荡妇"，但同时 "是在玩笑中使用，不带有真正的指责和恶意"。

3. Shaw to Mrs. Patrick Campbell, 30 June 1912; CL3: 96-97.

4. 这个名字很可能是萧伯纳的《人与超人》中杰克·坦纳这个名字的灵感
来源。

5. 本章中的一些资料受惠于玛戈·彼得斯详尽完善的传记：*Mrs. Pat: The
Life of Mrs. Patrick Campbell* (London: Bodley Head, 1984; repr. London: Hamish
Hamilton, 1985)。

6. Mrs. Patrick Campbell to Shaw, 8 and 9 Dec. 1912; Dent 60, 64.

7. Bernard Shaw, "Kate Terry," *Saturday Review*, 30 April 1898; OTN3: 373.

8. Bernard Shaw, "Mrs.Tanqueray Plays the Piano," *World*, 20 Dec. 1893; SM3:
72.

9. Bernard Shaw, "Mr.Pinero's New Play," *Saturday Review*, 16 March 1895;
OTN1: 61.

10. Shaw to Mrs. Patrick Campbell, 4 Jan. 1913; CL3: 145.

11. CL1: 684.

12. Shaw to Ellen Terry, 8 Sept. 1897; CL1: 803.

13. Bernard Shaw, "Hamlet," *Saturday Review*, 2 Oct. 1897; OTN3: 205.

14. Shaw to Mrs. Patrick Campbell, 3 July 1912; Dent 21-25.

15. Mrs. Patrick Campbell to Shaw, n.d. [July 1912]; Dent 27.

16. 迈克尔·霍尔罗伊德也注意到了《驳回》与后来科沃德的相似之处，他
认为这部剧作正是科沃德 1933 年讲述婚姻 "四角关系" 的喜剧《私生活》的先
驱作品。Michael Holroyd, *Bernard Shaw*, 5 vols. (London: Chatto & Windus, 1989),
2: 277.

17. Shaw to Sir Arthur Wing Pinero, 15 Oct. 1912; Texas.

18. Peters, *Mrs. Pat*, 329.

19. Mrs. Patrick Campbell to Shaw, n.d. [29 July 1912]; Dent 31.

20. Shaw to Mrs. Patrick Campbell, 9 Aug. 1912; Dent 32-35; CL3: 101-105.

21. Shaw to Mrs. Patrick Campbell, 9 Aug. 1912; Dent 34; CL2: 103.

22. Mrs. Patrick Campbell to Shaw, 13 Aug. 1912; Dent 36.

23. Shaw to Mrs. Patrick Campbell, 3 Nov. 1912; Dent 52; CL3: 119.

24. Quoted in Peters, Mrs. Pat, 500.

25. Shaw to Mrs. Patrick Campbell, 27 Nov. 1912; Dent 58; CL3: 129.

26. Arnold Bennett, *The Journal of Arnold Bennett* (New York: The Literary Guild, 1933), 471-472; I&R 78-79.

27. Frank Swinnerton, *Swinnerton: An Autobiography* (London: Hutchinson, 1937), 84-85; I&R 77-78.

28. Mrs. Patrick Campbell to Shaw, 13 March 1913; Dent 95.

29. Ibid.

30. Mrs. Patrick Campbell to Shaw, 1 Nov. 1912; Dent 52.

31. 斯黛拉在一封 1912 年 12 月 8 日给萧伯纳的信中写道："我曾把你称作小丑吗？我想是当你说'我是上帝'的时候吧。"Dent 61. 萧伯纳的宣言至少与他对创造进化论的信仰是一致的。

32. Mrs. Patrick Campbell to Shaw, 15 Dec. 1938; Dent 328.

33. Shaw to Mrs. Patrick Campbell, 19 Dec. 1938; Dent 329.

34. Shaw to the Hon. Mrs. Alfred Lyttelton, 22 Dec. 1912; CL3: 140.

35. See Peters, *Mrs. Pat*, 287.

36. Shaw to the Hon. Mrs. Alfred Lyttelton, 27 Dec. 1912; CL3: 141-142.

37. Ibid.,142.

38. Ibid.,140.

39. BL Ms. Add. 56500.

40. Shaw to Mrs. Patrick Campbell, 6 Feb. 1913; CL3: 147-148.

41. 安·M. 杰克逊（娘家姓：埃德）在 1975 年给丹·H. 劳伦斯提供了夏洛特对萧伯纳和斯黛拉婚外恋的反应的一手叙述，这些书信藏于圭尔夫大学的丹·H. 劳伦斯的收藏中。

42. Mrs. Patrick Campbell to Shaw, 12 Dec. 1912; Dent 70.

43. Shaw to Mrs. Patrick Campbell, 4 Jan. 1913; Dent 72; CL3: 145.

44. Shaw to Mrs. Patrick Campbell, 2 April 1913; Dent 105; CL3: 163-64.

45. Shaw to Mrs. Patrick Campbell, 24 May 1913; Dent 117; CL3: 181.

46. Ibid.

47. Ibid.

48. Shaw to Mrs. Patrick Campbell, 22 Feb. 1913; Dent 88; CL3: 153.

49. Shaw to Mrs. Patrick Campbell, 29 Jan. 1913; Dent 75.

50. Shaw to Mrs. Patrick Campbell, 22 April 1913; Dent 111; CL3: 167.

505

51. 参见第六章。

52. Lucinda Frances Shaw to Jane Crichton Drysdale, 14 April 1913; Farmer 188.

53. Shaw to Mrs. Patrick Campbell, 9 June 1913; CL3: 184-185.

54. Shaw to Mrs. Patrick Campbell, 25 June 1913; CL3: 187.

55. Shaw to Mrs. Patrick Campbell, 30 June 1913; Dent 126-127.

56. Mrs. Patrick Campbell to Shaw, 5 July 1913; Dent 129.

57. Shaw to Mrs. Patrick Campbell, 9 July 1913; Dent 129-131; CL3:188-190.

58. Shaw to the Hon. Mrs. Alfred Lyttelton, 25 July 1913; CL3: 193.

59. Dion Clayton Calthrop, *My Own Trumpet: Being the Story of My Life* (London: Hutchinson, 1935), 210-211.

60. Mrs. Patrick Campbell to Shaw, 7 Aug. 1913; Dent 137.

61. Mrs. Patrick Campbell to Shaw, 10 Aug. 1913; Dent 137.

62. Mrs. Patrick Campbell to Shaw, 11 Aug. 1913; Dent 138.

63. Shaw to Mrs. Patrick Campbell, 12 Aug. 1913; Dent 141; CL3: 196.

64. Shaw to Mrs. Patrick Campbell, 13 Aug. 1913; Dent 143; CL3: 197.

65. Mrs. Patrick Campbell to Shaw, 13 Aug. 1913; Dent 141-142.

66. Shaw to Mrs. Patrick Campbell, 17 June 1913; Dent 122.

67. Lucinda Frances Shaw to Jane Crichton Drysdale, 4 Sept. 1913; Farmer 200-201; Peters, *Mrs. Pat*, 329.

68. Shaw to Mrs. Patrick Campbell, 31 Dec. 1913; Dent 155; CL3: 212.

69. Peters, *Mrs. Pat*, 142.

70. Shaw to Mrs. Patrick Campbell, 28 July 1929; Dent 291; CL4: 157.

71. Shaw to Mrs. Patrick Campbell, 13 March 1913; Dent 96; CL3: 155-156.

72. Shaw to Mrs. Patrick Campbell, 29 Jan. 1913; Dent 76.

73. Mrs. Patrick Campbell to Shaw, 31 Jan. 1913; Dent 76.

74. 这些画再版于 CL3 中的第 760 页和 761 页之间。 *506*

75. 米尔斯是宗教组织"途径同盟"的创立者，夏洛特为这个联盟写了一个名叫《知识就是门：一个先驱》的小册子，出版于 1914 年。

76. Shaw to Charlotte Frances Shaw, 12 April 1914; CL3: 227.

77. See CL3: 226.

78. Shaw to Mrs. Patrick Campbell, 11 April 1914; Dent 160; CL3: 224.

79. Shaw to Charlotte Frances Shaw, 12 April 1914; CL3: 227-228.

80. Shaw to Mrs. Patrick Campbell, ca. 5 Feb. 1920; Theatrics 155.

第二十章　末日大决战，以及"无情的笑声"

1. 正如《波士顿邮报》的这篇文章的第二条注解所示，夏洛特去美国乘坐的汽轮公司并没有按照她的要求不将她的名字载入乘客名单。

2. H. F. Wheeler, "Wife Reveals Bernard Shaw: Noted Englishwoman in Her First American Interview: Says Husband Is Ardent Socialist and Feminist," *Boston Post*, 29 April 1914.

3. Diaries of Charlotte Frances Shaw; BL Ms. Add. 56500; BL Ms. Add. 63190.

4. 斯坦利·温特劳布在他的书中描述了这些电影，参见 *Bernard Shaw, 1914—1918: Journey to Heartbreak* (London: Routledge & Kegan Paul, 1971), 16-17。

5. Mrs. Patrick Campbell to Shaw, 8 June 1916; Dent 188.

6. Shaw to William Archer, 30 Dec. 1916; CL3: 447-448.

7. See Chron 280.

8. Shaw to Siegfried Trebitsch, 4 Aug. 1914; CL3: 243.

9. CL3: 239-240.

10. Bernard Shaw, "Is Britain Blameless?" review of Fenner Brockway pamphlet, *Labour Leader* (London), 4 Feb. 1915; repr. in Prefs2: 137.

11. Bernard Shaw, "The Peril of Potsdam: Our Business Now," *Daily News*, 11 Aug. 1914; cited in Weintraub, *Bernard Shaw*, 1914—1918, 29.

12. Arnold Bennett, article in *Daily News* (London); repr. in *New York Times*, November 1914. Cited in Weintraub, *Bernard Shaw*, 1914—1918, 29.

13. H. G. Wells, *Daily Chronicle* (London), 31 Dec. 1914; cited in Weintraub, *Bernard Shaw*, 1914—1918, 78.

14. Henry Arthur Jones to Shaw, 1 Nov. 1915; CL3: 320.

15. Shaw to Henry Arthur Jones, 2 Nov. 1915; CL3: 321.

16. Quoted in R. F. Rattray, *Bernard Shaw: A Chronicle* (London: Leagrave, 1951), 197; cited in Weintraub, *Bernard Shaw*, 1914—1918, 60.

17. CL3:315-316, 320.

18. Shaw to R. C. Carton, 2 Nov. 1915; CL3: 326.

19. Shaw to H. M. Paull, 19 Nov. 1915; CL3: 332.

20. Cited in Weintraub, *Bernard Shaw*, 1914—1918, 213.

21. 末日大决战，最初是启示录（16：16）中决战地点的希伯来语名字，后来也被用来表示这个决战本身。

22. 斯宾塞在 1988 年名为"艾略特及以后"的 BBC 电视讨论会中发表了这个评论。

23. Frank Kermode, *The Sense of an Ending* (New York: Oxford University *507* Press, 1967), chap. 4.

24. Bernard Shaw, preface to *Heartbreak House* (1909); Prefs2: 232.

25. 从萧伯纳在第一次世界大战中和战争结束后写的信中可以看出，曼根的原型之一是德文波特勋爵，一个杰出的商人和前国会议员，他在 1916 年至 1917 年间被封为贵族并任命为粮食主管（CL3: 505, 513, 744）。作为杂货批发公司的负责人，他是劳埃德·乔治的战时政府所任命的众多商人之一（他们的职位都明显涉及既得利益），虽然他让许多人感到厌恶。德文波特在担任粮食主管时所犯的错误使他在 1917 年 5 月卸任，当曼根在解释他被任命是因为他"作为一个务实的商人"的资历，而引得其他人物大笑时，很可能就是在隐射这件事。曼根在文学作品中的前身，包括特罗洛普的小说《我们现在如此生活》中的麦尔墨特和狄更斯的《小杜丽》中的莫多尔这样的金融家和诈骗犯。曼根的名字可能源自爱尔兰诗人詹姆斯·克拉伦斯·曼根，尤其是鉴于他的诗歌《无名之人》。A. M. Gibbs, *"Heartbreak House": Preludes of Apocalypse* (New York: Twayne, 1994), 95-96.

26. Bernard Shaw, preface to *Heartbreak House*; Prefs2: 318, 352.

27. 吉布斯的《伤心之家》中探讨了剧中的互文关系和天启主题。

28. "The New Shaw Play," unsigned review of Theater Guild production of *Heartbreak House* at the Garrick Theater, New York, 1920; in the Billy Rose Theater Collection, Lincoln Center, New York.

29. Shaw to Hugo Vallentin, 27 Pct. 1917; CL3: 513.

30. Bernard Shaw, preface to *Heartbreak House*; Prefs2: 318. 关于创作作品的准确日期的讨论，参见 Bernard Shaw, *Heartbreak House: A Facsimile of the Revised Typescript*, with an into. By Stanley Weintraub and Anne Wright (New York: Garland, 1981), xiv, xix。

31. Lena Ashwell, *Myself a Player* (London: Michael Joseph, 1936), 65, 67.

32. Ibid., 66.

33. Margot Peters, *Mrs. Pat: The Life of Mrs. Patrick Campbell* (London: Bodley Head, 1984; repr. London: Hamish Hamilton, 1985), 283.

34. Shaw to Mrs. Patrick Campbell, 28 July 1929; Dent 291; CL4: 157.

35. 安妮·赖特提到的《伤心之家》中的男人被女人"婴儿化"的方式，参见她的研究 *Literature of Crisis,1910—1922* (London: Methuen, 1984), 93.

36. 这些一直陪着她旅行的狗，包括粉红小臭，一只比利时国王送给她的体型极小的布鲁塞尔粗毛猎犬；还有萧伯纳在《皮格马利翁》上演前一晚写给她的"最后的指示"那封信中提到的乔治娜，1912 年斯黛拉在伦敦乘出租车发生事故时，这只狗就坐在她的腿上。

37. Shaw to Mrs. Patrick Campbell, 9 April 1913; Dent 107; CL3: 164-165.

38. 在故事本身的历史中，金凤花这个角色就是模棱两可的。她直到 20 世纪才演变成了美丽年轻的金发女子。在这之前，她更像一个阴险邪恶的角色，一个被描述为狡猾的狐狸和臭老太婆的入侵者。这个角色的转变发生在萧伯纳生活的时代。

39. Shaw to Mrs. Patrick Campbell, 14 May 1916; Dent 186.

40. Shaw to Virginia Woolf, 10 May 1940; CL4: 557.

41. Virginia Woolf to Shaw, 15 May 1940; cited in CL4: 557-558.

42. Shaw to Beatrice and Sidney Webb, 5 Oct. 1916; CL3: 425.

43. See Shavian scholar Arthur H. Nethercot's article "Zeppelins Over Heartbreak House," *Shaw Review* 9 (May 1966): 49-50.

44. CL3: 426.

45. Bernard Shaw, preface to *Heartbreak House*; Prefs2: 344.

46. Ibid., 352.

47. Ibid., 353.

48. Desmond MacCarthy, review in *New Statesman*, 29 Oct. 1921; repr. in his *Shaw* (London: MacGibbon & Kee, 1951).

49. Desmond MacCarthy, review in *New Statesman*, 3 April 1943; repr. in his *Shaw*.

50. Richard Watts Jr., review in *New York Post*, 19 Oct. 1959.

51. 关于这次演出的完整叙述，包括一些演出人员的照片和演出节目单的翻版，见 David Gunby, "The First Night of *O'Flaherty, V.C.*," SHAW: The Annual of Bernard Shaw Studies 19 [special issue: Shaw and History,ed.Gale K.Larson] (1999):

508

85-97。

52. 这幅画现在挂在伦敦白金汉宫路的女王画廊里，画的名字是《当荷马点头》（"When Homer Nods"）。（萧伯纳在 1915 年 5 月 15 日写给帕特里克·坎贝尔太太的信中说，这个名字是他住在库勒园时，他或另外哪个人取的：参见 Dent 175。）另外两幅醒目而动人的肖像分别藏在阿约特圣劳伦斯的萧之角，以及剑桥的菲茨威廉博物馆。

53. 关于他对与萧伯纳见面的描述，参见 Augustus John, *Chiaroscuro: Fragments of Autobiography* (London: Jonathan Cape, 1952), 69-71; I&R 288-290。

54. 这次会面很可能发生在 1917 年 10 月：1917 年 10 月 23 日，萧伯纳在跟马哈菲家族的一个成员写信（Shaw to Rachel Mahaffy; ms. housed at Trinity College, Dublin）。照片复本见 F. E. Loewenstein, *Bernard Shaw Through the Camera* (London: B&H White, 1948), 91。

55. Sir Philip Gibbs, *The Pageant of the Years: An Autobiography* (London: Heinemann, 1946), 195-197; I&R 244-246.

56. See Prefs2: 268.

57. Robert Blake, ed., *The Private Papers of Douglas Haig, 1914—1919* (London: Eyre & Spottiswoode, 1952), 194-195.

58. Bernard Shaw, "Joy Riding at the Front," *Daily Chronicle*, 5, 7, and 8 March 1917.

59. 坎贝尔在 1917 年 12 月 30 日被杀。1918 年 1 月 7 日，萧伯纳收到斯黛拉告知他这一消息的信之后，立刻写了回信。CL3: 525.

60. Shaw to Lillah McCarthy, 19 June 1918; CL3: 552.

61. 朱迪·吉尔摩以书信的形式向丹·H. 劳伦斯提供了有关夏洛特的反应的资料，书信存于圭尔夫大学，另参见 Chron 230。

62. Shaw to St. John Ervine, 22 May 1918; CL3: 551.

63. See Lawrence Langner, *G.B.S. and the Lunatic* (New York: Atheneum, 1963), 29; cited in Weintraub, *Bernard Shaw*, 1914—1918, 270.　　　　*509*

第二十一章　智者、圣人，以及轻佻女郎

1. 在一封 1917 年 2 月 16 日的信中，应玛丽·乔姆利的要求，夏洛特向妹妹讲述了萧伯纳在前线的经历。这封信被收录于 Janet Dunbar, *Mrs. GBS: A Biographical Portrait* (London: Harrap, 1963), 253-256; 另参见 I&R 246-247。

2. Lennox Robinson, ed., *Lady Gregory*'s *Journals, 1961—1930* (London: Putnam, 1946), 202; I&R 302.

3. 关于演出的评论出现在伦敦西区阿尔伯马尔剧院指南的网站上，见 http:// www.albemarle-lonodn.com.rsc-methuselah.html（获取自 2005 年 7 月）。

4. 古代女人说的一句话（"生活本注定是不易的"）1971 年被澳大利亚总理马尔科姆·弗雷泽在写给澳大利亚艾尔弗雷德·迪肯系列讲座的供稿中引用，所以普遍认为这是他的原创。它在剧中的下半句，"但是放宽心：它可以是令人愉悦的"则在流传的过程中被遗漏了。

5. Bernard Shaw, "Parents and Children" (Preface to *Misalliance*, 1914); Prefs2: 4.

6. George Sylvester Viereck, "Shaw Look at Life at 70," *London Magazine*, Dec. 1927; I & R 421-423. 亚哈随鲁是 17 世纪德国版的一个传说中，在耶稣基督走向十字架的途中，嘲弄他的那个犹太人的名字，该人此后被判在基督复临之前都在大地上徘徊。经典传奇中，可供比较的人物是提托诺斯，他是丁尼生同名诗歌中的描写对象，诗歌在永生的"悲惨命运"这一主题上，表达了与萧伯纳相似的观点。另一个长寿的文学角色很有可能也影响了《回到玛土撒拉》，那就是威廉·莫里斯的《英雄西格德》里的侏儒雷金。

7. Lawrence Langner, *G.B.S.and the Lunatic* (London: Hutchinson, 1964), 49.

8. Shaw to Charles Charrington, 17 July 1918; CL3: 555.

9. 萧伯纳认为如果他在 1880 年 1 月接受了伊丽莎白·劳森太太在切尔西切恩步道的家中举行的舞会的邀请的话，自己可能会成为那样。CL1: 29.

10. Shaw to Henry S. Salt, 30 Oct. 1919; CL3: 502.

11. Shaw to Lillah McCarthy, 2 Sept. 1917; CL3: 503.

12. lucinda Frances Shaw to Jane Crichton Drysdale, 2 Nov. 1915; Farmer 226.

13. Lucinda Frances Shaw to Jane Crichton Drysdale, 14 April [1913]; Farmer 189.

14. Lucinda Frances Shaw to Jane Crichton Drysdale, 2 July 1915; Farmer 222.

15. Lucinda Frances Shaw to Jane Crichton Drysdale, 18 July 1915; Farmer 223.

16. Shaw to Charles MacMahon Shaw, 17 Nov. 1937; CL4: 481-482. 该信后来在 SSS 中进行了修订，参见 SSS 91-96。

17. Shaw to Blanche Patch, 3 June 1920; CL3: 676. 该邀请不那么优雅的版本——"你能来当我的秘书吗？"——出自 Patch 9。帕奇在萧伯纳 1950 年去

世以前就已经在做该书的准备工作了；不为萧伯纳所知的是，这本书的捉刀人是萧伯纳所熟识的记者罗伯特·威廉森，素材来自帕奇提供的回忆录和书信。该书于 1951 年出版。

18. Shaw to Blanche Patch, 3 June 1920; CL3: 678.

19. Patch 248.

510

20. Shaw to Mrs. Patrick Campbell, 8 Sept. 1913; CL3: 201-202.

21. 萧伯纳 1927 年捐款修建了一座献给圣女贞德的教堂，在捐款的同时他附言："由于比起其他教派，我最接近于一个贵格教徒，而贞德又是乔治·福克斯精神上的母亲，我很难拒绝从我借由她赚取的钱中抽出极小的一部分。"Harvard (autograph file).

22. 萧伯纳在一篇标题为《萧伯纳谈宗教》的文章中的话，参见 "Bernard Shaw on Religion," *St. Martin-in-the-Fields Review*, May 1922; I&R 411。

23. Quoted in Elizabeth Sprigge, *Sybil Thorndike Casson* (London: Victor Gollancz, 1971), 154; I&R 309.

24. Luigi Pirandello, "Pirandello distils Shaw," *New York Times*, 13 Jan. 1924; repr. in Heritage 278-284 and *Bernard Shaw: "Man and Superman" and "Saint Joan": A Casebook*, ed. A. M. Gibbs (London: Macmillan, 1992), 128-131.

25. A. B. Walkley, unsigned noticed, *Times*, 27 March 1924; repr. in Heritage 286.

26. G. H. Mair, "*Saint Joan*: Mr. Bernard Shaw's Masterpiece," *Evening Standard*, 27 March 1924; repr. in Gibbs, ed., *Casebook*, 134.

27. J. I. M. Stewart, *Eight Modern Writer*, Oxford History of English Literature, vol.12 (Oxford: Clarendon Press, 1963), 179; repr. in Gibbs, ed., *Casebook*, 162.

28. Shaw to Laurentia McLachlan, 23 Dec. 1924; CL3: 898.

29. Shaw to Laurentia McLachlan, 4 Sept. 1944; CL4: 723.

30. William Archer, "The Psychology of G.B.S.," *Bookman* 67, no. 399 (Dec. 1924); I&R 291.

31. Cited in CL4: 5.

32. Hend3: 838.

33. See CL4: 32-34.

34. Shaw to Charles Sarolea, 20 Feb. 1926; CL4: 13.

35. Winston Churchill, "Bernard Shaw—Saint, Sage and Clown," *Sunday*

Chronicle, 13 April 1930; I&R 494.

36. Shaw to Augustin Hamon, 2 Feb. 1927; CL4: 39.

37. Patch, *Thirty Years With G.B.S.*, 142.

38. 该卡片复制于 Lbib2 中，参见 Lbib2: 841。

39. See Lbib2: 866.

40. CL4: 5.

41. M. A. Cohen, "The 'Shavianisation'of Cauchon," *Shaw Review* 20 (May 1977): 63-70; repr. in Gibbs, ed., *Casebook*, 203-212.

42. 尼古拉斯·格雷纳在他的书中的一个章节中探讨了该剧，而这句话正是该章节的标题和主题，参见 *Bernard Shaw: A Critical View* (London: Macmillan, 1984), 84-100。

43. Quoted in Bernard Shaw, "How William Archer Impressed Bernard Shaw" (preface to William Archer's *Three Plays*, 1927); Prefs2: 582.

44. Ibid. See also CL3: 895.

45. 考虑到俄罗斯国内的发展以及法西斯主义的崛起，萧伯纳为这部作品制作了一个修订和扩充后的版本；*The Intelligent Woman*'s *Guide to Socialism, Capitalism, Sovietism, and Fascism,* 2 vols. (London: Penguin, 1937), 1. 均参照了康斯特勃标准版 (1949)。

46. *Intelligent Woman*'s *Guide*, 313-314.

511   47. Ibid., 97.

48. Ibid., 377.

49. Ibid., 379.

第二十二章　去往巴韦诺之路：危险的暧昧

1. 本章关于萧伯纳和汤普金斯关系的描述，基于新近读到的第一手信息。同时这些描述也受惠于以下作品对这段关系的探索：Margot Peters, *Bernard Shaw and the Actresses* (New York: Doubleday, 1980), chap. 22, chap. 23; Charles A. Berst, "Passion at Lake Maggiore: Shaw, Molly Tompkins, and Italy, 1921—1950," *SHAW: The Annual of Bernard Shaw Studies*, vol.5 [special issue: Shaw Abroad, ed. Rodelle Weintraub] (University Park: Pennsylvania State University Press, 1985), 81-144。关于这段关系的更多重要信息，来自两篇 2004 年发表的文章，见该章注释 23。

2. 详述参见 the prologue to *Shaw and Molly Tompkins in Their Own Words*, ed.

Peter Tompkins (London: Anthony Blond, 1961)。

　　3. *Shaw and Molly Tompkins*, verso of title page.

　　4. Shaw to Molly Tompkins, 27 Dec. 1921. *To a Young Actress: The Letters of Bernard Shaw to Molly Tompkins*, ed. Peter Tompkins (London: Constable, 1960), 12.

　　5. *Shaw and Molly Tompkins*, 37.

　　6. 这些照片复制在《萧伯纳与莫莉·汤普金斯》一书的第 80 至 81 页之间，这些照片中的一部分出现在 CL3 的第 856 至 857 页。

　　7. Shaw to Molly Tompkins, 27 Aug. 1923; *To a Young Actress*, 48. 萧伯纳此处是暗指哈姆雷特对约里克"一阵阵的嬉闹（的回忆），总是引得哄堂大笑"(*5.1.* 190-191)。

　　8. Shaw to Molly Tompkins, 22 Dec. and 9 Jan. 1922; *To a Young Actress*, 12, 32.

　　9. Shaw to Molly Tompkins, 9 Jan. 1922; *To a Young Actress*, 13-14.

　　10. Shaw to Molly Tompkins, 10 Feb. 1924; *To a Young Actress*, 59.

　　11. Shaw to Molly Tompkins, 10 June 1924; *To a Young Actress*, 71.

　　12. *Shaw and Molly Tompkins*, 73.

　　13. Shaw to Molly Tompkins, 22 Feb. 1925; *To a Young Actress*, 82.

　　14. Shaw to Molly Tompkins, 27 Jan. 1926; *To a Young Actress*, 90-91.

　　15. Shaw to Molly Tompkins, 8 and 10 Aug. 1926; *To a Young Actress*, 95, 96.

　　16. Shaw to Molly Tompkins, 14 Sept. 1926; *To a Young Actress*, 103.

　　17. Charlotte Frances Shaw to Beatrice Webb, Aug.-Sept. 1926; BLPES.

　　18. Shaw to Molly Tompkins, 8 Aug. 1926; *To a Young Actress*, 96.

　　19. Charlotte Frances Shaw to Molly Tompkins, 22 Aug. and 10 Sept. 1926; *To a Young Actress*, 97, 100.

　　20. Shaw to Molly Tompkins, 18 and 19 Sept. 1926; *To a Young Actress*, 105, 106, 107.

　　21. Shaw and Molly Tompkins, 142.

　　22. Ibid., 157.

　　23. 这句话摘自《致一位年轻女演员》(180—181) 中发表的一封信。未删减的版本，以及彼得·汤普金斯的一篇采访，发表在帕特里西亚·M. 卡特的一篇文章中。Patricia M. Carter, "Until It Was Historical'：A Letter And An Interview," *SHAW: The Annual of Bernard Shaw Studies*, vol. 24 [special issue: Dionysian Shaw], ed. Michel W. Pharand (University Park: Pennsylvania State University Press, 2004), *512*

11-37. See also Richard Owen, "Shaw' Secret Fair Lady Revealed at Last," *Times* (London), 14 June 2004.

24. Shaw to Molly Tompkins, 2 Feb. 1929; *To a Young Actress*, 131.

25. Shaw to Molly Tompkins, 12 Jan. 1927 and 2 March 1928; *To a Young Actress*, 111, 124.

26. Shaw to Molly Tompkins, 10 Jan. 1927; *To a Young Actress*, 109.

27. *Shaw and Molly Tompkins*, 221.

28. 据报道，彼得·汤普金斯在《泰晤士报》的文章中声称萧伯纳是这个孩子的父亲，参见本章注释23。

29. Molly Tompkins to Shaw, Nov. 1945; BL Ms. Add. 50551. The letter is cited, in part by Margot Peters, *Bernard Shaw and the Actresses*, 408-409; see also Berst, "Passion at Lake Maggiore," 111-112.

30. Ibid.

31. Shaw to Frank Harris, 24 June 1930; CL4: 192; SSS 115. 博斯特的文章《马焦雷湖上的情事》（109—110）引起了人们对萧伯纳写给弗兰克的信，以及此信与汤普金斯外遇之间的联系的关注。通常认为萧伯纳是指他婚前的性经历。

32. Mrs. Patrick Campbell to Shaw, 24 Feb. 1921; Dent 247.

33. 参见第十九章。

34. *Shaw and Molly Tompkins*, 131. 布兰奇记得夏洛特叫她找一个金丝雀商人，"因为她想要买一只带到阿约特圣劳伦斯，让那儿的园丁繁殖它"。Patch, *Thirty Years with G.B.S.* (London: Gollancz, 1951), 555.

35. *Shaw and Molly Tompkins*, 133.

36. 在她1945年写给萧伯纳的信中，莫莉说："我以前不喜欢夏洛特——她没给我多少机会去喜欢她……"BL Ms. Add. 50551.

37. Shaw to Molly Tompkins, 31 May 1928; *To a Young Actress*,127-128; CL4: 99-100. 萧伯纳在此处合并了两个荷马的故事。奥杰吉厄岛是卡利普索扣留了奥德修斯7年的岛屿。把奥德修斯的水手们引到一座岛屿上，并把他们变成猪的塞壬叫作色西。

38. 弗洛伦斯·法尔在约翰·托德亨特的剧作《一首西西里的牧歌》中扮演的牧羊女也叫这个名字。

39. *To a Young Actress*, 190-191. 萧伯纳此处对莫莉的称呼，很可能是玩笑式地引用了迪翁·布西科的浪漫情节剧《少女围场》中女主人的名字，这部剧作改编自一个爱尔兰故事。

40. 萧伯纳在剧中对这一主题的探讨，无疑是受了 D. H. 劳伦斯 1928 年《查泰莱夫人的情人》的发表，以及他在伦敦的华伦画廊展出的画作引起的轰动的影响，这些画作还被警方以内容不得体为由而查封了。见下文，第二十四章。

41. 在一封 1929 年 3 月 31 日写给帕特里克·坎贝尔太太的信中，萧伯纳谈到了《苹果车》："我羞于向你朗读这部剧中唯一会使你感兴趣的一幕。其令人震惊的高潮，是关于肯辛顿广场的一段回忆。" Dent 274.

42. Mrs. Patrick Campbell to Shaw, 12 July 1929; Dent, 288.

43. 萧伯纳在 1929 年的一次广播中做出了这一类比，广播的文本包含在了 *513*
《苹果车》（1930）的前言中。Prefs3: 48.

44. Bernard Shaw, preface to *The Apple Cart*; Prefs3: 43.

45. Quoted in CL4: 41-43. For the letter to Wallas, see CL4: 42.

46. See CL4: 67-74.

47. DBW4: 131-132.

48. Shaw to J. Ramsay MacDonald, 21 Oct. 1927; CL4: 75. 麦克唐纳德是费边社的一名前社员，1923 年大选之后，他作为英国工党的第一位首相短暂任职。从 1929 年到 1935 年，他作为新的民族联合党的领袖第二次担任了一段时间的首相。

49. Shaw to Molly Tompkins, 8 Aug. 1926; *To a Young Actress*, 96.

50. 这封信显示，莫莉或许和巴西勒有过一段风流韵事。*To a Young Actress*, 131.

51. Shaw to Molly Tompkins, 2 Feb. 1927; *To a Young Actress*, 112.

52. Shaw to Molly Tompkins, 2 Feb. 1927; *To a Young Actress*, 112.

53. Shaw to Molly Tompkins, n.d. [c. May 1928]; *To a Young Actress*, 127. 这部萧伯纳建议将其命名为《交错的三角恋》的剧作，已经遗失了。

54. Shaw to Friedrich Adler, 11 Oct. 1927; CL4: 71.

55. "G. B. Shaw on Fascism," *Daily Telegraph* (London) 25 Feb. 1931; I&R 355.

56. Shaw to W. S. Kennedy, 7 Feb. 1927; CL4: 43.

57. Gaetano Salvemini, letter published in the *Manchester Guardian*, 19 Oct. 1927; CL4: 67.

58. 在他编辑的萧伯纳的《书信集》的最后一卷中，丹·H. 劳伦斯指出，威尔士王子劳埃德·乔治，甚至温斯顿·丘吉尔都曾对希特勒所取得的成就发表过赞许的言论。CL4: 456.

59. 萧伯纳的剧作《真相毕露》1933 年在德国的曼海姆首演时，遭到了纳粹分子的干扰，他们大呼"犹太佬萧伯纳"，并辱骂不是犹太人的主演是"犹太佬"，直到警察介入。CL4: 336.

60. Hayden Church, "Halt, Hitler! By Bernard Shaw" (interview), *Sunday Dispatch*, 4 June 1933; I&R 355-358. 在希特勒 1933 年年初担任总理以后，反犹太主义政策正式被纳入纳粹党的施政纲领和立法之中。

61. Mrs. Patrick Campbell to Shaw, 1 Nov. 1912; Dent 19.

514 第二十三章　世界旅行者和乡村绅士

1. "The Danger of a 'Sun-Trap': Mr. Bernard Shaw's Warning to South Africa," *Cape Times* (Cape Town), 8 Feb. 1932; Chron 285-286.

2. 萧伯纳的评论出现在《奥克兰星报》(1934 年 5 月 15 日) 以及《新西兰先锋报》(1934 年 3 月 15 日和 16 日)。Chron 295-296.

3. Ritchie Calder, interview with Shaw in the *Daily Herald* (London), 20 April 1933; I&R 340; see also Chron 290.

4. 1927 年 7 月，当萧伯纳待在马焦雷湖时，他们的家什被搬到了新的住处，与阿德尔菲露台在同一地段（靠近泰晤士河堤和斯特兰德大街）的白厅宫的一个服务式公寓里。直到 1950 年他去世那一年，白厅宫都是萧伯纳在伦敦的住址。

5. Charlotte Frances Shaw, "Packing List"; Texas.

6. Shaw to Sydney C. Cockerell, 13 March 1931; CL4: 229.

7. Shaw to Dame Laurentia McLachlan, 17 March 1931; CL4: 229-235.

8. 关于萧伯纳的海外旅行，不同作者的记载被收录在一部论文集中，*SHAW: The Annual of Bernard Shaw Studies*, vol. 5 [special issue: Shaw Abroad, ed. Rodelle Weintraub](University Park: Pennsylvania State University Press, 1985)。更详细的资料，参见 Chron 和 I&R 中的相关部分。

9. 萧伯纳和巴里·杰克逊之间的书信，2002 年首次成卷发表，编辑是莱昂纳德·W. 柯诺利，书名叫作《萧伯纳与巴里·杰克逊》(Toronto: Toronto University Press, 2002)。关于萧伯纳对莫尔文戏剧节的回忆包含在 I&R 中，参见 I&R 185-186, 372-374。

10. Sir Barry Jackson, "Shaw at Malvern," *Drama*, n.s., no. 20 (Spring 1951).

11. 维克多·休谟·穆迪 (1896—1990) 在 1938 年画了这幅肖像，这一年萧伯纳最后一次参加戏剧节。感谢这位艺术家的女儿，凯瑟琳·穆迪，2000 年 9 月我到大莫尔文造访她家时，她向我展示了这幅画的原作。

12. Beverley Nichols, *All I Could Never Be: Some Recollections* (London: Jonathan Cape, 1949), 145-147; I&R 185-186.

13. 萧伯纳在一封写给莫莉·汤普金斯的信中（1928 年 1 月 8 日）提到了夏洛特描述他面对大众时的举止，当时他和夏洛特正在克里夫登与子爵和阿斯特夫人同住，信中他说："在周末的众多宾客间，我表面上总是'沾沾自喜'（夏洛特的表达）。" *To a Young Actress*,123; repr. in CL4：83.

14. 洁丝贝拉·莱斯的回忆。Villager 94-95.

15. Shaw to Horace Plunkett, 16 July 1931; CL4: 242.

16. Winston Churchill, *Great Contemporaries* (London: Thornton Butterworth, 1937), 55.

17. Shaw to Nancy Astor, 15 July 1931. J. P. Wearing, ed. *Bernard Shaw and Nancy Astor* (Toronto: Toronto University Press, 2005), 33. See also James Fox, *The Langhorne Sisters* (London: Granta Books, 1998), 427.波比是南希在第一段婚姻中，和波士顿的罗伯特·古尔德·萧生的儿子。萧伯纳给南希写的谈论波比的两封信，直到 1998 年，詹姆斯·福克斯对南希·阿斯特的家庭圈子进行传记研究时才发表。

18. Shaw to Nancy Astor, 15 April 1932. *Bernard Shaw and Nancy Astor*, 46-47. 　*515*
这个不寻常的圣经故事——关于罗德的妻子因为没有听从天使的劝告，在和丈夫以及家人一起逃离罪恶之城所多玛和蛾摩拉时，回头看了，从而变成了一根盐柱（《创世记》[Gen. 19: 26] 讲到了这个故事,《路加福音》[Luke 17:32] 中也有复述）——常常被原教旨主义者在攻击同性恋时引用。

19. Shaw to Nancy Astor, 13 April 1929; CL4: 137.

20. 这座宫殿般的建筑建于复辟时期，是第二位白金汉公爵的度假地（以及他情妇的住所）。庄园的名字源于其修筑地点，泰晤士河上方耸立着的陡峭白垩纪绝壁，从庄园可以俯瞰这一景致。阿斯特夫妇在伦敦还有一处很大的联排别墅，位于皮卡迪利大街和圣詹姆斯广场之间，现在是海军和军事俱乐部。克里夫登庄园被改造成了一个五星酒店和餐厅。

21. Shaw to Molly Tompkins, 31 May 1928; *To a Young Actress*, 127.

22. J. P. 韦尔林，多伦多大学出版社系列丛书《萧伯纳书信选集》中，萧伯纳与阿斯特之间书信的编辑，曾私下向我表达了他的一个观点，他认为南希在与沃尔多夫的婚姻中并不开心，她后来跟他分手（为此他很伤心），她很可能当时正在萧伯纳身上寻找"她在生活的其他地方所欠缺的东西"。

23. 关于这个家庭以及各个女儿的生活和事业的精彩描写，参见 Fox, *Langhorne Sisters*。

24. Shaw to Dame Edith ("DD") Lyttelton, 8 July 1926. 这封信（CHAN 5/19）存放在英国剑桥丘吉尔学院丘吉尔档案中心。

25. A. E. Johnson, "Encounters with GBS," *Dalhousie Review* (Spring 1951); I&R 493.

26. Shaw to Charlotte Frances Shaw, 21 July 1931; CL4: 246. 萧伯纳在前一封写给夏洛特的信中，以"保佑你，最心爱的"作为结语。CL4: 244.

27. Shaw to Charlotte Frances Shaw, 21 July 1931; CL4: 247.

28. Shaw to Charlotte Frances Shaw, 23 and 24 July 1931; CL4: 250, 252.

29. Shaw to Charlotte Frances Shaw, 21 and 23 July 1931; CL4:246-247, 250.

30. Shaw to Charlotte Frances Shaw, 21 July 1931; CL4: 247. 布莱希特的作品，当然是将盖伊的那个 18 世纪强盗和小流氓的世界，搬到了 20 世纪的美国黑帮中。

31. CL4: 253.

32. Shaw to Charlotte Frances Shaw, 23 July 1931; CL4: 249.

33. H. W. L. Dana, "Shaw in Moscow," *American Mercury* (March 1932); I&R 325.

34. Shaw to Charlotte Frances Shaw, 22 and 23 July 1931; CL4: 248, 249.

35. Eugene Lyons, *Assignment in Utopia* (London: Harrap, 1938), 429; I&R 325. OGPU 是国家政治保卫总局，是斯大林镇压政治异见的主要工具。"布尔舍沃"是布尔舍沃地区流浪男童的安置地，萧伯纳曾访问过这里。

36. See Gene Tunney and Walter Davenport, "So This is Russia!," *Collier's, The National Weekly*, 3 Oct. 1931 (available at http://www.genetunney.orgbankers. html—accessed July 2005).See also Malcolm Muggeridge, "Russia Revealed, III, Terror of the G. P. U. Perverted Soul of Bolshevism. Ceaseless Hunt for "Class-Ties," *Morning Post*,7 June 1933 (Available at http://colley.co.uk/garethjones/soviet_articles/morining_post_3.htm—accessed July 2005).

516

37. Letter from Charlotte Frances Shaw to William Maxwell; cited in CL4: 259.

38. 萧伯纳的演讲稿重印在 CL4 中，参见 CL4: 256-259。这个短语出现在第 258 页。

39. See St. John Ervine, *Bernard Shaw: His Life, Work and Friends* (London: Constable, 1956), 522.

40. CL4: 332.

41. Rhea G. Clyman, letter to the *American Mercury* (May 1945); I&R 323-334. 克莱曼是萧伯纳到访时，驻莫斯科的一名美国记者。

42. Bernard Shaw, *The Political Madhouse in America and Nearer Home: A Lecture by Bernard Shaw* (London: Constable, 1933), 19.

43. Edmund Wilson, "Shaw in the Metropolitan," *New Republic* (New York), 26 April 1933; I&R 337-339.

44. See CL4: 770.

45. *The Diary of Virginia Woolf*, vol. 4, *1931—1935*, ed. Annie Olivier Bell with Andrew McNeillie (Harmondsworth, Eng.: Penguin, 1982), 152; I&R 499.

46. Atiya Begum, "Bernard Shaw at Aiwan-e-Rafat," *Dawn* (Karachi), 5 Nov. 1950; I&R 332.

47. Hiralal Amritlal Shah, "Bernard Shaw in Bombay," *Shaw Bulletin* (Nov. 1956)(first published in Gujarati in *Prabuddha Jain* [Bombay], 15 Nov. 1950); I&R 330-331.

48. Shaw to Sir Francis Younghusband, 28 Dec. 1934; CL4: 395.

49. Shaw to Lady Rhondda, 15 Feb. 1932; CL4: 276.

50. 关于萧伯纳对于伏尔泰的自我认同，约翰·贝尔托利尼在《萧伯纳的剧作家本质》和米歇尔·法兰在《萧伯纳与法国人》中都有探讨，参见 John A. Bertolini, *The Playwrighting Self of Bernard Shaw* (Carbondale: Southern Illinois University Press, 1991), 153-154; Michel W. Pharand, *Bernard Shaw and the French* (Gainesville: University Press of Florida, 2000), 253-259。

51. 关于萧伯纳和 T. E. 劳伦斯之间关联的研究，参见 Stanley Weintraub, *Private Shaw and Public Shaw* (London: Braziller, 1963)。尽管劳伦斯与萧伯纳夫妇之间似乎有某种象征性的父母与子女的关系，但是萧伯纳在 1937 年写给 O. A. 福赛斯-马霍尔的信中说，劳伦斯"使用萧这个名字与我没有任何关系"，并坚称这个名字是随便从电话簿上选的；参见 CL4: 465。

52. 博阿内格斯，这个耶稣基督给予西庇太的儿子们的名字（*Mark* 3:17），很可能是源于一个意思是"雷之子"的名字。如劳伦斯所知，它被用于形容大嗓门的传教士，萧伯纳还将这个名字用在了《苹果车》中的工会会员、国会议员比尔·博阿内格斯身上。

53. Charlotte Frances Shaw to Dorothy Walker; cited in CL4: 412.

54. Shaw to Nancy Astor, 9 Feb. 1934; CL4: 365.

55. See Mary Hyde, ed., *Bernard Shaw and Alfred Douglas: A Correspondence* (Oxford: Oxford University Press, 1989), 46, 48. 萧伯纳给道格拉斯取的名字源自《李尔王》中的一句话："恰德·罗兰公子来寻暗塔。"(3. 4. 182)

56. Shaw to Alfred Douglas, 14 Nov. 1940; CL4: 587.

57. Shaw to Alfred Douglas, 9 Nov. 1940; CL4: 587.

517

58. 伊迪丝·里夫斯太太的回忆；Villager 167。

59. Ibid., 166.

60. 玛格丽特·史密斯（娘家姓为凯欣）的回忆；Villager 48。

61. Christina Hardyment, "The Maid, the Playwright and the Prime Minister—Interview—Violet Liddle," *Times* (London), 4 Aug. 2001.

62. 进行这次采访的时候，维奥莱特正在为电影导演罗伯特·奥尔特曼的电影《高斯福庄园》担任顾问，负责 20 世纪 30 年代英国房屋中"楼下的"生活的问题。

63. 弗雷德·德鲁里的回忆；Villager 51。

64. 这是查普洛的描述；Villager 26。

65. 爱丽丝·拉登的回忆；Villager 27。

66. Ibid., 28.

67. Ibid., 27, 36.

68. Clive Bell to Mary Hutchinson, 14 Jan. 1916; Texas. Cited in Hermione Lee, *Virginia Woolf* (London: Vintage, 1997), 354. 伍尔夫与佣人间复杂的、受到阶级出身限制的关系，在李的研究中有着巧妙和语境化的探讨。

第二十四章　最后的繁荣以及银幕的召唤

1. Cited in St. John Ervine, *Bernard Shaw: His Life, Work and Friends* (London: Constable,1956), 555.

2. Oscar Wilde to Shaw, n.d., postmarked 9 May 1893. *Selected Letters of Oscar*

Wilde, ed. Rupert Hart-Davis (Oxford: Oxford University Press, 1979), 122.

3. Edmund Wilson, "Bernard Shaw at Eighty," in his *Triple Thinkers* (London: Oxford University Press, 1938), 265.

4. Martin Meisel, *Shaw and the Nineteenth-Century Theater* (Princeton, N.J.: Princeton University Press, 1963), 427-428.

5. Shaw to Molly Tompkins, 24 Nov. 1935; *To a Young Actress: The Letters of Bernard Shaw to Molly Tompkins*, ed. Peter Tompkins (London: Constable, 1960), 167.

6. 1952 年肯尼斯·泰南在考文垂发表的评论；cited by Margery Morgan, *File on Shaw* (London: Methuen, 1989), 97-98。

7. 关于制作该片的详述，以及赛勒斯对索菲亚·罗兰那没有得到同等回应的迷恋，参见 ED Sikov, *Mr. Strangelove: A Biography of Peter Sellers* (London: Sidgwick and Jackson, 2002), 142-145; and Warren G. Harris, *Sophia Loren: A Biography* (New York: Simon & Schuster, 1998), 145-153。

8. See *Numbers* 22.

9. Jakob Welti, unsigned notice of a production in Zurich of *Buoyant Billions*, Zürcher Zeitung, 22 Oct. 1948; repr. in Heritage 375.

10. Bernard Shaw to Siegfried Trebitsch, 31 July 1950; cited in *Bernard Shaw's Letters to Siegfried Trebitsch*, ed. Samuel A. Weiss (Stanford, Clif.: Stanford University Press, 1986), 468.

11. 在接下来的讨论中，我受惠于伯纳德·F. 杜可雷在他的书《萧伯纳电影剧本集》(The London: George Prior, 1980) 中对萧伯纳和电影之间关系的叙述，还有多伦多大学出版社出版的《萧伯纳书信选集》系列中，萧伯纳和这位匈牙利电影导演兼制片人加布里埃尔·帕斯卡之间书信的杜可雷版本。萧伯纳 1912 年 8 月 19 日写给帕特里克·坎贝尔太太的信，参见 Dent 36-41。关于萧伯纳与电影界关系的回忆和采访，参见 I&R 386-393。 *518*

12. "Mr Shaw as Movie Fan," report of Shaw speech on "Secrets of Nature" film, *Manchester Guardian*, 19 Nov. 1927; repr. in *Illustrated London News*, 3 Dec. 1927, and *New York Times*, 4 Dec. 1927. See also Dukore, *Collected Screenplays*, 3.

13. 参见 SSS 第 122 页的对页的插图与标题。关于购买雕像的信息出现在 Patch 的第 35 页。

14. 这是一大笔钱，相当于 2005 年 350 万美元的价值。这条记录出自萧伯纳的会晤日记，藏于大英图书馆的政治和经济学档案馆。萧伯纳通过电影业赚了很多钱，其中的一大部分都因为 20 世纪 40 年代的严苛英国税制而消失了。

15. Shaw to Gabriel Pascal, 18 June 1950; CL4: 869.

第二十五章 "一个熠熠发光的人"：最后的岁月

1. *The Diary of Virginia Woolf*, vol. 4, 1931—1935, ed. Annie Olivier Bell assisted by Andrew McNeillie (Harmondsworth, Eng.: Penguin, 1982), 106-107; I&R 497-498.

2. Ibid., 152; I&R 499.

3. 莱昂纳德·伍尔夫在他的书中描写了这次以及另外两次与萧伯纳的会面。Leonard Woolf, *Beginning Again: An Autobiography of the Years 1911—1918* (London: Hogarth Press, 1964), 120-122; I&R 495-497.

4. Ibid.

5. John Mason Brown, "Back to Methuselah: A Visit to an Elderly Gentleman in a World of Arms and the Man," *Saturday Review of Literature*, 22 July 1944; I&R 522.

6. "Bernard Shaw, at 88, Gives His Home to the Nation," *News Chronicle* (London), 26 July 1944.

7. James Agate, *Ego 3: Being Still More of the Autobiography of James Agate* (London: Harrap, 1938), 296.

8. Shaw to Beatrice Webb, 17 Feb. 1941; CL4: 596.

9. E. M. Salzer, "Bernard Shaw (Who Is Eighty-three Today) Says We Will Have Peace," *Daily Express*, 26 July 1939; I&R 456.

10. See I&R 456, n1.

11. Shaw to Nancy Astor, 28 Sept. 1939; CL4: 540.

12. "Mr. Shaw's Advice," *Manchester Guardian*, 24 May 1940.

13. 萧伯纳 1941 年 12 月的日记条目；BLPES。

14. Shaw to Nancy Astor, 30 Jan. 1941; CL4: 593.

15. Blanche Patch, *Thirty Years with G.B.S.* (London: Victor Gollancz, 1951), 38.

16. Shaw to Beatrice Webb, 30 Jan. 1941; CL4: 592.

17. Shaw to Lady Mary Murray, 21 Sept. 1943; CL4: 679.

18. Shaw to H. G. Wells, 12 Sept. 1943; CL4: 677-678.

19. Patch, *Thirty Years with G.B.S.*, 197.

20. Shaw to Molly Tompkins, 4 Dec. 1944; *To a Young Actress: The Letters of Bernard Shaw to Molly Tompkins*, ed. Peter Tompkins (London: Constable, 1960), 180.

21. Shaw to Ada Tyrrell, 14 July 1949; CL4: 851-852.

22. See CL4: 691.

23. Shaw to Molly Tompkins, 4 Dec. 1944; *To a Young Actress*, 180.

24. Shaw to Sidney Webb, 26 Oct. 1945; CL4: 757.

25. Shaw to Molly Tompkins, 4 Dec. 1944; *To a Young Actress*, 180.

26. Shaw to Sydney C. Cockerell, n.d., assigned to c.3 May 1946; CL4: 767-768.

27. Quoted in Hesketh Pearson, G.B.S.: *A Postscript* (London: Collins, 1951), 104.

28. CL4: 702.

29. Shaw to Sidney Webb, 29 April 1943; CL4: 668.

30. Ibid.

31. Shaw to Sidney Webb, 2 April 1944; CL4: 706.

32. Dent 332-333.

33. See Margot Peters, *Mrs. Pat; The Life of Mrs. Patrick Campbell* (London: Hamish Hamilton, 1985), 442. 下文关于斯黛拉生命最后几年的多处细节描写，都受惠于此书。

34. Shaw to Mrs. Patrick Campbell, 14 Aug. 1937; Dent 313.

35. Shaw to Molly Tompkins, 8 Dec. 1946; *To a Young Actress*, 185. 萧伯纳与布伦塔诺出版社有着一段时间很长的合作关系，其中不乏争执。当 1933 年出版社破产时，他的合同迫使出版社付给他 100% 的欠款，而对于其他人出版社只付了 35%。CL4: 319.

36. Shaw to Roy Limbert, 17 Sept. 1939; Theatrics 208.

37. Bernard Shaw, *Everybody's Political What's What?* (London: Constable, 1952), 353.

38. Shaw to the Sheffield Shaw Society, 31 Dec. 1943; CL4: 687.

39. CL4: 694.

40. See Allan Chappelow, *Shaw: "The Chucker Out": A Biographical Exposition and Critique* (London: Allen & Unwin, 1969), 473. 查普洛提供了萧伯纳最后遗嘱

519

的副本 (473-523)，同时还有此前的遗嘱和遗嘱附录的节选，以及一份《泰晤士报》关于法官哈曼先生在英国字母表提议案件上的判决报告。

41. Ibid., 482.

42. Ibid., 499.

43. Ibid., 507.

44. Ibid., 513.

45. 1947 年 12 月，在爱尔兰的另一个荣誉典礼上，一块荣誉牌匾在多基的托尔卡小屋，这个充满萧伯纳愉快回忆的童年家中揭幕了。

46. Shaw to Charles Latham, 1st Baron Latham of Hendon, n.d. [c. 9 Oct. 1946]; CL4: 781.

47. Shaw to F. E. Loewenstein, n.d. [c. 29 July 1946]; CL4: 775.

48. Sir William Haley, "The Stripling and the Sage," in *G.B.S. 90: Aspects of Bernard Shaw's Life and Work*, ed. S. Winsten (London: Hutchinson, 1946), 170. 关于萧伯纳与该公司早期联系的精彩分析，参见 L. W. Conolly, "GBS and the BBC: In the Beginning (1923—1928)", *SHAW: The Annual of Bernard Shaw Studies*, vol. 23 (University Park: Penn State University, 2003), 75-116。

49. 爱丽丝·拉登的回忆；Villager 27。

50. Shaw to Gabriel Pascal, 8 Sept. 1947; CL4: 801.

51. R. da Costa, "Pilgrimage to Bernard Shaw," *Palestine Post*, 14 Nov. 1947; I&R 523.

520　52. Cited in Richard Stoddard Aldrich, *Gertrude Lawrence as Mrs. A: An Intimate Biography of the Great Star* (London: Companion Book Club, 1956), 233-324; I&R 394.

53. Kingsley Martin, *Editor* (London: Hutchinson, 1968), 106-107; I&R 224-225.

54. 我很感激 J. P. 韦尔林在信中就尼赫鲁拜访萧伯纳的日期向我提供的建议，纠正了 CL4 第 828 页中的日期。关于尼赫鲁访问的描述，以及 1949 年春天的日期，来自 Patch 的第 106 至 108 页。

55. Shaw to Jawaharlal Nehru, 18 Sept. 1948; CL4: 828.

56. Shaw to Sydney C. Cockerell, 27 July 1950.

57. Hayden Church, "GBS on the A-Bomb," *Reynolds News*, 6 Aug. 1950; I&R 485.

58. F. G. Prince-White, "'I Would Like to Go into My Garden' said Shaw," *Daily Mail*, 13 Oct. 1950; I&R 527.

59. Letter from Nancy Astor to Archibald Henderson, 25 Sept. 1951, in Hend3: 874; I&R 531.

60. Eileen O'Casey, *Sean*, ed. J. G. Trewin (London: Macmillan, 1971), 209-210; I&R 530.

61. 丹·H. 劳伦斯在 CL4 第 878 至 886 页中记载萧伯纳去世情景以及随后的葬礼时，引用了这句话。更多的记述，参见 I & R 531-534。

62. Villager 36.

致　谢

　　我最初接触萧伯纳的作品，是已故的 G. F. J.（"杰克"）·达特介绍的，他是我就读英国文法学校的校长，学校位于澳大利亚的巴拉腊特，当时规模还很小。杰克·达特出生于新西兰，是一个有着非凡精神品质的人，同时也是一个萧伯纳的狂热爱好者。当我还在学校就读时，他排演了好几部萧伯纳的剧作；并且，由于那时候学校还不是男女合校，男孩们也要扮演女性角色，就像莎士比亚时代一样。因此，在我青少年早期，我穿着从姊妹们那里借来的绿裙子，戴着从当地剧院供应商那里租来的金色假发，扮演着萧伯纳早期剧作《难以预料》中那个专横的格洛丽亚·克兰顿。在后来一些学校的戏剧活动中，我扮演了《苹果车》中好斗的工会成员以及国会议员比尔·博阿内格斯，还有《布兰科·波士纳现身记》中同样好斗的偷马贼布兰科。从那个时候起，我就一直很感激杰克·达特，我这位萧伯纳导师和朋友，正是他将这位始终让我着迷，虽然有时也让我深感愤怒的作家介绍给了我。在很长一段时间里，萧伯纳都是我心灵宇宙的一部分。

　　我对萧伯纳作品的阅读，在我离开学校相继进入两所大学学习时，经历了一段相当长的中断。在我的本科阶段，F. R. 利维斯在许多英语学科中，都对我产生了强烈的影响，而萧伯纳并不是利维斯评论学派所喜爱的作家。在我的第一所母校，墨尔本大学，我一点也不记得研究的选题中有过任何萧伯纳的剧作。尽管我后来确实发现，墨尔本大学一名坚定的利维斯支持者，S. L. 戈德伯格，崇拜萧伯纳并热衷阅读他的作品。在我的第二所母校，牛津大学，比起年代较近的一些作者，盎格鲁－撒克逊编年史和公元 8 世纪的诗歌《贝奥武夫》是学术讨论中更为时兴的话题。事实上，至少要在这些作者去世（文学意义上的）50 年以后，他们的作品才能获得具有年代感的醇熟光泽，并值得尊敬，然后人们才会考虑研究它们。我依稀记得罗伯特·勃朗宁那时还遭到些许质疑。萧伯纳并不时兴，但极为支持他的一位评论家，J. I. M. 斯图尔特，在我就读牛津时，是那里的一位教师。

牛津的学业把我引向了文艺复兴之路，直到几年后，我成了利兹大学英语系的一名员工后，我才与本书中的课题重逢。我在利兹时，那里的一位教授，已故的 A. N.（"德里"）杰弗勒斯，是一名卓著的叶芝学者和爱尔兰研究的推崇者，他给予了我早期事业极大的帮助。德里·杰弗勒斯当时正好在为他担任主编的《作家和评论家》丛书的最后两部寻找作者。他亲切地邀请我来写作其中的一部，并让我在亚历山大·蒲柏和萧伯纳之间二选一。我选择了萧伯纳，并从此开启了一段漫长的学术联系，包括写作和编辑关于萧伯纳生活和事业的许多书目，其中我蒙受了来自许多人和机构的难以计算的帮助。

在筹备本书期间，有许多人给予了我建议。理查德·迪特里希教授从最初的阶段开始，就一直密切关注该研究，他作为一名博学顾问给予了我极大的支持。我的妻子堂娜孜孜不倦地阅读我未完成的作品，并给了我许多精明并有用的意见。佛罗里达大学出版社所指任的两名审稿人给予我的鼓励、专业的建议以及建设性的批评，我在修订本书时都欣然接受了。同时还要感谢玛丽·坎南给本书手稿提出的深刻意见。众所周知，丹·H. 劳伦斯常年给予萧伯纳学者慷慨的帮助，我也是其中的受益者之一，我希望能在此再次向他表达我的感激之情。

本书的研究在澳大利亚研究理事会和麦考瑞大学研究委员会的援助下进行：感谢这两个团体的支持。在进行本书以及其他一些萧伯纳的专题研究的几年间，我在不同的时间里，得到了许多研究助理的帮助，我在这里向他们表达我的诚挚谢意：林蒂·亚伯拉罕、玛塞尔·弗雷曼、苏·柯许、已故的朱丽叶·麦克林、伯纳黛特·马斯特斯、朱莉-安妮·罗伯森、连姆·塞姆勒、杰瑞米·斯蒂勒、潘妮·凡·托恩、乔弗里·温顿、安妮特·王，以及艾德·怀特。我还要感谢其他许多人给予我的帮助、资料以及鼓励，尤其要感谢：梅-布里特·安克霍特、艾菲·亚历克斯阿基斯、彼得·亚历山大、露丝·阿摩斯、汤姆·阿摩斯、劳伦斯·阿斯普登、克劳狄亚斯·贝蒂、斯蒂芬·贝内特、约翰·贝托里尼、珍妮特·伯奇特、凯斯琳·波恩修女、罗恩·鲍尔斯、海伦·博伊德、马尔科姆·布兰德·特伦斯·布朗、大卫·林恩·布朗尼、洛恩·布鲁斯、露西·伯吉斯、托尼·卡欣斯、玛格丽特·克伦尼思·罗斯、萨拉·柯布博得、卡洛琳·科尔顿、莱昂纳德·柯诺利、约翰·考利、已故的弗雷德·克罗福德、已故的珍妮特和马克·科隆比、杰里米·克罗、布莱恩和洛玛·库明斯、朱丽叶和菲尔·库明斯、彼得·代尔登、伊安·唐纳德森、塔姆辛·唐纳德森、苏·唐纳利、拉尔夫·艾略特、罗贝塔·英格曼、汤姆·埃文斯、凯瑟琳·费伊、安·弗格森、罗恩·福德、帕特·福克斯、阿德里安·弗朗茨、山姆和詹姆斯·吉布斯、吉尔·格尔曾、彼得·古达尔、埃莉诺·格瑞恩、尼古拉斯·格瑞恩、简·哈林顿、伊丽莎白·哈里森、安娜·霍克尔、艾琳·霍尔、理查德和梅瑞迪斯·胡柏尔、迈克尔·修斯、已故的莱昂·雨果、理查德·英格拉姆斯、凯瑟琳·约翰逊、迈克尔·肯内利、丹尼尔·凯夫利斯、伊丽莎白·基林、海伦·杰瑟普、诺埃尔·基萨内、彼得·库奇、阿德里安·勒·哈利沃尔、梅洛·雷诺克斯-孔尼格汉、弗朗西斯·麦卡锡、已故的奥利维尔·麦克唐纳、弗雷德·麦克道尔、韦恩·麦克肯纳、尼尔·麦克利恩、道恩·梅尔休伊什、莱斯利·莫里斯、唐纳德·摩尔斯、西蒙·莫斯、莫林·墨菲、罗达·内森、玛格丽特·尼古拉斯、斯图尔特·奥·希诺、诺曼·佩奇、帕蒂·珀尔、卡尔·彼得森、克里斯·彼特、格雷姆·鲍威尔、迈克尔·罗、克里斯蒂娜·洛、萨丽·瑞恩、南希·萨迪克、菲利普·萨尔吉安特、德里克·施勒德、玛丽昂·萧、彼得和李·施若布、芭芭拉·史密斯、罗宾·史密斯、安妮·萨摩斯、本·斯通、约翰和吉尔·斯托韦尔、理查德和伊丽莎白·托特纳姆、朱迪·特鲁斯戴尔、埃莉诺·瓦利斯、格瑞塔·瓦辛斯基、安妮米耶克·维玛尔·杜·蒙特尔、彼得·韦尔林、斯坦利和罗德尔·温特劳布、塔拉·文格尔、迈克尔·维尔丁、米歇尔·威尔森、米兰妮·维森纳、罗恩·威辛顿、凯伦·吴、已故的洛玛·伍德纳特、海伦·亚德利、吉勒斯·耶茨，以及迪·耶布里。和佛罗里达大学出版社的工作人员一同工作是我的荣幸。

　　为本书所做的研究工作，也在全世界的许多图书馆和档案中心进行。我尤其要感谢以下机构的工作人员给予的帮助：大英图书馆政治与经济学档案部；塔斯马尼亚档案办公室；新南威尔士的纽卡斯尔大学的奥克缪蒂图书馆；奥克兰中央博物馆；澳大利亚国家图书馆；澳大利亚国立大学博物馆；阿德莱德大学的巴尔·史密斯图书馆；巴黎的阿瑟纳尔图书馆；法国国立图书馆；林肯中心的比利·罗斯戏剧馆（纽约公共图书馆的表演艺术图书馆）；牛津大学伯德雷恩图书馆；位于科林达的大英图书馆报纸馆；大英图书馆；卡洛郡图书馆的本地研究区；圭尔夫大学图书馆的档案和特殊藏品部；康纳尔大学图书馆珍稀与手稿藏品部（卡尔·A.柯罗克图书馆）；菲茨威廉博物馆；得克萨斯大学奥斯汀分校的哈利·兰塞姆人文研究中心；沃特福德舒尔河畔卡里克公司的遗产中心；哈佛的霍顿图书馆；基尔肯尼郡立图书馆；麦考瑞大学图书馆；曼德和米切森戏剧馆；都柏林三一学院图书馆的手稿室；爱尔兰国家美术馆；爱尔兰国立图书馆；苏格兰国立图书馆的手稿收藏；伦敦的国家肖像画廊；纽约公共图书馆；牛津的纳菲尔德学院图书馆；皇家戏剧艺术学院；惠顿学院的特殊藏品；都柏林辛格街 33 号的萧伯纳博物馆；帕克纳希拉大南部酒店的照片室；赫特福德郡，阿约特圣劳伦斯的萧之角；都柏林大学图书馆的特殊藏品；新南威尔士州立图书馆；昆士兰州立图书馆；维多利亚州立图书馆；悉尼大学费希尔图书馆；科芬园戏剧博物馆；维多利亚和阿尔伯特博物馆；赫特福德的韦林花园城市图书馆。

　　感谢下述机构和个人允许我引用一些具体的材料：作家协会代表萧伯纳基金会，一些发表以及未发表的作品，还有萧伯纳少年时代的素描；萧伯纳太太遗嘱信托，萧伯纳太太的作品；时代华纳读书会，由诺曼和珍妮·麦肯齐编辑的《比阿特丽丝·韦伯日记》；兰道姆集团有限公司，贺加斯出版社出版的《弗吉尼亚·伍尔夫日记》；克劳狄亚斯·贝蒂，萧伯纳和帕克南以及艾达·贝蒂间的书信；特弗伦中非皇家博物馆，斯坦利档案中萧伯纳写给多萝西·坦南特（斯坦利夫人）的信；大英图书馆的政治与经济科学部，允许我复制了萧伯纳合集中的照片，见插图列表；圭尔夫大学的丹·H. 劳伦斯收藏，允许我复制了藏品中的照片，见插图列表；伦敦大学图书馆，允许我复制了弗洛伦斯·法尔的一张照片，MS 982；Getty Images，允许我复制了一些图片，见插图列表；国家肖像画廊，杰西·霍利迪拍摄的悉尼·韦伯、帕斯菲尔德男爵肖像，NPG 5938；菲茨威廉博物馆，让我复制了第 1071 号奥古斯塔斯·约翰画的《萧伯纳肖像》；玛丽昂·萧太太，让我复制了塔斯马尼亚岛上的一些私人肖像和照片。为获得许可我们做了不懈的努力。本书作者和出版社欢迎任何上述未提到的版权所有者进行告知。

索　引

斜体数字表示插图页

Abbey Theatre 艾比剧院，246，251-252；*Blanco Posnet* production《布兰科·波士纳现身记》的制作，260，261-262，284，305，306，360；Lady Gregory and 格雷戈里夫人与，261，264，497n47（表示原书第497页注释47，下同）；patent of 许可证，261

Academy Award, Shaw's 萧伯纳的奥斯卡奖，437

Achurch, Janet 阿彻奇，珍妮特，*228*；alcoholism of 酒瘾，157；as Candida 扮演坎迪达，157，176，186；correspondence with Shaw 与萧伯纳的书信往来，3，176，177，500n61；death of 死亡，447；in *A Doll's House*，在《玩偶之家》中，156；Richard Mansfield 理查德·曼斯菲尔德，188-189；*Mrs Daintree's Daughter*《丹特里太太的女儿》，168-169；relationship with Shaw 与萧伯纳的关系，120，150，156-157；and translations by 译文，243

Actresses' Franchise League 女演员公民权联盟，298

Adelphi Play Society 阿德尔菲戏剧社，502n28

Adelphi Terrace 阿德尔菲露台：Max Beerbohm at 麦克斯·比尔博姆在……，498n14；Churchill at 丘吉尔在……，271，498n14；Erica Cotterill at 艾丽卡·科特利尔在……，289；Granville-Baker at 格兰维尔-巴克尔在……，498n14；Lady Gregory at 格雷戈里夫人在……，263；interior of 露台室内，271-272；luncheon parties at 在……的午宴，271，498n14；Lillah McCarthy at 莉拉·麦卡锡在……，273，498nn14，18；move from 搬离，514n4；Sean O'Casey at 肖恩·奥卡西在……，416；Blanche

657

singing voice 歌 声，272，377，441，455；sketches by 画 的 素 描，47-48，73；social criticism of 社会批判，36；social manners of 社会礼仪，12，35-36，441；stage fright of 怯场，148；taxes paid by 缴纳的税金，397；teetotalling of 禁酒，24，267；theatrical performances by 戏剧表演，112，115，126；and Siegfried Trebitsch 与西格弗里德·特里比奇，272，307，345-346；untidiness of 邋遢，214；at Ventnor 在文特诺，77；and Oscar Wilde 与奥斯卡·王尔德，86，256-258；on woman suffrage 谈女性选举权，285，293-294，296，303-305；in World War II 在第二次世界大战中，442-444；and Almroth Wright 与阿尔姆罗斯·赖特，284-285，296．*See also* Drama, Shavian 参见戏剧，萧伯纳的；Novels 小说，Shaw's 萧伯纳的；*titles of individual works* 单个作品的标题

—attitudes and opinions on 对 …… 的态度与观点：alcoholism 酗酒，23-24；anti-Semitism 反犹太主义，398，443；atom bomb 原子弹，456；autobiography 自传，20；Max Beerbohm 麦克斯·比尔博姆，209；Boer War 布尔战争，241，242；Bunyan 班扬，469n30；capitalism 资本主义，41，240，350，380，409，

410；class system 阶级制度，34-36；cleverness 聪慧，3-4；comedy 喜剧，153，285-286；communism 共产主义，408，409；dancing 跳舞，368-369；Darwinian evolution 达尔文进化论，236，350；death 死亡，115-116；Dublin 都柏林，6；Easter Rising 复活节起义，360；emotions 情感，82-83；English civilization 英国的文明，240；Fascism 法西斯主义，263，395-399，436；Grosvenor Gallery 格罗夫纳画廊，86；Walter John Gurly 沃尔特·约翰·格尔里，19，43；Hitler 希特勒，394，397，398；homosexuality 同性恋，404-405；imperialism 帝国主义，241；India 印度，455；Vandeleur Lee 范德勒·李，32；longevity 长寿，367；marriage 婚姻，81；Mussolini 墨索里尼，394，395-396，397-398，405，421；National Gallery of Ireland 爱尔兰国家美术馆，471n79；nationalism 民族主义，63，245-246，264-265，395n10；Nazi movement 纳粹运动，398；political violence 政治暴力，381；the sacred 神圣的，285-286；schools 学校，37，468n1；Clement Scott 克莱门特·斯科特，484n2；servants 佣人，419-421；Sinhalese people 僧伽罗人，440；South Africa 南非，400；spiritualism 唯灵论，45；Stalin 斯大林，394，

图书在版编目（CIP）数据

萧伯纳传 /（澳）A.M.吉布斯著；黎梦青译. -- 杭
州：浙江大学出版社，2021.12
书名原文：Bernard Shaw: A Life
ISBN 978-7-308-21640-1

I.①萧… Ⅱ.①A… ②黎… Ⅲ.①萧伯纳（Shaw,
Bernard George 1856-1950）—传记 Ⅳ.① K835.615.6

中国版本图书馆 CIP 数据核字（2021）第 156605 号

萧伯纳传

[澳]A.M.吉布斯　著　黎梦青　译

责任编辑	叶　敏	
文字编辑	焦巾原	
责任校对	伏健强　黄梦瑶	
装帧设计	周伟伟	
出版发行	浙江大学出版社	
	（杭州天目山路148号　邮政编码310007）	
	（网址：http://www.zjupress.com）	
排　　版	北京楠竹文化发展有限公司	
印　　刷	河北华商印刷有限公司	
开　　本	635mm×965mm　1/16	
印　　张	44	
字　　数	632千	
版 印 次	2021年12月第 1 版　2021年12月第1次印刷	
书　　号	ISBN　978-7-308-21640-1	
定　　价	169.00元	